वृद्धगर्ग संहिता

वृद्धगर्ग संहिता

सम्पादक

प्रो. गिरिजा शंकर शास्त्री

अध्यक्ष, ज्योतिष विभाग
संस्कृतविद्या धर्मविज्ञान संकाय
काशी हिन्दू विश्वविद्यालय
वाराणसी

Pustak Bharati
Toronto Canada

Book Title : वृद्धगर्ग संहिता

Editor : प्रो. गिरिजा शंकर शास्त्री
अध्यक्ष, ज्योतिष विभाग
संस्कृतविद्या धर्मविज्ञान संकाय
काशी हिन्दू विश्वविद्यालय
वाराणसी–२२१००५ (उ.प्र.)

Published by :
Pustak Bharati (Books India)
Toronto, Ontario, Canada, M2R 3E4
email : pustak.bharati.canada@gmail.com
Web : pustak-bharati-canada.com

Copyright ©2023

ISBN : 978-1-989416-91-4

ISBN 978-1-989416-91-4

9 781989 416914

भूमिका

अप्रत्यक्षाणि शास्त्राणि विवादस्तत्र केवलम्।
प्रत्यक्षं ज्योतिषं शास्त्रम्, चन्द्रार्कौ यत्र साक्षिणौ।।

ज्योतिषशास्त्र वेद का अङ्गभूत प्रत्यक्ष शास्त्र है। पाणिनीय शिक्षा श्लोक ४१/४२ में ज्योतिष को वेद का नेत्रस्थानीय कहा गया है।

छन्दः पादौ तु वेदस्य हस्तौ कल्पोऽथ पठ्यते।
ज्योतिषामयनं चक्षुर्निरुक्तं श्रोत्रमुच्यते।।

शिक्षा घ्राणं तु वेदस्य मुखं व्याकरणं स्मृतम्।
तस्मात् साङ्गमधीत्यैव ब्रह्मलोके महीयते।।

जैसे शरीर के अवयवों में आँख का प्राधान्य है, वैसे ही ज्योतिष का भी वेदाङ्गों में प्राधान्य है। ज्योतिष वेद का अंग कैसे है? इस प्रश्न के उत्तर में कहा गया है-

वेदास्तावद्यज्ञकर्मप्रवृत्ता
यज्ञाः प्रोक्तास्ते तु कालाश्रयेण।
शास्त्रादस्मात् कालबोधो यतः स्याद्
वेदाङ्गत्वं ज्यौतिषस्योक्तमस्मात्।।

वेद में मनुष्य के श्रेय के लिए अनेक कर्म कहे गये हैं। उन कर्मों को विहित काल में ही करना चाहिए। उस काल का ज्ञान ज्योतिष से ही होता है। इस लिए ज्योतिष को वेदाङ्ग बतलाया है। वेदाङ्गों में ज्योतिष का प्राधान्य भी है, क्योंकि जैसे शरीर में आँख के अतिरिक्त सारी इन्द्रियों के रहने पर भी बिना आँख के मनुष्य कुछ भी कर नहीं पाते हैं, वैसे ही वेदाङ्गों में चक्षु:स्थानीय ज्योतिष का महत्त्व है। सूर्य और चन्द्र की गति के अनुसार ही इस शास्त्र की प्रवृत्ति है। इसीलिए कहते हैं-

'चन्द्रार्कौ यत्र साक्षिणौ'

ज्योतिषशास्त्र में मुख्यरूप से दो विषय होते हैं- एक काल है और दूसरा फल। संवत्सर, मास, तिथि, वार, नक्षत्र, योग और करण का ज्ञान ज्योतिषशास्त्र से ही होता है और मनुष्य के शुभाशुभ फल का ज्ञान भी इस ज्योतिषशास्त्र से ही मिलता है। जिस प्रकार धर्म के तीन स्कन्ध (आधारस्तम्भ) बताये गये है, उसी प्रकार ज्योतिषशास्त्र के भी तीन स्कन्ध हैं। धर्म के तीन स्कन्धों में पहला स्कन्ध है- यज्ञ, अध्ययन और दान, दूसरा स्कन्ध है तप और तीसरा स्कन्ध है- नैष्ठिक ब्रह्मचर्यव्रत का पालन करते हुए आचार्य कुल में निवास।

'त्रयो धर्मस्कन्धा यज्ञोऽध्ययनं दानमिति प्रथमस्तप एव द्वितीयो ब्रह्मचर्यार्यकुलवासी तृतीय.........' (छान्दोग्योपनिषद् - २/२३/१)

ज्योतिषशास्त्र का पहला स्कन्ध है- सिद्धान्त-गणिततन्त्र, दूसरा स्कन्ध है- संहिता और तीसरा स्कन्ध है होरा अथवा जातक-

सिद्धान्तसंहिताहोरारूपं स्कन्धत्रयात्मकम्।

वेदस्य निर्मलं चक्षुज्योति: शास्त्रमनुत्तमम्।।

(नारद संहिता १/४)

इन तीन स्कन्धों (स्तम्भों) पर ही ज्योतिषशास्त्ररूपी विशाल प्रासाद अवस्थित है। एक भी स्कन्ध (शाखा) की हीनता से प्रासाद धराशायी हो जाता है। अत: ज्योतिषशास्त्र को यथार्थरूप से जानना हो, तो तीनों स्कन्धों का सम्यक् परिज्ञान अनिवार्य होता है। ऐसे त्रिस्कन्धज्ञ की शास्त्रों में बड़ी महिमा बतायी गयी है। उसके दर्शन का शुभ फल बताया गया है। महर्षि अत्रि का कहना है कि ऐसे त्रिस्कन्धज्ञ का कहा हुआ वचन निश्चित रूप से प्रमाण अर्थात् सत्य होता है-

प्रमाणं वचनं तस्य भवत्येव न संशय:।

कहा गया है— कल्याणकामी व्यक्ति को ऐसे देश में निवास नहीं करना चाहिए, जहाँ त्रिस्कन्धज्ञ ज्योतिर्विद् न रहता हो, क्योंकि दिव्य दृष्टिसम्पन्न दैवज्ञ जहाँ रहता है, वहाँ पाप नहीं रहता है—

नासंवत्सरिकं देशे वस्तव्यं भूतिमिच्छता।
चक्षुर्भूतो हि यत्रैव पापं तत्र न विद्यते।।

(बृहत्संहिता)

इसके विपरीत जो सिद्धान्त, संहिता होराशास्त्र को कुछ भी नहीं जानता, इधर-उधर की सुनी-कही बातों के आधार पर अथवा थोड़ा पढ़कर ज्योतिषी होने का दम्भ भरता है, मिथ्या आत्मप्रकाशन करता है, अर्थ की लिप्सा से ज्योतिष का व्यवसाय करता है, लोगों की वंचना करता है, आडम्बर के बल पर अपने को गुरुभाक् सिद्ध करता है, उसे नक्षत्रसूची या नक्षत्रजीवी कहा गया है-

अविदित्वैव य: शास्त्रं दैवज्ञत्वं प्रपद्यते।

स पंक्तिदूषक: पापो ज्ञेयो नक्षत्रसूचक:।।

महर्षि वसिष्ठ ने तो ऐसे ज्योतिषी की निन्दा करते हुए कहा है कि ऐसा व्यक्ति पापात्मा, वंचक, निन्द्य एवं सभी धर्मकृत्यों में त्याज्य है-

नक्षत्रसूची खलु पापरूपो हेय: सदा सर्वसुधर्मकृत्ये।

ज्योतिषशास्त्र न केवल व्यष्टिगत मानव-जीवन की व्याख्या करता है, अपि तु समष्टि के विषय में भी फल का निरूपण करता है। खगोलीय हलचलें किन योगों में होती हैं, सूर्य- चन्द्रग्रहण कब पड़ेगा, उल्कापातों तथा धूमकेतुओं का क्या स्वरूप है, वृष्टि कब होगी, अतिवृष्टि और अनावृष्टि किन योगों में होती है, मेघों का गर्भधारण क्या है और कब होता है; प्रवहमान होने वाली वायु की दिशा और दशा कैसी है, मौसम-ज्ञान कैसे हो, खेती कैसी होगी भूकम्प कब किस योग में आयेगा, अन्न की महँगी-सस्ती का विचार, भौम, अन्तरिक्ष तथा दैवी उत्पातों के लक्षण, वास्तुविद्या, प्रासादनिर्माण, भूमिपरीक्षा आदि बहुत से विषय त्रिस्कन्ध ज्योतिष शास्त्र में विवेचित रहते हैं। भूमि के नीचे कहाँ पर कितनी गहराई में जल स्थित है, कहाँ धन गड़ा हुआ है और कहा शल्य (अस्थि आदि) गड़ा हुआ है- इसके ज्ञान के अद्भुत उपाय संहिता ज्योतिष में सन्निहित है। वृक्षारोपण का विज्ञान इसमें भरा हुआ है। प्रासाद

आदि के बाहर लगाये जाने वाले वज्रलेपों का वर्णन रहता है, जिन्हें लगाने से हजारों वर्ष तक वह स्थिर रहता है और ऐसे भवन वज्र के समान हो जाते हैं, उनमें कोई बाहरी प्रभाव होने नहीं पाता।

मुख्य रूप से यह विषय संहिता स्कन्ध के अन्तर्गत आता है। इसलिए ज्योतिष का संहितास्कन्ध बड़े ही महत्त्व का है। सामान्य रूप से यह भी कहा जाता है कि ज्योतिष का जो भी विषय है, वह संहिता स्कन्ध के अन्तर्गत है, उसमें समष्टि का अध्ययन करके फल सूचित करने वाला स्कन्ध संहिता है और व्यष्टि का अध्ययन करके फल-निर्देश करने वाला स्कन्ध होरा या जातक है। संहिता भाग सार्वभौम है और होराभाग व्यक्तिविषयक है। संहिता भाग में सिद्धान्त और फलित दोनों के विषयों का मिश्रण है। गणित एवं फलित के मिश्रित रूप को अथवा ज्योतिषशास्त्र के सभी पक्षों पर जिसमें विचार किया जाता है, उसे संहिता कहते हैं। इसमें नक्षत्रमण्डल में ग्रहों के गमन और उनके परस्पर युद्धादि, केतु-धूमकेतु, उल्कापात, उत्पात तथा शकुनादिकों के द्वारा राष्ट्र के लिए शुभाशुभ फल का विवेचन होता है तथा मुहूर्तशास्त्र का वर्णन रहता है।

संहिता स्कन्ध सम्बन्धी साहित्य बहुत विशाल है। इस विषय की संक्षिप्त सामग्री वेद वाङ्मय में विद्यमान है। वराहमिहिराचार्य ने अपने ग्रन्थ बृहत्संहिता (वाराही संहिता) में अपने पूर्ववर्ती गर्ग, पराशर, असित, देवल, कश्यप, भृगु, वसिष्ठ, बृहस्पति आदि अनेक संहिताकारों का स्मरण किया है। आचार्य भट्टोत्पल ने भी अनेक संहिताकारों का उल्लेख किया है। प्राचीन उपलब्ध संहिताओं में नारदसंहिता प्राप्त होती है, विद्वानों का मत है कि मूल नारदसंहिता अत्यन्त विस्तृत थी। नारदीयपुराण में जो नारदसंहिता उपलब्ध है, उसमें प्राय: तीनों स्कन्धों के विषय विवेचित हैं।

नारदसंहिता, कश्यपसंहिता तथा पराशरहोराशास्त्र में ज्योतिषशास्त्र के प्रवर्तक अठारह आचार्य के नामों का उल्लेख हुआ है। जैसा कि नारद जी ने लिखा है—

ब्रह्माचार्यो वसिष्ठोऽत्रिर्मुनिः पौलस्त्यरोमशौ।
मरीचिरङ्गिरा व्यासो नारदः शौनको भृगुः।।

च्यवनो यवनो गर्गः कश्यपश्च पराशरः।
अष्टादशैते गम्भीरा ज्योतिः शास्त्रप्रवर्तकाः।।

अर्थात् ब्रह्मा, आचार्य (सूर्य) वसिष्ठ, अत्रि, मनु, पौलस्त्य (चन्द्रमा), रोमश (लोमश), मरीचि, अंगिरा, व्यास, नारद, शौनक, भृगु, च्यवन, यवन (मय दैत्य) गर्ग, कश्यप और पराशर- ये ज्योतिषशास्त्र के प्रवर्तन करने वाले ऋषिगण हैं। जैसे वैदिक मन्त्रद्रष्टा ऋषियों ने ऋचाओं का दर्शन और फिर उसका प्रवर्तन किया, उसी प्रकार इन ऋषियों ने भी अपने तप एवं प्रातिभज्ञान से सम्पूर्ण खगोल एवं भूगोल का दर्शन कर उनकी गतियों एवं संचार का अनुभव कर ज्योतिषशास्त्र के सिद्धान्तो की उद्भावना की। अवश्य ही इन सभी आचार्यों के सिद्धान्त, होरा तथा संहिता-सम्बन्धी ग्रन्थ प्राचीनकाल में अवश्य हुए होंगे, किन्तु इस समय इन आचार्यों के तीनों स्कन्ध उपलब्ध नहीं हैं। किसी आचार्य का सिद्धान्त मिलता है, तो किसी का होरास्कन्ध और किसी का संहिता स्कन्ध इस वृद्धगर्ग संहिता के पूर्व वशिष्ठ, लोमश, नारद का मयूरचित्रक, बृहस्पतिसंहिता, स्फुजिध्वजकृत यवनजातकम् संहिता विषयक ग्रन्थों का हस्तलिखित पाण्डुलिपियों का प्रकाशन अत्यन्त कठिनाईयों का सामना करते हुए मेरे द्वारा सम्पन्न कराया जा चुका है।

अस्तु ज्योतिषशास्त्र के प्रवर्तक अठारह आचार्यों के नामों में दैवज्ञ श्रीगर्गाचार्य जी का नाम बड़े ही आदर पूर्वक ग्रहण किया गया है। सिद्धहस्त ज्योतिषी के रूप में गर्गाचार्य जी का नाम लोक में इतना प्रसिद्ध है कि थोड़ा भी ज्योतिष जानने वाले को लोग 'गर्गाचार्य' कहने लगते हैं। महर्षि गगाचार्य ने पृथिवी को अपने मस्तक पर धारण करने वाले अनन्त शेषभगवान् की आराधना करके समस्त ज्योतिर्मण्डल (ग्रह-नक्षत्रादि) और शकुन अपशकुनादि नैमित्तिक फलों को बतलाने वाले ज्योतिःशास्त्र का सम्यक् ज्ञान प्राप्त

किया था-

यमाराध्य पुराणर्षिर्गर्गो ज्योतीषि तत्त्वतः।
ज्ञातवान् सकलं चैव निमित्तपठितं फलम्।।

विष्णुपुराण)

महर्षि गर्गाचार्य वैदिक मन्त्रद्रष्टा ऋषि हैं। ऋग्वेद के कई मन्त्रों के आप द्रष्टा हैं (द्रष्टव्य ऋग्वेद ६/४७)। महर्षि पाणिनि के एक सूत्र में गर्गाचार्य जी का नाम बहुत से प्रसिद्ध ऋषियों में सर्वप्रथम रखा गया है- गर्गादिभ्यो यञ् (अष्टाध्यायी ४/१/१०५)। गर्ग का अपत्य गार्गि, पौत्र गार्ग्य और प्रपौत्र गर्गायण कहलाता है। महर्षि गर्ग गोत्रकार ऋषियों में सर्वप्रथम परिगणित हैं- गर्ग, गौतम, शाण्डिल्य। कहीं पर तो गर्ग के ऊपर स्वर्ग ही है कहते है। गोत्रकार ऋषियों में सर्वप्राचीन होने के कारण ही सम्भवत: इन्हें वृद्धगर्ग भी कहा गया है। महाभारत में आया है कि गोत्रकार पृथु, जिनके नाम पर भूमि का नाम पृथिवी पड़ा, गर्गाचार्य जी उनकी राजसभा को दैवज्ञ के रूप में सुशोभित करते थे— **महर्षिर्भगवान् गर्गस्तस्य सांवत्सरोऽभवत्।** (महाभारत, शान्तिपर्व ५९/१११) वसुदेव जी के परामर्श तथा नन्दराय के कहने पर श्रीकृष्ण तथा बलराम जी का नामकरण संस्कार सम्पन्न कराते हैं तथा उन नामों की महिमा बता कर भविष्य में जो जो भी लीलाएँ करेंगे, अपने ज्योतिषविद्या के प्रभाव से वह सब भी उन्हें बता देते हैं। उस समय नन्दराय गगाचार्य जी को ज्योतिषशास्त्र के प्रणेता बतलाते हैं-

ज्योतिषामयनं साक्षात् यत्तज्ज्ञानमतीन्द्रियम्।
प्रणीतं भवता येन पुमान् वेदपरावरम्।।

(श्रीमद्भागवत् पुराण १०/८/५)

ब्रह्मवैवर्तपुराण के अनुसार गर्गाचार्य जी वेद-वेदाङ्ग के पारगामी विद्वान् तथा ज्योतिर्विद्या के मूर्तिमान् स्वरूप थे-

ज्योतिर्ग्रन्थो मूर्तिमांश्च वेदवेदाङ्गपारगः।

(ब्रह्मवैवर्तपुराण ४/१३/४)

गर्ग जी भगवान् शंकर के शिष्य तथा गदाधारी विष्णु के प्रति विशुद्ध भक्ति रखते थे—

योगीन्द्रो धूर्जटेः शिष्यः शुद्धभक्तो गदाभृतः।

(ब्रह्मवैवर्तपुराण ४/१३/६)

उन्हें जीवन्मुक्त अवस्था प्राप्त थी, वे सिद्धों के स्वामी, योगिराज, सर्वज्ञ और सर्वदर्शी थे। महाभारत के शल्यपर्व में बलराम जी की तीर्थयात्रा के प्रसंग में वैशम्पायन जी ने जनमेजय को बताया कि राजन्! सरस्वती नदी के तट पर एक महातीर्थ है, वहाँ महामुनि गर्गाचार्य जी ने महान् तपस्या की, जिससे वे पवित्र अन्तःकरणवाले और कालतत्त्व के ज्ञाता हो गये। वहीं पर उन्होंने काल का ज्ञान, काल की गति, ग्रहों और नक्षत्रों के उलटफेर, दारुण उल्कापात तथा शुभ लक्षण-इन बातों की जानकारी प्राप्त की। कालज्ञान के लिए महर्षिगण महाभाग गर्गमुनि की आराधना किया करते थे। इसी कारण वह तीर्थ 'गर्गस्त्रोततीर्थ' कहलाता है। इसी तीर्थ में गर्गमुनि ने ज्योतिष के ग्रन्थों का प्रणयन किया था तथा ज्योतिषज्ञान की गङ्गा प्रवाहित की थी। विद्यावृद्ध एवं वयोवृद्ध होने के कारण ही इन्हें वृद्धगर्ग कहा गया है।

वर्तमान में गर्गाचार्य के नाम से दो लघु ग्रन्थ प्राप्त होते हैं, जो गर्गजातक तथा गर्गमनोरमा नाम से प्रसिद्ध हैं। गर्गजातक में कुण्डली के विशेष ग्रहयोग से फलादेश का निर्णय बताया गया है। इसमें कुल ८४ श्लोक हैं। इसके आरम्भ में अरिष्टसम्बन्धी मृत्युकारक योग, फिर राजयोग, धन प्राप्ति के योग तथा अन्त में माता-पिता से सम्बद्ध अरिष्टयोग बताये गये हैं। बीच-बीच में अरिष्ट भंगयोग भी निर्दिष्ट हैं। अरिष्टज्ञान के लिए यह लघु ग्रन्थ अति महत्त्वपूर्ण है।

गर्गमनोरमा में प्रश्नविद्या का वर्णन है, इसमें कुल २२ श्लोक हैं। इसके प्रारम्भ में मङ्गलाचरण के रूप में गर्गमुनि कहते हैं-

प्रणम्यानन्दरूपं तमानन्दैकनिकेतनम्।
गर्गो बुद्धिमतां प्रीत्यै प्रश्नविद्यामथाकरोत्।।

आगे प्रश्न की विधि में बताया गया है कि प्रश्नकर्ता पूर्वाभिमुख या उत्तराभिमुख बैठकर प्रातःकाल में किसी पुष्प, मध्याह्न में फल, सायंकाल में नदी तथा रात्रि में देवता के नाम का उच्चारण करे। गणितज्ञ ज्योतिषी को उस नाम के अक्षरों के योग से प्रश्न का विचार कर फल बताना चाहिए। संक्षेप में इसकी प्रक्रिया भी वहाँ बतायी गयी है।

महर्षि गर्गाचार्य के संक्षिप्त जीवनवृत्त से उनके सिद्धहस्त दैवज्ञ होने के आख्यान प्राप्त होते हैं। प्राचीनतम ज्योतिष के आचार्यों में उनका परिगणन भी हुआ है तथा उनके नाम से गर्गसंहिता नामक एक ज्योतिष ग्रन्थ का भी उल्लेख प्राप्त होता है, किन्तु वर्तमान में गर्गजी का ज्योतिषविषयक यह साहित्य प्राप्त नहीं होता। गर्ग जी की एक पौराणिकगर्गसंहिता अत्यन्त प्रसिद्ध है, जो भगवान् श्रीकृष्ण की माधुर्यमयी लीलाओं से परिपूर्ण है। विद्वज्जनों का मानना है कि गर्गसंहिता श्रीमद्भागवतोक्त श्रीकृष्णलीला का महाभाष्य है।

गर्गसंहिता में गोलोकखण्ड, वृन्दावनखण्ड, गिरिराजखण्ड माधुर्यखण्ड द्वारकाखण्ड, विश्वजित्खण्ड श्रीबलभद्रखण्ड, श्रीविज्ञानखण्ड तथा अश्वमेघ खण्ड- ये दश खण्ड हैं। गर्गाचार्य जी ने श्रीकृष्ण के प्रपौत्र अनिरुद्ध के पुत्र मधुराधिपति वज्रनाभ को नौ दिनों तक गर्गसंहिता सुनायी तथा भगवन्नाम की महिमा बताते हुए कहा कि जिसने एक बार भी कृष्ण इन दो अक्षरों का उच्चारण कर लिया, उसने मोक्ष तक पहुँचने के लिए कमर कस ली-

सकृदुच्चरितं येन कृष्ण इत्यक्षरद्वयम्।
बद्धः परिकरस्तेन मोक्षाय गमनं प्रति।।

(गर्ग संहिता, अश्वारोहण खण्ड)

इस गर्गसंहिता में यत्र तत्र ज्योतिष के विषयों का तो आनुषंगिक रूप से प्रवेश हुआ है, किन्तु गर्गसंहिता नाम से प्राचीन आचार्यों में जिस आर्ष संहिता का उल्लेख है, वह इससे भिन्न है। कालक्रम से वह अप्राप्त है।

ज्योतिषविषयक गर्गसंहिता वर्तमान में पूर्णरूप से उपलब्ध नहीं

दिखायी देती, किन्तु उसके प्रकरण यत्र तत्र उपलब्ध होते है। गर्गसंहिता का जो ' उत्पातप्रकरण' है, वह मत्स्यपुराण के अध्याय २२१ से २३८ तक दस अध्यायों में आया हुआ है। जहाँ राजर्षि मनु के पूछने पर भगवान् मत्स्य ने कहा- राजन् ! धर्मात्माओं में श्रेष्ठ महातपस्वी वृद्ध गर्ग ने उत्पातों तथा उनकी शान्ति के उपायों के विषय में अत्रिमुनि से जो कुछ कहा था, वह सब मैं तुम्हे बतला रहा हूँ। एक समय मुनि जनों के प्रिय महर्षि गर्ग सरस्वती नदी के तट पर सुखपूर्वक बैठे हुए थे, उसी समय महातपस्वी अत्रि ने उनसे इस प्रकार प्रश्न किया- महर्षे! आप मुझे विनाशोन्मुख मनुष्य,राजाओं तथा नगरों के सभी पूर्वलक्षण बताइये।

इस पर गर्गजी बोले- अत्रि जी ! मनुष्यों के अत्याचार से निश्चय ही देवता प्रतिकूल हो जाते हैं। तत्पश्चात् उन देवताओं के अप्रसन्न होने से उत्पात प्रारम्भ होता है। वह उत्पात दिव्य, अन्तरिक्ष और भौम-तीन प्रकार का कहा गया है। ग्रहों और नक्षत्रों के विकार को दिव्य उत्पात जानना चाहिए। उल्कापात, दिशाओं में दाह, मण्डलों का उदय, आकाश में गन्धर्व नगर का दिखायी देना, खण्डवृष्टि, अनावृष्टि या अतिवृष्टि- ये अन्तरिक्ष उत्पात हैं। स्थावर जंगम से उत्पन्न हुआ उत्पात तथा भूमिजन्य भूकम्प भौम उत्पात है। जलाशयों का विकार भी भौम उत्पात कहलाता है।

आगे के अध्यायों में गर्ग जी ने अत्रि जी को उत्पातसम्बन्धी बातें तथा उनकी शान्ति के उपाय बताये हैं।

यहाँ विशेष ध्यातव्य यह है कि आचार्य वराहमिहिर ने अपनी बृहत्संहिता के ४६ वें अध्याय में 'उत्पातलक्षण' नाम से ११ श्लोक दिये हैं, वे मत्स्यपुराण में उल्लिखित महर्षि गर्ग द्वारा अत्रि को बताये गये विषय ही हैं। इस बात को स्वयं वराहमिहिर स्वीकार करते हैं। उनके वचन इस प्रकार हैं-

यानत्रेरुत्पातान् गर्गः प्रोवाच तानहं वक्ष्ये।

(बृहत्संहिता ४६/१)

आगे जैसा वर्णन मत्स्यपुराण में गर्ग जी ने किया है, प्रायः वही

सब वर्णन किञ्चित् शब्दान्तर से बृहत् संहिता में आया हुआ है। तुलना के लिए कुछ बातें यहीं दी जा रही है। मत्स्यपुराण-

पुरुषापचारात्रियतमपरज्यन्ति देवता।
ततोऽपरागाद् देवानामुपसर्गः प्रवर्तते।।
दिव्यान्तरिक्षभौमं च त्रिविधं सम्प्रकीर्तितम्।

मत्स्यपुराण २२१/५-६

बृहत्संहिता में भी —

अपचारेण नराणामुपसर्गः पापसञ्चयाद् भवति।
संसूचयन्ति दिव्यान्तरिक्षभौमास्तदुत्पाताः।।

बृहत्संहिता ४६/२

आगे अग्निसम्बन्धी, वृक्षजन्य, वृष्टिजन्य उत्पात, जलाशयजनित विकृतियाँ, प्रसवजनित विकार, उपस्करविकृति, पशु-पक्षी-सम्बन्धी उत्पात, राजा की मृत्यु तथा देश के विनाशसूचकलक्षण तथा इनके शान्ति के अनुष्ठान मत्स्यपुराण में वर्णित है। ये ही विषय बृहत्संहिता में भी समानरूप में महर्षि गर्ग के नाम से आये हैं।

इन उत्पातों की शान्ति भी बतलायी गयी है, जो मत्स्यपुराण तथा बृहद्संहिता में समान तात्पर्य से आयी है। अग्निजन्य उत्पातों का वर्णन करके महर्षि गर्ग ने बतलाया है कि ऐसी दशा में पुरोहित को चाहिए कि तीन रात्रि तक उपवास कर अत्यन्त समाहित चित्त से दूध वाले वृक्षों की लकड़ियों सरसों तथा घी से अग्निमन्त्रों द्वारा हवन करे। तदनन्तर ब्राह्मणों को भोजन कराये तथा उन्हें सुवर्ण, गौएँ, वस्त्र और पृथ्वी का दान दे। ऐसा करने से अग्निविकार सम्बन्धी पाप नष्ट हो जाता है। यथा-

त्रिरात्रोपोषितश्चात्र पुरोधाः सुसमाहितः।।
समिद्भिः क्षीरवृक्षाणां सर्षपैश्च घृतेन च।
होमं कुर्यादग्निमन्त्रैर्ब्राह्मणांश्चैव भोजयेत्।।
दद्यात् सुवर्णं च तथा द्विजेभ्यो

गाश्चैव वस्त्राणि तथा भुवं च।
एवं कृते पापमुपैति नाशं
यदग्निमकृत्यभवं द्विजेन्द्र।।

मत्स्यपुराण २३१/१-११

इसी तथ्य को आचार्य वराहमिहिर ने अपने शब्दों में इस प्रकार कहा है-

मन्त्रैर्वाह्नैः क्षीरवृक्षात्समिद्धि-
र्होतव्योऽग्निः सर्षपैः सर्पिषा च।
अग्न्यादीनां वैकृते शान्तिरेवं
देयं चास्मिन् काञ्चनं ब्राह्मणेभ्यः।।

बृहत्संहिता ४६/२४

वृक्षजन्य विचारों से होने वाले राष्ट्र की विपत्ति की शान्ति के लिए महर्षि गर्ग ने मत्स्यपुराण में बतलाया है कि वृक्षों में उपद्रव के लक्षण दिखायी देने पर ब्राह्मण उस वृक्ष को ऊपर से वस्त्र से ढक कर चन्दन और पुष्पमाला से भूषित करे और वायु की शान्ति के लिए वृक्ष के ऊपर छत्र लगाये, तदनन्तर शिव की पूजा करे और 'रुद्रेभ्यः.' इस मन्त्र से वृक्षों के नीचे हवन करके शिव मन्त्र का जप करे।

पुनः घृत तथा मधुयुक्त खीर से ब्राह्मणों को सन्तुष्ट कर उन्हें पृथिवी का दान दे। यथा-

आच्छादयित्वा तं वृक्षं गन्धमाल्यैर्विभूषयेत्।
वृक्षोपरि तथा च्छत्रं कुर्यात् पापप्रशान्तये।।

शिवमभ्यर्चयेद् देवं पशुं चास्मै निवेदयेत्।
रुद्रेभ्य इति वृक्षेषु हुत्वा रुद्रं जपेत् ततः।।

मध्वाज्ययुक्तेन तु पायसेन
सम्पूज्य विप्रांश्च भुवं च दद्यात्।
गीतेन नृत्येन पापविनाशहेतोः।।

मत्स्यपुराण २३२/१३-१२

इसी वर्णन को वराहमिहिराचार्य ने इन शब्दों में कहा है-

स्रग्गन्धधूपाम्बरपूजितस्य
च्छत्रं निधायोपरि पादपस्य।
कृत्वा शिवं रुद्रजपोऽत्र कार्यो
रुद्रेभ्य इत्यत्र षडङ्गहोमः।।

पायसेन मधुना च भोजयेद्
ब्राह्मणान् घृतयुतेन भूपतिः।
मोदिनी निगदितात्र दक्षिणा
वैकृते तरुकृते महर्षिभिः।।

बृहत्संहिता ४६/३१-३२

इस प्रकार अप्राप्त गर्गसंहिता के बहुत से प्रकरण विभिन्न ग्रन्थों में प्राप्त होते हैं। इस अप्राप्त महत्त्वपूर्ण ग्रन्थ के उद्धार की लालसा मन में उद्वेलित हुई। गवेषणा के क्रम में सम्पूर्णानन्द संस्कृत विश्वविद्यालय के महनीय सरस्वतीभवन पुस्तकालय से एक पाण्डुलिपि प्राप्त हुई। जिसकी अधिगम सं. ३६३६९ है, जिसमें १-४९ पृ. हैं। जिसका नामान्तर ज्यौतिषसंहिता भी लिखा है। ग्रन्थकार वृद्धगर्ग हैं। वहीं एक अन्य प्रति भी है, जिसकी अधिगम सं. ३६३७० है, जिसमें १-६६,६९- ९१, ९३-१४० पृ. हैं।

वृद्धगर्ग द्वारा विरचित इस वृद्धगर्गसंहिता में सर्वप्रथम संसार के रचयिता तपस्या में निरत प्राणियों को फल प्रदान करने वाले भगवान् भास्कर को प्रणाम किया गया है-

जगद्विधात्रे तपसां नियन्त्रे
गोप्त्रे प्रजानां फलसम्प्रदात्रे।
गन्त्रे क्षणस्त्रोतसि भावकर्त्रे
तस्मै नमो धीनिधये सवित्रे।।

इसके बाद सांवत्सरिक ज्योतिषियों के विषय में बताया गया है। वहाँ यह भी कहा गया है कि सर्वविध कुशलता की इच्छा रखने वाले

मनुष्य को दैवज्ञहीन स्थान में निवास नहीं करना चाहिए, क्योंकि जहाँ नेत्रस्वरूप दैवज्ञ निवास करते हैं, वहाँ पाप नहीं रहता है। वहाँ कहा गया है-

(ना) सांवत्सरिकं देशे वस्तव्यं भूतिमिच्छता।
चक्षुर्भूतो हि यत्रैष पापं तत्र न विद्यते।।

बृहत्संहिता के निम्न श्लोक से उक्त श्लोक की तुलना भी प्राप्त है-

नासांवत्सरिकं देशे वस्तव्यं भूतिमिच्छता।
चक्षुर्भूतो हि यत्रैष पापं तत्र न विद्यते।।

इसके बाद क्रोष्टिकी मुनि के पूछने पर देवर्षियों में श्रेष्ठ वृद्धगर्ग ऋषि ने ज्योतिषज्ञान का व्याख्यान किया है। यहाँ प्रारम्भिक विषयों का दिग्दर्शन कराया जा रहा है।

ग्रन्थारम्भ में भगवान सूर्य की स्तुति से मंगलाचरण किया है। पुनः ज्योतिषी के विषय में लक्षण निर्देशपूर्वक प्रथम अध्याय की पुष्पिका में बृद्धगर्गकृत सांवत्सर निर्देश नामक प्रथम अध्याय से आरम्भ होकर १०९वें अध्याय में समाप्ति करते हुए कहा है–

तस्य तद् वचनंश्रुत्वा राजानो ऋषयस्तथा।
गर्गस्य मुनिश्रेष्ठस्य जग्मुः स्वं स्वं निवेशनम्।।

इति ज्योतिषं गर्गं चतुषष्ट्यंगमदश्रुतम्।
गार्गिमुनिः सतां श्रेष्ठः क्रोष्टुके भावितात्मने।।

ददौ प्रहृष्टौ भगवान् स च जग्राह भक्तिमान्।
दैवज्ञस्तु पठेद्यस्तु संहितैषा समाहिताः।।
न तस्य दुर्लभं किञ्चिद्दिहलोके परत्र च।।

वृद्धगर्गसंहिता में सांवत्सर अध्याय के अन्तर्गत मंगलाचरण, दैवज्ञलक्षण, देवताओं द्वारा ब्रह्मा जी की प्रार्थना एवं संवाद, मुहूर्त्त एवं यज्ञों का महत्त्व, ज्योतिषशास्त्र एवं ज्योतिषी की उपयोगिता बताया गया है। अंग सामुदेश नामक अध्याय के अन्तर्गत वृद्धगर्ग एवं क्रोष्टिकी ऋषि संवाद, जन्मकथन, सोम अग्नि रूपी ब्रह्मा का उद्भव, सूर्य उत्पत्ति

कथन, वेदाङ्गों में ज्योतिष, दैवज्ञों को मोक्ष की प्राप्ति, शास्त्र की पवित्रता, ज्योतिषशास्त्र का उद्भव, उसके चौंसठ प्रकार, शास्त्र का आश्रय ग्रहण, प्रकाश पिण्ड कथन, अंक गणित की ज्योतिष में उपयोगिता, राजा द्वारा दैवज्ञ का सत्कार, द्विवर्गों का ज्ञान, अष्टावार कथन, चक्रों का प्रकार कथन, स्वाति आदि योग परिज्ञान, उपाङ्गों का विधान आदि विषय बताया गया है। नक्षत्रकर्म नामक अध्याय के अन्तर्गत चतुर्व्यूह कर्मगुण कथन, तिथिनक्षत्रकरण परिज्ञान, मुहूर्त्त संख्या परिज्ञान, नक्षत्रमान कर्मगुणमान कथन, चतुर्थांश परिज्ञान, तिथि आश्रित कालज्ञान कथन, एकमास में करण संख्या कथन, तिथियों में करण ज्ञान, तिथिक्षय कथन, कर्मारम्भ कथन, कृत्तिकादि नक्षत्रों में करणीय कार्य तथा वर्जित कार्य आदि विषय बताया गया है। तिथिकर्मगुण नाक अध्याय के अन्तर्गत क्रोष्टि ऋषि का तिथि के सम्बन्ध में गर्ग ऋषि से प्रश्न, चन्द्र का पक्ष परित्याग, सूर्य-चन्द्र से तिथि परिज्ञान, तिथियों के देवता-कर्म-संज्ञा कथन, प्रतिपदा से पूर्णिमा पर्यन्त तथा अमावस्या तिथियों की संज्ञा-करणीय कार्य-निषिद्ध कार्य, तिथिप्रभेद आदि विषय बताया गया है। मुहूर्त्तगण नामक अध्याय के अन्तर्गत रविवारादि वारों में करणीय एवं निषिद्ध कार्य, सप्तकरणों का क्रम बोध, बबादि करणों में करणीय तथा निषिद्ध कार्यों का कथन, करण ज्ञान विधि कथन, करणों के देवताओं का कथन, अहोरात्र कालिक ३० मुहूर्त्तों का कथन, मुहुर्त्तकाल परिज्ञान, अन्य मुहूर्त्त परिज्ञान आदि विषयों को बताया गया है।

छठें अध्याय के अन्तर्गत नक्षत्रों का शुभाशुभ एवं संचरण ज्ञान संकल्पना, अनुनक्षत्र-कर्मनक्षत्र संज्ञा कथन, गर्भाधानिक-वैनाशिक नक्षत्र परिज्ञान, शुभकारी-विपत्ति संज्ञक नक्षत्र परिज्ञान, क्षेमकारी-प्रत्यरि नक्षत्र परिज्ञान, साध्य-मैत्र संज्ञक नक्षत्र परिज्ञान, नवविध तारा संज्ञा कथनम्, नैधन-प्रत्यरि-सम्पत तारा में करणीय एवं निषिद्ध कार्य, कर्ममैत्र-परममैत्र तारा में करणीय एवं निषिद्ध कार्य, मृदुतारा कर्म नक्षत्र में करणीय कार्य, कर्मतारा में भाई जन्म का फल कथन, क्षेमतारा में करणीय एवं निषिद्ध कार्य कथन, आधानादि ताराओं का फल एवं नष्ट

वस्तु विचार, नष्टकार्यों की सिद्धि मुहूर्त्त कथन, धनक्षय योग कथन, नक्षत्र वर्ग शोधन परिज्ञान, आयु परिक्षय, रोग पीड़ा परिज्ञान, घातक योग कथन, स्वास्थ्य बाधा, उपद्रव कथन, व्याधि एवं गर्भाधान से पीड़ा परिज्ञान, सम्पत-विपत-क्षेम-साधक-नैधन-मैत्र-प्रत्यरि तारा फल कथन, राष्ट्रपीड़ा योग, नगर पीड़ा आदि विषयों को बताया गया है।

चन्द्रयान सोमवर्णन नामक अध्याय के अन्तर्गत क्रोष्टिकी ऋषि द्वारा सोम की उत्पत्ति-गुण क्षय, दोषादि तिथि आदि से सम्बन्धित प्रश्न, चन्द्रमा की सोम रूप में उत्पत्ति, सोम की अग्नि रूप में उत्पत्ति कथन, वायु-तेज-सूर्य-पृथ्वी का क्षुब्ध कथन, देवासुर संग्राम एवं चन्द्र का महत्त्व, समुद्र मंथन से उत्पत्ति कथन, चन्द्र योग नाम कथन, चन्द्र से विष्कुम्भादि योग परिज्ञान कथन, चन्द्रमा के क्षय का कारण कथन, पक्ष परिज्ञान, पूर्णिणा-आमावस्या परिज्ञान, पर्वकाल-यज्ञ-अनुष्ठान काल परिज्ञान, तिथिक्षय से नामभेद कथन, सिनीवाली राका संज्ञा परिज्ञान, चन्द्रमा का उदयास्त कथन, सम-उच्च-नीच परिज्ञान, चन्द्रमा की गति परिज्ञान, चन्द्रमा का क्षीणत्व कथन, शुक्ल कृष्ण स्थिति कथन, चन्द्र द्वारा तिथि निर्माण आदि विषयों को बताया गया है। चन्द्रमान नामक अध्याय के अन्तर्गत चन्द्रनक्षत्र एवं यायीयोग वर्णन, चन्द्र गति कथन, तीन प्रकार के योग, योग निर्माण के प्रकार, दिग्दाह एवं वृष्टि नामक योग परिज्ञान, धनादि योग परिज्ञान, करण-धातु परिज्ञान, कार्य सिद्धि में लग्न का महत्त्व, सूर्य-चन्द्र कला परिज्ञान, पक्ष परिवर्तित परिज्ञान, प्रतिपदा तिथि-सूर्यमान परिज्ञान, चन्द्र क्षय-वृद्धि कथन, तिथि के लिए कलामान, नक्षत्र विषयक अन्य संज्ञा गौतमऋषिमत, तीन और दो नक्षत्रों द्वारा निर्माण, चन्द्र मार्ग कथन, चन्द्र अदृश्य कथन, पश्चिम दिशा में चन्द्र गमन परिज्ञान, चार भाग वाले नक्षत्रों में चन्द्रमा का एक साथ दिखाई देना, चन्द्र पराजय परिज्ञान, मार्ग नष्ट परिज्ञान, सात मण्डलों पर चन्द्र दृष्टि, चन्द्र द्वारा वृष्टि परिज्ञान, चित्रा-अनुराधा-कृत्तिका नक्षत्र गमन फल, चन्द्रविथी-ब्रह्मविथी परिज्ञान, चित्रा-ज्येष्ठा-अनुराधा-कृत्तिका नक्षत्र में चन्द्र गमन फल (महामारी योग कथन), विथी गमन फल कथन, प्रजा कल्याण कथन, नाग सर्ग कथन, नाग विथी परिज्ञान,

दक्षिण विथि फल कथन, मध्य में दक्षिण मार्ग फल कथन आदि विषयों को बताया गया है।

चन्द्रस्थान नामक अध्याय के अन्तर्गत चन्द्र द्वारा भयव्याप्ति योग कथन, नन्दा तिथि में परिवेश फल कथन, प्रतिपदा में उल्कापात आदि से राजा की मृत्यु कथन, ब्राह्मणों (विद्वान) का मरण योग, चन्द्र द्वारा भय परिज्ञान, आरोग्यता एवं सुभिक्ष कथन, दक्षिण शृङ्ग फल कथन, चन्द्र द्वारा क्षय परिज्ञान, चन्द्र द्वारा कल्याण कथन, लाङ्गल स्थान में चन्द्र फल कथन, दक्षिण शृङ्ग फल कथन, उदय परिज्ञान से अविजय प्राप्ति फल कथन, दण्डस्थान एवं फल कथन, चन्द्रलेखा पद कथन, दक्षिण शृङ्ग फल कथन आदि विषयों को बताया गया है।

इसी तरह सम्पूर्ण अध्यायों में तत्तद् विषयों का कहीं व्यास रूप में और और कहीं समास रूप में वर्णन किया गया है।

जैसा कि पूर्व में संकेत किया है कि विगत बारह वर्ष पूर्व सम्पूर्णानन्द संस्कृतविश्वविद्यालय के सरस्वती पुस्तकालय से प्राप्त दो पाण्डुलिपि जिसमें एक पूर्ण तथा दूसरी अपूर्ण है की एक-एक छायाप्रति संस्कृतविश्वविद्यालय, वाराणसी के तत्कालीन कुलपति स्वननामधन्य अधुना स्व. प्रो. अशोक कुमार कालिया जी की विशेषकृपा से प्राप्त किया और इस ग्रन्थ के प्रकाशन हेतु तत्परता से सम्पादन कार्य करना आरम्भ किया। प्रबल इच्छा थी कि पूर्व में प्राप्त जैसे वशिष्ठ, लोमश, बृहस्पति आदि ग्रन्थों का पाण्डुलिपियों के द्वारा ही सम्पादन एवं व्याख्या पूर्ण करके प्रकाशित कराया था वैसे ही इस ग्रन्थ को भी हिन्दी अर्थ सहित प्रकाशित करा दिया जाय। किन्तु विधि का विधान अटल है। एक पाण्डुलिपि जो लगभग पूर्ण है उसमें बहुतायत त्रुटिपूर्ण तथा यत्र तत्र अप्रासंगिक शब्दों के मेल से अर्थ करना अत्यन्त दुष्कर हो गया। तब से अब तक की कालावधि में भारतवर्ष के सभी पुस्तकालयों में जहाँ जहाँ पाण्डुलिपियाँ प्राप्त हैं स्वयं जाकर, शिष्यों अथवा पत्रों के माध्यम से सर्वत्र दूसरी अन्य पाण्डुलिपि को खोजता रहा। अन्तत: निराशा ही हाथ लगी।

सम्भव है कहीं कोई अन्य हस्तलिखित वृद्धगर्गसंहिता की पाण्डुलिपि दबी पड़ी हो जिसे कैटलॉग में दर्ज न किया जा सका हो। पर मेरे अथक परिश्रमपूर्वक संघर्ष करते हुए भी कहीं किसी स्थल पर दूसरी कोई भी प्रति उपलब्ध नहीं हो सकी। अन्ततः निराश होकर प्राप्त पाण्डुलिपि को ही जैसा बन सका है, प्रकाशित कराने के निर्णय अनिर्णय के मध्य मस्तिष्क में विचार आया कि प्राप्त पाण्डुलिपि से जैसा सम्पादन और हिन्दी अनुवाद हो गया है उसे यथावत् प्रकाशित करा दिया जाय। मानव जीवन तो अत्यन्त क्षणभंगुर है।

कालोऽयं निरवधिः विपुला च पृथ्वी

अर्थात् काल की असीमिता एवं पृथ्वी की विपुलता में सम्भव है कभी कोई अन्य उद्धारक इसे विशुद्ध करके व्याख्या सहित सम्पादित करेगा। यही सन्तोष धारण करके बृद्धगर्गसंहिता को प्रकाशित करना समीचीन समझा।

पाण्डुलिपि की कोई अन्य प्रति सुलभ न होने से पाठालोचन में अति कठिनाई का सामना करना पड़ा है। यथासाध्य पाठ को शुद्ध करने का प्रयास किया गया है, पुनरपि त्रुटि-सुधार के लिए विद्वद्वृन्द से आग्रह है कि इसके लिए संसूचित कर अनुगृहीत करें। ग्रन्थ को सुधारने में गुरुजनों, मित्रों, शिष्यों का कृतज्ञ हूँ।

विदा पुरागमनाय।

गच्छतस्स्खलनं क्वापि भवत्येव प्रमादतः।
हसन्ति दुर्जनास्तत्र समादधति सज्जनाः।।

देव दीपावली **प्रो. गिरिजाशंकर शास्त्री**

संवत् २०८०

वाराणसी

□□□

xxii : वृद्धगर्ग संहिता

विषयानुक्रमणिका

❑❑❑

प्रथमोऽध्यायः

।।श्री गणेशाय नमः।।

जगद्विधात्रे तमसां निहंत्रे गोष्ठप्रजानाम् फलसम्प्रदात्रे।
गन्त्रे क्षणस्त्रोतसि भावकर्त्रै तस्मै नमोधि निधये विधये सवित्रे।।१।।

मञ्जुमति व्याख्या :– संसार को रचने वाले, तमस (अन्धकार) अज्ञान को नष्ट करने वाले, गोष्ठ एवं प्राणियों को फल प्रदान करने वाले दुष्टों को दंड देने वाले क्षण मात्र में गमन करने वाले भावकर्ता उस भगवान सूर्य को नमस्कार है।

अथातः संवत्सरं निर्देशं व्याख्यास्यामः।

इसके बाद सांवत्सर अर्थात् ज्योतिषियों के विषय में कहता हूँ।

तत्र संवत्सरो नाम सूर्याचन्द्रमसोर्ग्रह नक्षत्र वाराणां चोदकास्तमय काला निर्वर्त्तकं निमेष क्षणकाष्टादि, त्रुटिलव मुहूर्त्तादौ रात्रपक्षमासर्त्वयन विषु विदित्येनवमादिप्रदत्तस्य भूतभव्यभविष्यत्कालाभि निर्वृर्त्तकस्य जरायुजांऽज स्वेदजोद्भिजोप-पत्तिकस्य चतुर्विधस्य भूत ग्रामस्य जन्मनिबन्धन कर्मगुणाभि निर्वृर्त्तक स्पृणेतोष्ण वर्षानिला जलाभिधानकस्य सांख्ययोग गत गन्तव्यस्य लक्षणविदित संवत्सरातीवोपस्थित वर्त्तमानेष्वर्थेष्टादेशानधि कुरुत इत्यधिकारादपि संवत्सरः।

मञ्जुमति व्याख्या :– ज्योतिषी उसे कहते हैं जो सूर्य चन्द्र आदि ग्रह नक्षत्र वारों का, उनके उदय भ्रमण समय का ज्ञान रखने वाले निमि, क्षण, काष्ठा आदि त्रुटि, लव, मुहूर्त, होरा, मास, अयन, विषुवत आदि संक्रान्तियों में सूर्य की प्रवृत्ति, भूत, भविष्य आदि कालों का ज्ञान, चराचर का ज्ञान, उद्भीज (पृथ्वी को फोड़कर निकले वाले वृक्ष वनस्पति आदि), श्वेदज (पसीने, जल आदि से उत्पन्न होने वाले जीव-जन्तुओं, अण्डज (पक्षी आदि) तथा पशु, पक्षी, मनुष्य आदि चारों प्रकार के प्राणियों के जन्म बंधन, कर्म, गुण आदि की

निवृत्ति को, शीत, गर्मी, वर्षा, वायु आदि के कथन को सांख्ययोग, आकाशचारी (ग्रह, नक्षत्रों के लक्षणों को जानने वाला) सम्वत्सर आदि काल ज्ञान में निष्णात और फलादेश करने वाला ज्योतिषी कहलाता है।

तथा लौकिकवैदिकाध्यात्मिकानामर्थानां कर्मगुणानां योगकालसिद्ध्यर्थं तिथिनक्षत्रमुहूर्त्तकरणानां च प्रयुक्ता तथा संवत्सर परिवत्सरेदावत्सरानुवत्सरेद्वत्सराणां वत्सराणां[1] पंचानां संवत्सराणां लक्षणाभिगमनार्थं संवत्सरज्ञानमधिकृत्य संवत्सर परिवत्सरीदीनां प्रजानां[2] च सर्वकार्य क्रिया सिद्धि संयोजनार्थ-मादावभि गमनीयो भवति।। यथा च।

मञ्जुमति व्याख्या :- तथा लौकिक, वैदिक, आध्यात्मिक अर्थों का कर्म और गुणों के प्रयोग काल की सफलता के लिए तिथि, नक्षत्र, मुहूर्त, करण आदि का प्रयोग करने वाला तथा संवत्सर, परिवत्सर, इदावत्सर, अनुवत्सर तथा वत्सर इन पाँचों संवत्सरों के लक्षण आदि का ज्ञान रखने वाला, संवत्सर ज्ञान को जानकर, संवत्सर, परिवत्सर आदि का सम्पूर्ण कार्यों एवं कार्यों की सिद्धि का संयोजन करने वाला तथा उसे जानने वाला होता है।

मन्त्रोग्नि मुखमपि च सुराणां च तथा संवत्सर मुखाः पार्थिवाः पार्थिव[3] मुख्याश्च प्रजास्तस्माद्विजिगोष्णुणा पार्थिवे नहे वासुव च श्रेयो वासुकामेन संवत्सरोधि गन्तव्यः। पुरोधाश्चेति। पुराह्यसुर विग्रहे यदा न शक्तुवन्ते तुम सुरांस्तदाते सुराः पितामह मधिं जग्मुः। अभिगत्या प्राणिपत्योत रनेकज्ञं अतुल क्षणस्य[4] चुरने फकृनुलक्षणस्य धर्मस्य कथं तु स्यान्न इत्यस्मरन्यवपच्यस्वेति।

मञ्जुमति व्याख्या :- प्राचीनकाल में देवता और असुरों में युद्ध हुआ जब असुर बलवान होकर देवताओं को जीत लिये तब देवताओं ने पितामह ब्रह्मा के समीप जाकर प्राणियों की रक्षा के लिये, धर्म स्थापना के लिये, ब्रह्मा जी से प्रार्थना किया।

---

१. वत्सराणां दूसरी प्रति में नहीं है। २. प्रजानां पहली प्रति में नहीं है। ३. पार्थिव पहली प्रति में नहीं है। ४. रनेकज्ञं अतुल क्षणस्य प्रथम प्रति में नहीं है।

ततो मुहूर्त्तमनुचिन्त्य ब्रह्मा सुरान् व्रवीता गच्छध्वं वृहस्पति मुखादेवा शुक्रमार्त्विज्ये सांवत्सरे वक्रवे चरयध्वं' वरयध्व मिति।।

मञ्जुमति व्याख्या :– तब क्षण भर सोचकर ब्रह्मा देवताओं से बोले – आप लोग वृहस्पति के समीप जाइये। देवता लोग पराक्रम प्राप्त करने के लिये ज्योतिषी के रूप में वृहस्पति का वरण किया।

नतस्ते देवासक्ताम यज्ञधर्मप्रभृत्तैम्मंत्रैरभिसंस्त्रूय शुक्र सर्व रत्नाधिपत्यं च सृज्यार्त्तिज्य सांवत्सरे च ज्ञाने वृण्वन्।

मञ्जुमति व्याख्या :– तब वे देवता ऋक्, साम, यजु तथा अथर्वाऋषि के द्वारा कहे गये मन्त्रों से तपस्या करते हुए पराक्रम को प्राप्त करके ज्योतिष ज्ञान के द्वारा उनसे कहा।

ततः ततस्तानुवाचा सुरा यदि ग्रहाः सर्वएव ममानुवर्त्तते यदि च मय्यायत्तं प्रजानां शुभं भवति।

मञ्जुमति व्याख्या :– हे देवताओं यदि आप ग्रहों के और मेरा अनुवर्तन करेगें तो आप का और समस्त प्राणियों का शुभ होगा।

यदि मे यज्ञभागः स्यादिति च काममेव मस्मिन्नूचर्देवास्ततः। प्रभुत्वे सर्वताराग्रहेत्वं योगक्षेमं प्राधान्यं चाधाय शुक्रे सुरस्थे तं च वरमजंभागमकल्पयन्तः। ततः मतिमनः। शुक्रशान्ति स्वस्त्वयनं वलिन मे मंगल्यं प्रायश्त्तिानुकल्पको योगक्षेमभिस्तेजोबलसत्व उपवर्त्णद्युति पराक्रमैरति वरयामासा देवाः स वृहस्पतिना ततस्ते देवास्तानु सुरानवजित्य च स्वर्गं लोकमुपाश्रु चुरेवमेव खलु पार्थिवा सारपुरोहिता चासाद्य पृथिव्यां शाश्वत राज्यं अवाप्नुवन्त इति। भवति चात्र-

मञ्जुमति व्याख्या :– तब बृहस्पति के सहित देवता लोग असुरों को जीतकर स्वर्गलोक को प्राप्त किया। अतएव राजा लोग यदि अपने पुरोहित आदि आचार्यों के द्वारा मुहूर्त एवं यज्ञ का पालन करें वे भी राज्य को प्राप्त करेंगे। जैसा कि होता भी है।

वनं समाश्रितायेपि निर्द्धना निष्परिग्रहाः।
अपि ते परिपृच्छन्ति ज्योतिषां ज्ञानकोविदाम्।।

मञ्जुमति व्याख्या :– वन में रहने वाले, ममत्वरहित और किसी से कुछ लेने की इच्छा न रखने वाले पुरुष भी ग्रह–नक्षत्र आदि को जानने वाले दैवज्ञों से पूछते हैं।

अग्रदीपा यथा रात्रिरनादित्यं यथा नभः।
तथा संवत्सरो राजा भ्रमन्त्यन्ध इव ध्वनि।।

मञ्जुमति व्याख्या :– दीपहीन रात्रि और सूर्यहीन आकाश की तरह ज्योतिषी से हीन राजा शोभित न होते हुये अन्धे की तरह मार्ग में घूमता है।

मुहूर्त्ततिथि नक्षत्र कृतश्चायनादि च।
पर्वाण्ये वाकुलानि स्फूर्तस्यात् संवत्सरो यदि।।

मञ्जुमति व्याख्या :– यदि ज्योतिषी न हो तो मुहूर्त, तिथि, नक्षत्र, ऋतु, अयन आदि सब विषय उलट–पलट हो जायँ।

तस्माद्राज्ञाधि गन्तव्यो विद्वान् संवत्सरोग्रणीम्।
जयं यशः श्रियं भोगान् श्रेयश्च महदीप्सतीना।।

मञ्जुमति व्याख्या :– अतः जय, यश, श्री, भोग और मङ्गल की इच्छा रखने वाले राजा को चाहिये कि विद्वान्, श्रेष्ठ ज्योतिषी के पास जाकर भविष्य पूछे।

सांवत्सरके देशे वस्तव्यं भूतिमिच्छता।
चक्षुर्भूतोहि यत्रैष पापं तत्र न विद्यते।।

मञ्जुमति व्याख्या :– सब प्रकार से अपने कुशल की इच्छा रखने वाले मनुष्य को दैवज्ञहीन देश में नहीं वसना चाहिये क्योंकि जहाँ पर नेत्रस्वरूप दैवज्ञ निवास करते हैं वहाँ पाप नहीं रहता।

।।बृद्धगर्गकृते ज्योतिषे सांवत्सर निर्देशोनाम प्रथमोऽध्यायः।।

---o---

अथ द्वितीयोऽध्यायः

देवर्षि श्रेष्ठ मासीन माश्रमे देवदर्शनम् ।
वृद्धगर्गमृषिश्रेष्ठं मुनिभिः परिवारितम्।।१।।

मञ्जुमति व्याख्या :– श्रेष्ठ मुनियों से घिरे हुए, देवदर्शन तुल्य आश्रम में देवर्षियों में श्रेष्ठ वृद्धगर्ग ऋषि बैठे हुये थे।।१।।

अभिगम्योपसंगृह्य विनयात्संशित व्रतः।
क्रौष्टुकिः परिप्रच्छ प्रश्नं लोकहितैषया।।२।।

मञ्जुमति व्याख्या :– ऐसे श्रेष्ठ ऋषि के समीप में जाकर श्रेष्ठ व्रत वाले क्रोष्टिकी मुनि ने संसार के हित की इच्छा से विनय पूर्वक प्रश्न पूछा।।२।।

भगवांश्च पुराणज्ञः आत्मज्ञानं रहस्यवित्।
पुराणां ज्योतिषं चापि ग्रहाणां चरितार्थवित्।।३।।

मञ्जुमति व्याख्या :– हे भगवन मुनि श्रेष्ठ सम्पूर्ण ज्ञान को जानने वाले कौतुहल के कारण हम लोग ज्योतिष सुनना चाहते हैं।।३।।

तदिच्छामो वय त्वत्तो ग्रह तंत्रं सुविस्तृतम्।
श्रोतु श्रुतवतां श्रेष्ठपरं कौतूहलं हि नः।।४।।

मञ्जुमति व्याख्या :– हे ऋषि आप पुराण, ज्योतिष तथा ग्रहों के चरित को जानने वाले हैं। इसलिए हमारे इस प्रश्न का समाधान करें।

ज्योतिज्ञानसमुत्पन्नं कथमेतदनुत्तमम्।
केन वा पूर्व तत्प्रोक्त मृषिणा दैवते न वा।।५।।

मञ्जुमति व्याख्या :– ज्योतिष ज्ञान से उत्पन्न अनुत्तम कैसे और किस ऋषि के द्वारा कहा गया है।

कस्माच्च चतुः षष्ट्यंगं कालज्ञान मिहोच्यते।
नामतश्चानुपूर्व्या च कान्यंगान्यस्य चैव हि।।६।।

मञ्जुमति व्याख्या :– संसार में इसका क्या कारण है, इसका ज्ञान कैसे होता है। हे श्रेष्ठ मुनि ज्योतिष के सम्पूर्ण ज्ञान को मुझसे कहें।

एव मुक्तस्तु विधिना वृद्धगर्गो महायशाः।
प्रोवाच तानृषीन् गर्गः कोष्टुकिप्रमुखस्थितान्।।७।।

मञ्जुमति व्याख्या :– मुनि के द्वारा ऐसा कहे जाने पर वृद्धगर्ग महाशय ने वहाँ स्थिति क्रौष्टिकी प्रमुखादि मुनियों से ऋषि गर्ग ने कहा।।७।।

श्रूयतां स्वर्ग्य मायुष्य मृतं पुण्यं यशस्करम्।
ज्ञानविज्ञान सम्पन्नं ज्योतिषं ज्ञानमुत्तमम्।।८।।

मञ्जुमति व्याख्या :– स्वर्ग देने वाले, आयु बढ़ाने वाले, धर्ममय पुण्य देने वाला, यश देने वाला, ज्ञान–विज्ञान से सम्पन्न उत्तम ज्योतिष ज्ञान को सुनिये।

पूर्वोत्पन्नेषु देशेषु प्रजानिर्माणकर्तृषु।
पश्चादुत्पद्यते चैव नक्षत्रग्रहसंज्ञिते।।९।।

मञ्जुमति व्याख्या :– पूर्व जन्मों में उत्पन्न स्थानों में प्रज्ञा निर्माण करने वाले एक साथ नक्षत्र ग्रह से युक्त वर्तमान जन्म होता है।

सुरासुराः प्रजाश्चापि मृष्ट्वालोकहिते रतः।
द्विधा स्वयंभुवात्मानं कृत्वा सोमार्क संमितम्।।१०।।

मञ्जुमति व्याख्या :– देवता, असुर तथा अन्य प्रजा को सृष्टि एवं लोकहित में लगे हुये ब्रह्मा जी ने स्वयं अपने को दो भाग में सोम एवं अग्नि के रूप में प्रकट किया।

द्वीपानां ज्योतनार्थं च हितार्थं चापि देहिनाम्।
कालस्य च प्रसिद्ध्यर्थं क्रियाणां चापि सिद्धये।।११।।

मञ्जुमति व्याख्या :– द्विजों के प्रकाशनार्थ तथा सम्पूर्ण प्राणियों के हितार्थ कार्यो के सिद्धि के लिये तथा काल की प्रसिद्धि के लिये।।११।।

प्रदक्षिणा[१] तां सततं स नक्षत्रो महौजसा।
परिगच्छत शैलेड्[२] स रत्नं वायुवेगिना।।१२।।

---

१. प्रदक्षिणार्ते, २. शैलेन्द्र

मञ्जुमति व्याख्या :– महान प्रकाश वाले नक्षत्र एवं ग्रह उसी प्रकार से परिक्रमा करते हैं जैसे वायु वेग से पर्वत की परिक्रमा करते हैं।।१२।।

तस्यामपि च पक्षाभ्यां तेजस्वी ज्योतिषां वरः।

प्रभुः प्रतिषु[१] प्रभव प्रस्मनस्थोपि[२] भास्करः।।१३।।

मञ्जुमति व्याख्या :– उसमें भी दोनों ओर श्रेष्ठ प्रकाशवानों में तेजस्वी प्रभवादि कालों के स्वामी भगवान् सूर्य ।।१३।।

सर्वस्येति पुरे गन्ता कालज्ञान सुदर्शनः[३]।

स कालः प्रस्मृतेनापि[४] कालज्ञानं च तन्मयः।।१४।।

मञ्जुमति व्याख्या :– सभी के सामने जाने वाले सुन्दर दर्शन वाले, काल का ज्ञान रखने वाले, वह समय काल ज्ञान के समान।।१४।।

समे[५] मुक्तो दिवसमितश्चैतश्च[६] शर्वरी।

एते न कुरुते भानुप्रयासेन[७] यथाक्रमम् ।।१५।।

मञ्जुमति व्याख्या :– दिन और रात्रि समान भाग में करके निष्पाप रूप से यथा क्रम भगवान सूर्य इसका विभाग करते हैं।।१५।।

कालज्ञानमिदं पुण्यमाद्यं हि ज्ञान मुत्तमम्।

ब्रह्मणास्तु ततः वेदानतत्सृष्टं महात्मनाः[८]।।१६।।

मञ्जुमति व्याख्या :– इस काल ज्ञान को जो पुण्य प्रदान करने वाला है, इस उत्तम ज्ञान को वेदों का मंथन करके महान आत्मा ब्रह्मा जी ने सर्वप्रथम रचा।

वेदाङ्गमाद्यं[९] वेदानां क्रियाणां च प्रमाणकम्।

ज्योतिषां सर्ववेदानामातो वेदं[१०] विदुर्बुधाः।।१७।।

मञ्जुमति व्याख्या :– सम्पूर्ण कर्मों का साधन करने वाले वेदों का प्रथम अंग नेत्ररूपी ज्योतिष को विद्वानों ने जाना।।१७।।

---

१. प्रतिष्ठ, २. प्रधानस्थोपि, ३. सुदर्शकाः, ४. प्रसृते नापि, ५. स मेरु, ६. दिवसमितश्चेतश्च, ७. भानुः पर्यायेण, ८. ब्रह्मणा सृजता वेदा न त सृष्टं महात्मना, ९. यदांगमाद्यं, १०. वदं

ज्योतिश्चक्रे हि सर्वस्य लोकस्योक्तं शुभाशुभाम्।
स वेदस्तस्य न मने वेत्ति परमागतिः[१]।।१८।।

मञ्जुमति व्याख्या :– ज्योतिषशास्त्र सम्पूर्ण लोकों के प्राणियों के हितार्थ शुभाशुभ समय का निर्देश करता है। अतएव जो ज्योतिष ज्ञान को जानता है वह मोक्ष को प्राप्त हो जाता है।

चन्द्र नक्षत्र ताराणां ग्रहाणां भास्करस्य च।
ज्योतिषामपि यज्ज्योतिर्ज्योतिषामपि मात्मनम्[२]।।१९।।

मञ्जुमति व्याख्या :– चन्द्र, नक्षत्र, तारा एवं ग्रह तथा भगवान सूर्य को जो प्रकाशवानों को भी प्रकाश देते हैं। उनसे सम्बन्धित यह ज्योतिषशास्त्र अति पवित्र है।।१९।।

तद्भाव भावितं युक्तं तां देवा ब्राह्मणं विदुः[३]।
तस्मात्सर्वमधीयेत् ज्योतिषामयनं द्विजाः[४]।।२०।।

मञ्जुमति व्याख्या :– उस भाव से भावित उन देवों को ब्रह्मविद् जानते हैं। इसलिए सभी द्विजों को इस पवित्र ज्योतिषशास्त्र का अध्ययन करना चाहिए।।२०।।

धर्मसूत्रं ततःपश्चाद्यज्ञकर्म विधिक्रियाम्[५]।
यज्ञाश्चायुष्यहोमाश्च मन्त्रोपनयनादि च[६]।।२१।।

मञ्जुमति व्याख्या :– इसके पश्चात् धर्मसूत्र पुनः यज्ञ कर्म को तथा यज्ञ आयुष्यहोम, चुड़ा करण तथा उपनयन आदि को जानना चाहिए।

साम्राज्यं पौर्णमास्यं च पितृदैवततर्पणम्[७]।
सर्वारम्भश्चजगतो लोके च विविधाः क्रियाः[८]।।२२।।

---

१. स वदस्तस्य नयने स वेत्ति परमा गतिः, २. ज्योतिषा मयनज्ञो हि ज्योतिषामयनात्परागम्, ३. उद्भाव भावितं युक्तं तदेवा ब्रात्पणं विदुः, ४. तस्मात्पूर्व मधीयेत ज्योतिषा मयनं द्विजः, ५. धर्मस्तत्र ततः पश्चाद्यज्ञकर्मविधिः क्रियाः, ६. यज्ञात्द्यायुष्म होमाश्च मंत्रोपनयनानि च, ७. साम्राज्यं पौर्णमास्यश्च ज्योतिषामयनात्परागम्, ८. सर्वारम्भश्च भागतो लोके च विविधाः क्रियाः।

मञ्जुमति व्याख्या :– साम्राज्य, पूर्णिमा (अमावस्या) सम्बन्धी यज्ञ, पितरों तथा देवताओं का तर्पण संसार के सभी शुभ कर्मों का आरम्भ तथा इस लोक की अनेक क्रियाओं का आरम्भ।

न ज्योतिषं विना ह्यासां प्रवृत्तिरूपं लभ्यते[१]।
आप्यायतां च देवानां यज्ञप्रोक्ताः क्रियाश्चर्याः[२]।।२३।।

मञ्जुमति व्याख्या :– ज्योतिष शास्त्र के बिना उपर्युक्त कार्यों की प्रवृत्ति अन्य से सम्भव नहीं हो सकती देवताओं की आराधना यज्ञ तथा अन्य क्रियाओं का आश्रय आदि कहा गया है।

यज्ञार्थ मपि च प्रोक्ताः स्वयं वेदाः स्वयंभुवा।
न ते च सम्प्रवर्तन्ते तत्कालाज्ञानात्कथञ्च न[३]।।२४।।

मञ्जुमति व्याख्या :– स्वयं वेदों एवं ब्रह्मा जी ने यज्ञों को कहा है वे सभी यज्ञ काल ज्ञान के बिना किसी भी प्रकार से सम्भव नहीं हो सकता।

यज्ञक्रिया अहोरात्रं च क्रियाश्चान्या जगत् हिताः[४]।
तत् पुण्यं समं वेदैर्यज्ञश्चक्षुः सनातनम्[५]।।२५।।

मञ्जुमति व्याख्या :– यज्ञ क्रिया तथा संसार के हित में होने वाले दिन-रात के अन्य कर्मों से होने वाला पुण्य के समान वेद के द्वारा प्रतिपादित यज्ञ और सनातन चक्षु अर्थात् ज्योतिषशास्त्र।

स्वर्गमध्येयमव्यग्रै ब्राह्मणैः संसित व्रतैः[६]।
ततः[७] काल प्रसिद्ध्यर्थं राशयः पूर्वमीरिताः।।२६।।

मञ्जुमति व्याख्या :– स्वर्ग सम्बन्धी यज्ञ, ब्राह्मणों के द्वारा निदृष्ट व्रत आदि यह सभी काल के सिद्धि हेतु राशियाँ पूर्व में कही जा चुकी हैं।

अहोरात्र विभागश्च तिथीनां च क्रिया विधिः।
सोमसूर्य विलग्नामृक्षाणां च विनिश्चयात्[८]।।२७।।

---

१. न ह्येते ज्योतिषां तासां प्रवृत्तिरूपलभ्यते, २. आप्यायनार्थं देवानां यज्ञ प्रोक्ताः क्रियाश्चयाः, ३. ते च रत्ने प्रवर्त्तंते कालज्ञानात्कथं च न, ४. यज्ञक्रियाग्नि होत्रं च क्रियाश्चान्या जगद्धिताः, ५. तस्मात्पुण्यं समं वेदैर्यद्यच्चक्षुः सनातनम्, ६. स्वर्गमध्ये यम व्यग्रैर्ब्राह्मणैः संचित व्रते, ७. तत्र, ८. सोमसूर्य विलग्नाना मृक्षाणां च विनिश्चयः।

मञ्जुमति व्याख्या :– दिन–रात का विभाग तथा तिथियों में होने वाले कर्मों का विधान चन्द्रमा, सूर्य तथा लग्न एवं नक्षत्रों का निश्चय करना।

आदानयोगभोगाश्च विसर्गाश्चार्कसोमयोः[१]।
दिनर्तुपक्षमासानां चन्द्रार्काणां विनिश्चयः[२] ।।२८।।

मञ्जुमति व्याख्या :– ग्रहण करने वाले योग, भोग, सृष्टि, सूर्य, चन्द्रमा, दिन, ऋतु, पक्ष, मास तथा सूर्य, चन्द्र आदि का (ग्रहण) निश्चय करना।

कर्मप्रयोगमानानां लेख्य प्रश्नविधिस्तथा[३]।
एवमाद्याः समस्ताश्च क्रिया ज्योतिषाश्रयाः[४] ।।२९।।

मञ्जुमति व्याख्या :– कर्मों का उपभोग उनका परिणाम, लेख, प्रश्न विधि एवं समस्त कर्म ज्योतिषशास्त्र के आश्रित होते हैं।

स्वयं स्वयंभुवसृष्टं चक्षुर्भतं द्विजन्मनाम्[५]।
वेदाङ्गं ज्योतिषं ब्रह्मपदं यज्ञ हितावहम्[६]।।३०।।

मञ्जुमति व्याख्या :– स्वयं ब्रह्मा जी ने द्विजातियों के लिए नेत्र स्वरूप इस ज्योतिषशास्त्र की रचना की है। वेदांग ज्योतिष, ब्रह्मपद रूप यज्ञ को सम्पादित करने वाला है।

मया स्वयंभुवा प्राप्तः क्रियाकाल प्रसाधकम्।
वेदानामुत्तमं शास्त्रं त्रैलोक्यहितकारकम्।।३१।।

मञ्जुमति व्याख्या :– स्वयं ब्रह्मा के द्वारा कर्म एवं काल का साधन करने वाला यह ज्योतिषशास्त्र मुझे प्राप्त हुआ है। यह वेदों का उत्तम शास्त्र है तथा तीनों लोकों का हित करने वाला है।

मत्तश्चान्यानृषीन् प्राप्तं पारम्पर्येण पुष्कलम्[७]।
तैस्तदा स्त्रष्टुभिर्भूयोग्रन्थैः स्वैःस्वैरुदाहृतम्[८]।।३२।।

---

१. – – दानयाग विभागविसर्गाश्चार्क सोमयोः, २. दिनर्त्तु पक्षमासानां चंद्रार्काणां च निश्चयः, ३. कर्मप्रयोगो मानानांतनेर च प्रश्न विधिस्तथा, ४. एवमाद्या बहुविधाः क्रियायाज्योतिषाश्रयाः, ५. स्वयं स्वयंभुव सृष्टं चक्षुभूतं मखार्थिना, ६. उदग्न्यं ज्योतिषब्रह्म समं वेदैर्विनिर्म्मितम्, ७. मतश्चान्य ऋषयः प्राप्ताः पारंपर्येण पुष्कला, ८. तैस्तयो दृष्टिभिर्भू योग्रंथै स्वैः स्वैरूदाहृतः।

मञ्जुमति व्याख्या :– मेरे द्वारा ही अन्य ऋषियों ने परम्परा के द्वारा विशेष रूप से प्राप्त किया है। उन ऋषियों ने उस समय ब्रह्मा के द्वारा निदृष्ट ग्रन्थों के आधार पर अपने-अपने उदाहरणों को दिया है।

ययैव वेदस्य गंगानिषनुक्तानि मनीषिभिः[१]।
चतुःषष्टिस्तथाज्ञाति[२] ज्योतिषस्य विदुर्बुधाः।।३३।।

यही वेद रूपी गंगा मनीषियों के द्वारा कही गयी है। इस ज्योतिषशास्त्र के चौसठ प्रकार विद्वानों के द्वारा कहा गया है।

योगक्षेमः प्रसिद्धार्थे प्रजानां च हिताहिते[३]।
सम्यक् विजयारोग्यं क्षेमरैरवि निश्चयः[४]।।३४।।

योगक्षेम की प्रसिद्धि हेतु तथा प्रजाओं के हिताहित के लिये ठीक ठंग से विजय तथा आरोग्य की प्राप्ति हेतु ज्योतिषशास्त्र का आश्रय लेना चाहिए।

राज्ञेहितार्थं नियतं चतुःषष्टातमुत्तमम्[५]।
ज्योतिर्ज्ञान मुपकुर्व्वन् कालज्ञानोपवृहितम्[६]।।३५।।

संसार हित के लिए नियत चौसठ कलाओं से युक्त उत्तम प्रकाश पिण्डों का ज्ञान कराता हुआ कालज्ञान को विस्तार करने वाला यह शास्त्र है।

तस्मात् कालज्ञोमतिमान्[७] व्यंगे व्यसनी शुचिः ।
कृत्वोपसदनं वेदवीर्णवेव्रतोद्विजाः[८] ।।३६।।

इसलिए काल को जानने वाला बुद्धिमान, शास्त्रज्ञान का व्यसन रखने वाला, पवित्र आत्मा, वेद के इस रहस्यात्मक ज्ञान के व्रत में लगा हुआ द्विज।

कालज्ञानमधीत्येह गणितेनो यथा दयेत्[९]।
नाहं संख्या विहीतस्य भवते तद्विबोधकम्[१०]।।३७।।

---

१. यथैव वेदस्यांगानि षडुक्तानि मनीषिभिः, २. चतुःषष्टिस्तथांगानि, ३. योगक्षेम प्रसिद्ध्यर्थं प्रजा च हिता हिते, ४. सम्यग्विजयारोग्यं क्षेमवैर विनिश्चयः, ५. राज्ञां हितार्थं नियतं चतुःषष्टयं तमुत्तमम्, ६. ज्योतिर्ज्ञानमयं कुर्वं कालज्ञानोप वृंहितम्, ७. तस्मात्कुलीनो मतिमान, ८. कृत्वोपसदनं वेदचीर्ण वेदव्रतो द्विजाः, ९. कलाज्ञानमधीत्येह गणितेनोप पादयेत्, १०. नहि संख्या विहीनस्य भवेत्ये तद्विबोधकम्।

कालज्ञान का अध्ययन करके गणित शास्त्र का विधिवत अध्ययन करें, कारण संख्या से हीन अर्थात् अंक ज्ञान से रहित को यह शास्त्र दुर्गम है।

तस्माद् गणितवद्धीरः कालज्ञान विनिश्चयः।
यज्ञाग्नि होत्रे च सदसि दसत्वमवाप्नुयात्[१]।।३८।।

अतएव गणितशास्त्र में प्रवीण कालज्ञान का निश्चय करके यज्ञ और अग्निहोत्र तथा सभा में इसका उपयोग करे।

क्रियाश्रया[२] यथा शास्त्रं गणितेनोपपादयेत्।
ज्योतिषा वाप्नुयरुस्त्वोके द्विजा पूजां चराऽजसु[३]।।३९।।

कर्मों का आश्रय जैसा कि शास्त्र में कहा गया है गणित के द्वारा जानें। ज्योतिषशास्त्र को जानने वाले द्विज, राजा आदि की पूजा करनी चाहिए।

तस्मात्कथ्यमधीत् स्यग्रे वेदांगकाल बोधनम्[४]।
ज्यौतिष्या वामयनांगानि चतुःषष्टिस्ततः पचेत्[५]।।४०।।

उसके पश्चात् कहे गये वेदाङ्गकाल का बोधन करते हुए ज्योतिषशास्त्र के चौसठ कलाओं का प्रयोग करें।

येषामग्रे कर्मगुणश्चन्द्र मग्रास्त्वं न नरम्[६]।
नक्षत्रकेन्द्रं स चैव द्विवर्गः प्रथमः स्मृतः[७]।।४१।।

जिसके आगे कर्म, गुण, चन्द्रमा मनुष्य तथा नक्षत्र केन्द्र आदि द्विवर्गों में सर्वप्रथम जानें।

राहौ बृहस्पतौ शुक्रे धूम्रकेतौ शनैश्चरे ।
अंगारके बुधेऽर्के[८] च वारानष्टौ ततः पठेत् ।।४२।।

---

१. --- यज्ञेग्नि होत्रे च सदतत्व मवाप्नुयात्, २. क्रियाश्चता, ३. ज्योतिषाप्चाप्नुयाल्लोके द्विजान् पूजां च राजसु, ४. तस्माकृच्छ्रमधीत्याग्न वेदांगं कालबोधनम्, ५. ज्योतिषामयनांगानि चतुः षष्टिस्ततः पठेत्, ६. येषा मग्ने कर्मगुणश्चंद्रमार्गास्त्वनंतरम्, ७. नक्षत्र केन्द्र एवैव द्विवर्गः प्रथमः स्मृतः, ८. बुधेर्के।

राहु, बृहस्पति, शुक्र, धूमकेतु, शनिश्चर, मंगल, बुध और सूर्य इन आठ बारों का पाठ करें।

चक्रेष्वन्तरं[१] चक्रं च मृगचक्रं तथैव च।
श्वचक्रं वात चक्रं च वक्त्तांगेषु चतुष्टयम्[२]।
वास्तुविद्यांग विद्यां च वायसानं तथैव च ।।४३।।

चक्र के मध्य में एक चक्र, पुनः मृगचक्र, उसके बाद स्वचक्र तथा बातचक्र इन चार चक्रों की स्थापना करें। वास्तुविद्या तथा वायस आदि विद्याओं को।

ज्ञेतित्ततूक्तस्तु विधेता वृद्धगर्गमतं शुभाः[३]।
स्वातीयोगा तथाषाढरोहिण्यां योगमेव च[४]।।४४।।

ऊपर कहे गये विधान के अनुसार वृद्धगर्ग के शुभमत को जानकर स्वाती योग, अषाढ़ायोग तथा रोहिणीयोग को जानें।

कृत्स्नान्येतान्विजानीयात् योगान्वै[५] विशेषतः।
विना सलिलं ततः रहस्य चेत् यथाङ्गानि रहस्यम्[६]।।४५।।

इन सम्पूर्ण योगों को तथा अन्य विशेष योगों को भी जानना चाहिए।

इति अंगानि चतुर्विंशति दर्शिता।।

इस प्रकार चौबीस अंगों को यहाँ दिखाया गया है।

अतऊर्ध्वं प्रवक्ष्यामि उपांगानीहनामतः[७]।
अनुपूर्वद्विधाने[८] च चत्वारिंशतिमेकतः।।४६।।

इसके बाद यहाँ इक्तालिस उपागों का विधान कहूँगा। ४६।।

ग्रहकोशग्रहयुद्धं ग्रहमुर्द्धं ग्रहशृंगाटकंतथा।[९]
कृत्स्नं ग्रहेश्वराणां च ग्रहपाकास्तथैव च[१०]।।४७।।

---

१. चक्रेष्ठंतर, २. वक्रांगेषु चतुष्टयम्, ३. ज्ञेया स्विस्नस्तु विद्यैता वृद्धगर्गमताः शुभाः, ४. स्वस्तियोगा यथामास्थो रोहिण्यासोगं मेव च, ५. त्रीनूयोगान्वै, ६. अ --- विशं सलिले ततः, ७. उपांगानींहता मत्तः, ८. अनुपूर्व्याद्विधाने, ९. महकेशि ग्रहयुद्धं ग्रहशृंगाटकं तथा, १०. कृत्स्नं ग्रहे पुराणां च ग्रहपाकास्तथैव च।

ग्रहकोश, ग्रहयुद्ध, ग्रहउर्ध्व, ग्रहशृंगाटक तथा सम्पूर्ण ग्रह स्वामियों का एवं ग्रहों के परिणाम का।

निपथाश्चाग्नि वर्षाश्च सेनासमूहस्तथैव च[१]।
मयूरचित्रोपनिवदुपहारा प्रशांतपः[२] ।।४८।।

निपथ, अग्नि, वर्षा तथा सेना का समूह, मयूर चित्रक, उपहार तथा ग्रीष्म।

ते अतिकेतुलाकोशौ भवश्चं चोपकारयत्[३]।
सर्वभूत हिते चैव तथामप्यन्तं सतां विदुः[४] ।।४९।।

केतुओं का समूह, उनसे होने वाला प्रभाव तथा सम्पूर्ण प्राणियों के हित में और सज्जनों के हित का ज्ञान।

उपानहां तथा छेदोवत्राछेदस्तथैव च[५]।
कृतल्लं भुवनकोशं च गर्भाधानं दश्यगाधातुम्[६] ।।५०।।

उपानह, छेद, वत्राछेद, सप्ततल, भुवनकोश, गर्भाधान तथा अन्य संस्कार।

निव्याता कृमिकंयाश्च परिवेषास्तथैव च[७]।
क्रुक्षुस्वंभावा सत्यंवतथोत्काश्चोपधारयेत्[८]।।५१।।

निर्वात, कनिक, परिवेश, नक्षत्रों का स्वभाव तथा उल्कापात आदि।

सांत्सरस्तथा युक्तः शास्त्राणां देशमादिशेत् ।
बलाबलं तु विज्ञायं बहुपुत्रबलं वदेत् ।
चतुषष्टंगमेन सुसंवत्सरमुदाहृतं[९] ।।५२।।

---

१. नि – पाश्चाग्नि वपीश्च समाव्यूह तथैव च, २. मयूरचित्रोपनिवदुपहारा प्रशान्तयः, ३. ते आनिकेतु लोकावोभव शृंगोपकरायम्, ४. सर्वभूत हितं चैव तथा पुष्पलतां विदुः, ५. उपानह तथा छेदो वस्त्रछेदस्तथैव च, ६. कृत्स्नभुवन कोशचन्द्रा गर्भाधानं गार्गयु, ७. निधीता भूमिं कंपाश्च परिवेशास्तथैव च, ८. स तु स्वभावाः सत्येव तथैव तं लोथोत्काश्चोपधारयेत्, ९. धनुः षष्ट्यं गमितन्तु संवत्सरमुदाहृतम् ।

सांवत्सर (संवत्सरों का समूह अथवा ज्योतिषी) से युक्त शास्त्रों के आवेश को कहना चाहिए। बलाबल का ज्ञान करके अनेक बलों को कहना चाहिए। चतुरंग तथा सुन्दर संवत्सर का उदाहरण जानना चाहिए।

ज्ञान प्रजाहितं राज्यं चक्षुरग्रयं[1] क्रियाहितम् ।
तस्माद्राज्ञाधिगंतव्यं विद्वान् सांवत्सरोन्तुणा[2] ।।५३।।

ज्ञान, प्रजा का हित, राज्य तथा कार्यों के सफलता हेतु ज्योतिष का आश्रय लेने के राजा को विद्वान् ज्योतिषी के पास जाना चाहिए।

जयं यशः श्रियं भोग्रानुश्रद्यश्चयहदीक्षित।
ना सांवत्सरके देशे वास्तव्यं भूतिमिच्छता।।५४।।

जय, यश, लक्ष्मी, भोग तथा दीक्षा आदि के लिए ज्योतिषी से रहित स्थान में अपना कल्याण चाहता हुआ नहीं बसना चाहिए।

चक्षुर्भूतो हि यत्रैष पापं तत्र न विद्यते ।
न संवत्सरपापीक[4] नरकेषूपपद्यते ।।५५।।

इस ज्योतिषशास्त्र का ज्ञाता जहाँ रहता है वहाँ पाप नहीं रहते, न पाप का प्रभाव होता है और न नरक जाना पड़ता है।

ब्रह्मलोके प्रतिष्ठा च लभते दैव चिन्तकः ।
नाशिष्यं वेदतोशास्त्रां[5] गर्गस्य वचनं यथा ।
विज्ञान रहितो युक्तो भवात्र विद्वतेति[6] ।।५६।।

वह ज्योतिषी ब्रह्मलोक में प्रतिष्ठा प्राप्त करता है, इस शास्त्र का ज्ञान अशिष्य को नहीं देना चाहिए जैसा कि गर्ग का वचन है। जो विज्ञान रहित है वह भी इस शास्त्र का ज्ञान प्राप्त नहीं कर पाता।

।।बृद्धगर्गकृते ज्योतिषे अंग समुदेशोनाम द्वितीयोऽध्यायः।।

---o---

१. चक्षुण्यं, २. तस्माद्राज्ञाधिगतंव्ये विद्वान् सांवत्सरो गुणी, ३. भोगा श्रेयश्च महदीक्षिता, ४. न संवत्सरपाठी च, ५. न शिष्या वदतोण, ६. भावात्त विन्दतेथि,

अथ तृतीयोऽध्यायः

अथ च नक्षत्रमुहूर्त्तं करणात्प्रकरणम्[१] ।
चतुर्व्यूहं कर्मगुण गर्गेणोक्तम् यथाविधि[२]।
तिथिनक्षत्रकरणैर्मुहूर्त्तानां च सम्पदः ।
तस्माच्चतुर्गुणमितेयां च यदा कर्म कारयेत्[३] ।।१।।

अब नक्षत्र, मूहुर्त, करण, चतुर्व्यूह, कर्मगुण गर्ग के द्वारा कहा गया है। जिस प्रकार से तिथि, नक्षत्र करण, मूहुर्त आदि कहे गये हैं इनको क्रमशः चर्तुगुणित के अनुसार कार्य करना चाहिए जैसे तिथि का एक गुण, नक्षत्र का चार, करण का आठ तथा मूहुर्त का सोलह गुण जानना चाहिए।

तिथिः पंचदशभिः ऋक्षैश्चत्रिनवात्मकैः[४]।
करणैरस्या नक्षत्रे सोमसंहितां योनि स्थितिः कर्मगुणा[५] ।।२।।

तिथि पन्द्रह होती हैं तथा नक्षत्र सत्ताइस, करण भी तिथि के अनुसार तथा नक्षत्र चन्द्रमा से युति होने पर कहे गये हैं।

पञ्चाकादशभिर्मुहूर्तैः स्त्रिदशैरपि साद्याभानानि[५]।
कार्याणि नृणां सिद्ध्यंत्य संशयः कर्मणो हि[५] ।।३।।

सोलह मूहुर्त तथा तीस नक्षत्र के अनुसार कहे गये हैं मनुष्यों के सम्पूर्ण इन्हीं के अनुसार सिद्ध होते हैं इसमें सन्देह नहीं है।

शरीरस्या नक्षत्रे सोमसहितां मानस्थितिः ।
कर्मगुणाश्रेष्वान्नकरणं स्मृतं[६] ।।४।।

नक्षत्रों का मान चन्द्रमा के मान से होता है तथा कर्म गुण, करण के अनुसार कहे जाते हैं।

---

१. अथातस्थिति नक्षत्रमुहूर्त्त करणात्मकम्, २. चतुर्व्यूहं कर्मगणं गर्गेणोक्तं यथाविधि, ३. तस्माच्चतुर्ण मेतेषां संपदा कर्म कारयेत्, ४. तिथिभिः पञ्चदशभि पक्षैश्च त्रि नवात्मकैः, ५. करणैरथैकादशभिमुहूर्त्तैस्त्रिदशैरपि, साध्यमानानि कार्याणि नृणां सिद्ध्यंत्य संशयः, ६. कर्मणो हि शरीरं स्यानक्षत्रं सोम संहित, योनि स्थितिः कर्मगुणा श्रेष्ठान्नकरणं स्मृतम् ।

फलं मुहूर्त्तं विज्ञेयं च तु संपदतो वरा ।

कर्मणे हि चतुर्थांशे कर्मकार्यं न संपदा[१] ।।५।।

मुहूर्त का फल चारों संघटकों द्वारा जानना चाहिए। कर्म के चतुर्थांश से कार्य की प्रकृति एवं सम्पत्ति जाननी चाहिए।

[२]मुहूर्त्ततिथि नक्षत्रकरणं हि बलायुसा[३] ।

करणानाम नियतः कालस्तु तिथि संश्रयात् ।।६।।

मुहूर्त, तिथि, नक्षत्र, करण के बलवान होने पर करणों के नाम और उनका समय तिथि के आश्रय से जानना चाहिए।

अहोरात्रेषु भिन्नेषु तिथिरादिः समाप्तितः ।

मासे मासे समाषष्टिः करणानामिहोच्यते ।।७।।

दिन रात में अलग-अलग तिथि आदि की समाप्ति तक जानना चाहिए। इस प्रकार प्रत्येक मास में साठ करण कहे गये हैं।

एकांतरेणशेशेषु[४] शस्यते करणद्वयम् ।

कर्मकार्यं मूहुर्तं च दिनं वादेव जायते ।।८।।

समस्त तिथियों में करण दो-दो होते हैं अर्थात् एक तिथि में दो करण होंगे। अतएव किसी भी कार्य के आरम्भ में मुहूर्त एवं दिन का विचार करना चाहिए।

तिथ्याक्षयोरसंपत्याकुर्यान्नक्षत्र[५] योगतः ।

सोप संयोगतोत्यत्र[६] काल श्रेष्टाऽति संयतः ।।९।।

तिथि के क्षय होने पर नक्षत्र के योग से विचार करना चाहिए। उस उपसंयोग से यहाँ काल की श्रेष्ठता को जानें।

---

१. चतुर्थं शास्तिथि योगात्प्रसिद्ध्यति, २. तिथ्यक्ष योगाद्वंशोत्र योगकरणैः, सहां चत्वारस्तिथिनक्षत्र मुहूर्त्त करणै रतः, त्रीणि कर्म्माणि सिद्ध्यन्ते तस्मात्कार्याणि संपदा, ----- चतुर्थांशे कर्मकार्यं नृ संपदा (अधिक है), ३. वलीयसां, ४. एकान्तरेण मासेषु, ५. तिथ्याक्षयोरसंपत्याकुन्नक्षत्र, ६. संयोगतोह्यत्र।

जन्मजं सुखदुःखं हि नृणामायुर्व्ययपागमौ ।

नक्षत्रे चन्द्र संयुक्ते सर्वारंभाश्च लौकिकाः ।।१०।।

जन्म के अनुसार मनुष्यों का सुख-दुःख तथा आय-व्यय का आगम, चन्द्रमा का नक्षत्र से संयोग होने पर सम्पूर्ण लौकिक कर्मों को आरम्भ करना चाहिए।

तस्मादग्रे कर्मगुणा कार्मिकाद्यैष्वहंरहाम्[१] ।

प्रवक्ष्ये ज्योतिषां गानामंगत्वेता हि होदितः[२] ।।११।।

इसलिए सर्वप्रथम व्यक्ति को प्रतिदिन कर्मों के गुणों को जानकर उनके अनुसार कार्य आरम्भ करना चाहिए। अतएव ज्योतिषशास्त्र के अङ्गस्वरूप सिद्धान्तों को कहूँगा।

परिभाषानां तृतीयः कृतिकाश्वनि।

साध्यनिसर्वकर्माणि साधयेत्[३] ।।१२।।

कृतिका से लेकर अश्विनी नक्षत्र पर्यन्त कर्मों के अनुसार प्रत्येक कार्यों को साधना चाहिए।

संपदाश्चाग्नि वृतीनां प्रपाश्च गृहानि च[४] ।

गोजातिक वृषोत्सर्गो विधिः संकलनां च यम्[५] ।।१३।।

कृतिका नक्षत्र से सम्पत्ति, प्याऊ, गृह, गृहारम्भ आदि। गाय से सम्बन्धित कार्य, वृषोत्सर्ग (बैल को छोड़ना) की विधि तथा अन्य संकलन आदि।

भाण्डानि चाश्मतरोमा विविधा स च कारयेत्[६]।

पीतलोहित वस्त्रं च भाण्डानि विविधानि च ।।१४।।

अनेक प्रकार के बर्तन, पत्थर सम्बन्धि कार्य, पीला-लाल वस्त्र, तथा

---

१. कृतिकाग्रेष्व हदम्, २. प्रवक्ष्ये ज्योतिषां गानामं गत्ये तदिहादिमम्, ३. परिभाषानामतृतीयाः, कृतिकास्वाग्रे साध्यानि सर्वकर्मास्मि साधयेत्, स्थापनाश्चाग्नि वृत्तीनां प्रयोगाश्च गृहाणे च, ४. स्थापनाश्चाग्नि वृत्तीनां प्रयोगाश्च गृहाणे च, ५. गोजाविक वृषोत्सर्गा न संकल्पनां चयम्, ६. भांडानि वा इम सारेभ्यो विधिधान्यत्र कारयेत्।

विविध प्रकार के पात्रों का आरम्भ करना चाहिए।

न कारयेत्र कृष्णपाद्यारचांतां[1] तवानि च ।
कर्मोपनयनं कुर्यादभिचारास्तथा रिपु[2]।।१५।।

इसमें काले, उपानह आदि कार्यों का निर्माण नहीं करना चाहिए। कर्मोपनयन के साथ शत्रु के लिए अभिचार आदि करने चाहिए।

क्षौरं चान्न नु वर्जित षड्नूे च हि दैवते[3] ।
साध्यजंजापभिजरो[4] दीर्घायुः श्रीकीर्तिमान् ।।१६।।

क्षौर कर्म तथा अन्नप्रासन आदि कार्यों को कृतिका नक्षत्र में वर्जित करना चाहिए। इसमें जप अथवा साध्य से दीर्घायु, लक्ष्मी तथा यश की प्राप्ति होती है।

तेजस्वीकृपणक्रोधी यज्वादाता[5] च जायते ।
रोहिण्यां स्थावरं कर्मप्रवेशस्तं[6] चापि कारयेत् ।।१७।।

इसमें उत्पन्न होने वाला तेजस्वी, कृपण, क्रोधी तथा यज्ञ करने वाला, दान न देने वाला होता है। रोहिणी नक्षत्र में लघु कर्म, प्रवेश कार्य आदि करने चाहिए।

तस्मान्नादहेदन्नं[7] प्रयोगांश्च न कारयेत् ।
अभिषिंचन्न[8] नृपतीन्सर्वानधिकृतास्तथा ।।१८।।

अतएव इसमें अन्न का ले जाना, प्रयोग आदि नहीं करना चाहिए, न अभिषेक करना चाहिए, न हि राजा से सम्बन्धित और उससे अधिकृत कोई भी कार्य करे।

अपत्य हेतोः स्त्रीपुंसोः प्रयोगाश्चाल्प[9] कारयेत् ।
प्राजापत्ये तु नक्षत्रे सततं पंचतारके।।१९।।

सन्तान के निमित्त स्त्री-पुरुषों को प्रयोग (गर्भाधान) करना चाहिए।

---

१. न कारयेन्न कुणुयामाखां, २. कन्योपनयनं कुर्यादभिचारास्वथारिषु, ३. क्षौरं चात्र न कुर्वीत षड्वारे वह्निदैवेते, ४. साध्यायत्तापाभि जरो, ५. यद्वादाता, ६. कर्मप्रशस्तं, ७. परस्मान्ना, ८. अभिषिंचेच्च, ९. प्रयोगाश्चात्र।

रोहिणी नक्षत्र जिसका देवता प्रजापति है पाँच तारों से युक्त है।

पशुचित् सुतैश्चर्येरायुषातां वितक्षमी[१] ।
दाताकृतघ्नश्चैवात्र सा तु कोशश्च तापति[२] ।।२०।।

पशुओं से युक्त कार्य, सन्तान से सम्बन्धित कार्य, आयु सम्बन्धि, विस्तार, दान, कृतज्ञता और कोष रक्षा का कार्य।

त्रित्तारमधिका सौम्यं प्रशस्तं मृदु कर्मसु ।
धान्यायुष्य यशस्येषु प्राजापत्य व्रतेषु च ।।२१।।

तीन तारों से अधिक मृगशिरा नक्षत्र है जो सम्पूर्ण शुभ कार्यों के लिए प्रशस्त होता है। धान्य, आयुष, यश तथा प्रजापति व्रत करना चाहिए।

व्रतसूत्रोपनयैर्नामकर्मभिगारागाण्यम्[३] ।
चात्रकुर्यात् स्नातकोश्चाभिषिंचयेत्[४] ।।२२।।

व्रत, सूत्र, उपनयन, नामकर्म, अभिगार, धन्य-धान्य संग्रह तथा स्नातक का अभिषेक इस नक्षत्र में करना चाहिए।

प्रासादं चामरं छत्रं याना स न विभूषणम् ।
न वासुधारयेदेता प्रस्थानं[६] चात्र पूजयेत् ।।२३।।

भवन निर्माण, चामर, छत्र, वाहन, आसन, आभूषण तथा अन्य स्थलों में प्रस्थान एवं पूजन भी मृगशिरा नक्षत्र में करना चाहिए।

कुलमेव कुलोपेतौ सौश्वश्चा[७] च पलाननः ।
दीर्घायुः सुतवित्सास्त्री जायते पुरुषो मृदुः[८] ।।२४।।

इस नक्षत्र में उत्पन्न होने वाला जातक कुल (वंश) के आचरण से युक्त सुन्दर आकृति, दीर्घायु, पुत्र, धन, स्त्री से युक्त होता है और मधुर आचरण वाला

१. पशुवित्तसुतैश्वर्यैरायुषा तान्वितक्षमा, २. दाताकृतघ्नश्चैवात्र सानुक्रोशश्च जायते, ३. व्रतसूत्रोपनयनैर्गोदानैनभि कर्मभिः, ४. गण्यागण्यं चात्र कुर्यास्नातकाश्चाभिषेचयेत्, ५. बीजान्यौषधि वृक्षाश्च क्षीरिणाश्चात्र वापयेत्, यज्ञानां च समारंभास्तथा शांतिक पौष्टिकाः (अधिक है), ६. अस्थानं, ७. लमे वकुलोपेता सौम्यश्चा, ८. दीघायुः सुतवान्सास्त्री जाग्रते पुरुषो मृदुः।

होता है।

आर्द्रायां प्रहरेत्पूर्वस्तथा[१] शान्तिक पौष्टिकम्।
खातयेदुदयानाश्च[२] एकाभागे न नित्यशः ।।२५।।

आर्द्रा नक्षत्र में प्रहार तथा पूर्व में कहे गये शान्ति और पुष्टि वाले कार्य, खनन करने का कार्य, उन्नति से सम्बन्धित कार्य तथा नित्य कृत्य करने चाहिए।

जन्मकर्म न दीयता पण्याश्चक्रपमेव[३]।
वैरादिलुमकाश्चमुतिक परिचाधिकं[४] ।।२६।।

जन्म-कर्म से सम्बन्धित कार्य, व्यवसाय के कार्य, क्रय-विक्रय तथा भ्रमण का कार्य, वैर, लूटपाट, चोरी तथा परिचर्या से सम्बन्धित कार्य करना चाहिए।

प्रस्थापनं प्रकुर्वीत सेना चात्र प्रदापयेत् ।
अरीणामपि क्वातांश्च प्रकुर्वाद्रुद्रदैवते[५] ।।२७।।

स्थापना का कार्य करें, सेना से सम्बन्धित, दान देना चाहिए तथा शत्रुओं से वैर-विरोध, रुद्र देवता के नक्षत्र अर्थात् आर्द्रा नक्षत्र में कार्य करना चाहिए।

दाता च ऋजुक्रोधी[६] हिंसाप्रियरतः सदा ।
एणं मांस ततस्ते[७] विक्रातश्चादयो भवेत् ।।२८।।

इस नक्षत्र में पैदा होने वाला जातक दानी, सरल, क्रोधी, हिंसा में लगा रहने वाला, हिरण आदि के मांस को बेचने वाला होता है।

पुनर्वसुद्यदिछेन्तत्कुर्यात्पुद्यंशी कुर्वीत[८] ।
तपसां सततं मुपगछेदामेस्मिन्पुनर्भुवं[९]।।२९।।

पुनर्वसु नक्षत्र में पुत्र सम्बन्धि कार्य, तपस्या सम्बन्धित कार्य, यात्रा तथा रूके कार्य को पुनः आरम्भ करने वाला कार्य करना चाहिए।

---

१. अहरेत्पूर्वंस्तथाशां, २. खानयेदुदपानाश्च, ३. जन्मकर्म नदीयज्ञपण्याश्च क्रय मेव च, ४. वैरदिकालुव्यकाश्च मुनिका परिवाधिकम्, ५. अरीणामभिघातांश्च कुर्यादुद्रदैवते, ६. अदाता च सत्तुक्रोधी, ७. एणं मांस ततस्ते, ८. पुनर्यद्यदिच्छे ततः कुर्यात्पुनर्वशी, ९. कुर्वीत पुंसा सततं मुपगच्छेत्पुनर्भुवम् ।

स्त्रीणामरिषु वेश्मानि तथा पुंसवनानि च।
शान्तिकं पौष्टिकं युक्ता गोदानं सूत्रकर्म च।।३०।।

स्त्रियों से सम्बन्धित कार्य, शत्रु सम्बन्धि, घर निर्माण, पुंसवन संस्कार, शान्ति कर्म, पुष्टि कर्म, गोदान कर्म तथा सूत्र कर्म आदि को करना चाहिए।

चिकित्स न प्रयुंजीत तथा जय पराजयौ।
अध्वानो प्रांमुखो गच्छेदादित्येस्मिद्वितारके[१]।।३१।।

चिकित्सा सम्बन्धी कार्य, जय-पराजय से सम्बन्धित कार्य, मार्ग सम्बन्धि गमन, यात्रा करना चाहिए। यह अदिति देवता का नक्षत्र है इसमें दो तारें हैं।

सौभाग्य पक्षायाज्ञो नित्यकल्पो मृदुर्ध्वनीत[२]।
विद्याधिगंता स्त्रीलग्नोजाये तत्र नरेश्वरः[३]।।३२।।

इस नक्षत्र में उत्पन्न जातक सौभाग्य युक्त, निष्पक्ष, यज्ञवेत्ता, नित्य कल्प सुन्दर उर्ध्व दृष्टि वाला, सभी विद्याओं को जानने वाला, स्त्री-पुत्र से युक्त तथा मनुष्यों का स्वामी होता है।

पुष्पेद्वित्येति कर्मांणि सर्वे कुर्युद्विता तपः[४]।
पुष्टिशान्तिक मङ्गल्यं शापोद्वालंभनानि च[५]।।३३।।

पुष्य नक्षत्र में ज्ञान सम्बन्धी कार्य और सभी प्रकार के जप, तप, पुष्टि, शान्ति कार्य, मांगलिक कार्य, शाप निवृत्त के लिए आलम्भन क्रिया करना चाहिए।

रथप्रासाद यन्त्राणि ध्वजाच्छत्रायुधानि च।
विजयानभिषेकाश्च[६] प्रस्थानं च नराधिपः।।३४।।

---

१. अध्वानं प्राङ्मुखो गच्छेदादित्येस्मि द्वितारके यशे, २. भाग्य प्रजा प्राज्ञो नित्यकाल्यो मृदुर्धुनी, ३. निष्ठाधिगं स्त्रीलोलो जायतेत्र नरेश्वरः, ४. पुष्ये जातिकर्माणि सर्वे कुर्युर्द्विजातयः, ५. पुष्टिशान्तिकर्म गल्पं प्रायोद्वालंभनानि च, ६. विजयान्यभिषेकाश्च।

रथ, महल, यन्त्र, ध्वजा, क्षत्र, आयुध, विजय, राजा का अभिषेक तथा प्रस्थान करना चाहिए।

प्रस्थापः प्रस्थापयेतथाश्चत्वौ।
शिष्यान् स्थाधापनतोथितः[१]।।३५।।

स्थापना का कार्य तथा अन्य शुभ कार्य, शिष्यों को अध्ययन आदि कराने का कार्य करना चाहिए।

गुरुचेश्म उदंवाच्च विद्याछिल्पार्थिनो नराः[२]।
वितन्यसघनत्वं च मद्यकर्म च वर्जयेत्[३] ।।३६।।

बड़े कार्य, जल सम्बन्धी कार्य, विद्या तथा शिल्प को चाहने वाले तथा फैलाने का एवं मद्य आदि कर्म वर्जित करना चाहिए।

बार्हस्पत्ये त्रिस्तारेस्मिन्[४] गृहकर्माणि कारयेत् ।
बलोत्साह धरापत्यै ज्ञानं विमलकीर्तिभिः[५]।।३७।।

बृहस्पति के इस नक्षत्र (पुष्य) में तीन तारें हैं। इसमें गृहारम्भ, गृहप्रवेश तथा गृह सम्बन्धी समस्त कार्य करने चाहिए। इसमें उत्पन्न होने वाला जातक बली, उत्साही, पृथ्वी का पालक, ज्ञानी तथा निर्मल यश वाला होता है।

संयुक्तो जायते श्रीमान् श्रेष्ठोर्वंश विवर्द्धन् ।
अश्लेषा स्वायुध्यागारं धत्वत[६] दुर्गमेव च।।३८।।

इसमें उत्पन्न जातक धनवान, श्रेष्ठ वंश को बढ़ाने वाला होता है। अश्लेषा नक्षत्र में शस्त्र का भण्डार, किले आदि का निर्माण करना चाहिए।

देहबंधनं दिग्वंधं संधानं श्लेषणानि च[७]।
विषां गदां न हि सार्थानभिचारके[८]।।३९।।

---

१. प्रस्थापयेत्तथास्वान्वौ शिष्यान्स्वाध्यायनोर्थिनः, २. गुरुवे इम उदेयाच्च विघातछिल्यार्थिनो नराः, ३. वितत्पमवनद्यं च मधुकर्म च वर्जयेत्, ४. वार्हस्पत्येकतरेस्मिन्, ५. बलोत्साहधरापत्यैर्ज्ञान कीर्त्तिभिः, ६. धन्वत्त, ७. देहबंधा नदीबन्ध संधानं श्लेष्मणानि च, ८. विषागदानहिग्नाहात् हिंसार्थानभिचारकम्।

देह का बन्धन, दृग बन्धन, सन्धान तथा शिलष्ट कार्य, विष का कार्य, रोग सम्बन्धी कार्य तथा अभिचार सम्बन्धी कार्य।

अमाछाताश्वषट्कारे प्रकुर्यात्सर्व दैवते[१]।
घातप्रियो दीर्घसूत्रो नृसंशोव्यसनी सव:[२]।।४०।।

यज्ञ, हवन, वर्षट कार्य सभी देवताओं के निमित्त करने चाहिए। इसमें उत्पन्न होने वाला जातक सब का घात प्रिय, दीर्घसूत्री (आलसी), नृशंस (क्रूर), व्यसनी, निर्दयी।

जायते क्रोधनो वैरी मेधायुर्च्चितवान्नर:[३]।
मेघासु सर्वधान्यानि वापयेत्संहरेति च।।४१।।

क्रोधी, बैरी, मेधावान तथा आयुर्वेद का ज्ञाता होता है तथा मघा नक्षत्र में सभी धानों को बोना तथा काटना चाहिए।

संच्चपुण्यं[४] च संघाश्च कोष्ठागारोश्च[५] कारयेत्।
प्रहरेत रिपो: पूर्वं दारुणानि च कारयेत्।।४२।।

समूह के कार्य तथा धन-धान्य का संग्रह (बखार) का निर्माण करना चाहिए। शत्रु पर प्रहार तथा पूर्व में कहे गये समस्त दारुण कर्म करने चाहिए।

श्राद्धकर्मवषद्वारै: प्रकुर्यात् पितृ दैवते[६]।
चतुष्पाद्धनधान्यानां भागाधेया यशोबल[७]।।४३।।

श्राद्धकर्म एवं पितृ सम्बन्धी समस्त कर्म मघा नक्षत्र में करना चाहिए इस नक्षत्र में उत्पन्न जातक चतुष्पाद (पशु), धन-धान्य, भाग्यवान, यशस्वी, बली होता है।

संयुक्तो जायते चात्र सुतछुद्धाकत्रे ऋजु:[८]।
द्वितारं[९] फाल्गुनी पूर्वानक्षत्रं भग दैवतम्।।४४।।

---

१. अन्याच्छातांश्चयद्वारे प्रकुर्यात् सर्पदेवते, २. पानप्रियो दीर्घसुयन्त्रो मृशंसो व्यसनी शठ:, ३. जायते क्रोध नीवैरभि यायुक्ति वा न्नर:, ४. संघ पुण्यं, ५. कोष्ठागारांश्च, ६. श्राद्धकर्म च षडूरि प्रकुर्यात्पितृ दैवते, ७. भागोमेधा यशौबलौ, ८. सुहच्छुद्रा करोज्ञजु:, ९. द्वित्तारं।

इसमें उत्पन्न जातक सरल तथा मातृ-पितृ श्रद्धा रखने वाला होता है। पूर्वा फाल्गुनी नक्षत्र में दो तारें होते हैं तथा इसके देवता भग हैं।

तत्र मन्त्रोषधैः स्यार्न[१] विवाहोद्वाह कर्म वा।
सर्वपण्यापणावेशास्तव्थेक्षु लवणा कराः।।४५।।

इसमें मन्त्र, औषधि सम्बन्धी कार्य करें किन्तु विवाह न करें। इसमें सभी प्रकार के व्यवसाय, क्रय-विक्रय, दुकान, वेष-भूषा, ईख तथा नमक सम्बन्धी कार्य करना चाहिए।

क्रूरकर्माभिचाराश्च सौभाग्यर्थानि चारभेत् ।
सुभगर्क्षावप्येकाश बहुस्त्री कोल्पसुतवान्[२] ।।४६।।

इसमें क्रूर कर्म, अभिचार कर्म, सौभाग्य तथा अर्थ आदि से सम्बन्धी कार्य आरम्भ करे। सुन्दर भग देवता के नक्षत्र में उत्पन्न जातक बुद्धिमान, बहुत स्त्री वाला, थोड़े सन्तान वाला होता है।

विषमकन्यात्य[३] चिंतश्च शैवश्चैवात्र जायते।
द्वितारमुत्तरार्थरुपे[४] फाल्गुनी पूर्वकर्मसु।।४७।।

विषम कन्या तथा अत्यधिक चिन्तित रहता है। दो तारों वाले उत्तरा फाल्गुनी नक्षत्र में पूर्व कहे गये कार्यों को करना चाहिए।

प्रशस्तं च हवावाह[५] पुरवेश्मक्रियासु च।
सर्वकर्म प्रधाने च वासयान विभूषणे[६]।।४८।।

इस नक्षत्र में नगर, घर आदि सम्बन्धी कार्य, सम्पूर्ण कार्यों का करना, श्रेष्ठकार्य, निवास, वाहन तथा आभूषण सम्बन्धी कार्य करना चाहिए

यत्राकीर्त्या[७] च संयोगे शांतिमङ्गलपुष्टिषु।
दान दैवत यो विजय युक्तो[८] भोक्ता च जायते।।४९।।

---

१. स्नानं, २. सु च भगक्षीव संकाश बहुस्त्री कोल्पसूनुमान्, ३. विपत्तकन्याल्प, ४. द्वित्तारमुत्तार्युक्तोः, ५. वाहविवाह, ६. विभूषणो यशः, ७. कीर्त्या च, ८. वित्तैर्युक्तो।

संकीर्तन, शान्ति, मांगलिक कृत्य, पुष्टकृत्य, दान, देवता की आराधना तथा विजयी और भोगी होता है।

विहारशीलः सुभगो मित्रस्थः पण्डितः स्थिरः।
हस्ते न बल कर्माणि राज्ञा चैवाभिषेचनम्।।५०।।

हस्त नक्षत्र में उत्पन्न होने वाला जातक भ्रमणप्रिय सुन्दर भाग्य वाला, मित्रों से युक्त, पंडित, स्थाई जीवन वाला नये कर्मों को करने वाला राजा का अभिषेक कराने वाला होता है।

यज्ञकर्म चक्रवक्षिप्रयशोर्थानि कर्मणि च समारभेत्।[१]
शान्तिपुष्टिकरं कर्मप्रस्थानं चात्रपमजनम्[२]।।५१।।

यज्ञ कर्म, चक्राक्षि तथा यश और अर्थ के निमित्त होने वाले कार्यों को आरम्भ करना चाहिए। इसमें शान्ति, पुष्टि तथा कर्म हेतु यात्रा करनी चाहिए।

धनुर्भ्रहोन्ति पिंकरान्कश्चात्र[४] प्रयोजयेत् ।
हस्त्योरोहां हस्तिशाला सावित्रि पंचतारके[५]।।५२।।

धनु धारण करने वाले, पिंगल नेत्र, हाथी का आरोहण, हस्तीशाला का निर्माण ये पाँच तारा वाले सूर्य के नक्षत्र हस्त में करना चाहिए।

शुभगो दर्शनीयश्च विद्यासिद्धंत्वितिवितकः[६]।
प्राज्ञश्च शिल्पकुशलो महोत्साहश्च जायते।।५३।।

इस नक्षत्र में उत्पन्न जातक सुन्दर भाग्यवाला अथवा सुन्दर गमन वाला, दर्शनीय, विद्या तथा सिद्धि को विस्तार करने वाला, बहुत बुद्धिमान, शिल्पकार्य में कुशल तथा अत्यन्त उत्साह वाला होता है।

चित्रामृद्वीचेकं[७] तारं नक्षत्रं त्वाष्ट्रदैवतम् ।
असनं चात्रलंकार[८] भूषणानि च कारयेत् ।।५४।।

---

१. सूत्रव्रतोपनयनं गोदानं यज्ञकर्म च, २. ध्रुवक्षिप्र यशोर्थीनि कर्माणि च, ३. समारभेत् शांति पौष्टिकरं कर्म प्रस्थानं चात्र पूजितम् (अधिक है) ४. धनुर्ग्रहो लिपिकरान्कराश्चात्र, ५. हस्त्यारोहा हस्तिशालां सावित्रेर्य च तारके, ६. सुभगो दर्शनीयश्च द्विच्छन्सिद्धांत वित्तमः, ७. चित्रामृद्वावेकतारं, ८. चाथलंकारं।

चित्रा नक्षत्र में एकतारा रहता है इस नक्षत्र का देवता त्वष्टा हैं, आसन अलंकार, भूषण आदि का निर्माण करना चाहिए।

गृहाणि राजधानीं च शिल्पं हैरण्यकापणाः।
प्रकुर्वन्ति[1] चिकित्सां च पुष्टिकर्म मृदूनि च।।५५।।

घर का निर्माण, राजधानी, शिल्पकार्य, सोने का कार्य, चिकित्सा का कार्य तथा पुष्टि कर्म इस नक्षत्र में होते हैं।

नटनर्त्तकरूपाणि लिपिका सर्व शिल्पिषुः।
मथोतये जलंकृत्य सेना[2] पश्येन्नृपस्तथा।।५६।।

नायक, नर्तक, नाटक, लिपि तथा सभी शिल्पों का कार्य करने वाला, जल का कार्य, सेना सम्बन्धी कार्य तथा राजा का दर्शन इसमें करना चाहिए।

सुभगा स्त्रीपुत्रो मेधावी रूपालंकारवान् मृदुः।
कुतूहली मृगाना मपि पिताक्षश्चैव[3] जायते।।५७।।

सुन्दर भाग्यवाली स्त्री की प्राप्ति, मेधावी पुत्र की प्राप्ति, रूपवान, अलंकारवान, कोमल, कुतूहल करने वाला तथा पशुओं का प्रिय इस नक्षत्र का जातक होता है।

एकतारेथ वायवो स्वातिनेष्टाध्व कर्मणि[4]।
गृहप्रवेशे स्तापि[5] विवाहे ध्रुवकर्मणि।।५८।।

स्वाती नक्षत्र में एकतारा, वायुदेवता तथा मार्गजन्य कार्य, यात्रा का कार्य, गृह प्रवेश तथा विवाह आदि ध्रुव कर्म करने चाहिए।

सर्वकामान्[6] प्रकामांश्च वायुभक्षांश्च योजयेत् ।
वादित्रभवनखंस्यातासूचं न विमानयेत्[7]।।५९।।

इस नक्षत्र में सम्पूर्ण कामनाओं को, विशेष कार्यों को, वायु भक्षण का कार्य, गाने-बजाने का कार्य, भवन से सम्बन्धित कार्य, स्वस्ति सूचक कार्यों

---

१. प्रकुर्वीत, २. प्रयोजयेदलं कृत्यसेनां, ३. पित्ताक्षश्चैव, ४. एकतारेथ वायव्ये स्वातिर्नेष्टाध्व कर्मणि, ५. शस्तापि, ६. सर्वकान्, ७. वादित्रमवनद्यं स्यातासूचनं विमानयेत् ।

को करना चाहिए।

च पलोबलवान्वाग्मी विविध[१] ज्ञानमाश्रितः ।
धर्मिष्ठः शक्तिसम्पन्नो जातश्चात्र बहुश्रुतः ।।६०।।

इस नक्षत्र में उत्पन्न होने वाला जातक चंचल, बलवान, युक्ति युक्त बोलने वाला, अनेक प्रकार के ज्ञानों का आश्रय लेने वाला, धर्मनिष्ठ, शक्ति सम्पन्न तथा बहुत शास्त्रों को जानने वाला होता है।

अथ द्वितारमैद्रांग्मं[२] बलयोगे प्रशस्यते ।
विभागेन्नाद्यूपत्वेष्टक्षगुल्म प्रदायने[३] ।।६१।।

विशाषा नक्षत्र में दो तारे, इन्द्राग्नि देवता तथा बल योग में श्रेष्ठ विभाग आदि में न्यूनता, वृक्ष, लता, गुल्म तथा वाटिका आदि का कार्य करना श्रेष्ठ होता है।

द्वौशब्दं च कर्तव्यं पश्चिमेषु च दारणेत्यव[४] ।
गोधूमप्यं समाषं प्रदायने[५] ।।६२।।

इस नक्षत्र में गंभीर शब्द करना चाहिए, लकड़ी से सम्बन्धित कार्य, गेहूँ, उड़द तथा अन्य अन्न बोने चाहिए।

नृपो नृपाश्रितो चापि स्यामपादीसावा[६]।
नृपमनस्वी पशुमाश्चात्र स्त्रीलोल चात्र जायते[७]।।६३।।

इस नक्षत्र में उत्पन्न जातक राजा अथवा राजा का आश्रय प्राप्त करने वाला, उत्तम पद प्राप्त करने वाला, मनुष्यों में श्रेष्ठ मनस्वी, पशु पालक तथा स्त्रियों को चाहने वाला होता है।

अनुराधा चतुसारं[८] मृदुमित्रोत्र दैवतम्।
तत्र मैत्राणि कुर्वीत सहायाः शुद्धहस्तथा[९]।।६४।।

---

१. विविक्त, २. द्विनारमैद्राग्न्यं, ३. विभागे नीयपूपब्दे वृक्ष गुल्म प्रवायते, ४. - द्वौ मृद्वत्र कर्त्तव्यं परिश्चमेषु च दारुणे, ५. यव गोधूमकर्पासभाष प्रदायनम्, ६. नृपो नृपाश्रितो वापि सोभयो दीप्तवानृपम्, ७. मनस्वीय भूमांश्चात्र स्त्रीलोलश्चात्र जायते, ८. चतुस्तारं, ९. सुहृदस्तथा।

अनुराधा नक्षत्र में चार तारें होते हैं। यह मृदुसंज्ञक नक्षत्र है। देवता मित्र है। अतएव इसमें मित्रता सम्बन्धी कार्य, सहायता तथा शुद्ध हृदयवालों से व्यवहार करना चाहिए।

कुर्याच्चात्र मृदूनर्थां शान्ति पुष्टिकम्[१] ।

भैक्ष्यजमान क्रियात्यलंकाराक्षुर ।।६५।।

इसमें मृदु अर्थ के साथ शान्ति, पुष्टि, औषधि का ज्ञान, अलंकार तथा अस्त्र-शस्त्र से सम्बन्धित कार्य करना चाहिए।

सर्वाक्रियाणित्र गृह्यादश्रश्च[३] ।

ह्ययेन्नावश्चात्राव तारयेत् ।।६६।।

सम्पूर्ण शुभकार्य, घर से सम्बन्धित गृहारम्भ, गृहप्रवेश सम्बन्धित कार्य करने चाहिए।

अनुराधा प्रयातस्यासिस्तनमान्न भोजने[४]।

सुहृन्मित्रकरः सौम्योरत्नार्थ सुखभोगवान्[५] ।।६७।।

अनुराधा नक्षत्र में यात्रा, तलवार सम्बन्धी कार्य, अन्नप्रासन आदि कार्य, मित्रों से मेल मिलाप करना चाहिए।

वीरो यशस्वी धर्मिष्ठः कुलश्रेष्ठोत्र जायते।

ज्येष्ठा त्रितारमैन्द्रं च दारुणं चारुत्र कारयेत् ।।६८।।

इसमें उत्पन्न जातक वीर, यशस्वी, धर्मनिष्ठ, कुलीन, सुखी, भोगी होता है। ज्येष्ठा नक्षत्र में तीन तारे होते हैं, इसके देवता इन्द्र हैं, इसमें दारुण कर्म करे चाहिए।

संग्रामा अभिचाराश्च प्रवृत्त प्रहरे नृपः ।

प्रासादमुपवेश्मानि निवेशानभिषेचनम् ।।६९।।

---

१. कुर्याच्चात्र मृदुनर्था शान्ति पौष्टिकं भैषजम्, २. पानक्रियाह्यलंकारा क्षुदमधीकं पाणि च, तृष्टी दमाश्चदमयेन्नावश्चात्राव तारयेत्, (अधिक) ३. सर्वाक्रियाणित्र गृह्यादश्रश्च ह्ययेन्नावश्चात्राव तारयेत् (नहीं है), ४. अनुराधा चतुस्तारं मृदुमित्रोत्र दैवतम्, ५. सुहृन्मित्रकरः सौम्योरत्नार्थ सुखभोगवान्, ६.

इस नक्षत्र में युद्ध का कार्य, अभिचार का प्रयोग, प्रहार, घर का निर्माण, घर में प्रवेश तथा राजा आदि का अभिषेक करना चाहिए।

कुर्यान्नृपाणां विशेषतः कन्याजाता[१] ।
भवेच्छेष्टा शूद्रोभिजायते नरः[२] ।।७०।।

इसमें राजाओं का अभिषेक तथा यदि कन्या उत्पन्न हो तो श्रेष्ठ होती है किन्तु पुरुष जातक शुद्रवत आचरण करता है।

चरणमहेक्तश्च[३] तेजस्वी रोषणे ऋजुः ।
मानीस्थिराजौ मेधावी दीप्तस्यानि वृक्षा[४]।।७१।।

बड़े पैरों वाला, तेजस्वी, क्रोधी, कभी सरल, मानी, मेधावी तथा उच्च स्थान में रहने वाला होता है।

नोपध्यो वापयेन्मूलयति च मौलिकान्[५]।
मौलिपादां अनापश्चास्वापि साधयेत्।।७२।।

वृक्षों को मूल नक्षत्र में स्थापित करना चाहिए और मौलिक कार्य करना चाहिए, जल सम्बन्धित कार्य भी साधना चाहिए।

आयुर्यशता भोगा प्रसुप्तौत्रान्वतानि च।
क्षेत्र शिल्पानिपिज्ञाममूलजातोधिगच्छति[५]।।७३।।

आयु, यश, भोग तथा अन्य सन्तान सम्बन्धी कार्य, क्षेत्र, शिल्प विद्या को जानने वाला मूल नक्षत्र का जातक होता है।

---

१. कुर्यान्नृपाणां सर्वेषां क्षत्रियाणां विशेषतः, २. कन्याजाता भवेच्छ्रेष्टा शूरोपि जायते नर, ३. चारण सहेश्लक्तश्च, ४. मीनोस्थि राज्यो मेधावी दीप्तिमानर्घ मर्जितः, ५. नोपध्यो वापयेन्मूलयति च मौलिकान्, मौलिपादां अनापश्चास्वापि साधयेत्, आयुर्यशता भोगा प्रसुप्तौत्रान्वतानि च, खेम शिल्पानिपिज्ञाममूल-जातोधिगच्छति (नहीं है), ६. प्रशान्तः शत्रुहन्ता च प्राधान्यं चाधि गच्छति, षद्वारं नैऋतं मूलं दारुणं दारुणे हितम्, ध्रुवकर्मसु शस्तं च विवाहोद्वाहनानि च, सस्यानिमृक्षानोषध्यो वायवेन मूलवांति च, मौलिकान्मूल पादांश्च तापस्थापि साधयेत्, आयुर्यशः सुतान् भोगापशुपौत्रान्वनानि च, खेशिल्पानि विज्ञानं मूलजातोधि गच्छति।

आप्यमुग्रं चतुस्तारं दारुणोदारुणोसुहितम्[१]।
रोमकूप च प्रारम्भे सर्वेप्येवोदकेषु च[२]।।७४।।

पूर्वाषाढ़ नक्षत्र उग्र संज्ञक, चार तारों वाला, दारुण तथा भयंकर कार्यों में लगाने वाला, रोमकूप के आरम्भ में तथा सभी जल सम्बन्धी कार्यों में।

जलजीविनो मार्गणांश्च धावकाश्च प्रयोजयेत् ।
चायेच्चको पत्रमूले पुष्पफलानि च[३]।।७५।।

जल जन्तु, मार्ग में गमन, आदि प्रयोजनों में तथा पत्र लेखन, आय सम्बन्धी कार्यों में, फल और पुष्प में विचार करना चाहिए।

आयुष्मान् पुण्य[४] स्थूलश्च चित्रकामो जलप्रियः।
मधुमास प्रियो कल्पसिद्धकर्मानुजायते[५]।।७६।।

इस नक्षत्र में उत्पन्न जातक दीर्घायु युक्त पवित्र, भारी भरकम शरीर वाला, विचित्र काम वाला तथा जल प्रिय होता है। मधुमास प्रिय तथा सम्पूर्ण कार्यों को सिद्ध करने वाला होता है।

वैश्वदेवं चतुस्तारं मायाचामुतराध्रुव[६]।
ध्रुवैश्वर्पय संस्येषु हित च भवनादिषु[७]।।७७।।

उत्तराषाढ़ नक्षत्र का देवता विश्वेदेव होते हैं, इसमें चार तारे हैं, यह ध्रुव संज्ञक है। इसमें स्थाई कार्य करने चाहिए, अनाज सम्बन्धी कार्य, फसल का बोना, काटना आदि, तथा भवन का निर्माण एवं प्रवेश सम्बन्धी कार्य करने चाहिए।

नृपनृपात्याधिकृता मिकां चात्र कारयेत्।
श्रेणीबंध्यनाणामाच्छक शील कुशाल समास्तथा[८]।।७८।।

---

१. दारुणं दारुणो हितम्, २. प्रारंभे सर्वेष्वेवोदकेषु च, ३. वापायाच्चोका यत्र मूलपुष्पफलानि च, ४. आयुष्मायुण्य, ५. मद्यमांसप्रियो कल्पः सिद्धकर्मानुजायते, ६. माषाढामुत्तरा ध्रुवम्, ७. ध्रुवैश्वर्य यशस्येषु हितं च भगवतादिषु, ८. ७८ श्लोक नहीं है।

राजा एवं राजा से सम्बन्धित मंत्री आदि का कार्य तथा राजनीति सम्बन्धी कार्य, श्रेणीबन्धन, कुशीलव अर्थात् व्याज सम्बन्धी लेन-देन करने चाहिए।

किलेवाय महाशीलः प्रागल्भक्ष सम्मतः[१]।
श्रुतवान् शीलचाश्चस्य सोमपश्चात्र जायते।
किल चोत्र महाशीलः[२]।।७९।।

इस नक्षत्र में उत्पन्न जातक शीलवान, चतुर, कार्यों में दक्ष, विद्वान, शीलसम्पन्न, सोम का पान करने वाला उत्पन्न होता है।

त्रितारं श्रवणं प्रोक्तं वैष्णवं[३] सर्वकर्मसु।
द्विजातीनां सदा शस्तमभिषेक ध्रुवेषु च।।८०।।

तीन तारों वाला, ध्रुव संज्ञक श्रवण नक्षत्र कहा गया है, विष्णु इसके देवता हैं, द्विजातियों (ब्राह्मण, क्षत्रिय, वैश्य) के लिए यह नक्षत्र सभी कार्यों में प्रशस्त माना जाता है। राजाओं के अभिषेक के लिए भी यह श्रेष्ठ है।

पुष्टिकर्मास्त्रिवर्णं यान वाह विभूषणैः।
व्रतविद्योपनयने बलभेषज कर्मसु।।८१।।

तीनों वरणों के लिए पुष्टि कर्म तथा आभूषण धारण करने के लिए, व्रत, विद्या, उपनयन तथा औषधि सम्बन्धी कार्यों में यह प्रशस्त माना जाता है।

मेधाव्यारोग बलवानाद्यो यज्वा बहुश्रुतः[४]।
दुखऐनिहनायित्र श्रीमान् वाग्मी च जायते[५]।।८२।।

इस नक्षत्र में उत्पन्न मेधावी, निरोगी, बलवान, यज्ञ करने वाला, बहुत विद्वान्, अनेक शास्त्रों को जानने वाला, दुखों को नष्ट करने वाला श्रीमान् , तथा वाग्मी होता है।

---

१. केतवोत्र महाशील प्रगल्भाक्षम संमतः, २. श्रुतवान् शीलर्वाश्चात्र सोमपश्चात्र जायते, ३. वैश्यर्व, ४. मेधाथारोग बलवानाढ्यो यद्वा बहुश्रुतः, ५. दुस्वरोतिहना भिन्न स्त्रीमान् वाग्मी च जायते।

धनिष्ठा तु चतुस्तारं वासवं च तु रुच्यते।
तत्राभि गच्छेन्मित्राणां सुहृत्सर्वधि बान्धवान्[१] ।।८३।।

धनिष्ठा नक्षत्र में चार तारें होते हैं, वसु इसके देवता हैं। इस नक्षत्र में मित्रों से मिलना, अच्छे कार्य के लिए प्रस्थान करना, सम्पूर्ण बन्धु-बान्धवों से मिलाप करना चाहिए।

श्रेष्टिनोथं पुराप्यक्षान्वार्णिज्योर्धिकता[२] नृपैः।
गृहाग्रामा[३] निवासाश्च प्रस्थानं चात्र पूजितं।।८४।।

श्रेष्ठ, प्राचीन कार्यों को सम्पादित करना, वाणिज्य कार्य को अधिकता से राजाओं को करना चाहिए, घर और ग्राम में निवास, घर का पूजन तथा प्रस्थान इस नक्षत्र में करना चाहिए।

सर्वकर्म द्विजाः कुर्युः जातकर्मादि दैवतम्।
आयुष्यं शान्तिकं पुण्यं चलपुष्टि यशस्करं[४]।।८५।।

ब्राह्मणों को इसमें सारे कार्य करने चाहिए, विशेषकर जातकर्म आदि कार्यों को, आयु दायक कार्यों को, पुष्टि कार्य, शान्ति कार्य तथा यश वाले कार्यों को करना चाहिए।

रत्नार्थभागी द्युतिमान् मृक्षदनोत्रृजु नृपः[५]।
अक्षिष्टमागि-कर्मा य यशस्वी चात्र[६]।।८६।।(?)

रत्न का भोग करने वाला, प्रकाशमान, सरल, शिष्ट, श्रेष्ठ कार्य करने वाला तथा यशस्वी होता है।

ज्यामते शततारं शतभिषग्वारणं भेषजादिषु[७]।
अभिचाराद्वेचे चैव शस्त्रकर्माणि चोदके[८]।।८७।।

---

१. तत्राभि गच्छेन्मित्राणां सुहृन् संबधि बाधवान्, २. पुराह्यक्षाग्वर्णिज्येधिकृता, ३. गृहाग्नाम, ४. बलपुष्टि यशस्करम्, ५. रत्नार्थ भागोद्युतिमान् मृष्टदाता सतुर्नृपः, ६. अक्लेशं भागिष्ट कर्मायशस्वीवात्र जायते, ७. शततारं शतभिषग्वारुणं भेषजादिषु, ८. अभि चाराहवे चैव शस्त्रकर्मणि चोदके।

सौ तारों वाले शतभिषा नक्षत्र में औषधि सम्बन्धी कार्य अभिचार, क्रय-विक्रय तथा शस्त्र कर्म एवं जल कर्म करने चाहिए।

सेना प्रयाण मायुष्यं न कुर्यात्तत्र कर्म च।
बीजकर्म सुराकर्म भिषकर्म च कारयेत् ।।८८।।

सेना का प्रस्थान, आयु सम्बन्धी कार्य इसमें अवश्य करने चाहिए, बीज बोने का कार्य, सुरा बनाने का कार्य तथा वैद्यक कर्म करना चाहिए।

बहुमित्रो त्रयत्पुमान् यानमासप्रियो ऋजुः[1]।
आदाता मित्रवत्प्राज्ञो व्यसनी चैव जायते।।८९।।

इस नक्षत्र में उत्पन्न जातक बहुत मित्रों वाला, यात्रा प्रिय, सरल हृदय, दान करने वाला, मित्रों से युक्त बहुत बुद्धिमान तथा व्यसनी होता है।

आजं प्रोष्टं पदापूर्वा द्वितारं दारुणोहिता[2]।
अमृते च विमाते च दुष्टकर्म कृपासु[3] च।।९०।।

पूर्वाभाद्रपद नक्षत्र का स्वामी अजैकपाद देवता हैं। इसमें दो तारें हैं, दारुण कर्म वालों का हितैषी है। अमृत और विमाता, तथा दुष्ट कर्म किया जाता है।

न च दक्षिणतो गच्छेत् प्रवासमिति मानवः।
धारात्यत्र शिरस्तायेत्रिश क्षेत्रे चतुष्पथे[4]।।९१।।

इसमें दक्षिण दिशा की यात्रा नहीं करनी चाहिए और प्रवास भी नहीं करना चाहिए। यह पृथ्वी तथा शिरस्त्राण, क्षेत्र सम्बन्धी कार्य तथा चौराहे के कार्य करने चाहिए।

दारुणोत्र यचुर्हतादास विषुमयोर्धरः[5]।(?)
प्रसत्यहंता[6] धनवान् पशुमांश्चैव जायते।।९२।।

---

१. युबहु मित्रवत्प्राज्ञो व्यसनी चैव जायते, २. आर्त्त प्रोष्टं पदापूर्वा द्वितारं दारुणे हितम्, ३. क्रियासु, ४. धारात्यत्र शिरस्त्रार्योत्रिशि क्षेत्रे चतुष्पथे, ५. दारुणोत्र पटुर्हन्ता दारुविद्रुमयोर्वरः, ६. प्रसत्यहन्ता।

इसमें उत्पन्न होने वाला जातक दारुण (भयंकर), निष्फल कार्य वाला, विषमय शरीर वाला, सत्य को नष्ट करने वाला, धनवान तथा पशुमान होता है।

अहिर्बुध्न्य द्वितारं च प्रोष्टं वाद्युत्तरा ध्रुवम्। (?)
तत्र कुर्याद्ध्रुवं कर्म यशस्यं पुष्टिकर्म च।।९३।।

उत्तराभाद्रपद नक्षत्र का देवता अहिर्बुध्न्य हैं। इसमें दो तारें हैं तथा यह ध्रुव संज्ञक है। इसमें यश के निमित्त कार्य, पुष्टि कार्य तथा ध्रुव कार्यों को करना चाहिए।

गृहद्वार पुराभावा विवाहान्[१] प्रसवात्मकान्।
शयनासन वस्त्राणि क्षेत्रलाभस्वभानि च।।९४।।

घर, दरवाजे से सम्बन्धित कार्य, विवाह कार्य, प्रसूति सम्बन्धी कार्य, शयन, आसन, वस्त्र, क्षेत्र तथा लाभ सम्बन्धी कार्य करने चाहिए।

राजराजोपमश्चात्र यज्वा ध्रुवंश विवर्द्धनः[२]।
यशस्वी निहता मित्रो जायतेऽत्र सुखी नरः।।९५।।

इस नक्षत्र में उत्पन्न होने वाला श्रेष्ठ राजा के समान उपमा वाला, यज्ञ करने वाला, उत्तम वंश को बढ़ाने वाला, यशस्वी, शत्रुओं को मारने वाला तथा सुखी होता है।

एकतारं स्मृतं पौस्तं रेवती मृदु संज्ञकम्[३] ।
भैषज्य कर्मणि तथा यानवासगृहेषु च।।९६।।

रेवती नक्षत्र, मृदु संज्ञक है इसमें एक तारा है। पूषा देवता है। इसमें औषधि निर्माण सम्बन्धी कार्य, यान सम्बन्धी कार्य तथा घर में निवास आदि कार्यों को करना चाहिए।

प्रवासनं प्रयोगं च कुर्यादत्र चतुष्पदम्।
धन सविधानानि कुर्वन्सव्यं च कारयेत् ।।९७।।

---

१. गृहद्वार पुरारंभान्विवाहान् , २. राजराजोपमश्चात्र पक्वावंश विवर्द्धनः, ३. दन्ततारं स्मृतं पौष्णं रेवती मृदु संज्ञकम्, ४. धनधान्य निधानानि कुर्यान्मद्यं च कारयेत्।

इसमें विदेश यात्रा अथवा निवास सम्बन्धी कार्य, पशुओं से सम्बन्धित कार्य, धन का विधान तथा विपरीत कार्यों को करना चाहिए।

कदर्यः पशुमानात्यो प्रवासन्वहुलोहवान्[१] ।(?)
अरोगः सिद्धकर्मा च व्यहर्ता[२] च जायते।।९८।।

इस नक्षत्र में उत्पन्न होने वाले जातक डरपोक, पशु वाले, विदेशवासी, अत्यधिक लोभी, निरोगी, सिद्ध कर्म वाले तथा व्यहर्ता होते हैं।

वितारमश्वयुगलं लघुभेषजकर्मणि[३]।
नेत्रादमनो योग्यवाजिनां सर्वकर्मसु[४]।।९९।।

अश्विनी नक्षत्र में दो तारे होते हैं, इसके दो अश्विनी कुमार देवता हैं। इसमें छोटा औषधि का कार्य करना चाहिए, घोड़ो से सम्बन्धी समस्त कार्य तथा नेत्र सम्बन्धी कार्य करने चाहिए।

द्विजानाचापि सर्वेषा सर्वारम्भेषु पूजितम्[६] ।
उपविज्ञान सौभाग्यै युक्ता दाता सहाव्ययः।।१००।।

यह सभी द्विजों में श्रेष्ठ, सम्पूर्ण कार्यों को आरम्भ करने वाला, पूज्य, उपविज्ञान जानने वाला, सौभाग्य युक्त, दाता तथा व्यय करने वाला होता है।

प्रयोजये तथा चोरं नृति चैवात्र कारयेत् ।
मद्यमांस प्रियस्तद्यः कलिस्तैन्यानृभिः[७]।।१०१।।

इस नक्षत्र में चोर, झूठ से सम्बन्धित कार्य नहीं करने चाहिए, यह मद्य (मदिरा), मांस का प्रेमी होता है।

प्रियः परद्रव्यहरः शूरो बहुमित्रोश्च जायते।[८](?)
शूरो हि सारतोवैरी परघातो भयंकरः[९]।।१०२।।

---

१. कदर्यः पशुमानाढ्य प्रवास बहु लोहवान्, २. द्रव्यहर्त्ता, ३. त्रितारमश्व युहिक्षं लघुभैषज्य कर्मणि, ४. नेत्रादमनो योग्यवाजिनां सर्वकर्मसु (नई नहीं है) ५. क्षिप्रकर्म स च श्रेष्ठ मायुष्यं बलकर्मसु, याने वदमने योग्यवाजिनां सर्वकर्मसु (नहीं है), ६. द्विजानां वापि सविषां स वीरंभेषु पूजितम्, ७. कलिस्तैन्यानृभिप्रियः, ८. परद्रव्यहरः शूरो बहुमित्रश्च जायते, ९. रोहिं साद्धतो वैरि परिघातो भयंकरः।

इसमें उत्पन्न जातक प्रिय, दूसरे का धन हरने वाला शूरवीर तथा बहुत मित्रों वाला होता है। शूरवीर, शत्रुओं को परास्त करने वाला, परघाती एवं भयंकर होता है।

उत्क्तो च काक्पथिका वंचकात्कूट साक्षिणः[१]।

किलादोषीधिमान् प्र...श्रुतवांश्चात्र जायते[२]।।१०३।।

यह पथिकों को वंचना देने वाला, कूट साक्षी दोष तथा बुद्धिमान तथा अनेक शास्त्रों को जानने वाला होता है।

त्रितारं भरणी याम्य दारुणं दारुणे हितम्।

इति ऋक्षवर्गस्य[३] कर्मजन्म च कीर्तितम्।

आर्घकर्मगणायानां गर्गेणामित तेजसा[४]।।१०४।।

तीन तारों वाला भरणी नक्षत्र, स्वामी यमराज, भयंकर, दारुण कर्म करने वाले उत्पन्न होते हैं। इस प्रकार नक्षत्र वर्ग का कर्म एवं जन्म का वर्णन किया गया है। इस प्रकार अमित तेजस्वी गर्ग ऋषि के द्वारा सम्पूर्ण नक्षत्रों के कर्मों को कहा गया है।

वृद्धगर्गे ज्योतिषशास्त्रेनक्षत्रकर्मनाम चतुर्थोऽध्यायः।।

इस प्रकार वृद्धगर्ग के द्वारा रचित ज्योतिषशास्त्र का नक्षत्रकर्म नामक चौथा अध्याय पूर्ण हुआ।

❑❑❑

---

१. उत्कोचकाम पथिकावंचका कूटसाक्षिणः, २. कलाढ्यो दीप्तिमान प्राज्ञः श्रुतवांश्चात्र जायते, ३. नक्षत्रवर्णस्य, ४. आद्यं कर्मगुणाद्यानां गर्गेणामित तेजसो।

अथ चतुर्थोऽध्यायः

वेतेचैत्ररथे रम्ये महर्षीणां[१] समागमे।

कृताह्निकमृषिं सिद्धं गर्गं कोष्टु किरब्रवीत् ।।१।।

सुन्दर देवताओं के चैत्र रथ नामक वन में महर्षियों के समागम होने पर आह्निक (दिन) कर्म पूर्ण करके सिद्धि ऋषि गर्ग से क्रोष्टि बोले अर्थात् प्रश्न पूछा।

भगवान् का तिथिनाम कुतश्चैषां प्रवर्तनम्[२]।

किं कर्मफलयोगाद्वा भगवन् प्रब्रवीहि मे[३]।।२।।

हे भगवन्! तिथियों का क्या नाम है? इनका प्रवर्तन कैसे हुआ? इन तिथियों में कर्म करने से क्या फल होते हैं और इसका क्या योग होता है? हे भगवन् यह सब मुझसे बताइये।

एतस्य तिथिवर्गस्य व्रवृतस्येह[४] सर्वदा।

सर्वस्य विस्तरेणेह ब्रूहि कर्मशुभाशुभम्।।३।।

इन तिथियों के वर्गों को, इनमें होने वाले कार्यों को और सम्पूर्ण शुभाशुभ कार्यों को विस्तार पूर्वक बताइये।

पृथक् देवतस्तिथ्यो नामानि पृथक्-पृथक्।

क्रोष्टुकेर्वचनं श्रुत्वा गर्गोवचनमब्रवीत्।।४।।

इन तिथियों के अलग-अलग देवताओं को तथा अलग-अलग नामों को आप कहें। क्रोष्टिक के इस वचन को सुनकर गर्ग मुनि बोले।

शृण्वंतु ऋषयः[५] सर्वे देवाश्च स पुरोहिताः।

यदा स भगवान्पक्षः सोमो पक्ष्माण मुत्सृजेत् ।।५।।

हे सारे ऋषियों, सभी देवता एवं पुरोहितों सुनो जब भगवान सोम (चन्द्रमा) एक पक्ष का परित्याग करते हैं।

---

१. वने चैत्र रथे रम्ये महर्षिणां, २. भगन्का तिथि नीमक कुतश्चैषां प्रवर्त्तनम्, ३. किं कर्मफलयोगाद्वा भगवन्प्रब्रवीमिमे, ४. प्रवृत्तम्येह, ५. शृण्वंनुऋषयः।

ततः प्रक्षीयमाणस्य तिथिरेवं च संज्ञिता[१]।

द्विलवोन महोरात्र मेतस्य परमागतिः[२]।।६।।

सूर्य से चन्द्रमा के एक अहोरात्रि में बारह अंश का अन्तर होने पर तिथि की संज्ञा होती है। यही तिथि की गति होती है।

वक्ष्यामि च पृथत्वेन[३] देवतानाम कर्म च।

नन्दाभद्रोजयारिक्ता पूर्णा चासां प्रकीर्त्तिता।।७।।

अब मैं तिथियों के देवता, उनके नाम और उनके कर्मों को अलग-अलग कहूँगा। नन्दा, भद्रा, जया, रिक्ता और पूर्णा नाम से ये तिथियाँ कही गयी है।

मित्रामहाबला चैव उग्रसेना सुधर्मिकाम्[४]।

आनन्दा च यशश्चैव[५] जया प्रोक्ता त्रयोदशी।।८।।

मित्रा, महाबला, उग्रसेना, धार्मिका, आनन्दा यश देने वाली है। ये जया को त्रयोदशी तिथि के रूप में जाना जाता है।

उग्रा चतुर्दशी ज्ञेया सौम्या पंचदशी तथा।

द्विरेताः परिवर्तते[६] चान्द्रे माने पृथक्-पृथक्।।९।।

उग्रा चतुर्दशी तिथि जानना चाहिए, तथापि पूर्णिमा सौम्या तिथि है। चान्द्रमास में ये अलग-अलग दो पक्षों में परिवर्तित होती रहती हैं।

शुक्लं कृष्णश्च पक्षौद्वौ प्रवर्ततितिथयः[७] प्रभुः।

नामदैवत कर्माणि नासौ[८] वक्ष्यामि कृत्स्नः।।१०।।

शुक्ल और कृष्ण दोनों पक्षों में होने वाली तिथियों को तथा उनके नाम देवता एवं कर्मों को सम्पूर्ण रूप से कह रहा हूँ।

नन्दा प्रतिपदा प्रोक्ता प्रशस्ता ध्रुवकर्मसु।

यज्ञस्य[९] च समारम्भे प्रवासे चापि[१०] गर्हिता।।११।।

---

१. संस्थिता, २. द्विबलो न महोरात्र मेतस्य परमं गतिः, ३. पृथक्तेन, ४. सुधर्मिणी, ५. यशा चैव, ६. परिवर्त्तन्ते, ७. प्रवर्तयति यः, ८. तासां, ९. ज्ञानस्य, १०. चाधि।

प्रतिपदातिथि को नन्दा कहा गया है यह स्थिर कार्यों के लिए श्रेष्ठ कही जाती है। यह तिथि यज्ञ के आरम्भ में तथा यात्रा के लिए निन्दनीय कही गयी है।

दानं दद्यार्तवः[१] कुर्यात् पुष्टिं सौभाग्य मेव च।
जन्ममात्रोत्तमं विद्धिनिश्चयभूश्च दैवतम्[२]।।१२।।

दान देना तथा ऋतु सम्बन्धी कार्य, पुष्टि और सौभाग्य सम्बन्धी कार्य करने चाहिए। जन्म मात्र में उत्तम जानना चाहिए और पृथ्वी इसकी देवता है।

भद्रेत्युक्तो द्वितीया च शिल्पाध्यायामिनां हिता[३]।
आरम्भे भेषजानां च प्रवासे च प्रवासिनो[४]।।१३।।

द्वितीया तिथि को भद्रा संज्ञा से जाना जाता है। यह तिथि शिल्प के लिए हितकारी कही गयी है। यह तिथि औषधि के लिए अथवा वैद्यों के लिए, प्रवासीयों को प्रवास के लिए।

आवाह्य व्यवहारादि[५] वास्तुक्षेत्र गृहादिषु।
पुष्टिकर्मसु च श्रेष्टा देवता च वृहस्पतिः।।१४।।

यह तिथि आवाहन, व्यवहार आदि, वास्तु, क्षेत्र तथा गृहादि के लिए, पुष्टिकर्म के लिए श्रेष्ठ है, इसका देवता वृहस्पति है।

बलेत्युक्ता तृतीया च बलस्यान्तन्न[६] कारयेत् ।
गोश्वकुजरभृत्यानन्द यानानामनेन च[७]।।१५।।

बल से युक्त तृतीया तिथि होती है, सेना सम्बन्धी कार्य इसमें करने चाहिए, इसमें गाय, घोड़ा, हाथी, नौकर, वाहन आदि से सम्बन्धी कार्यों को करना चाहिए।

कुर्याच्च सर्वकर्माणि बीजान्यपि च वापयेत् ।
बालकर्मापिरम्भे द्वापि च विविधाच्च दैवतम्[८]।।१६।।

---

१. दद्यात्तपः, २. जन्म चात्रोत्तमं विद्वान् स्वयंभूश्चात्र दैवतम्, ३. भद्रैत्युक्ता द्वितीया च शिल्पव्यापामिनां हिता, ४. प्रवासिनाम्, ५. आवाह व्यवहारार्थे, ६. बलं स्यात्तत्र, ७. गोश्वकुंजर भृत्यानां दम्यांनांदभनानि च, ८. बालकर्मारंभे द्वापि विष्णुं विद्याच्च दैवतम् ।

सम्पूर्ण कर्मों को इस तिथि में करना चाहिए, बीज वपन भी करना चाहिए, बाल कर्म का आरम्भ करना चाहिए तथा इसके अनेक देवता है।

पूर्णो तु पञ्चमीमाहुः प्रशस्ता ध्रुवकर्मसु।
न नानानानाश्रयाणो[२] च शयनासन वेश्मन।।१७।।

पंचमी तिथि को पूर्णा कहा जाता है। यह सम्पूर्ण स्थिर कार्यों में प्रशस्त मानी गयी है। इसमें अनेक प्रकार से आश्रय, शयन, आसन, गृह सम्बन्धी कार्य करने चाहिए।

जन्मजेत्र विभूषार्णे व्यवहारोषधि क्रियः[३]।
प्राशस्त पौष्टिकं कर्मसोमं विद्या च दैवतम्।।१८।।

इसमें जन्म, आभूषण, व्यवहार, औषधि की क्रिया, पौष्टिक कर्म करना प्रशस्त माना गया है। इसके देवता सोम कहे गये हैं।

षष्टिसोम तिथिर्नाम प्रशस्ता ध्रुव कर्मसु।
क्षेत्रारम्भं गृहं कुर्याद् देवता यतनानि च।।१९।।

षष्ठि तिथि सोम तिथि के नाम से जानी जाती है, ध्रुव की कार्यों के साथ सम्पूर्ण कार्यों में श्रेष्ठ मानी गयी है। इसमें भूमि का आरम्भ, गृह बनाने का कार्य तथा इसका देवता है(?)

कारयेत् संश्रयेद्वा गोपुरा कृतकादिवा[४]।
रक्तानि युक्त रतिवस्त्राण्याभरणानि च[६]।।२०।।

आश्रय लेना, गोपुर का निर्माण, कृतक कार्यों को करना चाहिए। लाल वस्त्रों से युक्त तथा लाल आभूषण एवं रति सम्बन्धी कार्य करने चाहिए।

---

१. रिक्ता चोक्ता चतुर्थी तु क्षुद्रकर्म प्रयोजयेत्, गोग्रहं दारुणं कर्म कूट साक्षेय मारभेत्, कुर्यात्सांवत्सराण्यत्र असिघाता श्रयाणि च, ग्रामसेना वधं कुर्यात् सार्मविंद्या च दैवतम् (नहीं है), २. धानाव नानाश्रयाणा, ३. जन्मक्षेत्र विभूषार्थं व्यवहारोषधि क्रियाः, ४. रासकानि च, ५. अध्वानां तु न गन्तव्यं कुमारश्चात्र देवता, सप्तमो मित्र नामा च मैत्री कुर्यात् सु च, कुर्याद्राज्ञां ध्वजच्छत्रमासनं शयनादि च (नहीं है), ६. रत्नानि मणि युक्तानि वस्त्राण्याभरणानि च।

धारयेद् भूषणार्थाय देवाः सप्तर्षयः स्मृता।
महाबलाष्टमी च कुर्यात् हल निदंशनम्[१]।।२१।।

गहने आदि को धारण करना चाहिए तथा इसके देवता सप्तर्षि कहे गये हैं। अष्टमी तिथि महाबलवान कही गयी है इसमें फल प्रवहण आदि कार्य करने चाहिए।

अधिकारान्प्रभुजीतद्यत्रकाडं धनूषिं च[२]।
कुर्याच्च नगरेसु तिंस्तुरूंगायं च[३]।।२२।।(?)

अधिकार तथा विजय सम्बन्धी कार्य, अस्त्र-शस्त्र, धनुष आदि का कार्य नगर प्रवेश, तथा गमन आदि कार्य करने चाहिए।

खारंस्तथाहस्त्यंश्वांवसवश्चात्र देवताः[४]।
उग्रसेना तु नवमी रोद्यने च धनंधने[५]।।२३।।(?)

गधा, हाथी, घोड़ा, धन आदि का कार्य करना चाहिए, इसके देवता वशु हैं। नवमी तिथि के उग्रसेना तथा धन देने वाली है।

अभिमर्दमनार्थे च हितौ शस्त्रु वधोपिना[६]।
अधाने च गच्छेत् प्रोप्यं न प्रविशे गृहम्[७]।।२४।।(?)

इस तिथि में शत्रु का मर्दन अथवा शत्रु का वध करना चाहिए। आधान कर्म नहीं करना चाहिए और न ही नौकर रखने चाहिए और न ही गृह प्रवेश करना चाहिए।

सहरोध विषादीनि रुद्राणी चात्र देवता।
सुधर्मं दशमी माहुध्रुवं कुर्याद्यशस्कर[८]।।२५।।

---

१. महाबला चाष्टमी च कुयाद् बल निदर्शनम्, २. अधिकाराश्रय युंजीत पत्रकाण्ड धनुषि च, ३. कुर्याच्च नरे गुप्तिसुरुगा पंचरवो तथा, ४. हस्त्यश्वांश्च प्रयुंजीत् वसवश्चात्र देवताः, ५. रोधने वध बंधने, ६. अमित्र दमनार्थे च हितो शत्रु वध्नोर्थिनम्, ७. अध्वानं वन गच्छेत प्रोश्यं न प्रविशे गृहम्, ८. सुधर्मा दशमीं प्राहुर्ध्रुवं कुर्याद्यशस्करम् ।

विष आदि कार्यों का निर्माण करना चाहिए, रुद्राणी इसकी देवता हैं। दशमीं तिथि सुधर्मा कही गयी है। यश देने वाले समस्त ध्रुव कार्य इसमें करने चाहिए।

मङ्गलात्यत्र कुर्वीत मन्त्रोपनयनानि च[१]।
कोष्टागारारि[२] युंजीत निधानं च निधापयेत् ।।२६।।

इसमें मांगलिक कार्य नहीं करने चाहिए, मंत्र और उपनयन के कार्य, कोष्ठागार का निर्माण करे तथा धन, खजाना आदि को स्थापित करें।

ऋणं[३] चात्र न गृह्णीयादादित्यश्चात्रे देवता।
जया त्रयोदशीमाहुः कर्तव्यं वानुवारकम्[४]।।२७।।

इसमें ऋण ग्रहण नहीं करना चाहिए इसके देवता सूर्य हैं। त्रयोदशी तिथि को जया कहा गया है। इसमें मांगलिक कार्य करने चाहिए।

वस्त्रमाल्यापनं रंचित्रान्याधरणानि च[५]।
सौभाग्यकरणं स्त्रीणां कन्यावरण मेव च।।२८।।(?)

वस्त्र, मांगलिक वेश-भूषा तथा आभूषण धारण करना चाहिए। स्त्रियों के लिए सौभाग्य करण तथा कन्या का वरण करना चाहिए।

मण्डलं युग्मं च सकामविद्यादैवतम्[६]।
उग्रा चतुर्दशी विद्या दारुणान्यत्र कारयेत्।।२९।।

इसके देवता काम देव हैं। चतुर्दशी तिथि उग्रा जाननी चाहिए, इसमें भयंकर (दारुण) कर्म करने चाहिए।

बन्धनं स्वनां प्रवासं चात्र वर्जयेत्।
पूर्णाभिधानं चैव दारुवद्यातिनं ग्राम[७]।।३०।।

बन्धन का कार्य करना चाहिए, जबकि यात्रा, प्रवास आदि कार्य वर्जित

---

१. मंगलान्यत्र कुर्वीत पंचोपनयनानि च, २. कोष्टागाराणि, ३. क्षणं, ४. -- जयां त्रयोदशीं माहुः कर्त्तव्यं वा तु कारकम्, ५. वस्त्रमाल्य मलंकारं चित्राण्याभरणानि च, ६. वसनं कामं विद्या च देवताम्, ७. पूर्वाभिघातनं चैव दारुवध्य घातिनम्।

करना चाहिए। पूर्णा तिथि पूर्णिमा को कहा गया है इसमें लकड़ी सम्बन्धी कार्य तथा यात्रा करनी चाहिए।

श्येन्यवद्यु कुर्याद्विद्या तु द्रोग्रदेवता[1]।
अमावास्या यातु सिद्धार्था पितृयज्ञं च शस्यते[2]।।३१।।

बाज पक्षी आदि का वध अर्थात् तन्त्र विद्या का कार्य करना चाहिए। इसके देवता उग्र हैं। अमावस्या तिथि कार्य को सिद्ध करने वाली है। यह पितरों के यज्ञ के लिए श्रेष्ठ कही गयी है।

देव कार्याग्नि कार्याणि या कुलानि[3] निवेशयेत् ।
पुरोहितं च वस्येत्कुर्याद्यज्ञ क्रियास्तथा।।३२।।

इसमें देवताओं का कार्य, अग्नि का कार्य अथवा समूह में प्रवेश पुरोहित के आदेश से यज्ञ क्रिया आदि करनी चाहिए।

बलिश्चारोपहारां च पितश्चात्र देवता[4]।
कल्याणीं पौर्णमासीं च देवकर्माधिकारकम्।।३३।।

पूजा एवं उपहार का कार्य करने चाहिए। पितर इसके देवता हैं। पौर्णमासी तिथि कल्याणकारी होती है। इसमें देवता का परम तथा अधिकार के कार्य करने चाहिए।

विप्रकार्याग्नि कार्ये च गवां घोषान्निवेशयेत् ।
एणं पुरोहिता[5] कुर्याद्यज्ञानि विविधानि च।।३४।।

ब्राह्मणों के कार्य, अग्नि कार्य, गो कार्य, ध्वनि आदि के साथ प्रवेश करना चाहिए। इसमें पुरोहित करना चाहिए और अनेक प्रकार के यज्ञों को भी करना चाहिए।

शुभं कर्म च कर्तव्यं सोमं विद्याच्च[6] देवता।
एतास्तु[7] तिथयः सर्वाः परिवर्तन्ते[8] चक्रवत्।।३५।।

---

१. ग्रामसेना वधं कुर्याद्विधादुद्रोत्र देवता, २. अमावास्यां तु सिद्धार्था पितृयज्ञोत्र शस्यते, ३. गोकुलानि, ४. बलींश्चारोपहारांश्च पितरश्चात्र देवताः, ५. राज्ञां पुरोहि, ६. कर्त्तव्यं सोमं विद्या तु, ७. एतत्तु, ८. परिवर्त्तते।

इसमें शुभ कार्य करना चाहिए। इसके देवता सोम हैं। इस प्रकार की सम्पूर्ण तिथियाँ चक्र की भाँति परिवर्तित होती रहती हैं।

शुक्लपक्षे[१] च कृष्णे च शुक्लाचन्द्रमसावृताः।
अप्रमत्तः सचयुक्तोब्राह्मणा[२] सुसमाहितः।
तिथयोनिर्दशेत्यथगार्गस्य[३] वचनं यथा।।३६।।

शुक्ल पक्ष में और कृष्ण पक्ष में चन्द्रमा से ये तिथियाँ घिरी रहती हैं। सावधान हो करके युक्ति पूर्वक ब्रह्मा जी ने इन तिथियों का निर्देश जैसा किया था। उसे गर्ग जी ने कहा।

इति वृद्धगार्गीये ज्योतिषेशास्त्रे तिथिकर्मगुणाः।

इस प्रकार वृद्धगर्ग रचित ज्योतिष शास्त्र संहिता का तिथि कर्म गुण अध्याय पूर्ण हुआ।

❑❑❑

---

१. शुक्लपक्षश्च, २. सदा युक्तो ब्राह्मणः, ३. तिथयोनिर्दिशेशम्यगार्गस्य,

अथ पञ्चमोऽध्यायः

कुर्याच्छास्त्रे नृपेदन्नं व्रूणाचैव च धनम्[१]।
आधानं च विवाहं च निधिकार्यं च वर्जयेत् ।।१।।

शस्त्राभ्यास, अन्नप्रासन, धन सम्बन्धी कार्य, गर्भाधान, विवाह, संस्कार तथा कोष सम्बन्धि कार्यों को वर्जित करना चाहिए।

तत्र शुद्धिः सुराकर्म च तुश्चति निर्मोचनम्[२]।
सर्वभे तद्यथोदिष्टं[३] कारयेद्रविवासरे।।२।।

वहाँ शुद्धिकर्म, सुराकर्म, वस्तुओं का चयन अथवा विमोचन ये सभी कुछ जो पूर्व में कहे गये हैं। रविवार के दिन करना चाहिए।

तपो भोगं तथा शत्स्या नृपचित्रं चापयेद्[४]।
रतं कालं[५] च सम्बधं चात्र कारयेत्।।३।।

तप, भोग तथा शक्ति, राजा का दर्शन, रति, काल आदि का सम्बन्ध यहाँ करना चाहिए।

क्षुरकर्म विषादानं नव वेश्म प्रवेशनम्।
नृपस्य भवनं दद्यात् कुच्चैव विरोचन[६]।।४।।

क्षौरकर्म, विष देने का कार्य करना चाहिए। किन्तु घर में प्रवेश नहीं करना चाहिए। राजा को भवन, दान का कार्य और विरेचन का कार्य।

सर्वमेतद्यथोद्दिष्टं कुर्याच्चन्द्र शुभे दिनम्[७]।
आयुधं धारयेत्प्राज्ञः पापवेश्मनि योजयेत् ।।५।।

ये सभी तथा जैसा कहा गया है कार्यों को सोमवार के दिन करना चाहिए। अस्त्र-शस्त्र धारण करना तथा जीर्ण भवनों का निर्माण करे।

---

१. कुर्याछास्त्रे नृपे नेदं, २. तु वाश्वनि मोचनम्, ३. सर्वमेतद्यथोद्दिष्टं, ४. गृहाणि च, ५. पचे घृतं तैलं, ६. कुर्याच्चैव विरोचनम्, ७. सर्वमेतद्यथोदिष्टं कुर्याच्चन्द्र।

बन्धनाद्यानि मानानि कारयेद्बुधवासरे[१]।
पुण्यदिव्यं[२] स्वरूपाणि प्रजा च शशिकुकुटी।।६।।

बन्धन आदि का कार्य, मान-सम्मान का कार्य बुधवार के दिन करें, पुण्य का कार्य, दिव्य स्वरूप, प्रजा और कुटी आदि का निर्माण।

तोययेदनल[३] चात्र यात्राकालं न निर्द्दिशेत्।
यज्ञकर्म विवाहं च दिने भौमस्य वर्जयेत् ।।७।।

जल तथा आग सम्बन्धी कार्य करें किन्तु यात्रा काल वर्जित करें। यज्ञ कर्म तथा विवाह आदि भी मंगल के दिन वर्जित करना चाहिए।

ग्रन्थयोग्यं च यत्कार्यं आयामं च विशेषतः।
नृपसेवार्य[४] यात्रा च तथैव क्रयविक्रयाम्।।८।।

ग्रन्थ योग से सम्बन्धित जो कार्य हैं, और उसके विस्तार का कार्य, राजा की सेवा के निमित्त से यात्रा तथा क्रयविक्रय का कार्य।

विना च योजयेत्प्राज्ञो वद्धापंक्षी श्वसोचयेत्[५] ।
न च मित्रं[६] च शिष्टं च सम्बधं चात्र कारयेत् ।।९।।

बुद्धिमान को इस दिन विशेष रूप से अध्यापन आदि के कार्य, शत्रु और मित्र से सम्बन्धित कार्य तथा शिष्ट लोगों से सम्बन्ध का कार्य करना चाहिए।

आश्रमे च तथा भूमैः केदारं च नय तथा[७]।(?)
शिच्चरूपकर्मारिदिने चन्द्रसुतस्य वै[८]।।१०।।

आश्रम तथा भूमि का सिंचना, हल आदि चलाना, शिल्प, चित्र निर्माण आदि का कार्य बुध के दिन करना चाहिए।

यज्ञाश्च विविधा कुर्यात् तपस्यां[९] च तपोधिकाः।
यज्ञात्यजु तपस्तप्येच्छादयेत् कारयेद् गृहा[१०]।।११।।

---

१. बंधनाद्यानि भावानि कारयेद् बुधः, २. पण्यं द्विव्य, ३. तोषयेदनलं, ४. तपसे वा च, ५. वीणा च योजयेत् प्राज्ञो वद्धा पक्षीश्च मोचयेत्, ६. नवमित्रं, ७. आश्रमे च तथा भूमौ केदारं वपनं तथा, ८. शिक्षे च रूपकर्माणि दिने चन्द्र सुतस्य वै, ९. कुर्यात्तपसां, १०. यज्ञान्यजेत्त पस्तत्प्रेक्षादयेत् कारयेद् गृहम् ।

अनेक प्रकार के यज्ञ करने चाहिए, तपस्या तथा कठोर तपस्या, यज्ञ आदि अनुष्ठानों से सम्बन्धित तप तथा गृह आच्छादन आदि कार्यों को करना चाहिए।

आरभेद्धारतं वेदान ज्योतिषं च विशेषतः।
गृह्णीयादचवस्त्राणि पात्रादेयान्नृपस्य च[१]।।१२।।

इस दिन वेद अध्ययन आरम्भ करना विशेषकर ज्योतिष शास्त्र का पठन-पाठन, वस्त्र धारण करना, पात्र आदि का क्रय-विक्रय करना चाहिए।

आदिशेच्च व्रनुं[२] पुत्रे सर्वबीजानि वापयेत् ।
पौत्रदोच्चकरः[३] चात्र तस्मिन् गुरुदिने शुभे।।१३।।

आदेश करना, व्रत, पुत्र तथा सम्पूर्ण बीजों को बोना, पौत्र आदि का विवाह कर्म गुरुवार के दिन शुभ माना गया है।

गजमश्वं प्रयुंजीत कर्मबन्ध च ज्ञोपायेत्[४] ।
पिवत्सुरां च मद्यं च प्रावरे कुसुमालयः[५]।।१४।।

हाथी, घोड़ा का प्रयोग कर्म बन्धन तथा यज्ञ कर्म, सुरापान, मद्य तथा पुष्प आदि के घर का निर्माण करना चाहिए।

गान्धाश्च विविधान् मद्यान् कामयेच्च वरांगनाः[६]।
घृतेव सहस्त्राप्रीति तिलास्तैलं च योजयेत्[७] ।।१५।।

अनेक गन्धों से युक्त अनेक प्रकार के मद्यों का निर्माण, वेश्या की इच्छा, धूर्तों से प्रीत, तेल तथा तिल से सम्बन्धित कार्य करना चाहिए।

मङ्गलास्थापेच्चैषां च येच्चैषाव्यपादयात्[८] ।
सर्वमेतथोदिष्टं[९] कुर्याछुक्र दिने शुभे।।१६।।

---

१. गृह्णीयादन्नवस्त्राणि यात्रा देया नृपस्य च, २. व्रतं, ३. योजपेच्छकटं, ४. गजमश्वं प्रयुंजीत कर्णबंधं च योजयेत्, ५. पिवेत् सुरां च मद्यं च प्रावरेत् कुसुमास्तराः, ६. गन्धाश्च विविधान्सुपाकानमयेच्च वरांगनाः, ७. द्यूते च सहसा प्रीतिस्तिलांस्तैलं च प्रयोजयेत्, ८. पादपान्, ९. सर्वमेतद्यथोद्दिष्टं।

मंगल वस्तुओं की स्थापना तथा अन्य अमांगलिक वस्तुओं को नष्ट करना, यह सभी जैसा कि पूर्व भी कहा गया है शुक्रवार के दिन करना शुभ होगा।

शस्त्राश्च विविधा कुर्याद्वैश्ममग्निं[१] प्रवेशयेत्।
क्रमशोत्र धृतियच्च स्वनामसु च पूतितम्[२]।।१७।।

अनेक प्रकार के शस्त्रों का निर्माण, घर तथा अग्नि का प्रवेश क्रमशः नये वस्तुओं का धारण तथा नामकरण आदि।

वर्जयेच्चैव यात्रास्तुदित[३] सूर्यसुतस्य वै।।

यात्रा को छोड़कर अन्य शेष कार्य शनिवार के दिन करना चाहिए।

वृद्धगार्गीये ज्योतिशास्त्रे ग्रहकर्म गुणाः।।

इस प्रकार वृद्धगर्ग के द्वारा बार कर्मों को कहा गया है।

शकुनिर्नामनान्तौतु कृष्णपक्षे चतुर्दशी[५]।
अदान ग्रहणे चेष्टमियं[६] चात्र परायणम्।।१८।।

शकुनिकरण प्रत्येक मास के कृष्ण पक्ष की चतुर्दशी को होता है। देने के समय और ग्रहण करने के समय इस करण में अभिष्ट माना जाता है।

चतुष्पदानां[७] शकुनीनां च ग्रहणे पोषणे तथा।
चिकित्सायां पूजयेदत्र प्रेत कार्याणि कारयेत्[८] ।।१९।।

योद्धाओं के तथा पक्षियों के ग्रहण और पोषण में चिकित्सा कर्म में तथा प्रेत कर्म आदि का पूजन इस करण में श्रेष्ठ माना गया है।

नष्टं दष्टं तथा लुण्ठं कुर्यादत्र न संशयः[९]।
नागं तु करणं यन्त्रकृष्णत्पंचदशी भवेद्[१०]।।२०।।

---

१. विविधान् कुर्यावेशमन्यग्निं, २. क्रमशो–धृतिं यच्चस्वान्नाथेषु च पूजितम्, ३. वर्जयेच्चैव यात्रां तु दिने, ४. करणानि दशैकं च मासो यः संप्रवर्त्तते, ध्रुवाणि तेषां चत्वारि तानि वक्ष्यामि नामतः (नहीं है), ५. आद्यं तु शकुनि नीमरात्रि कृष्ण चतुर्दशी, ६. चेष्टिमिष्टं, ७. योधानां, ८. चिकित्सायां च युद्धे च सर्वत्रैव प्रशस्यते, ९. नष्टं दष्टं तथा लुण्ठं कुर्यादत्र संशयः, १०. नागं तु करणं यन्त्रकृष्णत्पंचदशी भवेद् ।

नष्ट, भ्रष्ट तथा लुटने का कार्य इस करण में करने से सफल होता है इसमें संशय नहीं है। नाग करण प्रत्येक मास के पंचदशी तिथि को होता है।

तत्र मर्मसाध्यानि प्रशस्तानिकरणानि च[१]।
मोदनानि[२] च कर्माणि मूलानि च फलानि च।।२१।।

इस करण में मर्म, साध्य कार्य प्रशस्त कहा गया है इसमें सम्पूर्ण कर्मों के करने से प्रसन्नता मिलती है। मूल और फल प्राप्त होता है।

कर्माणि चेद् क्रियानि[३] सर्वाण्यत्र प्रयोजयेत् ।
अतः परं प्रवक्ष्यामि किंतुघ्नांकरणमध्रुवम्[४]।।२२।।

इसमें सम्पूर्ण क्रय-विक्रय सम्बन्धी कार्य करने चाहिए। यहाँ तक किंतुघ्न नामक करण के विषय में कहा गया है। अब इसके पश्चात् चर करणों के विषय में कहा जायेगा।

प्राजापत्यं च यत्कर्मार्चनमत्र[६] प्रयोजयेत्।
इत्येता निबद्धानि[७] ध्रुवाणि करणान्य च।।२३।।

प्रजापति, कर्म तथा पूजन सम्बन्धी समस्त कर्म करने चाहिए। यहाँ तक ध्रुव करणों के कर्त्तव्य कर्म निबद्ध किये गये हैं।

शुक्लप्रतिपद्दिवसं बबं च प्रतिपद्यते।
तस्मिन् दिव्यानिकर्माणि वैश्वदेवं तथा बलिम्[८]।।२४।।

शुक्लपक्ष प्रतिपदा तिथि को बब नामक करण होता है। इस दिन दिव्य कर्म तथा बलिवैश्यदेव कर्म करने चाहिए।

अतः परं प्रवक्ष्यामि चरकरणानि सप्तसु[९]।
बबं तु बालवं चैव कौलं च तैतिलं तथा[१०]।।२५।।

---

१. तत्रायमर्म साध्यानि प्रसत्य करणानि च, २. तोदनानि, ३. चोदकेयानि, ४. अथातः परं प्रवक्ष्यामि किं स्तुघ्नं करणं ध्रुवम्, ५. तत्तु शुक्ल प्रतिपदि दिवसं प्रतिपद्यते, तस्मिन दिव्यानि कर्माणि वैश्वदेवं यथा बलम् । (अधिक है), ६. यत्कर्म सर्वमत्र, ७. इत्येतानि निवद्धानि, ८. दोनों श्लोक (५.) पर पहले है। ९. चराण्यन्यानि सप्त तु, १०. वचं तु वालदं चैव कौलवन्तै तिलं तथा।

इसके पश्चात् सातों चर करणों को कहूँगा। बब, बालव, कौलव तथा तैतिल करण।

गरादिवाणिजं चैव विष्टिरित्येव[1] सप्तमम्।

वदे[2] तु ध्रुवकर्माणि क्षिप्राण्यपि च कारयेत्।।२६।।

गर, वणिज तथा विष्टि करण सात कहे गये हैं। इनमें स्थिर कार्य का त्याग तथा शीघ्र करने वाले कार्यों को करना चाहिए।

निर्याणे च प्रवेशे च तद्धि सर्वार्थ साधकम्।

न्यस्तदं ब्राह्मणानां तु सरभेषु च शस्यते[3]।।२७।।

यात्रा, प्रवेश तथा सम्पूर्ण अर्थों का साधक तथा ब्राह्मणों का आवाहन तथा सरभ आदि कार्य श्रेष्ठ कहे गये हैं।

अनारम्भो च करणनाशेषारणमिति[4] निश्चयः।

मैत्रायुक्ते[5] च यत्कर्म यज्ञस्यात् सिद्धिकारकम्।।२८।।

जो कार्य आरम्भ नहीं किये गये हैं वह सभी शेष करणों में करने का निश्चय करे। मित्रता युक्त कर्म तथा यज्ञ कर्म इस करण में सिद्धि कारक होते हैं।

स्थावराणि च कौलवोशा प्रयोजयेत्[6]।

तैत्तिले न तु कर्त्तव्यं राजद्वारिक मेव यत्।।२९।।(?)

स्थावर कर्म, कौलव करण में करना चाहिए तथा तैतिल करण में राजद्वार से सम्बन्धित कार्यों को करना चाहिए।

अलङ्काराश्च विविधाः सर्वाधिकरणानि च।

गरादिना च कर्त्तव्यं कर्म गार्हपतं भवेत्।।३०।।

अनेक प्रकार के आभूषण तथा सम्पूर्ण यन्त्रआदि कार्यों को गर नामक करण में करने से निन्दित होता है।

---

१. वृष्टिरित्येव, २. वधे, ३. बालवं ब्राह्मणानां तु सर्वारंभेषु शस्यते, ४. अनारंभोत्र वर्णानां शेषाणामिति, ५. मैत्रीयुक्तं, ६. स्थावराणि च कर्माणि कौलवेण प्रव योजयेत्।

गृहप्रवेशवास्तूनां ग्रहणक्षेत्र कर्मणा[१]।
वाणिज्ये सर्वकर्माणि वणिजानि[२] च कारयेत्।।३१।।

घर का प्रवेश, वास्तु पूजन, भूमि, धन आदि का ग्रहण, वाणिज्य कर्म तथा सम्पूर्ण कर्मों को वणिज नामक करण में करना चाहिए।

पण्यविक्रयणं चैव वस्त्रारंभं च कारयेत्।
विष्टिनामेह करणं येन कर्माणि[३] कारभेत्।।३२।।

दुकान सम्बन्धी कार्य, क्रय-विक्रय, वस्त्र का कार्य करना चाहिए, विष्टि नामक करण में किसी भी प्रकार का शुभ कर्म नहीं करना चाहिए।

पलेनापि[४] कृतं कर्म भवत्यल्प फलोदयम्।
एकं तु रात्रिं नयति दिवसं तु तथापरम्।।३३।।

पल में भी किया गया कर्म थोड़ा फल देने वाला होता है। एक रात्रि तक चलता है, दूसरा अगले दिन तक।

एवमेतानि गच्छन्[५] क्रमेण परिवर्त्तनम्।
शुक्ला प्रतिपद्रात्रौ दिवापंचम्यष्टमी निशि।।३५।।

इस प्रकार से जाते हुए क्रमशः परिवर्तन होता है। शुक्लपक्ष की प्रतिपदा की रात्रि, दिन में, पंचमी और अष्टमी की रात्रि में।

द्वादश्यामपि च दिवा भवेत्पंचदशी निशि[६]।
बहुल चतुर्थी च दिवा सप्तम्यावादिशे[७]।।३६।।

द्वादशी के दिन में तथा पूर्णिमा की रात्रि में शुक्लपक्ष की चौथी को दिन में, तथा सप्तमी में भी आदेश करें।

रात्रौ एकादशी प्रथम[८] संपद्यते करणम्।
तिथि द्विगुणितं कृत्वा कृष्णे चायातपद्रिकम्[९]।।३७।।

---

१. ग्रहणक्षेत्र कर्मणाम्, २. वादोर्थानि, ३. कर्ण न, ४. यत्नेनापि, ५. गच्छन्ति, ६. शुक्ल प्रतिपदा य द्रात्रौ दिवा पंचम्यष्टमी निशि, ७. विहुल चतुर्थी च दिवा सप्तम्यां वा दिशेद्रात्रौ, ८. एकादश्यां च दिवा प्रथमं, ९. तिथि द्विगुणितां कृत्वा कृष्णेवा पयनेह्निकम् ।

रात्रि काल में, तथा एकादशी के बिष्टिकरण जानना चाहिए। तिथि को दुगुना करके कृष्णपक्ष की तिथि को जोड़कर।

सप्तभिस्तु हरेद् भागं शेषं करणमादिशेत्।
आद्यं कालकलि मृत्युपितरश्चतुष्पदे[१]।।३८।।

सप्तमी से भाग देने पर जो शेष बचे उससे करण का आदेश करना चाहिए। प्रथम काल या कलि देवता, दूसरे का मृत्यु, तथा चतुष्पद का पितर देवता है।

नागानागे दैवतं च किंस्तुघ्ने व सर्व सम्भृतः[२]।
बवेवायुवालवे[३] च शुक्लाग्नि वरुणास्त्रियः।।३९।।

नागकरण का नाग देवता, किंस्तुघ्न का सबका पालन करने वाला देवता होता है। बबकरण का वायु, बालव का अग्नि तथा वरुणास्त्र।

कौलवं च दैवतं चक्रि मित्रं सौतिलेतावतैषा[४]।
पूषागरादौ वणिजे देवोहिर्बुध्न्य उच्यते।।४०।।

कोलवकरण का देवता विष्णु, तैतिलकरण का मित्र देवता होता है। गर का पूषा देवता। वणिज का अहिबुधग्नय देवता कहा गया है।

यमोविष्टि तु करणदैवतं परिकीर्तितम्[५]।
स्त्रिंशति स रताः अहोरात्रे।
मुहूर्त्तानाम् करणानि प्रमाणतः[६] ।।४१।।

वृष्टिकरण का देवता यमराज कहे गये हैं। अब आगे दिन रात्रि के प्रमाण से जो तीस मूहुर्त्त होते हैं। उनके नाम कहे जा रहे हैं।

आनुपूर्न्वा तु वक्ष्यामि[७] परिमाणं तु कर्म च।
सर्वाग्रेणापि संख्यात् मुहूर्ताः[८] ।।४३।।

---

१. आद्यं कालकाली मृत्युपितरस्यश्चतुष्पदे, २. वसवः स्मृता, ३. वये वायुवालवे, ४. कौलवं दैवतं मित्रस्तैतिले तावजैकपात्, ५. यमो विध्यां तु करणे दैवतं परिकीर्त्तितम्, ६. अहोरात्रैर्मुहूर्त्तानां करणानि प्रमाणतः, ७. आनुपूर्व्या प्रवक्ष्यामि, ८. स वाग्रेणापि संख्याता मुहूर्त्तास्त्रिंशति स्मृताः।

दो घटी प्रमाण से सम्पूर्ण मुहूर्तों को क्रमशः जानना चाहिए। इन मुहूर्तों के नाम कहे जा रहे हैं।

दिवा पंचदशोच्यते रात्रौ पंचदशैव तु ।
अहोरात्रे समेतेषां[१] भेदः पंचदशात्मकः।।४४।।

दिन के पन्द्रह मुहूर्त तथा रात्रि के भी पन्द्रह मुहूर्त कहे गये हैं। अहोरात्र में ये सम्पूर्ण मुहूर्त पन्द्रह-पन्द्रह के भेद से इस प्रकार हैं।

इतरेतर वृद्धा[२] तु मुहूर्त्ताः संचरन्ति यत् ।
संचारिषु मुहूर्तेषु षड्वपंचार[३] गामिषु।।४५।।

इनसे इतर मुहूर्त भी संचरण करते रहते हैं। उन संचरण करने वाले मुहूर्तों में ये मुहूर्त भी गमन करते हैं।

दिनरात्रोरत्र प्रोक्तोद्भास वृद्धामुहूर्त्तशः[४]।
अहोद्वादश सुक्षीणामुहूर्त्त मुहूर्त्तेस्वेवति[५]।।४६।।

दिन रात्रि में उन वृद्ध मुहूर्तों को मुहूर्त के क्रम से दिन में बारह मुहूर्त क्षीण मुहूर्तों में होते हैं।

चतुःयोगत्योरथोक्तस्य द्वादशस्येव चुतुषा[६]।
लब्धक्षरो स्मृता मात्रात्रियेषो[७] मातृका विदुः।।४७।।

चार योगों को कहा गया है पुनः बारह योगों में चार अक्षर मात्रा और मात्रिका के रूप में जानना चाहिए।

विद्यां कलां चैता[८] नष्टौ प्राणापानौ विनिर्द्दिशेत्।
प्राणापानौ तु द्वौ काष्ठा वराहः षष्टथा[९] स्मृताः।।४८।।

विद्या, कला ये दोनों नष्ट हैं, प्राण और अपान का निर्देश करना चाहिए। प्राण और अपान दो काष्टा पर्यन्त कहे गये हैं तथा छठा बाराह जानना चाहिए।

---

१. समेत्वेषां, २. वृद्धया, ३. मुहूर्त्तेषु षड्पंचार, ४. दिनरात्र्येरत्र प्रोक्तो ह्रासवृद्धि मुहूर्त्तशः, ५. अहोद्वादशसु क्षीणा सुमुहूर्त्तेष्वेव तिष्ठते, ६. द्वयोर्गत्यो रथार्कस्य द्वादशस्येव चक्षुषा, ७. लध्वक्षण स्मृता मात्रा निमेषो, ८. विद्यात्कलां च ता, ९. षट्तथा।

दिनरात्र्योश्चरयति क्षयद्वृद्धातात्रय:[१]।
चत्रोशसमितिरंत्रौरं रेकविंशतिर्भविना[२]।।४९।।

दिन रात्रि में चलने वाले, स्वामी का क्षय करने वाले वृद्ध मुहूर्त धाताषर्य कहे गये हैं। चार अंशों से कुल इक्कीश अंश पर्यन्त होते हैं।

द्वौरानाशैत्रुटीज्ञेयात्रुटा तु त्रिगुणाकला[३]।
कलार्धं च कलाशश्रत् च तास्थितक्षणो भवेत्[४]।।५०।।(?)

दो त्रुटि क्षय होने पर त्रुटि नाम से और नौ कला के योग से कलाय और कलास्रत उस क्षण होते हैं।

क्षणैद्वौनान्डिका ज्ञेया मुहूर्त्तस्तु द्वितीयक:[५]।
दिनरात्र्या: सविज्ञेयात्रिधोत्योमुख संज्ञत:[६]।।५१।।

दो क्षण को नाडि जानना चाहिए, दूसरा मुहूर्त दिन, रात्रि के अनुसार उर्ध्वमुख संज्ञा कहे गये हैं।

तत्रिशतिमहोरात्रमैकसूर्य[७] पर्यय: ।
लोकानां रक्षणार्थायदेवा: पर्यायवस्थिता:।।५२।।

उसमें तीस अहोरात्र के मुहूर्तों में बारह मुहूर्त संसार के रक्षा के लिए और देवताओं की स्थापना के लिये कहे गये हैं।

तानर्कक्रमे प्राणेवीर्या स्वेरवैराप्यय:[८]।(?)
लोकानां रक्षणार्थापदेवा: पर्याय विशेषत:[९]।।५३।।

उनमें क्रमश: प्राण, बल आदि के लिए, संसार की रक्षा के लिए तथा देवताओं के पर्याय विशेष रूप से जानने चाहिए।

---

१. क्षयवृद्ध्याजाश्रय:, २. चरांश संमितिरंशैरेकविंशतिभिर्विना, ३. द्वौ चरांशौ तु राज्ञेतुटा तु त्रिगुणा: कला:, ४. पंचकलांशश्चा चत्वारिंशतृणो भवेत्, ५. क्षणौ द्वौ तामिका ज्ञेया मुहूर्त्तस्तु द्वितालिका:, ६. दिनरात्र्यो: स विज्ञेयास्त्रिंशत्यो मुख संज्ञेत:, ७. तन्विंशतिमहोरात्रमेक सूर्यस्य, ८. तानर्क्वक्र मशो दीपा: स्वैस्वै राप्यायतस्त्वपि, ९. लोकानां रक्षणार्थापदेवा: पर्याय विशेषत: (नहीं है)।

स्वेदेवतार्कतंज्ञोभ्यां मुहूर्तोप्य[२] विशिष्यते।

रौद्रश्चेतस्तथा[३] मित्रस्तथा शारमतो भवेत्।।५४।।(?)

ये अपने देवता के क्रम से सम्पूर्ण मुहूर्त विशिष्ट होते हैं। इस में रौद्र नामक मुहूर्त तथा मित्र मुहूर्त से आरम्भ होता है।

सावित्रो वैश्वदेवश्च वै राज्ञोतोष्टमः[४]।

रोहिणो प्रचलः पित्रो विजयोरप्य[५] वारुणः।।५५।।

सावित्र और वैश्वदेव मुहूर्त, राज्य तोष्टम, रोहिण, पृश्च, एवं वारुण मुहूर्तों को जानना चाहिए।

भाग्यः पञ्चदशो ज्ञेयः षोढशौ रौद्र उच्यते।

गंधर्वो धनदाख्याश्च भरणस्वानिलोनलः[६]।।५६।।

पन्द्रहवां भाग्य तथा सोलहवां रौद्र कहा गया है। गन्धर्व, कुबेर आदि भरण तथा वायु एवं अग्नि जानना चाहिए।

राक्षसौवान्य दैवत्या सौम्यव्रात्प्रोगिरास्तथा[७]।

पौष्णं च वैष्णवं चैव वायव्यं नैऋतं तथा।।५७।।

राक्षस अन्य दैवत्य, सौम्य, ब्रात्य, अंगिरा, पुषा, वैष्णव, वायव्य तथा नैऋत्य।

एषां रात्रौ दिवा संज्ञा प्रवक्ष्ये ह्रस्ववृद्धि च।

ऐन्द्रवारुण भाग्याख्य रौद्रगान्धर्व धनदाः।।५८।।

इनकी संज्ञायें रात्रिकाल में होती हैं। इसके आगे ह्रास वृद्धि के क्रम से दिन की संज्ञा को कहूँगा। ऐन्द्र, वरुण, भग, रौद्र, गन्धर्व, कुबेर।

षडेते संचराः ज्ञेया तु विशुद्धवाः[८] स्मृताः।

उदगातोकथरामा सास्मदादिनर्कमानज्ञ[९]।।५९।।(?)

---

१. तस्मिन्मुहूर्त्तोस्मित्रित्वे सर्वारंभ विशेषतः (अधिक है), २. सर्व देवतार्क तेजोभ्यां मुहूर्तोर्थ, ३. रौद्रस्वेतस्तथा, ४. राजो मितितोष्टमः, ५. रोहिणो प्रवलः पित्रेत्विजयोद्राथ, ६. भारणश्चानिलो नलः, ७. राक्षसो वान्य देवत्यः सौम्यब्राह्मोगिरास्तथा, ८. शेषाश्चतुर्विंशद्धुवाः, ९. उदगातोर्क षण्मासास्तदा दीनर्क मानजाः।

इन छः को चर संज्ञक जानना चाहिए तथा शेष विशुद्ध (स्थिर) संज्ञा वाले कहे गये हैं। उदय काल से तीन-तीन घटी के क्रम से इनका मान जानना चाहिए।

क्रमादैन्द्रादयः षड् संचरादिन[१] वृद्धिषु। (?)
एतदेव पर्यन्तं राग्रांता धनदायकः[२]।।
याम्यायने रात्रिसिद्धौ[३] संचराः षट्ध्रुवादिषु।।६०।।

इन्द्रादि देवताओं के क्रम से ये छः मुहूर्त क्रमशः दिन में वृद्धि को प्राप्त होते हैं। इनमें किया गया कार्य धनदायक होता है। दक्षिणायन के समय में यही छः स्थिर संज्ञक होकर रात्रि कालीन हो जाते हैं।

एवमहाश्चरा अश्वह्रासवृद्धिमवेक्ष्य तु।
मुच्छर्तास्तकं वृद्धाच्छाया मा त्रिक योगतः[४]।।६१।।

इस प्रकार से दिन-रात्रि में ह्रास एवं वृद्धि होने वाले एक सौ मुहूर्त शुद्ध कहे गये हैं। इन्हें तीन-तीन घटी के योग से जानना चाहिए।

तर्क्यादिवार्क[५] गत्या च रात्रौ सोमार्कयोरपि।
छाया निवेश्य कुशकुछायाव्यक्तिकरं द्विजाः[६]।।६२।।

छः दिनकालीन सूर्य की गति से तथा रात्रि में सूर्य और चन्द्रमा के छाया के अनुसार स्थापित करके, कुश छाया के द्वारा विद्वानों को कहना चाहिए।

ते च[७] छाया प्रमाणेन मुहूर्त्तानभि निर्द्दिशेत्।
दिवसे दिवसे धीरः शंकुनात्र संशयः।।६३।।

इन सारे मुहूर्तों का छाया प्रमाण के द्वारा कथन करना चाहिए। प्रत्येक दिन में विद्वानों को इसका निर्णय करके कथन करना चाहिए। इसमें संशय नहीं है।

---

१. क्रमादैंदादयः षट्सुसंवदिन, २. एतदेव विपर्यास्ता सैं साता धनदादयः, ३. यास्येऽयने रात्रिवृद्धौ, ४. एवमन्हाश्च रात्र्यश्च ह्रासवृद्धि भवेक्ष्यतु, मुहूर्त्तास्तर्कयेद् वृद्ध्या छायामात्रिक योगतः, ५. तस्मादिवार्क, ६. ता छाया निवेश्य शंकं छाया व्यक्तिकरं द्विजाः, ७. तेन।

स एव नवत्येगुणाढ्या प्रत्यमुखो च भौ।
पत्नौद्रं मुहूर्त्तेनं प्राप्तेश्चेतष्टंगुणा भवेत्[१]।।६४।।

वही नब्बे प्रत्यक्ष मुख वाले अत्यधिक गुण वाले हैं। इसमें रौद्र मुहूर्त से आठ गुणा अधिक शुभफल होता है।

द्वादशांगुला निर्वृत्ता मैत्रे छाया विधीयते।
षडंगुलाशार संवक्ष्य[२] सावित्रेः पंचभिः स्मृताः।।६५।।

बारह अंगुल सूर्य की छाया हट जाने पर छः अंगुल से पाँच अंगुल पर्यन्त सूर्य की छाया को कहा गया है।

रौहिणो अंगुलोच्छायावाने नु चतुरंगुलो[३] ।
च्छाया बलेन चतुरंगुलो वा पंचांगुलो भवेत्[४]।।६६।।

रोहिणी मुहूर्त चार अंगुल छाया तक होता है। पुनः चार या पाँच अंगुल पर्यन्त हो जाता है।

पित्र्ये विजये षडंगुला द्वादशांगुल निर्वृता।
.... महेद्रेव तु प्रकीर्तितः[५]।।६७।।

छः अंगुल से बारह अंगुल तक पितृ मुहूर्त पुनः महेन्द्र आदि मुहूर्त कहे गये हैं।

षडंगुला वारुणे तु भाग्ये तु पर नवार्क्ष स्मृता।
दिवा मुहूर्त्ताद्रत्येते विषुवेण प्रकीर्तितः[६]।।६८।।

छः अंगुल तक पूर्वाह्ण तथा नौ पर्यन्त भाग्य मुहूर्त होता है। दिन के मुहूर्त यहाँ तक विषुव पर्यन्त कहे गये हैं।

---

१. षण्मवत्यंगुला छाया भवेत् प्रयङ्मुखी च या, रौद्रे मुहूर्त्ते संप्राप्ते श्वेतेषष्ट्यंगुला भवेत्, २. षडंगुला शरमवे, ३. रौहिण्येत्र्यंगुली छाया बले तु चतुरंगुलाः, ४. च्छाया बलेन चतुरंगुलो वा पंचांगुलो भवेत् (नहीं है), ५. पंचांगुला भवेत् पित्र्ये विजये तु षडंगुला, द्वादशांगुल निवृत्ता महेन्द्रे तु प्रकीर्त्तिता, ६. षष्ट्यं गुला वारुणे तु भाग्ये षण्ववति स्मृता, दिवा मुहूर्त्ता इत्येते विषुवे परिकीर्त्तिता।

लग्नार्क्षास्तु विजानीयात मुहूर्त्तारात्रि[१] यौगिकाः।
कर्माणि चैषां वक्ष्यामि यानि य सिरस्तु[२] कारयेत्।।६९।।

लग्न के नक्षत्र पर्यन्त रात्रि कालीन योगसंज्ञक मुहूर्तों को जानना चाहिए। अब इनके कार्यों को कहूँगा। जिसमें कार्य सिद्ध होते हैं।

रौद्रे मुहूर्त्ते रौद्राणि कारयेत् साहसानि च।
बधबंध्यन्परेषां च शत्रूणां[३] वा च मर्द्दनम्।।७०।।

रौद्र नामक मुहूर्त में भयंकर कार्य तथा साहसपूर्ण कार्य करने चाहिए। बध, दूसरों का बंधन अथवा शत्रुओं का मर्दन इस मुहूर्त में करे।

शेते संवरणं स्तनमायुष्यं[३] शान्तिकर्म च।
सौभाग्यार्थमलङ्कारान् प्रवासांश्चात्र वर्जयेत्[४]।।७१।।

इनमें संवरण, आयु सम्बन्धी कार्य, शान्ति कर्म, सौभाग्य, अलंकार आदि कार्यों को करना चाहिए, किन्तु यात्रा वर्जित करनी चाहिए।

मैत्रे विवाह मावाह मध्वानं हेमकर्म च।(?)
शान्तिमङ्गल संयुक्तं सूत्रोपनयनानि वा[५]।।७२।।

मैत्र मुहूर्त में विवाह कर्म, ढोने आदि का कार्य, मार्ग में गमन, स्वर्ण का कार्य, मंगल शान्ति तथा उपनयन संस्कार आदि करने चाहिए।

सर्वाभिचारकं कर्म कुर्याच्छास्त्रमते बुधाः[६]।
कन्या[७] वरणं दानं च कोष्ठागारं च कारयेत्।।७३।।

विद्वानों को सभी प्रकार के अभिचार कर्म, प्रत्येक शास्त्रों के मत से करना चाहिए। इस मुहूर्त में कन्या का वरण तथा दान एवं कोष्ठागार सम्बन्धी कार्य करने चाहिए।

---

१. लग्नैर्क्षस्तु विजानीयान्मुहूर्त्तारात्रि, २. यस्मिंस्तु, ३. वध बंदात्परेषां च पुराणां, ३. श्वेते संवरणं स्नानमायुष्ये, ४. सौभाग्यार्थ मलंकारात् प्रवासांश्चात्र वर्त्तयेत्, ५. च, ६. सर्वाभिचारकं कर्मकुर्याछारमते बुधः, ७. कन्यानां, ८.

देवविद्या व्रतारंभा शान्ति स्वस्त्ययनानि च।

सवित्रे सर्वशिल्पानि सर्वकर्म च सिध्यति[१]।।७४।।

सवित्र मुहूर्त में देव विद्या, व्रत का आरम्भ, शान्ति कर्म तथा स्वस्तिवाचन आदि कर्म एवं सभी प्रकार के शिल्प कर्म इसमें करने चाहिए।

वैश्वदेवे पुरं वेश्म प्रसादांश्च नियोजयेत्[२]।(?)

धानान्यर्यान्यपि दैवत्येशांतिस्वस्त्यनानि च[३]।।७५।।

वैश्य देव मुहूर्त में नगर, पुर, घर, भवन आदि से सम्बन्धी कार्य करे। सम्पूर्ण प्रकार के धन धान्यों का शान्ति और कल्याणकारी कार्य दैवत्य मुहूर्त में करें।

वैराज्ञे भूपति[४] पश्येत् कन्यावरण मेव च।

भिषक्[५] सहिता चात्र प्रतिकर्म सभारभेत्।।७६।।(?)

वैराग्य नामक मुहूर्त में राजा का दर्शन, कन्या का वरण वैद्यक कर्म तथा प्रतिकर्म आरम्भ करना चाहिए।

अभिजित सर्ववर्णानां सर्वकर्म सु वर्जितः[६]।

मुहूर्त्तः सर्वतो द्वारो[७] नृणां सर्वार्थ साधकः।।७७।।

अभिजित नामक मुहूर्त सम्पूर्ण वर्णों के लिए सभी कार्यों में उत्तम है। यह मुहूर्त सर्वद्वार हेतु मनुष्यों के लिए सम्पूर्ण अर्थों का साधक कहा गया है।

सद्यौषधि प्रयत्नं[८] च मुहूर्त्ते रोहिणे ध्रुवो।

कुर्याद्यास्तथा रामाश्चापाणि नगराणि च[९]।।७८।।

रोहिणी नामक ध्रुव मुहूर्त में तुरन्त औषधि के लिए प्रयत्न कहा गया है। इसमें उद्यान, बगीचा तथा नगर आदि का निर्माण भी उत्तम कहा गया है।

---

१. सिद्ध्यति, २. निरोपयेत्, ३. धनान्यथानि देवेज्ये शान्ति स्वस्त्ययनानि च, ४. वैराजे भूपतिं, ५. भिषरा, ६. सुपूजितः, ७. मुहूर्त्त सर्वतोद्धारो, ८. सर्वौषधि प्रपन्नं, ९. कुर्यात् जपास्तथा रामातग्रा माणि नगराणि च।

बालभिषेकाद्राज्ञं च बलानि दर्शयेत्[१]।
संप्रस्थानानि च तथा बलंवृष्यं[२] च कारयेत्।।७९।।

राजाओं का अभिषेक, बालकों के लिए बल प्रदर्शन आदि तथा प्रस्थान आदि के साथ वृद्धि के कार्य करने चाहिए।

कोष्टागाराणि पित्रेनवास्तु निर्वापणानि च[३]।
श्राद्धकर्म च कुर्वीत गुरूणां चोपसादनम्।।८०।।

पितृ नामक मुहूर्त में कोष्ठागार तथा वास्तु का निर्माण, श्राद्ध कर्म तथा गुरुओं के घर जाने का कार्य करना चाहिए।

विजयेन प्रमाणस्य तपः स्यान्न पराजयः[४]।
पूर्वे चास्मिन्प्रकर्त्तव्यं भ्रातृव्येषु न पार्थिवा[५]।।८१।।

विजय नामक मुहूर्त में किया गया कार्य कभी पराजित नहीं करता, इसमें पूर्व में कहे गये समस्त कर्म करने चाहिए।

ऐन्द्रे राज्ञयिकं कार्यं दायुः[६] शान्तिकर्म च।
सर्वकर्मसु चैवेषु क्षत्रिया[७] प्रशस्यते।।८२।।

ऐन्द्र नामक मुहूर्त में राजनीति सम्बन्धी कार्य, शान्ति, आयु सम्बन्धी कार्य करने चाहिए। क्षत्रियों के लिए इसमें सम्पूर्ण कार्य करना प्रशस्त कहा गया है।

वारुणे चारकर्माणि चिकित्सा वातवासनम्[८]।
अधिरोहार नराणांत्र समन्त्रं चोदकं क्षिपेत्[९]।।८३।।

वारुण नामक मुहूर्त में अभिचार कर्म, चिकित्सा कर्म तथा प्राणायाम, घोड़े आदि पर चना, मंत्र देना तथा जल का फेंकना शुभ कहा गया है।

---

१. निदर्शयेत्, २. वल्यं नृर्ष्यं, ३. कोष्ठागाराणि पित्र्ये च वा सत्तानि विपणानि च, ४. विजयेन प्रयातस्य जयः स्यान्न पराजयः, ५. पूर्वे चास्मिन् प्रहर्त्तव्यं भ्रातृत्येषु जयार्थिना, ६. ऐन्द्रे वैजयिकं कार्यमायुष्यं, ७. सर्वकर्म मुचैवेष क्षत्रियाणां, ८. वारुणे वारिकर्माणि चिकित्सा बीजवासनम्, ९. अधिरोहा नराणां च स मंत्र चोदकं पिवेत् ।

कुर्यात्सौ भाग्ययुक्तानि स्नान मन्त्रौषधि क्रियाः।
कौतुकं च विहारांश्च भाग्ये च कारयेत्।।८४।।

भाग्य नामक मुहूर्त में सौभाग्य युक्त कार्य, स्नान, मन्त्र, औषधि क्रिया, कौतुक तथा बिहार आदि कार्य करने चाहिए।

तत्तु रौद्रे मुहूर्त्ते[१] तु पापकर्माणि कारयेत्।
तरकशणमथेहात्र कर्मसिद्धिर्विनिर्द्दिशेत्[२]।।८५।। (?)

रुद्र नामक मुहूर्त में पाप कर्म, अभिचार कर्म तथा अन्य बूरे कर्म सिद्धि देने वाले कहे गये हैं।

विवाहमथ गांधर्वं नारीणां वरणानि च[३]।
रत्नजाश्चप्यलंकारान् गांधर्वे हेमकर्म च[४]।।८६।।

नारियों के लिए गान्धर्व विवाह, रत्न धारण, अलंकार धारण और स्वर्ण का कार्य गान्धर्व नामक मुहूर्त में करना चाहिए।

गृहाणि मित्राण्यर्धाश्च दारान् दारं[५] चतुष्पदम्।
क्रीतं वा यदिवा लब्धं सर्ववाहन[६] दैवते।।८७।।

दैवत्य नामक मुहूर्त में गृह, मित्र, अस्त्र-शस्त्र, पत्नी, पशु आदि का क्रय-विक्रय तथा सम्पूर्ण वाहन आदि का कार्य करना चाहिए।

भरणे पातमेत्सैत्यसुमित्रो[७] पुराणि च।
ग्रामयाताश्च युवीत सार्थाश्चापि हरेत्परेत्यपि[८]।।८८।।

भरण नामक मुहूर्त में शत्रु-मित्र, पुर तथा ग्राम आदि में गमन तथा समूह के साथ यात्रा करना चाहिए।

स्त्रीविकारोत्समोदं[९] सुहृन्मित्र समागमम्।
ऋधि[१०] प्रसवयुक्तं च स्वातिले कारयेत् बुधः।।८९।।

---

१. नक्त सैन्द्रो मुहूर्त्ते तु, २. तस्कराणामथेहोत्र कर्मसिद्धिं विनिर्दिशेत्, ३. नारीं संवरणानि च, ४. रत्नजांश्चाप्यलंकारन् गांधर्व दूतकर्म च, ५. गृहणानि मित्रान्यथाश्च दारान् क्षरं, ६. सर्ववादन, ७. भरणे पातयेत् सैन्यर्मत्राणां, ८. ग्रामघातांश्च कुर्वीत सार्थांश्चापि हरेत्पथि, ९. स्त्रीविकारोत्सवामोदं सुहृदं, १०. सद्धि।

स्त्री का विकास, आमोद, प्रमोद, मित्रों से मिलना जुलना, ऋद्धि, प्रशव युक्त तथा विद्वानों को स्वातिल कार्य करना चाहिए।

आग्नेये संप्रदानानि कर्ताग्रे पंचकारयेत्[1]।
वैतारंणतिषु स्वार्थे[2] भक्षभोज्यार्थमेव च।।१०।।

आग्नेय मुहूर्त में विवाह करना, प्रदान करना, कर्ता आदि पंच कर्म, वितरण का कार्य भिक्षा अथवा भोज्य आदि कार्य करने चाहिए।

परस्त्री द्रव्यहरणं बन्धुबान्धव व[3] राक्षसे।
कारयेत्र[4] शुभं कर्म शुभं कर्म च कारयेत्।।११।।

राक्षस नामक मुहूर्त में परस्त्री, परद्रव्य का हरण, वध का कार्य तथा बन्धन का कार्य करना चाहिए। शुभ कर्मों को कदापि नहीं करना चाहिए।

प्राजापत्ये प्रजाकामान् दारान्स चे मिथोनरः।
बाहुवीर्य मथामुष्य मयत्यमिह जायते[5]।।१२।।

प्रजापति नामक मुहूर्त में सन्तान की कामना से पत्नी से भोग करना चाहिए। पराक्रम, वीर्य, तथा आयु से सम्बन्धी कार्य करना चाहिए।

स्थिरश्चारंभ योगी च सर्वेषामेव कर्मणाम्।
शान्ति पौष्टिक युक्तानां मुहूर्त्ते सौम्य उच्यते[6]।।१३।।

सौम्य नामक मुहूर्त में स्थिर कार्यों का आरम्भ तथा योगियों को अपने सम्पूर्ण कार्य, शान्ति, पुष्टि से युक्त समस्त कार्य करने चाहिए।

ब्राह्मे वेदात्व[7] विद्या च शिल्पानि च समारभेत्।
आधानं चापि तिष्ठेत्[8] राजामंत्रं च कारयेत्।।१४।।

ब्राह्म नाम मुहूर्त में वेदाध्यन, वेद, विद्या तथा शिल्प आदि का कार्य आरम्भ करें। आधान का कार्य तथा राजा से मंत्रणा का कार्य करना चाहिए।

---

१. आग्नेयेः संप्रदानानि कर्माग्नेर्य च कारयेत्, २. चैतारं शान्ति पुष्ट्यर्थं, ३. एरस्त्री द्रव्य हरणं वधवंध च, ४. कारयेच्चा, ५. प्राज्यापत्ये प्रजाकामान दाहान सेवेन्मिथो नरः, बाहुवीर्य मथा पुष्यमपत्य मिह जायते, ६. मुहूर्त्तं सौम्य मुच्यते, ७. वेदाश्च, ८. तिष्वेत।

वार्हस्पत्यनृपान्सूनात् सार्थाश्च ध्वनि[१] नियोजयेत्।

साधयेच्च प्रजाकर्म पौष्टिकानि च कारयेत्।।९५।।

वार्हस्पत्य नामक मुहूर्त में राजा या पुत्र तथा समूह (प्रजा) से बात करनी चाहिए। इन सभी कार्यों के साथ पौष्टिक आदि कार्य भी करना चाहिए।

इष्टान्[२] संकल्पितानर्थान् भोजनाच्छादनानि[३] च।

प्रस्थापत्युमते पौष्टे कुशले च नरेति च वैष्णवे[४]।।९६।।

वैष्णव नामक मुहूर्त में अभिष्ट कार्य, संकल्प, दीनों को भोजन, आच्छादन आदि, पुष्टि स्थापित करे तथा मनुष्यों के कुशल क्षेम को जाने।

बलकर्माणि प्रियाणेस्कंधमास्तथा[५] ।(?)

सर्वेषां चैव वर्णानां सर्वकर्म स पूजितः।।९७।।

बल कर्म, प्रिय कार्य अधम मुहूर्त में तथा सम्पूर्ण वर्णों के लिए सभी कर्म पूजित कहे गये हैं।

वायव्येन च आरामेस्यात् हुताश्च प्रेषयेत्[६]।

शास्त्राणि[७] च कर्माणि शिल्पानि च समारभेत्।।९८।।

वायव्य नामक मुहूर्त में बगीचे का कार्य, तथा आहुति, शास्त्र कर्म तथा शिल्प कर्मों का आरम्भ करना चाहिए।

अर्थसंरक्ष्य पाणेषु प्राचामेयेषु[८] सर्वदा।

नैऋतरिक्त कर्माणि[९] मुहूर्त्तमपि निर्द्दिशेत्।।९९।।

नैऋत्य अर्थ का संरक्षण प्राणियों में पूर्व दिशा का गमन तथा अन्य कर्म निर्देशित करने चाहिए।

वृद्धगार्गीये ज्योतिःशास्त्रे मुहूर्त्तगणो नाम अध्यायः

वृद्ध गर्ग द्वारा रचित ज्योतिष शास्त्र का मुहूर्त नामक प्रकरण पूर्ण हुआ।

---

१. बार्हस्पत्ये नृपात् सुतासार्थां चाध्व, २. द्रष्टान्, ३. भोजनाछादनानि, ४. प्रस्थाय लभते पौष्णे कुशलेषु नरेति च, ५. वैष्णवे चलकर्माणि प्रयाणेत्यूद्यमास्तथा। ६. वायव्ये न वाराश्चारान् प्रेष्यान् दूतांश्च प्रेषयेत्, ७. शीघ्रगाणि, ८. अर्थ संरक्षमाणेषु प्राच्या मभ्रेषु, ९. नैऋतं सिक्तकर्माणां।

पृथक् पुरुष निर्देश[१] नक्षत्रेषु शुभाशुभम्।
आत्म संचरणं[२] ज्ञात्वा प्रवक्ष्यामि समभृगोः।।१००।।

नक्षत्रों का शुभ-अशुभ अलग-अलग निर्देश तथा उनके संचरण का ज्ञान आगे कहूँगा।

तत्र वै जायते तत्तु जन्म[३] नक्षत्र माश्रितम्।
दशमे जन्मनक्षत्रात् कर्मनक्षत्रमुच्यतेः।।१०१।।

जन्म नक्षत्र में उत्पन्न जातक का जन्म नक्षत्र अनुनक्षत्र कहा जाता है। जन्म नक्षत्र से दसवाँ नक्षत्र कर्म नक्षत्र कहा जाता है।

एकोन्नविंशतितमं[४] गर्भाधानिक मुच्यते।
वैनासिकं तु नक्षत्रं जन्मर्क्षं कर्मर्क्षाम्[५]।।१०२।।

उन्नीसवाँ नक्षत्र गर्भाधानिक नक्षत्र कहा जाता है जबकि सत्ताइसवाँ वैनाशिक नक्षत्र होता है।

यत्रये दशं द्वितीय मेकादशं मधिशा..करोगणा[६]।
तृतीयमेकविंशं च द्वादशं च विपत्करम्।।१०३।।

दूसरा, ग्यारहवाँ नक्षत्र शुभकारी जबकि तीसरा, इक्कीसवाँ तथा बारहवाँ नक्षत्र विपत्ति करने वाला होता है।

क्षेम्यं चतुर्थं द्वाभवेद्यच्च त्रयोदशम्[७]।
प्रत्यरं पंचमं विप्रा[८] त्रयोविंशं चतुर्दशम्।।१०४।।

चौथा एवं दूसरा क्षेमकारी नक्षत्र होता है, तेरहवाँ तथा पाँचवां प्रत्यरि नक्षत्र है जो कष्टकारी है। तेइसवाँ एवं चौदहवाँ नक्षत्र।

षष्टमं च दशे[९] चैव चतुर्विंशं च साधकम्।
[१०]पंचविंशस्यात् सप्तमं षोडशं तथा।।१०५।।

---

१. पृथक्य परुष निर्देशं, २. संवरणं, ३. यत्र वै जायते जंतुर्जन्म, ४. एकान्विंशतितमं, ५. वैनाशिकं तु नक्षत्रं कमीक्षीद्यन्त्रयोदशम्, ६. द्वितीय मेकादशमं विंशत् संकरो गणः, ७. क्षेम्यं चतुर्थं द्वाविंशं भवेद्यच्चयो दशाम्, ८. यत्परं पंचमं विद्या, ९. षष्टं पंचदशं चैव, १०. नैधनं (अतिरिक्त)

छठा, दसवाँ, तथा चौबीसवाँ नक्षत्र साध्य कहा गया है, पच्चीसवाँ, सातवाँ तथा सोलहवाँ नक्षत्र।

मित्र सप्तदशं विशं विद्यात्षड्भेस्तमपयामम्।
सप्ताविंशत्परं मैत्रं नवमाष्टदशे तथा[१]।।१०६।।

सत्रहवें और बीसहवें, तथा सत्ताइसवें, नवें और अठारहवें की मैत्र संज्ञा होती है।

जन्मसंपद्विपदे[२] प्रत्यरं साधकंस्तथा।
नैधने[३] मित्रवर्गश्च परमं मैत्र एव च।।१०७।।

जन्म, सम्पत्ति, विपत्ति, प्रत्यरि, साधक, नैधन, मित्र तथा परम मित्र कुल नौ तारायें होती हैं।

एते ते जन्मनक्षत्रे प्रत्यतंच्चास्तु सर्वशः[४]।
त्रिनक्षत्रानगुणास्तेषां[५] कर्मगुणान् शृणु।।१०८।।

ये जन्म नक्षत्र से तीन-तीन आवृत्ति के अनुसार तारायें कही गयी हैं। इनके कर्म और गुणों को सुनें।

आधाने जन्मनक्षत्रे नैधने प्रत्यरेषु च।
प्रवासं प्राणसंदेहं क्षुरकर्म च वर्जयेत्।।१०९।।

आधान, जन्मनक्षत्र में, नैधन तारा में तथा प्रत्यरि में यात्रा करने से प्राण सन्देह में हो जाता है तथा इसमें क्षौर कर्म वर्जित करना चाहिए।

पराक्रमे विवाहे च तथैव क्षुरकर्मसु[६]।
मङ्गल्यान्यासु कुर्वीत शान्तिस्वप्नानि च[७]।।११०।।

पराक्रम, विवाह तथा क्षौर कर्म नहीं करना चाहिए जबकि अन्य मांगलिक कार्य शान्ति, स्वप्न आदि का प्रतिकार करना चाहिए।

---

१. मैत्रं सप्तदशविद्यात् षड्भितमथा चाष्टम्, सप्ताविंशत्परं मैत्रं न च माष्टदशं तथा, २. जन्मसंपद्विपत्तेभ्यः, ३. नैधनो, ४. एते ते जन्मनक्षत्रात् प्रत्यतव्यांस्तु सर्वशः, ५. त्रिनक्षत्रा नवगुणास्तेषां, ६. क्षुरर्कसु, ७. मंगल्यान्याशु कुर्वीत शान्तिस्वस्त्यनानि च।

विद्यारंभं तपो दानं सज्ञान भेषजा[१] क्रियाः।
भरणं च स्वभृत्यानांकुर्यात्संपत् करे गणे[२]।।१११।।

सम्पत तारा में विद्यारम्भ, तपस्या, दान, ज्ञान औषधि की क्रिया, सेवकों का भरण-पोषण करना चाहिए।

सजातीय सजात्यी[३] वा सोस्य कर्माणि साधयेत्।
मैत्रे चैवैहकर्ताना[४] क्षिप्रं संग्रहणानि च।।११२।।

कर्म तारा में सजातीय कर्म, वस्त्रादि का कार्य करे जबकि मैत्र तारा में कर्त्ता को शीघ्र ही संग्रह करना चाहिए।

कुर्वीत्परममैत्रे यच्चसंवरणात्मक[५]।
धर्मार्थ कामयुक्ताभिक्षराणि च[६]।।११३।।

परम मैत्रे तारा में संवरण आदि कार्यक्रम धर्म, अर्थ, काम से युक्त तथा अक्षराम्भ आदि कार्य करने चाहिए।

मृदूनि च सिध्यर्थं[७] कर्मनक्षत्रे सर्वकर्माणि कारयेत्।
गार्गीये ज्योतिः शास्त्रे प्रथम ।।११४।।

मृदु तारा में तथा कर्म नक्षत्र में कार्यसिद्धि हेतु सम्पूर्ण कार्यों को करना चाहिए। यहाँ गार्गीय ज्योतिष शास्त्र का नक्षत्र, तारा पूर्ण हुआ।

यस्य वै जन्मनक्षत्रे सर्वजायेद् भ्राता सुतोऽपि वा[८]।
सजातीयः सजात्यो वातं दृष्टा सोस्य[९] प्राणैः समो भवेत्।।११५।।

जन्म नक्षत्र में भाई, पुत्र, सजातीय अथवा अन्य प्राणियों से मेल-मिलाप आदि कार्य करने चाहिए।

आधानिके च नक्षत्रे जायेद्भ्रातासुतोपि च[१०]।
सजातीयः सजात्यो वात दृष्टा न वितृप्यति[११]।।११६।।

---

१. संज्ञानं भैषज, २. भरणं च स्वभृव्याशं कुर्यात् संपत्करे गणे। ३. सजात्यो, ४. वैवाहिकार्त्तानां, ५. कुर्यात्परम मैत्रेय च संवरणात्मकम्, ६. धर्मार्थ कार्य युक्तानि क्रूराणि च मृदुनि च, ७. सद्यर्थं, ८. यस्य वै जन्मनक्षत्रे जायेद्भ्रातासुतोपि वा, ९. वासोस्य, १०. वा, ११. सजातीयः सजात्योवातं दृष्टान वितृप्यति।

आधानिक नक्षत्र में भाई या पुत्र के उत्पन्न होने पर सजातीयों के साथ प्रदान करना चाहिए अथवा दर्शन नहीं करना चाहिए।

यस्य वै कर्म नक्षत्रे जायेद्भ्राता शुभोऽपि वा^१।
सजातीय: सजात्यो वासस्य^२ कर्माणि साधयेत्।।११७।।

जिसके कर्म नक्षत्र में भाई का जन्म हो उसके लिए शुभ होता है। सजातीयों के साथ मिलकर के उसके कर्मों की साधना करनी चाहिए।

संपत्करेभिज्ञामस्तु श्रेयस्पति सते सदा^३।
नित्यं कलिसमं पश्येद्योज्ञायेत विपत्करे।।११८।।

सम्पत्ति तारा में कार्य आरम्भ करने से कल्याण होता है तथा सम्पत्ति की प्राप्ति होती है। लेकिन जो विपत्त तारा में कर्म आरंभ करता है उसे नित्य कलह के समान विपत्ति देखनी पड़ती है।

क्षेमेभिजात: पुरुष: सोस्य शैश्वासिका^४।
भवेत्साधको सर्वकार्याणां साधव:^५ स्यादति प्रिय:।।११९।।

क्षेम तारा में उत्पन्न पुरुष के लिए कल्याण होता है। साधक तारा में सभी कार्य सिद्ध हो जाते हैं और अतिप्रियता होती है।

प्रत्यरिसमो जायेन्नैधने^६ तु करो भवेत्।
मैत्रे परम मैत्रो वा प्रियसित्रपति प्रिय:^७।।१२०।।

प्रत्यरि तारा में तथा नैधन तारा में कार्य आरम्भ करने से कष्ट होता है जबकि मैत्र एवं परम मैत्र तारा में सभी अपने प्रिय हो जाते हैं।

जन्माधान प्रत्यरेषु नैधने स विपत्करे।
आपदो नष्ट दष्टं च सर्वमाशु^८ विनश्यति।।१२१।।

जन्म, आधान, प्रत्यरि, नैधन तथा विपत्ति आदि में कार्य आरम्भ करने से आपदा नष्ट होता है। तथा नष्ट वस्तु की शीघ्र देखने का अवसर मिलता है।

---

१. सुतोपि वा, २. सजात्यो वासोस्य, ३. सम्पत्करेभिजातस्तु श्रेय: स्यात्तिष्ठते सदा, ४. वैश्वासिको भवेत्, ५. साधके सर्व कर्माणां साधक:, ६. प्रत्यरेरि समो जाये नैधने, ७. परं मित्र मतिप्रिय:, ८. सर्वमाश्रु।

दशमे बाधके[१] क्षेमे मैत्रे संपत्करेषु च।
यामदो नष्ट दृष्टं च सर्वमासु प्रसिध्यति[२]।।१२२।।

दसवें बाधक, क्षेम, मैत्र एवं सम्पत्ति तारा में कार्य आरम्भ करने से नष्ट कार्य भी सिद्ध होते हैं और शीघ्र प्रसिद्धि हो जाती है।

यथास्वात्मामथा[३] जाया धर्मस्य हि क्रियाः।
तस्मादेषामदोषं तं जन्मधनक्षदो[४] विदुः।।१२३।।

जैसे अपना लग्न है उसी प्रकार से पत्नी जाया स्थान एवं धर्म स्थान में कार्य आरम्भ करने से दोष होता है और जन्म, धन आदि का क्षय होता है।

जन्मनक्षत्र मेकान्तं सर्वभा[५] द्विशोधयेत्।
शेषाव्यैतस्य तद्विषाज्योतिषि संख्यया[६]।।१२४।।

अतएव जन्म नक्षत्र आदि का शोधन करके, सम्पूर्ण नक्षत्रों का शोधन करना चाहिए। शेष से इन संख्याओं वाले नक्षत्रों को जानना चाहिए।

प्रेच्छ वा वर्तमानं तु जन्मास्वादि[७] शोधयेत्।
शेषं भवर्गात्संशोध्य द्वादश्यासि[८] निर्द्दिशेत्।।१२५।।

जन्म-नक्षत्र से वर्तमान नक्षत्र का शोधन करें पुनः शेष में नक्षत्र वर्ग का संशोधन करके बारह अंशि का निर्देश करे।

द्वे द्वे कलाशते विद्याद्दाने योगेच्चतः कला[९]।
अशतिं[१०] तु शतं भागं विसर्गे त्रिंशति कलाम्[११]।।१२६।।

दो-दो कला को सतगुणित करके योग में चार कला को गुणित करके अस्सी सौ का भाग दे करके शेष से जानें।

---

१. वाधके, २. आपदो नष्टदष्टं च सर्वमाश्रु प्रसिद्ध्यति, ३. यथाह्यात्मा तथा, ४. तस्मादेषामदोषत्वं जन्माधान क्षयो, ५. मेकातं वर्त्तमाना, ६. शेषात्येतस्य तद्विद्यादात्म ज्योतिषसंख्यया, ७. मेछं वा वर्त्तमानं तु जन्माक्षास्वादि, ८. शेषं भवर्गात् संशोध्यवातस्यासि, ९. विद्यादने योगे च तत्कला, १०. अशीतं, ११. कला।

आदान योगे सिद्धीति सर्वारम्भा[१] विशेषतः।

मध्ये मध्य फलाज्ञेया विसर्वोल्य[२] फलास्मृताः।।१२७।।

योग का ग्रहण करके सभी आरम्भ किये गये कार्यों में विशेष रूप से बीच-बीच से फल को जानें। सभी प्रकार के फल इस प्रकार के हैं।

ग्रहोपसृष्टे नक्षत्रे आयुषश्च परिक्षये।

क्षणव्ययमवाप्नोति व्याधिपीडां च मानवः।।१२८।।

ग्रहों से युक्त नक्षत्र होने पर आयु का परिक्षय होता है तथा क्षण में व्यय प्राप्त होता है तथा मनुष्य को रोग से पीड़ा होती है।

ग्रहोल्काशति निर्घातेर्घातकं यैश्च[३] पीडितै।

यस्य यद्भव नित्यत्र तद्वक्ष्याम्यत्र मूर्धसः[४]।।१२९।।

उल्का ग्रह होने पर या निर्घात होने से घातक योग होता है। जिस-जिस में यह योग पड़ता है उस सब को शिर से लेकर सभी अंगों का फल कह रहा हूँ।

नक्षत्रोपहतो ज्ञेयो विपरीते न कर्मणि[५]।

विवर्णस्थ्योद्यदीहीन उपजा पैरुपद्भुतः[६]।।१३०।।

नक्षत्र से उपहत होने पर विपरीत फल जानना चाहिए, विवरणता, स्वास्थ्य में बाधा तथा उपद्रव आदि होते हैं।

जन्मनक्षत्र पीडायां जायते कर्मनिष्फलः।

मित्रभेदा व्ययोव्याधि गर्भाधानस्य पीडया।।१३१।।

जन्म नक्षत्र होने से पीड़ा होती है तथा कार्य भी निष्फल हो जाता है। व्यय में मित्र से भेद, व्याधि तथा गर्भाधान से पीड़ा होती है।

सम्पत्करस्य[७] पीडायां विद्याध्ययन मानवम्।

ज्ञानसंचार पीडायां तद्विश्वास्याय[८] हन्यते।।१३१।।

---

१. सिद्ध्यंति सर्वारंभ, २. विसर्गेल्प, ३. ग्रहोल्का शनिनिर्घातैः.... कम्पैश्च पीडितै, ४. यस्य यद्भवतित्युत्र तद्व्यक्ष्याम्यत्र पूर्वशः, ५. कर्मणा, ६. विवर्णास्थो यदा हीन नुपजायै रूपद्रौतः, ७. संपत्करस्य, ८. पीडायां - द्विश्वास्याय।

सम्पत तारा में पीड़ा तथा मनुष्य को विद्या अध्ययन, ज्ञान का संचार के साथ पीड़ा एवं विश्वास मारा जाता है।

विपत्करो निरुत्साही निरादरो नरो भवेत्[1]।

अप्रसस्य मतायुष्यकमचोप चिकीर्ष्यति[2]।।१३२।।

विपत तारा होने से उत्साह हीनता तथा मनुष्य का निरादर होता है, कार्यों में हानि, आयु की क्षीणता तथा कोध की अधिकता रहती है।

क्षेम्ये जनेन प्रविशेत् प्रवमन्याधिमन्यपि[3]।

प्रत्यरे पीड्यमाने तु आचार्यत्वे जुगुप्सते[4]।।१३३।।

क्षेम तारा के प्रवेश होने से समस्त कार्यों में सफलता सुख मिलता है। जबकि प्रत्यरि तारा में पीड़ित होने पर अपने से बड़ों की प्रति घृणा होती है।

बन्धुबन्धादि योगं च सर्वं चास्य प्रपीड्यते[5]।

असिद्धिः सर्वकार्याणि[6] साधकस्योप पीडनात्।।१३४।।

भाइयों के बन्धन आदि का योग तथा सभी से पीड़ा होती है। जबकि साधक तारा में पीड़ित होने पर सारे कार्य असिद्ध हो जाते हैं।

नैधनेन्याधिराश्वस्य[7] मैत्रे मित्र क्षये हते।

यथा पुरा च मित्राणि न भवन्ति तथा नृणाम्[8]।।१३५।।

नैधन तारा में अविश्वास होता है, जबकि मैत्र तारा में मित्र का क्षय होता है। मित्र गण जैसे पूर्व में व्यवहार करते थे वैसे नहीं रह जाते।

मैत्रे तु विवादेषु पराजयमेव चु[9]।

एवं ग्रहोपसृष्टेषु कर्मपाकान्विनिर्द्दिशेत्।।१३६।।

मैत्र तारा में विवाद होने पर पराजय की स्थिति निश्चय ही होती है। इस प्रकार ग्रहों से पीड़ित होने पर कर्मों के परिणाम कहने चाहिए।

---

१. विपत्करे निरूत्साही निरादानो न नरो भवेत्, २. अप्रशस्य मनायुष्यं कर्मचोप विकीर्यति, ३. क्षेम्ये हतेन प्रविशेत् प्रवजन्याधि मन्यपि, ४. आचार्यत्वेप्नुगुप्सते, ५. वधबंधादि योगं च सर्वं चास्य प्रयोज्यते, ६. सर्वकार्याणां, ७. नैधने व्याधिराश्वस्य, ८. नृणाम् (दूसरे श्लोक में), ९. पराजयं।

न तया जन्मनक्षत्रे पीडिते पीडिते नरः[१]।
पुरजन्मपरो[२] वापि यथा प्रत्यर[३] पीडया।।१३७।।

जन्म नक्षत्र के पीड़ित होने पर उस प्रकार से मनुष्य पीड़ित नहीं होता जिस प्रकार से प्रत्यरि तारा से पीड़ित होने पर।

देशनक्षत्र[४] पीडायां विरक्ता मातृ मङ्गलः।
आत्मदोष विरोधश्च राष्ट्रमत्र च पीड्यते[५]।।१३८।।

देश का नक्षत्र पीड़ित होने पर रक्त युक्त और अमंगल, आत्मदोष, विरोध तथा राष्ट्र को पीड़ा होती है।

पीडिते पुरनक्षत्रे भृत्यमित्र[६] पुरोहिताः।
पौराश्रेणाश्च नगरे वाहनं च चतुष्पदो[७]।।१३९।।

नगर का नक्षत्र पीड़ित होने पर सेवक, मित्र, पुरोहित, नगरवासी, वाहन तथा चतुष्पद पीड़ित होते हैं।

अथाभिषेक नक्षत्रे पीडिते बन्धबन्धनः[८]।
राज्यभ्रंश सुरन्नाशं देशत्याग च निर्द्दिशेत्[९]।।१४०।।

अभिषेक का नक्षत्र पीड़ित होने पर भाई-बन्धुओं को पीड़ा, राज्य से च्यूति, देवताओं से पीड़ा तथा राष्ट्र त्याग का निर्देश करना चाहिए।

जन्मनक्षत्र पीडायां च वपेत न हीयते।
ग्रहनक्षत्र मोक्षेन[१०] म्रियते नात्र संशयः।।१४१।।

जन्म नक्षत्र के पीड़ित होने पर न तो बीज वपन करना चाहिए और न ही अन्य कार्य आरम्भ करना चाहिए। ग्रह नक्षत्र से पीड़ित होने पर निश्चित मृत्यु होती है इसमें सन्देह नहीं है।

---

१. न तथा जन्मनक्षत्रे पीडिते पीड्यते नरः, २. पुरं जनपदो, ३. प्रत्पर, ४. दशनक्षत्र, ५. मीड्यते, ६. भृत्यमंत्रि, ७. पौराश्रेण्यश्च नगरे वाहनं चापतप्यते, ८. वधबन्धनम्, ९. राज्यभ्रंशं सुहृन्नाशं देशत्यागं च निर्दिशेत् , १०. मोक्षेण।

तस्मान्मन्त्रैश्च होमैश्च जपैश्च नियमैरपि।
आपदोनिह्यते तत्सर्वास्तमः सूर्यद्रवोदयम्[१]।।१४२।।

इस लिए मंत्र के द्वारा, हवन से, जप से तथा नियम से आपत्ति-विपत्तियाँ वैसे ही नष्ट हो जाती है जैसे सूर्य के उदय होने से सम्पूर्ण अन्धकार नष्ट हो जाता है।

हव्येन विधिवत्यायं हूयन्माने न सम्प्रति[२]।
अन्ने हिरण्यदानैश्च पुष्टिस्तानि वर्द्धते[३]।।१४३।।

विधि पूर्वक हवन करने से देवताओं के आवाहन-पूजन से अन्न या सोने के दान से पुष्टि करने से सभी दोष समाप्त हो जाते तथा वृद्धि होती है।

गार्गीयज्योतिष शास्त्रे द्वितीय आदितो नवमः प्रथम सर्ग समाप्तः।

गर्ग रचित ज्योतिष शास्त्र के द्वितीय अध्याय का नौवां भाग प्रथम सर्ग समाप्त हुआ।

❑❑❑

---

१. आपदो विधिमेत्सर्वास्तमः सूर्य इवोदयम्, २. हव्येन विधिवत्पापं हूयमाने न शाम्भयति, ३. अन्नैर्हिरण्यदानैश्च पुष्टिस्तस्याति वर्द्धते।

अथ षष्ठोऽध्यायः

वेदविद्यातपो वृद्धं सर्वशास्त्र विशारदम्।
क्रोष्टुकिं[२] प्रयतोगर्गमपृच्छत् सोमसंभवम्।।१।।

वेद-विद्या एवं तपोवृद्ध, सम्पूर्ण शास्त्रों के ज्ञाता, क्रोष्टुकी ने गर्ग ऋषि से सोम (चन्द्रमा) के उत्पत्ति के विषय में पूछा।

कुतः समुत्थितः सोमः केन सृष्टः किमात्मकः।
किं प्रमाणं कथंजाति कतिरश्मिश्च विद्यते[३]।।२।।

यह सोम (चन्द्रमा) कहाँ से उत्पन्न हुआ, इसकी रचना किसने किया, इसको उत्पन्न करने वाला कौन है। यह कितने प्रमाण का है, इसकी जाति क्या है, इसमें कितनी रश्मियाँ रहती हैं।

कथमस्य च निर्दिष्टा शुक्ले वृद्धिः क्षयोसिते।
कथं न क्षीयते चैव किमात्मिका........[४]।।३।।

इसको कौन निर्दिष्ट करता है, शुक्ल पक्ष में इसकी कैसे वृद्धि होती और कृष्ण पक्ष में कैसे क्षय होता है। यह किस प्रकार से क्षीण और वृद्धि को प्राप्त होता है?

कथं शुक्लं च कृष्णं च पक्षात्र कुरुते[५] च सः।
तिथयेधिक मासाश्च सात्याप्यं[६] दर्शमेव च।।४।।

कैसे इसका शुक्ल एवं कृष्णपक्ष किया गया है, कैसे तिथि और मास की अधिकता होती है और अमावस्या होती है?

पौर्णमासा च कारवे च पूर्णकेन दृश्यते[७]।
अमावास्या सु दृश्यं ते कास्वस्तम उच्यते।।५।।

कैसे यह पूर्णिमा को पूर्ण होकर दिखाई देता है? और अमावस्या के समय दृष्ट नहीं होता और अन्धकार युक्त हो जाता है।

---

१. वेद विघातयो, २. क्रोष्टुकिः, ३. किं प्रमाणं कथं याति कतिरश्मिश्च पठ्यते, ४. बृद्धिश्चैव किमात्मिका, ५. पक्षो प्रकुरुते, ६. तिथयोधिक मासाश्च सन्नाप्यं, ७. पौर्णमासीं च कास्वेव पूर्णकेन न दृश्यते।

पौर्णमास्यश्च काः सुज्ञैर्ज्ञप्यस्तिष्व मनोदितः[१]।

उदितास्तमितः काश्चकाश्चोभम[२] संज्ञिताः।।६।।

पूर्णमासी तिथि को कैसे विद्वानों ने निश्चित किया? यह कैसे उदित एवं अस्त होता है? और नक्षत्रों के साथ इसकी कैसे संज्ञा दी गई है?

कथं शशी कथं सोमः शशाङ्कश्चन्द्रमा कथम्।

निशः करोथ शीतांक्षुकथमेंदुश्च पद्यते[३]।।७।।

कैसे चन्द्रमा? कैसे सोम? तथा शंशाक तथा चन्द्रमा कैसे? रात्रि में शीतलता देता है और इन्दु नाम इसका क्यों पड़ा?

नक्षत्रेषु च कल्पस्य योगादृष्टा महर्षिभिः।

केषां चोतरतां यातिकेयां दक्षिणः शशि[४]।।८।।

नक्षत्रों से कल्पित करके योगदृष्टा ऋषियों में कैसे उत्तर का गमन तथा कैसे दक्षिण गमन को जाना।

केषां च मध्यतो याति केषां युज्यत्यनागतम्।

अतिक्रांत समोद्यापिभेष्टिदुः केषु विद्यते[५]।।९।।

किस प्रकार से मध्य से गमन करता है? और कैसे यह नक्षत्रों को छोड़ता है एवं ग्रहण करता है? कैसे यह अतिक्रमण कर जाता है? अभीष्ट रूप में यह चन्द्रमा कैसे होता है?

मार्गाश्चास्य कतिक्रान्ति कतिविद्वांस्वकीर्त्तिताः[६]।

स्थानानागोक्तानिकति रूपं च केषां युज्यत्यनागतम्[७]।।१०।।

ये कितने मार्गों का अतिक्रमण है? कितने रूपों में विद्वानों ने इसकी गणना की है? यह अपने मार्ग पर कब आता है और कब अन्य ग्रहों से जुड़ता है।

१. पौर्णमासीं च कास्वेव पूर्णर्केन न दृश्यते, २. उदितास्तमिताः काश्वकाश्चैवोभय, ३. निशा करोभ शीतांशुः कथमिंदुश्च पठ्यते, ४. केषां च च्चोत्तरतां याति केषां दक्षिणतः शशी, ५. अतिकांत समोथापि भेष्टिदुःकेषु विद्यते, ६. मार्गाश्चास्य कति प्रोक्ताः कति विश्च कीर्त्तिता, ७. स्थानानिगोक्तानि कति रूपं केषां च कीदृशम्।

केषां च कीदृशं च कतिवर्णा सोमपर्यावर्षे भयाभये[१]।।११।।
निर्द्दिष्टास्तमाचक्ष्वपाक चैव महामुने[२]।

कितने और कैसे किस रंग के वर्ष में चन्द्रमा के द्वारा भय और निर्भीकता का निर्देश किया गया है, हे महामुनि इसके परिणामों को निर्दिष्ट करिये अर्थात् बताइये।

गार्गीये ज्योतिःशास्त्रे चन्द्रमाने प्रथमः।
तस्य तद्वचनं श्रुत्वा क्रोष्टुकि भावितात्प्रतः[३]।
उत्त्वा भगवान् श्चंद्रर्मार्गान्मातयाः[४]।।१३।।

उनके इस वचन को सुन करके भगवान क्रोष्टिकी प्रसन्न हो करके चन्द्रमा के मार्ग को बताना आरम्भ किया।

मनसा ब्राह्मणा प्रातः सोमस्त्वधः[५] समुत्थितः।
अयमात्मा मृतमयः विचरो[६] लोकभावनः।।१४।।

यह चन्द्रमा ब्रह्मा के मन से सोम तत्व के रूप में प्रकट हुआ। यह आत्मा के लिए अमृतमय संस्कार का कल्याण करने के लिए विचरण करता है।

तोतोस्य सम्मतं[७] दिव्यं दशवर्ष सहस्त्रकम्।
तेजः समुद्रे पतितं दीप्तवैश्वानर प्रभ[८]।।१५।।

यह चन्द्रमा हजारों वर्ष दूर दिव्य लोक से तेज रूप में समुद्र में गिर गया, और अग्नि रूप में प्रदीप्त हो गया।

तेन संक्षुब्ध मखिलं क्षीरोदः सगरकृतम्[९]।
तस्माद्वायुश्च[१०] तेजश्च सहस्त्रांशु क्षमाकरः।।१६।।

उससे क्षुभित हो करके समस्त समुद्र को विषयुक्त कर दिया। जिससे वायु, तेज, सूर्य और पृथ्वी क्षुब्ध हो गये।

---

१. कति वर्णाश्च सोमस्य वर्षावर्षे भयाभये, २. निर्दिष्टा स्तमसाश्च क्षयाकं चैव महामुने, ३. क्रोष्टुकिर्भावितात्मनः, ४. उवाच भगवान् गर्गश्चंद्र मार्गान् महातपाः, ५. ब्रह्मणाध्यातः सोमस्त्वभ्यः, ६. मृतमयन् खेचरो, ७. ततोस्य संभ्या, ८. प्रभम्, ९. सागरं कृतम्, १०. तस्माद् वायुश्च।

देवासुर विरोधे तु देवादैत्यै पराजिता:।
अदृष्ट रूपैरमरैर्द्दद्या[१] वद्भिर्महाबलै:।।१७।।

देवासुर संग्राम में देवता दैत्यों से हार गये, तब महाबलि देवताओं, लोग अदृश्य होकर रहने लगे।

शतेन पूर्वदेवस्य मायैवं विवुधैर्वृता[२]।
खमूत्पत्य महाकायै नैकयोजन दिप्यते[३]।।१८।।

उस समय सैकड़ों देवताओं के द्वारा माया से आवृत होते हुए आकाश में उठकर अनेक योजन दीप्त होने लगा।

तदा शतसहस्त्रेस्तु पाशै: गृह्य[४] वारुणै:।
मंथानं मंदरं कृत्वा नैत्रृततक्षकवासुकि[५]।।१९।।

तब हजारों पासों को ग्रहण करके समुद्र में मन्दराचल पर्वत एवं नागवासुकि के द्वारा मंथन किया गया।

क्षीरोदे मथ्यमाने तु नवनीत मयो महान्।
अमृतादुत्थित: सोमस्त पिवन्ति सुरामुदा[६]।।२०।।

समुद्र के मंथन होने पर बहुत बड़े मक्खन के समान अमृत से उत्पन्न हुआ यह चन्द्रमा आकाश में स्थित हुआ जिसे प्रसन्न होकर देवता पान करते हैं।

चर द्रवति चारेस्व[७] द्रवते तेन चन्द्रमा:।
सर्वौषधि प्रप: श्रीमान् सौम्यात्वात्सोम उच्यते।[८]।२१।।

चलता हुआ जो द्रवित होता है अथवा चलायमान नक्षत्रों को जो द्रवित कर देता है उसको चन्द्रमा नाम दिया गया है तथा सम्पूर्ण औषधियों को जीवन देने से श्रीमान और सौम्य होने के कारण सोम कहा गया है।

निशाकरो न मेद्यस्मातस्मादुक्ते[९] निशाकर:।
शशत्वं[१०] लक्ष्यते यस्माच्छशांकस्तेन[११] हेतुना।।२२।।

---

१. रूपैरमरैर्दया, २. ववुधैवृत्ता:, ३. खमुत्पत्य महाकायैर्नैक योजनादिष्यते, ४. शतसहस्रैस्तु पाशै: संगृह्य, ५. नेत्रं तक्षकवासुकिम्, ६. सोमस्तं पिवन्ति सुरासुरा, ७. द्रवते, ८. स वेषिधिमय: श्रीमान सौम्यत्वात्सोमनुच्यते, ९. मेघस्मात्तस्मादुत्को, १०. शशात्वं, ११. यस्माछशांकस्तेन।

रात्रि के समय में चन्द्रमा की किरणें प्रभावित होती हैं अतः निशाकर कहा गया है और इसके गोद में खरगोश दिखाई देता है जिस कारण इसे शशांक की उपाधि दी गयी है।

शीतांशुत्वाच्छीतरश्मिर्निशाकृद्रात्रि[१] मोदनात्।
एवं गौतानि नामानि कर्मज्ञा निर्द्दिशेत्[२]।।२३।।

शीतल किरणें होने से शीतरश्मि तथा रात्रि को प्रसन्न करने के कारण निशाकृत् ये सभी नाम दैवज्ञों के लिए निर्देश किये गये हैं।

सप्तविंशस्तु तस्योक्त विष्कुम्भो[३] योजनानि च।
तस्य प्रजापतिर्दक्षः पत्यर्यादुहितर्ददौ[४]।।२४।।

इस चन्द्रमा से सत्ताइस विषकुम्भ आदि योग होते हैं प्रजापति दक्ष ने अपनी सत्ताइस बेटियों को चन्द्रमा को पत्नी के रूप में दे दिया।

सम्वर्तस्वतेनोक्तं रसेन चाप्यन्यथा कृतः[५]।
तेन मिथ्योपचारेण गृहीतो राजयक्ष्मणा[६]।।२५।।

चन्द्रमा का रोहिणी से अधिक प्रीत के कारण श्राप वश मिथ्या अभिचार के कारण राजयक्ष्मा (क्षय) रोग हो गया।

ततः प्रभृति सोमस्य क्षयोवृद्धिर्महर्षिभिः।
स च क्रियातिर्मन्त्रैश्च[७] द्विजैराप्यायितः पुनः।।२६।।

तभी से लेकर के चन्द्रमा का क्षय और वृद्धि महर्षियों के द्वारा नियत किया गया, यह चन्द्रमा क्रिया एवं मंत्रों से युक्त होने के कारण द्विज संज्ञा को प्राप्त हुआ।

वर्द्धते क्षीयते चैव तेन पक्षौ प्रकीर्त्तितौ।
शुक्लकृष्णौ ततस्माभ्यां तिथयः संप्रवर्तिता[८]।।२७।।

चन्द्रमा बढ़ता है और पुनः क्षीण हो जाता है इसलिए दो पक्ष कहे गये हैं

---

१. छी तरश्मिर्न्निशाकृद्रात्रि, २. एवं गौराणि नामानि कर्मजानि च निर्दिशेत्, ३. सप्तषष्टिस्तु तस्योक्तो विष्कंभो, ४. पत्यर्थं दुहिहृर्ददौ, ५. समं वर्त्तस्व तेनोक्तस्तेन वाप्यन्यथा कृतः, ६. राजपक्ष्मणा, ७. क्रियाभिर्मंत्रैश्च, ८. संप्रवत्तिताः।

शुक्ल एवं कृष्ण। इन दोनों पक्षों में तिथियाँ प्रकट हुई।

नाम चन्द्रं च सप्तनानिधि[१] सर्व प्रसाधकम्।
पौर्णमास्यस्त्वमावास्यः सात्राप्य सर्वमेव च[२]।।२८।।

सर्वसाधक सात निधियों में चन्द्रमा के नाम से ही पूर्णिमा एवं अमावस्या तिथियाँ होती है।(?)

पर्वकालाश्च वहिताः[३] सोमेनेज्य क्रियास्तथा।
प्रतिमा तु मतिष्यैरका भवति चोत्तरम्[४]।।२९।।

चन्द्रमा से ही पर्वकाल होते हैं इसी चन्द्रमा के आधार पर यज्ञ-अनुष्ठान आदि क्रियायें सम्पन्न की जाती हैं।

अमावास्यासिनी वाली पूर्वाक् हरणैतोत्तराः[५]।
उदिते पूर्णमाणायामुत्तमरायाम तोन्यथा[६]।।३०।।

पूर्व तिथि के क्षय होने पर अमावस्या को सिनिवाली कहा जाता है। और बाद की तिथि के हरण होने से पूर्णिमा को राया कहते हैं।

चतस्त्रोमार्गशीर्षावा[७] उदितास्तमिता स्मृताः।
ज्येष्ठाद्या चतस्त्रोथ भवेन्यस्तपितोदया[८]।।३१।।

मृगशिरा से चार नक्षत्र पहले उदित और अस्त कहा गया है। जबकि ज्येष्ठा आदि से चार नक्षत्र पर्यन्त पहले अस्त और पुनः उदित कहा गया है।

पौर्णमास्यश्चेतस्त्रोत्यः समसर्पनिशाकरा[९]।
अयनानिक माच्चेन्दोलक्षयेदुच्च[१०] नीचताम्।।३२।।

पूर्णिमा से चार नक्षत्र तक चन्द्रमा को सम कहा गया है। अयन संक्रान्ति से चन्द्रमा के उच्च और नीच राशि को प्राप्त होता है।

---

१. नामचन्द्र च सप्ततं तिथि, २. सान्नप्यं सर्वमेव च, ३. चापर्णकालाश्च विहिताः, ४. प्रतिमानुमतिष्यै एका भवति चोत्तरे, ५. बालो पूर्वा कुहरतोत्तरा, ६. उदिते पूर्णः पूर्णाः यामुत्तरा यामतोन्यथा, ७. चतस्त्रो मार्गशीर्षाद्या, ८. ज्येष्टाद्याश्च चतस्त्रोथ भवंत्यस्तीमतोदयाः, ९. पौर्णमास्यश्चतस्त्रोन्याः स सूर्य निशाकराः, १०. अयनानि क्रमाच्चेन्द्रोर्लक्षयेदुच्च।

शुक्लादौ बहुलेनेन्दोश्च शुक्लानचाप्यथोतरम्[१]।
काष्ठां चन्द्रमसिमाप्तां ज्ञेयोरचागतिं रैदवीं[२]।।३३।।

शुक्लपक्ष से चन्द्रमा वृद्धि को प्राप्त होता है, उत्तरार्ध में पूर्ण होता है। कला–काष्ठा आदि के द्वारा चन्द्रमा के गति का निर्धारण करना चाहिए।

क्षीणातीया[३] तथा पूर्णा दक्षिणायन संस्थिते।
सोमे मध्याय प्राप्ते समासोम मतिर्भवतु[४]।।३४।।

दक्षिणायन में स्थित होने पर क्रमशः क्षीण होता जाता है और मध्य में आने पर सम चन्द्रमा हो जाता है।

शतानि नव भाग गणा[५] नागाश्च नवपंच च।
भवन्ति पौर्णमास्यावतु[६] प्रपूर्णे शीततेजसि।।३५।।

एक सौ नौ भाग गण, नौ और पाँच के द्वारा पूर्णिमा में होते हैं। चन्द्रमा पूर्ण होने पर अत्यन्त शीतल हो जाता है।

अहन्यहनि भोगानां द्विषष्टिमवर्द्धतो[७]।
शुक्लपक्षे तु कृष्णे तु सैव प्रत्यवस्थितिः[८]।।३६।।

प्रतिदिन नक्षत्रों का भोग करते हुए बासठ घटी तक बढ़ जाता है। इसी प्रकार शुक्लपक्ष और कृष्ण पक्ष में चन्द्रमा की स्थिति जाननी चाहिए।

एतैत क्रमभागेन शुक्लकृष्णयोः वर्द्धते[९]।
हीयते चैव नित्यशस्तिथि लक्षणम्[१०]।।३७।।

इस प्रकार से क्रमशः शुक्ल और कृष्ण पक्ष के भाग से बढ़ता एवं घटता हुआ चन्द्रमा नित्य तिथियों का निर्माण करता है।

---

१. शुक्लादौ बहुनेन्द्रोश्च शुक्ला ते वाप्यथोत्तराम्, २. काष्ठां चन्द्रमसि प्राप्तां ज्ञेयोस्वागतिरैन्द्रवी, ३. क्षीणातीवा, ४. मतिर्भवेत्, ५. शतानि नव भागानां, ६. भवन्ति पौर्णमास्यातु, ७. अहन्यहति भाग्यानां द्विषष्टिरभिवर्द्धते, ८. प्रत्यवस – ति, ९. एतेन क्रमभागेन पक्षयो शुक्ल कृष्णयोः, १०. वर्द्धते हीयते चैव नित्यशस्तिथि लक्षणां तिर्यक्।

तिर्यक् शशीमण्डपं च भागात्,
दिने दिने गच्छति पंचषष्टिः।
वारान्सतुल्या नयने तथैव,
रवेचन्द्रमागति मङ्गलानि[१]।।३८।।

तिरछे चन्द्रमा मण्डल के भाग से प्रतिदिन साठ घटी चन्द्रमा चलता है। एक बार के तुल्य गति करता हुआ सूर्य से चन्द्रमा की गति कल्याणकारी होती है।

इति गार्गीज्योतिः शास्त्रे चन्द्रयाने सोमवर्णनोनामश्च।

इस प्रकार गर्ग के ज्योतिषशास्त्र में चन्द्रयान (सोम) वर्णन नामक अध्याय पूर्ण हुआ।

❑❑❑

---

१. तारांश तुल्यानयने यथैव स्वे चन्द्रमा गच्छसि मंगलानि।

अग्रतश्चन्द्रमायाति नक्षत्रमवतिष्ठतः।
चरत्सायायी[१] योगोयं द्वितीयः संप्रकीर्त्तितः।।३९।।

इसके आगे चन्द्रमा का नक्षत्रों में स्थित होना और यायी योग जो दूसरे प्रकार से कहे गये हैं उनका वर्णन किया जा रहा है।

नक्षत्रस्य शशिमध्ये दक्षिणेनोत्तरेथवा।
तावत्तिष्ठन्ति रभसां चन्द्रस्याग्रे[२] तु नित्यशः।।४१।।

नक्षत्रों के मध्य में चन्द्रमा से दक्षिण और उत्तर भाग के द्वारा तब तक स्थित होते हैं, चन्द्रमा की गति पुनः आगे नित्य बढ़ जाती है।

एष वै युगपद्योग तृतीयः[३] संप्रकीर्त्तितः।
एषां त्रयाणां योगानां गृहाणां च पृथक्-पृथक्।।४२।।

एकसाथ योग को तीसरे प्रकार से कहा गया है। इन तीन प्रकार के योगों का ग्रहों से अलग-अलग प्रभाव होता है।

नक्षत्रान्तरितं योगतियोजयति[४] चन्द्रमाः।
भ्रात्वेन पूज्यते[५] योगस्तेन सर्वप्रसाधयेत्।।४३।।

नक्षत्र के मध्य से चन्द्रमा इन योगों को बनाता है। अतिशय महत्व के कारण योग पूजित होते हैं। इसलिए इन योगों का साधन करना चाहिए।

नक्षत्रं चन्द्र योगानां ग्रहाणो[६] च विशेषतः।
दिग्दाह वृष्टीनामुक्तानिछति योस्तथा[७]।।४४।।

नक्षत्रों का चन्द्रमा से योग एवं विशेषरूप से ग्रहों से योग दिग्दाह तथा वृष्टि नामक योग चन्द्रमा से जाने जाते हैं।

अन्येषां धन[८] विशेषाणां चक्षुरेव विशिष्यते।
नहि सर्व प्रगणितं नहि सर्वं च दर्शनम्।।४५।।

---

१. वत्सानुयागी, २. चन्द्रस्याग्ने, ३. एष वैद्युगयद्योगस्तृतीयः, ४. नक्षत्रात्वरितं योगं नियोजयति, ५. भास्वेन युज्यते, ६. नक्षत्रचन्द्र योगानां ग्रहाणां, ७. दिग्दाह वृष्टिनामुल्का निर्घातयोस्तथा, ८. अन्येषां च।

अन्य धन आदि विशेष योगों को चक्षु (नेत्र) से विशेषता रहती है। ये सभी न तो गिने जा सकते हैं और न इन्हें गिना जा सकता है।

दर्शगणिते चैव युगप्रयोग साधक[१]।
योयामकरणं धातुरज्ञानामल्प चेतसाम्[२]।।४६।।

अमावस्या में गणना करने से साधक दो प्रयोगों के द्वारा करण, धातु आदि का ज्ञान प्राप्त करता है।

तेषामकारणं सर्व[३] यद्वैद्यस्याति कंचनम्।
चक्षुषो गणितध्यानं[४] ब्राह्मणो दैव चिंतकः।।४७।।

उसके कारण सभी जो कुछ कहे गये हैं नेत्रों से इनकी गणना दैवज्ञों को करनी चाहिए।

सर्वकार्यार्थ योगेषु विलग्नमुपधारयेत्।
अमावास्या महोरात्रं कृत्वा सूर्येण चन्द्रमा[५]।।४८।।

सम्पूर्ण कार्यों की सिद्धि में लग्न को ग्रहण करें, अमावस्या तिथि में सूर्य चन्द्रमा के साथ रहता है।

कलाविशेषो[६] भगवान् भास्करं तु विशिष्यते।
मुच्यतेजक्षणयाच्च[७] सूर्येण प्रतिपूजितः।।४९।।

चन्द्रमा की कला सूर्य की अपेक्षा अधिक कही गयी है। जब सूर्य किरणों से चन्द्रमा मुक्त होता है तब पूजित होता है।

पूज्यमाणा मुनिगणैन्सूर्यमार्ग[८] विचारिभिः।
भानुमण्डल मुत्तीर्य पक्षादौ परिवर्त्तने[९]।।५०।।

मुनिगणों के द्वारा पूजित होता हुआ सूर्य मार्ग से जब सूर्य मण्डल को पार कर जाता है तो पहला पक्ष परिवर्तित हो जाता है।

---

१. दर्शनं गणितं चैव युगपद्योग साधकम्, २. योषामकरणं चक्षुरज्ञाना मल्प चेतसी, ३. सर्वं, ४. चक्षुषौ गणितध्याना, ५. चन्द्रमाः, ६. कलावशेषो, ७. मुचतेज्ञ तृषायाञ्च, ८. पूज्यमानो मुनिगणैः सूर्यमार्ग, ९. परिवर्त्तते।

पदेषु तिष्ठतिष्वेव तस्यात्प्रतिपदा[१] स्मृता।

ब्रह्मणा सूर्यमानो[२] ब्राह्मणैश्च महर्षिभिः।।५१।।

चूँकि पद में स्थित होने के कारण प्रतिपदा तिथि कही गयी है। ब्रह्मा जी ने सूर्य मान के द्वारा ब्राह्मण और महर्षियों को बताया है।

वृद्धादौ वक्षयादौ[३] च प्रजापति नियोगतः।

आदित्यमुपतिष्ठन्ति नक्षत्राणि तथातथाः[४]।।५२।।

यह चन्द्रमा प्रजापति के योग से आदि में वृद्धि तथा पुनः क्षय को प्राप्त होता है यह सूर्य में स्थित होता है उसके पश्चात् नक्षत्रों में स्थित हो जाता है।

सोममाप्युपतिष्ठन्ति निःसृतान्यर्क मण्डलात्[५]।

कलानां षट्शतानीह दशधान्यार्कला स्मृताः[६]।।५३।।

सूर्यमण्डल से निकलने पर सोम की संज्ञा होती है। छः सौ दस कला तिथि के लिए कही गयी है।

नक्षत्रविषये प्राहुर्गर्गो[७] वेदविदांवरः।

अवेक्षेत्रं ममक्षेत्रं सांवक्षेत्रं[८] च गौतमः।।५४।।

नक्षत्र के विषय में वेदों के ज्ञाता गर्ग ऋषि ने कहा है। अवक्षेत्र, ममक्षेत्र तथा सावक्षेत्र गौतम के द्वारा कहा गया है।

आमे त्रहश्चह[९] नक्षत्र विषये कालयोगतः।

पूलोन्यौद्वे तथा आतिरभिजित् श्रवणस्तथा[१०]।।५५।।

तीन–तीन नक्षत्रों के काल योग से तथा दो–दो अभिजित तथा श्रवण नक्षत्र के द्वारा।

---

१. पदेषु तिष्ठतेष्वेव तस्मात्प्रतिपदा, २. ब्रह्मणां स्तूयमानो, ३. वृद्धयादौ च क्षयादौ, ४. आदित्य मुपतिष्ठंति न मित्राणि तथा तथा, ५. सोममत्यूय तिष्ठंतितिनिः सृतान्यर्द्ध मंडलात्, ६. क्षरावान्याः कलाः स्मृताः, ७. नक्षत्रविषयं प्राहगर्गो, ८. अवक्षेत्र मम क्षेत्रं साव क्षेत्रं, ९. आत्रे हश्चाह, १०. फलान्यौ द्वे तथा स्नातिरभिजित् श्रवमस्तथा।

अविद्या वाणं सौम्य प्राहिर्बुध्न्यं तथैव च[१]।
रेवत्याश्च युतं वापि याम्यद्वादशमभवत्[२]।।५६।।

धनिष्ठा से रेवती पर्यन्त बारह दक्षिण हो जाता है।

उत्तरेणोपतिष्ठंति रवे सौम्यास्य[३] चोभयोः।
कृतिका रोहिणी सौम्यं पित्र्यं वापि[४] पुनर्वसुः।।५७।।

सूर्य से उत्तरायण होने पर कृतिका, रोहिणी, मघा, पुनर्वसु तक सौम्य होता है।

उपतिष्ठन्ति मध्ये न विशाखामैत्र मेव च।
आर्द्रातिथ्यस्तथा मूलं सार्प्य हस्तस्तथैव च।।५८।।

मध्य में विशाखा और अनुराधा नक्षत्र, आर्द्रा, पुष्य, मूल, अश्लेषा तथा हस्त नक्षत्र रहते हैं।

क्षणे[५] नोपतिष्ठन्ति ज्येष्टाषाढा द्वयं तथा।
कृतिकारोहिणी[६] चापि मित्रादित्यं मघा तथा।।५९।।

क्षण भर भी स्थित नहीं होते, ज्येष्ठा, दोनों अषाढ़ा (पूर्वा तथा उत्तरा), कृतिका, रोहिणी, अनुराधा, हस्त तथा मघा।

विशाखा मैत्रमैन्द्रं[७] च तथाषाढाद्वयं भवेत्।
एतेषां विधोमार्गो[८] दक्षिणोत्तर मध्यतः।।६०।।

विशाखा, मृगशिरा, अनुराधा तथा दोनों अषाढ़ा ये सभी चन्द्रमा के मार्ग में दक्षिण और उत्तर के मध्य होते हैं।

उत्तरास्तुत्तरो[९] याम्यो मध्यमो दक्षिणोधमः।
नयन्ति नित्यहोरात्रि ऋक्षाणि[१०] दशपंच च।।६१।।

---

१. श्रविष्ठा वा कृणंसौम्यं माहिर्बुध्न्यं तथैव च, रेवत्याश्वयुजं चापि याम्यां द्वादशमं भवेत्, ३. रवेः सोमस्य, ४. चापि, ५. दक्षिणे, ६. कृत्तिकारोहिणी, ७. मैत्रमैद्रं, ८. विविधोमार्गो, ९. उत्तरस्तूत्तरो, १०. नित्यशो रात्रि मृक्षाणि।

उत्तरा नक्षत्र से उत्तर दिशा तथा दक्षिण की ओर नीचे ले जाता है। और पन्द्रह नक्षत्र दिन-रात्रि के क्रम से।

क्रमेणाभ्युदितानि[१] स्युः पौर्णमास्येषु सप्तसु।
आलोकी च ग्रलोकी च विपात्की च स एव च[२]।।६२।।

क्रमशः उदित होते हैं पूर्णिमा से सात नक्षत्र तक दिखाई पड़ते हैं और शेष में अदृश्य रहते हैं।

[३]वारुणादिषु विंशत्सु विशाखांते च चन्द्रमाः[४]।।६३।।
विना वायव्यष्याभ्यां प्रशप्तौ योगमृच्छति[५]।

पश्चिम दिशा से बीस नक्षत्र तक विशाखा के अन्त तक चन्द्रमा गमन करता है। वायव्य के बिना शेष प्रशस्त योग कहे गये हैं।

अप्राप्ते सात्रि कृष्णश्च कृतिक्रान्तोथवा भवेत्[६]।।६४।।
अनुराधा नवेद्युक्तः पंचपंचेषु चन्द्रमा।

कृष्णपक्ष की रात्रि न रहने पर कृतिका से अनुराधा नक्षत्र पर्यन्त पाँच-पाँच नक्षत्रों में चन्द्रमा के युक्त होने पर।

अप्राप्तौ युगं वश्चापि[७] योगमेति च चन्द्रमाः।।६५।।
ब्राह्मवैष्णव पुष्येषु वायव्ये चाप्तने[८] तथा।।६६।।

दो योग न प्राप्त होने पर इन योगों में चन्द्रमा मृगशिरा, श्रवण, पुष्य, स्वाति तथा उत्तराषाढ़ा नक्षत्रों में।

सर्वाणि युगद्यत्सोप्रो[९] नक्षत्राण्येव योजयेत्।
चतुर्भागान्मार्गाणां युगपत्सत्रं ददृश्यते[१०]।।६७।।

---

१. क्रमेणभ्यूदितानि, २. आलोकी च प्रलोकी च विपाकी च त एव च, ३. उल्लोकी वावलोकी च छत्रातिछत्र एव च, उत्पातसारो योगश्च सोम नक्षत्रयोः स्मृतः, समरूप प्रवृद्धश्च युगस्थायी तथैव च (अतिरिक्त है), ४. वारुणीं देषुविंशत् सुविशाखां तेषु चन्द्रमाः, ५. विना वायव्यतिष्यामप्राप्तो योगमर्छति, ६. अप्राप्तो सन्निकृष्टश्च वृत्तिक्रांतोथ वा भवेत्, ७. अप्राप्तो युगपच्चापि, ८. वामने, ९. सर्वाणि युगपत् सोमो, १०. युगपत् सन्तु दृस्यते।

सभी एक साथ नक्षत्रों को योजित करने पर चार भाग वाले मार्गों में एक साथ दिखाई पड़ते हैं।

येषां मित्राभि[1] नक्षत्रं सोमस्तेषां पराभवः।
उत्तरोत्तमात्मस्थो निकृस्यत्व[2] प्रशस्यते।(?)।६८।।

जिसमें अनुराधा नक्षत्र में चन्द्रमा पराजय को प्राप्त होता है किन्तु आगे उत्तरोत्तर श्रेष्ठ हो जाता है।

चन्द्रमर्ग्रेस्तृतीयः[3] चन्द्रमार्गोत् प्रनश्यामि।
न प्रवक्ष्यामियेषु ज्ञेयं शुभाशुभम्[4]।।६९।।

आगे तीसरे नक्षत्र में चन्द्रमा का मार्ग विनष्ट होता है इसलिए इनके शुभ-अशुभ फलों को आगे कहा जा रहा है।

अथ मार्गान्निरीक्षेत मार्गस्थं सप्तमंडलम्[5]।
चन्द्र मार्गोत्तरस्वाति दक्षिणे मूल उच्यते।।७०।।

इसके पश्चात् मार्ग से सात मण्डल पर्यन्त मार्ग को देखता हुआ चन्द्रमा से मृगशिरा, स्वाति दक्षिण मूल में कहे गये हैं।

अत्र चन्द्रमसो मार्गान् गर्गः प्रोवाच यं ध्रुव[6]।
ज्येष्ठामूलाप्य वैश्वानां दक्षिणे न व्रजेच्छशी[7]।।७१।।

यहाँ चन्द्रमा का मार्ग जिसे गर्ग के द्वारा कहा गया है ज्येष्ठा, मूल, श्रवण नक्षत्रों में चन्द्रमा दक्षिण की ओर नहीं जाता।

वैश्वानर पथः शम्या दक्षिणोभय चैकतम्[8]।
देवो न वर्षति तदा सस्यं चैवोपहन्यते।।७२।।

कृतिका के मार्ग को छोड़कर दक्षिण एवं उत्तर मार्गों में अकेले जब चन्द्रमा चलता है तब बादल वर्षा नहीं करते और फसल नष्ट हो जाती है।

---

१. येषां भृन्नाभि, २. निकृष्टश्च, ३. चन्द्रमार्गस्तृतीयः, ४. चन्द्रमार्गान् प्रवक्ष्यामि येषु ज्ञेयं शुभम्, ५. समंडलम्, ६. पंच च, ७. व्रजेछशी, ८. वैश्वानर पथः सम्याद्दक्षिणोमय वैकृतम्।

वाद्याग्नि कोपो भवतिक्षुच्चैर्मृत्युश्च[१] जायते।
त्वाष्टस्यैदस्य[२] मैत्रस्य कृत्तिकानां च दक्षिणे।।७३।।

अथवा कृतिका नक्षत्र के कुपित होने से मृत्यु होती है चित्रा, अनुराधा तथा कृतिका नक्षत्र से गमन करने पर।

विशाखयो मेघा न च अनावीथींचतां विदुः[३]।
अजावीथी गते चन्द्रे सस्यं[४] भवति नित्यशः।।७४।।

विशाखा, मघा में चन्द्रवीथी कही गयी है। जब चन्द्रमा ब्रह्मा की विथि में गमन करता है तब अच्छी फसल होती है।

क्षुन्निमित्तव[५] सहसा जायते जनमारका[६]।
निदध्याद्धनधान्यानि बलवत्वं च संश्रयात[७]।।७५।।

भूख से प्रजा पीड़ित होती है और महामारी फैलती है। धन-धान्य की हानि हो जाती है। और बल की न्यूनता होती है।

क्षीयंते[८] सर्वभूतानि देवाश्चैव न वर्षति।
त्वाष्ट्रस्यैंद्रस्य मैत्रस्य कृत्तिकानां च मध्यगः।।७६।।

सारे प्राणि क्षय को प्राप्त होते हैं और बादल नहीं बरसते जब चन्द्रमा चित्रा, ज्येष्ठा, अनुराधा तथा कृतिका के मध्य में गमन करता है।

एषांन्तूत्तरं वीथीस्यात्प्रसयीत्वापने विदुः[९]।
मध्यं वर्षति पर्जन्यः सारधान्येन[१०] रोहति।।७७।।

इस प्रकार से इनके विथियों के मध्य में होने पर मध्य में बादल बरसते हैं और धन-धान्य की वृद्धि होती है।

यवसस्य[११] तु भवति यथा भागं तु शालयः।
मध्यमः समाप्तो[१२] भवति योगक्षेमञ्च कल्पते।।७८।।

---

१. वांधग्नि कोपो भवति क्षुद्रैर्मृत्युश्च जायते, २. त्वाष्ट्रस्यैंद्रस्य, ३. विशाखयोर्मघानां च आजावीथीं च तां विदुः, ४. शस्य, ५. क्षुन्निमित्तं, ६. जनमानका, ७. मिदद्याद्धनधान्यानि बलवत्वं च संश्रयातम्, ८. क्षुर्धते, ९. एषातूत्तर वीथीस्यात् प्रसंगीत्वपरे विदुः, १०. पर्यन्यः सारधान्यं, ११. यवशस्यं, १२. मध्यः समाक्षो।

जौ की उत्पत्ति होती तथा धान आदि की भी वृद्धि होती है मध्य में समाप्त हो जाने पर योग तथा क्षेम की वृद्धि होती है।

उत्तरेणैद्रंमैत्राभ्यामत्तियत्वष्ट्रियो:[१] शशी।
गच्छत्साध्ये[२] स गोवीथीषु क्षेमा प्रजा।।७९।।

उत्तर दिशा में ज्येष्ठा, अनुराधा, तथा चित्रा में चन्द्रमा के होने से इनकी मध्य की वीथी में होने से प्रजा का कल्याण होता है।

निरामया भवति देवश्च बहुवर्षति।
विशाखयोर्मध्यानां च मध्ये न यदि चन्द्रमा:[३]।।८०।।

प्रजा रोग रहित होती है बादल बहुत बरसते हैं। विशाखा और अनुराधा के मध्य यदि चन्द्रमा न हो तो ।

उत्तरेण तु मैत्रस्य नागसर्ग:[४] स उच्यते।
अति सस्य मविक्षेममति[५] सर्वं च शोभनम्।।८१।।

अनुराधा के उत्तर को नागसर्ग की संज्ञा दी गयी है इसमें फसल अच्छी होती है। और सभी प्रकार की सुभता देखी जाती है।

नाममार्गगतो नित्यं शशिश्च शशलक्षण:[६]।।८२।।
एतेषां नागवीथी स्यात्सोमस्य गतिरुत्तमा।

नाम मार्ग में चन्द्रमा के जाने पर जब खरगोश का लक्षण दिखाई देता है तो इसे नागवीथी कहते हैं इसमें चन्द्रमा की उत्तम गति होती है।

द्वौ तु सर्वौस्यतौपध्यौ[७] दक्षिणौ द्वौ तु दक्षिणौ।।८३।।
सर्वेषा मथ मार्गरिणं[८] वीथीनां वापि क्रोष्टुके।

---

१. उत्तरेणैन्द्र मैत्राभ्यांमाग्नेयत्वाष्ट्रयो, २. गच्छत् साध्वे, ३. विशाखयोर्मघानां च मध्ये न यदि च द्रुमा:, ४. नागमार्ग:, ५. अति सस्पृमति क्षेममति, ६. नागमार्गगतो नित्यं .... शश लक्षण:, ७. द्वौ तु मग्रौ स्मृतौ मध्यौ, ८. सर्वैषा मथ मार्गाणां।

दो-दो नक्षत्रों के क्रम से दो दाहिने और दो बायें सम्पूर्ण मार्गों में क्रोष्टुक ऋषि चन्द्रमा की मार्ग वीथी कही गयी हैं।

उत्तराउत्तर श्रेष्ठो मार्ग इत्यहूदेनलः[१]।।८४।।
चन्द्रे दक्षिणं सस्ये तु वर्षि न भवति क्वचित्[२]।

बाद के क्रम से ये सारे मार्ग श्रेष्ठ कहे गये हैं। चन्द्रमा की दक्षिण विथि में होने पर न तो वर्षा होती है और न फसल होती है।

मध्यस्थे न भवेन्मध्यमुत्तरेण शुभं भवेत्।।८५।।
रोहिणो चन्द्र माभिधाच्छृंगाभ्यां वा परिष्वजेत्[३]।
वार्थिवो म्रियते राजा मुद्धैशस्त्र च वर्द्धते[४]।।८६।।

मध्य में होने पर मध्यम फल रहता है। जबकि उत्तर रहने पर शुभ फल होता है। रोहिणी नक्षत्र में चन्द्रमा में सिंग के स्पर्श होने से राजा की मृत्यु होती है तथा अस्त्र-शस्त्र का युद्ध होता है।

।। चन्द्रमाने चतुर्थोध्यायः।।

इस प्रकार चन्द्रमान नामक चतुर्थ अध्याय पूर्ण हुआ।

❑❑❑

---

१. उत्तरादुत्तर श्रेष्टो मार्ग इत्याह देवलः, २. चन्द्रे दक्षिण संस्थे तु वर्षं न भवति क्वचित्, ३. रोहिणी चन्द्रमाभिद्या शृंगाभ्यां वा परिश्वजेत्, ४. पार्थिवो म्रियते राजा क्षुद्रै शस्त्रं च वर्द्धते।

अथ पञ्चमोऽध्यायः

स्यान्नंदा[१] दृश्यते निर्मले गगने शशि,
भयं तत्र विजानीयादत्र[२] दृश्येत चन्द्रमाः।
यदासो प्रतिपद् विवर्णे[३] दृश्यते कृशः,
सभूयः[४] परुषो वापि भयं भवति दारुणम्।।१।।

यदि नन्दातिथि में निर्मल आकाश में चन्द्रमा में परिवेश दिखाई पड़े तो और यदि यह प्रतिपदा तिथि में विवर्ण अर्थात् कान्तिहीन एवं दुर्बल पड़े तो निश्चित ही भयंकर भय संसार को उपस्थित होता है।

यदा सोमः प्रतिपदि वर्षणैर्वापि[५] हन्यते।
उल्का निर्वातवातै[६] राज्ञोमरणं मादिशेत्।।३।।

जब प्रतिपदा में चन्द्रमा वर्षण से हत होता है अथवा उल्कापात, निर्वात अथवा वात पड़ता है तब राजा की मृत्यु कहना चाहिए।

यदा चन्द्र प्रतिपदि मैत्रैराच्छायते घनैः[७]।
अनर्तु ब्राह्मणानां च मरणं तत्रचादिशेत्[८]।।४।।

जब चन्द्रमा प्रतिपदा तिथि में बिना ऋतु के घने बादलों से आच्छादित हो जाता है तब उस स्थिति में ब्राह्मणों का मरण कहना चाहिए।

यदा सोमः प्रतिपदि रजसातमसापि वा[९]।
आवृतः प्रतिपद्येत भयं तत्र विनिर्दिशेत्।।५।।

जब चन्द्रमा प्रतिपदा तिथि में धूलि कणों से आच्छादित हो जाता है और रजस, तमस से आवृत्त होता है तो वहाँ निश्चित ही भय का निर्देश करना चाहिए।

---

१. स्या - - - नंदा न, २. विजानीयादृन्न, ३. यदा सोमः प्रतिपदि विवर्णा, ४. स धूमः, ५. वर्षणैर्वाभि, ६. निर्घात वातैर्वा, ७. यदा सोम प्रतिपदि रजसातमसापि, ८. अनर्तु ब्राह्मणानां च मरणं तत्रचादिशेत् (के स्थान पर) आवृत प्रतिपद्येत भयं तत्र विनिर्द्दिशेत्, ९. यदा सोमः प्रतिपदि नौस्थायी संप्रपद्यते, १०. आवृतः प्रतिपद्येत भयं तत्र विनिर्दिशेत् (बाद में आ रहा है)

यदि सोमः प्रतिपद्दिनौस्थायी संप्रपद्यते[१]।
उत्तरोज्वल श्रृंगो वा लांगली वा मनोहरः।।६।।

यदि चन्द्रमा प्रतिपदा तिथि में स्थायी हो, उत्तर की तरह ज्वाला और श्रृंग हो अथवा सुन्दर पूँछ हो।

मृदंग मध्य सौम्यो वाप्युद्यतोदिशम्[२]।
सोमः सुभिक्ष मारोग्यं सर्वभूतेषु निर्द्दिशेत्।।७।।

अथवा जब चन्द्रमा में मध्य में मृदंग जैसी आकृति अथवा उद्यत दिशा की ओर हो तब सारे प्राणियों में आरोग्यता एवं सुभिक्ष कहना चाहिए।

राज्ञां च विजयं क्रयादवंत भृंगिणास्तथा[३]।
सतताभ्यां[४] तु श्रृंगाभ्यां यदा दक्षिणतः शशी।।८।।

राजा को विजय और कीट-पतगों के लिए अनुकूलता तब होता है जब चन्द्रमा की सींग दक्षिण दिशा की ओर उठी होती है।

आवृत्त प्रति दृश्यते न भयं भवति दारुणम्[५]।
विमग्रमध्यो नीलाभोवृत्ता संस्था न संस्थितः[६]।।९।।

जब चन्द्रमा में घेरा दिखाई पड़े तब भयंकर भय नहीं होता। चन्द्रमा के मध्य में नीली आभा यदि घेरे में स्थित हो जाय।

मध्य छिद्रो विलीनो वा भयं जनयेत महत्।
स्थानान्यष्टौ[७] विजानीयात् सोमस्योदय लक्षणम्[८]।।१०।।

मध्य में छिद्र दिखाई पड़े तो जनता में महान भय उत्पन्न करता है। चन्द्रमा के आठ स्थानीय उदय के लक्षणों को जानना चाहिए।

शुक्रादौ प्रतिपद् त्रीणि लक्षयो प्रयोद्विज[९]।
नौस्थानं लाङ्गलं चैव तृतीयं दष्ट[१०] लाङ्गलम्।।११।।

---

१. यदा सोमः प्रतिपदि नौस्थायी संप्रपद्यते, २. वा याम्यां वात्वेन्नतो दिशाम्, ३. ब्रूयादवान्त श्रृंगिणस्तथा, ४. संतताभ्यां, ५. दारुणाम्, ६. विभग्न मध्यो नीलाभो वक्षसंस्थाना संस्थिता, ७. स्थानान् पृष्टौ, ८. लक्षणे, ९. शुक्लादौ प्रतिपन्नानि लक्षयेत् प्रयतो द्विजाः, १०. दुष्ट।

शुक्रादि से प्रतिपदा पर्यन्त तीन उदय के लक्षणों को नव स्थान से लाङ्गल तथा तीन अन्य दष्ट लाङ्गल।

दण्डस्थानं धनः[1] स्थानं युगाख्य मथ शाकटम्[2]।
अष्टमं स्याद्भवां शीर्षं लाक्षकक्षयकरं[3] तु तत्।।१२।।

दण्ड स्थान, धन स्थान से चार और शकट से आठ स्थान शीर्ष पर दिखाई देने पर क्षय करने वाला हो जाता है।

तेषां स्वरूप संस्थानं फलं चैव निबोध मे।
नतिमात्तोद्यतः पीनो विशालं कुक्षिमातृयामः[4]।।१३।।

चन्द्रमा के स्वरूप संस्थान को तथा फल को मेरे द्वारा जान लो, इसका स्थान न तो बहुत फैला हुआ, ऊँचा, मोटा या विशाल है यह मातृकुक्ष के समान है।

शशी तत् वसुनोस्थां न क्षेमः सुभिक्षकारकं[5]?
उत्तरं श्रृग्यमुद्यम्य नेत्वं प्रत्यस्य दक्षिणाम्[6]।।१४।।

चन्द्रमा वहाँ आठ अङ्गुल तक स्थित रहकर कल्याण और सुभिक्ष करता है। जबकि उसकी सींग उत्तर की दिशा में हो। दक्षिण की ओर होने पर ऐसा फल नहीं होता।

कुरुते लाङ्गलस्थान चन्द्रमा शुभदर्शनम्[7]।
तस्मिन् क्षेमं सुभिक्षं चैक स्थाने भवति लाङ्गले[8]।।१५।।

लाङ्गल स्थान में चन्द्रमा का दर्शन शुभ माना गया है। जबकि एक स्थान में लाङ्गल होने से कल्याण और सुभिक्ष होता है।

---

१. धनुः, २. शंकटम्, ३. अष्टमं स्याद् गवां शीर्षं लाक्षकक्षकरं, ४. नाति मात्रोद्यतः पीनोविशाल कुक्षिमान्समः, ५. शशि तत् खलु नोस्थानं क्षेमः सुभिक्षकारकम्, ६. उत्तरं श्रृंग मुद्दिस्य नीचं प्रत्यस्य दक्षिणां कुरुते, ७. लांगल स्थानं चन्द्रमा शुभ दर्शनं तस्मिन्, ८. क्षमं सुभिक्षं च स्थाने भवति लांगले।

अनामयः प्रजानां च राज्ञं[१] च विजयो महत्[२]।
पूर्वाणां मुत्तराणां च निर्दिशेत्तदातम्[३]।।१६।।

ऐसी स्थिति में प्रजा निरोगी हो जाती है तथा राजा की बड़ी विजय होती है। इसी प्रकार पूर्व और पर का भी निर्देश करना चाहिए।

ब्रह्मक्षत्र च विद्रोहन्याश्च दक्षिणां दक्षिणम्[४]।
शृंगमुदिश्य नीच प्रत्यस्यचेन्तरम्[५]।।१७।।

दक्षिण दिशा में सींग उठे होने पर ब्राह्मण और क्षत्रियों में विद्रोह होता है। सींग नीचा होने पर परस्पर प्रेम रहता है।

सेनाद्येगाकरस्थानां।
दक्षिणापश्चिमा चैव विजयंति तथा स्थिते ।।१८।।

दक्षिण और पश्चिम स्थान में ऊँचा होने पर सेना में उद्वेग होता है तथा इस स्थिति में विजय भी प्राप्त नहीं होती।

वैश्यशूद्राभि वुद्धिश्च शत्रुमृत्युश्च[७] जायते।(?)
वह्निकान्यधनान्योध्यान् कर्षकारान् समात्मवान्[८]।।१९।। (?)

वैश्य और शूद्र की वृद्धि होती और शत्रु की मृत्यु हो जाती है। अग्नि, धन, धान्य, योद्धा आदि को भय व्याप्त होता है कृषक वर्ग सामान्य स्थिति में रहता है।

श्ररसेनाश्चेति हन्ति चन्द्रस्वमथोदित[९]।(?)
चन्द्रलेखा यदा बोधा कृञ्वदंड द्रवायती[१०]।।२०।।(?)

चन्द्रमा की इस स्थिति में उदय होने पर चलायमान सेना नष्ट होती है और चन्द्र लेखा का बोध होने पर हाथी आदि वाहन दण्डित होते हैं।

---

१. राज्ञां, २. महान्, ३. पूर्वाणा मुत्तराणां च निद्देशच्च तदा जयम्, ४. ब्रह्मनक्षत्र वृद्धिं च दिशं हन्याच्च प्रदक्षिणाम्, ५. दक्षिणं शृंगमुद्दिश्य नीचं प्रत्यस्य चोत्तरम्, ६. सेनोद्योगक स्थानम्, ७. शस्त्रमृत्युश्च, ८. वाल्हिकान्यधनान्योध्यात् कर्षकारान् समालवान्, ९. शूरसेनाश्वे निहंति चन्द्रएव मथोदितम्, १०. चंद्रलेखा यदा चोच्चा सद्वो दंड इवायता।

उदक[१] श्रृंगाधि कोसादो दण्डस्थानं तदुच्यते।
विद्युक्ते दण्डो राजान्ये विनिघ्नं समंततः[२]।।२१।।

उत्तर दिशा में सींग के अधिक होने पर दण्ड स्थान कहा गया है। जिससे युक्त होने पर क्षत्रियों का संहार होता है।

पौरजानपदैर्वा प्रज्वरो रोगश्च जायते[३]।
सन्धिच्छेदं ग्रंथि भेदान् कान्ति न[४] प्रतिहारिकः।।२२।।

पुरवासी तथा नगरवासी जनता ज्वर और रोग से पीड़ित होती है। उस समय सन्धि टूट जाती है। ग्रन्थि भेद हो जाता है तथा कान्ति नष्ट हो जाती है।

ते दोषाः[५] विलुप्यन्ति दण्डस्थानी यदा शशी[६]।
उदये तु यदा सोमो दश्येद्ध सुरीवोच्छितः[७]।।२३।।

वे दोष समाप्त हो जाते हैं जब दण्ड स्थान में चन्द्रमा रहता है। और जब चन्द्रमा दशार्थ में शुभ ग्रहों से दृष्ट होकर उदय होता है।

धनुद्धराणा मुयोगो यमयुद्धकरो भवेत्[८]।
क्षत्रियक्षत्रियां[९] प्रतिवर्णाश्चैवमथापरे।।२४।।

धर्नुधरों में उद्योग तथा भयंकर युद्ध करने वाला होता है। क्षत्रियों से क्षत्रिय तथा प्रत्येक वर्ण से युद्ध होता है।

तातवक्तु जयस्तेषां मृष्टं तस्तु[१०] पराजयः।
चन्द्रालेखापदो व्यक्त दक्षिणोत्तर मायताम्[११]।।२५।।

इसमें उनके लिए जय, मरण अथवा पराजय होती है। जब चन्द्रलेखा पद में दिखाई पड़ता है और दक्षिणोत्तर में समान सींग होती है।

---

१. उदक्, २. नुद्युक्त दण्डो राजानो विनिघ्नन्ति समं ततः, ३. पौरनान पदे चोग्र क्षरोरोगश्च जायते, ४. संधिछेदान् ग्रन्थिभेदान् कातित, ५. दोषा, ६. शशि, ७. दृश्येद्धनु रिपोच्छ्रितः, ८. धनुर्धराणामुद्योगो जगद्युद्धकरो भवेत्, ९. क्षत्रियाक्षत्रियान्, १०. ज्ञातवस्तु जयस्तेषां पृष्टतरक्त पराजयः, ११. चन्द्रलेखा यदा व्यक्ता दक्षिणोत्तरमायता।

शुक्रादौ प्रतिदश्येततद् युगस्या न लक्षणम्[१]।
सौम्ये योगोभयं दक्षिणं तु भवेत्स्थलं हीयेच्छृंगंतथोत्तरम्[२]।।२६।।

शुक्रादि प्रतिदर्श में तथा युग लक्षणों में सौम्य योग होने पर भय होता है जबकि दक्षिण स्थल में सींग हीन होने पर।

[३]अचन्द्रवतित्तत्स्थानं[४] प्रजाक्षयकरं स्मृतम्।
सरूपात्सफलान्यतामष्टौ[५] स्थानानि क्रोष्टुके।
व्यक्तेषु त्यक्तमव्यक्तेषु निर्दिश्यते फलम्[६]।।२७।।

चन्द्र के अ स्थान में होने पर प्रजा का क्षय कहा गया है। स्वरूप संस्थान आदि के द्वारा हे क्रोष्टिकी ये आठ स्थान के व्यक्त और व्यक्त फलों का निर्देश करना चाहिए।

इति गार्गीये ज्योतिष संहितायां चन्द्रस्थानो नामपंचमः।[७]

इस प्रकार गार्गीय ज्योतिष संहिता का चन्द्रस्थान नामक पांचवा स्थान पूर्ण हुआ।

---

१. शुक्लादौ प्रति दृश्येत तद्युगस्थान लक्षणम्, २. सैन्योद्योगो भवत्यत्र दुर्भिक्षं चोपनायते, ३. नाना विधैर्व्याधिभिश्च तदा संक्रिश्यते जगत्, संकटाभ्यां तीक्ष्क्ताग्राम्यां यदा शशी, दृश्यते संकटं तस्याद्रोगशस्त्र क्षुधा भयम्, दक्षिणं तु भवेत्स्थूलं हि ये श्रृंगं तथोत्तरम्। (अधिरिक्त दूसरी प्रति में), ४. अर्चद्रं वेति तस्थानं, ५. सस्वरान् सफलान्येतान्यष्टौ, ६. व्यहोषु व्यक्तमव्यक्तमव्यक्तेभ्यु निर्दिशेत् फलम्, ७. गार्गीये ज्योतिष संशितायां चन्द्रसंस्थानो नाम पंचम आदितश्च।

आदित्यश्च दशवर्णास्तु सोमस्य प्रतिजानांसि[१]।
क्रोको लोहितः कपिलः पाण्डुपीतकोरुण सन्निभः[२]।
श्वेतोथ हरितोनीलः रक्तः श्यामस्तथैव च।।३०।। (?)

आदित्य अर्थात् सूर्य लालवर्ण, चन्द्रमा, श्वेत, मंगलादि, बुध, कपिल, वृहस्पति, पाण्डुपीत, शुक्र, श्वेत तथा शनि, नीले वर्ण का जानना चाहिए।

तान्वक्ष्यामि यथाशास्त्रं मानपूर्वाफलै[३] सह।
लोहिते शस्त्रराजा च वध्यतो[४] (?)।।३१।।

इन ग्रहों के शास्त्रानुसार मान तथा फलों के साथ उनके परिणामों को कहा जा रहा है। मंगल से राजा के द्वारा शस्त्र से पीड़ा।

कपिले कुप्यते वह्नि रतिरागश्च[५] जायते ।
पाटुवर्णे भवेन्मध्यं वर्षमात्रोग्य मेव च[६]।।३२।।

कुपित होने पर अग्नि का भय तथा प्रेम राग उत्पन्न होता है। पाटुवर्ण के मध्य में होने पर वर्ष पर्यन्त आरोग्यता रहती है।

पीतं पुष्पतृणान् हन्यात्[७] पीतोव्याधिकरस्तथा।
मंजिष्ठेरूण वर्णे द्वारांस्तीक्ष्णान् निर्द्दिशेत्[८]।(?)

पीले होने पर पुष्प एवं तृणों को नष्ट करता है तथा रोग देने वाला होता है। मंजिष्ठ रूप वर्ण में तीक्षणों को विनष्ट कहना चाहिए।

काले भवेद्गवां मृत्युः सुभिक्षं चापि निर्द्दिशेत्।।३४।।
शुक्लाष्टः प्रसन्नश्च क्षेम सर्वकरः शशी[९]।

---

१. दशवर्णास्तु सोमस्य प्रतिजातासि क्रोष्टुके, २. लोहितः कपिलः पाण्डुः पीतकोरुण सन्निभः, ३. मातुपूर्व्या फलैः, ४. लोहित शस्त्र ----यो ---राजा च वध्यते, ५. वन्हिराक्षे रोगश्च, ६. पाण्डुवर्णे भवेन्मध्यं वर्षं मारोग्य मेव च, ७. पीतं पुष्पानुगान् हन्या तु, ८. मंजिष्ठे रूपवर्णे वाक्षरांस्तीक्ष्क्तान्विनिर्दिशेत्, ९. शुक्लः कृष्णः प्रसन्नश्च क्षेमवर्णकरी शशी।

समय में होने पर गायों की मृत्यु किन्तु सुभिक्ष कहना चाहिए, शुक्लष्टा चन्द्रमा में प्रसन्नता एवं सभी प्रकार से कल्याण होता है।

हारीते पीतया विद्यात् पशूनातां चाप्युद्रवम्[१]।।३५।।
नीलाश्यामेव शशिनिरुक्षेभ्रूभ्रातारहते[२]।(?)

हरे या पीले होने पर पशुओं के लिए उपद्रव कहना चाहिए। चन्द्रमा के नीले होने पर रुक्षता तथा भाई आदि से विरोध दिखाई देता है।

अनावृष्टि भयं रोगान्ग्निवातं विनिर्द्दिशेत्।।३६।।
दधिशंख सुवर्णामुक्तारता[३] सुनिर्मलाः।

चन्द्रमा के निर्मल होने पर अनावृष्टि का भय रोग, अग्नि तथा वायु का निर्देश करना चाहिए। दही, शंख, सुवर्ण, मोती आदि में लोग रत रहते हैं।

स्निग्ध प्रसंन्नोभ्राजिः क्षेमादोग्यकरः शशी।
पुष्टे शरीरे सोमस्य सुभिक्षमपि निर्द्दिशेत्[४]।
स्निग्धे भवति स्वावृष्टि भ्राजिषोर्नदति प्रजाः।३७।।(?)

चिकना, प्रसन्न तथा शुभ्र आभा वाला चन्द्रमा, क्षेम तथा आरोग्य करता है। चन्द्रमा के पुष्ट होने पर सुन्दर शरीर तथा सुभिक्ष जानना चाहिए। प्रजा में परस्पर प्रेम बढ़ता है, वृष्टि ठीक होती है तथा प्रजा में आनन्द बना रहता है।

चन्द्रवर्णनो नामाध्यायः।। षष्ठः आदितश्च।।

चन्द्रवर्णन नाम अध्याय पूर्ण हुआ।

❑❑❑

---

१. हरिते पीतया विद्यात्पशूनां चाप्युपद्रवम्, २. नीले श्यामे च शशिनिरूक्षे धूम्रतरावृते, ३. सुवर्णमुक्तारजाः, ४. स्निग्ध प्रसंन्नोभ्राजिः क्षेमादोग्यकरः शशी, पुष्टे शरीरे सोमस्य सुभिक्षमपि निर्द्दिशेत् (इसमें अतिरिक्त है) ५.

अदितच्च विशोल पण्डितः स्थूलस्यांत्पदोवत्[१]।
पूर्तिग्रहः कुजो उच्चोनीचो मृदुश्च रूपेणाष्ट विधः शशी[२]।।४०।।

और सूर्यग्रह के पीड़ित होने पर स्थूल जीवों को कष्ट होता है। उसका पूर्ति ग्रह मंगल उच्च या नीच होने पर मृदु तथा अष्टरूप का चन्द्रमा।

विशालः श्रीकरो भूमि[३] राज्ञां च विजयावहः।
सुवृष्टि शुभाचैव ब्रह्मवित्येतरं पण्डितै[४]।।४०।।

विशाल लक्ष्मी करने वाला, भूमि, राजा को विजय देने वाला, सुन्दर वृष्टि करने वाला शुभदायक, ब्रह्मविद् से इतर पण्डितों के द्वारा।

भूमिकर्षरसानां वार्द्धवाधनं स्थूल सुभिक्षेकद् भवेत्[५]।।४१।।
राज्ञो मरणं सौभिक्ष्ये विदध्याद्वाति ग्रहं नीच्चै[६]।
सुभिक्ष नीचैस्तु मेदुर्भक्ष लक्षणम्[७]।।४२।।
कुण्ड संतत संस्थाने छिद्रर्मध्ये न दीयते।
अणौविवर्णे भिन्न च विकृष्णे[८] स्फुटिते तथा।।४३।।(?)
पिटकक्षय संस्थाने दिविनामसप्तम आदितः[९]।
महामात्रो विशालश्च चन्द्रमा यदि दृश्यते।।४४।।
प्रार्थमानो दिशं प्राचीत्वरमाणदवोदितः[१०]।
पर्जन्य कुरुते मेघानल्प वाता बहूदकान्।।४५।।

---

१. विशालः पंडितः स्थूलः स्यात्कुंडोवद्र निग्रहः, २. उच्चो नीचो मृदंगश्च रूपेणाष्ट विधः शशि, ३. भूमिं, ४. सुवृष्टि–थुमां चैव ब्रह्मवित्वे तथोत्तरम्, ५. पंडितस्तिमिराकर्षी रसानांचार्द्ध वा धनम् स्थूलः सुभिक्षकृद् भवेत् , ६. राज्ञां मरणसौभिक्षं विदध्याद्वक्षा निग्रहम्, ७. उच्चैः सुभिक्षं नीचैस्तु सोमे दुर्भिक्ष लक्षणम्, ७. भिन्न च विकृष्णे, ८. पीठकच्छप संस्थाने एकश्रृंगे -- पूर्वके, ९. रोगदुर्भिक्ष शस्त्राणि पापिनां च पराभवम्, यदा चन्द्र प्रतिपदिद्वितीयो न दृश्यते, यत्र–यत्र दृश्येत तत्र–तत्र पराजयम्, चन्द्रसंस्थान विधिर्नाम सप्तम आदितः (दूसरे में अतिरिक्त), १०. पर्जन्यं कुरुते मेघानल्प वाता बहूदकान्।

सुवृष्टि सुशुभा[१] चैव योगक्षेमश्च कल्पते।
अभिवर्द्धयते सोमः शुक्लपक्षे यदा तदा।।४६।।
ब्रह्मक्षेत्र[२] विवृद्धिः स्यात्कृष्णपक्षे विपर्ययः।
अष्टम्यां तु यदा सोम न च[३] मध्यं प्रपद्यते।।४७।।
विवर्णो निष्प्रभोरुक्षोभयं तत्र[४] विनिर्द्दिशेत्।
पातिनां शुक्लपक्षस्तु ब्रह्मक्षत्रस्य वोध्यते[५]।।४८।।
तस्याच्छुक्तेन हीयेत[६] जातिहीनोपि बुद्धिमान्।
शुक्लपक्षोस्थितहीनं कृष्णंपक्षे तु चन्द्रमाः।।४९।।
कुरराधिक पक्षस्य यान्यान्योरत त्रयोदश[७]।
न तां त्रयोदशी कुर्यात्तां न कुर्यात्तां तु कुर्याच्चतुर्द्दशी[८]।।५०।।
रमतेमज[९] नक्षत्रे सोमो यत्र तु जायते।
वृष्टेस्तस्योत्तमां त्रयाद्विपरीत्ये विपर्ययम्[१०]।।५१।।
मासे मासे ततोर्यानो विज्ञेयं तु शुभाशुभम्[११]।
शुभत्वथ शुभे मासेश्च शुभेत्वशुभं भवेत्[१२]।।५२।।
इत्येतदिदो कात्र्स्नोनध्वरितं सर्वमोदितम्[१३]।
ना पुत्राय प्रदातव्यं नाप्यष्वशुश्रूषवे[१४] तथा।।५३।।
तु यास्या यंत्रिणं चेंदतिदिष्टव्यं महीपतौ[१५]।
ब्राह्मणानां यथाशास्त्रं तथा कीर्त्तिमवाप्नुयात्।।५४।।

समाप्तं च द्वितीयमंगल

---

२. सुषमा, ३. ब्रह्मछत्र, ४. सोमो नव, ५. निःप्रभो रूक्षो भयंत्र, ६. पापिनां शुक्लपक्षस्तु ब्रह्मक्षत्रस्य चोच्यते, ७. तस्माछुक्लेन हायेत, ८. जनरात्रिक पक्षस्य यान्यात्पोषण त्रयोदशी न, ९. तां त्रयोदशीं कुर्यात्तां तु कुर्याच्चतुर्द्दशीम्, १०. रमते यत्र, ११. वृष्टिस्तस्योत्तमां ब्रूयाद्वैपरीते विपर्ययाम्, १२. ततोर्धानां विज्ञेयं तु शुभाशुभम्, १३. शुभं त्वथ शुभे मासे आशुभेत्व शुभं भवेत्, १४. इत्येतदिंदोकात्स्न्येन चरितं सर्वमीरितम्, १५. नाप्यशुश्रुषवे, १६. उपास्य मंत्रिणां वेदं निर्दिष्टव्यं महीपतौ।

अथ खलु नक्षत्रकेन्द्रभे।
प्रश्नो भवति कति नक्षत्राणि ध्रुवा[१]।।५५।।
कति मृदूनि कति क्षीराणि कत्युनुग्राणि।
कति साधारणानि कति प्रकृतयः[२]।।५६।।
कतिरान कतिगार्त्यपत्तानि[३]।
गोपनीयानि कतिक्षीरानिल्कति घोरानि[४]।।५७।।
कति वैकृत्तानि कतिवैकृताति कतिप्राग्द्वाराणि[५]।
कतिपश्चिम द्वाराणि कत्युत्तरद्वाराणि[६]।।५८।।
तथा नक्षत्र देवतानि कति यतियतयः[७]।
कत्यभिषेचनीयाति कति ससोयोगानि[८]।।५९।।
कात्याप्रस्थांत योगानि कत्येज्योतिषिं वत्रिज्योतिष[९]।
कतिद्विज्योतिषिं कति चतुर्ज्योतिषि[१०]।।६०।।
कति पंचज्योतिषि कतिषट्ज्योतिषि[११]।
कन्यात्रयोर्गमतिच्छन्ति कत्युपरुप्य पूज्यति[१२]।।६१।।
कति पुष्कलानि कतिनीचोदयास्तमयानि[१३]।
कतिस्थाराणि कतिवैवाह्निकानि[१४]।।६२।।

---

१. अथ खलु नक्षत्रकेन्द्रभे प्रश्नो, भवति कति नक्षत्राणि ध्रुवा, २. कति मृदूनि कति क्षिप्राणि, कति उग्राणि कति साधारणाना, ३. कति प्रकृतयः कतिरान, कति गार्हपत्यानि गोपनीयानिः, ४. कति क्षीराणानि कति घोराणि, ५. कति - - चैद्युतानि कति प्रागद्वाराणि, ६. कति पश्चिम द्वाराणि कत्युत्तर द्वाराणि, ७. पतिपत्तयः, ८. कत्यभिषेचनीयानि कति समायोगानि, ९. कत्यपस्थानं योगानि कत्येक ज्योतिषीम्, १०. कति त्रिज्योतिषिं कतिद्विज्योतिषीम्, ११. कति चतुज्योतिषिं कतिर्य च ज्योतिषीम्, १२. कति षट्ज्योतिषिं कत्यून्नयोणाप तिष्ठन्ति, १३. कत्यूपक्रम्य युज्यति कति पुष्कलानि, १४. कति नीनोदयास्तमनानि कति स्थावराणि।

किं प्राच्यद्वारैरभ्युत्तिष्ठेत किं प्राच्यदक्षिणम्[१]।
द्वारैरभ्युत्तिष्ठेत् किं प्राच्यं पश्चिमद्वारैरभ्युतिष्ठेत्[२]।।६३।।
किं प्राच्य पश्चाद्वारैरभ्युतिष्ठेत्।
किं प्राच्यसर्वता द्वारैरभ्युत्तिष्ठेत्[३]।।६४।।
कति द्वारैषु दासणात्तरकर्माणि कति चिरभागानि[४]।
कति पुरस्ताद्भागं लभतो केषामनन्तर किमस्थं कतिर्वलयाः[५]।।६५।।
गार्गीयेज्योतिषसंहितायां केन्द्रभे प्रथमे आदितः।
ध्रुवाराउक्तानि चत्वारिरोहिणी[६] चोत्तराणि च।।६६।।(?)
मृदूनि सौम्यं त्वाष्ट्रं च रेवती मैत्रमेव चचरानि[७]।
स्वातिरादित्य[८] वैष्णवादीनि त्रीणि च।।६७।।
उग्राणि मैत्र्यं भरणीत्री पूर्वाणि चानि च[९]।
कृत्तिका च विशाखा च कुक्षे साधारणे स्मृते।।६८।।
एवमेताः प्रकृतयो मुनीन्द्रेण प्रदर्शिताः।
राज्यानि पुष्यं श्रवणं सावित्रं च ध्रुवाणि च।।६९।।
रेवत्यश्च पूज्यं[१०] सौम्यं ज्येष्ठा वासवमेव च।
राज्यामूल विचित्राणि विपत्यान्यपि स्मरेत्[११]।।७०।।
ध्रुव साधारणाख्यानि गोपनीयानि निर्दिशेत्।
मृदून्यन्य विनामेत्रं तिष्यादित्ये च वासवम्[१२]।।७१।।

---

१. कति वैवाहिकानि किं प्राच्य द्वारैरभ्युतिष्ठेत्, २. किं प्राच्य दक्षिण द्वारैरभ्यु तिष्ठेत् किं प्राच्य पश्चाद्वारैरभ्यु तिष्ठते, ३. किं प्राच्य सर्वद्वारैरभ्युतिष्ठे् कति दारुणैषु दारुणोत्तर कर्माणि, ४. वाति चिरभागानि कति पुरस्तादभागं लभन्ते, ५. केषा मनन्तरं किमस्थं कति वलयः, ६. ध्रुवारात्युक्तानि चत्वारि रोहिणी, ७. मृदूनि सौम्यं त्वाष्ट्रं च रेवती मैत्र मेव च, ८. चराणि स्वातिरादित्यं, ९. उग्राणि पैत्र्यं भरणी त्रीणि पूर्वाणि तानि च, १०. रेवत्युश्च युतं, ११. राज्यानि मूल चित्राणि गार्ह्यपत्यात्यपि स्मरेत्, १२. मृदून्पथ विना मैत्रंतिव्यादित्ये च वासवम् ।

वारिजं वैश्यं च हस्तं क्षौराण्यश्च युजस्तथा[१]।
ज्येष्ठामूलावाश्विनि चित्रास्वात्योगिनानि तु[२]।।७२।।
याम्य प्रौष्टपदेनैद्रेवैकत[३] उत्तुराणि तु।
सप्तसप्तति दिश कृतिकाद्यानि निर्द्दिशेत्[४]।।७३।।
नक्षत्रदेवताश्चैव अग्निपूर्वाननु स्मरेत्।
चत्वारि सर्वतोद्वाराण्युक्षीराण्यपि विनिर्द्दिशेत्।।७४।।
पुष्पोथ हस्तश्रवणं ब्राह्मदैवत्य मेव च।
नक्षत्र नवर्कन्याहुर्भाग्याय भरणी तथा[६]।।७५।।
दशकानि ऋणानिधिस्तस्वा[७] प्रतिपत्तयः।
याम्यावरुण सौम्यानि श्रवणाश्चोत्तराणि च[८]।।७६।।
चित्रास्वातिश्च विष्टाधमष्टाभिषजकर्मसु[९]।
उत्तराद्याश्चतुर्विशाखमिव कौचित्रेकास्त्रयः[१०]।।७७।।(?)
समतिक्रान्त योगाः स्युः त्क्रमपूर्वत्व[११] मागताः।
एकतारे शतभिषक पुष्यार्द्रात्वाष्ट्रमानिलं[१२]।।७८।।
राधा भद्रे सफलान्यो द्वितारं सौर्यमाश्विनः[१३]।
त्रितारं मित्विकायाध्यं ज्येष्ठा ब्राह्मश्च वैष्णवा[१४]।।७९।।

---

१. ध्रुवाणि वैष्णर्यहस्तं क्षौराण्यश्च युज्यतथा, २. ज्येष्ठामूला - वाघानि चित्रास्वात्योगिराणि च, ३. याम्य प्रौष्टपदे नैंदेवैद्युतं, ४. सप्तसप्त प्रतिदिशं कृत्तिकाद्यानि निर्दिशेत्, ५. नक्षत्रदेवताश्चैव अग्निपूर्वाननु स्मरेत्, चत्वारि सर्वतोद्वाराण्युक्षीराण्यपि विनिर्द्दिशेत्, पुष्पोथ हस्तश्रवणं ब्राह्मदैवत्य मेव च। (इस प्रति अतिरिक्त है) ६. नक्षत्रदेवताश्चैवन्यार्भाग्याथर भरणी तथा, ७. कुक्षाणिविस्ताः, ८. याम्युवारुण सौम्यानि श्रवणश्चोत्तराणि च, ९. चित्रास्वातिश्रविष्टा च मध्याभिषज कर्मसु, १०. उत्तरायाश्चतुर्विंशस्वाल्पि यौचिचिकास्त्रयः, ११. क्रमपूर्वत्वा, १२. एकतारं शतभिषक् पुष्यार्द्रा त्वाष्ट्रमालिनम्, १३. राधाभद्रे स फाल्गुन्यौ द्वितारं सौर्घमाश्विनम्, १३. त्रितारंगित्विका याम्यं ज्येष्टा ब्राह्मं स वैष्णवम्।

चतुस्ताराण्याषाढे मैत्रं पौष्णं सवासवासनम्[१]।
पञ्चतारं भवेद्दस्त प्रजापत्यं[२] तथैव च।।८०।।
षट्तारं कृतिकामूलं श्रेष्ठा[३] मित्रमेव च।
सप्तानां श्रवणाध्यानाभाग्याश्चादलेषु च[४]।।८१।।
यात्येषां दक्षिणेनत्रांशेषाणा[५] मुत्तरेषु च।
अथ क्रम्यतु पूज्यन्ते[६] ब्राह्मं स्वस्ति स वैष्णवम्।।८२।।
पुष्कलानि भवेत्स्वाति वैश्वरोहिणग[७] मेव च।(?)
पंचतारौदयान्याहुस्तथा चास्तमनानि[८] च।।८३।।
त्रीण्युत्तर स्वातिश्च विशाखादोपि[९] पंचमम्।
आदाने पदेकाश्चेष स्वाति पूर्वाण्यथोद्वा[१०]।।८४।।(?)
स्थावराण्युत्तरास्युस्कारपि वास्तुविचक्षणः[११]।(?)
ध्रवाणि[१२] मृदुभिः सार्द्धं भाग्यं मूलोथवासवम्।।८५।।
वैवाहिकानि श्रवणस्तथास्याश्च[१३] युक्तथा।
दधिप्राश्नन्तु प्राग्द्वारैर्दक्षिणैः प्राश्यवैतिरल[१४]।।८६।।
अक्षतः पश्चिमद्वारैः मध्ये[१५] चोत्तर वासवे।
पूर्वादिशो मधुघृतं[१६] प्राश्यवै सर्वतश्चरेत्।।८७।।

---

१. स वासवम्, २. पंचतारं भवेद्धस्तं प्राजापत्यं, ३. कृत्तिकामूलमश्लेषा, ४. श्रवणाध्यानां भाग्यर्थ मद्वादलेषु च, ५. यात्येषां दक्षिणौ नेत्रा शेषाणा, ६. अपक्राम्य तु युज्यन्ते, ७. वैश्वं रोहिण, ८. पंचतारोदयान्याहुस्था चास्त मनानि, ९. त्रीण्युत्तराणि स्वातिश्च विशाखादीपि, १०. आर्द्रान् पदेकाश्लेषस्वाति पूवीरापथोमद्या, ११. स्थावराण्युत्तराणिस्युस्त्रीम्येवा स्तु विचक्षणः, १२. ध्रुवाणि, १३. श्रवणस्तिव्यस्वातिश्व, १४. दधिप्राश्नं तु प्रागृद्वारैर्दक्षिणैः प्राश्यवैतिलान्, १५. अक्षताः पश्चिमद्वारैर्मध्ये, १६. पूर्वा दिशो मधुधृतं।

मप्र धैवभरण्यंश्च दारुणैर्दारुणोत्तरैः[१]।(?)
पूर्वाणि त्रीण्यैव मघाग्निदैवतं त्रिंशत्मुहूर्त्तानिक्ष[२]।।८८।।
नैऋतानि योगो विनायान यशगतानि।
भागं पुरस्ताच्च तथा लभेतु[३]।।८९।।
याम्येन्द्र रूपा विलवारुणानि सार्पंतु।[४](?)
नक्तं तु लभन्तु योगं तथा मुहूर्त्तादशपंच चैव[५]।।९०।।(?)
विघाक्ष्य क्रमानुयोगस्याआदित्य।
मैद्राग्रमथोत्तराणिस्या रोहिणीचाप्यथ[६]।।९१।।
षष्टमेषां योगे मुहूर्त्तादशपंच चैव विद्यादय[७]।
क्रम्यतु किंचिदग्रा सावित्र तिष्याश्विन[८]।।९२।।
पौष्य सौम्य मैत्राश्रविष्टा श्रवणोथ चित्रा।
त्रिशन्युसर्त्तानिसमानियोगे विद्यादधोत्तमेषु[९]।।९३।।
नित्य ध्रुवमेकस्य मिति।

नक्षत्र केन्द्रगेनाम[१०] तृतीयोध्यायः।।

❑❑❑

---

१. मघा चैव भरण्यश्च दारुणैर्दरुणोत्तरैः, २. मघाग्निदेवं त्रिंशन्मुत्त्तानि शनैनृतानि, ३. योगोदिनाद्यानथरागतानि भागं पुरस्ताच्च तथा लभेत्तु, ४. याम्येंद्ररौद्रानिल वारुणानि सार्प्यं तु लाभन्ति योगम्, ५. तथा मुहूर्त्ता दशपंच चैव विद्यादपक्रम्य तु योगमेषाम्, ६. आदित्यमैंद्राग्न्य मथोत्तराणि स्योद्रोहिणी च, ७. अथ षष्टमेषां योगे मुहूर्त्तादशपंचचैव विद्यादपक्रम्य च किञ्चिदग्राः, ८. सावित्रतिष्याश्वेत पौष्ण सौम्य मैत्रीश्रविष्टा श्रवणोथन्विता, ९. त्रिंशन्मुहूर्त्तानि समानि योगे विद्यादहश्चोत्तरेषु नित्यम् ध्रुवमेकस्थमिति, १०. नक्षत्रकेन्द्रभं नाम।

अथ षष्ठोऽध्यायः

अस्यानन्तरं राहुवदितम्[१]।
अथ भगवतयमित तपसामाश्रमस्थमासीनम्[२]।।१।।
महर्षि परिधत्तं हरं गार्ग्यजेष्ठपुत्रः क्रोष्टुकि[३]।
नामासंशय यत्रछाकथमिमौ सूर्याचन्द्रमसौ विनिगृह्यते।।२।।
कश्चेतौ गृह्णाति सर्वालघु वसति कुतो वाढासन गृह्वीतः।
विमर्थे वा गृह्णाति[५]।।३।।
नर्दति यास्वयातोः पुत्रोसुरः सतारकमये।
संग्रामे ज्ञातिभिनिर्जिता[६]।।४।।
सुरैरसुरानभि समीक्ष्य तथादयंक्तोतः सकैः।
मासमंदर माश्रित्य सुसंयतेन्द्रियोथवाहुर्वन्हनि[२]।।५।।
दिव्यानि वर्षसुहंस्त्रण्येक पदेनांतिष्टसुस्यमोग्रेण।
स्वतपसाक्रै लोकामानेदितं ततो परिवृतो।।६।।
महेन्द्रो ब्राह्मण मभिगम्यो चाव।
भगवत सुरतेजसा तथा मते।।७।।
कितस्य तपो विप्रोत विधीयत इति।
अथवा ममानुज्ञां प्रयच्छया।।८।।
बलस्य कायाच्छिरोपहारामीति।
ततो व्रवीद्धस्तान तस्य साध्यो प्रणैर्वितोयनं।।९।।
त्यज्यमथत्र क्षुधातस्मैतयोर्विप्रकारकं प्रदास्यामि।
य्या विसृष्ट पूर्वसमतितात्वरानु।।१०।।
त्सृज्य सदाहारं वारयिष्यतीति।
ततः स्वयम्भुव सृष्टात्तुत्तमश्चरम माविशत्।।११।।

सचक्षुत्परिगतोपि तिष्ठत्येक पादेन।
अथ स्वयम्भूः प्रातस्तम सुरामत्रवीत्।।१२।।
वरवृणोषेति ततो सुरोभिवाद्यात्रवीत्।
ब्राह्मणं यदिमं तत् परिप्रीतस्यादि च्छेदाहा।।१३।।(?)
हारार्थतगाखिल मपरिमाणभास्य।(?)
प्रवेशयिन्तुं सततसमरश्चाहं महेश्वरो।।१४।।
दिविवरोभवेयमिति ।
ततश्च कोपपद्य संभवोचरे वृत्ते क्रुद्धस्योवाच।।१५।।(?)
अग्निषोमात्मकं मिदं जगदिति।
अग्निस्त्वादित्योमतं सोमस्तदेतौ।।१६।।
तत्कृत्प्रतीव्राताधामास्यं प्रवेक्ष्यतो।
नाधतां तरयिष्यति।।१७।।
त्वंच ग्रहात्तमो भावाभाव निर्देशक प्रजानां च।
योगक्षेम प्रकरो भविष्यस्यं सुरत्वा।।१८।।
तमसो तर्हितोदिविं विचरिष्यसि।
युगश्च लिंगैः पौर्णमासिषु चन्द्रन्युपसंन्यिष्यसि।।१९।।
चन्द्रामिव धामावास्या यामात्यं गतमिति।
ततो ब्रह्मायुगान्युक्त मायक्रमौ।।२०।।
क्षेत्राणिद्रर्वरुपाणि च।
व्यवस्थापयित्वाग्रहैश्च संयुज्य प्रजासु च।।२१।।
योगक्षेमौधम्यात्तर्हितः ।
स एव राहुर्नामेति तस्यधोपक्रमतः।।२२।।
पूर्व रूपाणि भवन्ति तद्यथा।
सूर्याचन्द्रमसो वैकृत मुपसर्पणस्पंदन।।२३।।

धेयताभ्यां रशिमत्व चैवत्र्य।(?)
प्रभामंडल लक्षणानि।।२४।।(?)
तमोरजोधूमाराजिभिः रावृतानि पांडुता प्रतिसूर्यक।
काकिलककवं भूरशिम मंडल परिवेष दर्शनानि।।२५।।
सोमस्यवोदये श्रृंगयो कुंभिन्नव्याविद्धद्वैधी।
भावास्त्वर्क्ष योग वैषम्य सध्येवरुक्षा प्रध्वस्त।।२६।।
विवर्णतसोवृत्तकर च मृगपक्षि सन्निनादितेस्त।
तश्चानंत मदग्राहिणोच्च मुखः।।२७।।
सनतवासिनस्तथं भुर्विपर्ययोति मात्रं च।
सैत्य सयामभ्राणां वर्णाकृति विकाराअभ्रसूची भिश्च।।२८।।
गगनमातर्त किरणैरिव शकंशकर्षिणश्चा।
प्राप्ताताः प्रवन्ति चातकस्य निर्वानोत्कातण्यत।।२९।।
तानि वा भीक्षणं गवां क्षीरिणं वक्षीय परिह्लणिद।
कस्माच्च गर्जित विद्युत्पाताः।।३०।।
एवमादीनि निमित्तात्युच्च मष्टस्यां।
राहोरागमन कृयातु ।।३१।।
भवति चापि शौक्तं चन्द्रेसति सूर्ये निमित्तमुपधारयेत्।
विकुर्वतेन सूर्यस्य ग्रहणेन्द्रास्तदा रवेः।।३२।।
गार्गीचसंहितायां राहुराव्यपाकोनाम।
अत ऊर्ध्वं प्रवक्ष्यामि रहस्यं राहुनिश्चये।।३३।।
तत्रिशम्य यथा शास्त्रं राहोर्कमाकुपक्रमम्।
दिग्भाश्च भागा अज्ञात्वापर्वात् मेव च।।३४।।(?)
रात्रिपर्वक्षं भागान्तो निर्निमित्तैश्च ग्रहं वदेत्।
पंचानामुदयं दृष्टा ग्रहाणां ग्रहणं वदेत्।।३५।।

नवाचधो भवेद्राहुर्वधं दृष्टाग्र ग्रहं वदेत्।
ग्रहणास्यो वृषेराहु स्त्रिपंचकः षष्टो।।३६।।
धात्प्रचतुर्थो वाधनुग्रह समागमे।
चतुर्दशी पंचदशी द्वादशीप्रष्टमीमपि।।३७।।
निर्घातोल्कामहीं कन्यान्ययुगे दृष्टोत्र वींद्वहः।(?)
अभीक्षणमर्कसोभाभ्या दृश्यन्ते भ्रामिपर्वसु।।३८।।
यतो येनैव वर्णेन ततो राहुस्तथा विधिः।
परिवेषष्टमीवास्याद्यतः षाद्रस्तत स्तभः।।३९।।
र्कपोल्कापातति द्योति यतो वायुः।
अमावास्यां च पत्रस्थः सूर्यो वैपरिचिश्यते।।४०।।
पौर्णमास्यां तु तत्रस्थ चन्द्रमा यदि गृह्यते।
परिविश्यं च यं कालर्यभागं नभसापि वा।।४१।।
गच्छेध्य सूर्योथ तत्कालं चन्द्रमाविधि गृह्यते।
यत्र चेद्विलयं गच्छन्त परिवंशो न वेशः।।४२।।
तत्र मोक्षं विनायात्सोमस्मानित बुधः।
श्वैते सूर्य परिवेशो सूर्यराहु तुष्ट भवेत्।।४३।।
रक्तवर्णे तु पूर्वेण राहु।
पूर्वोभवत्यपि योतो दक्षिणतः।।४४।।
कृष्णो पश्चात् स व्याप्तं दारुणम्।
सोम्येप्येवं दिशोश्वर्के ग्रहणं नियक वदेत्।।४५।।
एकादश्यां दशम्यां वा दिशि यस्याः प्रवायते।
शुक्लपक्षैनिलोनित्य तदा ग्रहण मादिशेत्।।४६।।
हन्यक्षा यत्र दृश्येरनपूर्व रूपाणिसं च सु।
आदित्ये च दिवासोभो यदा ग्रहण मादिशेत्।।४७।।(?)

मासिकेषु   निमित्तेषु   त्रिभागस्त्ववशिष्यते।(?)
अधमास्त्रैश्चतुर्भागं   गृह्यते   वनिजाअयात्।।४८।।(?)
सोमस्य   पौर्णमास्यो   तु   निमित्तं   यत्र   दृश्यते।
तादृशंत्तारकरेभेयं   मेवभर्के   तथेदुजम्।।४९।।
दिग्दाहोल्कामहीकं   यास्तमोध्वमरहो   मृगाः।
सूचयत्यागमो   राहो:   पुन: पर्यगुपस्थिते।।५०।।
रूपै:   क्रूरै:   सु   बहुभि:   ग्रहणं   घोर   मादिशेत्।(?)
मध्यं   मध्यैर्भवेल्पै:   स्तेप्येश्चक्षुसु   भवेत्।।५१।।
राहुचारोद्वितीयोध्याय:।

□□□

अथ सप्तमोऽध्यायः

तत्वार्थ फलनिर्द्देशः। अथराहोयुगादिव्याख्यास्यामः।
सोमेषणमास्यं सुगमादित्येष्टा दशमास्यं ततो बुधः।।१।।(?)
सोमेरामास्योतिक्रमः सूर्येष्टदशमास्यः द्वौ चन्द्रमसो।
विक्तमावतीत्य तृतीय विक्तयस्यावषष्टमास्याके।।२।।
मुपसर्प्यत्यतरेवेद कुर्वे पक्षं एवं मासेषरामसाः।
सप्तविक्रमाः परमादित्येष्ट दशमास्याः।।३।।
सप्तोर्ध्ववातोभिर्यागस्मृतो भवति।
आदित्यः प्रजानां वांतकरो भवति।।४।।

अस्यानन्तरं राहुचरितम्।

अथ भगवंतम्यमित तपसामाश्रमस्थ मासीनं महर्षं परिवृत्तं वृद्धगर्ग्यं ज्येष्ठ पुत्रः क्रोष्टुकिर्नामा संशयं पप्रच्छ। कथमिमो सूर्याचन्द्रमसौ विनिगृह्यते। कश्चैतो गृह्णाति। सर्वान् ध्रुव सति कुतो वाच्छादात गृहीतः किमर्थं वा गृह्णाति। तदर्हति भगवानुपक्रमापक्रमौ युगादि वार्त्तां पूर्ण रूपाणि सरहस्यानि व्याख्या तु मेवं वादितं भगवानु वाचा राहुर्नामास्वर्भानोः पुत्रो सुरः स तारकमये संग्रामे सातिभिर्निर्जिता सुरैरसुरानभि समीक्ष्यत पादपक्रान्तः सकैः मास मंदर माश्रित्य सुसंयतें द्रियोथ वाहुर्वहूनि दिव्यानि वर्ष सहस्राण्येकपदे नातिष्ठमुस्य मोग्रेण तपसा त्रैलोकयावेदितम्। ततो-परिवृत्तो महेन्द्रो ब्रह्माणमपि गम्यो वा च। भगवन्त सुरतेजसा तप्यामहे। किं तस्य तपो विघ्नो न विधीयत्त इति। अथवा ममानुज्ञां प्रपच्छयावत्तस्य कायास्थिरो परयामिति। ततो ब्रवीद् ब्रह्मा। न तस्य साधोः प्राणैर्थियोजनीन्याप्य मथत्तक्षुधा तस्मै तयो विघ्नकारकं प्रदास्यानि। यथा विसृष्ट पूर्व समजितात्वरानुत्सृज्य सदाहारं वारपि न्यतीति। ततः स्वयंभुवा सृष्टात्तुत्तम सुर माविशत्। स चक्षुत्परिगतोपि तिष्ठत्येकपादेन। अथ स्वयंभूः प्रातस्तमसुरमब्रवीत्। वरं वृणीष्वेति। तत्तोसुरोभिवाद्या ब्रवीत्। वरं वृणीष्वेति। तत्तोसुरोभिवाद्या ब्रवीत्। ब्रह्माणं यदिमे भगवन् परिप्रीतस्तदिच्छेदाहारार्थं। जगदखिल परिमाण मास्ये प्रवेशयितुं सततरश्चाहं ग्रहैश्वरो दिवि। चरो

वापि प्रथमो विक्रमः।
श्रेष्टद्वियोमध्य उच्यै अतहूयज्ञेयं विक्रमे विक्रमेधिकम्।।५।।
भग्नात् यत्र व्यजनाः ससैन्य मनुजाः श्रिताः।
राजाने विक्रमेराहोर्बहुवर्षा भवंत्यतः।।६।।
पुरामास्याः प्रोच्यते चन्द्रेस्थाना बुद्धादशो भवेत्।
प्रत्यग्राहु यदा पश्ये तदा क्षेम न विजानयेत्।।७।।
सस्थानकाले षष्टे तु मासि तिष्ठति तदाक्षेमं विजानयेत्।
संस्कारकाले मासे यद्यपि तिष्ठति तिष्ठति।।८।।
तदाक्षेमं सुभिक्षं च योगक्षेमौ च निर्द्दिशेत्।
द्वादशे ननु मासेन सोमोराहु यदा भवेत्।।९।।
मध्यमध्यं च वर्षे च योगक्षेमं विनिर्द्दिशेत्।
पक्षत्वाष्टादशे मासि राहुः सोममुपक्रमेत्।।१०।।

भवेयमिति। ततश्चुकोप पद्म संभवो चरे वृत्तेक्रुन्द्धः सोवाच। अग्निषोममक मिदं जगदिति। अग्नित्यादित्यो मृतं सोमस्तदेतौ। तत्र कुत् प्रतीघातार्थ मास्यं प्रवेक्षतो नात्व तो तरयिष्यति।

तत्त्वार्थ फलनिर्देशः।। अथ राहोर्युगादि व्याख्यास्यामः। सोमे षण्मास्यं। युगमादित्येष्टा दशमास्यं ततर्द्धं सोमे षण्मास्योतिक्रमः। सूर्येष्टदशमास्यः। द्वौ चन्द्रमसो विक्रमावतीत्य तृतीय विक्रमस्या च षष्टे मासस्यार्क मुपसर्पयत्परे वेदम् । ऊर्द्धे पक्षम् । एवं मासे षण्मासाः। सप्त विक्रमाः। परमादित्ये च। व्यवस्थापयित्वा ग्रहैश्च संयुज्य प्रजासु च योगक्षेमौधाय्यात्तर्हितः स एव राहुर्नामेति। तस्य चोपक्रमतः पूर्वं रूपाणि भवन्ति। तद्यथा। सूर्याचन्द्रमसो वैकृतमुपसर्पण स्पंदन वेपनाल्प रश्मित्व चैवत्ता प्रभामंडल लक्षणानि। तमो रजो धूमाराजिभिरा वृत्तानि। पांडुजा प्रतिसूर्यकका कीलक कबन्ध रश्मिमंडल परिवेष दर्शनानि सोमस्य चोदये भृंगयो – कुं – भिन्नव्याविद्वद्वैधी भावास्थथर्क्षयोग वैषम्य संध्येवरूक्ष प्रध्वस्त विवर्ण। तमोवृत्त क्रूरभैरव मृगपाक्षि संधनि नादितेस्तनश्वानंत मदग्राहिणोत्त्व मुखः सतत वासिनस्तथ तु विपर्ययोति मात्रं च शैत्य सयामभ्राणां वणी कृति विकारा अभ्र

रसक्षयो व्याधिभयं विनाशं फलपुष्पयोः।
यदा तु धनुर्वेशतिग्रे दैत्येश्वरो ग्रसेत विधुम्।।११।।(?)
अनावृष्टिभयं घोरं दुर्भिक्षं तत्र त्रिंशत्व।
द्राशकेप्यापि मासे गृस्वे यदाशशा तदा क्षयः।।१२।।
समुत्पद्येत् प्रलेच्ट्रायि मेदिनी।
असस्यतमनान्ये स्याच्छस्त्रेणोच्छायते प्रजा।।१३।।
एव मर्केपि निर्द्देश्यं विक्रमो विक्रमे फलम्।
चन्द्रः पञ्चयुगे मासे मासेत्वेका दशेपि वा।।१४।।

सूचीभिश्च गगन माततर्केरिणैरिव शर्करा कर्षिण–श्चा प्रशन्ताः प्रवांति वाताकस्य निर्घातोल्का तारायतातानि चाभीक्ष्णं गवां क्षीरिणां च क्षीण परिहानिरकस्माच्च गर्जित विद्युत्पाताः। एव मादीनि निमित्तान्यूच्च भष्ट स्यांराहोरा गमनं व्रूयात्। भवति चापि। शौक्ले चन्द्रे सिते सूर्यो निमित्तमुपधारयेत्। विकुर्वते तु सूर्यस्य ग्रहणेंदोस्तदा रवेः।।
गार्गीयायां संहितायां राहुचारो राहुराव्यण को नाम।।
१. अतत्तर्ध्वं प्रवक्ष्यामि रहस्यं राहु निश्चये। तन्निशम्य यथा शास्त्रं राहोर्कयावुपक्रम।। दिग्भागाश्च भागाश्च ज्ञात्वा पंवीत मेव च। रात्रिपर्वर्क्ष भागां तेन निमित्तैश्च ग्रहं वदेत्।। पंचानामुदयं दृष्ट्वा ग्रहाणां ग्रहणं वदेत्। न वा बुधो भवेद्राहुर्बुधं दृष्ट्वा ग्रहं वदेत्।। ग्रहणस्योदये राहुन्नेस्याद्राहु स्त्रिपंचकः। षष्टो वात्म चतुर्थो वा चतुर्ग्रह समागमे।। चतुर्दशीं पंचदशीं द्वादशीमष्टमी मपि। निर्घातोल्का महीकंपान्युगे दृष्ट्वा व्रवीहः। अमीक्ष सूर्यर्छर्व सोमाभ्या दृश्यतेष्टादशमास्याः।। सप्तोर्द्ध वातो वियोग स्मृतो भवति। आदित्यः प्रजानां चान्तकरो भवति।। भवति चापि। प्रथमो विक्रमः। श्रेष्ठा द्वितीयो मध्य उच्यते। अतऊर्ध्वं भयं ज्ञेयं विक्रमे विक्रमेधिकम् । भग्नात पत्रव्यजनाः ससैन्य मनुजाश्रिताः।। राजानो विक्रमे राहोर्बहुवर्षा भवंन्यतः। षण्मास्यः प्रोच्यते चन्द्रेस्थानाच्च द्वादशे भवेत्।। प्रत्यग्रार्हुयदा पश्येत्तदा क्षेमं विजानयेत्। संस्थानकाले षष्ठे तु मासि ---- तिष्ठति।। तदा क्षेमं विजानयेत्। संस्थान काले षष्ठे तु मासे यद्यपि तिष्ठति। तदा क्षेमं सुभिक्षं च योगक्षेमौ च निर्दिशेत्।। द्वादशेन तु मासेन सोमे राहुर्यदा भवेत्। मध्य मध्यं च वर्षं च योगक्षेमं विनिर्दिशेत्।।

सूर्ये सप्तादश सु चा ग्रहणां नोपपद्यते।
वियुग ग्रहणान्याहुरत ऊर्ध्व दिवाकरे।।१५।।
सप्तादशं त्रयोविंशमेकान् रात्रिंश मेव च।
पञ्चत्रिंशत्परं वार्के ग्रहणं नैव दृश्यते।।१६।।
अनागते तु गीये वायुगे राहुर्विगर्हितः।
सम्पूर्णे विक्रमे राहुर्दश्यामानः प्रजाहितः।।१७।।

राहुचोर युगानिर्देशोनाम।(?)

❑❑❑

यदात्वष्टादशे मासि राहुसोम मुपक्रमेत्। रसक्षयो व्याधिभयं विनाशं फलपुष्पयोः।। यदा चतुर्विंशति में दैत्येंद्रो ग्रसते विधुम्। अनावृष्टि भयं घोरं दुर्भिक्षं तत्र निर्दिशेत्।। त्रिंशत् द्वाशके वापि मासे गृह्येद्यदा शशि। तदा क्षयः समुत्पद्येत् प्रचले चापि मेदिनी।। असंस्थत्व मनाच्येस्या छत्रणोछाद्यते प्रजाः। एव मर्केपि निर्देश्यं विक्रमे फलम्।। चन्द्र पंच युगे मासे मासेत्वेकादशेपि वा। सूर्ये सप्तादश सु वा ग्रहाणां नोपपद्यते।। वियुग ग्रहणान्याहुरत ऊर्ध्वं दिवाकरे। सप्तादशं त्रयोविंश मेकान्न त्रिंश मेव च।। पंचत्रिंशत्परं चार्के ग्रहणं नैव दृश्यते। अनागते तु गीये वायुगे राहुर्विगर्हितः।। संपूर्णे विक्रमे राहुर्दृश्यमानः प्रजाहितः। राहुवारे युगनिदेशोनामा।। (दूसरी प्रति में अतिरिक्त है)

अत ऊर्ध्वं प्रवक्ष्यामि पौर्णमास्यं तथैव च।
उपद्रवाश्च देवानां पौर्णमास्याश्रितां शृणु।।१८।।
पौर्णमास्यां यदा चन्द्रकार्त्तिकी मपरधत्ते[१]।
यात्योर्क[२] लिङ्गान्यश्यंश्च सूरसेनाश्च पीडयेत्।।१९।।
काशप कोशलागावः प्रधानाश्चानुपहितः[३]।
बध्यते पणगुह्योश्च क्षत्रियागोयनस्तथा[४]।।२०।।
सुदृष्टि र्जायते वापि सस्य संयतथोत्तमा[५]।
प्राच्यां दिशि भयं ब्रूयात् क्षेममन्यत्र निर्द्दिशेत्[६]।।२१।।
मार्गशीर्षाद् ग्रहते तु क्षेममस्यं तु[७] पुष्यति।
पौराश्च मथमृच्छन्ति मृगाश्च सहसो मयैः[८]।।२२।।
शोनराकांशयश्च ब्राह्मणाश्चानयः स्पृशेत्।[९](?)
ग्रीष्म संयसु भवति सारदश्चेय[१०] सृज्यते।।२३।।
पौर्णमांसी यदा पौषो मुपरन्यत चन्द्रमा[११]।
ब्राह्मणाक्षेमस्या सीदन्ति मुनिभिः[१२]।।२४।।
सहामाधी प्रतिगृह्यतेन[१३] शस्त्रं भवति नित्यशः।
प्रावृद्ध भवति श्रेष्ठो पितृश्च भवतृश्च भयमृच्छति[१४]।।२५।।

---

१. मपरद्यते, २. पात्योर्क, ३. काशयः कोशलागावः प्रधानाश्चाताग्रयः, ४. वध्यते गणशुद्योश्च क्षत्रियो गोपनस्तथा, ५. सुवृष्टि जीयते चापि सस्य संपत्तथोत्तमा, ६. व्रूयात्तेममन्यत्र निर्दिशेत्, ७. गृहीते तु क्षेमं सस्यं च पुष्पति, ८. भय मिच्छंति मृगाश्च सहसो भयैः, ९. -- शो नराकांश पशू ब्रह्मणाश्चानयः स्पृशेत्, १०. संपच्च भवति शारदाश्चोप, ११. पौर्णमासीं यदा पौषी मुपरज्येत चन्द्रमाः, १२. ब्राह्मणः क्षेमस्यानि सीदन्ति मनिभिः सह, १३. माघीं प्रतिगृह्णते तु, १४. भय मृच्छति।

महाकुलान् महातेजा महापात्रान्[१] महापरान्।
महाबलंश्च राजातस्करयः स महान् स्पृशेत्[२]।।२६।।
गृहीतः फल्गुनीं चन्द्रोदशानि[३] वाध्यते।
प्राप्तोति पृथिवीं कृस्त्वां क्षेमं सस्यं च पुष्यति[४]।।२७।।
फाल्गुना तु खश्चैव स्त्रियः सुभगगामिन[५]।
दक्षिणात्याश्च राजानयो अन्ते[६] नात्र संशयः।।२८।।
पौर्णमासी मधो मैत्री चन्द्रमा यदि गृह्यते[७]।
सस्याश्चात्र विनश्यन्ति क्षेत्रं च सहकारिभिः[८]।।२९।।
कुमाराः कुरवश्चैवश्चैव पञ्चालाः कैकयैः सहा[९]।
लेखकांश्चित्र शिल्पांश्च सुमहाननय स्पृशेत्।।३०।।
क्षेमं भवति सस्यं च वैशाख्यं[१०] गृह्यते यदि।
भवनेति तथेश्चाधुन्मस्त्वांश्च सहसा मालवैः[११]।।३१।।
कार्योसतिल मुद्गाश्च बहुवालाश्च[१२] पादपान्।
सुभिक्षं तु भवत्यत्र उत्तरापलबत्तराः[१३]।।३२।।
क्षेममस्यकमारेद्र सुख च द्विशिलाधराः[१४]।
ज्येष्ठा श्रेष्ठाश्चयोग्रं ज्येष्ठानुपगते गृहे[१५]।।३३।।

---

१. महाकुलान्महात्तेजा महामान्, २. महाबलांश्च राजानस्त्रुरयः सुमहान् स्पृशेत्, ३. फाल्गुनीं चंद्रो दशार्णा, ४. प्राप्नोति पृथिवीं कृत्स्नां क्षेमं सस्यं च पुष्पति, ५. फाल्गुजा कुर वश्चैव स्त्रियः सुभग गामिनः, ६. दक्षिणात्याश्च राजानः पीड्यन्ते, ७. पौर्णमासी मधौ चैत्रीं चन्द्रमा यदि गृह्यते, ८. सस्याश्चात्र विनश्यन्ति क्षेमं च सहकाकलिः, ९. कुमाराः कुरवश्चैव वर्यचालाः कैकयैः सह, १०. वैशाख्यां, ११. भवमेति तथेद्वाकून्मल्लांश्च सह मालवै, १२. कार्या सतिलमुद्गाश्च बहुबालाश्च, १३. सुभिक्षं च भवत्यत्रनुत्तरा बलवत्तराः, १४. क्षेम सस्य कुमारेन्द्र सुखवृद्धि शिलाधराः, १५. ज्येष्ठाश्रेष्टाश्च पीड्यंते ज्येष्ठामुपगते ग्रहे।

आषाढ पौर्णमासी[1] तु गृहीते रजनी करे।
क्षेमं भवति वर्षे चानत[2] शाल्वनिषादयोः।।३४।।
श्रावणी मभितश्चन्द्रे गृहीतेस्य च[3] संक्षयः।
योगक्षेम विनाशना सस्यनाशश्च[4] जायते।।३५।।
पौष्टयमी गृहीते स्वजां प्रतिनत्वे।
भुवने नानां वा विजिनामपि वात्तथा[5]।३६।।
पौषो च फाल्गुनी चैव चैत्रीज्येष्टी[6] तथैव च।
श्रावणीधनुसंशरां वा विजिनामपि वा तथा[7]।।३७।।
पौषो च फाल्गुनी चैव चैत्रीज्येष्टीं तथैव च[8]।
श्रावणी च वणी च न संशति ग्रहणं चन्द्रसूर्ययोः[9]।।३८।।
अनागतं तथा सस्य[10] हेत स्त्रीह तथा ग्रहाः।
भयदुर्भिक्षमरणैस्तदा लोकैः प्रपीड्यते।३९।।
पौर्णमाासीषु स सुग्रहणं[11] भवेत्।
आदिशेत्तां समासर्वा सस्यवत्यो जालन्विताः[12]।४०।।
सर्वासु पौर्णमासीषु फलमेतदुदाहृतम्।
एतदेव भवेदर्के अमावास्याश्रितं फलम्[13]।।४१।।

राहु-धारे पौर्णमास्याध्यायः।

---

१. पौर्णमासीं, २. वर्षं दान तं, ३. गृहीतेश्मक, ४. विनाशश्च सस्यानाशश्च जायते, ५. पौष्टयमी गृहीते स्वजां प्रतिनत्वे, भुवने नानां वा विजिनामपि वात्तथा (दूसरी प्रति में नहीं है।) ६. प्रौष्टपद्यां गृहीते तु प्रावृड्वति पुष्कला, क्षेमं तु न तु गान्धारा काश्मीरा दरदानपि, क्षेमं भवति सस्यं च गृहीतेश्च युंजी प्रति, न ते वयव नानां वा वाजिनामपि वा तथा (दूसरी प्रति में अतिरिक्त है) ७. पौषीं च फाल्गुनीं चैव चैत्रीं ज्येष्टीं, ८. श्रावणीधनुसंशरां वा विजिनामपि वा तथा, ९. पौषो ज फाल्गुनी वैव चैत्रीज्येष्टीं तथैव च (पहली प्रति में अतिरिक्त) १०. श्रावणीं च न शंसंति ग्रहणं चन्द्रसूर्ययाः, सस्यं, ११. शेषासु सप्त सुग्रहं, १२. जलान्विता, १३. एतदेव भवेदर्के अमावास्याश्रितं फलम्।

सप्तक्षेत्राणि राहोस्तत् सोमार्काभ्या[१] मुपक्रमेत्।
तानि सर्वानि वक्ष्यामि शास्त्र तत्राणि[२] में श्रृणु।।४२।
गवां तु प्रथमं क्षेत्रं द्वितीयं ब्रह्मवादिनाम्।
क्षत्रिणां तु तृतीयं स्यान्मध्यमं सार्वलौकिम्[३]।।४३।।
पंचमं वैश्य संधस्य[४] शूद्राणां षष्टमुच्यते।
स्वेक्षादीनामनुष्याणां[५] क्षेत्रं सप्तम मुच्यते।।४४।।
येषां सोमो यदा गृह्ये द्विचन्द्रौमत्र वा भवेत्[६]।
तेषां पीडा विजानीयात् मोक्षे ते मप्रथा दिशेत्[७]।।४५।।
सन्ध्या काले तु गर्भस्थो गृहीतः पीडयेत्यथाः[८]।
गाश्च गर्भाद्विजातींश्च तदा वर्षेत्पुरन्दरः[९]।।४६।।
उषद् गृहीतापेक्षाश्चहन्याषज्ञ विदस्तथा[१०]।(?)
ये च दारुण कर्माणि स्तांश्च भोज्यांश्च कर्मिणे[११]।।४७।।
न द्वितो गुणमुष्याश्च ब्राह्मणश्चापि[१२] पीडयेत्।
मध्यंत्व स्वरितक्षिप्रं प्रभुग्राश्चेताश्च[१३] पीडयेत्।।४८।।
नभो मध्यगतो राहुः सोमसूर्येपि[१४] चास्थितः।
प्रजाज्ञानमथ राज्ञा च भवे[१५] कुर्वीत सर्वतः।।४९।।
परिवृत्तो हरेद्वैनुयानपात्यांस्ततपुराणानि[१६] च।
प्रलंना पीडयेच्छूद्रांस्त्रियोश्रेक्षांश्च[१७] सर्वतः।।५०।।

---

१. सोमार्द्धाभ्या, २. तानि सर्वाणि वक्ष्यामि शास्त्रतस्तानि, ३. क्षत्रियाणां तृतीयं स्यान्मध्यमं सार्वलौकिकम्, ४. संघस्य, ५. म्लेक्षादीनां मनुष्याणां, ६. येषां सो यदा गृह्येद्वित्तद्रौ यत्र वा भवेत्, ७. तेषा पीडा विजानीयात् मोक्षेक्षेममता दिशेत्, ८. पीडयेत् प्रजाः, ९. गाश्च गर्भां द्विजातीश्च नववर्षेत्पुरंदरः, १०. उपगृहीतो यज्ञांश्च हन्याद्यज्ञविदस्तथा, ११. कर्माणस्तांश्च योज्योश्च कर्मणो, १२. तदितो गणमुख्याश्च ब्राह्मणांश्चापि, १३. मध्यश्च त्वरित क्षिप्र मुग्राण्येताश्च, १४. सोमे सूर्योपि, १५. प्रजानामध्य राज्ञां च भयं, १६. परिवृत्तो हरेद्वैश्चानमात्यांस्ततपुराणानि, १७. प्रलंवी पीडयेछूद्रास्त्रियोम्लेच्छांश्च।

स काम्य तु न कंधोजानु प्रर्वमानरक्त[1] पीडयेत्।
तस्करांश्च तथा क्रूरान् हन्यदस्तमये[2] ग्रहः।।५१।।
गृहीतोय यदा गच्छेदस्तं[3] वा यदि गच्छति।
सरन्दतु समसम्यं जातजात[4] विपद्यते।।५२।।
ग्रीष्मेण तत्र जीवन्ति नरामूल[5] फलेन वा।
भयदुर्माक्षरोगैस्तु तदा संक्षिप्यते[6] जनः।।५३।।
राहुचारे क्षेत्राध्यायो नग्म उपक्रमं।[7](?)
त्वष्टविधं राहोनुयाद्यथा दिशं।।५४।।
तथैवोपक्रमं संवित्य द्विधं तु प्रमोक्षणांच्छर्दनम्[8]।
जरणं चैव कुक्षिमेदश्च दक्षिणे[9]।।५५।।
वामश्चैव हन्एषोराहो भयक्रमः[10]।
सन्यावाप्यय संव्यावासमा च त्रिविध्य गति[11]।।५६।।
एषां फलानि वक्ष्यामि परोक्षे चापि[12] लक्षयेत्।
अनुक्तास्तमितं सोमुदयेचापि[13] लक्षयेत्।।५७।।
पादुरोममैलः स्निग्धः प्रसं न प्रियदर्श नरो[14]।
अर्च्चिषमात्रशिममालीनो वातो चन्द्रमाहूस्वा[15]।।५८।।

---

१. सकान्यवनकांवोजात्पूर्व मानस्तु, २. दन्यादस्तमये, ३. गृहीतो यद्यादा गच्छेदस्तं, ४. शारदं तु समं सस्यं जातं जातं, ५. ग्रीष्मेण तत्र जीवंति नरा मूल, ६. भयदुर्भिक्ष रोगैस्तु तदा संक्षिप्यते, ७. राहुचारे क्षेत्राध्यायोनामा उपक्रमं त्वष्टविधं राहो व्रूभाद्यथा दिशं, ८. तथैवोपक्रमं वित्यद्विधं तु प्रमोक्षणम्, ९. छर्दनं जरणं चैव कुक्षिभेदश्च दक्षिणः, १०. वाभश्चैवहन भंगः षष्टो राहो भयक्रमः, ११. सव्या वाप्ययसव्या च समा च त्रिविधा गतिः, १२. वापि, १३. अनुक्तास्तमितं सोममुदये चापि, १४. पांडुरो मलः स्निग्धः प्रसन्नः प्रियदर्शनः, १५. अर्च्चिमात्राश्म मानीलो वातो भवति चन्द्रमा।

विवर्णो निष्प्रेहो चिरश्मि कलुषप्रभः[१]।(?)
स्याचश्च[२] गतिहीनश्च जीर्णो भवति चन्द्रमा[३]।।५९।।
श्यामलोहितंक विधास्वरभंगे निशाकरं[४]।
पादुं लोहितंक चापि[५] कुक्षितो निर्गतं वदेत्।।६०।।
जीर्णे भावं मृत्यां च सस्यानां चाथ संपदा स पदाम्[६]।
वातं क्षेमं च सुभिक्ष्यं च वृद्धिवापि विनिर्द्दिशेत्[७]।।६१।।
अनभंगो विजानीयाद्योधानांत्यशयं[८] ध्रुवम्।(?)
वारुणानां[९] च सर्वेषां विनाशं प्रत्युपस्थितम्।।६२।।
कुक्षिव्याधि भयं[१०] घोरं कुक्षितेव्यति निर्गते।
भयं च शस्त्रतो विधांत्रा[११] च वर्षेत्पुरन्दरः।।६३।।
उत्तराधरास्तः स्पष्टो ब्रह्मक्षत्रहतो[१२] मतः।
दक्षिणायन स्पष्टो वैश्यशूद्र प्रदर्शनः[१३]।।६४।।
सोमो वा[१४] भास्करो वापि स्पष्टो विदिशि राहुणा।
स्त्रियश्च मंत्रिणो वापि म्लेक्षदेशं विमर्दति[१५]।।६५।।
अतएव विदिक् स्पृष्टा राहुणाचन्द्रभास्करौ नागण्याम्[१६]।
न्यूगां वापिदग्राणां वाहिनीगतौ उत्तराज्येषु[१७] भागेषु सुषुप्तवे[१८]।।६६।।

---

१. ह्रस्वाविवर्णो निःस्नेहो विरश्मिः कलुष प्रभः, २. श्यावश्च, ३. चन्द्रमाः, ४. श्यावलोहितकं विद्या चरभंगे निशाकरम्, ५. पांडुलोहितकं वापि, ६. जीर्णे क्षुधां च मृत्युं च सस्यानां चाथ, ७. संपदं वातं क्षेमं सुभिक्षं च वृद्धिं वापि विनिर्द्दिशेत्, ८. हनुभंगो विजानीयाद्योधानायं, ९. वाहनानां, १०. मयं, ११. विद्यान्न, १२. उत्तरायणतः स्पष्टो ब्रह्मक्षत्रहरो, १३. दक्षिणायतः स्पृष्टो वैश्य शूद्र प्रर्दनः, १४. वा (दूसरी अतिरिक्त), १५. म्लेक्षदेशं विमर्दति, १६. अतएव दिशि स्पृष्टौ राहुरासोम भास्करौ, १७. उत्तराज्येषु भागेषु सोमार्काभ्यामुपप्लवे (दूसरी में अतिरिक्त) १८. नागराणां नृणां चापि दुर्गाणां वाहिनी गतौ।

वर्णानां ब्राह्मणादीनां पीडाविघ्ना यथा दिशाम्[१]।
यथा पुरस्तादागम्य गृह्णीयात् सर्वं मण्डलक्षेमम्[२]।।६७।।
तत्र[३] विजानीयाद्वैश्यानां जायते बलम्।
पश्चिमेव यदा राहु[४] गृह्णीयात् सर्वमण्डलम्।।६८।।
व्याधिः शस्त्रभयं विंद्यातं वैश्यानां[५] चाप्युपद्रवम्।
पूर्वेण तु यदागम्य सर्वं प्रच्छाद्यं[६] मण्डलम्।।६९।।
प्रतीची दिशिमाश्रित नक्त तत्स विमर्दते[७]।
पूर्वाराजा समुद्रान्तो दिशं जयति पश्चिमम्[८]।।७०।।
प्राङ्मुखो चाभियुंजीत विजयाय महीपतिः।
एवमेवाभि विनिर्देश्यो[९] राज्ञां जयपराजयौ।।७१।।
ज्ञेयागति विशेषेण दिक्षुधान्तर दिक्षु वा[१०]।
दिवा वा यदि वा रात्रौ चन्द्रः समुपाज्यते[११]।।७२।।
यतो मुखो भवेद्राहुस्ततो यशं प्रपूज्यम्[१२]।
ये तपनस्त प्रस्तमे प्राये प्रतुः[१३] शुक्लं ततो जयः।।७३।।
यां दिशं भजते राहु[१४] स देशमुपसृज्यते।
सस्य पार्थिवबीजानां देशाने[१५] चानुपूर्वशः।।७४।।
यततमस्ततः प्रायं यतः शुक्लं शिवम्[१६]।
पुरस्तातु तथागता न सर्वं[१७] ग्रसते ग्रहम्।।७५।।

---

१. सर्वमंडलम्, २. क्षेमं तत्र, ३. पश्चिमेन यदा यद्वा, ४. क्षत्रियास्तत्र पीड्यन्ते शारदं चोप दृश्यते, उरेण यदा यद्वा गृह्णीयात् सर्वमंडलम् (दूसरी में अतिरिक्त), ५. विद्याद्वैश्यानां, ६. सर्व प्रच्छाद्य, ७. प्रतीचीं दिशमाश्रित्य नक्ततश्च विमदीतम्, ८. पूर्वो राजा समुद्रांतो दिशं जयति पश्चिमाम्, ९. निर्देश्यौ, १०. दिक्षुवान्तर दिक्षु च, ११. समुपरज्यते, १२. यात्रां प्रयोजयेत्, १३. यतस्तमस्तते प्राये ततः, १४. राहुः, १५. देशानां, १६. यतस्तमस्ततः प्रायर्यतः शुक्लं ततः शिवम्, १७. पुरस्तात्तु यदा गत्वा च सर्वं।

तत एवोपर्सेतं[१] वर्षं सस्यं च पुष्यते।(?)
पश्चिमानां जयास्तत्र[२] पूर्वो राजा विनश्यति।।७६।।
यस्य नक्षत्र विषये चन्द्रो गृह्येत् राहुणा।
अर्थपीडा ध्रुवं तस्य शरीरे वाप्युपद्रवे[३]।।७७।।
गृहीतो राहुणां चन्द्रे सर्वकर्माणि[४] कारयेत्।
विमुक्त मात्रे तस्मिंस्तु[५] सर्वकार्याणि कारयेत्।।७८।।
दिग्दाहं माहतोभ्राणितमो गोधूमरजौ-मान्[६]।
निर्घाता पृथिवीकंपश्चा पदानां महाभये[७]।।७९।।
गृहीतामस्तमने चेदौ वभ्राणो चापि वैष्णवा[८]।
सूचयन्त्यागमं राहो[९] पुनः पर्वण्युपस्थिते।।८०।।
चतुर्द्दशीममावास्यं[१०] पौर्णमास्यां तथैव च।
राहोः पर्वाणि जानीयात्तथा प्रीतपदं[११] पुनः।।८१।।
यदा राहुः चतुर्दश्यां[१२] ग्रसेत् सूर्यं कथं च न।
सोमे वा तत्र जानीयात् संग्रामाच्छोणितोदकम्[१३]।।८२।।
भयं च कुविधंधास्ति[१४] मृत्युः संक्षिपति प्रजाः।
एतदत्र विजानीयाद् गर्गस्य वचनं यथा यदा चन्द्रः[१५]।।८३।।
प्रतियापि ग्रहः समुपसर्पति आदित्यं वा[१६]।
तथा ब्रूयात् ब्रह्मक्षत्रधार्यत[१७]।।८४।।

१. ततएवोपसर्प्येत २. जयस्तत्र, ३. अर्थपीडां ध्रुवं तस्य शरीरे चाप्युपद्रवम्, ४. गृहीते राहुणां चन्द्रे सर्वकर्म न, ५. विमुक्त मात्रे तस्मिस्तु, ६. मारुतोभ्राणित गोधूम रजोद्गमान्, ७. पृथिवीकम्पाश्चा पदानां महाभयम्, ८. गृहीतास्तमने चेंदौ वभ्राणं चापि वैकृतम्, ९. सूचयन्त्यागमं राहोः, १०. चतुर्दशीममावास्यां, ११. प्रतिपदं, १२. यदा राहुश्चतुर्दश्यां ग्रसेत्, १३. सोमं वा तत्र मानीयात् संग्रामाच्छोणिदकम्, १४. भयं बहुविधं चास्ति, १५. यथा, १६. यदा चन्द्रः प्रतिपदग्रहः समुपसर्प्यति, १७. आदित्यं वा तदा व्रूयाद् ग्रनक्षवधायतम्।

व्याधयस्तत्र दृश्यंते न च संपद्यते समा।
हतपश्चापि वर्द्धन्ते धर्मश्च परिधीयते[१]।।८५।।
पौर्णमासा[२] ममावास्यां यदा राहुरुपक्रमेत्।
क्षेमं सुभिक्षं स्वावृष्टिः सर्वभूतेषु निर्द्दिशेत्।।८६।।
गृहीतो राहुणारूर्मे[३] चन्द्रे वा यदि वर्षति।
ग्रहः सोश्रुसुखे घोरे[४] व्यक्तं भवति मृत्येव।।८७।।
राहोर्दर्शनाव्याधितिंर्मंत्रिणिणस्तथा[५] ।
दक्षिण च गते राहुः सशेषं वक्ष्येद्यति[६]।।८८।।(?)
उत्तरोदक्षिण यथापीड्यते दिक् दक्षिणानि च याः[७]।
सर्वधान्यानांनार्ध गच्छन्ति केचन[८]।।८९।।
उत्तरो० वर्षा च देवो वर्षतिना समम्[९]।
पश्चिमेन यदा गत्वा तत् एवाभि सर्पति[१०]।।९०।।
क्षत्रियां विद्धिः स्यात्प्रतीचीं पीडते दिशम्[११]।
उत्तरेणपगत्वा अर्चाप्रति निवर्जते[१२]।।९१।।
गोब्रह्मणास्तु राजानस्ततो दिव्यांस्तुमर्दति[१३]।
एव चान्ते विनिर्द्दिश्यै राज्ञा[१४] जय पराजयौ।।९२।।

---

१. ईतयश्चापि वर्द्धन्ते धर्मश्च परिहीयते, २. पौर्णमासी, ३. राहुणा सूर्ये, ४. सोश्रुमुखो घोरो, ५. राहोदर्शनाद् व्याधिर्दुभिक्षं वृष्टि निग्रहः, ६. अभीक्ष्ण दर्शनाद्राहोर्भवंति मुदिताः प्रजाः, क्षत्रियाश्चापि पीड्यन्ते व्याधिभिर्मंत्रिणस्तथा (दूसरी में अतिरिक्त), ७. दक्षिणगतो राहुः स शेषं छर्दयेद्यदि उत्तरो, ८. दक्षिणयाया पीड्यते दिक्दक्षिणा, ९. निचयाः सर्वधान्यानां नार्घं गच्छन्ति कंचनम्, १०. उत्तरोत्तर वर्षो च देवो वर्षति तां समाम्, ११. सर्प्यति, १२. क्षत्रियाणां विवृद्धिः स्यात् प्रतीचीं पीड्यते दिशम्, १३. उत्तरेण यदा गत्वा अर्वाक् प्रतिनिवर्त्तते, १४. गोब्राह्मणस्तु राजानस्ततोदीच्यां स्तुं पदीति, १५. एवं चांते विनिर्देश्यौ राज्ञां दृश्यते।

दृश्यन्ते[१] दिक्षु सर्वासु तथैवान्तर दिस्वपि[२]।
राहुमार्गो नाभियुजो विजयार्थि महोपतिः[३]।।९३।।
राहुमार्गा तु पापाच्च[४] नृपो जयति शास्त्रवान्।
ब्रह्मघ्नः प्राङ्मुखो राहुः वैश्यश्च[५] दक्षिणामुखः।।९४।।
अनार्याद भजतेनार्या योगक्षेमं च कल्पयते[६]।(?)

राहुचारे दिक् प्रतिभानाम लोहितस्ता[७]

प्रवर्णो वा ग्रसित्वा चन्द्रमुसेत्[८]।
अवर्षसि मत्कृत्सस्या क्षत्रियाश्च तु पीडयेत्[९]।।९६।।
राहुरोग मुखे पार्श्वरोगं च निर्द्दिशेत्[१०]।
पितोपि कपिलो वापि वाहुवैश्य प्रउच्यते[११]।।९७।।
यामाज्वरं कुक्षिरागो मरकश्चत्र[१२] जायते।
न च वर्षपर्जन्यो[१३] द्विजान् शूद्रांश्च पीडयेत्।।९८।।
श्वेतो वापि द्विजघ्न् रोगकतश्यामोवास्याय[१४]।
वर्णो वाशिषेकोद पीडितः रूक्षो वा[१५]।।९९।।
भस्म वर्णोवादावानि क्षय कृदभवेत्[१६]।
निस्त्रिंश वर्णशस्त्रो वा हरितः स्त्रोतिवर्द्धनः[१७]।।१००।।

---

१. दृश्यते, २. दिक्ष्वपि, ३. राहुमार्गनाभियुजो द्विजयार्थी महीपतिः, ४. राहुमार्गनुया या, ५. ब्रस्नघ्नः प्राङमुखो राहुर्वैश्यघ्नो, ६. अनार्याद् भजते भार्याद्योग क्षेमं च कल्पते, ७. राहुचारे दिक्प्रविभागो नाम, ८. लोहितस्ताम्र वर्णो वा ग्रसित्वा चन्द्रमुद्ग्रसेत्, ९. अवर्षी क्षेमकृत् सस्या क्षत्रियाश्चा व पीडयते, १०. बाहुरोग मुखोरोगं पार्श्वरोगं, ११. राहुर्वैश्यघ्न उच्यते, १२. पामाज्वरं कुक्षिरोगो मकरश्चात्र, १३. वषति पर्जन्यो, १४. श्वेतो वा पांडुरो वापि द्विजघ्नः शीर्षरोग कृत्, १५. श्यामो वा श्यामवर्णो वा शीर्षको दस्यु पीडितः, १६. रुक्षो वा भस्म वर्णोवा दिवौर्भक्ष कृद् भवेत्, १७. हरित स्त्री निवर्द्धनः।

सिग्धवर्णस्तु वर्षास्तु सुवर्षापरुक्ष कृष्णस्त्व वर्षकः[१]।
भद्रा न शस्त्रेण वाद्यन्ते तेत्रणो च कुर्वते[२]।।१०१।।
राहुच्छिद्रं धने प्रख्योमारक्षुधा[३] विवर्जितः।
भयं घोरं विजानीयाद्रक्षो पञ्च विरुच्यते[४]।।१०२।।
पादुर्भवति वार्कायश्यामो भवति मृत्यवे[५]।
स्निग्धो भवति वर्षायरुक्षो धान्यादि वर्धनः[६]।।१०३।।
श्यामो भवति शास्त्रापहरिर्भवति[७] व्याधये।
धूम्र वर्णोग्नि वर्णो वामारभाग्नि च कुर्वते[८]।।१०४।।
चन्द्र वा दिवा सूर्यं ग्रसीत्वाशीघ्र मुत्सृजेत्[९]।
प्रसन्नवर्णो निर्मलस्तत्सुभिक्षस्य[१०] लक्षणम्।।१०५।।
राहुकृष्णं जन्मप्रख्यास्तिग्ध छिद्रोघनोमलः।
न चान्यवर्णो भवति सेमं वर्ष च निर्दिशेत्[११]।।१०६।।
अलपावलेहः स्निग्धश्च कृष्णश्चापि प्रदक्षिणः[१२]।
राहुः प्रजाहितोह्येयः क्षयारोग्यः सुभिक्षकृत्[१३]।।१०७।।
राहुः संकीर्णवर्णोपि छिद्रोरुद्ध स मध्यगः[१४]।
सर्वग्रासो विमन्दौ[१५] रोगदुर्भिक्ष शास्त्रकृत्।।१०८।।

---

१. स्निग्धस्तु वर्षाय रूक्षकृष्णस्त्व वर्षकः, २. शूद्राछस्त्रेण वार्धते नेत्ररोगं च कुर्वतो, ३. राहुरिद्रंधने प्रख्योमारक्षुद्धया, ४. यत्र विरिच्यते, ५. पाण्डुर्भवति वार्णाछीय श्यामो भवति मृत्यवो, ६. स्निग्धो भवति वर्षायरुक्षो धान्यर्द्धवर्द्धनः, ७. शास्त्राय हरिर्भवति, ८. धूम्रवर्णोग्निवर्णो वा मारमग्निं च कुर्द्दती, ९. चन्द्रं वा यदि वा सूर्यं ग्रसित्वा शीघ्र मुत्सृजेत्, १०. प्रसन्न वर्णो विमलस्तत् सुभिक्षस्य, ११. राहुकृष्णं जन्मप्रख्यास्तिग्ध छिद्रोघनोमलः, न चान्यवर्णो भवति सेमं वर्ष च निर्दिशेत् (पहली में अतिरिक्त), १२. राहुः कृष्णाजन प्रख्यः स्निग्धश्च कृष्णश्चापि प्रदक्षिणः, १३. राहु प्रजाहितो ज्ञेयः क्षेमारोग्यः सुभिक्ष कृत्, १४. राहुः संकीर्णवर्णोपि छिद्रो रुर्द्धं मध्यगः, १५. सर्वग्रासी विमर्द्दी च.।

राहोश्श्वेतदयो वर्णा ब्राह्मणादिषु कीर्त्तित:[१]।
शेषावर्णा विकाराश्च पूर्वोक्त विधिपा:कित:[२]।।१०९।।
येषां वर्ण तु कृत्वाग्रेया[३]।
पश्चादन्येन वध्यन्ते शस्त्रकोपेन भूमि य:[४]।।११०।।

राहुचारे वर्णानि विभागोनाम आदिता:।

श्रीगृहीत चन्द्रमा यत्र क्षिप्रं भवति दर्शनात्[५]।।१११।।
स्नेहवान् स्निग्धवर्णश्च[६] तत्सुभिक्षस्य लक्षणम्।
अथ चेद्गृह्यते चिरं जीर्णन्ति हरेत्[७]।।११२।।
विवर्ण विकतो-लोभिं चैव जाते[८]।
[९]च्छिस्तस्योत्तमां त्रयाद्विपरीते विपर्ययम्।।११३।।
मासे मासे ततो० नां विज्ञेयं तु शुभाशुभम्।
शुभं तथा शुभे मासेष्वशुभत्व शुभं भवेत्।।११४।।
द-तदिदोकोतन्येन चरितं सर्वमीरितम्।
ना पुत्राय प्रदातव्यं नाप्य शुक्रपते तथा[१०]।।११५।।

---

१. राहो श्वेतादयो वर्णा: ब्राह्मणादिषु कीर्त्तिता:, २. शेषावर्णा विकाराश्च पूर्वोक्त विधिपाकिन:, ३. येषां वर्णं तु कृत्वाग्रेया पश्चादन्ये तु पूज्यते, ४. ते शस्त्रवेधमश्यंति स्वतो वा परतोपि वा, ५. पृथगे कैकशेवर्णान्येषां विकुरते ग्रह:, ते स्वसैन्ये न वद्धंते शस्त्रकोपेन भूमिया:, इति वृद्धगार्ग कृतायां ज्योतिषसंहितायां (दूसरी प्रति में अतिरिक्त), ६. गृहीत चन्द्रमा यत्र क्षिप्रं मुच्यते दर्शनात्, ७. स्नेहवान्निव वर्णाश्च, ८. अथ चेद्गृह्य जरयेच्चिरं जीर्णं निर्हरेत्, ९. विवर्णो विकृतो रुक्ष दुर्भिक्ष भयावह:, १०. च्छिस्तस्योत्तमां त्रयाद्विपरीते विपर्ययम्, मासे मासे ततो० नां विज्ञेय तु शुभाशुभम्, शुभं तथा शुभे मासेष्वशुभत्व शुभं भवेत्, द-तदिदोकोतन्येन चरितं सर्वमीरितम्, ना पुत्राय प्रदातव्यं नाप्य शुक्रपते तथा। (दूसरी प्रति में नहीं है)

उपास्य मंत्रिणं चेदंतिदिष्टव्यं महीपतौ।
ब्राह्मणानां यथाशास्त्रं तथा कीर्त्तिमवाप्नुयात्।।११६।।
समाप्तं च द्वितीयमंगे अथ खलु नक्षत्रके।
द्रुमे प्रश्नो भवति कति भयावहः।।११७।।
यद्येवयामे सोमार्कौद भावा-रंज्यते[2]।
संपुटं तं विजानीयात् रोगदुर्भिक्ष लक्षणं[3]।।११८।।
यदा चन्द्र ग्रसिताग्रे पुनः मर्त्यमुपक्रमेत्[4]।
रौद्रवर्णा शिरोकर्णाश्चेतस्या[5] पृथिवी भवेत्।।११९।।
म्लेछास्तत्र विमृज्यंते सापिनां[6] विजयं भवेत्।
नागराश्चोपतप्यन्ते ब्रह्मक्षत्र[7] तु वर्द्धते।।१२०।।
यदा सूर्ये ग्रसित्वाग्रे[8] पुनश्चन्द्र मुपक्रमेत्।
स्थावरादस्यवश्चैव चांन्द्रते पापिनां वधः[9]।।१२१।।
या चन्द्र सूर्यो कृष्णः स्निग्धः प्रजाहितः।
राहु विवर्णोरुक्षो वा भयरोगवहाः[10] स्मृतः।।१२२।।
छात्रनान्द्रानां च नरानां तु बलावहः[11]।
स्थावराणां जयं प्राहु सूर्यंहोव्यभिरिक्तता[12]।।१२३।।

---

१. उपास्य मंत्रिणं चेदंतिदिष्टव्यं महीपतौ, ब्राह्मणानां यथाशास्त्रं तथा कीर्त्तिमवाप्नुयात्, समाप्तं च द्वितीयमंगे अथ खलु नक्षत्रके, द्रुमे प्रश्नो भवति कति भयावहः (दूसरी प्रति में नहीं है), २. यद्येव मामे सोमा द्वैंदु भावस्य रज्यते, ३. संपूर्वतं विजानीयाद्रोग दुर्भिक्ष लक्षणम्, ४. यदा चन्द्र ग्रसित्वाग्रे पुनः सूर्य मुपक्रमेत्, ५. शिरोकर्णा श्वेतस्था, ६. पापिनां, ७. नागराश्चो पतष्यंति ब्रह्मक्षत्रं, ८. यदा सूर्यं ग्रसित्वाग्ने, ९. स्थावरादस्थश्चैव वर्द्धंते पानिनां वद्युः, १०. भयरोगावहः, ११. छात्र्यनं ब्राह्मणानो च नराणां तु बलाहम्, १२. तपं प्राहुः सूर्येंद्वोः व्यतिरिक्तता।

दर्शयित्वा महोत्पातान् निरूढश्चेन्द्र[१] पर्वणि।
दृश्यन्ति वाप्यतिक्रान्तो राहुज्ञेयः पराजितः[२]।।१२४।।
वियुगे वा युगेदापिद्यन्यं तद्राहु दर्शनम्[३]।
अदर्शनाश्च प्रशस्तं राहोराहुशारयः[४]।।१२५।।(?)
नक्षत्र त्रय शुभेमुह्यस्थं भोगमेव वा[५]।
सर्वानुदर्शनं राहो प्रशान्ति मुपगच्छति[६]।।१२६।।
सुभिक्षं क्षेममारोग्य[७] जायते तीक्ष्ण दर्शनात्।
दुर्भिक्ष मरणे लोकं हविराहुर दर्शनात्[८]।।१२७।।
सद्यः प्रवर्षति यदा ग्रहणे विमुक्ते[९]।
राजाप्रशस्ति पृथिवीं सकलां सशैलम्[१०]।।१२८।।
अर्थाधिका जनपदाः प्रचुरा जयाना क्षेमेण[११]।
सन्ति सुखिनो निरुपद्रवाश्च इति समनुगमै[१२]।।१२९।।
यथावदुक्तं युगतिथयसुग्रहे वर्णमोक्षा[१३]।
वहुविध विषयस्तमोक्ष पाकः[१४]।।१३०।।

---

१. निगडश्चन्द्र, २. दृश्यन्ति चाप्यतिक्रान्तो राहोर्गेयः पराजितः, ३. वियुगे वायुगे वापि धन्यंद्राहु दर्शनम्, ४. अदर्शनंत्य प्रशस्तं राहो राहु मारयः, ५. नक्षत्र च त्रय शुभं ग्रहस्वं भीममेव वा, ६. सवनुदर्शना राहोः प्रशांति मुपगच्छति, ७. क्षेममारोग्यं, ८. दुर्भिक्षमरणैर्लोकं हंति राहुरदर्शनात्, ९. विमुक्ते राजा, १०. प्रशास्ति पृथिवीं सकलां सशैलाम्, ११. अर्थाधिका जनपदाः प्रचुरान्नयालाक्षे, १२. मेवा सन्ति सुदिनो निरूपद्रवाश्च, १३. इति समनुगमैर्थथावदुक्तं युगतिथय सुग्रहे, १४. च वर्ण मोक्षाः बहुविध विषयस्तमोक्ष पाकः।

शुभमशुभं चाविधार्य समं धार्या[१]।
चतुर्दशी तथा प्रतिपदस्त्वापि राहो:[२]।।१३१।।
पर्वाणि जानीयाग्रहणे चन्द्रसूर्ययो:[३]।

राहुचारे षष्टोऽध्याय:।

येषां तु भास्वरस्थाने राहुश्चन्द्र मुपक्रमे[४]।
कर्मक्षय परिक्तेश: प्राप्रवन्ति हिते नर:[५]।।१३३।।
विप्रयक्ष विनाशाय सूर्यस्थाने भवेद्ग्रह:[६]।
राहो यां गृह्यते यस्य नक्षत्रे वा निशाकरं[७]।।१३४।।(?)
प्राणसन्देह माप्नोति स च मरणमिति[८]।

वृद्धगार्गीयां ज्योतिषसंहितायां राहुचार: समाप्त:।

❑❑❑

---

१. शुभमशुभं च विचार्य सं प्रधार्य, २. चतुर्दशीं पंचदशीं तथा प्रतिपदस्त्वापि, ३. राहो: पर्वाणि जानीयाद् ग्रहणे चन्द्रसूर्ययो:, ४. येषां तु भास्करस्थाने राहुश्चन्द्रमुपक्रमे, ५. कर्मक्षय परिक्लेश: प्राप्नुवंति हिते नर:, ६. पित्र्यपक्ष विनाशाय सूर्यस्थाने भवेद्ग्रह:, ७. निशाकरम्, ८. प्राणसंदेह माप्नोति सर्वामरण-ति।

अथ अष्टमोऽध्यायः

द्वादशाब्दे युगेवारे गर्गप्रोक्तं वृहस्पते[१]।
भवाब्दे कृभिकादानं संप्रवृत्तं प्रवक्षति[२]।।१।।
तस्माब्दं पञ्चका ज्ञेया नवसप्तमयं वच[३]।
दक्षिणात्येषु मार्गेषु प्रवासो गिरप्रस्तथा[४]।।२।।(?)
प्रवासात्रो यत्करणेदेति युगपस्थितम्[५]।
तस्मात्कालान्तंक्षाद्यासुरोरि नृःप्रवर्त्तते[६]।।३।।(?)
त्रीन्मासाननिशक्तस्य त्रीन्मासानभि सर्पति[७]।
कार्त्तिकाद्याश्च युज्यन्ते मासनामा वृहस्पते[८]।।४।।
अब्दाद्वादशेत् ध्रुवहुस्वागु यन्त्रकः[९]।
त्रिनक्षत्रात्रयः शुक्रयुगैकपाद वैष्णवाः[१०]।।५।।
शेषा ज्ञेयाः संनक्षत्रावर्षीणां क्षत्रकामकास्तेषाम्[११]।
पौषश्च माघश्च चैत्रो वैशाख एव च[१२]।।६।।
श्रावणश्चाश्विनश्चैव षडश्रेष्ठाः[१३] सर्वपावनः।
कार्त्तिक फाल्गुनाषाढो प्रौष्पदस्व मध्यमः[१४]।।७।।
मार्गशीर्ष ज्येष्ठं च द्वाविमौ गुणवर्जितौ[१५]।
एतान्मासान्यं चापि चरेद्यदि वृहस्पति तिष्ठति वासवः[१६]।।८।।

---

१. द्वादशाब्दे युगे चारं गर्ग प्रोक्तं वृहस्पतेः, २. भवाग्र्नो कृत्तिकाब्दानां सदेप्रेतं प्रचक्षति, ३. तस्याब्द पंचका ज्ञेया नवसप्तपंच च, ४. गिरमस्तथा, ५. प्रवासान्नेमयन कृणेदिति युगपत्स्थिरम्, ६. तस्मात् कालांतरिक्षाद्यो मुरोरिष्टः प्रवर्त्तते, ७. त्रीन्मासानाभिशक्तस्य त्रीन्मासानभिसर्प्यति। ८. कार्त्तिकाद्याश्च युज्यंते मासनामा वृहस्पतेः, ९. अष्टाद्वादशतेतसु न वद्धनम्या सुयन्त्रकः, १०. त्रिनक्षत्रा त्रयः शुक्रभगैकपाद वैष्णवाः, ११. शेषाज्ञेयाः स नक्षत्रावर्षीणां क्षत्रकामकाः, १२. तेषां पौषश्च माघश्च चैत्रो वैशाख एव च, १३. षट्श्रेष्टा, १४. कार्त्तिकः फाल्गुनाषाढो प्रौष्पदश्च मध्यमः, १५. मार्गशीर्ष च ज्येष्ठं च द्वाविमौ गुणवर्जितौ, १६. एतान्मासान्यं चापि चरेद्यदि वृहस्पतिः।।

ध्यान्ययो द्विगुणो ज्ञेयो व्याधिश्च फलवान् भवेत्।
अपरपुष्ककलं विधात्[१]।।९।।
अब्दस्यात्कार्त्तिको नाम भयव्याधि समाकुलः।
अग्नि कुप्यतिशास्त्रं चेमित्रं च पूर्व मस्यनु पुष्कलाम्[२]।।१०।।
सौम्यं रौद्रं च नक्षत्रं चरेद्यदि[३] वृहस्पतिः।
सम्भवेन्मार्गशीर्षश्च सर्वदोष समन्वितः।।११।।
न वर्षति तदा[४] देवः शुष्यन्ति च जलाशयाः।
न सम्पद्यन्ति सस्थानज्ञाते[५] चैवोपहन्यते।।१२।।
दुर्भिक्षश्च भय रोगैश्च[६] विविधैश्चाप्युपद्रवैः।
धराधराणाण्या भूतानांमनयः सम्प्रवर्त्तते[७]।।१३।।
युतर्वस्यं च पुष्प च धरे यदि वृहस्पति[८]।
सौम्यं संवत्सरः सद्यात्सर्वौषधि[९] समन्वितः।।१४।।
सस्यं संपद्यते सर्वं सम्यग्वर्षति माधवः।
उत्तमंक्षेमसौभिक्ष भवेद्यनमश्चाता भ्रमाः[१०]।।१५।।
अश्लेषां तु प्रयां वैवरेद्यदि वृहस्पतिः[११]।
प्राद्यसयत्करः सस्यात्सर्व भूतहितोदयः[१२]।।१६।।

---

१. अपरं पुष्कलं विद्यात्पूर्व सस्यं सुपुष्कलम्, २. अब्दस्यात्कार्त्तिको नाम भयव्याधि समाकुलः, अग्नि कुप्यतिशास्त्रं चेमित्रं च पूर्व मस्यनु पुष्कलाम् (प्रथम में अतिरिक्त) ३. चरे यदि, ४. न वर्षतित्तदा, ५. सस्यानिजातं, ६. दुर्भिक्षभयरोगैश्च, ७. चराचराणां भूतानामनयः संप्रवर्त्तते, ८. पुनर्वसुं च पुष्यं चरेद्यदि वृहस्पतिः, ९. सस्यात् सर्वोषधि, १०. उत्तमं क्षेमसौभिक्षं भवेद्यनमश्वताः समाः, ११. अश्लेषां च मघां चैव चरेद्यदि वृहस्पतिः, १२. माघ संपत्करः सस्यात् सर्वभूत हितोदयः।

सम्यग् वर्षति पर्जन्यः सप्रत्तप्रसा[१] व्रजेत्।
क्षेमारोग्य सुभिक्षं च प्रजाधर्मोत्तरा तदा।।१७।।
फल्गुनी चैव हस्तश्च धत्तेयादि वृहस्पति[२]।
फल्गुनोद्भिः क्रूरस्यद्वान्यमुहुवताः व्रजेत्[३]।।१८।।
क्वचित्संधत्ते सम्यक् क्वचित् सस्यं विपद्यते[४]।
क्वचित्सुभिक्षं भवति क्वचित् क्षेमं क्वचिद्भयम्[५]।।१९।।
आश्वाति च नक्षत्रे वरेसूदि वृहस्पतिः[६]।
चैत्रः संवत्सरः सस्यात क्षेमारोग्यं[७] सुभिक्षकृत्।।२०।।
योगक्षेमं च सस्यं च मध्यमं तु तदारुणम्।
मृदधः पार्थिवश्चात्र मैत्रं मृदु वर्षति[८]।।२१।।
विशाखा चैव मैत्रं च चरेद्यदि वृहस्पतिः[९]।
सवैशाखेवा[१०] निरातंको हायनः प्राणहर्षकृत[११]।।२२।।
सर्व सस्यनि[१२] पुष्पन्ति सततं क्षेममोद[१३] च।
नृपाश्चात्र मैत्रं मृदु वर्षति[१४]।।२३।।
विशाखां चैव मैत्रं च चरेद्यदि वृहस्पति।
विविधोपायैः प्रजा रक्षन्ति धर्मतः[१५]।।२४।।
ज्येष्ठामूलौ च नक्षत्रे चरेद्यदि वृहस्पतिः[१६]।
ऐन्द्रः संवत्सरः सस्यात् सर्वभूत[१७] विकर्षणः।।२५।।

१. सम्फ्तमतां, २. चरेद्यदि वृहस्पतिः, ३. स फाल्गुनोब्दः क्रूरः स्याद्धान्यमुद् गतां व्रजेत्, ४. क्वचित्संपद्येत सम्यक् क्वचित्सस्यं विपद्यते, ५. क्वचित्सुभिक्षं भवति क्वचित्क्षेमं क्वचिद्भयम्, ६. चित्रास्वाति च नक्षत्रे चरेद्यदि वृहस्पतिः, ७. चैत्रः संवत्सरः सस्यात् क्षमारोग्य, ८. मृदवः पार्थिवश्चात्र मैत्रं मृदु च वर्षति, ९. वृहस्पतिः, १०. स वैशाखो, ११. प्राणहर्षकृत्, १२. सस्यानि, १३. क्षेम मेव, १४. नृपाश्च विविधोपायैः प्रजा रक्षन्ति धर्म्मतः, १५. विशाखां चैव मैत्रं च चरेद्यदि वृहस्पति, विविधोपायैः प्रजा रक्षन्ति धर्मतः, (पहले में अतिरिक्त) १६. वृहस्पतिः, १७. सः स्यात्सर्वभूत।

दुर्भिक्षं जायते घोरं[१] वैरं चैव प्रवर्त्तते।
न वर्षते तदा मेघो भयहानि वर्त्तन्ते समः[२]।।२६।।
पूर्वोत्तरे तथाषाढे चरेद्यदि वृहस्पतिः।
आषाढ इति विज्ञेये[३] संवत्सर शुभाभुभम्।।२७।।
मिथो भेदाः प्रवर्त्तते बलक्षोभा भवति च[४]।(?)
शारदं पच्यते धान्यंग्नैष्टाधान्यं[५] न पच्यते।।२८।।
अधनादानानि[६] च त्रीणि चरेद्यदि वृहस्पतिः।
श्रावणोनाम मासोब्दः स्याक्षेप[७] सौभाग्य पुष्टिमान्।।२९।।
निष्पतिः सर्वसप्त्यानाधान्त्यनायंति तामसम्[८]।
ईतयश्च प्रशाम्यति[९] धर्मश्चैव प्रवर्त्तते।।३०।।
पूर्वोत्तरे प्रौष्टपदे चरे द्रेवति मेव च।
प्रौस्य माह[१०] इति ज्ञेयो मध्य संवत्सरस्तु सः।।३१।।
सम्पद्यते पूर्वसस्य सुतधन पच्यते[११]।
योगक्षेमो भवेन्मध्यं धान्यमुच्चार्यनं[१२] व्रजेत्।।३२।।
अश्विनं चैव याम्यं चरेद्यदि[१३] वृहस्पतिः।
संवत्सरस्तांश्च कृष्णात् सर्वभूत हिताय वै[१४]।।३३।।
क्षेमारोग्य सुभिक्षं च भवेत्रित्यं[१५] हितः।
समावर्षति च तदा भीक्षणं देव सस्यति[१६]।।३४।।

---

१. घोर, २. न वर्षते तदा देवो न हानिर्वर्त्तते समा, ३. विज्ञेयो, ४. मिथो भेदाः प्रवर्त्तन्ते वलधृतेभा भवन्ति च, ५. धान्यं ग्रैष्मं धान्यं, ६. श्रवणादीनि, ७. स्यान् क्षेम, ८. निष्पत्तिः सर्वसस्यानां धान्यं नार्घति तामसम्, ९. प्रशाम्यन्ति, १०. प्रोष्टपद, ११. संपद्यते पूर्व सस्यमुत्तरं च न पच्यते, १२. धान्यमुच्चार्घतां, १३. आश्विनं चैव याम्यं च चरेद्यदि, १४. संवत्सरश्चाश्वयुत्त्यांत् सर्वभूत हिताय वै, १५. भवेन्नित्यं, १६. भीक्ष्णं देवः सस्यन्ति भायति।

भायति द्वयो श्रेष्ठो भवेवाग्भीत येमे चैव मध्यमः[१]।
ताप संगिरसस्याश्चा शस्त्रद्विद्विकयं चक[२]।।३५।।
प्रतिलोमं समं नोवत्रिन नक्षत्र चरस्तथा[३]।
वृहस्पति विकारस्थस्तथैकस्थव्य[४] गर्हितः।।३६।।
न भवति वाराश्च सम्यते विध दक्षिणे[५]।
कुर्यान्नक्षत्रत्तास्तथाः ।।३७।।
वृहस्पति विकारस्थस्ताप्यैकस्यव्यगर्हितः।
न भवति नृपाश्चस्था सम्या देवो न वर्षति[६]।।३८।।
प्रजास्तद्यवशं[७] यान्ति कीर्णचारे वृहस्पतिः।
धान्यमुत्तरनार्ये मुक्तधाराश्च सस्यते[८]।।३९।।
विध दक्षिणे कुर्यान्न क्षत्रस्यास्थिता गिराः[९]।
एवमेव मार्गेषु दक्षिणात्पश्चिमातृषु[१०]।।४०।।
प्रमाण फलं कुर्यात्पापं मध्यभिः निष्प्रभो हतः[११]।
वा अवाहिदितो रुक्षो हान्यात्संवत्सर शुभः[१२]।।४१।।

---

१. द्वयोः श्रेष्ठो भवेन्वाधीतयो रेवैव मध्यमः, २. जयत्यांगिर सश्चारंस्त्रि द्विद्विक पंचकाः, ३. नोवात्रि नक्षत्र चरस्तथा, ४. विकारस्थस्तथैकक्षव्य, ५. न भवन्ति नृपाः स्वस्थाः सम्यग्देवी न वर्षति, ६. कुर्यान्नक्षत्रत्तास्तथाः, वृहस्पति विकारस्थस्ताप्यैकस्यव्यगर्हितः, न भवति नृपाश्चस्था सम्या देवो न वर्षति(पहले में अतिरिक्त), ७. प्रजास्तद्य वंशं, ८. धान्यमुत्तरे नाल्पार्यो मुक्तचाराश्च शस्यते, ९. विर्य – दक्षिणे कुर्यान्नक्षत्रस्य स्थितोंगिरा, १०. एवमेव च मार्गेषु दक्षिणात्यश्च मातृषु, ११. वरमाण फलं कुर्याव्यापं मध्यमथोत्तरम्, १२. प्रमाण बलवैकृत्यान्निवण्यास्थान तस्तथा, कुर्यान् संवत्सरा वाधमभिचारो गिराश्चरम्, बुध लोहित सर्वे तु राहुः सर्वविस्वताम्, कर्मभिश्चापि वोद्धव्यं संवत्सर बलाबलम्, कूटाकारनिभः स्निग्धो मुक्ताहार यमप्रभः, मार्गिर्थगोमर गुरुः संवत्सरगुरुः स्मृतः, वर्षाण्यम्भुदि–तस्तिग्धस्तदा नाभ्युदितश्रमात् , उदये मानतश्चान्ये संवत्सर हितो गुरुः, ग्रहैरुद्धयश्चाभ्युदितो रश्मिभिर्निः प्रभो हतः (दूसरी में अतिरिक्त), पांशुवाहोदितो रुक्षो हन्यात्संवत्सरः शुभः।

युगाति द्वादशाकीयं च तानि वृहस्पतेः[१]।
तित्रसा च ससौराणां सा च नौ व्यतितिव्यते[२]।।४२।।
एवमाश्व युतश्चैव मैत्रं चैव वृहस्पतिः[३]।
संवत्सरो नाशयते विशद्वर्ष[४] गते न वा।।४३।।
सम्पत्सरोज्जिव्यात्रापुष्य केतु द्विदिकरा च[५]।
प्रादीनि नामानि पतते द्वादशवर्षः[६]।।४४।।
ततत्याग्निव्यान्न भयतात विपागते गुरौ[७]।
अजवीथी गतो हन्ति गुरुवीथीत्तमप्यौषधा[८]।।४५।।
करोति मृगवीथीस्थः तिलीपानां तु पयम्[९]।
प्रस्यनाना प्रस्यवीथी तारं भवो गतं चतुः[१०]।।४६।।
पद विनाशाय प्रोधीयो प्रतिपद्यते[११]।
आर्षती प्रस्तवीथी कवीवीथतयोः[१२]।।४७।।
व्रत तैरावती वीथी सुभिक्षं क्षेम वृद्धये जीवः[१३]।
सस्याति वृद्धिः स्याद्विजवीथी समाश्रितः[१४]।।४८।।
नागवीथी तु सम्प्राप्ते सर्वसम्पतये ग्रहः[१५]।
श्वेताद्विजानां तेजस्य रक्तश्वेतोदिशस्तथा[१६]।।४९।।

---

१. युगानि द्वादशार्का पंचतानि वृहस्पतेः, २. तत्र सा च ससौराणां साव नौष्पतिरिच्यते, ३. एवमाश्व युजश्चैव मैत्रं चैव वृहस्पतिः, ४. विंशद्वर्ष, ५. संवत्सरो दिव्यात्रोयुपके गुरु तु द्वि दिक्, ६. एव मादीनि नामानि प--ते द्वादशार्द्विषः, ७. क्षुछस्त्राग्नि व्यालभयं वातवीथी गते गुरौ, ८. गुरुर्वीज मथौषधम्, ९. करोति मृगवीथीस्थः क्षितिपानां तु संक्षयम्, १०. तामस्य नानामस्यवीथी जारंभवी गतम्, ११. चतुः पद विनाशाय गोवीथी प्रतिपद्यते, १२. आर्षति मठ ते वीथी कवीर विपत्तयोः, १३. व्रज तैरावती वीथी सुभिक्ष क्षेम वृद्धये, १४. जीवः सस्याति वृद्धिः स्याद्बीजवीथी समाश्रितः, १५. गुरुः, १६. श्वेतद्विजानां क्षेत्रस्य रक्तश्वेतो विशस्तथा।

शूद्राणं वर्णतः कृष्णो वित्तमाय[१] वृहस्पतिः।
ऋणं व्यागिरसोव्ये स्त्रियरस्यादति मोदितं[२]।।५०।।
परस्पर विनाशाय युद्धराज्ञायुरोधसि[३]।
दुर्भिक्षरास्तु कोयंत्रि विनिर्द्दिशेत्[४]।।५१।।
लोकनाशाय चत्वारि पंचष्वाविन गता[५]।
क्रमात्प्रजायुत्याते हीनचारे तथाधिके।।५२।।

वृहस्पतिचारः[६]

भृग्वागौतमकस्य यात्रिर्देवर्षयः[७]।
शैलवने हि माघे सुखे विष्टं वितनयेन गर्गं[८]।।५३।।
पृथ्वातिमाच्छोदपि प्रवताः योज्येति[९]।
वेदगति यथा वद्धेदांश्चयोर्वः दयथास्वयंभूः[१०]।।५४।।
ताराग्रहणामधिपो विशिष्टो वृहस्पति[११]।
यश्च समानवुद्धिः पूर्वेण य तिष्ठति[१२]।।५५।।
चतो वा भातोऽसमीपेपि दिवाकरावितदे[१३]।
धातुराणां परिवर्जयन्ति यतो सुखस्ता विजयौ[१४]।।५६।।

---

१. विजयाय, २. शशांकागिरसेव्योस्ति परस्पर निमोदितम्, ३. शुद्धराज्ञा पुरोधसि, ४. दुर्भिक्ष शस्त्रकोपं च त्रिविधानि विनिर्दिशेत्, ५. लोकनाशाय चत्वारिपंचधाविरंगता, ६. ब्रूयात् प्रजानामुत्पातं हीनचारे तथाधिके, वृहस्पतिचारः, ७. भृग्वंगिरा गौतमकश्यपात्रिर्देवर्षयः शैलवने हिमाढ्ये, ८. सुखोपविष्टं विनयेन गर्गं प्रश्नानि मांश्चादयितुं प्रवृत्ताः, ९. यो ज्योतिष वेदगतिर्यथा वद्धेदांश्चयो वेद यथा स्वयंभूः, १०. ताराग्रहाणामधियो विशिष्टो वृहस्पतियश्च समानबुद्धिः, ११. पूर्वेण यस्तिष्ठति पृष्ठतो वा भानोः समीपेणि दिवा कदाचित्, १२. देवासुराणां परिवर्जयंति यतो सुखश्चाविजयौ रणेषु, १३. पूजितः पूजितवांश्च विष्णुस्त्रिविक्रमः सौम्यवपुः शुभांशुः, १४. कोव्यौशनाः पूर्णपतिः प्रजांशोरथ द्विरश्मेस्त्वथ।

द्रणेषु च पूजितः पूजयितश्चाश्व विष्णुस्त्रिविक्रमः[१]।
सौम्य वपुः शुभाशुः कोव्योशना प्रर्णपतिः[२]।।५७।।
प्रजा षोडशद्विरश्मेरत्वर्य भार्गवश्चसूक्तस्तथा[३]।
रक्त शशाधिपश्च वस्तुयते दैत्यगुरुम्मपु श्रीमान् भृगु[४]।।५८।।
प्रवीरस्य सहोग्रस्य वारेविधि पुण्यमिमं शृणु[५]।
मेषा च गंमाणश्च पुरस्तादुदितो ग्रहः[६]।।५९।।
तत् जाति द्विरष्टाप्युविंशति नक्षत्रे यत्र वाच्छन्ति[७]।
यत्रभेति हते गाढ नक्षत्रे यत्र वांच्छति यच्छति[८]।।६०।।
यत्रभे निहते गाढं नक्षत्रे ते नभास्तथा[९]।
यश्चयुक्त पुरस्तात्तु कुरुते कर्मकिंचन समाप्य[१०]।।६१।।
तत्र तत्कर्मस्ततीवीगुयतिष्ठते ततः[११]।
प्रयातो मासां स्त्रीन् परिसर्पन् महाग्रहः[१२]।।६२।।
ज्योतिषि वारे मासे न भगकत्सम श्रुते[१३]।
अस्तं गच्छति यस्मिस्तुय अतस्या[१४] परिस्थितम्।।६३।।
मासं मासं समर्पतु तथास्तिष्ठति भार्गवः[१५]।
दशाहं चैव मासं च मित्यं समानुधावति।।६४।।

---

१. भार्गवश्चा शुक्रस्तथा रत्न शशाधिपश्च, २. यस्तूयते दैत्यगुरुश्च श्रीमान्, ३. भृगु प्रवीरस्य महाग्रहस्य चारे विधिं पुण्यमि मम् , ४. शृणुष्व मेवावमष्टौ मासाश्च पुरस्तादुदितो ग्रहः, ५. नक्षत्राणि द्विरष्टाप्युविंशतिश्च रतिग्रहम्, ६. भार्गवः पश्चिमे नाथश्चरत्येकान्नविंशतिः, ७. अष्टौ मासाः समाग्रास्तुः पश्चिमेन निषेवते, ८. यत्रभेति हते गाढ नक्षत्रे यत्र वांच्छति यच्छति, ९. यत्रभे निहते गाढं नक्षत्रे तेन भास्वता, १०. यश्च शुक्र पुरस्ताच्च कुरुते कर्म किंचन, ११. समाप्य तत्र तत्कर्म प्रतीची मुपतिष्ठते, १२. ततः प्रयातो मासांस्त्रीन् परिसर्प्यन्महाग्रहः, १३. ज्योतिषीं चारे मानेना भगवत्समश्रुतो, १४. यस्मिंस्तु यश्चतस्यो, १५. मासं मास मनूयंतु तयोस्तिष्ठति भार्गवः।

शुक्र[१] प्राच्यां प्रतीच्यां तु शेषं मृद्भिः[२] प्रपद्यते।
प्राक् प्रतीच्ये तु संशोधि शोधत्र निर्द्धतम्[३]।।६५।।
हन्याज्जगति भूतानि विधिवर[४] सततोन्यथा।
अश्व युग्योगयते भूत्रादौ[५] दशकर्मणे।।६६।।
वर्तमानः सयमक्रूरे[६] दक्षिणे परिवर्त्तते।(?)
शक्त दैवत पर्यन्ते योग्यादावष्टगणे वर्तमानः[७]।।६७।।
समध्यार्थ मध्यमे परिवर्त्ततो भरण्यादौमच्चांते च[८]।
तृतीये भवकेगणे वर्तमानः शुभाब्दार्थ सुतद्वे परिवर्तते[९]।।६८।।
नैऋतं वा चिरेव च शक्रं दैवतमेव च[१०]।
वैश्वदेवं चत्वारि[११] वैश्वानर मथोगणः।६९।।
रवैश्चा नर य शुक्रोवर्तमानो प्रलयं करोति[१२]।
न हि तत्रस्थः कदाचिदभि वर्षणा[१३]।।७०।।
भरणादीनि चत्वारिसौप्य निष्टानि यानि तु[१४]।
तानि वा तयथोतेयः शुक्रस्य चरते दिवि[१५]।।७१।।
भार्गवो वातमार्गस्थो वा तु मुद्वर्ण मुद्धर्णा[१६]।
अतीव कुरुते शैक्ष्यं[१७] वर्त्तमानो जलं प्रति।।७२।।

---

१. शुक्रः, २. मूर्द्ध्नि, ३. वाक् प्रतीच्यो रुशन सोर्दिशोर्यत्र निदर्शनम्, ४. विचरत्, ५. अश्वयुग्योग पर्यन्ते मूलादौ, ६. वर्त्तमानः समुक्रूरे, ७. शुक्रदैवत पर्यन्ते भोग्यादावष्टगे गणे, ८. वर्त्तमानः समध्यार्थो मध्यमे परिवर्त्तते, ९. भरण्यादौ मघांते च तृतीये नवके गणे, वर्त्तमानः शुभार्थार्थ मुत्तरे परिवर्त्तते, १०. नैऋतं वारिदेवं च शक्रं दैवत मेव च, ११. वैश्वरेवं च चत्वारि, १२. वैश्वानर पथे शुक्रे वर्त्तमानो जलक्षयम्, १३. करोति नहि तत्रस्थः कदाचिदभिवर्षणम्, १४. रण्यादीनि चत्वारि सौम्य निष्टानि यानि तु, १५. तानि वातपथो ज्ञेयः शुकरस्य चरतो दिवि, १६. भार्गवो वातमार्गस्थो वातमुद्धशा मुद्धणम्, १७. रौक्ष्यं।

अश्वयुश्योगयर्थेतो वासुदैवतपूर्वक:[१]।
व्याऽमार्ग इति ख्यातो सयंकगणको गण:[२]।।७३।।
यऽमार्गगत: शुक्रो वैराग्नि सर्यतं भय[३]।
मुत्पादयन् घोरं नत्र प्राणो जगत्पति वैश्वानर-[४]।।७४।।
व्यादयथांगत मानति यानि तु तक्षत्रान्य[५]।
वशस्यन्तेषु वर्षे च दिशेत्[६]।।७५।।
फल्गुण्योरुभयोस्तिष्टंस्तदा प्रौष्ट[७] पदाख्ययो:।
विशाखयोर्वाक्यांतौवि आवाभाणि तथा[८]।।७६।।
आर्द्रया मथ पुष्ये वा विचरन्यदि भार्गव:।
तोयमुन्मतवलोकेसुवनरु वर्षति[९]।।७७।।
यदाहाष्टागते शुक्रे ग्रहोर्न[१०] भवति क्वचित्।
हर्ष भवतिं व्येक्तं[११] नन्दनं जगतस्तथा।।७८।।
अस्तोदये तु शुक्रस्य यदि चन्द्रदिक् करौ[१२]।
अन्यक्त यागे कुरुते[१३] जलं विसृजते तदा।।७९।।
दक्षिणं मध्यमं चैव[१४] मार्ग मुत्तरमेव च।
प्रकृष्णान-मध्यान्तं वेदितव्य शुभं निदाप्ये तु[१५]।।८०।।

---

५. अश्व युग्योग पर्यन्तो वासुदेवत पूर्वक:, २. व्याडमार्ग इति ख्यातो सपंक गणको गण:, ३. व्याडमार्ग गत: शुक्रो विषचौराग्नि सर्पजम्, ४. भयमुत्पादयन् घोरं वर्त्तमानो जगत्प्रति, ५. वैश्वानर व्याड यथांगत मार्गाणियानि तु, ६. नक्षत्राण्य वशष्यंते तेषुवर्षं च निर्दिशेत्, ७. फाल्गुन्योरुभयो स्तिष्ठं स्तदा प्रौष्ठ, ८. विशाखयोर्वास्वातौ चित्रा वा भरणी तथा, ९. तोयमुन्मत्तवल्लोके सुवसं बहुवर्षति, १०. यदा काष्ठागते शुक्रे होरार्न, ११. हर्षं भवति सुव्यक्तं, १२. च दिवाकरौ, १३. अन्यक्त मार्गे कुरते, १४. चैवं, १५. प्रकृष्टा नष्टमध्यांतं वेदितव्यं शुभाशुभम्।

यदादित्यनुत्तरेण तु भार्गवः[१]।
विकृष्णो भवति क्षेमप्रथदेव प्रवर्षति[२]।।८१।।
दक्षिणे न तिक्तस्तंतु कुर्यात् प्राणि यतो दिवि[३]।
चतुरः केवलान्मांसान् देवो[४] भुवि न वर्षति।।८२।।
उदये तु महा[५] शुक्रः कृष्णवर्णो भयावहः।
चन्द्रे भवेत् प्रकामेन नदाब्रह्म चिरेविते[६]।।८३।।(?)
द्विजातपदस्यवोत्र प्रवर्त्तन्ते नर्द्दते द्विजातयः[७]।
यति चन्द्रस्तु मध्ये न यदि नक्षत्र शुक्रयो[८]।।८४।।
[९]न्यस्तं भवति शुक्रे न नक्षत्रं यदि मित[१०]।
प्रादक्षिण्ये नक्षत्रं यदा याति महाग्रहः।।८५।।
सौम्यं वाप्यथ वा युक्तं तदा जगमता ततः[११]।
कार्त्तिके तु यदा मासि कुरुते स्तमतोदयौ[१२]।।८६।।
यदार्द्रा नवति पूर्णे सलिलं न प्रमुच्चति[१३]।
यदि शुक्रो ग्रहैः सार्द्धमस्तं गच्छेद् भयं भवेत्।।८७।।
उदयं वा यदा कुर्यात् तदा देवः प्रवर्षति[१४]।
वर्तमाने यदा शुक्रे कुरुते स्तमतोदयौ[१५]।।८८।।

---

१. निदाप्ये तु यदादित्य उत्तरेण तु भार्गवः, २. विकृष्टे भवति क्षेममथ देवः प्रवर्षति, ३. दक्षिणे न निकृष्टं तु सर्यात्प्राणिपतो दिवि, ४. चतुरः केवलान्मासान्देवो, ५. यदा, ६. चेन्द्रेण चेत्प्रकामेन तदा ब्रह्म विरोचते, ७. द्विजातयश्च वर्त्तन्ते शुक्रश्च भुवि वर्षति, ८. यदि शुक्रः करोत्येवं क्षेममाशु विनिर्दिशेत्, ९. कृष्णपक्षे यदा शुक्रः कुरुते स्तमनोदयम्, १०. हीन प्रमाण प्रस्तव्यो भृशं जनयते भयम्, दस्यवोत्र प्रवर्त्तन्ते न वर्द्धन्ते द्विजातयः, याति चन्द्रस्तु मध्येन यदि नक्षत्र शुक्रयोः (द्वितीय में अतिरिक्त), ११. न्यस्तं भवति शुक्रेण नक्षत्रं यदिभि सुतम्, १२. सुव्यक्तं तदा जगमजानलः, १३. स्तमनो यदौ, १४. यदार्ह्रां नवतिं पूर्णां सलिलं न प्रमुंचति, १५. कुर्यात्तदादेवः प्रवर्षति, १६. स्तमनोदयौ।

हीन प्रमाणा प्रध्वस्तौ भृशं तनयते भयतौ[१]।
ग्रहौ सहितौ व्योम्नि यदा तुल्यप सर्वतोः या[२]।।८९।।(?)
अन्ते ब्राह्मणाश्चात क्षत्रिया अविशेषतः[३]।
अनुराधा विशाखाभ्यां मघानां चापि[४] मध्यगः।।९०।।
अजच्च वर्षा पर्जन्यो भर्गेमार्गगते भृगौ[५]।
सुवर्णरजताम्रश्च[६] घृतमंडनिभस्तथा।।९१।।
शुक्रोमंजिष्ट वर्णाभो रश्मर्वा नभिवर्षक[७]।
वैदूर्यमणिमुक्तामस्तैस्त[८] मेदो मधु प्रभः।।९२।।
पुण्डरीक हिमक्षीर रूपवर्णश्च शस्यते तिले[९]।
कापिलवर्णे[१०] वा भयं भवति भार्गवे।।९३।।
ताम्रावर्णे विविध्वस्ते मेष प्रभं न जायते[१]।
रुद्रोवर्णो तदा दीने हीने वै वर्षयुच्यते[२]।।९४।।
प्रंशेशोणित वैकाशे[३] भयं भवति भार्गवे।
क्रोष्टयग्नयये वापि वामे वापि जलक्षयं[४]।।९५।।(?)
स्वधास्तिग्ध प्रसन्ना च कोवादीसा प्रदीपति[५]।
प्रशस्ताषद्विष्ण छाया भार्गवस्य महात्यतः[६]।।९६।।

---

१. हीनप्रमाण प्रध्वस्तो भृशं जनयते भयम्, २. तौ ग्रहौ सहितौ व्योम्नि यदा तु व्यय सप्यतोः, ३. पीड्यंते ब्राह्मणाश्चात्र क्षत्रियाश्च विशेषतः, ४. मघानां चापि, ५. अजस्रवर्षी पार्जन्यो भगेमार्गगते भृगौ, ६. सुवर्णरजताभश्च, ७. शुक्रो मंजिष्ठ वर्णाभो रश्मिवानभि वर्षकः, ८. वैडूर्यमणिमुक्ताभस्तैल, ९. रूप्यवर्णश्च शस्यते, १०. नीलेकापिलवर्णे, १. ताम्रवर्णे च विध्वस्ते मेषमंभेन जायते, २. रूक्षवर्णे तथा दीने हीने वै वर्षं मुच्यते, ३. मंत्रो शोणित वैकारो, ४. क्रोष्टपयोपमे वापि जलाक्षयम्, ५. स्वच्छस्निग्ध प्रसन्ना च कान्तादीप्तायदीपनी, ६. प्रशस्ता षड्विधा छाया भार्गवस्य महात्मनः।

शुक्रः[१] प्रसन्नवर्णश्च नक्षत्राणां सुखावहः।
उदङ्भर्गा अयमार्गाद्विचरस्यौ तु गतीयते[२]।।९७।।
भवन्ति भिन्ना मंत्रिष्टातांणेपि जनसंक्षय[३]।(?)
यातमार्गगतः शुक्रस्ता सञ्चरति नित्यशः[४]।।९८।।
जीमूतवर्षी पर्जन्यो भवत्य शनिदः सदा।
ग्रहः[५] सर्व पदा शुक्रो दृश्यते तु महाग्रहः।।९९।।
तदातागन्तु भिर्ग्राभान्वध्यते नगरानि च[६]।
द्विसत्यर्कश्च विष्टादोश्लेषा ते यदा गणो[७]।।१००।।
शुक्रोतिष्टतदा प्राचीमुत्तरं प्राकृतेत महाग्रहः[८]।
एकाविंशतिभा दैत्यासुर गुरोश्चरेत्।।१०१।।
अर्द्धत्रयोदशाहेन नक्षत्र मुपतिष्ठति।
एकान्नविंशति चापि मानिष्प्रच्य निषेचते।।१०२।।
एकाधिकं समाप्नोति खचारे भृगु मंडन।
उपसृत्य क्रमाच्छुक्रो नक्षत्राणि चतुर्दश।।१०३।।
अपसृत्य पंचकुक्षं ततोस्त युपगच्छति।
विंशतिभानि विचरत एकादशभिर्दिनैः।।१०४।।
भागैरैकातविंशद्भिः षोडशांश्चैव सेवते।
तुर्च्चं वाराहेति भृगोरभृः पंचदशभिर्नतः।।१०५।।

---

१. शुक्रः, २. उदत्प्रार्गाश्रयं मार्गाद्विरश्मौ जगतीपते, ३. भवन्ति भिन्ना संश्लिष्टा क्षीणेपि जनसंक्षयम्, ४. वातमार्ग गतः शुक्रस्ताम्रश्चरति नित्यशः, ५. अहः, ६. तदात्तांगंतुभिर्ग्रामान् वध्यते नगराणि च, ७. द्विसप्तकं श्रविष्ठादीन श्लेषान्ते यदा गणे, ८. शुक्रे तिष्ठत्तदा प्राचीमुत्तरप च विवर्जयेत्, (इसके आगे दूसरी प्रति से मिलान नहीं हो पा रहा है।)।

त्रिर्य च केन वाहन्ति केणास्तं च गच्छति।
इति प्राच्यां दिशि प्रोक्ता शुक्रस्य द्विविध्य गतिः।।१०६।।
द्विविध्य मेव वारुणं वक्ष्याश्रुशनशो गतिः।
यामेक होमा वा अयणापि भृगोः सुतविंशत्।।१०७।।
प्रत्येप्ति चारेण प्रतीच्यां दिशि सेवते तान्ये।
कादृशचाष्टौ च विवरं रितिनन्दनः।।१०८।।
एकत्रिमार्गहीनेन द्वादशाहे न गच्छति।
चतुर्द्दश समाहत्व तानि पंचायसत्यत्व।।१०९।।
शुक्र एतेन चान्येन प्रत्यगस्त प्रियेव ते।
अष्टादशर्क्षे विचररद्वादशाहेन निर्गतः।।११०।।
षड्ःससप्तशछेदो भागाश्चास्तभि यच्छति।
निषेव्यार्वा सुरगुरुरूर्ध मत्रयौ दशज्योतिषि।।१११।।
पंचधान्यानि प्रतर्कस्तं निषेवते।
पूर्वादयच्छोभा साधसासे तिथि भार्गवः।।११२।।
पश्चिमास्तमते मासं सम यज्येषु गच्छति।
अत्र मंदुल वारेषु शृणु चास्त मनोदयौ।।११३।।
कानि विशेषेण यथोक्तानि महर्षभिः।
भरण्यर्द्रामघास्वाति ज्येष्टार्भा मन्दभागिनः।।११४।।
मंदुलाख्यागणा ज्ञेया शुक्रस्य हि शुभाशुभ।
प्रथमे गो परिभ्रंशो दुर्भिक्षं क्षेमजं भयं।।११५।।
किरातशास्त्र मत्स्यानां तन्नृपाणां च दारुणाम्।
द्वितीयेश्मकराजन्म ब्रह्मणां कुलक्षयः।।११६।।
प्रचंडवर्षवेशस्तं ग्रीष्मे सन्तुष्ट शारदे।
तृतीये धनधान्यानि कोष्टागार गतीत्यपि।।११७।।

सायादहाश्च पीड्यन्ते सुराष्टस्तत्र वर्णयः।(?)
चतुर्थे संप्रवर्द्धते वर्षाणि च शिवानि च।।११८।।
राजानश्च विपद्यते कलिक्ष्वाकु मागधात्।
पञ्चमे वर्ष विध्वंसं संक्षेमारोग्य विवर्जितम्।।११९।।
म्रियं भवति राष्ट्राणां राष्ट्रघातश्च जायते।
षष्टे तु न भयं रासामनन्योमानोय जायते।।१२०।।
प्रवर्त्तते सुभिक्ष च क्षेमारोग्य विवर्जितः।
मियं भवति राष्टाणां राष्ट्रघातश्च जायते।।१२१।।
षष्टे तु न भयं रासामन्योमानोय जायते।
प्रवर्त्तते सुभिक्ष च क्षेमारोग्य विवर्जितः।।१२२।।
हेमतैल मधुक्षीरनूप्यहारेहु सर्पिषम्।
तुल्यषुति दूदाचास्या भृगुपुत्रः प्रशस्यतेः।।१२३।।
पीतास्यावारुण च पुलाक्षा सधूम सन्निभः।
दक्षिणमाश्रितश्चाषां व्यालुप्तासुर्मशस्यते।।१२४।।
धूमोज्वल विचित्रत्व या कुरुयं दर्शन दिवा।
आभायोपपद्यते दैत्ये सुरपुरोहितः।।१२५।।
तस्य नक्षत्र माश्रित्य परितुष्टेन भार्गवः।
रूक्षेभयं ज्यास्निग्धे तत्र रूपाद्विचक्षणः।।१२६।।
श्रत्पग्रहोद शुक्र प्रवेशोत्र प्रशस्यते।
शुभोदयेति ससन्ति गृहस्थो परितोषणे।।१२७।।(?)
अग्रे स याम्य वायव्यं वैष्णवौक्षर भाग्यगः।(?)
वर्षाकन्या शनास्तत्र सूत्रसित्रा विशाखयोः।।१२८।।
करोत्यस्तोदयो वंशात्रिषु मार्गेब्धि भार्गवः।
माकं लेन च विधं मध्यमोभम वारुणां।।१२९।।

मध्यमे मध्यमात्रा वृद्धुतमाचो तया।
दक्षिणा दिनतो यात्राः शुक्रस्योदय हेतुकी।।१३०।।
मार्ग्यूयोदयस्तामामध्या तु सलिलालिकीः।
यथा संभवतत् कल्पः शुक्रस्यामेस्मतास्तुषत्।।१३१।।
नक्षत्रशुक्रयोश्चन्द्र यदि मध्ये न गच्छति।
प्रदक्षिणं वा चरति भानुशुक्रो हिताय तत्।।१३२।।
पुरस्तादुदितं शुक्रं न शंसन्ति घनागते।
प्रागचोत्तरमार्गं तु मेवेक्ष्यति भूतये।।१३३।।
प्रवासे वर्षते शुक्रे उद्यंतूषीनि यच्छति।
विपर्ययेण बोधव्य मेत देवोदयास्तयो।।१३४।।
वर्णानां वर्ण सद्दशान्तेन कृद् भृगुनन्दनः।
अन्तर्दशातामासानां शुक्रकर्मे विमुच्यते।।१३५।।
मार्गमन्दुल सस्या न् प्रवासास्त मनोदयः।
प्रतिलोमामानुलोमाभ्यां सत्यग्रह समागमैः।।१३६।।
सव्यापसव्यगमतैर्तक्षत्राणां निषेचणैः।
भावैरेव विधौ स्वात्यैः शुक्रो विधि कर्मकृत्।।१३७।।
देवासुर गुरो रेतच्चरितं संशित व्रतः।
यपटेन्नियतं वक्षे प्रेत्यस्वर्गे महीपते।।१३८।।(?)

शुक्रवारः समाप्तः।

❑❑❑

अथ नवमोऽध्यायः

हुताग्नि होत्र मासीनं प्रधाने धर्मकांक्षितम्।
अभिगम्याथ ऋषयो गर्गः पृच्छति सम्भव।।१।।
उदितात्रोग्रहान् दृष्ट्वा नक्षत्र सहितान्।
दिवि केतूनां चरिते चिता सर्वेषां सम्पद्यते।।२।।
केतवः सन्ति संख्याताः सौम्या कति च दारुणा।
समासतः कतिमोक्तो दर्शनीया भवन्ति वा तत्र।।३।।
तस्मिस्वच्छयते नक्षत्रं कतिमं स्मृताः।
दिवोदेशोत्सधावं तस्मिन दर्शयेत् फलम्।।४।।
केषां क्षिप्रं फलं प्रोक्तं केषां चैव चिरात्फलम्।
उत्पत्ति लक्षणे चार केतूनां वक्तु मर्हसि।।५।।
एवं पृष्टे महातेजा गर्गस्तै ऋषिभिस्तदा।(?)
केतुचार समुत्पत्तिं सर्वं विस्तरतो ब्रवीत्।।६।।
मृत्योनिष्टा सुतोस्तेयं केतवः षोडशो स्मृताः।
एकदेशे च विज्ञेया द्वादशादित्य सम्भवा।।७।।
भक्षयक्षे तु रुद्रस्य क्रोधाद्येचापितिः स्मृता।
केतवस्तेदशैकश्च सप्त पैतामहः स्मृतः।।८।।
ऋषे तु दालकश्चापि पुत्राश्च दशपञ्च च।(?)
ते तपोबल संवृद्धाश्चते केतुत्वभागताः।।९।।
षोडशैकस्य मारोः कश्यपस्य ललाटजाकः।
प्रजापति हासा तु केतवः पञ्च निसृताः।।१०।।
अतकश्चोग्रस्तमश्च क्रोधाच्चैको मितिः सृतः।
अग्निपुत्रास्त्रयः प्रोक्ता केतवग्निग्मे तेजसः।।११।।

पञ्चसप्त च द्वौ चान्यो मध्यमाने तदामृते।
सोमेन सह संभूतः पञ्चन्चान्येत् पापराग?।।१२।।
एकदेशे शतप्रोक्त केतुना समुदाहृतम्।
तेषाचारं च रूपं च विस्तरेन निबोध मे।।१३।।
मृत्यार्निष्टा स जायेत पूर्वमेवानुकीर्त्तितः।
तेषोदश्यास्त्रयः प्रोक्ता विज्ञेया न मासि स्थिताः।।१४।।
तेषात्रयाणा मेकैकं विंशे वर्ष शते गते।
केतुरन्त्य ततो व्योम्नि च दृश्यंतिगस्त्विदः।।१५।।
लोके सुभिक्ष कुरुते जनमारप्ररं तथा।
अमाराज्ञा विरोधं च प्रजा क्षयते भृशम्।।१६।।
शस्त्रकेतुरिति ख्यात तृतीयं ज्ञानकोविदैः।
तत्रयोसौ सुभिक्षायस्य स्निग्धो वर्णतः स्मृतः।।१७।।
शिखामथ रूषां कृत्वा नभसः प्रतिमृश्यते।
दशाकेतु रिति विख्यातो योसौपूर्यं प्रकीर्त्तितः।।१८।।
स दृष्टि एव पृथिवी माह्यावपति दारुणं(?)।
रूक्षयाशिखं या भीतो दक्षिणेवा न यः श्रयः।।१९।।
अस्थि केतुर्जगद्धेन्या दुर्भिक्षे मरकादिभिः।
रूक्षयाशिखं यात्यर्थ क्षतपादुः काशया।।२०।।
अस्थि केक़तुर्जगद्धेन्या दुर्भिक्षे मरकादिभिः।
शस्त्रकेतुरथो राज्ञां भेदानुत्प्राहयेद्बहु।।२१।।
तेषां त्रयाणां च रतां य कर्मफल स्मृतम्।
तत् देवाः प्रदश्यानामादित्ये तु विचक्षणः।।२२।।
यानि पाचन्ति हिंसति च इतोत रहिता दिवि।
केतवत्सानि वक्षामि सत्वानीह निबोध तानि।।२३।।

कुलादपिनो ये च नत्वास्वासिनः।
चतुःपथानि केताश्च पुरभ्रम निवासिन।।२४।।
एतामन्यास्य वीभत्सा पुरुषादाभ्रिशा च शतु(?)
सर्वान्निहंतितान्नित्यं केतवो मृत्यु सम्भवः।।२५।।
उत्थान समये चैषां निमित्त मुग्रधारयेत्।
अप्रमतः सदा युक्तो विधा तुत्यात सूचकः।।२६।।
देवता यजने वर्षा प्रबलन्तित्यकपित।
धूमायान्तीह सतीवादष्टकेतुं निवेदयेत्।।२७।।
व्यभ्रे नमसि वर्षाणि दिशंतो चति मारुतो।
धाव धावेति वदतां श्रुत्वा दर्शन मादिशेत्।।२८।।
उत्पातै रोदशौद्योतैः अति तु भिर सम्भवाम्।
यस्य चाहित संब्रूयात् केतूनां केतुशास्त्रवित्।।२९।।
तेषां कर्मा समासेन प्रलुप्ते कनकप्रभे।
समाः पूर्व विसंख्याता कुमुद सम्प्रदृश्यते।।३०।।
पश्चिमे मोहितः श्रीमान् शिखा कृत्वा सुखप्रदां।
याम्ये केतुभिरातसंलोकमाश्चा सर्संति।।३१।।
चा शङ्ख गोक्षीर सुकामं पूर्वे णैवानताम्।
शिखां दर्शयित्वा शिखामेता ततो गच्छत्य दर्शनम्।।३२।।
ततो गताश्वासयति प्रजावर्षेणत्वयं यत्।
सुभिक्षं पार्थिवश्चात्र भवन्ति प्रसुतो नृणां।।३३।।
पाण्डुरोग प्रतिश्यायो मुख रोगेण मेचकः।
महिषान् वाहनान् सत्स्यारव राहात्र्यक सारसा।।३४।।
मार्गारात्मकरान्नक्रान्नत्यास्तोय चरास्तथा।
प्रौराग तु मतश्रुख्यानां केतुः समुदसप्रमः।।३५।।

दशवर्षेण चाप्यहुकं मासं च षोडशी।
ततः कुमुद सेतोश्च व्यतीफल दर्शने।।३६।।
द्वादशादित्य सम्भूतः केतुरन्यः प्रदश्यते।
एकादशे तुद्ये प्रोक्त द्वादशादित्य सप्रभाः।।३७।।
तेषामत्यतमर्के तु सधुमर्चिः प्रदश्यते।
पञ्चभिः पञ्चदशकैर्वर्षाणाचापरे शते।।३८।।
पुरस्ता त्रिषु पक्षेषु गतेषु।
तपयद्यतमो वर्षै पूर्वरूपैः सुदारुणैः।।३९।।
कपाल केतु रूपेण कार्त्रोदर्शयते दिवि।
स वृष एवं दुर्भिक्ष अनावृष्टि करोति च।।४०।।
शास्त्रव्याधि भयं मृत्यु करोत्येषः सुदारुणः।
यावदर्शयते मासास्तवद्वर्षाणि वाधते।।४१।।
त्रिभागं नभश्चोर्ध्व गत्वा प्रतिति वर्त्तते।
प्रस्थकाठकयो येवकत्वा स महतां तदा।।४२।।
कतकृत्वा भवन्त्येव पूजात स पूज्य च।
अतऊर्ध्वं प्रवक्ष्यामि विस्तरेणापि केतवः।।४३।।
अनेनैके सविख्यात कर्मतः फलतस्तथातेपि।
भूमिशयान्यातान्नदश्यान् पर्वताश्चितान्।।४४।।
कोटान्यं तंगात्रज्ञास्यान्वश्रिकान शोकात्।
एतानन्यातिथीश्चान्यानन्तरिक्ष गतांस्तथा।।४५।।
अन्यं च प्रतिषेधार्थं कपालशोप संहते।
केतुकर्म शिवेश्चोमान्य श्रिमेतोदपिष्यतः।।४६।।
अरुन्धति ममश्चापि सूक्ष्मत्वादुपदः स्मृतः।
उत्थान समये चास्य पूर्वरूपाणि कल्पयेत्।।४७।।

पूर्वरूपे भिषकांश चिताषु मुदितो ग्रहः।(?)
स्तिग्धतीभूत तोयैः सपतद्भिः पितस्मृतः।।४८।।
स्तवद्भित्वारुहस्त्राक्षो वर्षेणान्ययते जन।
न किंचिद् भ्रंस्थिताः प्राच्य च शेषेण ततः श्रृणुतशस्ततः।।४९।।
अजात एव मास समजात यतसोगणां केतुः।
पशूनां छागा नानागाणां केशराणि च।।५०।।
एवमैवं विधाः श्चान्याश्चरतो तर्हितो।
विघ्नन्ति रौद्रास्तथाग्रे यादृश्यसुध्यानभस्तले।।५१।।(?)
पूर्वरूपाणि चाते येरोऽचापि विशामये अपसव्यानि।
सर्वाणि न तु किंचित्प्रदक्षिण धूमासोज्वलागारादिवि।।५२।।
सूर्यमिति हुताः पततिशासनानोल्का सन्निर्याता दिशोदश।
एतैरेता दशैघोरैः पूर्वरूपैत्सुदारुणौ।।५३।।
केत्वातुदयमान्वष्टे कलिकतुरुपस्थितम्।
शरदान्यन्याटके चार्द्धं कृत्वा तु सुमद्युतां।।५४।।(?)
रूपयित्वा जगत्सर्वा ततस्तौ विनिसर्पतः।
ततो द्वादशमे वर्षे पक्षे चाष्टादंशे गते।।५५।।
दशं यत्यतनत्केतु भाजनं नभसि स्थितः।
शिखयास्निग्धा प्रदक्षिण नताश्रयः।।५६।।
मुक्ताहारादयः श्रीमाल्येकस्यामहरू स्वरः।(?)
स सुभिक्ष्य यथारोग्ये श्चामाणोय सम्भव।।५७।।
स सव्यंस्यन्न किञ्चिद् शुभं तथा।
सूयते दश्यते वापि तस्य दर्शन लक्षणैः।।५८।।
एष वर्णानि चत्वारि पक्षाद्वादश वासरान्।
सुभिक्षते प्रपारोग्य कुरुते नभसि स्थितः।।५९।।

नानान्यत्र समाकर्ण सरांशय समाकुल।
भवत्यन्त्र पटारोग्य नित्यं व चाप्य रोचकः।।६०।।
केते प्रार्णिश्चि वेदश्यैत्यजानामपि निर्द्दिशेत्।(?)
कूक्षयते तु रुद्रस्य क्रोधाद्ये वापि निर्मिताः।।६१।।
ते यामे च दशानां तु केतुरेकः प्रदश्यते।
अष्टादश सुपक्षेषु शतैश्चन्यै स्त्रिभिर्गतै।।६२।।
वर्षाणां दारुणाकारः कत्रि केतुः प्रदश्यते।
ज्येष्टा प्रत्रमनुराधाचार शेषै संपरिकीर्त्तिता।।६३।।
तासं वीथी मुपारुह्य क्रीतविक्रीणुते श्रुतम्।
दारुणेन चुतौक्षत्वा शिखां घोराभयंकराम्।।६४।।
सूत्रानसदशी तीक्ष्णंशयवताम्रारुण प्रभम्।
पूर्वेणोदयते चैव नक्षत्राण्य वधूमयेत्।।६५।।
प्रजामुत्स्यर्जन घोरं फलं मासेत्रयोदशे।
त्रिभागं नभसो गत्वा ततो गव्यक्त दर्शनम्।।६६।।
पाचता दिवसातस्तिष्ठत् तावद्वयोणितद् भयम्।
शस्त्रारिभय विध्वस्ता दुर्भिक्षमरका हताः।।६७।।
घूर्णमानाः प्रजास्ता च द्विद्रवंति दिशोदश।
कलिकेतुर्यदा तेषां पूर्वेणोदयते शिखो।।६८।।
कृतिकास्वाति चाग्नेय पश्चिमे न प्रदश्यते।
तानुभौ दर्शयित्वा च कर्मे कृत्वा सुदारुणम्।।६९।।
प्रजा क्षयकरौ घोरौ पक्षेतास्तसमं सह।
तयोरन्तर्हिताये च केतवो नभसि।।७०।।
अ०त्रि शंस्य पत्रस्यः साकस्य यातपत्रम्।
दोचाजलवृष्टिं च दर्शनादेव कुर्वंति।।७१।।

तदार्थ प्रतिकोकारौ तदा षोडशतानपि।
यज्ञान्सर्व ममृच्छति तदा भवति मेदिनी।।७२।।
एतैर्निमित्तैर्निज्ञेयः प्रजानां भाजनं शुभम्।
लोकोद्योतकरः श्रीमाच्छत्रो कितुरिति स्मृतः।।७३।।(?)
स्वकर्माणि नियुक्तो शतं षड्विंशके युगे।
यैतामाहानासत्वान्नामेक एव प्रदश्यते।।७४।।
पश्चिमेताङ्गुली मात्रां शिखां परम दारुणाम्।
दक्षिणमुखा कृत्वा बलकेतुः प्रदश्यते।।७५।।
उत्थाने चास्य लिंगानि यथावदुपधारयेत्।
अनिष्टमशुभ तक्षं वदति मृगपक्षिणः।।७६।।
अन्योन्य मभिसं रुद्धं परुषाः परुषैर्ग्रहैः।
विग्रहं दारुण शान्ति राजानश्च परस्परम्।।७७।।
उभे मध्येसु विकृतां रूक्षवर्णे तु लोहितम्।
न भ्राजति तदान्यो म्रियशुद्धस्तमनोरुज।।७८।।
यथा यथा दर्शयते त्रिभाग नभस्वरः।
तथा तथा शिवोवास्य सुदीर्घ मुपस्थिति।।७९।।
स दीर्घाश्च लसदशोशिखांकात्वासु दारुणाम्।
धूपयत्वं च नक्षत्रं ब्राह्मेपैतामहं शिखा।।८०।।(?)
स धूपयित्वा नक्षत्रमेक द्वित्रीणि वायुनः।(?)
हिरण्यवै श्रवणाक्रांतामेवै परिवर्त्तते।।८१।।
एव ब्रह्म हृदयं पश्य ध्रुवं सप्तर्षिभिः सह।(?)
सुवर्गं दारुणं कर्म कुरुते स महाग्रहः।।८२।।
सततं दारुणं कर्मकतैरवेसु महाद्युतिः।
लोकं चैवाखिलं सर्वेमपि स विनिवर्त्तते।।८३।।

सर्वावन्त न नभसः परिसिंच्य स दक्षिणांगं।(?)
सप्तर्षिभिः प्रतिहतस्ततोस्त मुपगच्छति।।८४।।
गणायाः पश्मिमातलान्यां चदावर्त्तको जन।
पश्यतत्पुनः गतरेणतु दैवेकम्।।८५।।
अत्रैष दारुणं कर्म कुर्वन्ति परिवर्द्धते।
शस्त्र दुर्भिक्ष मरणौः कति चान्यैरुपद्रवैः।।८६।।
आटकाघाटक प्रस्थं कृत्वार्धं सुमहत्तदा।
कम्पयित्वा महीकत्स्वाबलके तु निवर्त्तते।।८७।।
बलकेनावतीतेनु यथा वत्बलः दर्शने।
आवृत्ते ये परः केतुपरस्तं दश्यते दिवि।।८८।।
अणुस्तंतु शिवैः श्रीमान् च द्युतिः अतो केतुनिरी।(?)
तप्त जगत् प्रह्लादयन्ति च।।८९।।
चतुर्मासोदितश्चैव ततः फलन्ति कर्मप्य।
सांसो प्रप्यमारोग्यं क्षेममेव च राहुणा।।९०।।
केतु ताता चापि वधेनान्यतमेत्र च।
यदि चाप कृतं कर्म दर्शनं तस्य शाम्यति।।९१।।
न चैव मपगच्छेति केतुमित्येव मानवः।
सुखप्रहतया चैव क्रूर दर्शनात्।।९२।।
तारानृपाण्य पूर्वाणि चिन्वरन् तस्य पार्श्वतः।
केतुज्ञास्तानि पश्यति एतेषु निपुणा जनाः।।९३।।
उत्थानसमय चास्य निमित्तान्युपधारयेत्।
स्निग्धागभीरयऽधुना वाचः सर्वति सर्वतः।।९४।।
दृष्टकान्विवकैर्गोभिः क्रीडमाना परस्परम्।
बालाश्च प्रतिदृश्यन्ते क्रीडमानाः परस्परम्।।९५।।

एतैर्निमित्तैर्विज्ञेयाः प्रातानाभावना शुभम्।
जलकेतोस्ततः श्रीमानुदय शास्त्रकोविदैः।।९६।।
धर्मे शेषं तु विज्ञेयं सुभिक्षस्यानुदर्शनम्।
तद्यथावत्प्रवक्ष्यामि केतुना शाखा निश्चयाम्।।९७।।
अन्योन्यं प्रतिसक्रुद्धाघ्रति म्लेच्छगणास्तदा।
विग्रह दारुण याति राज्यतश्च परस्परम्।।९८।।
चतुर्दशा नामेतेषां मेषरौद्रं प्रकीर्त्तितः।
जलकेतुर्जलनिभः शेषाः सौम्यास्त्रयोदशा।।९९।।
प्राप्ते कलियुगे चैषं जलकेतुर्न भोगतः।
श्रीमान् भव केतुप्रदश्यते सिंहलांगुल।।१००।।
सदशी शिखाकत्वानुभाश्वती।
पूर्वणैव शिखामेकांदष्टास्त मुपदृश्यते।।१०१।।
कुर्वेणैव शिखामेकं दृष्ट्वास्त मुपगच्छत।
स सुभिक्ष्य मथारोग्यं करोत्यत्र महाद्युतिः।।१०२।।
चिताग्रमपपूपैश्च केतुश्चित्रयते सह।
उत्थाने चास्य रूपाणि पूर्वतस्तत्रिणामया।।१०३।।
शास्त्रत्तेन हि युक्तेन शक्यमेवं विजानि तु।
न रौद्रं च नवमोभत्सं न दीननानुतापितः।।१०४।।
न्याहरन्ति मृगा हृष्ट ग्राम्यानान्य च पक्षिणः।
व्याधयो बहवो नृणा मुत्पद्यन्ते स दैवकाः।।१०५।।
दशरोग प्रदश्याय मुख्यरोगमत्र ग्रहान्।
एतानेवं विधाश्चान्यान् व्याधीन् दारुण दर्शनात्।।१०६।।
जानीयाद्रूक्षवर्णात्वत्र तु प्राणहरानृणाम्।
त्वाद्विनिमित्तै रुपलभ्यते।।१०७।।

भक्तिष्ट मन्वये राज्ञो भेदया यति दारुणम्।(?)
शापितौघ परिष्वगान् महीरुत्वा स दृश्यते।।१०८।।
पूर्वेणोदये तत्रैष दक्षिणेन नतद्युतिः।
कः प्रजापति युतस्तु पश्चिमेन न प्रदश्यते।।१०९।।
स तुल्य सुदितस्तेन प्रजाशस्त्रे न हन्यते।
निशार्द्धं दर्शितं चास्य प्रमाणं परिकीर्त्तितम्।।११०।।
श्वेतः सहभिसादृष्ट ततोच्छत्य दर्शनम्।
ता उभौ दशवर्षाणि प्रजाक्षय यतभृशम्।।१११।।
व्याधिभिर्दारुणैस्तैस्तैः सयस्करमणैस्तथा।
राजानश्च विरोधेन नानाव्याधिभयेन।।११२।।
चाद्युचिन्त्यं चासकाख्यानीद्यु चिदवर्णे ष० की।
कश्चिदुत्पादयेच्छेषानेतौ केतु प्रदश्यते।।११३।।
सप्तसप्तयोः शेषाः श्वेतादनंतर।
प्रजापति पुत्राश्च चत्वारो मेव स्मृताः।।११४।।
एते रहिताः सर्वे समस्ताः केतवोदिवि।
श्रृणु यानि विहसन्ति द्रव्याणि च।।११५।।
न्नलि वा तपस्वी फलभोज्यानि।
मूलानि च फलानि च।।११६।।
तैकाकार धातुश्च पीडये पुरनेकधा।
स्त्रीणां गर्भान् गवां गर्भानन्दस्थ।।११७।।
न्यक्षिपत्रगाशा एतानन्तर्हितान् ।
घ्नंति केतवोभृश दारुणः।।११८।।
त्येत केतावतीतेषु यद्यद् गर्भ वपुः शुभः।(?)
पद्म केतुरिति ख्यातश्चरन्नभसि दृश्यते।।११९।।

मरणान्नमुख शीतांशुर्जगदयं निचा।
पश्चिमे नोदितः श्रीमानेकांदश यतोदिशा।।१२०।।
स सुभिक्ष मथारोग्यं प्रजानां हर्षमेव च।
अमृतेयोपरः केतुः फलं भवति दर्शनात् ।।१२१।।
तस्य पदंश वर्षाणि मासः पञ्चेव चापरे।
फलेदश्यं नषरामास्य महर्षि वचनं यथातिस्य।।१२२।।(?)
चार्था नाशमपि निमित्तात्पल लक्षयेत्।
पर्वतांग नभश्चैव दिशोभुव मथापि च।।१२३।।
चन्द्रादित्यौ नभस्तार भवति विमलादिवि।
तैरेव चादिशेस्त्रिदाश्च तथा सिंह बलापुरा।।१२४।।
सर्वकाम विपरीतं ते दण्डकेतु प्रदर्शने।
एवमेव चरदण्डत्र तत्र तथा तथा।।१२५।।
सर्वत्र समुद्योगं करोति सुमहत्तदा।
अतिक्रान्तौस्त्रिभिवर्षमासैः षड्भिस्तथा परै।।१२६।।
पद्मकिंजल्क वर्णाभरेतुरन्यः प्रदर्श्यते।
किंशुकालोके सदशः सौदामिन सम प्रभः।।१२७।।
इन्द्रध्वज वश्चोमान्नग्नि केतु प्रदश्यते।
तस्मादापतकालेस्मिन् वर्तमाने संकुले।।१२८।।
गणाश्च गणमुख्याश्चदष्टत्ययम्भ संश्रयात् ।
तद्युक्ताः सर्वराजान् परस्पर वधैषिणः।।१२९।।
समीप मुपयास्यामि क्रोधलोभ परायणः।
ततस्तव व्यय प्राप्य विलुप्यति परस्परं।।१३०।।
स्वदेश मुपयास्यति प्रतिश्रीमान् निरर्थकम्।
एवमेव नरेणा तथैव गणवासिना परस्पर।।१३१।।

पीडयतां कालो गच्छति तदारुण।
एव पंच च वर्षाणि मासान्यं चैव चापरात्।।१३२।।
दारुणे कुरुते कर्म न तु दुर्भिक्ष लक्षतोभयम्।
दर्शनं चाप्य जातीये नक्षत्रे शुक्रदैवते।।१३३।।
अध्यर्ध मासमालोक्य ततो गच्छत्य दर्शनम्।
न तत्कालाविशेषेण यथोक्त पर्यवस्थितः।।१३४।।
मार्गशीर्षाममावास्यां यदा केतुः प्रदर्श्यते।
आदित्यसार्प्य रौद्राणि वार्हस्पत्यं तथैव च।।१३५।।
कोष्टागारं मध्येन धूमे सर्जात दारुणं।(?)
गांधारकाश्च दीनाश्च वह्निका पवनैःसहा।।१३६।।
वा नरानैकपदाश्च पुलिंदाकोष्ट कर्णिका।
एतानेव विधाश्चान्या विशेषणां वासिनः।।१३७।।
तदारिभो यदा केतुहन्यान् दस्योनमो गतः।
यावदर्शयते पक्षास्तानि मासान्निहन्ति सः।।१३८।।
मासैर्वर्षाणि जानीयादेष शास्त्र विनिश्चयः।
क्रतवो नाति शीताश्चन नात्यष्टो तदा स्मृताः।।१३९।।
कत्रि चे राहु गृह्णाति समेत्या शशिभास्करौ।
तदा केत्वा चतीतेत्व नक्षत्र पौर्णमासिके।।१४०।।
तद्दवर्धकेतुरथैतानि मन्ये चन्द्रार्कयोर्दिवि।
राहोरधानमास्थाय लोकः सम्मोहयन्ति च।।१४१।।
तालेन्दु सदशां सौम्यां शिखां दिवि न दर्शयेत्।
सोमस्य सप्तमो भागोर्नभ्रा चन्द्रशिख स्मृतः।।१४२।।
दर्शनं चास्य शंसन्ति विप्राः शास्त्र विशारदाः।
राहुर्मार्ग समासृत्य निशाः स प्रशस्यते।।१४३।।

अत्र तेया ग्रहाश्री मानानन्द नना नृणां ततः।(?)
प्रभृतिभूयिष्ट ममृतेर्या च केतवः।।१४४।।
चरीतिचत्सुभिक्षापन्नोकानां हित काम्ययम्।
कश्चित् पञ्चनिशामेकः कश्चिदष्टोनिशादशा।।१४५।।
कश्चित् पूर्णा निशामेका निशार्द्धं मथ चापरः।
तथा ये परस्परं धाममेकं प्रदर्श्यते।।१४६।।
सुभिक्षाय तु ते सद्ये दर्शतेह्य मनोद्धवाः।
यस्यत्यहोतरा चरणे स सुभिक्षाय वर्तन्ते।।१४७।।
स एव रूक्षः कुरुते दुर्भिक्षव्याप्युप।
द्रवानादि यांतरिक्षभौ माताभावानां विपर्यय-।।१४८।।
दष्टोदय मथाचष्टे केतूना शास्त्र कोविदन्त।
ततो वर्ष सहस्त्रांते दश्यतेभ्युदितो दिवि।।१४९।।
केतु मालागणास्यांते धूमकेतुः स दारुणः।
देवग्नि सदृशो रूक्षं दक्षिणाभिनतां शिखाम्।।१५०।।
कृत्वास्तमनकाले तु रविधूमं विमुच्चति।
विषाद जनयत्येष लोकानांदना ग्रहः।।१५१।।
यामदर्द्धं अयोगाच्च गगने स प्रदर्श्यते।
तस्य तारामयं रूपं पश्यति जन खलु या दीर्घया।।१५२।।
शिखयाभ्रांति ग्रसती च महामिमाम्।
नभस्यभ्युदितः क्रूरोभामरूपे भयंकरः।।१५३।।
दारुणं कुरुते कर्मप्रजा क्षयकरं महत्।
प्रदोषे पश्चिमे चैव ब्रह्मकोपस्य चापरः।।१५४।।
केतु रूपेण चात्यर्द्धेप्यैव प्रदिदृश्यते।
शिखयादीप्तयात्यर्थ थाद्राभया दिविसे वर्तक।।१५५।।

इतिख्याता क्षयाक्षय मुपासतेयाव दोषोपि।
राज्यन्ते पूर्वसन्ध्योदशा ते ता चद्वर्षाणि।।१५६।।
राजानः सक्रैघ्नंति परस्परम्।
अरतोचारकं कृत्वासाय धान्य दारुणः।।१५७।।
शोषयित्वा च षड्भागं जगतस्तौ निवर्त्ततः।
एतयोः रुचये चापि निमित्तान्युपयैरयेत्।।१५८।।
स्त्रियो गर्भाः प्रश्रयन्ते अविरूपानभित्युशः।
अभीक्षकंपयोश्चापि ससैन्न वनकानना।।१५९।।
स सागरपुर द्वीपा तेक धातुधराधरा।
यत तमपि शैलानां नागानं वृहतामपि।।१६०।।
न दत्तो मुददयानाश्रुयते सुमहान् स्वननः।(?)
बालकानां कुमाराणां नराणास्त्र जनस्य च।।१६१।।
क्रीडनान्य प्रशस्तानि व्याहूताति तथैव च।
प्रहृष्ट विजयारम्भा लोभक्रोध परायणा।।१६२।।
ब्राह्मणेद्यपि चेद्यात्र युजते वै प्रजास्वयम्।
स ज्वाला गोरधूमाद्यो सूर्यप्रतिमुखादिशि।।१६३।।
पततित्र गगनादुल्का स निर्घाता दिशोदशा।
एतै तेतादशैर्घोरैः पूर्वरूपैर्भयावहः।।१६४।।
उदये धूमकेतोस्त ब्रूयात् सवर्त्तकस्य च।
यानि चाप्युप यास्यांति नक्षत्राणि महाग्रहाः।।१६५।।
तेषा जनपदान् केतवोघ्नन्ति दर्शने।
स चरौ चेष हसन्ति केतवो दर्शनात्तागतः।।१६६।।(?)
धन्वी च शाब्दः वर्णाश्चदश्चमानो भोगताः?
सौम्यानां दारुणं नीचदर्शन न प्रशस्यते।।१६७।।

इति हस्ताह भगवान् वृद्धगर्गो महाशयाः।
नक्षत्रशः चतु माकाशे पथैव परिवर्त्तते।।१६७।।
केतुचक्रेतथैव आकाशे परिवर्त्तते।
इत्येतत् केतु चक्रस्य कर्मसम्भव एव च।।१६८।।
लक्षणं दर्शनं चैव यथावत् परिकीर्त्तितम्।
अतः परं प्रवक्ष्यामि केतूनां नामनिश्चयम्।।१६९।।
विस्तरेण यथाशास्त्रं ब्रुवतो में निबोधता।
धररूपस्तमो वश्यो वरपर्वायणस्तथा शरः।।१७०।।
पापस्तथा वृष्टि शोषणां विप्र जृभृणः।
अस्थि केतुर्वशाकेतु शस्त्रकेतुर्दर्शनः।।१७१।।
एते निश्वासतामृत्यो नायतः परिकीर्त्तितः।
आदित्य पुत्रा ये चापि केतुपरिकीर्त्तितः।।१७२।।
तेषां नामानि वक्ष्यामि यथा शास्त्रं हिताय वै।
द्युतिकेतुस्तमस्तातसामसोप कपालवान्।।१७३।।
जृंभकेतु स्वदृष्टश्चव्यक्ष शास्त्रा रुदोरथः।
दक्षयज्ञे तु रुद्रस्य क्रोधाद्यैवाभि निःसृताम्।।१७४।।
केतवस्तदशैकश्च नामतस्त्र निबोध मे।
व्यादकरालोनन्दश्च शंतनुस्वशरो।।१७५।।
दशारभोभवन केतुश्च कलिवृषभ गोववी।
मन्यास्ततो ध्रुवो चक्रोश्चलकेतुश्चलोदरः।।१७६।।
एते पितामहाः सप्तशिखंडोनेति कीर्त्तिताः।
अतिश्वेतः कुशक्षीरो जयक्रोधानिसूदनः।।१७७।।
तृष्णो भगण केतुश्च घोषो मृत्युपराभवः।
ऋषेरुद्दालकस्यैते पुत्रावैर्नमता स्मृताः।।१७८।।

दशप्रसवनाशो कायं चैतेयं च पञ्च च।
दशेकेतुर्द प्रश्वासः स्वधाचीरो सरोक्षयः।।१७९।।(?)
कवधो डामरः सभूयंस्व स्योता वर्णोवहः।
दक्षिणाय युगैनाम नामतः परिकीर्त्तितः।।१८०।।
षोडशैकश्च मारीचेः कक्षपस्यल्ललाटजाः।
कः प्रजापति हासा तु केतवः पञ्चनिसृता।।१८१।।
सर्वाणेव प्रवर्त्यसि नामस्तामि बोधसे।
धूमकेतुरधाने तु श्रुतकेतु जयैकहः।।१८२।।
वदुकमुग्धश्च पंचैते नामतः परिकीर्त्तिताः।
विभावसोश्चये पुत्रास्त्रय एवानुकीर्तिताः।।१८३।।
कक्षकेतु देहिमश्वरश्मि केतुश्च त्रयः।
अतकस्य तुषः क्रोधादेक एव विनिस्मृताः।।१८४।।
नामतस्तं वदन्तोह धूमकेतुरिति द्विजाः।
चतुर्द्दश रूपै चैनेकेतवो मृत्यु सम्भवाः।।१८५।।
नामस्तान्यथा शास्त्र कीर्त्तिमात्रिबोधत।
जालकेतु मणिशीलः पद्मकेतु हिमस्तथा।।१८६।।
अवर्तकेतुह किरत्वसरवः कुमुद एव च।
येच्चश्च भवकेतुश्च सोमसम्भव एव च।।१८७।।(?)
विमर्दा चैदुकेतुश्च सर्वे प्रोक्ताश्चतुर्दश।
ययष ब्रह्मकोपा तु पृथके च निर्मिताः।।१८८।।(?)
एष संवर्त्तको नामकेतु परम दारुणाः।
एवमेव शतपूर्ण नामतः परिकीर्त्तितः।।१८९।।
दश्यानां चैव केतुना ये चाप्यतर्हिताः स्मृताः।
एतच्छिषपि दातव्य ब्राह्मणाय महात्मने।।१९०।।

नित्यंशु श्रुयमाणाय ब्रह्मचर्यरता।
पचति गुणस्यापि पुत्रस्य न दद्यात् केतु सम्भवः।।१९१।।
केतुशास्केतिल्लौकस्य सर्वमुक्तं शुभाशुभम्।
केतुमालाभिमां चित्रांवह्वर्थ यद्लक्षणम्।।१९२।।
आवणे त्रिषु वर्णे कृत्वाब्राह्मण मग्रतः।
केतु शास्त्रार्थ मेतद्विश्वातावर्षगणास्तथा।।१९३।।
हुतांजलि पुराः सर्वे गर्गो वचन मब्रुवन्।
सर्वे च ब्राह्मणा लोको धारयन्ति जितेन्द्रियः।।१९४।।
चेष्टर्थानि च यत्ने प्रयत्ना मनसोद्यताः।
लोक संदर्शने च कुः केतूनां दशकानि ता।।१९५।।
ये केतु दर्शनं दिव्य धारयिष्यति मानवाः।
समुत्पन्नो प्रवक्ष्यति सर्वमेव शुभाशुभाम्।।१९६।।
ते च सो चोदिता विप्रैरप्रसत्तां यतमृताः।(?)
भविष्यन्ति यदा सर्वोपरि वा धर्मयुद्धयः।।१९७।।(?)
केतुर्दर्शनि दुर्गाणि करिष्यति च सर्वशः।
ततः परम मित्युक्त्वा वृद्धगर्गो महातपाः।।१९८।।
केतुशास्त्र मिदं कृत्स्नं ददौ विप्रेषु निश्चितम्।
नानु पश्यस्य वक्तव्यं न वाच्यं वा द्विजातिषु।।१९९।।
व्यग्रत्मनात्र वक्तव्यं न तत्परेण पुरा च।
ये तत्प्रोक्तयत वाच्य वा द्विजातिषु।।२००।।
महर्षि वृद्धगर्गस्तु नित्यमेतत् प्रभाषत।

इति वृद्धगार्गीये ज्योतिशास्त्रे केतुनालानाम समाप्तः।।

□□□

अथ दशमोऽध्यायः

प्रणम्य शिरसासिद्धान्संपन्ना नक्षत्रयं सुखम्।
शनैश्चरस्य चरितं प्रवक्ष्यामि अर्थ सिद्धये।।१।।
त्रिंशदिनास्त्रिरधिका वासराणां यथाक्रमः।
प्रवासासूर्य पुत्रस्य मध्यमोत्तम दक्षिणात्।।२।।
विवर्जितानि विंशत्या च तु तवमयुक्तय।
चत्वारि नासर शतानेक नक्षत्रं संस्थितः।।३।।
उदयानन्तर कृच्छमुदयं कुरुतेर्कजः।
वक्रानुचक्रं तथैव कुरुते च चतुष्टयम्।।४।।
महीन्प्रासानुदितस्तिष्टेश्चो मासाष्टमर्हति।
पुनरेति त्रिभिर्मासै पुनरस्तं नियच्छति।।५।।
एकच्छांतस्त्यर्कः काथूलाधिकं तथा।
नित्यत्वर्को विचारोस्यानृणां कृच्छभयाय।।६।।
स नाना वर्णे पुनर्द्धस्वे प्रणस्थूले शनैश्चरे।
तास्त्रनीलारुणस्याने कृष्णवर्णत्व मागते।।७।।
तदात्मकानां भावानां क्षुध्यनलजं भयम्।
शास्त्रप्रकोपनं चैव भयमुग्रं प्रयच्छति।।८।।
भस्मासु दीप्तिसूर्याग्निश्च सूर्य समीपगः।
अभीक्षन्नृ परिवेशत्र नृपदेश विरोध कृत्।।९।।
अतिरश्मि विवर्णश्च दृष्टिहास्यूरणांभसिन्या-।(?)
न्रृपान् यमद्वैपिसांस शोणित सन्निभः।।१०।।
तस्य प्रलंवमानस्तूरस्ताच्छस्त्र माचहेत्।
व्याधिदक्षिणतः पार्श्वे क्षुधात् रतोभयम्।।११।।

अवस्ताद्राज मरणमुपरिष्टात् पराजयः।
रोष विधितः कुर्यात् परिधावंश्चरोधशः।।१२।।
समारुहंश्च नक्षत्र जनमारकतो भयम्।
अत विषाश्रेष्टस्ततो वै विकृतिं शृणु।।१३।।
आग्नेये कुस्थलामान्यात् सुरसेनापत्येस्तथा।
सोमिकानि हताग्नेश्च लोहकाराश्च काञ्चतात्।।१४।।
रोहिण्यां पीडयेत्कासीन्मदूण चात्र कोशलान्।
प्रताश्वकुन एह्यौरैरा हन्यात् कान्यकास्तथा।।१५।।
यत्स्यार्भूवत्ययो धनां मध्यदेशस्य चारयः।(?)
सौम्य वा मति प्राप्य दस्युवृद्धि रुसाक्षयाम्।।१६।।
योघ्नन्तेदस्य चोरौद्रेक्षरं क्षमध्वरास्तथा।
तैलिकारजकारौद्राज्येष्ट वर्णस्तु मोदते।।१७।।
निषधांग कलिङ्गश्च कलाना वेणु चक्रिका।
घण्टकाघटिका पक्षिणश्चैव मैत्री मैत्रे च।।१८।।
भिद्यतो जातिज्येष्टा नृपश्रेष्टा वृद्ध राजपुरोहिता।
ऐन्द्रे पूर्वाभिषिक्तस्तु विद्यते च परस्परम्।।१९।।
प्रत्यतायाश्रयादीपात् सुराष्ट्रा सिद्धराष्ट्रकाः।
पवन्धन्योतं काल्पोतान्माल्यं शुक्त तथैव च।।२०।।
भुजगकच्छपग्राहनागमत्स्या सरोसृषान्।
हन्यादर्क सुतस्तिष्टेन्नक्षत्रे सर्व दैवते।।२१।।
पित्र्येशूलिक वाह्लीकनीरणगाधार पारनात्।
शिल्पकारुकपित्र्यांश्च कोष्टागारान्विशस्तथा।।२२।।
रसविक्रय सौभाग्य कामजीवोपजीविनः।
अन्यात्कन्या महायस्त्रियश्च भगदैवतो।।२३।।

राजन्य तैल वर्णिजो गुरुकौटिक भैक्षकात्।
कुहातक्षशिला दशसूताश्चार्थ भवतो।।२४।।
हस्तेहसि ग्रहस्तेनभिषग्र जनकनापितान्।
सूतिकामात्यकाराश्च हन्याद्बधाधिकोशलान्।।२५।।
लेह्यभिन्नकरास्त्वाधेस्त्रियश्च स्वर्णतो।
कास्मोरदशनो पूनः सुरूपास्तुपजीविनः।।२६।।
स्वातौनायपि वारतो विसूतमताधनं दिनः।
न दह्यवकदूतोश्च वानुभक्षाश्च तापसात्।।२७।।
त्रिकर्त्त सूरको लूनाधू तुषाहानि शाखया।
लाक्षकुकभयं तिष्टासस्यं पुष्यं च पोतको।।२८।।
वधकोपोतकसोनसूलकद रौषधि।
शूलकौशलाचालंकासयाधाश्चयोऽयत् ।।२९।।
आषाढसु च पूर्वासु शनैश्चरीति नात्रा येता।
सर्वान् जन्मचरा लोके पंचापि जल जीविनः।।३०।।
मातभ्रातंगलोकांश्च पुत्रांगगिरिं रौद्रजान्।
कोत्रालास्ता मलिप्ताश्च पैथिलामा जयवदेत्।।३१।।
उत्तराश्चैव शवरान् कुन्तिभोग दशानिचात्।
पुलिंद शैलभंगाक पवनान् परियात्राकान्।।३२।।
विप्र द्विप्राश्रमभिषेग्रज मुष्ययतीन्वदेत्।
श्रवणोग्नि दिशे चैव कालिक्षं च नराधिप।।३३।।
हैरण्य कनकार्थेश धान्यजात्या मरालयान्।
सौवीरान् क्षरदांश्चैव वासवे मागधान् जपेत्।।३४।।
दस्युयाम्बड सममगुणिस्तज्य सुराकरान्।
प्राप्त शतभिषक क्षेत्र हंन्याद् भास्करनंदनः।।३५।।

कैरात इति मित्रावर्त चैत्र पांडाकसिंहलान्?
कक्षशैलपादांश प्रसस्यान्या जीविनामपि।।३६।।
हिरण्य निधनाषार समिधान्या पीडयेत्।
अविषाध्यतरोश्वकान युग्मकरास्त्यथा।।३७।।
पुलिंदक्तौ च शवर न वासिषुकानुद।
सस्य राजमृतश्चैव पौष्ये हन्याच्चशवरम्।।३८।।
श्वश्वारोहाच्च माला च परण्य वेद्य च न पतिः।
हव्यात् कवीनमत्याश्च सौरोकित समीपगः।।३९।।
वादित्र्य गीतनृत्यांश्च श्रुतिमङ्गल कोविदः।
हन्याहरण्यां भृत्याश्वदस्य वै कृतिकास्तथा।।४०।।
विवर्णः परुषो रुक्षोवैकृतं चारमाश्रितः।
तेषु कुर्याच्छनैश्चापि पीडां वृद्धि विपर्ययाम्।।४१।।
त्रिंशत्यूना विद्यस्य वासराणां यथाक्रमम्।
प्रवासांत् सूर्यपुत्रस्य दक्षिणोत्तर मध्यमा।।४२।।
विवर्जितानि विंशत्या चतुरनव वृद्धयास्वत्वारि।
वासर शतान्येक नक्षत्र संस्थिते ज्ञेयः प्रवासः।।४३।।
सन्यामष्टाविंशति साक्षिकान्।
सप्ताविंशति नदात्राश्चारकर्मे तु वैक्षमः।।४४।।
सस्यानि च प्ररोहति वर्षमिदो नियच्छति।
भस्मसा कुरुते लोकान् युगातद्रव पावकः।।४५।।
विरोध याति राजानः शेषति जलाशयान्।
सूर्यात्मज दक्षिणेन मूलानि क्रान्तचारिणि।।४६।।
यववक्ताय च स्मारमूलः सस्य विपतयो।
प्रधानव्याधये शास्ककोपाय लोहितः।।४७।।

किं हितः विचित्र पक्षिणा शापपीतः।(?)
क्षत्र विपत्रये वर्गाणां वर्णसादृश्ये।।४८।।
वृद्धिदस्याच्छनैश्चरः ।
आप्य चारुण माहेन्द्र सर्पाणां स्निग्ध विग्रहः।।४९।।
ग्रहउत्तर मार्गस्थः सौरोमध्य मवर्षदः।
याम्य वायव्य सावित्र पौष्णावोत्तर मार्गगः।।५०।।
सवेदभित्रितः सौरः फाल्गुन्योस्वाति वर्षदः।
ज्योति पुरस्तादलभय भवति रास्त्रतः।।५१।।
व्याधि दक्षिणतः पश्चान् क्षुधमुत्तरतोभयम्।
अधो नरेन्द्रमरणा मुपरिष्टायराजयांरोधम्।।५२।।
विदिग गतः कुर्यात्परिताद्वश्च सर्वतः।
भवत्यर्कात्मजे रुक्षेस्या च पीतारुण प्रभे।।५३।।
तदात्मकानाभं वा चाक्षुच्चस्त्राग्नि कृतं भयम्।
चौर प्रवास रौद्राभ्यां चक्रेण च महासुतः।।५४।।
उत्पातद्यति नक्षत्रं शुक्रकक्षसि वा बलम्।
शनैश्चरचारा नक्षत्राणां त्रयोमार्गा।।५४।।
मध्यमोत्तम दक्षिणाः ।
एकैकश्च त्रिधामार्ग वीथीभिः परिकीर्त्तितः।।५५।।
याम्यादि स्वातिनिधन दशर्क्ष मार्गमुत्तमम्।
सप्तैव श्रवणादीनि फागुन्यो द्वे च मध्यमः।।५६।।
अष्टा वृक्षानि सततं हस्ताद्यानि मनीषिणः।
वैश्वानर पथमार्गमन्तै स्वातिं प्रचक्षते।।५७।।
प्रथमाङ्गनवीथी तु गजवीथान्तरं तराकृरो।(?)
एव तृतीयां तु मार्गमत्र इमाप्रिताः।।५८।।

वायव्य याम्य माग्नेय नागवीथीं विर्द्दिशेत्।
रोहिणी भित्वकामार्द्रा नागवीथीं तथैव च।।५९।।
रोरावणीभद्या एषातथात्तिष्य पुनर्वसु।(?)
आर्षमीमाहुचार्या भाग्य मार्षक्ष मेव च।।६०।।
ज्योतिश्चतु पुष्य सोमाद्यामरकाद् गार्गोपथा संज्ञित।
त्रिण्येव शरादीनि वीथी जरद्धवी वदेत्।।६१।।
मृगवीथी समाख्याता त्वाष्टहस्तधिर्लक्षता।
श्वजाख्यमभि जानीयात् ऐन्द्रग्नि मैत्र मेव च।।६२।।
ज्येष्ठमूलमषाढा च मविकीवीथी उच्यते।
मार्गणामपवीथीनां प्रशस्तानातरोत्तर।।६३।।
आदौ षट्कं च चत्वारि द्वौ मासौ च यथाक्रमे।
वैश्य रजकोनाम सलिलाख्यासु वीथीषु।।६४।।
प्रपालाभूमि पुत्रस्य पञ्चज्ञेया शुभाशुभाः।
प्रवासमास शेषं च संचारो वत्सरद्वयम्।।६५।।
भौमप्रवास नक्षत्रादष्टादश चतुर्द्दश।
द्वादशं नवमं ज्योतिषं च में च यथाक्रम।।६६।।
पञ्चैतान्युदय नक्षत्रात् प्रत्यङ्गकाश्चरन्।
शुभाशुभ विमिश्चार्णि पञ्च च त्रीणि चक्रिणः।।६७।।
नवमे चक्रकेमाद्य द्वितीये द्वादश ततः।
त्रयोदशे पंचदशे तथा सप्तदशे च ते।।६८।।
प्रवासोदय चक्रेभ्यः प्रवासोदय चक्रवत्।
चतुर्थे भै चरत्यंगारकस्तथा।।६९।।
मध्ये चारस्व यच्चक्रं तत्प्राकृतमिह स्मृतम्।
अनुचक्रं च तत्रैव कृत्वास्त मुपगच्छति।।७०।।

नागं तु वीथ्योः क्षेमाय वैश्वानर्थं विपत्तयः।
भौमश्चरति सम्पूर्णः फलाख्यं गोगजाश्वयाः।।७१।।
अन्यत्र दाक्षिणात्येभ्यश्च चक्रयात्।
मघास्वङ्गारको हन्ति धन्यधान्योपजीविनः।।७२।।
चक्रेमान्यनुचक्रं च रोहिण्या।
मुत्तरेषु च सुराद्रराष्ट्रनाशा।।७३।।
जगदुत्थादयत्य निक्षुच्छस्त्र व्यग्निययैर्भ वै च क्रमात्।
मघास्वङ्गारको हन्ति धनधान्योपजीविनः।।७४।।
चक्रेगान्यनु चक्र च रोहिण्या मुत्तरेषु च।
सुराद्र शष्ट्रनाशाय ब्रह्मक्षत्र वधाय च।।७५।।
श्रवणेभ्युदितो भौमः पुण्ये चक्रं निषेवते।(?)
प्रणपत्यादि तपे भाग्यादितस्य।।७६।।
लोकानामादित्ये विश्वदैवते।
ये दक्षिणमश्लेषे वामपार्श्वे सुदारुणम्।।७७।।
तदा वक्ष्ये हिताङ्गस्य अनावृष्टि प्रवर्त्तते।
उदयास्तमनर्क्षणि तथा चक्रा नु चक्रगम्।।७८।।
प्रपीडयते तज्जास्तेभंतिका नयेत्।
क्षत्रनाशाय पूर्वेण प्रतिलाभ्ये न गच्छति।।७९।।
काम्बोजदेश नाशाय दक्षिणेन महीयसः।
यावना भूतये प्रत्यग्रक्षत्रा प्रपद्यते।।८०।।
ब्रह्मक्षत्र विनाशाय उत्तरेणानु गच्छति निरंश।
उदयं भोगं करोति दशमे ध्रुवम्।।८१।।
तस्त्वेकादशे चक्रस्त्वं तु द्वादशे।
नक्षत्र योगात्यं चैते लोहिताङ्गस्य कीर्त्तिताः।।८२।।

मध्यचारस्य कुरुते चक्रमङ्गारकश्चरम्।
अनुचक्रं च तत्रैव कृस्त्वस्त मुपगच्छति।।८३।।
यथानुचक्र नक्षत्रान्सूर्यो भवति सप्तमो ततः।
प्रभृति भौमस्य चक्राभागिनी विनिर्द्दिशेत्।।८४।।
उदयादुदर्यान्नित्यं चतुर्थ परमेष्टिनः।
चिरं शतद्वदेवस्याद्वक्तकर्म तदैव च।।८५।।
या चत्र कुरुते चक्रं प्राङ्मुखादश्यते व्रतन्।
कृत चका सूक्ष्मश्च प्राचीं दिशं व्रजेत्।८६।।
अङ्गारकश्चरत्सूक्ष्मं नक्षत्रं नाति र्वतते।
चक्रे स्थानं तु संप्राप्तः स्थूलो भवति हर्षितः।।८७।।
प्राङ्मुखो लोहितश्चावोयच्चं दैवा चतिष्टते।
अङ्गारराशि प्रतियंकत्वा चक्रं भयानकम्।।८८।।
नक्षत्रमेति यत्यश्चादनुचक्रान्त तदुच्यते।
निक्ष मासे तु प्रच्छाद्यनं दहति पावकः।।८९।।
तथा वक्तानुचक्रे नभौ मोहन्ति महीभृशम्।
वक्रेणाङ्गारको हन्ति विकृता च शनैश्चरः।।९०।।
उदयास्तमनाच्छुकः स्यानेन च वृहस्पति।
उदयास्तमनादित्यास्त्रि द्विद्येकता क्रमात्।।९१।।
विवर्तमाश्वरः उदयस्तमनाच्छुक्तः स्थाने च वृहस्पति।
विवर्तमानः कुरुते य च चक्राणि लोहितः।।९२।।
उदयात्सप्तमे कुर्यादष्टमे नवमे तथा निवृत्ति।
लोहिताङ्गस्य तदुच्चक्र मुच्यते नना।।९३।।
त्रिजीविनो येच पतति च दहति च।
तेषा मुत्पद्यते तापो जायते धनसंक्षयः।।९४।।

दशमैकादशे वापि द्वादशे वा निवर्त्तते।
लोहिताङ्गो ग्रहेत्तेयं चक्रयश्च मुखं हि तत्।।९५।।
तत्र वर्षति पर्जन्यो हूषयन्वै शुभाशुभम्।
ते दष्टा दूषयंत्याशु नृणांध्यतु तथा भृशं।।९६।।(?)
बहवो व्याधय क्रूरा उत्पद्यत्वेशरारिणा।
बहुभिः कारणैरेतैस्ततो लोकः प्रलीयते।।५७।।
त्रयोदशे वा नक्षत्रे लोहिताङ्गो निवर्त्तते।
निस्त्रिशमुशलनाम तत्र ब्रूयादिदं फलम्।।५८।।
पशुपुत्र धनं धान्यं माहरेतुदत् स्यात्।
प्राणिनां जीविते चासि जयते शत्रु सम्भवः।।५९।।
विंशच्च विंशतिस्थित्वायदादत्र विमुञ्चति।
इत्येतत् ल्लोहितंगास्य चरितं कामचारिणः।।६०।।
अङ्गरकचारः यक्ष्मावा च सुरगुरुर्दक्षिणोत्तर मध्यगः।
बुधस्य च गतिः सप्ततासां वक्ष्यामि लक्षणम्।।६१।।
प्रकृता च निमित्ता च संक्षिप्ता च ततः।
परं तीक्ष्णाघोरा चषामा योगशांत्या महात्मनः।।६२।।
प्राकृता याम्य माक्षेरयं रोहिणी वाप्युदैवतः।
विमिश्वा सौरभं च मघाश्लेषा तथैव च।।६३।।
संक्षिप्ता पुष्यमार्षश्च भाग्यमेव चाज्योतेश्च।
अनुताप्यद्यं चस्तीक्ष्ण बुधगति स्मृता।।६४।।
त्रीण्येव श्रवणाक्षे निच्चोरात्वाष्ट्रंति चोच्यते।
साविकैद्रग्नि मैत्रं चयं चेन्द्र च प्रकीर्त्तितम्।।६५।।
युगातेक्या माषाढे द्वेसूत्रमृच्छ चराद्विता।
इति प्रोक्ता समासेन उदयस्य गतयो बुधैः।।६६।।

पक्षत्रयं प्राकृता योगचायं लक्षते बुधैः।
मासमेकं विमिश्रायां दर्शयित्वा न मृच्छति।।६७।।
अह्णद्वाविंशति द्वायासंच्छिमेत लक्षतो।
अष्टादशायां तीक्ष्णायांच्चोरायां दशपञ्च च।।६८।।
पापायां पञ्चहीनानिद्यूनेकादश तिष्ठति।
योगातिक्यं सोमपुत्रोत च रात्र तु लक्ष्यते।।६९।।
चारका००य वोक्ता सोमपुत्रस्य भार्गवा।
अस्तकातष्ट चस्यु नचाहोरात्रा चारिणः।।७०।।
अत्युष्णं शातवमूत्रं लक्षये तु ग्रहणानि च।
फलबुधादथस्येतत् सस्यानां च विनाशनम्।।७१।।
सुभिक्षं क्षेमवृषीनां रसवृद्धि विमिश्रिताः।
बुधोदया समाख्याता दक्षिणोत्तर मध्यमाः।।७२।।
क्षेमारोग्य सुभिक्षसु लक्षणा प्रकृतागतिः।
सक्षिप्रा विमिश्रा चद्युमा शुभफलोदये।।७३।।(?)
तीक्ष्णघोरा चया याच योगोत्पाद महात्मनः।
एताश्चतस्तः सौम्योस्य दुर्भिक्ष क्षेम लक्षणः।।७४।।
शेषाद्यातिसद न क्षणे चरवृष्टि नियच्छति।
यतः सुतो दक्षिणेन तथा वासव वारुणे।।७५।।
रौद्रवायव्य पूर्वेषु विचरस्तपकद्बुधः।
याम्योतरेषु धनिष्ठानांतय धान्योपजिविनः।।७६।।
मार्गवत्प्रकृतिः सौम्यो मूलेन मूलफलफलो बुधः।
अश्विन्यां वर्णिज्येहन्ति चित्रयां शरदुद्भवम्।।७७।।
ज्ञेयं प्रस्तराशि निषेचणं कालज्ञान विदः।
प्राहुर्बुधस्य वाधनाशनं स्वोदितो।।७८।।

मैत्रचारी मृणुगो गोशलांत कृत।
विशाखामध्यगः सौम्यः सर्वसस्या विनाशनः।।७९।।
विशाखा रवारयो माघे पौषश्रवणयोस्तथा।
बुधो न दृश्यते याम्ये सप्तमगेषु न दृश्यते।।८०।।
यदि दृश्यस्त्व दृश्येषु सोमपुत्रो भवेदिति।
गव्यं स रमणा चष्टि दुर्भिक्षं चात्र निर्दिशेत्।।८१।।
अन्योन्य बुधोदयास्त चक्र विक्रीडात्मक फलम्।
बुधोदयापेक्षं ग्रहाणां संप्रवर्त्तते।।८२।।
गतयः प्राकृतामिश्राः संक्षिप्तो तीक्ष्ण संज्ञिताः।
घोराया या युगान्प्राश्र सप्तधात्रिन्युधस्तमः।।८३।।
अत्र मासत्सप्त मासाद्वा द्वाचतुर्विंशत्य हीनऽपि।
द्वादशाहोन्वपक्षाच्च अहोत्सद्यं च दृश्यते।।८४।।
आसामाध्याद्युमान्यास्तु प्रायं दष्टा ग्रहस्य।
प्राप्त योगन्तिकान्धन्योस्त्रोत्रोका पीडये बुधः।।८५।।
बुधा वा समाप्तः प्रणम्य शिरसा गर्गंतारदोमुनि पुङ्गवः।
सुखोपविष्टं मप्रच्छ पार्श्व हिमवत् शुभे।।८६।।
यो यं कर्षति सर्वात्प्रासर्वसाक्षी प्रजापतिः।
ज्योतिष्वक्के कृषिं श्रीमानशुभाशुभकर तरणम्।।८७।।
स कर्थ कुरुते लोकं नरमीश्वान् त्रिविधान्नपि।(?)
शीतोष्ण मध्यमा चैव सस्योषधि विवर्द्धनम्।।८८।।
भावाभायकरो नृणां शुभान्वा यदि वा शुभान्।(?)
वृत्तावृत्तौ च ये वर्णाः प्रशस्ता गर्भिताश्चये।।८९।।
गतिः कति विधासास्य दक्षिणोत्तरतः शुभाः।
अन्नुभावा मुनिश्रेष्ठ किमात्याकः प्रभावतः।।९०।।

के केतेद्वोदशदित्याः पद्यन्ते कश्यपात्मजाः।
एकश्च उदयश्च लोके दृश्येते धूतभावनः।।९१।।
तस्य वाविधि पुण्यं श्रोत मिच्छामि तत्वतः।
किमेकस्तपते व्याप्य सर्वे वा मुनिपुरां वा।।९२।।
सर्वे पृष्टो महातेजा नारदेन महात्मना।
प्रणम्य भास्करं मूर्ध्ना व्याख्यान मुपचक्रमे।।९३।।
आदित्यान् जनयामास पुत्रान् द्वादश कश्यपः।
तोषितः परमा भक्त्या न च सास्य न पाविनुः।।९४।(?)
यत्रास्तेजश्विनः अष्टासा च नान्नति संज्ञिताः।
सुराभिपतयः सर्वे भविष्यन्तिप्युमान पराः।।९५।।
मित्रोथ वरुणोधाता पूषात्वष्टा तथार्यम।
इन्द्रौ विकृर्भगश्चैव विवश्वान् परितस्तथा।।९६।।
य एष सवितानाम द्वादश परिकीर्त्तिताः।
ब्रह्मणा सोम्यनुज्ञातास्त्रीन् लोकान् तापयिष्यति।।९७।।
उधत्युष्म च शान्तं च मित्रवाथ पनायने।
एष विग्रहणं सर्वे वायुर्वोपोश्च निग्रहः।।९८।।
आयामधिपतिः श्रीमांश्चोदिनेक रश्मिभिः।
चाद्यग्निना सहितो मेधाम् संवर्त्तः पिष्यति।।९९।।
तत् माच्छाद्यिष्यन्ति मेधाः सूर्ये समन्ततः।
स्वसंच्छादपि ताभ्रस्य भानोरपित तेजसः।।१००।।
उवृतरश्मिस्तोयं शिवेत्यु निरामयां देवराज सुतः।
श्रीमान् पर्यन्यं पतयिष्यति एकवक्त्रो द्विषद्वारः।।१०१।।
सप्ताश्वो ज्योतिरावृत्त दिव्यो वातजवः पुर उदयास्त।
मनेरयः विदत्तामित्राद्या वसवौषौ तथाश्विनौ।।१०२।।

विश्वे देवागणारुद्राः साध्याश्च स मरुद्गणाः।
कृषयो बालखिल्याश्च गन्धर्वाप्सरस्तथा।।१०३।।
दिव्यैस्तोभैस्तुवं चेतस्तेजयिष्यन्ति च भास्करम्।
तथा स्तोत्रैस्तु तस्तेषा तेजसाप्यायितः प्रभुः।।१०४।।
एवं चैव सहस्त्रांशुः सर्वात्मा ज्योतिषापतिः।
दिव्यान्तरिक्ष भौमे च निमित्तं वेदयिष्यति।।१०५।।
ऋजुन्संवत्सरान्मासान् विभत्रयनानि च।
शुभाशुभकरं चारन्तस्य वक्ष्याम्यतपरं गतिर्यः।।१०६।।
सर्वभूतानानियच्छत्सर्वतां जगतत्।
काले नोदयोत्प्राच्यां कालेनास्तं व्रजत्यपि।।१०७।।
जनयत्यथ सस्यानि काले न च नियच्छति।
चल्पान्येषयोनथ तस्यात्सर्धादिवाकरात्।।१०८।।
ग्रहाणामालयः सूर्योग्रहाणां सर्वसाधतः।
ग्रहाणां प्रवरः श्रीमान्नदित्ये लोकभावनः।।१०९।।
वसुर्पदर्को भजतेद्य शुभं वा यदि वा शुभाम्।
ग्रहास्तदनु वर्तते वपुर्ये तु फलाश्रयाम्।।११०।।
सर्वात्मा ज्योतिषां श्रेष्ठो रविस्तेजोमयः व्ययः।
सतत्युष्मं च शीतञ्च निश्चंवाप्यनपने।।१११।।
उदगदक्षिणतो गच्छं तत् षड्विधांगतियाश्रितः।
तिर्यग्यर्द्धमधर्माणा नक्षत्रपथगामिनाम्।।११२।।
मण्डला च गतिकुर्वच्यमन्यान् दिवाकरः।
तिर्यगच्छति काष्टायामूर्द्धगच्छति चोदितः।।११३।।
प्रीतिरानेदेवै स्तूयते च दिवाकरः।
शुभशुभकरं नृणां निमित्त वेदयिष्यति।।११४।।

ततः स भगवान् सूर्यः सुवर्णपथगामिना।
पक्षिणां वेदपत्ये च ते भूमौश्चावयंत्पद्यः।।११५।।
तस्मात्तेजोमयः सूर्यः सर्वान् प्रभवोव्ययः।
शुभाशुभकर सर्वं ग्रहनक्षत्र संज्ञितः।।११६।।
अन्तरिक्षं च भौमं च सर्व सृजति भानुमान्।
एष वायुः शशिकालोधाता विष्णुप्रजापतिः।।११७।।
तषह्वारोवषह्वारो यज्ञोग्नि वरुणोपमः।
सर्वात्मा च महात्मा च श्रूयते ज्योतिषापतिः।।११८।।
दर्शमयक्षराद्यैश्च मन्त्रैराथर्वणैस्तथा।
कृते युगे च त्रेतायां द्वापरेथ कालावपि।।११९।।
एष मूर्त्तिः सहस्त्रांसुस्तपते पूतभावनः।
प्रकाश्चा दक्षिणो दर्व बहुमूर्त्तियुगक्षयोत्रीन्।।१२०।।
लोकं संहरत्येषस्तस्मात् काल इति स्मृतः।
उत्तरां दक्षिणं चैव काष्टसर्वा दिवाकरः।।१२१।।
प्रकृतिस्थः शुभं कुर्यात् शिशिराद्यान् ऋतून्सदा।
कलात्रव निमेषाद्यै मुहूर्त्त नवमै रहः।।१२२।।
शुक्ल कृष्णो तथा पक्षौ मासर्त्वपन वत्सराः।
आदित्यात् सम्प्रवर्तन्ते तत् उत्कारभोनिरणा।।१२३।।
विद्यून्मेघाहिमवर्ष शनिस्तनपि लवः।
स्निग्धाश्च प्रतिपूर्णाश्च शुक्लाश्चात्यगामि च।।१२४।।
रश्मयोर्कस्य सस्यं तेषाश्चमं विष्णयोनका।(?)
विस्तीर्ण गुरुवोह्रस्वा लोहितायूम सन्निभाः।।१२५।।
विस्तीर्णाश्चि च रुक्षाश्च रश्मयोकेस्य गर्हिताः।
शीतोष्ण मध्यमाश्चैव मयूषान् कुरुते रविः।।१२६।।

विभागं बहुधा तेषां निबोध गदतो मम।
विसर्ग क्षणयो नित्यं दीप्तः सूर्यस्यरयः।।१२७।।
शच्छयन्तयोर्मध्या शीताश्वात्यं तापोः स्मृताः।
प्रावृष्णु कराग्रैष्मो वसन्ताः शारदास्तथा।।१२८।।
हेमन्तशिशिराः शीतः मासैसर्वात्मकः पृथक्।
दिनोदितेव शीतोष्णं सजत्या विकृतो रविः।।१२९।।(?)
कचाल च निमिषाश्च मुहूर्त्त नवमैस्तथा।
एत प्रसजत्येषः शस्यौषधि रसद्रुमान्।।१३०।।
सविता देवस्तेषां वक्ष्यावक्ष्यामि लक्षणम्।
श्रविष्टादीति चत्वारि पौष्णार्द्धं च दिवाकरः।।१३१।।
वर्द्धयन्सरसस्तिलकं मासौण्येति शशिरोहिण्याम्।
तानि चिरन्योष्णौ वाद्यानिभानि भानुमान्।।१३२।।
प्रासोपतन्ति वासंतोकर्षावर्द्धपन्नसम्।
सर्वावातातिं विचरसौम्याद्याणि तु भानुमान्।।१३३।।
ग्रैष्मिकौ तपने भासौ कटुकं वर्षपन्नसाम्।
सावित्र्यापि विचरन् सर्वानाद्यानि भास्करः।।१३४।।
वार्षिकोतपयते मासौ रसमग्नं विवर्द्धयन्।
मित्रादोन्यथ चत्वारि चेष्णाकद्यानि भास्करः।।१३५।।
हेमन्ते तपते मासौ प्रचुरवर्षयन् रसम्।
हेमन्ते शिशिराख्येय वरुणरसानुगाः।।१३६।।
भवं रसमयः शीतास्तापयन्तो रसातलम्।
आपः सन्तापिताभ्रानि मुञ्चन्तो चाष्य पुष्कलम्।।१३७।।
ऊर्ध्वकोपाग्निना भस्मी भवन्ति वडवामुखे।
उदुत्यावर्द्धशीतं वेगोनतिगूर्ध्वति।।१३८।।

हेमन्ते शिवया तपन्ति समन्ततः।
अभिरियोत्ररं पुण्यं पश्चिमां पश्चिमोत्तर।।१३९।।
ऐशानो वाच्ये नाय करिष्यति तद्धिमं वहति।
प्राप्य यत्र पुष्पतृणोवुरयान् जनयन्।।१४०।।
देहिनां देहातरु पत्राणि शातयन्।
आपो भवन्ति भूयश्च प्राप्तेर्के दक्षिणायणाम्।।१४१।।
दैवमायया निगुह्यैषा स्वयम्भू विहिता पुरो।
शिशिराह्वोनाम गिरिरिकौवेरोदिश माश्रितः।।१४२।।
पुष्पानि जनयंस्तत्राह भजानि च सत्रेविः।
भवन्ति वायवः शीताहिमदग्धाः समन्ततः।।१४३।।
दारुणानि निमित्तानि सेवमानस्य तान् गिरीन्।
यः सेवमानः सततं रविशीतं न देहिनः।।१४४।।
शातपयन् जरयंश्चैव शिशिरस्तेन साश्वत।
यत्र पुष्प पूलोमेतां विचरैः संप्रणादिताम्।।१४५।।(?)
पादयास्थोभयन् सूर्यः सद्योषधि विवर्द्धनम्।
वातावागुरमीन् गधान् च अदैरनुनादितान्।।१४६।।
पुष्पैश्चत्रां महीकुद्यं रसयन् मृगपक्षिणाः।
धारा निपातैर्तदाद्य सस्य वेगेन वर्द्धयत्।।१४७।।(?)
नात्युष्मं नति शीतंचर विस्त्वयति माधवे।
नित्योत्सव प्रमुदिता न शीतोष्म वर्जितः।।१४८।।
वसन्त्यस्मि कृतो यस्माच्द्वसन्तस्तेन स स्मृतः।
कैवेरी तु दिशं प्राप्य पराकाष्ठां दिवाकरः।।१४९।।
निर्दल दहने चार्थ मध्यदिन गतस्तदा।
उदयानत गणाश्च नदो प्रश्रवणानि च।।१५०।।

दीप्तमूर्त्ति सहस्त्रांशुः संक्षिप्त हिममेव च।
सद्धृत्य सस्यं नैक्षयंशोपयत् सतृणालयः।।१५१।।
जगद्ग्रीष्मे प्रवृत्ताग्नैः पिवत्युग्रै रसो बलैः।
गत्वोतरा पराकाष्ठां निवृत्तः प्राणिनां भृशम्।।१५२।।
नियतं च हतो तात्प्रेनिदाद्याः स्तपयः स्मृता।
कुजानां जनसंकाशैर्यद्यः काले सम ततः।।१५३।।
कवार्जुन गच्छधाद्यंचारि मुचति शीतलम्।
धाराशब्द निपातैर्हर्षयत् मृगकार्षकान्।।१५४।।
नन्दोश्च संविषा कुर्वन् कोपयंश्चमरी मृगान्।
श्वंयेष्मणआनराद्या धन्वर्या मुपतते रविः।।१५५।।
यस्मादनुचरेतस्मिन् नारिपूर्णे बलाहकैः।
पातपत्यतिन्वं वर्षते न वर्षा इति स्मृतः।।१५६।।
शस्य पुष्प पुत्रो येतान् हृद्यामलजलाकुलान्।
कुर्वेत्व सुमती युग्मं कत्सवैश्च समन्ततः।।१५७।।
यज्ञोपलक्षमैछत्रान् षट्वेदान् प्रतीति बोधयन्।
मध्याह्ने तापयस्तौक्ष्णं निशां कुर्वश्च शीतलां कोपयन्।।१५८।।
रश्मिभिर्दोषां तस्माच्छरादि विस्मृतः।
यथातपोति हेमन्ते तदुक्तं सर्वमेव तु।।१५९।।
हिमजं जनयेत्पुष्यं सद्यैः सयोग्र शारदम्।
यस्मा स दक्षिणाकाष्टा परांगत्वा दिवाकरः।।१६०।।
अतो हिमं यक्षपति हेमन्तरतेन स स्मृतः।
शिशिरे ताम्रसंकाशं कपित्रो चापि भास्करः।।१६१।।
वमते कुकुमधख्या हरवो शस्यते रविः।
ग्रीष्मे कपिल वैदूर्य सर्वरूपो जलाशये।।१६२।।

शस्त्रशरदियप्राभो हेमन्ते लोहिता प्रभाम्।
एतत्स रूपः सविता विषनात मतोन्यथा।।१६३।।(?)
कोपयत्रास्मभिर्देशान्यतो शरदि वर्त्तते।
एवं क्रूरमृदुलोके वर्त्तयन्ति नराभुवि।।१६४।।
जीवेशा शिशिरे भूयः क्रूरत्वाच्छिशिरादपि।
शनैरिवरविक्रित्यस्माद्वीर्याधिकोनष्ट ।।१६५।।
शरद्यैष्ट तु पांडुश्च श्वेत वर्णश्च शस्यते।
यक्ष्मा ग्रीष्मोश्च विज्ञेयो विसर्गाक्षणिका ऋतून्।।१६६।।
वसन्त शरदौ चैव मध्यमौ परिकीर्त्तितौ।
हेमन्त शिशिरौ श्रेष्ठौ नृणां वाद्यन्तिकान् क्रतून्।।१६७।।
दुर्बलाः प्राणिनः सर्वे विसर्गाक्षणयो स्तथा।
मध्ये च सबलाश्चैव श्रेष्ठाश्चाद्यन्तयो स्मृताः।।१६८।।
न य प्रकोप प्रशमाः पितादीनां यथाक्रमम्।
करोति सविता देवः षड्डुतेष्टनुयुक्तयात्।।१६९।।
क्षयो भवति पित्रस्य स्वरोष्मेभ्यां जलागमे।
उद्यते शरदिक्षिप्रं हेमन्ते समयेतिति च।।१७०।।(?)
हेमन्ते शिशिरे ग्रीष्मेश्चेष्मान् वर्षति सः।
हेमन्ते कुप्यतेत्यर्थ ग्रीष्मो शान्ति नियच्छति।।१७१।।
ग्रीष्मे निविडां तु दौर्बल्याद्वायो भवति स चयः।
कुप्यग्रीष्मेश्चेष्मान् वर्षति सः।।१७२।।
हेमन्ते कुप्यतेत्यर्थ ग्रीष्मे शान्ति नियच्छति।
ग्रीष्मे निविडा तु दौर्बल्याद्वायोर्भवते।।१७३।।
स हि वर्षासु शरत्काले प्रशाम्यति।
एवं मृत्युषु मासैर्वा वातपित्तकफैर्नृणाम्।।१७४।।

परस्यं हि संयुक्तौ बाधान् विसृज्यते भृशम्।
व्याधीनां शमनार्थं च वीर्य विस्मृज्यते पुनः।।१७५।।
मासोषधिपयोत्रेषु तथैव मधुसर्पिषा।
मणिशस्त्रौषधिद्रव्यै यज्ञे होमैः पृथग्रिधै।।१७६।।
बलिभिर्दीप पुष्पैस्य विविधैः पानभोजनैः।
एतैः प्रयोगकुशलाः प्रयोगैः शास्त्र चक्षुषः।।१७७।।
शमयेति नृणां रोगान् सूर्यवीर्य समुद्भवान्।
त्रयोदशे पुनर्मासि यथा तपति तत्क्षणम्।।१७८।।
युगार्द्धे च कुर्वनधिक्रमा कौतपोरि वचनद्वयम्।
मासयौः संश्रितः पृथक् रात्रि दक्षिणतो दिन।।१७९।।
वृद्धिस्तथोतरे परांशेन भवेदेक मुदग्दक्षिणयोस्तथा।।(?)
सविता ज्योतिषां श्रेष्ठ स्वस्यरूपै पृथक्विधौ।।१८०।।
निमित्तानि च दृश्यन्ते तेषां वक्ष्यामि लक्षणम्।
विवर्णो भूमिवर्णो वा दश्यमानो भयावहः।।१८१।।
रजतानि प्रभः क्षेमाश्यामोमात्सन् हि न।
सात्त्वाभस्माभः स्निग्ध विमलोरश्मिमाली प्रजाहिताः।।१८२।।
धूमवर्णस्मृतो वृष्टयै नित्यं भवति तद्वर्णत्।
अर्द्धदण्डस्तथादित्यो यदि वातदिली भवेत्।।१८३।।(?)
जनभारेण चौरेन प्रजाः समुपतापयेत्।
रश्मिमाली समन्तात् परिमण्डलः।।१८४।।
पूरयेत्रिच चाकाशन्तदा भानुः प्रजापतिः।
क्षेम विकुक्षिले विद्यात् स्थाली विवर संस्थिते।।१८५।।
संक्षिप्ते क्षीयते लोको दुर्भिक्षं वज्र संस्थिते।
आदित्य सर्वतस्मिन्द्रोद्विथा वा यदि दृश्यते।।१८६।।

एतां मृत्यु विजानीयादथवा देशविद्रव।
शिरोपयुथ सकाशः सविता वार्षिको भवेत्।।१८७।।(?)
निष्प्रभो जनमारस्याद्बर संस्थे क्षुधाभयम्।
घृतमण्डानिभे क्षेमं सूर्यवर्णे च भास्करो।।१८८।।
ताम्राभे रुधिराभे चामववस्त्र प्रकुणते।
खण्डुछिद्रे विनश्यन्ति भूमिपालाः समन्ततः।।१८९।।
बलानिसद्यो न शान्तिहुऽसस्थानि संस्थिते।
अलकसंस्थिते भानौ अपस्मारुभय भवेत्।।१९०।।
व्याधयः संदृश्यन्ते भास्यमेथ निरस्वमे।
छिद्रसंस्थाने पुरनाशं पुनर्हिशेत्।।१९१।।
प्रतिरूपस्तथादिता स्त्रीणां वेदयन्ते भयम्।
सकक्षकृति संस्था न दशभगं विनिर्दिशेत्।।१९२।।
वेपने परुषै चैव सस्यनसं वदेद्बुधः।
ध्वज प्रतिनिभे चैव सद्यः संग्रामा दिशेत्।।१९३।।
गर्भाः सद्यो विनश्यन्ति विलग्ना कति संस्थिते।
विरश्मि विकृते चैव एतां मृत्यु विनिर्दिशेत्।।१९४।।
पुरुषा कति संस्थानं भास्करे रुधिरधमो।
भूमिपाल सहस्त्राणाभ्रमिः विपति शोणभम्।।१९५।।
माषकील लवर्णाभ सर्वतोलोक संक्षयः।
युगान्ते कालकक्षस्त सशस्त्रकोपाय निर्दिशेत्।।१९६।।
एवमन्यैस्त याग्रस्तैः राहुपुत्रैः स्तथा बलैः।
कात्रकेन च संस्पृष्टस्तदेव कुरुते फलम्।।१९७।।
विविधेन तु वर्णे च यदा दृश्येत् भास्वतः।
परस्परं विनश्यति तेदेशा येषु दृश्यते।।१९८।।

कृष्णारुधिर वर्णश्च पीतवर्णश्च भास्करः।
येषु देशेषु दृश्येत तेषास्पर्शेन भास्करः।।१९९।।
वैदूर्यवर्णः कृष्णश्च वसुवर्णश्च भास्करः।
त्रिविधो दृश्यते वर्णस्तत्र विघ्नान्महाभयम्।।२००।।
श्वेतवर्णः सुवर्णाभा हरितवर्णश्च भास्करः।
ये यद्देशेषु दृश्येत् तेषां वर्षे च संक्षयः।।२०१।।
वैदूर्यवर्णं कृष्णं च वरणं वर्णेषु च भास्करम्।
पांशु वर्णेन दृश्येतेक्षषा येषु दर्श्यते।।२०२।।
रजभेद्रकपोभः शुकपत्र निभस्तथा।
अनाग्रना विनक्ष्यन्ति ते देशायेषु दृश्यते।।२०३।।(?)
अपरचन्द्रिकाभौ वा पक्ष दृश्यन्त भास्करः।
पूर्णद्वादशमे वर्षे तक्षदेवः प्रवर्षति।।२०४।।
एवमन्यैस्तथा चरौ मिश्रैर्योमातिको रविः।
श्वेत शरीष वर्णो चाय प्राभोरूप्यं सन्निभः।।२०५।।
वैदूर्यवृत्त वर्णाभो हेमाभश्च दिवाकरः।
वर्णैरेभिः प्रशस्तः स्यान्माहास्निग्धः प्रतापवान्।।२०६।।
भावन्तः सर्वसस्यानांक्षमाणे य सुभिक्षदः।
शङ्खरुर्णनिकाशेन रजसा संहितो रविः।।२०७।।(?)
राज्ञो विजय माचष्टे वृद्धिं जनपदेषु।
वचनावतिकाशे वक्षयनीयनिभे न वा।।२०८।।
त्रय यमजन्याको फलनुदये रजसा सूर्यः सदृतः।
समावहेत् अयने सुप्रभः स्निग्ध रसद्ये दिवाकरः।।२०९।।
सुवृष्टि च सुभिक्ष च योगक्षेमं च निर्दिशेत्।
राहुग्रो तु रवेः पूर्णासाध्या रौद्रन्तु पश्चिमम्।।२१०।।

अथ   चन्द्रमसोमध्य   उभे   वरुण   दैवतै:।
आदित्यवन्तयावर्त्त   नक्षत्रे   ययागतम्।।२११।।
तेजसा   रक्षितं   मानोर्नान्य   पीडयते   ग्रह:।
ग्रहोपसृष्टं   नक्षत्र   सवितुर्योग   मागतम्।।२१२।।
विशोधयति   तत्पापं   उषाग्निरिव   काञ्चनाम्।
गार्गीये ज्योति:शास्त्रे आदित्यचार: समाप्त:।।

□□□

अथ एकादशोऽध्यायः

विप्रतुस्तां दिशां याम्यं नाशायाश्च मजघ्नसा।
रक्षनोयश्चेतश्चारे शृण्वगस्तयस्य तस्य तु।।१।।
नार्कग्रहर्क्ष स योग स्वस्तिस्तस्व विद्यतो।
सोद्वय षष्टंलग्ने प्राप्यमासा तु तयते सदा।।२।।
पुष्योद् गारिण्यया मार्गखंज त्रोटक दर्शने।
लक्ष्यत्यश्वक शुक्रे कुर्वाणो निर्विषं जलम्।।३।।
शङ्खकुन्देन्दु गौक्षीर मृणालरजत प्रभः।
सप्तस्यादुदितोगस्त्यः सोषद्य बहु वर्षदः।।४।।
वैश्वानरास्थि प्रतिभो मांस शोणित कर्दमैः।
मणैर्मपैश्च विविधैः केचिच्छिद्यते प्रजाः।।५।।
तारावैदूर्य संकाशे शाण्डिलो दक्षिणे पतिः।
स्थूल तेजोमयोरक्ता पूर्वेतोङ्गिरतः सुतः।।६।।
सूक्ष्मायाश्चे मातश्चापि सुवात्रा नाम तारका।
उपायै एव वर्णपदं सुसूक्ष्माः ये च तारकाः।।७।।
वृष्ट पूर्वेन शाण्डिल्य क्षेमदौ मेद वर्षकृत्।(?)
पश्चिमाच्च बहुवर्षास्यात् सस्य सम्पत्करश्च सः।।८।।
तेजोवती मतिक्रामेत् सुवर्णं वा महाग्रहः।(?)
भूतानार्वेश संकुर्यात्सुबला विषयेऽपि च।।९।।(?)
विचरन्तातिचारः स्याद् गच्छेद्गजरथ दथ।
ऊर्ध्वघोरं मदारेश्च अनावृष्टि भयं भवेत्।।१०।।
नीचोदितश्च रत्नं चेद्याध्यनावृष्टि शस्त्रकृत्।
उदेत्य क्षिप्रमारोहे धन्यार्घः स्यातदा महान्।।११।।(?)

दृष्टो नद्यायो शिशुर्ईन्यात्।
द्वितीये तत्सुभिक्षकृत् तृतीये गोपशुघ्नः स्यात्।।१२।।
चतुर्थे शूद्रपीडनः पञ्चमेस्युरुजास्तीव्रा षष्टे हन्यात्।
तपश्विनः सप्रमे प्रबलाः सौरा सौषम्यं कुरुते।।१३।।
अष्टमेनवमे रोहते सस्यं नृपाणां वशमे जयः।
एकादशे कालवराहन्यान्तादिक शिल्पिकान्।।१४।।
द्वादशे स्यादनावृष्टिर्भयं विधा त्रयोदशे।
चतुर्दशे विनश्यन्ति राष्ट्रानि नृप पीडया।।१५।।
परमे सूयते तस्य पौर्णमास्यां प्रशस्यते।
चारमेव मगस्त्यस्य लक्ष ब्रूयात् शुभाशुभम्।।१६।।
अगस्त्यचारः ऋषितस्वक्रतु शुक्रमप्रच्छ नारदः।
जिज्ञासुस्तत्ववित् शास्त्रं विविधं तृफलोदयम्।।१७।।
इति पृष्टः सम भगवान्सर्वशो मुनि सत्तमः।
तस्मै प्रोवाच स भगवान् शकुनाना विचेष्टिताम्।।१८।।
यथावदनुपूर्वेण ब्रह्म प्रोक्तं सनातनम्।
प्रत्यक्ष तत्वपूजाना नारदो मृगपक्षिणम्।।१९।।(?)
सूर्यात्मनोरन्तरेण तस्मादेव नगो रविः।
तस्मादनन्तरं रक्तं वृक्ष संपरिवर्त्तनम्।।२०।।
जयिषिणो नरेन्द्राणां नियते विधिवद् बलैः।
निशामयै तदैवज्ञः क्षकुणानां विचेष्टितम्।।२१।।
मृगाणां प्रथमं श्रुत्वाशुनामपि च भाषितम्।
उत्थानतिधनं चैव सर्व ब्रूयात् शुभाशुभम्।।२२।।
रम्या पुरस्ताद् गच्छन्त्यः पृष्टतो वा हरन्ति ये।
वामतो यः सवाणन्त समरं प्रवदति ये।।२३।।

पुरस्ताद्दक्षिणे येषु विजये तेषु निर्दिशेत्।
तथैव पृष्टते विद्या दक्षिणे विषमोत्तरा।।२४।।
पुरस्त दक्षिणो ये स्फुर्मगाशा कुलिभिः।
सहाकर्णश्च समयेस्यु साहित्यवेदयन्ति ते।।२५।।

अन्तरचक्रे प्रथमोऽध्यायः।।

❑❑❑

अथ द्वादशोऽध्याय:

सामान्यानां नरेन्द्राणामैन्द्रो दिक्षु विधीयते।
आग्नेयो सधशिल्पानां तथा ये चाग्नि जीविन:।।१।।
महापात्र: पुराणाश्च याम्य वैश्याश्च संश्रया।
नैऋतात्रेस्वहन्तारो विधवा: स पुनर्भवा:।।२।।
वारुणो वरुणोभर्त्ता नरा येचांसु जीवन:।
चापद्या: सर्वपशव: सूतश्च विवधाश्रिता:।।३।।(?)
ब्रह्मण्याश्च गृहस्थाश्चा सौम्यादिशि मुपाश्रिता:।
ब्राह्मीदिशं त्विगितश्च ये चाद्यार्वृत्त माश्रिता:।।४।।
रौद्रश्चेच्छ कुणोदीप्त: स्वरं प्रत्यहरेद्यदि।
अभ्यासे तत्र जानीया घोरभय मुपस्थित:।।५।।
अश्वच्छ दीप्त वृक्षेषु वासेतवितिभिस्तथा।
यत्रतचौरं ज्ञेयं परचक्र मुपास्थितम्।।६।।
राज्ञश्च पुरुषस्तत्र सेनोनिवर्त्तते महत्।
संत्रामश्चात्र विपुलो न चिरेण भविष्यति।।७।।
आग्नेय: शकुनि दीप्त: खरं प्रत्याहरेद्यदि।
अन्यासे तत्र जानीयाद् घोरं भय मुपस्थितो।।८।।
अश्वत्थापत्र वहवो वधश्च विविधास्तथा।
परचक्रे न विज्ञेय: क्षिप्रं तत्र समागतम्।।९।।
रथकत्स्वर्णाकारो वा कक्षारो वापि नायक:।
भविष्यत्यमे रोचापिनोता शूद्रोग्नि जीविन:।।१०।।
याम्यश्च शकुनो दीप्त: खरं प्रत्याहरेद्यदि।
अभ्यासे तत्र जानीयाद् घोरं भय मुपस्थितम्।।११।।

अश्वत्था पत्र वहषो वधश्च विविधास्तथा।(?)
परचक्रे न विज्ञेयः क्षिप्रं तत्र समागतम्।।१२।।
रथत्स्वर्णाकारो वा कक्षारोवापि नायकः।
भविष्यत्यमे रोचापिनोता शूद्रोग्नि जीविनः।।१३।।
याम्यश्च शकुनो दीप्तः खरं प्रत्याहरेद्यदि।
अभ्यासे तत्र जानीयाद् घोरं भय मुपस्थितम्।।१४।।
श्मशानान्य गोस्माश्च ग्रामधान्यानि पत्र च।
आशुतत्रेष्ट्वाति बलं परेषामभि निर्द्दिशेत्।।१५।।
महापात्रश्च सेनानी वैश्योचात भविष्यति।
अत्रापि च विजानीयाद्विमर्द्द प्रत्युपस्थितम्।।१६।।
नैऋतः शकुनो दीप्तः खरं प्रत्याहरेद्यदि।
भ्राम्यासे तत्र जानीयाद घोरं भय मुपस्थितम्।।१७।।
इङ्गुक्षश्च वदर्यश्च कटकीरस्तथा परे।
पत्रवृक्षा प्रदश्येत ज्ञेयस्तत्र भयागमः।।१८।।
क्षत्रियत्वं ब्रुवणाश्च तत्र सेनापति भवेत्।
मरणं चापि शौर्येण युक्तो नृपति पूजितः।।१९।।
वारणः शकुनो दीप्तः खरं प्रत्याहरेद्यदि।
अभ्यासे तत्र जानीयात् घोरं भयमुपस्थितम्।।२०।।
यत्र नद्यस्तडागानियत्वात्रानि सरांसि वा।
फलीनः पुष्पवन्तश्च भक्षास्तत्र भयं वदेत्।।२१।।
सेनापतिश्चात्र वणिक् परचक्रे भविष्यति।
अषरो वा जलाजीवः सेनानेना भविष्यति।।२२।।(?)
वायव्य शकुनो दीप्तः खरं प्रत्याहरेद्यदि।
अभ्यासे तत्र जानीयात् घोरं भय मुपस्थितम्।।२३।।

चन्द्रस्तत्र भवेनेतास्तेच्छे चापि तथापरः।
निरयः पर्वताभूश्च विषं या यत्र लक्ष्यते।।२४।।
तत्र नाभिमासेमां परेषां अभियास्यासि।
परस्पर कृताश्चात्र संग्रामस्तु मुत्रो भवेत्।।२५।।
सौम्यस्तु शकुनो दीप्तः खरं प्रत्याहरेद्यदि।
अभ्यासे तत्र जानीयात् घोरं भयमुपस्थितम्।।२६।।
क्षिरिणः श्वेतपुष्पाश्चधा वृक्षापत्र फलान्विताः।
श्वेताभूदर्भधान्यानि वृक्षाश्चाडुम्बरास्तथा।।२७।।
तत्र सैन्यं प्रदृश्यन्त परेषामिति निश्चयः।
सेनापतिब्रह्माश्च तत्र सैन्येभविष्यति।।२८।।
एशोनः शकुनो दीप्तः खरं प्रत्याहरेद्यदि।
अभ्यास्त्रे तत्र जानीयात् घोरं भयमुपस्थितम्।।२९।।
वृक्षास्वादुष्फला पत्र तपस्वीनां तथाश्रमाः।
तस्मिन्देशे भयविधतस्यास्वंस्य परैषुद्धि।।३०।।
द्विजश्चलिणयगतस्तत्र सेनापति भवेत्।
इत्यद्यति यमाप्रोक्ता योगक्षेमे दिशान्वितः।।३१।।

❑❑❑

अथ त्रयोदशोऽध्यायः

ग्रामे प्राविशतो यस्य व्याहरेच्छकुनो मृदुः।
सद्गश्चातो विजानीयात् यदिश न राजपौरुषम्।।१।।
अशनं शालयस्तमाप्तानि विविधानि च।
परिवेशे चयोषात्र स सुवर्णानि भविष्यति।।२।।
नामं प्रविशतो यस्य व्याहरेच्छकुनो गृहे।
उपदधेन सूयेनक्तं शाल्योदन भवेत्।।३।।
हिरण्यालङ्कृता चात्र परिवेष्टी भविष्यति।
ग्रामं प्रविशतो यस्य व्याहरेच्छकुनो मृदुः।।४।।
यस्य प्रशान्तो जानीयाद्दर्शनं वैश्य संश्रिता।
कृशरेण भवेच्चात्र तिलाशोकोदनेन च।।५।।
न प्रहृष्टाचारे चेष्टि कृष्णसर्पे भविष्यति।
ग्रामं प्रविशतो यस्य व्याहरेच्छकुनो मृदुः।।६।।
नैर्ऋतस्तत्र जानीयादरिद्रगृह भोजनम्।
क्रूरदोषो भवेतत्र नारी च परिवेषिका।।७।।(?)
नारी रूपस्विनी सा च सोसलोह विभूषिता।
ग्रामं प्रविशतो यस्य व्याहरेच्छकुनो मृदुः।।८।।
वायव्यास्तत्र जानीयात् दरिद्र भोजनम्।
अहद्य प्रायशस्तत्र तथा दुग्धोदनं हविः।।९।।
अत्हृद्य प्रतिकूलां च तत्रस्यात् परिवेशिकाम्।
ग्रामं प्रविशतो यस्य व्याहरेच्छकुनो मृदुः।।१०।।
सौम्यः प्रशान्तो जानीयादनं ब्राह्मण संश्रयात्।
गोरसौ विविधैरत्नैर्भविष्यति सुसंस्कृतम्।।११।।

दिव्याम्वरधरा वा विप्रमदा परिवेष्यति।(?)
ग्रामं प्रविशतोक्तस्य व्याहरेच्छकुनो मृदुः।।१२।।
वेश्यान्नं तत्र जानीयादंश वृत्तिषु भोजनम्।(?)
नैन्वार शमनंत चवेत्छचाप्यपर अशुचिपि।।१३।।(?)
आकाशाय ब्राह्मणी परिवेष्यति।
एव मन्त्राणि वद्धानि शकुनानां विचेष्टितम्।।१४।।
शास्त्रोक्तैर्दिक्षु सर्वासु ग्रामेषु नगरेषु वा।

❑❑❑

अथ चतुर्दशोऽध्यायः

वेगेन व्याहते दीप्ते फले यः परिपृच्छतः।
फलमिष्ट मनिष्टं वा मम किं साम्प्रति भवेत्।।१।।
स दैवज्ञेन च कृत्य मुपस्थितः।
यद्राजपुरुषाधानं प्राप्ताव्यय विनात्यया।।२।।(?)
आग्ने ये शकुनो दीप्ता फलयः परिपृच्छति।
स वाच्यः स्वर्णानासस्ते सुमहान् पर्युपस्थितः।।३।।
सुवर्णकार शक्रं च तथा कार्ये भविष्यति।
अग्निजीविषु चान्येषु लोहनाशश्चते ध्रुवाम्।।४।।
याम्य प्रव्याहुदीप्तेर्यः फलं परिपृच्छति।
फल मिच्छामि विज्ञातु ममकि साम्प्रतं भवेत्।।५।।(?)
स वाचो शकुनो दीप्तेयः फलं परिपृच्छति।
सुवाच्योध प्रदुष्टो ते भार्यागो नाशश्च एव च।।६।।
सौम्ये तु शकुनो दीप्तेयः फलं परिपृच्छति।
सुवाच्योध प्रदुष्टो ते भार्यागो नाशश्च एव च।।७।।
सौम्ये तु शकुनो दीप्तेयः फलं परिपृच्छति।
स वाच्यः संचितार्थस्तेयः स नाश भविष्यति।।८।।
कर्त्तकामोविचित्र्याणि पुष्टिकर्मसु ते रति।
इदं शंहृदि ते सर्वे मङ्गल्यं परिवर्त्तते।।९।।
ईशाने शकुने दीप्ते यः फलं परिपृच्छति।
स वाच्यं सहस्त्रं वद्धः सवार्थः स नशिष्यति।।१०।।
इति चित्रमिदं प्रोक्तं लक्षणं शकुनेरितम्।
एते शेषं प्रयत्नेन य इच्छेत् सिद्धि मात्मनः।।११।।

अथ पञ्चदशोऽध्यायः

प्राङ्मुखे प्रस्थिते सार्थे यद्यैद्र शकुनो भवेत्।(?)
रथ्यन्तर खगोदीप्तस्तस्य वक्ष्यामि लक्षणम्।।१।।
सूर्योदयस्य वेलायां ससार्पो वधमृच्छति।
अवकाशे यथोक्तेन पूर्वमैन्द्रो दिशं प्रति।।२।।
वारुणश्च प्रतिपाद्यदि तत्तु ममाविशेत्।
एतश्च पुरतः स्याथ चक्राक्षो विनष्यति।।३।।
युक्तश्चास्य बलोधर्म दक्षिणं पञ्चकालकम्।
तस्य श्रृंगाक्षा भङ्गेन शान्तमेव फलं भवेत्।।४।।
पूर्वदक्षिणयोः सार्थे प्रस्थितं व्याहरेद्यदि।
आग्नेयः शकुनो दीप्तस्य वक्ष्यामि लक्षणम्।।५।।
चतुर्भागे तेहूस्तु ससार्थो न भविष्यति।
अवकाशे यथोक्ते न वेदितव्यं चतद्भये।।६।।
वायव्य प्रतिगृह्येत यदि तेक्षामासा दिशेत्।
यस्यत्स्य बलोधर्मा कुमुदाभो भवेद्यदि।।७।।
तस्य चक्राक्ष भङ्गस्तु सदास्यादत्र जीविनः।
अथापि रथकारस्य एताच निर्दिशेत्पलम्।।८।।
असमामभिमुखे सार्थे प्रस्थिते व्याहरेद्यदि।
मध्यन्दिनगते तत्र वधं सार्थ।।९।।
मभिमुखे सार्थे ते व्यहरेद्यदि।
मध्यन्दिनगते तत्र वधं सार्थस्त्यता दशाम्।।१०।।
पूर्वोक्त मवकाशं च जानीयात् स्वार्थं हि शनैः।
प्रतिगृह्य शुभे सौम्यं शकुनैः क्षेम मादिशेत्।।११।।

तत्र वैश्यस्य गोनीलपत्र दक्षिणयुग्भवेत्।
तस्या च तु मप्यालोवातत्कृते विनश्यते।।१२।।
नैर्ऋताभिमुखे सार्थे नैर्ऋते वदेत्।
दीप्तस्वरं नाभिमुखः क्षिप्र तत्र भयं भवेत्।।१३।।
इति चारे न चक्राक्षौ भज्यते परस्यति।
क्षत्रियत्वं ब्रुवाणश्च कृष्णगौरिति निर्दिशेत्।।१४।।
यथोक्त मवकाशे च जानीयात्तत्र सम्भ्रमे।
वंशानः प्रतिगृह्णीयाद्यदि नोक्षेम मादिशेत्।।१५।।
वारुण्याभिमुखो सार्थे प्रस्थिते वारुणं वदेत्।
अपराह्ने स्वरं दीप्तं तत्र वक्ष्यामि लक्षणम्।।१६।।
रौद्रे मुहूर्त्ते सार्थे पश्चिमेव भविष्यति।
अवकाशो यथोक्तेन जानीयात्तत्र संक्रमः।।१७।।
पक्षे तु प्रतिगृह्णीयात्स्वर नियति दारुणाम्।
शान्त भवतित्तघोरे क्षेमासार्थे च निर्द्दिशेत्।।१८।।
पारत्रश्च बलीवर्दः तस्यस्याद्य च हारिणः।
अक्षस्तत्र प्रभज्येत चक्रं वान वर्षणम्।।१९।।
वायव्याभिमुप्ये सार्थे प्रस्थित्तेया हरेद्यदि।
वायव्याः शकुनो दीप्तिः प्रदोषे प्रतिषेधयेत्।।२०।।
पूर्वोक्तेषु च दोषे ससार्थो वध महति।
आग्नेयश्चेत् प्रतिवदेक्षममित्येव निर्द्दिशेत्।।२१।।
शूद्रस्ये वापि पत्रोस्मिन् कल्माषोगो भवेदथ।
दक्षिणस्तत्र भज्येत चक्राक्षे च प्रतिनिर्दिशेत्।।२२।।
शूद्रस्ये वापि पत्रोस्मिन् सौम्यएव यदा भवेत्।
अर्द्ध माचरदीप्तं तत्रेदमाति निर्दिशेत्।।२३।।

पूर्व संकल्पिते देशे ससार्थो न भविष्यति।
दक्षिण प्रतिगृह्णीयाक्षिमित्येव निर्द्दिशेत्।।२४।।
तत्रघ्नि कत्तु विप्रस्य शुक्रो दक्षिण युग्मचेत्।
अक्षयं वातस्य भज्येत चक्रं नामे च वा तथा।।।२५।।
पित्त सार्थं प्रयातेषु लक्षति पृथक् पृथक्।
जयुतच्छास्त्रतो पुनर्दिशेच्च वन्नायलम्।।२६।।

❑❑❑

अथ षोडशोऽध्यायः

अत्तूर्द्ध प्रवक्ष्यामि भाव सम्प्रेषणे विधाम्।
यथा वदन्ति शकुना वार्त्ता चैव प्रचोदितः।।१।।
नैऋत शकुनं चैव वदतं प्रतिगृह्यते।
तत्रश्च फलविधात्यपला पत्रति वेशत।।२।।(?)
नरेन्द्र पुरुषश्चात्र भविता लेखहारकः।
राजकार्यार्थ मुप्युक्तं क्षेमवादी भवेद्यसः।।३।।
यतश्च प्रतिगृह्णीयादिशं तामभिमथो जयेत्।
मुहूर्त्त तं विजानीयात्ततोग्ना आग्नेयो।।४।।
न्नौतो दीप्ता वदतं प्रतिगृह्णाति।
तत्राग्नि जीविनं विद्यास्त्रेरव हारक मागतम्।।५।।
लेखहर्त्ता च विज्ञेयः क्षेमवादी प्रियम्वदः।
वैष्णवेषु च मन्त्रेषु सलिस्वः स्या त्रिनेशतः।।६।।
याम्यं तु प्रतिगृह्णीयात्रैशतः शकुनो यदा।
तालपत्रे विजानीयास्त्रिषितंत्ररव मागते।।७।।(?)
सौराणिको वाहूतो वा वैश्यो वा लेखहारक।
समक्षेभ्योभवे लेखमिति हो वाच भार्गवे।।८।।
नैऋतं शकुनयंत्व वारुणंद्यति गृह्यते।
आगन्तारं विजानो वारिणजं लेखहारकम्।।९।।
भूर्जपत्रे च लिखित लेखं तत्र गमिष्यति।
क्षेमवादी च पुरुषः स च लेखो भविष्यति।।१०।।
व्यवहारे न भगवन् क्षेमवादी भविष्यति।
व्यवहारे न भगवन् क्षेमवादी भविष्यति।।११।।

वारुणं शकुनं यत्र वायव्यं प्रतिगृह्णन्ति।
चर्मपत्रमयं लेखं शूद्रस्तत्र हरिष्यति।।१२।।
क्षेमवादी च पुरुषः स च लेखो भविष्यति।
व्यवहारेन च गवा क्षेमवादी भविष्यति।।१३।।
तच्च कालं विजानीयादिशश्च प्रवदेत्ततः।
नैऋत शकुनो यत्र सौम्य प्रत्यभिभाषते।।१४।।
ब्राह्मण तत्र जानीयात् लेखहारक मागतम्।
वस्त्रेव लिखिते लेखं विद्या ते क्षेमवादिनम्।।१५।।
देशं दिशं मुहूर्त्तं च दृष्ट्वा तत्फलमादिशेत्।
वारुण प्रतिगृह्णीयानैऋत शकुनं यदा।।१५।।
लिङ्गप्रत्य च कष्टस्य तत्रास्याल्लेखहार करकः।
विदत्रे लेखो लिखितः संप्रविश्यति।।१७।।
ब्राह्मणः क्षेमवादी च स लेखः सविष्यति।
दीप्ते स्वप्ये समावेश्य क्षेमं शान्तेषु निर्द्दिशेत्।।१८।।
मित्रेषु च सर्वे मित्रं निमित्तः शास्त्रतस्ततः।
मुहूर्त्तापि दिशश्चैव वित्ताय फल प्रादिशेत्।।१९।।
इति लेखनिमित्ते च जानीयादिक्षु सर्वशः।
मृगचक्रे न जानीयादिक्षु सूर्यस्य मागतिः।।२०।।
त्रैकाल्ये च ततो बूयात् पक्षिणां यत्र निश्चयम्।
एतदन्तरचक्रं च प्रोक्तं कृत्स्नत च तत्व न।।२१।।
तथामे ब्रह्मणा प्रोक्तं तद्ज्ञात्वा न प्रमुह्यति।
एवमन्तरचक्रं चयो विजानाति नारदः।।२२।।
सम्पूज्यैः पार्थिवै विप्रदैवज्ञो ब्रह्मवित्तमा।

इति गार्गीये ज्योतिःशास्त्रे अन्तरचक्र समाप्तम् ।।

अथ सप्तदशोऽध्यायः

दशारंशान्नामसूर्यनेमिऽचि प्रभा।(?)
सत्यकीर्त्यथ धर्मश्री मृगचक्र निबोधता।।१।।
नरशिवाम्भो रत्नकस्येनोभे भ्रान्त तथैव।
स्मृकमार्जारोश्चेतरोलूक गोजावीन कुणोविक।।।२।।
वराहमुषगणै मयूरक्रौंच वायस।
नित्यकाशत पत्राश्च वा खयरा स शुकप्लवाः।।३।।
कचिकाश्चक्र एवाभ्रो न समुद्भवाः।
हंसावकावत्राकश्चाकाकाः पारावतागजाः।।४।।
ये चान्ये प्राणिनः श्रेष्ठा सत्यास्ते चेतरामृगाः।
श्रवणं दर्शनं चैव प्रादक्षण्यं च शल्यतगे।।५।।
हेतुर्हेम्रिति चित्रासो खरभीमत्वाराशिवाः।
मृगश्येन स्वराभो भोक्षे नीरिवनहास्वनः।।६।।
शीतोष्णवातवर्षाणां व्याधिचित्रासितस्तथा।
प्रतिकुष्ट प्रतिरवे सवैभैरवको मृगाः।।७।।(?)
दैत्यैकश्चरेणैको बहुशो यदि चासकृत्।
मृशंया यदि वा मर्म मकक सृगूस्मृतः।।८।।
एतैस्तु षष्टो व्याख्या तास्ते सर्वेसव्य दक्षिणा।
दीनास्निग्धा रूक्षाक्षेमारूक्षाभ्युमा शुभाः।।९।।
दिशाहव्यामृदवः क्रूरादीप्ताः मृशं कृशाः।
रथान्तरावर्हताश्च हरासन्ता परस्परो।।१०।।
ऐन्द्री पूर्वादिश विद्याक्षग्नेयो पूर्वदक्षिणौ।
याम्यदक्षिणतो विद्यान्नैकृता दक्षिणां परा।।११।।

वारुणीं पश्चिमाविद्याद्वायव्य पश्चिमोत्तरा।
क्षत्रियस्य तु पूर्वाद्यादिगाग्ने परिक्षश्रियस्त्रियाम्।।१२।।
वैश्यस्य याम्य विज्ञया वैश्यभार्या सु नैऋता।
शूद्रस्य वारुणी ज्ञेया वायव्या शूद्रभार्यया।।१३।।
ब्राह्मणस्व सौम्यादिगैशानी ब्राह्मणस्त्रिया।
उदयो दीप्यते पूर्वापूर्वाद्वर दक्षिणा।।१४।।
मध्याह्ने दक्षिणा दीप्येदपराह्णे तु नैऋती।
याश्चेमास्त मते दीप्येद्वायव्या पूर्वरात्रिकी।।१५।।
सौम्या तु मध्यरात्रे स्यादेशानि तु प्रभायवो।
सम्प्राप्ता रागताभीता दीप्यन्ते त्रिविधं दिशः।।१६।।
व्याहरन्ते मृगास्तासु वेदप्यन्ति महत्फलम्।
भयवृत्तमतीता दीप्तायां संयाता मृगाः।।१७।।
अनागतायासामि सद्यास्तु मुदितासु च।
रौद्रीदिशश्च राज्ञश्च दीप्ता प्राहुरूपह्णीयम्।।१८।।
अग्निश्चौराश्च जानीयाक्षग्नीयेषु निबन्धुषु।
शरीरधातव्यंघ्रि च याम्यश्चाहुतिं चे।।१९।।
वधेषु राजप्याचौरा नैऋतेषु निवन्धेषु।
दीप्तद्यताः प्रतीच्यां तु परचक्रं तयो ततः।।२०।।
अपाहयन्ति मासाद्वाभ्यां वा यदितातृभिः।
वारुणो दीप्तसम्भाषाक्ष मारूक्षानिभत्।।२१।।
स्वरामहद्भयं शीघ्र महारुपद्रवम्।
वात च भयं वधं चापव्यच्छेद भेदना।।२२।।
वदयन्ति मृगाः शीघ्रं दीप्तोयानमगस्थराः।
सौम्या तु दीप्तनिधाना बहवो यानि वै मृगाः।।२३।।

भयं ब्राह्मणं पीडा चक्षि प्रमाहु मृगाद्विज।
ईशाना दीप्त विधिना दीप्तोत्यानामृशसून।।२४।।
वर्ष गोहरणं चैव पांशु पीडा च निर्द्दिशेत्।
दिक्ष्वा तु पूर्वा प्रपीडा तरदिक्ष च।।२५।।
यथो देशेन दीप्तासु शान्तासु च विपर्ययम्।
गार्गीये ज्योतिःशास्त्रे मृगचक्रे प्रथमोऽध्यायः।।

□□□

अथाष्टमोऽध्यायः

नदीकूपतडागस्य पाण्डुयोषा महास्वना।
र्दश सौम्य वा यया महावर्ष प्रचक्ष्यते।।१।।
वायव्यशान सौम्येद्रा वार्षिका पटिनामृगाः।
आग्नेयनैर्ऋतायाम्या वारुणाश्चाथ वार्षिकाः।।२।।
रुक्षय गरुडागात्रैदेश क्रोध शिलोच्चयो।
वायव्यः शस्त्रकोपाय मृगराजोवस्मय च।।२।।
उत्कोशंतोदृंहशंतो वा साध्वसाध्वंतति दैवताः।
पूर्णबल्गुस्वराकाष्टा प्रहृष्टा प्रियवादिनः।।३।।
अप्रहृष्टंच्छर्जेतिक्षा मरूक्षाहृतस्वराः।
शोचं तद्वव नैर्ऋत्यादीनाह्य प्रियवादिनः।।४।।
मृगचाषखरोलूका व्याहरन्तस्व नैर्ऋताः।
परे रौद्रे मुहूर्त्तेन वाह्यस्थो लभते पुरे।।५।।
वदत्येष मृगसंध्यां दक्षिणोत्तरा पश्चिमाय?
कैकशेन संत्रह्य ब्रूयाद्युद्ध मुपस्थितम्।।६।।
नीचै तु क्षतं कुर्वाणः वारुक्षे धातुदीर्घ प्रकर्षिणः।
मृगवः सुखनिर्घोषा वदते नमते मृगाः।।७।।
उच्चैश्चूर्णात सम्भाषा हेतुहेतुत्व तिक्षरुतणा।
क्रुर्द्धश्चं उड्डुताघोरा शीघ्रारप्यतरा मृगाः।।८।।
कुलादीप्ता प्रहृष्टाश्च सद्यस्कातं निकर्षिणः।
पक्षिक्षस्त्वतिशो हृष्टस्वरे ग्रामाच्च मासिकाः।।९।।
निष्फला मासपक्षात्र्ये मृगाः कुर्वनिसञ्चयम्।
वारुणा बहवोदीप्ता देशप्रच्य च जायते।।१०।।

प्रजा तस्याग्रतो राशे मृगो प्राह महद्भयाम्।
पार्थासिद्धि च ब्रूयाद्वासतु पृष्ठतः।।११।।
पार्श्वतोपि वासायस्यात् पर्थ चासे भयमाहु।
रूपस्थितं गच्छेन श्रैवणार्थ मृगाः प्रतिमुखो वदेत्।।१२।।
पर्यवस्थित माचष्टे सद्यः काले स्वपक्षतः।
प्रकृष्णोहे गुरुब्देन वार्हतेनोप कर्षति।।१३।।
यत्र तत्रार्थ माचष्टे समिषं तत्र तु व्रजेत्।
प्रतिसूर्य मिवादित्यं वा हरन्तिदिते मृगाः।।१४।।
शङ्खस्वनाक्रन्दे लाराये दीप्तस्वरा मृगाः।
भवेत्यल्प स्वराश्चापि भयन्तेष विनिर्दिशेत्।।१५।।
प्रत्यार्क मुत्थिताये च क्षतो याति वामतः।
भयं राजा निमित्त च तेषु वृष्टि विनिर्दिशेत्।।१६।।
प्रत्यदित्य निवधोय सर्वैषु प्रियवादिषु।
यमान्तो भाषमाणेषु सहसा चक्षते भयम्।।१७।।
कूहाश्च रवक्षस्तूर्णं शीघ्रा वाच्य निगृह्यतो।
आकुला वाहुत्वाये स्युः पाठकाख्या मृगाख्या।।१८।।
इत्येव मभिधावते भयमाहुर्यथा दिशाम्।
शान्ता क्षन्ता स मधुराधे प्रदक्षिण च दिनः।।१९।।
ते क्षेमा शिरसौमित्यासु वृष्टिजयतेदि तहि।

मृगचक्रे द्वितीयोऽध्यायः।।

❑❑❑

अथ एकोनविंशोऽध्यायः

यदि दीप्ता शिवावासो किङ्किणोकस्वना।
सकृत् सद्यः ग्राममाचष्टे भयमोकस्य वा पुनः।।१।।
खरोप्यैकस्यधा मध्ये वासेनयो वदेत्।
यमे चाभिमुखे वासे तस्य विद्यात्पराजयः।।२।।
उभे चाभिमुखो वासेदुभये स्यात्पराजयः।
दीप्तामुखः पलायन्ते क्षेमे शान्ता च कृष्णयोः।।३।।
उदकाचीत्यां शास्त्रो वा किङ्किणो कः स्वराशिवा।
सैचाष्टभागे वदिति विच्छिन्नं राजा मृत्युत्यवे।।४।।
पूर्णेष्टभागे शास्त्राय शिखां चोरवधाय च।
दक्षिणामेघ सत्राहेकस्य भवति वासतः।।५।।
आमात्यश्रेष्टि मरणं वर्ष गोहरणं भयम्।
शिवादि च प्रगृर्ह्यदेत्यसं सत्यारुह्य वासति।।६।।
अश्रुत्यात्वं तदा प्राहुर्वाससाना भृशस्वराः।
मनुष्यवध माचष्टे संस्थासा भैरवस्वरा।।७।।
आरुह्य मुल्लिख्य वा चादेत् स्वीमृत्यवे।
शिवा सध्यच्छज् कूतां चोरिमृत्युवे अप्य मात्ययोः।।८।।
भेरीमृदङ्गवन्नादं छत्रद्विर्वाप्यचास कृत्।
क्रिर्वदेद्भूमिक पापनिघातोत्कापभयरपि वा।।९।।
तुरगाऽवधावंन्ति वदन्ति सहिता मृगाः।
शिवाश्चे तरतः स्तीक्ष्ण चदेदुल्का पतिष्यति।।१०।।
निर्वातोल्का महीकं याविधुस्तनितमार्ततः।
मृगाश्चेदनु कूजन्ति तद्भये वातदर्शना।।११।।

ग्राममध्ये पक्षग्राम्यो जम्बुको वा प्रवासते।
संग्रामं तत्र जानीयात्स च देशो विनश्यति।।१२।।
किङ्किणाकस्वराः सर्वे भीक्ष्णश्चोत्तरतः शिवाः।
वदन्तः प्राहवै पीतमयात्यानां च विग्रहः।।१३।।
पक्षकश्मारुस्यभृशं वदति जम्बुकः।
ग्रामे पुरे वासार्थे वा महद्धे दयते भयम्।।१४।।
क्षिप्रं ततयत्वाये तदृषा तद्धय लक्षणाम्।
मृगो रथान्तरे दीप्ता पक्षवैह मृगो वदेत्।।१५।।
सन्ध्यायां प्रियते राजा पक्षयोर्वाप्यनन्तरे।
हूरात्पुरस्तादुत्थाय पुरमेवाभि धावते।।१६।।
रथान्तर क्रोशमानाभय माह पथादिशम्।
वात्ये तु देवम्यग्नेयो ब्रूयादग्निमहं च यत्।
ग्रामे पशुषु सभासु गृहेद्यपि च सर्वशः।।१७।।
याम्यायां तु त्वचं दीप्तो वैश्याघ्रंति मृगाद्विजा।
अप्रियं राजदूतं च दीप्तं संसन्ति नैऋतः।।१८।।
दुर्वृष्टिर्वा रता प्राहुः सौम्या ब्राह्मण पीडनम्।
ऐशान्यां स्त्रिविधं कुर्यात्पशुपीडा चतिर्दिशेत्।।१९।।
इन्द्रकीलं समारुह्य भैरवं स्वर मुत्सृजेत्।
वर्षासु वार्षिकं कूपादनन्तं भय मादिशेत्।।२०।।
प्रत्यादिशेत् मनुष्यो वा मृगो वा यत्र वासते।
आत्पाताये तत्र मनुष्यो चात्र वाधतो।।२१।।
ग्रामारस्तया महानाक्ष दिक्षवांत दिक्षु।
चाक्षेत सूर्यवदत्यूर्द्धवगकर्म तदा भवेत्।।२२।।

निर्होरिणा मृगदीप्ता स्निग्ध मुच्चै वदन्ति ये।
उद्योगं तस्य राष्ट्रस्पक्षिधमाहुर कालिकम्।।२३।।
मृगास्तदो वर्षसुस्थल मारुह्यषो सन्ते पृष्टये मृगाः।
आरण्योपादि दृश्यंते योगमास्त च वृष्टये।।२४।।
ग्राममूलेषु कतन्वापीसरस्य वा।
उदकान्तेषु निप्रेषु वसन्तां वर्षमादिशेत्।।२५।।
क्रोष्टायोत्पल्वती याम्येक्षेमाहधा निशासु च।
उदग्रिवंधतं दृष्टा तदा वर्षे समाचरत्।।२६।।
यदि प्रतीच्या मासायाम उद्युजति जम्बुकः।
घोरे क्षुद्रतरं रूपादुदकस्य च विग्रहम्।।२७।।
अवत्सरस्तकास्था स्थानौस्तत्र हरते प्रह।(?)
शङ्खदुन्दुभिर्निघोषै मृत्युर्वृद्धिमतो भवेत्।।२८।।
मृगाः प्रशान्तामृदवः शान्तादान्ताः प्रदक्षिणाः।
ते क्षेमासौभिक्ष्या सुवृष्टि जयवेदिनः।।२९।।

मृगचक्रे तृतीयोऽध्यायः।।

❑❑❑

अथ विंशोऽध्यायः

धावन्ते ते शिवासन्ति सूर्यप्रतिमुख खगाः।
क्षिप्तं तत्र पलायेत दृष्टा तद्भय लक्षणाम्।।१।।
आरामे वा वनान्ते वा वदन्त्यु पवनेषु च।
सेनापति वा राजो वायु पुरस्तादधि रोहते।।२।।
वप्रस्थश्चेत्य भाषत गजाम्प्रतिहि वाहिन्।
भार्षेदभ्यन्तरमुष्यः प्राह पौर पराजयः।।३।।
चक्रं काष्टमलार्त वा चैलकेशीस्थिमानना।
श्मशानाक्ष हरेश्चाद् वाम मृत्युवे वा भयाय च।।४।।
याधरेमृत्यवे च वधाय वा ग्रामं भजते।
वारण्यं मृत्ये वा वध्याय वा वल्पदंत्यैर्यक्ष।।५।।
गृह्य ग्राममध्येद्धवावति यतो मृगाः।
पलायेत ततो मोक्षं विज्ञानयेत्।।६।।
रात्रौ हुत्विहुत्वाभूता व्याहरति यक्षमृगाः।
स्ताममध्ये च घावति यतो मृगाः।।७।।
पलायेत ततो मोक्षं विज्ञानयेत्।
रात्रौ हुत्विहुत्वाभूता व्याहरति यक्षमृगाः।।८।।
स्ताम मध्ये च धावति यतो मृगाः।
पलायत ततो मोक्षं विज्ञानयेत्।।९।।
द्वारे प्रतिमुखास्तद् भयोत्पात लक्षणम्।
वित्पक्ष मृतक्लरवा सेक्षरुत्ह्यजम्बुकः।।१०।।
वृकोद्वे बहवो वापि शस्त्रोत्पातस्य लक्षणं न्यस्तम्।
विशीर्णं विषमं वदन्तं तु वदे मृगान्।।११।।

प्रसृता शीघ्र वेगेन सा सेनावध मादिशेत्।
अरुणाभैरवद्घोरं नादित्वा प्रविशेत्परम्।।१२।।
गो चतुःपद पीडास्याच्छस्त्रोत्पातं च निर्दिशेत्।
रात्रौ दीप्ता प्रदीप्ता मुदिक्षु सर्वसु सर्वतः।।१३।।
व्याहरन्ति मृगाधो रविद् भयाय भयाय च।
मध्याह्नैर्दक्षिणा दीप्ताक्षत्रौ चोत्र एतो व्याहरं।।१४।।
तस्त्रग्रहाघोरं महक्ष च क्षते भय।
ग्रामं परिहराहरेषु स्वसर्वग्राम वधाय च।।१५।।
प्रदक्षिणां प्रधावत्सु क्षेमं शिव मनामयम्।
आरण्या बहवे दष्टा प्रविशन्त्य भयापुरम्।।१६।।
विशत्सुया ससृद्ध बहवो दीक्षा कुजति तुमुलम्।
रणारथां निरासन्निकृष्टाभयं प्राहुरकालिकम्।।१७।।
उभे सन्ध्ये समुत्थाय प्रवासन्त प्रदक्षिणाः।
सौखम्यक्षेमारोग्यं तेषु विद्याद सम्पदः।।१८।।
व्याधि शस्त्रभयं विद्यादति मात्रश्रृगैः।
सक्ष पुरेषु निर्मिशे विद्यत देवभय लक्षणम्।।१९।।
प्राच्यदिशि वदन्तस्तु सन्ध्यायां भैरवस्वना।
क्षत्रियाणा वधं ब्रूयान्नाश राज्यस्य वा चिरात्।।२०।।
शातावायदि वा दीप्तास्निग्ध मुच्चस्वनापि च।
वदन्ति वहवो मोक्षणाम्भ ममेति तदा भृश।।२१।।
यस्यां दिशि च देदीप्तं त्र्यहं निर्वधं मेकभृक्।
षड्रात्रापि महतो वधं प्राह च संशयः।।२२।।
ग्राम्यां वाह्यां प्रतिच्छति चेन्द्गच्छन्त्य नागराः।
वातद्या प्रतीक्षमानेषु प्रविशति पुरःसरम्।।२३।।

वाह्याभ्यान्तरं संचारे शुभं स्यादुभयोभयम्।
तस्मिस्तु मध्यमे शान्ते सायहवति वैरिणाम्।।२४।।
तेषामन्यतमो दीप्त सन्ध्याया विलिखन्मही।
सन्धिच्छेदन माख्याति वित्रोप्रच।।२५।।
दारुणं भयंस्याद प्रतित्तुष्टेन्वयेति च।
प्रतिषेधंति यच्चैन सायातिस्सत्त चाग्रतो।।२६।।
सायं प्राची निवन्धेषु क्षेमं शिवमनामयम्।
प्रतीक्षते पूर्वाह्णे क्षेमकृत्यानि कारयेत्।।२७।।
निर्वायं च बलिचैव गन्धाश्वोपहरेत्सदा।
ब्राह्मणाश्च नमस्कुर्यात्रहन्यांश्च मृगारयेत्।।२८।।
विद्यायं च शिष्येभ्योभिहितं शास्त्रं गगनेदम्।
यशस्विनं मृगणाभिगातं चे वक्षि च क्षेप्यं यशस्करम्।।२९।।

गार्गीये ज्योतिषे मृगचक्रम्।।

❑❑❑

अथ एकविंशोऽध्यायः

अधिके मृगान् ग्राम्यान् स्वरेतित विचेष्टितैः।
शूयनामनुपूर्वेणश्च चक्रं लोक विश्रुतम्।।१।।
यस्माद् भयं च क्षेमं च वर्षावर्ष शुभाशुभम्।
ज्ञायते तद्यनुपूर्वेण गर्गस्यं वचनं यथा।।२।।
श्वेतो मृगो ब्राह्मणानां क्षत्रियाणां तु लोहितः।
मृगस्तु गौरीवेश्यानां शूद्राणां कृष्णतु च उच्यते।।३।।
प्रविशत्वा यदा ग्राम साद्यद्वारे प्रविश्यते।
वामे कार्यविनाशाय दक्षिणेनार्य साधकः।।४।।
आमिषं तु यदागृह्यश्चापिध्वरेषु दृश्यते।
अन्नपानस्यत्वामाय निर्दिशेन च क्षणः।।५।।
चैलं गृह्यपक्षते क्रीडेश्चाथवै सुसमाहितः।
उत्पाते तादृशं वृष्टा वस्त्रलाभे विनिर्दिशेत्।।६।।
खादशं कश्चिद्यदा द्वारिश्चावै दृश्येहुहे क्वचित्।
लाभं प्रवेशे जानीयानिर्गमे तु क्षयं वदेत्।।७।।
वल्मीके वा श्मशान वा उद्याने नदीषु च।
स्थल मारुह्यविक्रोशे द्विद्वर्ष मुपस्थितम्।।८।।
सन्ध्यायांसि प्रसन्नायां प्रवेशन्तो गवेकान्।
स्वातीष्यो सुधाजयात् वामतस्थिताम्।।९।।
यामेगते यदाश्वानो भवन्तीति समन्ततः।
रजन्यां तु प्रभातायां मध्याह्नं तत्र निर्दिशेत्।।१०।।
अधिरात्रे स्थिते यत्रश्चावैरत्रति भैरवम्।
रजन्यान्तु प्रभाज्ञयां सत्राहन्तत्र निर्दिशेत्।।११।।

उदयस्थे यदादित्येश्चद्यैव चक्रे उदङ्मुखः।
तत्पातं तादृशं दृष्टा ब्रूयादग्नि मुपरिस्थिते।।१२।।
दिवसस्य चतुर्भागिश्चावै बुधेत भैरवः।
अचिरे नैकाले न विद्याग्नि मुपस्थितम्।।१३।।
तथा चिरेन कालेन ब्राह्मणार्थं कलिंवदेत्।
मध्याह्ने तु यदाश्वानो विदेयुः समन्ततः।।१४।।
अचिरेनैव कालेन क्षत्रियाणां कलिं वदेत्।
समेत्य सहिताः सर्वैः पादैपांशु विचिंत्यये।।१५।।
अग्नि वेगे भृशेब्रूयात् चक्रकुशलोद्विजः।
पर्वणां तु समागम्य चुद्यते गणशो यदि।।१६।।
तत्पातं तादृश्यं दृष्टा ब्रूयाद्राहु मुपस्थित।
आमिषं तु यदा गृह्य जनमध्ये विधा चति।।१७।।
अर्थलाभं विजानीयादेश लाभं तथैव च।
प्रस्थितस्य पक्षस्यवै मार्गे चच्छात् मिच्छति।।१८।।
अवततप्त तक्षध्वनं चौरोरिति विनिर्दिशेत्।
प्रस्थितस्य पक्षध्वान मार्गतः प्रविधावति।।१९।।(?)
आचक्षे कलहं तस्य तस्मिन्नुत्पात दर्शने।
आमिषं तु पक्षगृह्य जलमध्ये तु प्रक्षिपेत्।।२०।।
उत्पातं तादृशं दृष्टा ब्रूयादग्नि मुपस्थितः।
विरस्तान नरस्वी वांच्छतिश्चावै पत्रा च मूत्रयेत्।।२१।।
सौभाग्यं लक्षये क्षिप्र अर्थलाभं विनिर्दिशेत्।
अन्नपूर्णाय वांञ्छतिश्चावै पत्रामूत्रयेत्।।२२।।
कन्या वैदुष्यतेत्र तस्मिन्नुत्पात लक्षणे।
आप्राकारस्थाभि धावति श्वनो यत्र भृश।।२३।।

पुरोरोध मत्र विज्ञानीयात्स्मिनुत्पात लक्षणम्।
ग्राम्य मामिष माक्षयवास्तै प्रतिवदेक्षदि।।२४।।
उत्पातं यादृशं दृष्टा ब्रूयात्सेना मुपस्थितम्।
अभ्यन्तराश्च वाह्यश्चं खादेत सहितामिषां।।२५।।
ग्रामस्य नश्यते पापं तस्मिन्नुत्पात दर्शनो।
अनामिषे सन्निपात तूष्णीन्वावत्पतक्षणवः।।२६।।
उत्पात तादृशं दृष्टा सोयमपिनिर्दिशेत्।
शकटेप्यथ बाधानेश्चावैयत्रा च रोहिति।।२७।।
चक्रारूढं जनं तत्र क्षिप्रमेव विनश्यति।
यदा यातस्य चक्रे अभिमूत्रयो।।२८।।
उत्पात तादृशं दृष्टा अवसीदति तत्कुलम्।
स्वातीयां तुष्यायांश्चा वैयत्रा च रोहति।।२९।।
स्त्रीणां दोष समाख्याति तस्मिन्नुपात लक्षणम्।
अकालेन प्रसूयन्ते तद् गृह्यो त्रिकालकम्।।३०।।
रौद्रादि वातो ब्रूयोषा वदयति महद्भयम्।
ग्राम्यग्राम्योमितिः क्रम्य मधोपथ च धावति।।३१।।
प्रमूस्यावित नाशः स्यात् घोरेभ्योपि भयं वदेत्।
रथ्यास्त्र च यदश्वानो सततं वासिनम्।।३२।।
यद् गृह्णात्य काले वराहो गमनं वदेत्।
इन्द्रकील समारूह्य यदश्चात्र भृशं वदेत्।।३३।।
ग्रामिणो यदि वा राजा क्षिप्रमेव विनश्यति।
उदानमग्नि मस्यादेवागार जलाशयम्।।३४।।
संस्पृशं त्रित्यशः शान्तः कुलच्छेदवतो भवेत्।
संप्रस्थितस्य वाध्वान मग्नेतोथ प्रध्वनयेत्।।३५।।

अववर्णे चैलमासं तु तस्मिन्नुत्पात लक्षते।
सर्वश्वेतो यक्षश्वा तु देवागारे स्थितो भवेत्।।३६।।
नित्यं सु बन्ध्यमानोपि योगं तत्र प्रदापयेत्।
ग्रामस्य वृद्धिर्भवति राजाराष्ट्रां च वर्द्धते।।३७।।
काष्णणागामिकाश्चात्रापि वर्द्ध पृथक् पृथक्।
सर्व कृष्णजनः रक्तांगौरं च कृष्णं च वर्णवरि विनिर्दिशेत्।।३८।।
क्षत्रियावैश्य शूद्रश्च विवर्द्धन्ते पृथक् पृथक्।
सर्वकृष्णस्तु वैश्वानो रक्ताक्षास्तु बहुश्च।।३९।।
अनविपिडं पर्वण्यं धनं गर्व प्रशंसति।(?)
सर्वकृष्णः सनीलनुतत्र रक्षा महासुखाः।।४०।।
ज्येष्ठ रक्षकलः स्यैष महातेजा महायमाः।
समिष तु पक्षद्यदिशं व्रजति दक्षिणाम्।।४१।।
उत्पातं तादृश्य दृष्टा मरणं तत्र निर्द्दिशेत्।
चतुक्षे सर्वकृष्णश्चा तु यस्य गृहे वसेत्।।४२।।
पर्वण्या सतताहार पूजितश्च सुखावहः।
पर्वश्च योषितः स्नातो ब्रह्मचारी समाहितः।।४३।।(?)
रूपाणावलयं कुर्यादेवसत्या भवन्ति ते।
ब्रह्मे चतुर्दशी रात्रौ निर्जनैथ चतुष्पथे।।४४।।
कृष्णे चतुर्द्दशी निर्जनैथ चतुष्पथे।
यत्कामकेन कृष्णाने नोदकेन चाधमना।।४५।।
वर्णकैश्चैव प्रविच्य दधि दुग्धयोः।
पूरयित्वाथ पत्रातिस्थापयेद्वा चतुष्पथे।।४६।।
यक्षराजा महाराजा प्रीता स वर्णवाहनाः।
उपस्थिता महीमक्षाः सम्यक् सर्वे सुपूजिताः।।४७।।

समताद्युमितस्थे तु यक्षणां प्रयतः शुचि।(?)
न वातयेत् प्रहरेताकारश्च विवर्द्धयेत्।।४८।।
यथाशक्ति च रक्षेत एवं सत्यं वदन्ति ताः।
इति गर्गेण विहितंश्च चक्र ज्ञानश्रुतम्।।४९।।

वृद्धगार्गीय ज्योतिः शास्त्रेश्ववक्तुनामाध्यायः।।

□□□

अथ द्वाविंशोऽध्यायः

महात्मनं महाप्राज्ञं देवर्षिगण पूजिता।
श्यामचन्द्र मृषिश्चल्पे पृच्छतिस्म नरषभाति।।१।।(?)
मिनाप्यदि देहानागन्धर्वाणां चरत् प्रजित्।
सूरसेन दशार्णार्वा मगधां दधि वाहनम्।।२।।
वीरकैश्चन्द्रवंगारं काशीनोभद्र वप्रः।
करकलूकलिंगानायं बलानां चतुर्मुखः।।३।।
तेन तृष्टमास्वक्ष्वष्टो महावीमार्यो महाबलीः।
ज्वलतोचस्तथा सर्वे धनेश्वर समाः।।४।।
तेभि चाद्ययथा न्यायं नियेतुश्चैव पार्थिवाः।
श्यामचन्द्रस्य चरणवमिवाघसु वर्चसः।।५।।
तेषा समुपविष्टा नाशानारदाष्टमः।
सप्तर्षयो महात्मानः यथाश्चित्रातुदाहरत्।।६।।
अतिक्रान्ते भविष्ये च वर्तमाने च तत्वतः।
देवानामसुराणां च कृषिणां च विशेषतः।।७।।
दैवेधिदेवदुद्रो च नीतिशास्त्रे तथैव च।
कथ्यामि वर्तमानभिगौंतमस्त्विवदय ब्रवीत्।।८।।
न तृप्त मुपगच्छ शृण्वतो विविधाः कथाः।
कथापानस्य भुवनश्चित्राक्षरयद् बहु।।९।।
इदं तु में प्रस्य वरं वदेद्युहि वदता वर।
चन्द्रप्रधान वदिताग्रहाः सर्वे न संशयः।।१०।।
तेषां फले तु चरता मुदयास्तमतेषु च।
ग्रहेषु चैव सौम्येषु मेधेपूत्यघतेषु च।।११।।

याचनास्तोति निदिष्टात देवो वर्षते कथम्।
अंवर्षा च कथा दृष्टा तत्रैववत् वर्षति।।१२।।
कथञ्चैव जयोदृष्टो भवत्यथ पराजयम्।
पराजयेथवा दृष्ट्वाध्रुवं सम्पद्यते जयः।।१३।।
कथं सुमिक्षं वदति दुर्भिक्षं च कथं वदेत्।
केश्चेत्प्रतीर्य कुरुते अप्रमाणा ग्रहास्तथा।।१४।।
केन देव्याकुलकृत्स्न क्रियते ज्योतिषादिकि।
एतन्मे सुमहाप्राज्ञाय ब्रूहि वदताचर।।१५।।(?)
एवमुक्तस्तथोवा च महातेजा महामुनि।
तानृषीश्च महेन्द्राश्च श्यामचन्द्रो महातपाः।।१६।।
उदद्यं चन्द्रसूर्यस्यां यत्किंचित्स चराचरम्।
आद्यस्तादुपरिष्टातत्कर्त्तामातत्तो बली।।१७।।
तस्य कर्माणि वक्ष्यामि गमितां विभ्युमानि च।
पथाग्रहान्स नक्षस्त्रान् दारुताकर्म ते बलात्।।१८।।
वातचक्र मियं कृत्स्नं त्रिषु लोकेषु विश्रुताम्।
क्रृषीणां सुमहाह्वानंवु येतामनु पूर्वशः।।१९।।
अनावृष्टा च वृष्ट्यां च राज्ञा जय पराजये।
ते मातुस्य समुत्थाने श्रुयते यच्छुभाशुभम्।।२०।।
दक्षिणायामेप्याछाया वा पुरदक्षिणा काष्टिकः।
समुद्राय चयो ज्ञेयो न ते गर्भावह्लदकाः।।२१।।
एतास्यु गर्भान् जानीयाद्वाम मध्यम काष्टकः।
धारयादारुणे मासि ततो वर्ष प्रवर्त्तते।।२२।।
तत्रास्तादिगतो वायुर्लोक पूर्वइति स्थितिः।
तेनानाहि सावधातांश्च वक्ष्याम्य शेषतः।।२३।।

स्थलेवापि शुचौदेशे प्रणीयाग्नि यथाविधिः।
वदिदभैरयास्तीर्या निपितान्युप धारयेत्।।२४।।
वारिपूर्णाश्च कलशाश्चतुरः सर्वतो दिश।
दिक्षु सर्वासु कुर्वीत पातकाकुद्युयैर्बुधः।।२५।।
सुस्निग्धं तु कृत्सवित्र्या बहुवर्णाश्च लक्षयेत्।
बालार्क वैदूर्य निभो महामेघो सन्निभः।।२६।।
स्निग्ध गम्भीर निर्घोषा प्रशस्तो वह्नि रुच्यते।
श्यामपीतवर्णजालो ननास्तोग्निर्विधूमवान्।।२७।।
आषाढो पूर्णमासी च पूर्वोनायुर्यदा भवेत्।
अहश्च सर्वदा येन सुवृष्टि तेन निर्दिशेत्।।२८।।
वायामेत्सर्वतोनातिकाले देवः प्रवर्षतो।
शूद्राणामुपाद्यताघनक्षयकरामुवा ।।२९।।
यज्ञेन पक्षावर्त्तते आनन्द मोदते प्रजा।
मुदिताश्च समृद्धाश्च प्रजाः सर्वा निरामया।।३०।।
दिवसार्द्ध मथावायो द्वौ मासौ तत्र वर्षति।
चतुर्मासे तु मासस्य वर्षतेयाक शासनः।।३१।।(?)
पूर्वा चैवार्द्ध दिवसे पूर्वमासे तु वर्षति।
पश्चिमो चातु विज्ञेयः पश्चिमस्तु प्रवर्षति।।३२।।
अथ पूर्वं वातिक्रम्य मागन्ते पश्चिमे ततः।
मध्याह्ने चायति वायु माघमासे तु वर्षति।।३३।।
भाद्रपदाश्च पुष्यैव मासावेतौ च मध्यतौ।
एतयोरपि निर्देश्या वर्षारात्रस्य सम्पदः।।३४।।
आषाढी पौर्णमासी तु दक्षिणो यदि प्राहतः।(?)
न चा येतु बीजानि पुराणतु निधापयेत्।।३५।।

तत्र ब्रूयादनावृष्टिं दुर्भिक्ष्य च न संशयः।
प्रवदति महात्प्राणो योगक्षेमं च दारुणम्।।३६।।
दुःकालश्च महाघोरो निर्दिष्टस्तत्व दर्शिभिः।
सर्वसास्य विनाशं च प्रवदन्ति द्विजातयः।।३७।।
द्विवारके मध्यान्यानि कोणो जव दश्यव।
श्वेत्वानास्तत्र निवारयति वित्तमम्।।३८।।
मध्य सस्यं च धर्मे च पश्चिमे चाति मारुतो।
मध्ये धान्यस्य चैवार्घ्यो भवते नात्र संशयः।।३९।।
ग्रैष्मिकं भवति सत्रं मन्दं भवति दारुणो।
उद्योगिनोत्रा राजानस्तीक्ष्ण वैताः परस्परम्।।४०।।
अन्योन्याह्वानो ज्ञेयारसु प्रशान्त स्वराष्ट्रका।
आषाढपौर्णमासी उत्तरो यदि मारुतः।।४१।।
वापयेत् सर्वबीजानि काले देवः प्रवर्षति।
पूर्वते तत्तडागानि महाजल वहास्तथा।।४२।।
नद्या च प्रवहत्यत्र ग्रामेषु नगरेषु च।
महामेषु मुञ्चति सलिलौद्याः समन्ततः।।४३।।
भिद्यन्तेत्र तडागाति पूर्यंति च महोदधिः।
स्थाले वा यदि वाणिज्ये धान्यं यदिह दृश्यते।।४४।।
सर्व सम्पद्यते सस्यं गिरिपृष्टेपि यद्भवेत्।
निष्पत्र सस्यामुदिता मेदिनी।।४५।।
भ्राजते तदा राजा च भ्रमते वृद्धिक्षेमं सस्यं च पुर्ष्यात।
गतया याः प्रजासद्याः कुर्वते चोत्सवात्कलाः।।४६।।
प्रसवाश्च समाजाश्च वर्द्धते नात्र संशयः।
आषाढ पौर्णमासीत्व वायु ते पूर्वदक्षिणः।।४७।।

चित्ररष्ट्री च मद्यवान् विनाशः पार्थिवस्य च।
किञ्चिनिष्पद्ये सस्यं किञ्चिद् गच्छति संक्षयं।।४८।।
अग्नितश्च भयं घोरं जायते नात्र संशयः।
आषाढी पौर्णमासी तु चायते दक्षपश्चिमः।।४९।।
मास्याना मुपघातायगो मिवा चानद्यो भवेत्।
वर्षा रात्रश्च भवति रेणुस्तो भयाकुलः।।५०।।
यासु वर्षाणि घोराणि देवश्चैव समाकुलाः।
नचात्र देहबन्धेषु प्रदो वधेष्ट चासकृत्।।५१।।
किञ्चिन्निष्पद्यते सस्यं सर्वधारो चसासतः।
दृश्येत चात्र दुर्भिक्ष्यं लोके भेद अजायेत्।।५२।।
क्षयात् कृरणी ज्ञेयः ध्वजानां प्रविनाशतः।
विद्रवति च राष्ट्राणि ग्रामानि नगराणि च।।५३।।
राजानश्च क्षयं यांति शस्त्रोत्पातै परस्परम्।
कालेनचिश्म छत्र मही भवति दारुणा।।५४।।
नखास्थिमांसं कलकेश भस्म समाकुला।
कपालहस्ता दृश्यंते क्षुधपर रितानना।।५५।।
प्राणे नखै धान्यस्य दुर्लभं तस्य निर्दिशेत्।
धान्यं धनं तद् गृह्णीया बलवंत चर्मे संश्रयेत्।।५६।।
एवमेता द्विजानीयान्नैऋते वाति मारुते।
आषाढी पौर्णमासी तु वायव्यो वाति मारुतः।।५७।।
मक्षिकादंश मशका वर्द्धते दस्युर्भिः सहा।
उत्कृष्टा सह्यावर्षा चैवते नात्र संशयः।।५८।।
एवमेत द्विजानीयाद्वायव्ये वाति मारुते।
आषाढी पौर्णमासो तु वायव्यो चिदुत्तर पूर्वतः।।५९।।

क्षेमं सुभिक्षमारोग्यं स्यावृष्टिः सस्य सम्पदम्।
यज्ञोत्सवाः प्रवर्त्तन्ते प्रजात्र मुदितास्तथा।।६०।।
एव चात्र सुभिक्षायल्पा तेनात्र संशयः।
एष वातस्तु विज्ञेयो मेघाथो विद्युदाकुलाः।।६१।।
आतितेर वायुधाकीर्णा वलाहकाः।
महिता वसुधास्तत्र तत्रक्षेत्र केदारकैः।।६२।।
सहा धान्यानि प्रसच च दन्त्यत्र नद्युः परम दुर्जयः।
स्थलेषु चाषाये द्विजं निम्नानि परिवर्जयेत्।।६३।।
एवमेतद्विजानीयात् ईशाने वाति मारुते।
मध्याह्ने चार्धरात्रे वारदमास्तमतेपि वा।।६४।।
अतिशीघ्रो भवेद्वायुर्वर्षनेत्रशचीपति।
वायव्यस्थश्चत्वारः सव्यंवाप्य य लब्धतः।।६५।।
यस्मिन् देशे नरेन्द्रस्य तप्तष्ट प्रच्चसोदति।(?)
पूर्ववात यदावाति दक्षिण प्रतीच्या यदि।।६६।।
अनावृष्टि भयं घोरं दुर्भिक्षं चात्र निर्दिशेत्।
उत्तर तु यदानातं पश्चिमे संप्रवायति।।६७।।
विक्ररूढा जनपदा विद्रवन्ति दिशोदश।
पूर्वष्टधा यदा वायु वायते स च दक्षिणे।।६८।।
क्षेम सुमिक्षास्वावृष्टिन्नादितेन्नात्र संशयः।
संध्यायां पश्चिमायां तुषोय सव्यं प्रधावति।।६९।।
राजपीडा विजानीया तस्मिन्नुत्पात दर्शने।
सन्ध्यायां सम्प्रवृत्ताया वायते सम्प्रदक्षिणे।।७०।।
राजा च जययाच चष्टैश्चैष्मं धान्यनाशं भवेत्।
वायन्ति वातश्चत्वारः सहसा य प्रदक्षिणाम्।।७१।।

तदा राजा च राष्ट्रं च वर्द्धते नात्र संशयः।
यस्मिन् जनपदे देशो समुत्पतति लक्षणाम्।।७२।।
तत्त्वं तु दैवज्ञे यमेत्सर्व विनिर्दिशेत्।
अथवा सम्प्रधावन्ति सर्वेवाता समन्ततः।।७३।।
वस्त्रयोधांश्च स भवत् भयं हि।
तु मुलं विद्यातस्मिन्नुत्पात दर्शने।।७४।।
सदाराजः प्रवादंश्च प्रतिषेध प्रमाणतः।
निवर्तयन्तता सेना भज्यतेन चिरेणात्वा।।७५।।
अविलोक मवगतिः शीघ्रो मारुतस्यात्प्रदक्षिणः।
राज विजयते तत्रद्राष्ट्रं चामिर्द्दते।।७६।।
विपरीतोपदीपाति सर्वे वातास्त्व कालजाः।(?)
रुक्षाश्च पुरुषाश्चैव ध्रुवं सस्य विनश्यति।।७७।।
समुत्पतते ताकाविद्युन्मेघरजो कुलीः।
वाताश्च सहसा सर्वे भयं स्यात् प्रत्युपास्थितम्।।७८।।
अमनि तु यदा वातश्च तु सर्वतोदिशम्।
यस्मिन् देशे कुले चापितक्षि प्रवसीदति।।७९।।
समागतेक पुष्येव वातानुलोम गतिषाम्।
विजय माचष्टे परेषां च पराजयः।।८०।।
यदा परिद्यु सद्यः पूर्वोना यदि मारुतः।(?)
सर्वेषां तु जय ब्रूयात् पश्चिमायात् पराजयम्।।८१।।
यदा स परिघो वायुरुत्तर सम्प्रधावति।
उत्तराणां जयस्तत्र दक्षिणानां पराजयः।।८२।।
पूर्वेथवायो वार्द्धन्ते मघाश्च विनिर्दिशेत्।
उत्तरे सम्प्रवायन्ते त्र्यहादेवाः प्रवर्षति।।८३।।

वर्षमुत्तर पूर्वे तु तथैवोत्तर पश्चिमो।
अविरुद्धेषु सर्वेषु क्षेमं सौभिक्षा मादिशेत्।।८४।।
आग्नेये नैऋते याम्ये पश्चिमे च विशेषणः।
पूर्वोंश वायमानेषु कुर्यादघोर मुपग्रहम्।।८५।।
यदाहि मेघसंघात समन्तात्सर्वतोदिश।
नैऋतश्च प्रवायेत समुद्रामपि शोषयेत्।।८६।।
अवग्रह मपि ब्रूयात् सुभिक्षं च न संशयः।
अग्नेये नैऋते याम्येवति चाभीक्ष्णशः।।८७।।
आषाढं पूर्णमासो तु विधुस्तनितानि च।
वर्षे न चात्र पर्यन्यः सुभिक्षे संयमासमाः।।८८।।
वर्षाणि सर्वलोकस्य पश्चिमादत्य शुभाशुभम्।
तयासीनस्य युक्तस्यं सम्यक् ज्ञानं न पश्यति।।८९।।

गार्गीये ज्योतिषशास्त्रे वातचक्रंर समाप्तम् ।।

❑❑❑

अथ त्रयोविंशोऽध्यायः

ब्राह्मणं पूज्य सर्वेशं ब्रह्मऋषीन् ब्राह्मणंस्तथा।
वास्तुविद्या प्रबल्याद्रस्त्र वेदांग मुत्तमम्।।१।।
ध्रुवे मूर्द्धेत्ते नक्षत्रे दिवसेषु शुभेषु च।
वास्तुभूमि परीक्षते वास्तुविद्या विशारदः।।२।।
यक्षस्थानैः श्मशानैश्च देवतां पतनाश्रयैः।
वल्मीकैश्चैत्य वृक्षैश्च युतामूभिर्विगर्हिता।।३।।
उषरामगुराक्रूरा बह्वश्चभ्राशिलान्विता।
नष्टोदकानष्ट बीजानष्टसार महीगृहा।।४।।
सूक्ष्मासैकत संश्रृष्टायुक्त दर्दुरसन्तत।
तैलस्तु किणीभुवि धूम्राधूम्र वपुर्स्वमा।।५।।
अकर्ण गोकर्ण चतो हवीतुणा विरुध्य।
मृगपक्षी गणैर्ज्येष्ठा मनुष्य पिषिताशनैः।।६।।
तिक्ताम्लकटुकात्यर्थ मृदुकांचेय।
अत्यर्थया च दृश्यते रक्तपीतासित प्रमा।।७।।
ग्रीष्मे चोष्णाहिमे शवेताक्ते दिनो जलदागमे।
दुर्गन्धा चाषागन्धा च भूमिर्दोषवती स्मृता।।८।।
एतैर्दोषै विशुद्धायां च सुमत्यां निवेशयेत्।
नगराति च सेनास्च तडागानि च तानि च।।९।।
गन्धवर्णे रसैर्जुष्टात् ह्यासारवती स्थिरा।
लब्धबीजाधनवती सर्वतः प्रभवोदका।।१०।।
मधूकपनसाश्च विल्वत्कोदुम्बरानि च।
सेनाश्च तडागानि वनानिवृत्ता शच्ची।।११।।(?)

चारणकारीषा छत्रोद्यासिदुवादितः।
नीलोः कदल्योनटकः ककुमाभाक केतकाः।।१२।।
द्युवूकात कतकानोपानक्त मालानति प्रियः।
एते प्रत्येषर वस्युः पत्रपुष्पाफलैर्द्रुमाः।।१३।।
शृङ्गिणः फलिनः स्निग्धा सा वैगुणवतीधरा।
स्निग्धा फलावती श्यामामानिनिणा च शर्करा।।१४।।
वल्मीकैः परिवार्जितास्तत्र वणाविन्येवया वर्द्धते।(?)
चक्षुष्याः सुमनोरमा गुणवती बीजानि रोहन्ति।।१५।।
चेतप्यभूमिः कुशकाशखल्व नक्ती सर्व प्रशस्ता भवेत्।
आपोधार तथा स्वत्रं सुगन्धासु रसासमाम्।
शुभापाणि तलाकारा श्रेष्ठाभूमि विनिर्दिशेत्।।१६।।
यान्यामेतां परिक्रम्यदष्टोवावत्वदक्।
प्रदक्षिणां च तापांसा भूमिस्तु प्रशस्यते।।१७।।
परद्योच ता गर्भवती आज्यगन्धा चया मही।
उन्मत्त प्रवणाया च ब्राह्मणानां च शुभा।।१८।।(?)
उष्मा सुगन्धा चाशरवीरण संवृतारक्त।
प्राकृष्ण वर्णाश्वेता क्षत्रियाणा तु सा शुभम्।।१९।।
दक्षिण प्रनणी श्वेतास्तदा वर्ज्यासास च।
पशुगन्तु वैश्यानां मङ्गलाभा प्रशस्यते।।२०।।
पश्चिमप्लवणाकृष्टा चिकुकांश सन्धान्य।
गन्धामही धन्या शूद्राणामिति निश्चयः।।२१।।
अभिप्लुता स विच्छिन्ना स शल्या परुषाधिका।
अनिष्टरसगन्धा च मनसापि विवर्जयेत्।।२२।।

वृत्यस्पंदिनिकाभि देवागारैश्च तुष्ययै।
समाधि तुदयानैश्च पीडिता हि वसुक्षितै।।२३।।
त्रिपथा यात मभिमुखी तथा रथाहता मही।
पारकोणाहता चापि भूतिका विवर्जयेत्।।२४।।
पुरे ग्रामेथवा गोष्टाकुष्टायां नवमे तरुः।
अपि सर्वगुणोपेतोनश्येतपोर्व महान्।।२५।।
तस्यात्कष्टं त्रिकर्णेव परिच्छिन्नं विवर्जयेत्।
गुणैहीनै च यद्वेश्म वृहस्पतिर्वचो यथा।।२६।।
यानागारैपस्कारै मुजगौत्रैशतैलकै।
आहकैसश्च मैश्चैव पूर्वयुक्ता विवर्जयेत्।।२७।।
तादृशी वर्जयेद् भूमिः साहिस्याद्रजसा मही।
शकोपतमायाहिसादिद्रा शनिर्हत चया।।२८।।
नाभीहन्या च भूमिः पूर्वकोहता चया।
त्रिषु पार्श्वेषु रथ्यास्कास्त्रिषु कोणेषु सङ्करा:।।२९।।
वित्तका नाशकरो घोरा महान्तानां वसेन्मही।
समन्ता न प्रवेश्याय यद्यादिस्याद् निन्दिता।।३०।।
चत्वारा च समा भूमिगृहं वायुरुषादिकम्।
श्मशानं भूमि संविद्धास्तधिकं यैर्हताम्।।३१।।
ग्रासोदकाष्णुताश्चैव विषमां च विवर्ययेत्।
श्मशानोदक मायातियां भूमि चाभि वर्षति।।३२।।
सर्वतो वा जलयस्या विनिवार्द्धति वर्षतः।
शुरा च दुर्गन्ध कदकैः रसारैः कटकान्वितैः।।३३।।
तीष्णोशुद्धेक वृक्षैश्चर्भा यद्यामां च वसेक्षिति।
ऊषरां वृक्षवन्ती चैव विच्छिन्नां च मुषि तान्तथा।।३४।।

चित्र चैत्याहता चापि या रेखा च प्रपीडिता।
विल्वं शमीवर्ज्य सर्ववृक्षां विक्षण।।३५।।
तत्सादया समीपस्था छायाप्ये विगर्हिता।
क्षयं क्षीरिषु सानीयात्कटुकंडकिनैरिवम्।।३६।।
फलवृक्षान्फलाहन्युन्सुगन्धारुचा पुष्पः क्षयम्।
आदित्यो देवतास्वत्थः यक्षस्तु यमदैवतः।।३७।।
न्यग्रोधो वारुणा वृक्षाः सज्यवृक्षं उदुम्बरः।
एतेद्येव तु स्थानेषु सर्ववृक्षा न गर्हिताः।।३८।।
प्रतिलोमा न दृश्यन्ते प्रत्यरेष मुपस्थितः।
वर्जयेत् पूर्व च मन्यन्यप्रक्षं दक्षिणास्तथा।।३९।।
न्यग्रोधं पश्चिमे भागे उत्तरे न उदुम्बरम्।
अश्वत्थे वुभयं ब्रूयात् यक्षे ब्रूयात् प्रवाचकः।।४०।।
न्यग्रोधे राजतः षोडामक्ष्यापदो उदुम्बरः।
अश्वत्थ पश्चिमेभो प्रक्षःस्तु तरतो भवेत्।।४१।।
वर्णानुवर्णयाः पूर्वभू भूयः परिकीर्त्तिताः।
तासां तु त्रिषु वर्णेषु लक्षणं सम्प्रदश्यते।।४२।।
दक्षिण वणा मृत्युः पश्चिम प्रवणाव्ययाम्।
उत्तर प्रवणा वै विश्वा प्राक्यवणाद्धनात्।।४३।।
यमस्य रुधिराभूमिर्भवत तृहकर्मणि।
तस्यात्वर्मेखले मध्ये वाहुमात्रा समन्ततः।।४४।।
तच्छुभ्रं पूरये तेन पाशुन विचक्षणः।
वर्द्धमाने च वृद्धिः स्याद्धीयमाने विगर्हिता।।४५।।
पूरयित्वा तु तच्छुभ्रमयाक्रम शतं व्रजेत्।
पूर्णे रवादागमाद्या वत्स्वाभूमिस्तु प्रशस्यते।।४६।।

तस्थित्वा जले विभ्रे चित्रमाल्यं समाचयेत्।(?)
यस्थिस्य यस्यमाल्यं तद्वर्णस्तत्र माविशेत्।।४७।।(?)
तस्मिच्छुभ्रे ततो बीजं पवनायु परायपेत्।
सप्तरात्रे स्थिते ज्ञात्वा जातां सस्थानतं शुभा।।४८।।
दक्षिणावर्त शिखं विद्याद् गृह मनुत्तमम्।
अजाविजाग्नि मुखे तु तस्मिन् वसन्सपुत्रः।।४९।।
स   धनो   विनश्ये   दिति।

गार्गीये ज्योतिषशास्त्रे वास्तु विद्यायां प्रथमोऽध्यायः।।

❑❑❑

अथ चतुर्विंशोऽध्यायः

शिलान्यास विधि कृत्वा गर्गः प्रोवाच पृच्छतः।
शान्तिमङ्गलहोमैश्च पूजयेद् ग्रह देवता।।१।।
संभानात्रा संभवेतत्र समिधश्चोत्य कल्पयेत्।
समुद्रजातिरत्नानि सुवर्णारजतं तथा।।२।।
तीश्राकार्षायस्तं सीसं पुष्करं तथा।
सर्व बीजानि गन्धाश्च समिधानुकल्पयेत्।।३।।
हव्यामयं कश्चैवाले शारदभास्तथैव च।
शुक्ला स पनसः सर्पिश्चेतके मधुरे वने।।४।।
आमिष्टके चापि दृढे द्वेद्देकोणे तु विन्यसेत्।
प्रच्छन्न स तताश्चापि सर्वगन्धैः समन्ततः।।५।।
सभंडीकाश्च निखनेत्कोणेनैव समाहितः।
सोदकाप्यगदो कृत्यता सुरत्नानि चायत्।।६।।
विन्यसेत्पूर्व कुम्भाश्च शुभान् वास्तिक।
लक्षणान् गृहकोणेषु संच्छत्रारोदी कृत्।।७।।
तेभ्यो गन्धोदकं जेयं तथैव च गुडोदकम्।
दीपोदानेव दातव्यं मध्वानि विधानि च।।८।।
तिथौ मुहूर्त्ते नक्षत्रे करणे च शिवेकुचे।
हुत्वाग्नि विधिवत्काले मुहूर्त्ते चोपपादिते।।९।।
व्याहुता नीचनैमित्ति च संतादुप धारयेत्।
ततः पुण्याह घोषेण शिलान्यासं प्रयोजयेत्।।१०।।
तस्या मिमं मंत्रयेश्चैव वास्तुविद्या विशारदः।
विविधातिर्बलीभिश्च पूजयेद् गृह देवताः।।११।।

य एवं कारयेत्याज्ञ शिलान्यास मतन्द्रितः।
सवित्रमायुर्भोगां स पुत्राश्च लभते सुखोति।।१२।।
वास्तुविद्यायां द्वितीयोऽध्यायः।।

❑❑❑

अथ पञ्चविंशोऽध्यायः

द्वात्रीणि पदान्यावदावष्टादाति चतुर्दश।
वाचानि तानि द्वारार्थे प्रादक्षण्यं प्रचक्ष्यते।।१।।
द्वाराण्यष्टौनुपूर्वेण येषा पर्यन्य मादिशेत्।
द्वार ग्रहार्थं माहेन्द्रसूर्य सत्यं भृशं तथा।।२।।
स समत्वन्तरिक्ष्यं स्याद्वावान्यं चाष्टमं भवेत्।
पुष्पं दक्षिणतो विद्याद्वितताख्यं गृहक्षतम्।।३।।
प्रियं चाष्टमं भवेत् पुष्पं दक्षिण ते।
विद्याद्वितताख्य गृहक्षतम् ।।४।।
साम्यं च भृगराज्यं गन्धर्वश्च भृशमेव च।
पित्र्यचाष्टममेत्तेषा पश्चिमे नाति चक्ष्यति।।५।।
दौवारिकाख्यं सुग्रीवं पुष्पदन्तं स वारुणम्।
आसुर शोषयत्यैव च रोगाख्यं च तदाष्टमा।।६।।
नागं च राजमुख्यं सुग्रीव पुष्पदन्तं स वारुणम्।
आसुरं शोषयत्मैव भल्लाह सौम्य मेव च।।७।।
आदित्यं च कुवेरं च नागदिव्या तथा जलम्।
श्रेष्ठं पूर्वेण मार्द्धेद्रं सूर्य तु तदानन्तरम्।।८।।
पौष्यं दक्षिणतः श्रेष्ठ तथैव च गृहव्रतम्।(?)
सुग्रीवं पुष्पदन्तं च द्वे श्रेष्ठे पश्चिमे वदेत्।।९।।
नागमुख्यं च भक्ष्वाटं सौम्यं चाप्युतरोणेतु।
चतुर्द्दशं वा कार्याणि तृतीयेषु पदेषु।।१०।।
काचंशमुक्तानि चतुर्थेष्टपि कारयेत्।
न कार्यं हवंशनां द्वारं वै दक्षिणे न तु।।११।।

तदक्षिण चिरं कुर्यद्वा द्वारं तु गुणावर्जित।
वशेरुत्तर वंशैस्वशिरोभिश्च विमोहिताम्।।१२।।
यंतु मध्यगतं श्रेष्ठं शिष्य चोत्तरत यदा।
पदे पदे पदेकृतं द्वारं फलं साधारणं भवेत्।।१३।।
साधारणं कृतं द्वारं फलं साधारणं भवेत्।
पर्यन्ये प्रतुत्राचार्यो विच्छिष्टः स्यात् करग्रहे।।१४।।
माहेन्द्रे पुत्र वानाद्य शौर्येसार प्रतापवान्।
सत्ये मृदुभूभृशे क्रूरश्चान्तरिक्षे निरामया तु।।१५।।
स्याच्छस्त्र त्वात वायव्ये पौ-सर्वजनः प्रियः।
वित्तदे वित्तलाभस्तु गृहाध्यक्षो गृहक्षति।।१६।।
क्षूद्रकर्मा भवेद्यामे कदर्य मृगराजभि।
सुभगः सुखी च गान्धर्वे भगे दरिद्र कम्पितः।।१७।।
पित्रौप्यल्पायुधधनो व्याद्योदौ वारिके महान्।
सुग्रीवपुष्पदन्ते च पुत्रपौत्रेण वर्द्धते।।१८।।
वारुणा क्रोधनोभागी आसुरेवृष्टिरासु।
रग्नित्पासौरागिणां शेषे पक्ष्म शुक्तेद्यभागिः।।१९।।
चरार्थ स चयोरोगेनागेसीरमंतद्रितम्।
राजमुख्यैर्वहुद्रव्योभल्बाारो विपुलागमेः।।२०।।
सौम्ये धर्मक्त्यिावर्त नागे धर्म विवर्जितम्।
कन्या बहुत्व मादित्ये यस्यादुदोधिनिः।।२१।।
क्रियावानति तेजसा आग्नेयेति भयान्वितः।
स दोषं वर्जयेद्वार गृहयुक्तं तु कारयेत्।।२२।।
एवं कृते भवेद्वृद्धिरत्यथात्वं शुभं भवेत्।

गार्गीये ज्योतिः शास्त्रे विद्यायां द्वार निर्देशोनाम तृतीयोऽध्यायः।।

अथ षडविंशोऽध्यायः

ज्येष्ठमध्य कनिष्ठा गृहाणामनुकृतत्वा।
कार्यमाणं च द्वाराणां विपरीतं वृत्तिमः।।१।।
तेत छायागतं वास्तु युग्मां भिन्न सुविस्तृतम्।
चतुर्दशा चरस्तेन विस्तारवत् कः युतः।।२।।(?)
चतुर्दश वरस्तेत तमति भोगक्षयं गृहम्।
शिरावंशोहि द्वारं तत्र प्रमुख्यन्ते।।३।।
अवासं हि मरुद्देश्य महापात्रं समृद्धाति।
मध्ये भये दरिद्रेल्पो विपरीतं तु शस्यते।।४।।
भूमिभागं च वर्णं च नामशक्तिश्च दृश्यते।
अतिज्येष्ठ कनिष्ठानि प्रकुर्यादनुकूलता।।५।।(?)
षट्रकापान्वेक शालास्युः विस्तानात्सदावारा।(?)
वैकुल्या द्विगुणयामो गतये युग्मदृश्यतो।।६।।
निस्ताराद्धं पञ्चगुणं द्वारस्यादुच्छ्रयागमः।
दुच्छायात्यं च भागौ ज्येष्ठो द्वारस्य विस्तृता।।७।।
अतो मध्या तु मध्येषु वारंशस्त शताङ्गुलम्।
चत्वारिंशति विस्तार चतुरङ्गुलानिंदितम्।।८।।
च... वारंगतोपरि विवर्द्धमे।
वृत्यर्थं विस्तरेणापि गृहवृद्धो यथोत्तमम्।।९।।
चतुरश्च तुरस्त्रिंशच्छेदादल्पेषु दापयेत्।
छेकात्यर्थतृगुणा वा चत्वारिंशतु विस्तरः।।१०।।
शवात्य च दशोर्द्ध च द्विविस्तारेष्टै दशैव च।
वशमुक्त च पूर्वरित्रि भूमिदुर्गऽधेष्यते।।११।।

शिविरेषु खत्कार्ये ग्रामे सप्तशयो भवेत्।
पततस्थूल ततः कार्यदुर्गवं स विमोहितम्।।१२।।(?)
राज्ञादर्शनवेश्म न देवागारा अपापणैः।
विस्तीर्णा व्यय विन्यासौ शोककामथ।।१३।।
वर्णानाम वितितीत क्षयात्मिका शरीरम्।
पीडयत्युग्रं तस्मादैवत कारयेत्।।१४।।
अष्टाकारांश्च तु भौमा पञ्च भौमां न कारयेत्।
गृहसूत्रं तदा ख्यातं तज्जायेत जनक्षयम्।।१५।।
द्वारप्रमाणे विधिः चतुःशालं त्रिशालं च द्विशालकम्।
तेषां श्रेष्ठ चतुःशालं पञ्चविधरं स्मृत।।१६।।
रुचवः सर्वतो भद्रः स्वस्तिको वर्द्धमानकः।
चतुःशाल निवेशः स्थलाभ्यां वर्तयं चया।।१७।।
द्विक्षु सर्वास्वथस्तधमाः ।
शात्रया शरणागृहे शतुःशालन्न।।१८।।(?)
विधोध्येषरुकेत्यभिधीयते ।
सत्यहस्ता चतुःशाला विदिक्षा शरणानि च।।१९।।
शरणानि सशैलानि स्तम्भशैला गृहाणि च।
चतुर्दशा यस्य पश्चेद्व द्वमातन्तमा दिशेत्।।२०।।
सण्ये न च सविद्धं स्तम्भशालानि गृहम्।
समतात्प्रतिदश्येते सतंद्यावर्त उच्यते।।२१।।
एकयैह्लैकतशालाकार्तव्यास्तंभ संयत।
ततु साप्य पश्चिमात्कार्या दक्षिणा न कथञ्चन।।२२।।
पूर्वोत्तरेषु संस्तम्भे द्विभद्रस्य प्रकीर्त्तिते।
त्रिभद्रं पश्चिमस्तम्भस्तिस्त्रोत्पास्तंभ संयुता।।२३।।

त्रिभद्रं यश्चिमस्तिस्त्रोस्तम्भ सयुताम्।
कुशला चरिता सर्वात्ये विकारा परिकीर्त्तिताः।।२४।।
त्रिशालातां विकल्पस्तत्व तु रस्तानि मश्रृणु।
दक्षिणपश्चिमा सौम्यास्तिग्नरः शालागृहे।।२५।।
त्रिशालमैन्द्रं तछुद्रदधन चात्यावहं स्मृतम्।
उदीच्यां वा विनास्तिस्त्र मुल्वप्य।।२६।।
वनायत मा पूर्वोत्तरा परा।
शाला शाला दक्षिणतो भवेत्।।२७।।
न दक्षिणा चरयाम्यासु च भवति मृत्यवे।
पुरतो च भवच्छाय दक्षिणेतोत्तरे न तु।।२८।।
वारुणं तायतछुल्वं यय प्रचय वृद्धये।
द्विशाला तां विकल्पस्यस्तुयद पूर्वास्तु वितकाः।।२९।।
प्रदक्षिणेन संयोगास्थानाङ्गुलक चर।
पश्चिमोत्तरयुता पूर्वा वाप्युत्तरान्विता।।३०।।
दक्षिणापूर्वयुक्ता कृस्तिस्त्वेता विगर्हिताः।
न सा पश्चिमोत्तरयुता पूर्वा चाप्युत्तरान्वि तु।।३१।।
स्त्रंछिद्रयाश्चेव शालाग्रे तु पृष्टतः।
षष्टस्त्वन्या द्विशालानां युग्मात्वा अभद्रोकृत।।३२।।
ताभ्यां तु वंश मुत्वेता वैपुल्यतस्यादनीयसो।
अताजीवोकरं सर्वं एकशाला मुदाहृतः।।३३।।
अपि शालातृण प्रवीकार्या तस्य तु दक्षिणा।
गोशाला मथ सर्वे चतुर्भागेन वामतः।।३४।।
दक्षिणो न तु कार्याणि सा रणा त्रिभागतः।

गार्गीयायं वास्तुविद्यां चतुःशाला द्वित्रिशालैकशालाविधिः।।

अथ सप्तविंशोऽध्यायः

द्वौ तु वंशौ गृहस्यक्तौ विस्तरायाम्य मध्यमै।
चतुरोत्तर वंशास्तु चतुर्भाग समन्विताम्।।१।।(?)
चतुर्थ मध्यागान्वष्टौ स्थितस्तभय प्रयाताः।
शालाशरण निर्माणे सर्वामेतान्विचारयेत्।।२।।
भित्तिस्त युगद्वारै रात्रकभ्रमक कीलकै।
तद्योत एतस्तंभाश्च गृहं वंशेन पूजितः।।३।।
चस्त्रप्यदानी सुक्तो शरणानि चतुर्दिश।
चतुःश्रेष्ठ पदाशास्ता मध्यागारास्तु षोडशा।।४।।
चतुर्भागेक निर्माणमेतत्वेष्वप्रदं स्मृतम्।
चतुर्भागा त्रिभागाभ्यां निर्माणं वा या श्रृणु।।५।।
चतुः षष्टिपदीक यतत्कार्य च वापुनः।
तत्रायत्त वामे मध्येतन्मध्यागार सोच्यते।।६।।
शेषांश्चतस्त्रः शाला विनिश्चये विस्तारः।
पश्चिमायस्य विचित्कार्या बलीयसो।।७।।
शालया दक्षिणयाश्चभ्यांतरस्यां क्षणोयसी।
तद्येतत् समे शाले विपरीत मथापि च।।८।।
यास्या प्रच्योरचिकं छेदाधाम विस्तरम्।
तत्र प्रागुत्तरे भागे त्रिभागाया मग्रः पतम्।।९।।(?)
विस्तरेण चतुर्थेत कापि देवगृहं वदेत्।
तत्राग्नि उदकं भाश्चपूर्ण पात्रान्निवेशयेत्।।१०।।
प्राग्दक्षिणस्तथा भागे चतुर्भागस्य विस्तरान्।
आयामतः स्तृतीयेत सार्ववृत्ता गृहं वदेत्।।११।।

उदग्दक्षिणा भागे तु वर्च निर्माणतः समे।
शरणं वापिरोहे गृहस्योपरिभो भवेत्।।१२।।
सूक्तिष्वेतानि चत्वारि चतुर्थ शणत्पथा।
पश्चिमात्युषं देवगर्भागार मुदङ्मुखाम्।।१३।।
चर्घ्राधिरोहणं मोहे प्राङ्मुखे प्राङ्मुखस्य तु।
नास्तोश्चरणाना तु द्वारमायातो वरम्।।१४।।(?)
वैपुत्र्यास्त तु शालानां द्वारतामपेत चराम्।
शेषाचतस्त्रोथाः शालास्ता सा पूर्वा प्रवेशने।।१५।।
तस्या द्वार च माहेन्द्रं च सादुत्तरतो चरम्।
वधु प्रवेश युक्ताया शाला तत्र प्रदक्षिणा।।१६।।
उदङ्मुखउस्त्रुषीतत्रा धात्यां रत्नानि चाचहेत्।
वातु पश्चान्मुखी सात्रा प्रागद्वारं तस्य दक्षिणे।।१७।।
वंशत्युक्ते तु शरणमीरष्ट सा च मुच्यते।
तस्य चोत्तरतस्त्यन्यं शरणं प्राङ्मुख भवेत्।।१८।।
रोप्याधारकारता मार्थस्तम्भ शालोत्तरं वदेत्।
मध्यागारस्य यन्मध्ये तत्र ब्रह्मापतुष्पदो।।१९।।
तत्र दैवत वत्पूजावरा प्रापायात्मिका भवेत्।
तातयो तैरतावातै मुक्तो शेषेन संचारै।।२०।।
तोद्यहन्याद्वास्तु मध्यक्षतै नैद्याति तैरपि।
वास्तु मध्ये रसेत्स्वामी गृहमध्यस्य च स्वतः।।२१।।
शयनं वासनं चस्यस्तस्य नित्य शस्यते।
चतुःशालास्यं रुचक एषः प्रयत्रिको को विधि।।२२।।

गार्गीयया वास्तु विद्यायां चतुर्भागत्रिभाग प्रतिभागोनाम

□□□

अथ अष्टाविंशोऽध्यायः

द्वारस्तम्भो छ्रय विधितिथि नक्षत्र स पदम्।
मुहूर्त्ते च निमित्ते च प्रणस्ते पूजितो भवेत्।।१।।
प्रमाणा चतक्षय विदाचूतद्वार समाहितः।
परक्षेति प्रणं समप्रत्यात हितम् ।।२।।
भवदत्तैवा कुभै युक्तो गन्धो चधैयुतैः।
स्तातं सर्पिमधुभ्यां च गन्धैश्चोक्तैस्त्वलंकृतम्।।३।।
जा तुं सर्षग्र पूतीकै भूम्रिस्थै क्षेम मवाचम्।(?)
काष्टयुन्मे समे भौमे हिरण्यक्षत च दृढै।।४।।
स हिरण्ये द्विजामन्त्रैर्मोदकाक्षत सर्षवान्।
वाद्यायुणाहद्योषान्ते द्वारस्तंभोक्तृयो भवेत्।।५।।
परीक्ष्यतेस्या वा कुशले नाच लम्बकान्।
तल समत्वं प्रविश्यं परिप्रणिश्यं तस्या वारिणा।।६।।
मण्डल परिलेपेन चतुरकृत्य शुक्तकाम्।
अवालंवनचोर्ध्वत्वं तोयेनोद्धर्वं तु लक्षयेत्।।७।।
ततः समुद्धते पूज्य बलिभिः गृहदेवताः।
धूपमाल्यथ दीपाद्यै दच्छ्रिते चा तु मन्त्रणाः।।८।।
असुष्व गृहदेवस्य पदेत्यां स्थापयेच्छुभे।
गृहस्वामि प्रतिष्टार्थे प्रतिष्ठते विधाबल।।९।।
इहस्त्रीकार्ति रोग्यमत्राद्यं संतति प्रजा।
तस्मावत्युत्माया स्तुतिष्टत्य न वसानि तु।।१०।।
चतुः षष्टि पदाध्यक्षास्त्व वसन्तु गृहेश्वराः।
विपदाध्यक्ष सुदिनः पादः येतत्वा मथ।।११।।

योगे तु विश्वकर्मासुरालये परात्यं।
स्थापयामास तेन संस्थापयामिते।।१२।।
अनेन सदा तूणिवोछ्र्गन्य मिसतुत्ये ये।
सर्वमेव शिलायेभिः प्रजानां पतिरेव वेति।।१३।।

गार्गीयाया ज्योतिष संहितायां द्राषाभाक्षयविधि

❑❑❑

अथ एकोनत्रिंशोऽध्यायः

द्वारं प्रत्यनात्कातव्यं सर्वद्वार प्रतिष्ठितम्।
द्वारदोषैरतो युक्तं कथं तत्तु समाहितः।।१।।
एतो भयमृत्युवैरति नीचैरचो रतः।
विताशास्त्वति विस्तीर्ण संवतचैव च क्रुधाः।।२।।
अतिप्रमाणे दारिद्रामत्यल्पे व्याधितो भयम्।
तिस्तेत्वर्था विनश्यति कुलिलेक्षणवद् भवेत्।।३।।
कुक्षिले तु शिणेगः स्यात् क्षुद्रयं कुक्षि पीडिते।
गोपुच्छामेभत्वदतिः स्याद्धाज्ञाभे मरणा भवेत्।।४।।
अधस्तात्संदते बन्धे मध्ये पार्श्वोरजोध्रुवम्।
उपरिष्टाभिः संक्षिप्तं धनधान्य मवाप्नुयात्।।५।।
उपरिष्टाभिः विस्तीर्णे प्रतथा सोयकल्पस्यो।
अति विस्तीर्ण स्त्रीविताशो मध्ये तु जरामयो।।६।।
केताहातमनर्थघ्नं प्रस्तद्वारं निर्थकम्।
गृहोपरुद्धमद्रव्येषु तथाणेत चोरताम्।।७।।
उपष्णुतेति वित्तनाशो मिश्रितैर्व्याधितो भयम्।(?)
वामकोशे तु स्त्रीजन्मचित्रभेदाय दक्षिणम्।।८।।
प्रवणे कुजने मृत्युः प्रलयाते दरिद्र सा।
दक्षिणा प्रवणे मृत्युः पश्चिम प्रवणे व्ययः।।९।।
अपस्यात्मनिक द्वारं वदत्ययस्त पुत्रकान्।
पाण्यं वारेणप्तं रुद्धमतर्था प्रकल्पयते।।१०।।
अथान्यत्रपि शालेत्तं युगात्क्रन्ति न चावद्यः।
द्वौ देवगृहात्क्तांते रथाद्वित्रे ध्रुवो व्ययः।।११।।

संकारकटोपहतेव्ययस्तुपहन्ते नृणाम्।
प्रकारेण प्रतिहते प्रियते पर्द्धतेन वा स्फुट वृक्षा।
महते द्वारादुषितयोषितः तथा प्रतिहते वापि द्वारे प्रावासिका गृही।।१२।।
तथायाते द्रव्यनाशः तथान्य जनसंस्त्रितः।
कणेति दृष्टं वृतिर्द्रव्यं वंशवृक्षे ध्रुवे व्ययः।।१३।।
विद्युन्मुक्ता वंशैशिराभिर्वा निरर्थकम्।
किणकाणे विकर्णो वा विमुखे वा धन क्षयम्।।१४।।
वृक्षं कोपं च कोणं ध्वस्तम्भकोलक मेव वा।
वातायताद्वालकाश्ये द्वारं कुर्वन्ति मोचयेत्।।१५।।
द्वारं तु शीर्षकं यस्य भवेतुचिदेन्नुताम्।
शीर्ष रोगभयं तत्र पादाव्याधिरधोगते।।१६।।
संभावत्वर संक्रुद्धं शुद्धं वल्मीक पीडितम्।
ध्वज चैत्यहितं चापि विषमं च विवर्जयेत्।।१७।।
परकोणै परद्वैरैः परद्वारैः परस्तम्भैः परद्रुमैः।
कूपवृक्षादिभिश्चैव हतं चापि द्वारां निरर्थकम्।।१८।।
अरण्यभिमुख द्वारस्य नाभिमुखं तथा।
जम्बारथ्याभिमुखं तत्कुर्याद्वस्तु विग्रहम्।।१९।।
एतैर्दोषैविनिमुक्ता चतुरस्त मृजस्थिरम्।
शीर्षयो वाह्ययोक्तोस्थयं कार्यं प्रमाणतः।।२०।।

इति गार्गीयायां वास्तु विद्यायां द्वारप्रमाण निर्दिशेत् नाम।।

❑❑❑

अथ त्रिंशोऽध्याय:

अथात:संप्रगृहाणांसं प्रवेशनम् ।
यद्यत्कार्ये समासेत चल्प गर्ग मतं यथा।।१।।
शिल्पान्यासविधौ येष सम्भारा: परिकीर्त्तिता:।
शिलाचत: काचत्यन्तात्सर्वा तुपकल्पयेत्।।२।।
सम्भारश्च संहृत्पिंडाद् दान्मृत्पिंड एव वा।
सर्व वित्तानि गवाश्च गृहकोणेषु दापयेत्।।३।।
आच्छादियेद्यपि गृहं समन्तादगदोकृता विविच्चाभिस्तर्पयेत्।
पितृन् वत्स: प्रवेशयन मग्नयो देवतानि वा।।४।।
पूर्णकुम्भा: सुरादीप मम मयापि च।
एवं गृहं यत्प्रविशेतर्षयोच्छुद्धिजा तत:।।५।।
सधितमायुर्भोगोश्च लतेतिरुपद्रवा:।
गार्गीयायां ज्योतिषसंहितायां गृह प्रवेशोनाम।।६।।
चिरेपिषु न च कर्मसु वायुत:।
सत्वापुराणे वा कस्मिन् भवति पूजित:।।७।।
पितृपैतामहं वेश्म पारंपर्या गति तु वा।
सशल्यं केचिदिच्छन्तिति शल्य केचितदेद्वतु।।८।।
पितृपैतामहे गेहे प्रशस्तं शल्य मुच्यते।
पाणर्यागते गेहे शल्यदोष चाहि स्मृत:।।९।।
ऐश्वर्यनाशां जातायाद्वितं तस्य न तिष्ठति।
नतो न तु भवेत्तस्य शसयेश्चापि जीविते।।१०।।
तमुच्चरेत् प्रयत्नेन विधिरेषा प्रजायेत्।
क्षेत्रे कृत्वा गृहतन्नुशेता नष्टौ प्रदायेत्।।११।।

वल्मीकाशुक्तराधाश्च सिकताश्चात्र दापयेत्।
एवं कृतं संस्कारे मन्त्रमानु विधीयते।।१२।।
गार्गीयायां वास्तुविद्यायां गार्गव्याद्वारवेष्टो।
सुनिमित्तेस्वौगतेषु बालक्ष्यतान्यगवि।।१३।।
विद्यायांभसितो देवलो व्रवीत्।
तत्र देशं दिशं कालं स्थाताति विविधानि च।।१४।।
स्त्रीस सासं प्रवक्ष्यामि जायतेजैः शुभाशुभम्।
काले सर्वा प्रशंश्यन्ति पूर्वाह्णे परिपृच्छतः।।१५।।
सन्ध्यायोरपराह्णे च क्षयाया च विगर्हितः।
तिवाणगोरसगाराय लालक्षणयस्मसु।।१६।।
जम्भासभ्रम मूलेषु निम्नेषु विषमेषु च।
चत्वेरथ मूले वादेष्व मुष्येथवा द्रुमा।।१७।।
अविकन्तुना भूम्या वा भूताया कुले मेषु च।
कण्ठकेतुक वल्मीके नासिके तु तुषाश्चिषु।।१८।।
वधनागार जालेषु धतश्चाय वेश्म सा।
यानागारा प्रधागारेणातिस्म तेषु।।१९।।(?)
व्यतग्र प्रव्रजितानां च शाक्यानां चैवेश्मसु।
स्थानेषु नेष्टा वाभिमुखो दिश यमर्थ मभिकांक्षे तत्तस्य।।२०।।
विद्यादर्शापदं वृक्षास्यादुफला यत्र क्षीरिणः।
पुष्प शोभितः सौम्य द्विजगुणकीर्णं क्रव्यादगणा।।२१।।
वर्जितायुनामानोज्ञाश्चास्तुत्यततरि तत्वतः।
सिद्धः धुन द्विजावासै देवता तत्तेनषु च।।२२।।
सिता संसृष्ट रुदद्या च यत्रस्तेहवती मही।
मृदुसस्य प्रतिच्छन्ताश्चक्षुस्याश्चक्षुणाल्प वा।।२३।।

प्रशस्ताश्चैव मादितिस्थानाति परिपृच्छता:।
कार्यसिद्धिह्युवा चैव विपरीतष्वथोन्यथा।।२४।।
यस्मिन्यस्मिस्तुत श्रृष्टे फलै प्रद्विहोयते।
तस्मित्यर्थ मिह प्रोष्यमार्त्त विवोचतः।।२५।।
अंगुष्ठनख पादारुगुल्फ मुल्वततस्वना।
गोत्राशंखाक्षता चानोदन्तोष्ठ भूतसुतर्म।।२६।।
गलोरुगलवस्त्रिश्च कवक्षाक्षसं वयः।
पुत्रमान्येव मादीतिस्त्रो नामानिति चोचमे।।२७।।(?)
कर्णपाली भ्रुवौ नासाजिह्वाग्रीवा वूकाटिका।
नासाश्रेणीस्तुतै जैजिंद्ये पीडिका गुल्फयमथा।।२८।।
पाणिपादाश्चश्रितालेष बलयः सर्वसन्धिसु।
यास्मिरित्येवामादीनि स्त्रीनामान्य मिति दिशेत्।।२९।।
शिरो ललाटं चिबुकं मुखं पृष्ठोदरं वृका।
शोर्ष चमेहनं जानुनो तथा।।३०।।
कर्णयांक्षिकरे च पार्श्वे च हृदये तथा।
नपुंसकानि तानीयादगा विद्या विशारदाः।।३१।।
समासे तैतदुदिष्टमङ्गे स्त्रीनपुंसकम्।
पृथक् पृथक् फलतेषां मतऊर्ध्व निबोधतायुता।।३२।।
प्राजदहस्तिग्ध मतिभग्र पीडितं सम।
समाहिता चागं निरुजभय मयदं स्पृशेत्।।३३।।
देशं कालं दिशश्चैव मिष्टत्वो माध मङ्गलम्।
यामर्थ मतुष्टच्छेत तस्या वक्ष्यामि लक्षणम्।।३४।।
तस्य प्रसिद्ध मङ्गेन क्षिप्र मेवाभि निर्दिशेत्।
एतान्ये च तु गात्राणिरूपाणि मिथिलानि।।३५।।

वायुलानि मतो ज्ञानी पीडितानि तु शनि च।
अर्चामिजा तु पृच्छते अनिष्टमभि निर्दिशेत्।।३६।।
अर्थ सम्पद्यतेनाय एवमेव निर्दिशेत्।
अथस्त्रीनाम मेघेषु स्तिग्धेषुन्यनरेषु च।।३७।।
ततोर्थश्चिराद् भवेत् ।
एतेल्वेवाच मृष्टेषु रुक्षवाया बलेषु च।।३८।।
नार्थ सिद्धिःरिति ब्रूयाद्दशविद्या विशारदः।
नपुंसकेषु गात्रेषु गार्हितेषु बलेषु च।।३९।।
संश्रृष्टेष्वंगवि ब्रूयाद्दीक्षितानाम सम्पदा।
सिद्धिपुत्रा मसुक्षिप्रस्त्रोनाम सुचिराद् भवेत्।।४०।।
नपुंसकेषु सिद्धिः स्याभा शालक्षेम्य वाग्भवेत्।
अनुमृज्यान पृच्छन्त मरिष्ट मभितो दिशम्।।४१।।
अर्थ स पदातेनायामपिष्ट मभिनिर्दिशेत्।
सुष्टकामे हि गम्याथ पदांगुष्ठ प्रवालयेत्।।४२।।
भाव्योनाय न संश्रेषो शिप्रत भविष्यति।(?)
अंगुत्र स्पर्शतो विद्याद्योकं कदुहति सम्भवा।।४३।।
राजभिरागन्तातीयादभिहति शिरा यदि।
शिरसोरप्यभिहिते विप्रयोगैः प्रियैर्भवेत्।।४४।।
पतितवासन्सत्वे वक्षि प्रमेव वित्।
येन दक्षिणेनाथ पादेन यामयादेय समृशेत्।।४५।।(?)
पदातं वाथ दश्येत प्रियालाभं विनिर्दिशेत्।
वामेणा दक्षिणे पादेपरिष्ठ अंगुष्ठे।।४६।।
नांगुलिस्युष्टा पृच्छेद् गर्भ मसंचयः।
एवमुषेषु यः पृच्छेदंगुष्ठे नामहि लिखेत्।।४७।।

हस्तेन पादकंधये दासो पृच्छेन्मृतं चावा।
तालुवायत्रेथ वा भुजेनस्त पृच्छाञ्चवचितता।।४८।।
केशना तकभस्माच्छीमाक्त मस्यनि माप्नुयात्।
निगंडेचल्कत्वं रज्जुर्वाल्वशिक्य मथापि वा।।४९।।
यद्यविष्टाया सम्पृच्छेद्वन्ध मेतेन निर्दिशेत्।
आदिगत्या भद्रत्युक्तं विद्यादैश्वय मीप्सितम्।।५०।।
कुर्वाते पृच्छा तु भुजेत्कुक्षेभि निर्दिशेत्।
इच्छामि पृष्टा मित्युक्ते स योगस्था मुदाहरेत्।।५१।।
पश्यत्वा यच्चति प्राहलेभि पृच्छरिव निर्दिशेत्।
चिर्देशेदध्वगमनं तपपक्षो विनिर्दशेत्।।५२।।(?)
वृक्ष मितावदार्येतिज्ञ मपृच्छै च सा भवेत्।
दृश्यतामपि चेत्वृक्षे अष्टपृष्टाति वेदयेत्।।५३।।
समृत्यपत्य वक्षेतरधु प्रवक्ष्यामिहादयेत्।
अन्यतः पदात्पंगः स्पृष्टा चद्ये परामृशेत्।।५४।।
तिर्हाणवापि कुर्वीत स्त्रीपयेत वा।
हस्ताव्वापि यतोत् किञ्चिद्धात्राणि स्फोटयोत वा।।५५।।
अवणोचारसं वृक्षस्य द्रुमाया स्पृदते।
अविद्धे वा विद्युते वा निर्धूतेथ तथा क्षितौ।।५६।।
खण्डिते भ्रान्ति भिन्नेषु ताडिते विनश्यति ते।
मृतनष्ट सुतहितं दुत्पस्तं विस्मृतं तथा।।५७।।
एवं विधेषु सवृक्षे सर्वे नष्ट भवेद्यथा।
अत्यन्तरं भवेदङ्ग चौरमत्यन्तर वदेत्।।५८।।
सतद्येत्वङ्ग रामशे हतं वात्द्यं विनिर्दिशेत्।
पादाङ्गुष्ठे वदेद्वासंदासत्वङ्गुलीषु ध्रुवं।।५९।।

यद्ययोः प्रेष्टणक मोतरंत चरे वदेत्।
भ्रातरं दक्षिणे बाहु भ्रातुर्मांगिनो चोरोत्हृदि।।६०।।
विद्याहृदि विपात कुटषिनी।
गुरु शिरसि जानीयादङ्ग विद्या विशारदः।।६१।।
पाटित छितभिगो च व्यापनेपतिते मृते।
छदिस् मूत्रपुरीषणां उत्सर्गे रुदितेक्त ते।।६२।।
मांस सो- त केशास्थि भस्माकाष्ठे तथैव च।
उदरेभिर्वातष्टामरणं रोगोक्ष वदेत्।।६३।।(?)
मङ्गल्या तांतु सर्वेषां दर्शतेऽर्शते तथा।
मोदकाश्चतुरो दृष्टा क्षिप्रमर्थ नियच्छति।।६४।।
दृढमत्यन्तरं स्निग्धमङ्गुष्ठं यदि संस्पृशेत्।
तद् गिरं रषानुमक्षेत्र मुक्तं तमभि निर्दिशेत्।।६५।।
निदर्शने वहिशुष्कणा ललाटस्पर्श वै तथा।
शालियुक्तं विजानीयादेशकालो य यादित।।६६।।
ग्रीवं स्पृशनैवै वश्यवातां चैव दर्शनो।
स्त्रियापसापि वा भुक्तया नीयाद्याचको दतम्।।६७।।
उषसः स्पर्शते भुक्तं विजानीयात्वष्टिकोदनम्।
तिल्वोदकं तु जरोकुलो काल्माष सर्षपः।।६८।।
पापसंस्तनयोर्जांन्वो च मुक्त मादिशेत्।
अस्वादितस्यान्मधुर स्वादितेत्यम्ल मादिशेत्।।६९।।
विकद्भितः स्यात्कटुकेष्ठो चितेत्यक्त मेव च।(?)
हि कतेरुक कषायां स्याछत्रलवणं क्षार मेव च।।७०।।
सल्वाणां मांसभक्षाणा दर्शने मांस भोजनम्।
वाराह चेद्धनुः स्पर्शे कर्णयोः शश मुच्यते।।७१।।

जङ्घाशस्ये भवेस्यात्रन्मार्गे श्मश्रूस्य श्येनयाश।
उरभ्रेक शशस्यस्कन्धे गव्य विधायतो महिषम्।।७२।।
गलहस्तेनुमूर्ध्नि कौवेर मादिशेत् सा।
एवमेत तदृशोदिष्ट मातितो देवलो ब्रवीत्।।७३।।
विधमाने यथात्वर्थो पिप्पलो दर्शनं भवेत्।
ब्रूयात् स्त्रिया मकल्याणा मपासाते न चिंतिता।।७४।।
मृरिचेष रूपायंश्‍शृ मवैरश्रृंग तथा।
अजा तु सुतनाशं तु रोध्रोध्वोनं विविचिम्।।७५।।
सर्वेषु नाशप्रश्ने तु प्राणसंशय मेव च।
हिरित्वेरन्तु चात्यानांता गोरभूमि वा शणाम्।।७६।।
कुष्टोध यद्यनाशन्तु शतपुष्पा चतुष्पदम्।
मासद्विपदनाशाय दर्शने वितितो भवेत्।।७७।।
न्यग्रोध फलहस्तस्य पक्षतस्तुद्यतागमः।
मुग्दकोद्रवरफले आगमं काच तस्य तु।।७८।।
वैवस्तत्वाभं भवेत् पक्षेतिद्रकांद्विपदागमः।(?)
ताम्रं तु शुष्यतु च दरेताम्रलोहं तु जाम्ववे।।७९।।
भान्तु देष्टा पूर्यमाराधान्येत सलिलेव वा।
दुवर वृद्धि विजानीयादमितः प्रत्युवच्छितम्।।८०।।
दर्शने हस्तिलेद्रश्मऐश्वर्यस्यामि दर्शना।
निप्रश्चिंत्यमाणे स्यादासी पृच्छ विनिर्दिशेत्।।८१।।
धूर्तमासे चतुःपदेकाणे गजेन्मे द्वे व्याधिरागमनाम्।
महिषे क्षौमपश्चे तु यानि वासोजिते तथा।।८२।।
तार्णिकं तु पशु देष्टा व्याघ्रे वा मरण वदेत्।
पङ्कजं चन्दनं रक्तं कोशयेरुप्य दर्शन।।८३।।

निर्ग्रन्थिरांश्चित्य मानेस्यो दासो वृक्षा विनिर्दिशेत्।
धूर्त्तमार्त्त मासेपि कासित्रं वृक्षश्रावक दर्शनो।।८४।।
शाक्यचौर परिव्राजावकाङ्गणि तत् प्रियङ्ग।
युवति मुपाध्याये नैग गमं प्रवणं वदेत्।।८५।।
बन्धनै मिति विद्याद विदुग्धे कुद्रवितम्।(?)
अर्हतिके वाणिजकं प्राकृतां सर्व हाटिकम्।।८६।।(?)
उच्छविति विपन्नामर्थं तायसेवि प्रवासनम्।
शौनके पशुपालं तु कैवर्तवध घातताम्।।८७।।
गुर्विण्या यशवस्त्वेर्थे लक्षणानि यथातथा।
वक्ष्यामि भगवान् ब्रह्मा यथा प्रोवाच पृच्छतः।।८८।।
फालपुष्पात्रपानानां धान्यमक्ष चतुष्पादा।
पुत्रामदर्श विद्यात् पुत्रजन्म न संशयः।।८९।।
नपुंसकं सतामेषु विजानीयान्नपुंसकम्।
कर्तिका सु भवेज्जाता गिरिस्तु च दिशं स्पृशेत्।।९०।।
ललाटे लोहिणी विद्यात्कर्णे मृगिशिरस्तथा।
आर्द्रगण्डस्पर्शे गण्डपार्श्वे पुनर्वसु।।९१।।
हन्वै पुष्येद्दिनै साप्र्य ग्रीवाय प्रादिशेत्य वा।
दक्षिणां भवेद् भङ्ग्यं मध्येचार्यास्तु मादिशेत्।।९२।।
हस्ते हस्तविधौ विषमर्णिके स्वाति मादिशेत्।
नवा मुरसि मैत्रे वा दक्षिणे तु स्तनं स्पृशेत्।।९३।।
ज्येष्ठा वामेस्त्वमस्पर्शे आषाढा।
दक्षिणे पूर्वो वामे पार्श्वे तथोतरा।।९४।।
श्रवणं जठरे स्पष्टे श्रेण्याणायां वा मादिशेत्।
वारुण मिठ संस्पर्शे अजन्तरान्तु दक्षिणे।।९५।।(?)

अहिर्वुघ्नं विजानीयात् वाममुरुं यदा स्पर्श्येत्।
रेवती जानु संस्पर्श्ये जङ्घायामश्विनौ वदेत्।।९६।।
भरणी पादयो विद्या विशारदः।
इति विद्या मिमां ब्रह्मा सर्वभूत विचेष्टितम्।।९७।।
शुभाशुभा य सस्त्रीपुंसा बलः प्राहव्यतः।

वृद्धगार्गीय ज्योतिष संहितायां मृगविद्या नाम।।

❑❑❑

अथ एकत्रिंशोऽध्यायः

ताम दैवतेभ्यो नमस्कृत्वा ब्रह्मर्षिभ्यास्तथैव च।
ब्रह्म प्रोक्त वक्ष्यामि यथास्तयाश्च वासयाः।।१।।
श्वेतो वा य साराः स्याततोक्तः स्तथापरः।
सबलस्तु तृतीयः स्याच्चतुर्थोस्त्वरुणो भवेत्।।२।।
हरितः पञ्चमो ज्ञेया षष्टो तिलाभ्रसन्निभः।
सप्तमः कृकृस्यादष्टामः ककृ एव च।।३।।(?)
रति वा वसाजात्यौष्टौ यासु सत्यं प्रतिष्ठतम्।
एवमेव तु भूयिष्टं कस्मादश्यान्ते वायसाः।।४।।
कान्ति प्रकृति भाषाद्या वायसातां यथा भवेत्।
अतोन्यथा च हविषा वचो मुचति वायसाः।।५।।
कषतीति भयं प्राहुः करविभ्रमां।
शरीरया रे रुदिते रोदनं भवेत्।।६।।(?)
खद्वेति कलहं विद्याय च षष्ठेति च।
भण्डार शब्देषु शास्त्रकोयं विजानयेत्।।७।।
कठिति चाषतंसद्यं मा संस्यान्केतकेपि च।(?)
कृत मैथुनो वारात्कपूकेस्याक्षत स्त्रियः।।८।।
कुन्तितेत्वपि जानीयाद्घातं कुरकुदेति।
चाकिकारेतहि एवस्य वर्षे मेव खरेषु च।।९।।
वातशकटशब्देषु वायसेष्वभि निर्दिशेत्।
कोवा इति लाभेत्कान्यां वृद्धिव्यो कुडिहेति च।।१०।।
तलितः गासंवयसः प्राहुः प्रभूत मुपकर्मणि।
विस्तीर्य पक्षे विपुलं यदि वासेत वायसाः।।११।।

अरसं तं भवेदत्रं कलहं वात्र निर्द्दिशेत्।
आहतं गतमित्येत यदि वासेत वायसः।।१२।।
शोतो मधुरनिर्घोषः प्रोषितागमन भवेत्।
गतांगतकमित्येव यदि वासेत वायसा।।१३।।
लेषा मेतेत जानीयात् क्षिप्रं यच्च वरं वदेत्।
गृह्यस्यां परितुह्यायत् यदि वासेत वायसः।।१४।।
पक्षेण प्रचय विद्यादग्निदाह मुपस्थितम्।
तुण्डाति विधुन्वतः पार्श्वे यदि वायसाः।।१५।।
दिश्याग्नेयं प्रवासं च दिश्यदग्नि भयं तदा।
गृहोवलीकेतु यदा स्निग्धं वासति वायसः।।१६।।
स्वरेण महता दीप्तं महामेधं विनिर्दिशेत्।
उदयानेष्वनृपेषु सरस्सु मुरितासु च।।१७।।
वायसा यदि वासन्ते वर्षमेव विनिर्दिशेत्।
तृणकाष्ठानि संदृश्य प्रक्षिपति यतोदके।।१८।।
ग्रामघातं ततो विद्याद्वायसे स निवेदितम्।
दीप्तस्थानाद्यदि ग्रामे अभिनीय तु वयसाः।।१९।।
संयोगी मण्डलीभूतस्तस्यां दिशि भयं भवेत्।
सन्ध्यावेला यदा दीप्ता वायसाः सर्वतो दिशम्।।२०।।
अपसन्ध्यं प्रलीयन्ते भयं शंसन्ति दारुणाम्।
यदन्तरिक्षे वसत रात्रौ दृश्यन्ते वायसाः।।२१।।
गृहेषु च विलीयन्ते विद्यादेशस्य विद्रवम्।
देशस्योत्तर पूर्वेण परेणोत्तरतोपि वा।।२२।।
वसन्त क्षीरवृक्षेषु वायसाः क्षेमवादिनः।
स नानाशाद्विकारांश्च प्रस्थानेष्वभि लक्षयेत्।।२३।।

वायसानां समुद्दिष्टो गतिस्थानं च सर्वदा।
प्रस्थितस्य यदा सम्यग्वायसो मधुरं वदेत्।।२४।।
वामेर्थ साधनो ज्ञेयो दक्षिणोऽर्थांन्न साधयेत्।
दक्षिणस्तु निवृतस्य वायसोर्थकरो भवेत्।।२५।।
वामेन शस्यते दृष्टो गृहं प्रविशते तथा।
मधुरं व्याहरन्वामं क्षीरवृक्ष मपाश्रितः।।२६।।
पथिनुक्ते ममाचष्टे अर्थसिद्धिं च वायसः।
यस्यामि लीयते मूर्ध्नि वायसाः पथि गच्छतः।।२७।।
शस्त्रैर्वास विध्येत मनुष्यः पन्नगे न वा।
येषा मभिमुखो भूमौ दीप्तो वासेत् वायसः।।२८।।
प्रसार्य क्षोभ संग्रामे तेषां घातं विनिर्दिशेत्।
तृण वा यदि वा काष्ठं गृह्य तिष्ठेत्पराङ्मुखः।।२९।।
चौरैस्तु चार्यते पन्थास्तं मार्गं प्रतिषेधयेत्।
तृणं वा यदि वा काष्ठं दीर्घव्यण्डं च कर्षति।।३०।।
सर्पेण धार्यये पन्थास्त्री मार्गं प्रतिषेधयेत्।
विदलं यदि वस्त्रातं गृह्य तिष्ठेत्पराङ्मुखः।।३१।।
पलाशपत्रं भूर्जे वा यदि गृह्यापसर्प्यति।
वायसः शैललाभायन्चेल नाशाय कर्षणात्।।३२।।
लाक्षाहरिद्रमंजिष्ठा यदि गृह्येपसर्प्यति।
सुवर्णलाभं जानीयात् वायसे न प्रचोदितम्।।३२।।
शर्करामश्य शुक्तं वा यदि गृह्योपसर्प्यति।
रूप्यलाभं विजानीयाद्वायसेन प्रचोदितम्।।३३।।
अग्रतः परिवर्त्तेत व्याहरेत् वहुस्वरात्।
परिवर्त्तन माख्याति तं मार्गं प्रतिषेधयेत्।।३४।।

विच्छिन्नवृक्ष पत्राणि यदि वदन्ति वायसाः।
अन्नं विविध माख्याति मक्षांश्च विविधाश्चगाः।।३५।।
अनामिष सन्निवेशं यत्र कुर्वन्ति वायसाः।
अग्निदाहं मिथोभेदं सुन्नाहं चात्र निर्दिशेत्।।३६।।
अध्वानं प्रस्थितो यस्तु पक्षिभ्यां स्पृशते खगः।
मूर्ध्नि गोत्रेषु चैने वा महान्तं व्याधि मन्थति।।३७।।
उपानहो वा वस्त्रं वा वायसो यदि कुर्दयति।
अभ्यन्तरेण सप्ताहाद्भयं प्राप्नोति दारुणम्।।३८।।
एकाक्षरं द्वयक्षरं वा असक्त मनामयम्।
शान्तं मधुर निर्घोषं व्याहरेत् शुभाशुभाम्।।३९।।
नीडात्युच्चेषु वृक्षेषु यदि कुर्वन्ति वायसाः।
निवृत्तात्यल्प वृक्षेषु तमनावृष्टि लक्षणम्।।४०।।
नीचैर्नीचानि कुर्वन्ति वृक्षाणां यदि वायसाः।
क्षीरवृक्षेषु फुल्लेषु वायसाः फलितेषु वा।।४१।।
यदि नीडानि कुर्वन्ति क्षेमसौभिक्ष लक्षणम्।
ग्रीष्म निर्गमने काले नीडाकरणं शुभम्।।४२।।
पूर्वोत्तरासुशाला सुवृक्षाणा मुत्तरासु च।
यदि नीडानि कुर्वन्ति क्षेमसौभिक्ष लक्षणम्।।४३।।
नीडं पुरस्तादृकस्य यदि कुर्वन्ति वायसाः।(?)
कृषिययाणां भयं तत्र शुष्कवृक्षे पराजयः।।४४।।
एवं वैश्याश्च शूद्राश्च ब्राह्मणाश्च विभागशः।
यथा दिशं पीडयन्ति वायसा नीड संचये।।४५।।
प्रासादद्वार वेश्मसु नीडं वार्षिक मुच्यते।
गोपुरा दालके कुर्वन् ध्वजेषु च भयं वदेत्।।४६।।

वृक्षस्य सुशिरै नीडं वायसानां यदा भवेत्।
महामेघाः प्रवर्तन्ते नृशापाश्येव वायसाः।।४७।।
दुर्भिक्ष मनपत्येषु एकशावेषु चैवह।
तञ्जाशेषु यदा नीडं वायसेः कुरुते क्वचित्।।४८।।
सङ्गच्छमाना दृश्येद्वा तदाख्याति महद्भयम्।
सेना निविष्टासार्थं वामे शृष्टोनुवासते।।४९।।
तस्माद्देशात् प्रयातव्यं भयं ह्यत्र प्रजायते।
पृष्ठतो यदि वासार्थे वामतो वा निडीयते।।५०।।
संग्रामं निर्दिशेत्तत्र वायसे च प्रचोदितम्।
पुरस्ताद् ग्रामघातः स्यादग्नि दक्षिणपूर्वतः।।५१।।
मृत्युर्द्दक्षिणतो ज्ञेयो नैर्ज्ञताहुत शासनम्।
पश्चिमायां भयं विद्या पुत्रोत्तरतश्चतः।।५२।।
शस्त्रपातश्च सौम्यायां वर्ष चोत्तरपूर्वतः।
एवं दिक्षु विजानीयाद्वायसानां प्रभाषितम्।।५३।।
दीप्ता सु भयमाख्याति शान्तंशातासु निर्दिशेत्।
अघोपहागन्वक्ष्यामि वायसानां यथादिशम्।।५४।।
शुभाशुभं हि शंसन्ति उपहारेषु वायसाः।
पुरस्तादुपहारः स्यासर्थिर्मिश्रं तिलोदनम्।।५५।।
यवागूमास्त्रं समिश्रां दद्यादक्षिण पूर्वतः।
कृष्णधान्योदनं ज्ञेयं दक्षिणेन दिनैः सह।।५६।।
दध्योदनन्तु नैर्ऋत्यां वायसानां बलिः स्मृतः।
अपूपास्वथ वारुण्यां वायव्यां शालि भोजनम्।।५७।।
यावकोतरतश्चापि सौम्यायां दुग्ध भोजनम्।
एवं दिक्षु यथोद्दिष्टानुपहारानि मात् द्विजः।।५८।।

त्रिरात्रो पोषितो भूत्वा दद्यात्पर्व सुपर्व्वसु।
ऐन्द्राग्नेयाश्च याम्याश्च नैऋता वारूणैः सह।।५९।।
वायव्य सौम्यवर्षाणां सभागच्छन्तु वा।
यतकृतोपहृतानी मानुपहारा न पृथक् पृथक्।।६०।।
प्रतिगृह्णन्तु सत्य में वायस्यः सत्यवादिनः।
ऋषिदैवत सत्येन ब्रह्मसत्येन वायसाः।।६१।।
आख्यातं प्रतिगृह्णीत्वा उपहारानि मातिह।
प्राङ्मुखः प्राञ्जलि तिष्ठैत्पूर्वेणोप हरेद्बलिम्।।६२।।
यथा दिश मथान्येषु तिष्ठेदभ्यानू द्विजाः।
तत्राह्लादता वायसानां पूर्वोक्ताना मुदाहरेत्।।६३।।
धूपमाल्योपहारं च सर्वं तत्र निवेदयेत्।
न च तेषां निरीक्षेत चेष्टितं व्याहृतं वदेत्।।६४।।
हर्षं युद्धमथोदैव्यं सर्व तत्र निवेदयेत्।
एवं संवत्सरे कुर्यात्पुरामासां वा महीपतिः।।६५।।
मासानुमास मथवा निमित्तार्थं बलिं हरेत्।
न वारयेन्न गृह्णीयाद्वायसान्न च घातयेत्।।६६।।
मृतं वापि दहेत्काष्ठैस्तथा सिद्धि मवाप्नुयात्।
इति विद्या मिमां सत्यां वायसानां प्रभाषितम्।।६७।।
ब्रह्माशुक्रवशिष्ठाभ्यां प्रोवाच भृगुवान्पुरा।

इति गार्गीयेज्योतिषे वायसविद्या ।।

❑❑❑

अथ द्वात्रिंशोऽध्यायः

महात्मानं महाप्राज्ञः गर्गं क्रोष्टुकीर व्रवीत्।
स्वातियोगं निखिलशो भवच्छत्रु मर्हसि।।१।।
युक्तः कथं सुभिक्षाय दुर्भिक्षाय कथं भवेत्।
भवतः क्षेम तश्चापि स्वातियोगे कथं विधिः।।२।।
वृद्धि मारोग्य लाभौ च जयवृद्धिर्जलक्षयम्।
न्यायतः शास्त्रविहितं श्रोतु मिच्छामि तत्वतः।।३।।
तस्मै प्रोवाच भगवान् गर्गः परम निश्चयः।
निमित्त योगकुशलो स्वातियोगस्य कर्मयत।।४।।
आषाढ योगे दशमी स्वातियोग मनुत्तमम्।
ध्रुवात सर्वयोगानां तमुपासेत् प्रयत्नतः।।५।।
स्निग्धान्यभ्राणि वातश्च विद्युतस्तनितानि च।
स्वातियोग प्रशस्येतसुभिक्षक्षेम वृद्धये।।६।।
स्निग्धजीमूत संच्छन्नं गगनं न प्रशस्यते।
प्रशस्ता वायवश्चापि पूर्वपश्चिमत्तोत्तराः।।७।।
वान्तिवाता यदा स्निग्धाः प्रसन्ना नाकुलाः शुभाः।
आह्लादयंतः मुखस्पर्शाः सुमिक्षमभि निर्दिशेत्।।८।।
उत्पन्तंतो दिवं यत्र वान्तिवातास्तु भीषणाः।
तिर्यक् शीघ्राः सुपुरुषा दुर्भिक्ष मभिनिर्दिशेत्।।९।।
अपसव्येषु वाससु योगैर्वस्त्र भयं वदेत्।
समाकुलेषु भ्रान्तेषु ब्रूयाच्छस्त्र भयं द्विजः।।१०।।
स्वातियोगे यदा वाताः सर्वे वान्ति प्रदक्षिणाः।
सुभिक्षं क्षेम मारोग्यं राज्ञश्च विजयं वदेत्।।११।।

योगं ग्रहैरुपहतं न प्रशंसंति तद्विदः।
उल्कानिर्घातकंपैश्च सहितो न प्रशंसन्ति।।१२।।
स्वातीयोगे पदायुक्ते पूर्वरात्रे प्रवर्षति।
ग्रीष्मशारद सम्पन्नां तां समामभिनिर्दिशेत्।।१३।।
शात्रे द्विभाग माश्रित्य स्वातियोगेभिवर्षति।(?)
सम्पदो मुद्गमाषस्य तिलानां चोपधारयेत्।।१४।।
त्रिभागे यदि सर्वेषां स्वातियोगेभि वर्षति।
ग्रैष्मं सम्पद्यते तत्र शारदन्तु विनश्यति।।१५।।
अहर्भागेनुवर्षन्तिक्षे सुवृष्टि ये।
द्वितीयभागे स्वावृष्टिर्वहुसर्थे सरिसृपाः।।१६।।
अह्नस्तृतीये भागे तु मध्यमां कुरुते समाम्।
सूर्यास्तमनकाले तु वर्ष व्याधिकरो भवेत्।।१७।।
अहोरात्रं यदा वर्षे स्वातियोगे पुरन्दरः।
तदा स चतुरोमासान् सर्वे वर्षति वासवः।।१८।।
एवमेष विधिर्दृष्टः स्वातियोगे विपश्चिताः।
स यास्य प्रयत्नेन प्रजानां हितकाम्यया।।१९।।

गार्गीये ज्योतिषे शान्तियोगम्।।

❑❑❑

अथ त्रयस्त्रिंशोऽध्यायः

आषाढया गमन्वासेन्नैमित्तस्तत्वतः शुचिः।
य आषाढ्यां पौर्णमास्यां स योग उत्तमोत्तमः।।१।।
तत्र वर्षमवर्षं च सस्यानां च भवाभवौ।
विशेषतः समायुक्तं लोकस्य च शुभाशुभम्।।२।।
पूर्वोवायुरषाढानां योगे शस्तो विशेषतः।
तथैशानोथ सौम्यो वा क्षेमारोग्य सुवृष्टये।।३।।
वायव्य वारुणावेतौ योगे मध्यगुणावुभौ।
नैऋतताग्नेय याम्यास्तु दुर्भिक्षभय रोगदाः।।४।।
प्रसव्यगास्तनुद्धता वाताः शतास्तु नाकुलाः।
अपसव्याति शीघ्राश्च व्याकुलाश्चाप्य वृष्टये।।५।।
एवमेवार्क चन्द्राभ्यां ताराणां च विभावयेत्।
प्रभाकिरण वर्णाश्च स्नैग्ध्यं ज्ञज्ञं प्रसन्नताः।।६।।
प्रशस्ता मृगनिर्घोषाः शान्तादान्ताः प्रसव्यगाः।
मृगपक्षिगणा योगे दीप्तार्थानां विगर्हिताः।।७।।
प्रशस्त वा च स्त्रीपुंसोबाला मङ्गल वादिनः।
आदीन मनसः शान्ता विपरीता विपर्यये।।८।।
वैदूर्यमणि हेमाभा क्षीरतोय मणिप्रभाः।
स प्रभावहिता सन्ध्या विपरीता तु गर्हिता।।९।।
कृष्णास्निग्धाभ्र संच्छिन्नो रश्मिवान स्फटिकोमलः।
हितः सूर्योदयो योगो विगर्हितः।।१०।।
वृहद्भिरसितैः स्निग्धैः पयोदैर्विद्युदाकुलैः।
व्योमा चितं हितं लोके पञ्चरूप समन्वितम्।।११।।

अषाढाया यदा योगमभिवर्षे क्षतक्रतुः।
भवेत्क्षेमं सुभिक्षं च व्याधिस्तु बलवान् भवेत्।।१२।।
उत्तरं मार्ग मास्थाय अषाढानां यदा शशि।
गच्छेद्वर्षां प्रवासात विपरीते विपर्ययः।।१३।।
पूर्ववर्षो भवेद्देवो परियुज्येदथाग्रतः।
युक्तवर्षी भवेन्मध्ये पश्चाद्वर्षन्तु पश्चिमः।।१४।।
कम्पनिर्घातदण्डैश्च सोलकाशनि महाग्रहैः।
पीडिता यदि पूज्येत योगं सस्यं विनाशयेत्।।१५।।
योगैर्द्वलित च कृत्तं किरणाद्यं तथा शशि।
विमलश्चाति वर्णस्य योगो ब्रूयात्प्रजाहितः।।१६।।

गार्गीये आषाढयोगः।।

❑❑❑

अथ चतुस्त्रिंशोऽध्यायः

गर्गे महर्षि मासीन मभिवाद्य विदीणवित्।
क्रोष्टुकिः परिपप्रच्छ प्रश्नं विदांवर।।१।।
आषाढशुक्ले वायव्यवैश्वर्यया मुपासता।
योगो तमिश्रो रोहिण्या अपरोयं किमात्मकः।।२।।
सप्ताविंशति पर्यन्ते कृष्णे चाप्यक्ष मण्डले।
तस्मात्रयाणा मृत्क्षणां योगः प्रोक्ताः शुभाशुभा।।३।।
वायव्य वैश्वदेवाभ्यां प्राजापत्य चैवह।
एषामभ्यधिकश्चापि रोहिण्या मुपास्यते।।४।।
योगे कानि निमित्तानि प्रशस्तानीतराणि च।
द्रव्यानि कानि चोक्तानि विद्याचार एव च।।५।।
सोमार्कपयोगो शस्तावर्ण व्यतिक्रमाः।
सोमार्काविध मलाभान् पक्षि च रितानि च।।५।।
सन्ध्याभ्रवातवर्षाणि चेष्टा च मृगपक्षिणाम्।
पशु प्रवेशं बीजानां सारसानां च सङ्गमे।।६।।
विनयादेव मुक्तस्तु वृद्धगर्गो महातपाः।
प्रोवाच रोहिणीयोगं भावाभाव निदर्शकम्।।७।।
तिस्त्रो वातानृणां भृत्यैः सुरैर्ये पूर्वनिर्मिताः।
तासां चापि श्रेष्ठत मसावाधीना कृषांन्वरि।।८।।
जलं दक्षिणकाष्ठादौ निवृत्तोर्कः प्रमुञ्चति।
वर्षेति सा श्रेष्ठतमा सर्वभूतां महोष्पते।।९।।
त्रयाणा मपियोगानां तस्मास्या प्र००मासै।
ग्रैष्माति को योगानुपासे सर्व गर्ग....त्।।१०।।(?)

यदप्पतिता योगास्त्रीस्त्रिष्वेतेषु निर्दिशिताः।
योगानचान्यैनक्षत्रो रेतश्चापि निवोधमे।।११।।
वाराण्येनान्यथार्क्षाणि दैवतोदासव श्रयाम्।
वाद्याधीन मिदं सर्वं वायुहीनं नेद्यज्जगत्।।१२।।
सर्वमारा विहाराणां विशेषाश्चापि कीर्त्तितात्।
वायोः पुराणा मपि च श्रेष्ठा श्रेष्ठः प्रजापतिः।।१३।।
रहस्य चाप्ययान्नभिर्वायव्यं वैश्य मेव च।
कीर्त्तितश्चाप्यपायात्मा सर्व रोहिणीरेवन्तु।।१४।।
एवं श्रेष्ठतममान्येताम् तानि त्रीण्यथैव तु।
एवं श्रेष्ठतमं वापि प्राजापत्य मुदीरितम्।१५।।
उपसाधारयामास वरिष्ठं ब्रह्मणस्पतिम्।
तस्मादधिकं योगो रोहिणीना मुपासते।।१६।।
आषाढकृष्णे तिस्त्राणां न च माघे घेषु पूज्यते।(?)
सोमोदयेष्वन्यतमं प्राजापत्यं दिवीन्दुना।।१७।।
तमुपासे द्विजो यत्वान्नैमित्तियोग मुत्तमम्।
सस्य वर्षं नरेन्द्राणां भावाभाव चिकीर्षया।।१८।।
संवत्सर मथायन्नो राज्ञा यत्र भवा नरम्।
तथा सस्य भवा रोग्यक्षेमवैर विनिश्चयः।।१९।।
नरा दुपनिष्क्रमादिशं प्रागुत्तरां शुचिः।(?)
विविक्रे प्रस्थले देशे देवता यतनेपि वा।।२०।।
राज्ञाभियुक्तो नैमितिकृत शौचो जितेन्द्रियः।
निमित्त कुशलोधीरः शुक्लाहत निवासितः।।२१।।
हुत्वा तु होमं सवित्र्या ब्रह्माब्राह्मण तर्पणम्।
उपवास मथादिष्टेदषुभि संयत व्रतः।।२२।।

ततोष्टम्यां परं यस्मिन् दिने कुपूज्यते दिवि।
प्राजापत्येन तदहो निमित्तु पलक्षयेत्।।२३।।
स चन्दना प्रतिराञ्जलकुभान स दक्षिणात्।
दिष्टां गन्धैरथोदिधानोषधी रत्न संयुतान्।।२४।।
चतुर्दिशं वारिपूर्णान स्थापये कृत लक्षणान्।
चतुर्णा मथमासानि वार्षिकाणि हिताहिते।।२५।।
पताकः श्यायताश्लक्ष्णा.....वाग्दैरथार्तवैः।
द्वि पौरुषौ प्रतिदिशं तद्वक्ष्याम्यनुपूर्वशः।।२६।।
महाधान्यानि शालिश्च प्राच्यां दिशि च निक्षिपेत्।
दक्षिणेन तिलान् दद्यादाध्यं काशीषु सञ्चयः।।२७।।
वारूण्यां यवगोधूम मुत्तरेणा तु षष्टिकान्।
सुवर्ण प्रतिमाभिश्च नृपाः स्थाप्या यथा दिशम्।।२८।।
तद् हस्तोदयादूर्ध्वं चतुर्द्वाहो विभज्यते।
हिताहितार्थं मासानां चतुर्द्धामपि लक्षणम्।।२९।।
वाताभ्र विद्युद्वर्षाणि परिवेश तमांसि च।
आदित्यदिवि मलता पक्षिणां चरितानि च।।३०।।

गार्गीये ज्योतिषे रौहिण्या योगः प्रथमः।।

❑❑❑

अथ पञ्चत्रिंशोऽध्यायः

वायव्या दिक्षु योगेषु त्रिषुद्याथ रनुत्तमः।
निमित्तानामथोपास्य तमुपासेत्प्रयत्नतः।।१।।
योगेष्वनुद्धतावाताह्लादयन्तः सुखप्रदाः।
प्रदक्षिणा श्रेष्ठतमा पूर्वपूर्वोत्तरोत्तराः।।२।।
यदि सर्व महारात्र मेषमनन्यतमेनिलः।
सुखस्पर्शेत्यतुभूतस्तदा सस्य सम्पदा।।३।।
योगस्याहुश्चनुर्भाग मेषा मन्यतमोनिलः।
यस्मिन् स भवते भागे वर्षार्या श्रेष्ठ उच्यते।।४।।
पूर्वे तु शुष्क धान्यानिको धान्यानि दक्षिणे।
पश्चिमे ग्रीष्मधान्यानि महाधान्यानि चोत्तरे।।५।।
ऐशाने सर्व धान्यानि पच्यन्ते चाप्यनुद्धते।
एतेषु वातिशीघ्रेषु ऋक्षेषु च विपर्ययः।।६।।
परचक्र भयं रूक्षे शर्करायांशु कर्मणि।
दक्षिणे वैश्यपीडा च पशूनां चाप्युपद्रवम्।।७।।
आरोग्यं पश्चिमे शीघ्रे यव शीघ्रं च भोजनम्।
उत्तरे व्याधिपीडा स्यात् द्विजानां चाप्युपद्रवम्।।८।।
आग्नेये यस्य सस्यश्चग्नि सस्ये च मूर्च्छितः।
वायव्ये वायुनामस्य मितिभिश्चोप हन्यते।।९।।
अनावृष्टि भयं घोरं दुर्भिक्षं चापि नैऋते।
मन्दे मंद मथा वेश्यमतिशीघ्रे तु दारुणम्।।१०।।
प्रदक्षिणा यदग्वाताः सर्वे वायव्यरुद्धताः।
सर्वेषु वापयेद्दीनं विप्रेषु च विपर्ययः।।११।।

प्रसन्नो वा निदाघश्च शीतलो वा प्रदक्षिणः।
शस्यते मारुतो योगे सुखस्पर्शोद्युनाकुलः।।१२।।
यादिशं भजते वायुस्तत्र क्षेमं विनिर्दिशेत्।
यस्य चेत्प्रतिषिद्येत तस्यां विद्यात्पराजयः।।१३।।
यतो वाभियतेद्वायुस्ततो विद्यान्महद्भयम्।
वातानां सन्निपातेषु सुवर्षारोग सङ्कुला।।१४।।
पूर्वन्तु वायुर्यदि वा पश्चिमाश्चा नु विध्यते।
उत्तरश्चानुवायेत विद्याद्वर्ष मुपस्थितम्।।१५।।
पूर्वन्तु वायुवायन्तं तिर्यष्कंदति दारुणे।
न तत्र वापयेद्वीजं पुराणं च निधापयेत्।।१६।।
यदि संप्रहरेषुश्च सर्वे वाताः समन्ततः।
संग्रामं निर्दिशे तत्र मांसशोणितकर्दमम्।।१७।।
वातानां युद्धयमानानां संघाताः सर्वतो दिशाम्।
तेषां यः प्रथमो वायुस्ततो वर्षततो जयम्।।१८।।
वातानां संप्रयोगेषु मध्ये वायव्य वारुणाम्।
यत्र सौम्यादयः श्रेष्ठास्त्रयः श्रेष्ठा सु निन्दिताः।।१९।।
प्रतिषेधयते शस्तंम प्रशान्तो यदानिलः।
तिर्यग्वा छिद्यतेत्यर्थमवर्षं तत्र निर्दिशेत्।।२०।।
अप्रशस्तं यदा शस्तं छिद्याद्वा प्रतिहन्ति वा।
वापये सर्व सस्यानि समा भवति पुष्कला।।२१।।
अनुवायेच्छुभं श्रेष्ठं तस्यस्य स्वं प्रदं परम्।
मध्ये मध्यं विजानीयान् कन्यसेवाप्य सं पदम्।।२२।।
अर्द्धन्तु सङ्कुले यान्ति रुक्षवर्णो निरभ्रकः।
व्याधिष्वयन्नुपताकास्तन्न शोभनम्।।२३।।

अथ सर्वे प्रवायतेत्युतथो व्याहृत समाः।
अनुक्षिपन्न वा विध्यं पताकास्तत्र शोभजम्।।२४।।
यथा विंशति वर्णानां तथा दिग्धभुक्ति मा नपि।
योगक्षेमं पताकासु कुम्भैर्वंशैश्च निर्दिशेत्।।२५।।
माल्योपहाराः कुम्भावाः प्रशस्ताः सुसमाहिताः।
यततस्यां दिशि शुभं विपरीते विपर्ययः।।२६।।
पूर्वस्य जलकुम्भस्य भग्नस्यैकतरं वदेत्।
राजा च मृयते तत्र सस्यं चापि विपद्यते।।२७।।
दक्षिणस्यनुकुम्भस्य भग्नस्यैकतरं वदेत्।
विग्रहं वैश्यशूद्राणां फलं धान्यं च नश्यति।।२८।।
पश्चिमस्य तु कुम्भस्य भग्नस्यैकतरं वदेत्।
श्रेष्ठो वा मृयते तत्र ग्रैष्मं चोप हन्यते।।२९।।
उतस्त्यनु कुम्भस्य भग्नस्यैकतरं वदेत्।
विग्रहं वा द्विजातीनां शुष्क धान्यस्य वाहितम्।।३०।।
सर्वे कुम्भासु पूर्णाः स्युरखण्डाग्रा समन्विताः।
चत्वारो वार्षिका माप्ताः सर्वान्वर्षति वासवः।।३१।।
पूर्णकुम्भे जलं क्षीण मन्येषु तु जलं बहुः।
तदा न वर्षते पूर्वं मध्यान्मासांस्तु वर्षति।।३२।।
दक्षिणे प्रोष्ट पादं तु पश्चिमेश्च युतं वदेत्।
सौम्ये च कार्त्तिकं विद्याक्षयवृद्ध्या जल सतु।।३३।।
एवमेव पताकानां विकारेष्वभि निर्दिशेत्।
दिग्भक्ति नामवर्णानां च भवाभवौ।।३४।।
सर्ववस्तु समुस्थाय यदि वातक पूजकः।
यादिशं प्रतिपद्यन्ति जानीयात्तां दिशं वदेत्।।३५।।

अतिवातेष्वनावृष्टिर्वातयुद्धेन   यं   वदेत्।
कुष्ठावाता   नश्यस्यंते   वातचक्रोपसव्यगाः।।३६।।

वृद्धगार्गीये रोहिणी योगो वातवेष्टितो नाम।।

अथ षडत्रिंशोऽध्यायः

सानिलः सातपत्साभ्रः सविद्युस्त न यित्नुवान्।
सयं च रूपः सम्पन्नोयोगः स्वावृष्टे में मतः।।१।।
निरभ्र विद्युस्तुनितो निरभ्रो व्याकुलाम्वरः।(?)
कम्पोल्काग्रहपाकाद्यैरुत्पातैरन्वितो हि सः।।२।।
कृष्णाभ्रवर्ण संच्छन्नो रशिममान् स्फटिकोपमः।
स्निग्धो मलप्रभा युक्तो योगे सूयोदयो वरः।।३।।
विरश्मि निःप्रभोरूक्षः खण्डस्निग्धस्तमोवृतः।
अथर्तुरूपवर्णास्तु योगो सूर्योदयो हितः।।४।।
सन्धयादिग्ध्यो मह्योम्लां वैवर्ण्यं रौक्ष्यतामलः।
तमो विहार धूमत्व माकुलत्वं विगर्हितम्।।५।।
सुप्रसत्व मवैवर्ण्य मतेषा मेव शस्यते।
स्निग्धत्वं च प्रसादश्च वर्णः स्यात्तदोमलः।।६।।
दधिरौप्यामल क्रौञ्चभासभारुण सन्निभाः।
शुककौशेये मांजिष्टास्तपनीय मम प्रभाः।।७।।(?)
अच्छिन्नमूलाः सुस्निग्धाः पर्वतागमनोदकाः।
घनाष्वनाः प्रशस्यन्ते विद्युस्तनि न सङ्कुलाः।।८।।
छिन्नमूलाश्च रुक्षाश्च शुद्धावाद्याकुली कृताः।
तनवो विद्युतो मेघाः प्रशस्यन्ते घनाघनः।।९।।
शुभवेष वाचो मनुजाबाला मङ्गल वादिनः।
पलकेदार मृत्पिण्डे छत्रा कृत्या रता हिताः।।१०।।
उत्कृष्ट युद्धसन्नाहा शरशक्त्या युधादिभिः।
व्रीडांश मुभयं कुर्याद्भयाधिदैन्यास्तु पातने।।११।।

रौहिणेहनि यादृक् प्राप्नुवन्ति नराः शुभम्।
अशुभावान एतागृजायं सावंत्सरो वदेत्।।१२।।
स्निग्धपूर्वस्वरादंताः सारसाः कौञ्चवर्हिणः।
उदकाश्च हलादाश्च सुस्थानस्थाः खगाहिताः।।१३।।
श्येनकं कवकोलूकाः खगादीप्तांड बन्धिनः।
कुर्वाणा मण्डलं वा मनशस्ताश्चामिषाशिनः।।१४।।
बहु पुष्पफलैर्वृक्षाः पूर्वेपूर्वोत्तरास्तथाः।
शाखासु दृश्य नीडानिसूच्चैःस्त वृष्टि मादिशेत्।।१५।।
नीडाकण्टकिनौ सौरेर्दक्षिणा पर नैर्ऋतैः।
शाखैर्नीडानि नीचानि यदृश्यत् दुर्वृष्टिमादिशेत्।।१६।।
योगेषु हस्स्युश्यन्ते शातोछा मृदुस्तनाः।
सुदीप्त निधनाद्यास्तु कुर्युः शस्त्रभयं मृगाः।।१७।।
प्राका वेशाद्धिस्तथानां प्राग्द्वारे प्रयतो द्विजाः।
गवा प्रवेशौ नैमित्ति यथा यूथस्य पुरे तारो हिताश्वः।।१८।।
प्रदृश्यते गजो वा प्रविशेत्यग्री स्वावृष्टि मभि निर्दिशेत्।(?)
जीर्णाखरोदंष्ट्री उष्ट्रोवाथ सुगर्हितः।।१९।।
अङ्गोरवंतश्चयुव्य शरीररोगिणाश्च विगर्हिताः।(?)
आरोग्यश्चो मुदायुक्तः स्वप्रशस्ता मृदुस्वराः।।२०।।
आक्रीडं श्चाप्य युद्ध्यश्च प्रवेशे पशवोहिताः।
रोहिण्यागाः सुभिक्षा पक्षे मारोग्या यच्च्योच्यते।।२२।।
गौर्या मथ च यानीस्ना मध्य सस्य सम्पदः।
अनावृष्टिकरोश्वेता वाताय कपिला स्मृता।।२३।।(?)
पाटला सस्य नाशाय शोषा करटा स्मृता।
कृष्णायां कृष्णधान्यस्य सम्पदं बहु वर्षति।।२४।।

एकदेशायशबला चित्रं चित्रासु वर्षति।
पाण्डुर्वा पंचकाग्रीष्मली वा धान्य विवर्द्धिनी।।२५।।
कमलासु यश्चाद्वर्षे शोणाश्चाग्रे प्रवर्षति।
रोहिणि निमित्त लक्षणाम् ।।२६।।
उच्छायापर रात्रेषु रोहिण्यायोग मिन्दुना।
नैमित्तिस्ततो पश्येत्तन्दुलस्य शुभाशुभम्।।२७।।
रोहिणी शकटं मुक्ता यदातूत्तरतः शशि।
युक्तोभ्युपैति युगपत्तदा सस्यस्य सम्पदम्।।२८।।
चन्द्रमा विमलः श्रीमान् तद्वद्यवि रोहिणी।(?)
रश्मि विल्वा च पुष्पन्तो क्षेमं सस्यं च पुष्पते।।२९।।
तारा तु या याच्छशितं शशिवान्वे तिरोहति।
पूर्वे नृणां स्यासौभाग्य मुत्तरे योषितां वदेत्।।३०।।
अथ दक्षिणतः सोम मुत्तरेण च रोहिणी।
युज्येत न तदा सस्यं क्षेमं वाप्यथ निर्दिशेत्।।३१।।
अथ तार परित्यज्य शृङ्गाभ्या मुदयेच्छशि।
भयं स्कन्धे कुमाराणां न च सस्य सम्पदा।।३२।।
शृङ्गाभ्या मुत्तरात्तारा भयं मन्दतरं भवेत्।
अथ दक्षिण शृङ्गस्था भवेतीव्रतरं भयम्।।३३।।
यदि दक्षिणपूर्वेनुभागे चन्द्रस्य रोहिणी।
भवेद्व्याधिक्षुधां तस्माद्यदि दक्षिणपश्चितमः।।३४।।
यदितूत्तरपश्चार्द्धे मध्या सस्यस्य सम्पदा।
अथ पूर्वोत्तरभागे क्षेमं सस्यं च निर्दिशेत्।।३५।।
एकात्मना विशेच्चन्द्रं छन्ता वा स्याद्यदीन्दुना।
तदा भयं स्यात् गतिस्त्रीणां तच्चाहितं क्षितौ।।३६।।

रोहिणी शकटं भिद्यात्पुरं चाप्यवरोहति।
तदा प्रयातैः शकटैर्विद्रवन्ति दिशोदश।।३७।।
चन्द्रदेशेभि वाहेच्च वाहाच्चन्द्रस्य दक्षिणाम्।
महद्भयं तदा विद्याद्ग्रामोभ्यो न तथा भयम्।।३८।।
रोहिणी शकटो वापि शशिनोस्तङ्गते शिवम्।
सुभिक्ष मादिशेल्लोके ग्रहैरन्यैर्विपर्ययः।।३९।।
योगो हि संग्रहोनेष्टोवर्त्तश्चन्द्रान्तरे भवेत्।
सन्निपाते ग्रहात्तत्र प्रजानां जायते क्षयः।।४०।।
भौमो भूमिं हूतजरां कुर्याच्छस्त्राग्नि सङ्कुलम्।
सस्यं हन्याद् गुरुं तिष्ठन् बुधोवृष्टिं प्रयच्छति।।४१।।
कृच्छस्त्रभयकृच्छुक्रो वर्षं हन्याच्छनैश्चरः।
केतुनाभ्याहतो लोके प्रजानामन्तको भवेत्।।४२।।
योगे च सन्निवरुध्येत परिवेषेन्द्र कार्मुकैः।
विद्यात्पुणापनयं परचक्रोप मर्द्दनैः।।४३।।
किञ्चि स्फुरति वर्णस्था श्रीमति किरणोज्वला।
मुक्ताम्र मुतमणिहारैर्योगे सस्यति रोहिणी।।४४।।
दुर्भिक्षं दुःप्रभा कुर्याद् भुवावृष्टिं नियच्छति।
धन प्रच्छादिता कुर्यात्सुभिक्षं रोग सङ्कुलम्।।४५।।
भयं स्फुरन्तीभ्यधिकं रक्ताशस्त्र भयावह।
रोगा ययीत हरिता स्निग्धक्षेम सुवृष्टये।।४६।।
एवमेव तु सोमस्य रोहिण्या च शुभाशुभम्।
पश्यन्ति निपुणा योगे वर्णादिषु वर्णादिषु यथाक्रमम्।।४७।।

रोहिणी योगोनाम ।।

□□□

अथ सप्तत्रिंशोऽध्यायः

हिताहित परीक्षार्थं नैमित्ति शुचिरात्मवान्।
निशि कृत्वा मृगबलिंद्युष्टाय सन्निवेशयेत्।।१।।
लाभालाभौ भयं क्षेम मारोग्य विजयं सुखम्।
वर्षावर्षं च सस्यं च यथोक्तं तत्र निर्दिशेत्।।२।।
व्याहृतेङ्गते वेष्टानि दैवं हि त्रिविधं मृगाः।
यद्युत्सर्वं यथा तत्वं शंसते देव चोदिताः।।३।।
पुराह्यासिद्धातरंहा त्रिदशानां मृगाधिपः।
स देवास्तोषयामास व्याहृतेङ्गित चेष्टितैः।।४।।
तस्माद्विविसदोदिष्य मन्तरिक्षान्तरिक्षजम्।
भौमं भौमविदो दैवं शशं सु रसत्तमाः।।५।।
स देवैः समनुज्ञातो मानुषं लोक माप्नुयात्।
हिताहितार्थ मर्त्र्यानां योगक्षेम चिकीर्षया।।६।।
स कृत्वा दशधात्मानं व्याप्य चापाद शैव तु।
वाह्याश्चाभ्यन्तराश्चैव स सर्व बहुधा मृगान्।।७।।
तपोररण्य वासित्वाद्धात् द्यासन्नतरा मृगाः।
तस्मात्तेषां बलिकुर्याद्यथा शास्त्रं विधानवित्।।८।।
वर्षादौ सस्य वषार्थं योगक्षेमाय कान्तिकीम्।
यद्वायत्काल मिच्छेत् तत्र तु सम्प्रयोजयेत्।।९।।
मांसोदने न षणमास्यो योगक्षेमौ बलिं पुनः।
द्विगुणः पायसेन स्यास्त्रिमास्यः पायसेन तु।।१०।।
श्रद्धधानो बलिं कुर्यादपि भैक्षेण मासिकीम्।
अतः परं हि विज्ञानं नान्यत्सत्यतरं स्मृतम्।।११।।

ग्रामस्य नगरस्याथ सार्थस्य शिविरस्य वा।
ब्राह्मं दिग्भाग माश्रित्य गुप्ते देशे समे शुचौ।।१२।।
वल्कीक पांशुनो वदिं पौरूषीं तामनम्लिकाम्।(?)
कृत्वा लक्षण मुल्लिख्य प्रवाल्पाग्निं प्रणीथ च।।१३।।
चतुर्दिशं ततोन्यानि लक्षणानि विधानतः।
यथादिशं यथा संख्ये कृत्वा वेद्या विदूरतः।।१४।।
अद्भिरभ्युक्षवै प्रादान्विष्टरान्यस्य लक्षणे।
न्यासोदग्राश्च कलशा संग्रथादिभिरर्व्यते।।१५।।
तेषु संस्थाप्य पात्राणि मार्त्तिकानि यथाक्रमम्।
राज्ञां सस्य वर्षस्य व्याहृतीर्मनसा जपेत्।।१६।।
दिशां च नगराणां च वाहनानां तथैव च।
वर्णानां ब्रह्मणादीनां यस्ये चेच्छुभाशुभम्।।१७।।
विज्ञातु मिच्छेन्नेषां तु पात्रैर्नासांकितैर्वलीम्।
निवेदये तद्दिसस्यं विज्ञान मथहायनम्।।१८।।
यथा दिशं गन्धचूर्णैः साक्षतैर्लवणानिह।
पात्राणां पुरतः कुर्याचिह्नैर्यत्र प्रवक्ष्यति।।१९।।
कालिंग्यालांगलं कुर्याद्गङ्गायांकुररस्तथा।
शोणं च वंशगुल्मस्यात् प्रोङ्गदो दक्षिणानि च।।२०।।
हिरण्यवत् यामश्यस्य वर्णा सायान्तु कुंजरः।
गोदावर्या च मण्डूको दक्षिणे चापि लक्षणम्।।२१।।
कच्छपस्तोयवत्यां तु सिन्धौ च कुक्कुरो भवेत्।
वर्णसायां भवेदश्वो लक्षणं पश्चिमे तत्तु।।२२।।
शतदुर्वृक्षचिह्नः स्याद्विपाशा नाग लक्षणाम्।(?)
इरावत्याश्रियं चन्द्र कुर्याच्चन्द्रमागथा।।२३।।

शैलं कुर्याद्वितस्तायां तु को सिन्धौ तु लक्षणम्।
उत्तरेण कुलनद्यस्तु सर्वास्युफलेख लक्षणाः।।२४।।(?)

इति मृगोपहारे ।।

❑❑❑

अथ अष्टत्रिंशोऽध्यायः

अथ रात्र्यां व्यतीतायां सम्पक्र्यात्र परिग्रहम्।
भुक्तभुक्तार्द्धभुक्तं दृष्ट्वा ब्रूयाच्छुभाशुभम्।।१।।
यदा सर्वाणि भुक्तानि स्थितान्य चलितानि च।
अव्याकुलाश्चोपहारास्तस्या क्षेम सुवृष्टये।।२।।
अथ सर्वाण्य भुक्तानि कृष्णशोभाजनानि च।
सोमं प्रतिग्रहो हन्यात्कर्तारं नृपमेव च।।३।।
माल्योपहारादर्भाश्च पात्राणि वलयो मृगाः।
मिंदते विक्षिपन्ते वायेतानादस्ततो वधः।।४।।(?)
या दिशं प्रविकृष्टानि भिन्नान्य वधुनानि च।
अशरण्यां तुर्त्ता विद्यात्तु श्चक्रं निवर्तयेत्।।५।।
याश्च नन्दोथ मात्राणि शिष्टान्युत्तरकाणि च।
तीर्थात्तीर्या च संदृश्येत्तदा यायां प्रयोजयेत्।।६।।
अधमूर्द्धेषु पात्रेषु ब्रूयान्मृत्यु मसं भयम्।
अत्यन्तर मुखैरोधः स्याद्बात्द्युतो मुखैः।।७।।
पात्रे तु पात्ररूढे वायस्य पात्रोत्तरं वदेत्।
उत्तरं जायते वा भ्रमधाराणां पराजयः।।८।।
शिरच्छिन्नैः शिरच्छेदः सन्निपाते कलिर्महान्।
प्रच्छर्दितेषु व्याधिः स्यादायामः पिण्डितेषु च।।९।।
निकूजितेषु मरणभेदः स्यात्षण्डितेषु च।
पराजयं विकृष्टेषु विद्युते मरणं भवेत्।।१०।।
अवक्रवास मूत्रेषा पात्रेस्याद्राज विभ्रमः।
सताहिते समोश्यो वा शस्त्रेण वधमर्च्छति।।११।।

अदर्शनेत्तु मात्रस्य.....नियतं भवेत्।
अवकृष्टेर्थ मात्रः स्यादुत्कृष्टादर्थ सन्निभः।।१२।।
दक्षिणे चाद् कृष्टे नु भाजनेसु महद्भयम्।
वामस्तत्वद्य कृष्णे तु पात्रे तु विपुलार्थ।।१३।।
तानेवदरद्धाभिहते विनाशो जल माश्रयोः।
लालासतानि काकोशैर्व्याकुलैर्व्याधितो मयम्।।१४।।
शर्करालोष्टपांशूनां पूर्णेष्टे सूर्य विभ्रमः।
शुभ्रोराटोप निम्ने वा पातिते वृत्ति नाशनः।।१५।।
स्थानास्थानावकृष्टे तु देशत्यागं तथा भयम्।
शर्करालोष्टपांशूनां पूर्णेष्टे सूर्य विभ्रमः।।१६।।
शुभ्रोराटोप निम्ने वा पातिते वृत्तिनाशनः।
स्थानास्थानावकृष्टे तु देशत्यागं तथा मयम्।।१७।।
स्थले वृक्षेथ चैत्येदा समारूढेथ सन्ततिः।
द्विधागते भवेद्भेदोजर्जरे मित्र नाशनः।।१८।।
अन्योन्य स्फोटिते वाथ चूर्णिते तु धनक्षयम्।
पूर्वा न ते मनोहर्षो हृद्याहः पूर्वदक्षिणे।।१९।।
दक्षिणे वा न ते वादो भेदो दक्षिण पश्चिमे।
पश्चात्तापोन्नते पश्चात्पश्चिमोत्तरतो भवेत्।।२०।।
उत्तरेणा न ते त्वर्थ धर्म्मः पूर्वोत्तरा न ते।
प्राक्खण्डै राजतः पीडाज्वलना पूर्वदक्षिणो खण्डे दक्षिणतः।।२१।।
शोको वियोगो नैऋते प्रियातायश्चा खण्डैस्वनर्थः।
स्यादध्वा उत्तर पश्चिमे उत्तरेण प्रियैर्योगः श्रिय मुत्तरपूर्वतः।।२२।।
छिद्रेतेष्वेव मेवस्याकृष्टेषु भय मादिशेत्।
अचालित प्रभुक्तेषु दृक्केषु च महास्तयेत्।।२३।।

कृष्णिकीठक पक्षाद्यैर्जंतुभिर्व्याकुलेरुजाः।
भस्माङ्गाराकुले मृत्युस्तृण पर्णाकुले व्यथा।।२४।।
सर्व भुक्तेर्थ सिद्धिस्यादर्द्ध भुक्ते महाफलम्।
अभुक्ते वा दिशेन्मृत्युं दुर्भुक्ते क्लेश मादिशेत्।।२५।।
उत्तरोत्तर पूर्वस्तु शस्तः पूर्वं प्रतिग्रहः।
मृगैर्भवतिपात्राणां शेषेषु तु विगर्हितम्।।२६।।
उपरीतं यदा पिण्डं गृध्रः पूर्वं समश्नुतै।
भवेच्छस्त्र भयं तत्र काके दुष्टातर्न वदेत्।।२७।।
परचक्रभयं स्थाने दुर्भिक्षे मानुषे वदेत्।
गोमायुर्कलिङ्गानां शस्तं पूर्व प्रतिग्रहः।।२८।।
उपहारकाले न दस्युर्मृगो राजा विनश्यति।
महावाताकुले पूर्व महावर्षं तु पश्चतः।।२९।।
अस्थिता चलिते सम्यक् तस्य युक्ते यथास्थिते।
पात्रे सुखेन भुक्ते च जयं वृद्धिं विनिर्दिशेत्।।३०।।

रोहिणी योगे मृगोपहरणं समाप्तम् ।।

❑❑❑

अथ एकोनचत्वारिंशोऽध्यायः

दिग्देश जात्योपसर्गाये न ज्ञायन्त्य नागताः।
तन्मे जनपदव्यूहं नैष्टिकं गदतस्तथा।।१।।
पुराणिकं परिष्टानि सद् वृत्त जनसङ्कुलाः।
स्वर्गवन्दोदित च तां प्रजालोभ विवर्जिताः।।२।।
विहाय तु यदा धर्मं सद्वृत्त जनाभवम्।
निग्रहानुग्रहास्तस्मात्ततः स्पृष्टं स्वयम्भुवा।।३।।
ते वर्णमार्ग वैकृत्या क्रीडन्तिस्म प्रभानि तु।
पीड्यमाने स्वयं तेषु लोकः पीड्यति सर्वशः।।४।।
पच्यन्ते हि क्षितौ सर्वं ग्रहकर्म शुभाशुभम्।
यत्र वीर्यान्विततर मृक्षभक्तिषु पच्यते।।५।।
भास्करोत् घनयावृत्यासो मृश्रृङ्गोदयेन तु।
राहुवैपुल्यभावेन शुक्रस्त्वस्तमनोदयत्।।६।।
स्थानाद् वृहस्पतिश्चापि वक्रोणाङ्गारको ग्रहः।
बुधस्थानोदयाच्चापि वाराभ्यां च शनैश्चरः।।७।।
तपधूतनाधूमकेतु उल्काहन्त्यति भाल्नात्।(?)
अपर्व चलनात्काम्यो निर्घातश्चापि शब्दितः।।८।।
पीडाभिरेव माद्याभिर्नक्षत्रैः पीड्यते जनः।
यथा जनपदव्यूह मुपस्पृष्टोन्वि निर्दिशेत्।।९।।
मध्याद्या प्राग्धितीयाभिर्विभक्ता न वधात्यहम्।
कृतिकाद्यैस्त्रि नक्षत्रैर्म गर्गैर्नवभिः।।१०।।
क्षितिं कृतिद्यस्तु नक्षत्रौ मध्यादेशो गणौ यथा।
स पीड्यन्ति पीड्यन्तो मध्यदेश मशेषतः।।११।।

रौद्रादिभिः पीडितः पूर्वा सर्प्यादिक्षु च दक्षिणम्।
अर्यक्तादि त्रिको याम्यां साप्तादिर्दक्षिणं पराम्।।१२।।
ज्येष्ठादि पश्चिमामांशांवैश्वादि रपरोत्तरो।
वारुणादि त्रिकः सौम्यां पौष्णादि पूर्व उत्तराम्।।१३।।
कृतिकानां यथाग्नि मिर्द्दैवतं भगवान्नुस्मृतम्।
तद्देवतत्वात् पीड्यन्ते ततः सर्वेग्नि जीविनः।।१४।।
कृतिका शब्द नामानः पीड्यन्ते नामधारणात्।
तन्निविष्टाश्च तद् भक्तास्तु जन्मास्तत्पदाश्रयाः।।१५।।
अग्नितेजो बलादीप्तास्तीक्षणा भावाश्च कीत्तिताः।
अथ कणृकी तुस्तीक्षणाः पीड्यन्ते चापि दष्ट्रिणः।।१६।।
संस्थानाक्षुराकारा व्यजनाभाश्च कृत्तिकाः।
शस्त्रमारुत यन्त्राणां पीडास्थान मतः स्मृतम्।।१७।।
कृतिकाभाव निर्वृत्ता भावायेद्दिव्य मानुषाः।
निवृत्तात्येव पीड्यन्ते यथाकर्म गुणेरिताः।।१८।।
एवं नक्षत्रवर्गस्य यथाकर्म यथाक्रमम्।
यथा स्थानं यथा दैवं कृतिका वह्निनिर्दिशेत्।।१९।।
इत्येव व्यूह संज्ञो यान वधा तु विदर्शितः।
एकैकशश्च नक्षत्रैः प्रवक्ष्यामि यथायथम्।।

वृद्धगार्गीये जनपदव्यूहोनाम।।

❑❑❑

अथ चत्वारिंशोऽध्यायः

पुड्रवं गाङ्गमगधान् कुन्ति प्राचीन मालुकान्।
कुङ्कुणान् सुगणान् कलिंगानद दान द्विजान्।।१।।
कृति मश्यपकृष्णो मायारता शवरायतो।
यमुनामंडवादर्का स्त्रीपुराश्चेद्रिरा खगाः।।२।।
अजाविकाकण्टकिनो ज्योतिष्यास्त्युप जीवितम्।
विद्वांसौगिचितौ यज्ञाकर्म येषां तपस्विनः।।४।।
कदर्योदस्य वस्तीक्ष्णा पुष्पैश्चापि भिर्द्दिनाः।
पूर्वकाराश्च पीड्यन्ते कृतिकाना मुपद्रवे।।५।।
मगधा विराजा मंजिष्टा सूरसेनावसातयः।
क्षुद्रकामद्रकावंगा शिवायोवार्जुना यवाः।।६।।
कुरुजा जङ्गलाः कुन्ति माहिष्या स्ताम्रपर्णयः।
त्रिगर्ताः कैकयामाषास्त्रै राज्यं कुरुवस्तथा।।७।।
महाभौमाश्चक्र वरारैगमाश्चृह शिल्पिनः।
पौलस्त्या मध्यदेशाश्च तुण्डिकेरो ध्रुवाणि च।।८।।
पीड्यन्ते सर्वशश्चापि लोको शस्त्रैः क्षुधामयैः।
गावः पशुगणान्येव रोहिणी नामुपद्रवे।।९।।
विदेहादश काम्बोजा कद्युनीवृत्त भार्गवाः।
मद्रोशीनरसावित्रा शास्त्वकोशलसोमयाः।।१०।।
शुन कः कलिङ्गा बीजानि क्षीरिणो नगाः।
गङ्गायमुनयोर्मध्यं हन्यादूता स निम्नगाः।।११।।
गोपालात् सन्धिपालाश्च गावः सन्ध्यो मृगा द्विजाः।
दिवौकसश्च पीड्यन्ते सोमस्यो मद्रमेव च।।१२।।

अश्मकाश्मकराम्लेच्छाः सोक लोकथ कौशिकाः।
अङ्गावङ्गाः किराताश्च सिद्ध सौवीरन्तु गणाः।।१३।।
वेदिवसाः कलिङ्गार्द्धं प्रामृणा पनसावती।
व्याडा नधोनदीनिन्यास्तैलिका पुरगोष्टिकाः।।१४।।
सम्भेदना नैऋतेका गृष्टयामास्य वृत्तयः।
रस विक्रयिणाश्चापि रौद्रे पीड्यन्ति पीडिते।।१५।।
विदर्भावन्तिपुलकाः सान्नयाक्रथ कौशिकाः।
मारुकच्छाप्रदां ताश्च पालोलार्द्धं मुपावृताः।।१६।।
सर्वतो मधुकच्छ तस्करावसवो द्विजाः।
पालाराः सुराकारा राजकास्तुति जीविनः।।१७।।
वृक्षोपजीविनः सस्य मास्यानृप श्रियः।
पीड्यन्ते सौय पीडायां नृरुक्षश कलिर्भवेत्।।१८।।
सुवर्ण भूमिर्गङ्गा च सल्लसौवीर सैन्धवः।
केशिवङ्गोतको दिव्यौ कैकेया मध्यतं गणाः।।१९।।
भद्राः स्वध्यापकाः सूरादैवज्ञायाजकाविकाः।
शिविकेक्ष शूकधान्याः पक्षिपन्नग गुह्यकाः।।२०।।
पोतसंयातृकाश्चापि पुष्ये पीड्यन्ति पीडिते।
पूर्वावंचगुलोकस्य पुण्ड्राकनक कुंत्पकाः।।२१।।
अश्मकार्थक वेदभ्यां शैव्यकुथक कैकयाः।
किरातायवगैरस्या दंष्ट्रिणः क्षुद्रजंतवः।।२२।।
चर्माण्यायुधयन्त्राणि विषशोषोरगा रगाः।
नैन माधनिनो जिह्वाभोग भागवतं गुरुम्।।२३।।
सार्प्पे भीमरथश्चापि यथा पीड्यन्ति पीडिते।
दक्षिणावर्त्त देशश्च दण्डकास्ताम्र वर्णयः।।२४।।

तैतिकामुड्डुकामल्लानि रूपोद्दश हाटकाः।
गोदावरी विदेहाश्च मालवादस्योनिजा।।२५।।
पाषण्डाश्च वराहश्च गणसंघा महाधनाः।
निचया धनधान्यानां पितृशुश्रुषयास्तिकाः।।२६।।
पीड्यन्ते पितृपीडायां न च वर्षति वासव।
पारतंगा सरमठापंचाला दशकाः।।२७।।
यवाकिराता मुस्फुलास्त्रिगर्ताभरतस्त्रियः।
दासेरका दशार्णाश्च रसविक्रयिणे रसाः।।२८।।
बलेयाः किंतशंठा कुमारोप्याद कीर्त्तिनः।
सौभाग्यार्थाः क्रियाः सर्वारूपिणी व्यानुजीविनः।।२९।।
पररताश्चापि भोग्यैः पीड्यन्ति पीड्यते।
सौराष्ट्रानन्त भरताः शाल्वा मस्याथ नैऋताः।।३०।।
दक्षिणावमर्वतीनां त्रिपुरद्वारकावती।
धर्मास्यथ महाशालिरौवध्यो मधुरान्वयाः।।३१।।
दस्यवः क्षुद्रपाखण्डा द्विजाथ चरणाग्रजाः।
चिकित्सका धर्मशीला भैक्षकाथ तपोधनाः।।३२।।
पीड्यन्ते पीडितेर्यस्ते धनिनोथ धनानि च।
कालिकोशल सुस्फकुलाभौ मल्ला तथोदकाः।।३३।।
हिमन्त पाण्डुक्त लम्वती मुद्रककोरवाः।
हस्तिनो हस्तिजीवाश्च हस्तिलाग्रन्थ भेदकाः।।३४।।
तस्करा शिल्पिनः शक्या मल्लासैष्टिक नर्त्तकाः।
शूराधदुर्द्धरायोधाः शिल्पिनप्तृतनाधिपः।।३५।।
मेधाविनो धर्मिकाश्च हस्ते पीड्यन्ति पीडिते।
नार्मदाकुरपाञ्चाला काशिकोशलमागधाः।।३६।।

उत्कलामेकलागंगा कैकयामल्लकाश्मका।
चित्रलेख कृतोलेख्यं स्त्रीपुंसो रूपसम्पदा।।३७।।
विचित्र वस्त्राभरणाश्च त्रयश्च मृगपक्षिणः।
वणिजो भिषजः सूतानुदमागध नर्त्तकाः।।३८।।
शिल्पिनः शिल्पिनो भार्या त्वाष्ट्रे पीड्यन्ति पीडिते।
काश्मीराकाशिका मुह्याश्वेतयोशीनप खगाः।।३९।।
दर्शाणां पांशु राष्ट्रं च गैरिकाश्चपश्विनः।
कुलीलवा शशाश्चौराः शीघ्रगाद शुभ्रङ्क्णिः।।४०।।
वादित्राण्यथ गन्धर्वा सूत्राशद विदोत्तमा।
धान्वागारावलोदग्रा समुद्रव्यय हारिणः।।४१।।
काम्बोजा मरुतश्चापि स्वातौ पीड्यन्ति पीडिता।
दक्षिणं दर्दरस्यार्द्ध मवत्याकर्ष चेदयः।।४२।।
मालवाश्मककिष्किन्धालङ्का सिंहल दर्दराः।
धन्विनः श्रृङ्गिणः संघा कोशीधान्यानि कार्षिकाः।।४३।।
विशाखिनो नगश्रेष्ठा विदेहाः काशिकोशलाः।
कन्योत्तमा पक्ष्मवन्तः पीड्यन्तेराध पीडया।।४४।।
विवादाश्चापि जायन्ते दक्षिणोत्तरयोर्दिशो।
पुत्रात्कक्षदुकां वष्ट्वाः कलिङ्गमूल कार्षिकाः।।४५।।
कोशिसौवीर शवरास्तृगर्त्तास्तमसावनम्।
संधयः समया मैत्र्यो दूतगभरिति स्त्रियः।।४६।।
विवाहावाह संयोगावलि मित्रैश्च संग्रहाः।
शाक्याश्चक्र चराश्चैव ये च प्रव्रजितास्तथा।।४७।।
हैमकाराश्च पीड्यन्ते मैत्रस्यो द्रुते सति।
राजानः क्षत्रियाः श्रेण्या भरतेक्ष्वाकु दण्डकाः।।४८।।

च यो विद्याधनश्रेष्ठा ये च राजोपजीविनः।
सुराष्ट्राः कुरवः शाल्वामाहेन्द्राथ विदेहकाः।।४९।।
कारककारमठा विरातादथ ना रतो।
तिता छत्राणि प्रासादद्विजेन्द्रा वणिजो वराः।।५०।।
गोदावरी य देशाश्च पीड्यन्ते........ ग्रहाहते।
विन्ध्यार्द्ध पश्चिमं का च कृष्णधान्यानि दंष्ट्रिणः।।५१।।
इरावती मल्लराष्ट्रं पुलिन्दाविलि वासिनः।
कालिन्दास्मककोलूताः पारतार्दशदराः।।५२।।
मूलपुष्पफलवृक्षास्तज्जीवाशोक मूलकाः।
कृषध्योमूलका धान्यं संख्यज्ञाः प्राग्विवादिकाः।।५३।।
म्लेच्छानां च गणाः सर्वे मूले पीड्यन्ति पीडिते।
शीतवीर्याणि सर्वाणि षड्रसा लवणादयः।।५४।।
पश्चिमः सागरश्चापि जलजाजल वृत्तयः।
मिषका विषयोगंगाः क्षुद्रकपालवालहाः।।५५।।
विदेहाः स जयन्तीव कोशलाः क्षुद्रजातयः।
अंध्र काश्मीर मूलाकाशंडा शवरमंगणाः।।५६।।
चतुरग्राव संघाश्च पीड्यन्ते अब्देव ते हते।
विश्वं जगस्थावराणि पृथवी कन्यदानि च।।५७।।(?)
सरस्वती पुष्कराणिगेव्यारण्यानि नर्मदा।
केतवो द्युतशालाश्च सानेयाथ सुरासवम्।।५८।।
तं गणाः काशयोवशाषाड्याः काम्वोज भार्गवाः।
कान्तीपुर नरं द्वीपं शंढाभूपति वल्लकाः।।५९।।
क्षुद्रकाः कर्कटाश्चापि वैश्ये पीड्यन्ति पीडिते।
कुरुजाङ्गलाः शूरसेना ब्रह्मदेया हि ब्राह्मणाः।।६०।।

यादवा ब्रह्मराजन्यागाय मानारसलभाव्यकाः।
संकटाशरदण्डाश्च काम्वोजाः कैकयाः खगाः।।६१।।
म्लेच्छा विदेहाः सुस्फूलाहताशावध्य जीविनः।
युगन्धशवाटयाना नागरागाः पश्चराः।।६२।।
.... याश्चा प्यधिपोक्तारः पीड्यन्ते वैष्णवे हते।
बोधिशाल्वनुलिङ्गाश्च कुरु सेव्या विदेहकाः।।६३।।
पारिताश्चाल्प भोज्याश्चयेषु पुरा नवति ग्रहाः।
वेष्टी तथा स्वस्ति मतीयुद्रकारा युगन्धरा।।६४।।(?)
भिक्षुकादाम्भिका वैद्याधनिनोषधवृत्तयः।
वयांसि निधयः कोशारः कोशरक्षा धनापणाः।।६५।।
धात्वको राधा तु जीवाः पीड्यन्ते वासवहते सौवीराः।
कैकेयामद्रावाह्णिकाः सिन्धु सैनिकाः।।६६।।
एकचक्र महिषका वेधौषधिको शोडिकाः।(?)
नदीसमुद्रानु च राजत्व जीवाजले गृहाः।।६७।।
पीड्यन्ते न च सिद्ध्यन्ति भैषज्यं वारणे हते।
यवना भरता क्षुद्रा म्लेच्छाददर सैन्धवाः।।६८।।
सिंहव्याघ्रोरगा प्रेष्या वृषोदुर्गा हि नारिकाः।
मुद्रवा सिन्धु सौवीरा गन्धर्वान ध्रुवाहवाः।।६९।।
भोगिनो रतिकर्माश्च पीड्यन्त्याती ग्रहार्दति।
दैवज्ञा वुद्धिमन्तश्च धनिनः सत्र यातिनः।।७०।।
ऋषिध्यः पार्वतेयाश्च रूपवन्तो बहुश्रुताः।
वसातयोथ धेया शिखयोधाक्षुरा नयनाः।।७१।।
काम्वोजामालवावृद्धा मगधोत्कलमल्लकाः।
कलापयवगोधूमाः शाशालयो मधुरारसाः।।७२।।

अहिर्वुध्न्यस्य पीडायां पीड्यन्ते चास्य रवेश्वराः।
पूर्वोदधि महामुद्राः सिन्धु सौवीर तैत्तिलाः।।७३।।(?)
कुड्योशीनर काश्मीरा रोमान्द्रोनन्त शौनकाः।
दरदोकलावज्ञत्त भिशवरा भारुकच्छकाः।।७४।।
असतो गोमिनो घोषा गावोत्स्यरिणे नराः।
पांड्या महिषकाश्चात्रा गङ्गावेत्रवती नदी।।७५।।
जल जीविनोथ वणिजो पौष्णे पीड्यन्ति पीडिते।
अम्वाष्टा वीतकंवोजा वाह्णिकाभीर वर्वराः।।७६।।
वृक्षवान्पारियात्राश्च वाह्णीका पुष्करावती।
गङ्गायमुनयोर्मध्यं शूकधान्यानि किन्नराः।।७७।।
अर्जुनायनयो धेया वाजिनो वाजि तत्पराः।
वैद्याद् तारूपवन्तः शुद्रगान्धर्व वृत्तयः।।७८।।
पीड्यन्तेश्विनि पीडायां न च सिध्यन्ति भैषजाः।
म्लेच्छास्त्रयोरयवनाश काश्चीनाशपारद्यः।।७९।।
काम्बोजाका विशेयाश्च पुलिन्दादर्श तस्कराः।
पापाः क्षूद्रप्रभृतयो धूर्त्ता बन्धन रक्षिणः।।८०।।
गरदादर्श वक्राश्च पिशाचाः पिशुनः शुनः।
ब्रह्मद्विषौ नास्तिकाश्च दृता समां सुवृत्तयः।।८१।।
पुण्यस्त्रियश्च पीड्यन्ते भरकणीना मुपद्रवे।
तत्कालं पीड्यतेह्यक्षतकालन्तिष्टति ग्रहाः।।८२।।
तत्कालं पीड्यतेत्यक्षत कालन्तिष्टति ग्रहाः।
तत्कालं चाप्यकर्मण्यं मासांतद्विप्र मुच्यते।।८३।।
स प्रभव विपुलं स्निग्ध चन्द्रेणान्त्तरिता ग्रहाः।
गुणा य विद्यान्नक्षत्रं वर्ज्यं संग्रह मेव च।।८४।।

यथाग्निना प्रक्षति ते गृहै तर्प्यंत्युदीरिणा।(?)

तथार्कस्या विदूरस्थ मृक्षन्तदपि पच्यते।।८५।।

ग्रहोपसृष्टं नक्षत्रं सर्व माश्रित्य चास्थितम्।

मुच्यते सर्वदोषै हि साधनोथ दिवाकरः।।८६।।

शरीरक्षेत्र संगुण्यात्तपोभि....... त्वांतिभिः।

ग्रहनक्षत्रेतो दोषो मार्दवं पाति देहिनाम्।।८७।।

गार्गीये जनपदव्योहो नाम।।

□□□

अथ एकचत्वारिंशोऽध्यायः

अथातो महासलिल मनु व्याख्यातो स्यामः।
इतिहस्याह भगवान् भागीरथ्या सुरजल।।१।।
वाहिन्या पुण्यतीर्थायास्त्रिभुवन भाविन्या महर्षि सिद्धि।
सेवितायास्तीरे अमर्त्र्य मुग्रतपसं सर्वज्ञे सर्वदर्शिनम्।।२।।
वीत पापान मनन्त विज्ञान मङ्गिरसं महर्षि।
वृद्धगर्ग हुताग्निहोत्र कृतताय मङ्गल मपगत।।३।।
भय तत्रिमोह प्रसन्न समरसन साश्रप्रस्थमासीन-।
मभि समीक्ष्याथ महर्षि विश्वामित्रो महातपाश्चाभि-।।४।।
गम्य सर्व चातु पूर्व स्पृष्टोपविश्य सुखं कथान्तरे।
प्रश्न विद मनु पप्रच्छाङ्गिरसम्।।५।।
भगवन् सर्वदशी सुमहांश्च संशयः।
प्रादुर्भूतः श्रृण्वथाश्वमा प्रजास्थावर जङ्गमास्तथा।।६।।
द्यौरन्तिरिक्षं पृथिवीवां तत्र कथमिय पृथिवीप्रादुर्भभुव।
कस्माच्चेयं पृथिवीं द्युवातिष्ठति।।७।।
कथ वान्तरिक्षस्य चान्तरिक्षं कथं वाद्यौ।
कथं वा स्थावरजङ्गमानि भूतानि।।८।।
कथं वोत्पन्नानि सर्वाण्येव च महाभूतानि।
पञ्च तेषां किमग्रे सम्भूतं तथा च समुद्राः।।९।।
कथं कत्ति वा कथं तेषां समुद्रत्वम्।
सरितश्च कथं सर्वे गिरयश्चोत्पन्नाः।।१०।।
पर्वतानां वा कथं सर्वतत्वं गिरीणां वा।
कथं गिरित्वं कथं चेमे नाना।।११।।

प्रकारास्तिर्यगायो वाता भवन्ति।
कथं वा वर्षत्यभ्राणि वा धारयन्ति।।१२।।
कथं चेहेते व्याधि विरुद्धश्च कथं विरूढाः।
कथं वनस्पतयः पुष्पन्ते फलन्ति वा।।१३।।
गृह्णन्ति कथमिमौ सूर्याचन्द्रमसौ।
उदय येते गच्छतो वा कथं क्व विनिमत्तुति ततः।।१४।।
किं वैतयो रश्मयोः परिसंख्यायंते।
कथं वा चन्द्रमसो वृद्धिह्रासौ।।१५।।
को वैतमाप्ययते ह्रासयते वा।
कथं वा चन्द्रमसश्चेद्रत्वं कथं शशांकः।।१६।।
किं वाप्ये तच्छशांक संस्थिताम्।
लक्ष्मी चन्द्रमण्डल मध्ये किम्।।१७।।
वादित्यस्यादित्यत्वे सूर्यत्वं।
वा कथं वाहोरात्रे चानयोः।।१८।।
पूर्वमहो रात्रिर्वा कथं प्रकाशत्वं दिवस।
रात्रेर्वा प्रथमस्त्वं कथं चेमौ पक्षौ कोनयोः।।१९।।
पूर्वपक्ष शुक्लः कृष्णो वा सूर्याचन्द्रमासौ।
वा कियत्यन्तरेण तिष्ठत पृथिव्या ग्रहा वा।।२०।।
कथं चैषां ग्रहत्वं शुक्रवृहस्पत्यंगारक।
बुधशनैश्चरादीनां वा कथं वास्तमयस्तु।।२१।।
दयन्ति वा कथं वोपहिंसन्ति कतिविधं वा पीडयन्ति।
आप्यायन्ति वा कथं वेमे स्पृष्टा किमर्थं केन वा।
शुक्रस्य शुक्रत्वं वृहस्पति वृहस्पतिता।।२२।।
शनैश्चरस्य शनैश्चरत्व मङ्गारकत्वम्।
बुधस्य बुधत्वं वा कतिचैषा मेकैकस्य रश्मयः।।२३।।

परिसंख्यायन्ते किं वा वर्ण प्रकृतापुष्पन्ति।
रूक्षत्वं स्निग्धत्वं वा कथं चान्योन्येन समागच्छंति।।२४।।
वा कति विधं वान्योन्येन समागच्छन्ति युद्ध्यन्ते।
कति विधं वान्योन्यं घ्नन्ति वा को वैषां बलवत्तरः।।२५।।
कथं वायं राहुः सूर्याचन्द्रमसौ गृह्णीतेवर्णत्वादि।
दर्शयति को वैषकस्य वा कुतो वा गृह्णीते क्व वा।।२६।।
प्रतिवसन्त्यं तर्हिता कथं वाङ्गमे धूमकेतवः।
प्रादुर्भूता कति वास्येतेरि संख्यायन्ते किञ्चैषां।।२७।।
वर्ण संख्यानां शिखापरिमाणं वा के दृश्यन्ते।
केतर्हिता स्तिष्ठन्ति वा कथं क इमे मेघा मवन्ति।।२८।।
कुतो वा जल मानयित्वा वर्षन्ति वा कथं वाप्य।
पतन्ति कथं वान्यत्र वर्षकथं वान्यत्रना पतन्तयति।।२९।।
को वैनामन्तरिक्षे धारयति कथं वा नाना प्रकारावर्णाः।
पुष्पन्ति अभ्राणि कथं वाप्य शनिः पतति तारका।।३०।।
वा वर्षते वा कथं वा धारास्संभवन्ति कोवात्र हेतुः।
कथं वा विकच्चरति प्रकाशे ते वा कुतो वा विद्युत्किञ्चिचै।।३१।।
तचक्रधनुषां रूपं वा संभवति कथं प्रति सूर्य कोपयते।
मश्यो वाप्यौ एवतो वा कुतोप्येत्सर्व कुरुते।।३२।।
कथं वाप्यन्या पूर्वदक्षिणाः दक्षिणपश्चिमाः।
पश्चिमोत्तर उत्तरपूर्वाश्चेति दिशः।।३३।।
कथं वा निर्घातो वा निपतति निर्घातः।
कुतः संभवति पृथिवी वेमा कश्चयति।।३४।।
किमर्थं वा पृथिव्याः कम्पो वा भवति को वै।
न मुञ्चति कथं वा मन्दप्रभाङ्गारिणी वा।।३५।।

दूरगतिर्वा कथं वा सन्ध्या कस्मान्विमेक।
वा कथं वेस्य दिशोदीप्यंते कौ वैत्ता सम्पद्यतैः।।३६।।
कथं वा सूर्यचन्द्रमसो ग्रहणां परिवेषाः।
कति वै तान्नक्षत्राणि किं वैषां नक्षत्रत्वं कथम्।।३७।।
सोमे समावसन्ति किं चैषा दैवत प्रयोजनम्।
कथं सोम संयुतानि कर्मण्यानि कथं संग्रहैः।।३८।।
संयुक्ताश्च कर्मण्यानि किमिदानीं कथं वा।
दीपयति कथं वात्स्यंतद्कति वा शीतोष्ण।।३९।।
वर्षादया विकारा को वै तत्कुरुते कथम्।
वाहोरात्रेर्वा वृद्धिह्रासौ संवत्सरं तु पर्व।।४०।।
ग्रहनक्षत्र मुहूर्त्तकरणानां वा किम्।
प्रमाण मादिर्वा कथं चेमे सप्तर्षयः।।४१।।
पर्यागच्छन्ति भृ.......म्वागस्ति मृगव्याधयश्च।
कथं वा तारकाः कति वा कथं वा तारकाणाम्।।४२।।
तारकत्वं परिमाणं वा वतु...पक्षिणकीटपिपीलकः।
कथं वा चतुः प्रदक्षिण कीटपिपीलकः।।४३।।
कथं देवदैत्य यक्षरक्ष पितृ पिशाच।
नागसुपर्ण गन्धर्वाप्सरसश्च किंवा पृथिव्याः।।४४।।
परिमाणमन्तस्तिस्यु वा रात्रेर्वा समुद्रस्य।
वा मरुतस्य वायं च महाभूतानि वा।।४५।।
नु पूर्वाद्यद्यस्य सूयानृत लक्षण सु वा।
एक सर्व मशेषतो ब्रुवनुभवानिति।।४६।।

इति गार्गीये महासलिले प्रश्ननिर्द्देशोनाम।।

❑❑❑

अथ द्विचत्वारिंशोऽध्यायः

अतऊर्ध्वं भाष्यं वक्ष्ये ।
अथ भगवानग्निषोम प्रभाव परमर्षिर प्रमेय।।१।।
ज्ञानसर्वज्ञ सर्वदर्शनो वा चानुपूर्व्यापृष्टो गर्गः।
प्रश्न मिदं समुद्रमिव दुर्विगात्य सकृतास्मनना च।।२।।
परम दुर्विज्ञेय मभिसमाधायात्मानं सम्यगभि।
निश्चित्यभो विश्वामित्र महातपं भवन्ता संशयः।।३।।
प्रोक्ताः सर्व दुर्वचव्यापी सर्वस्यास्य जगतः।
प्रभवश्चा व्ययश्च चेष्टा च चैतद कृतात्मना।।४।।
शक्यं प्रष्टुंति ज्ञातुं वातद्भवानपि मनाक्तर्व मेव।
यथोदिष्ट मानुपूर्व्यां श्रृणो तु भवानितः।।५।।
सलिल मिवमासी बन्धे नमसि निरामये।
लोके तत्राण्ड दिव्यरूप मद्भुतं संवभूवाण्ड।।६।।
महत्प्रमाण मितश्चेतश्च सन्धावति तत्ता।
ब्रह्मात्मान मसृजत्तत्र द्विद्यांड मभवत्तस्य च।।७।।
यदधस्तात्कपालं तत्प्रथितं तस्य चैयम्।
प्रथमात्पृथिवी यदुपरिष्टा साधौर्यत्त।।८।।
योरन्तरं नेत्रा मपीक्षत क्षान्तव्यंतरा।
स्थित मत्र वा क्षीयते सर्व एव भूतग्रामा।।९।।
इत्येतदेव मन्तरिक्षंसो वा वभूरिति।
भुवं भुव इत्यन्तरिक्षं सुरिति देवा स च।।१०।।
पूर्वमेव तेजसो सोग्नि मसृजत ततस्तमात्।
पूर्वं ज्वलित्तार्चिदकं ततो भृगुर जायत तत्राङ्गिराः।।११।।

सम्भूवततस्माहाकारो अङ्गिराप्त मसृजत स च पुनः।
प्रज्ञाल्पाग्नि जुहोत्यस्मिन् स्वाहाकारे कश्यपः।।१२।।
सोजायत तत्रऋङ्गिरा समभवत्तस्मिन्।
स्वाहाकारेवसिष्ट यक्षोग्रप्रजायत पंचमे।।१३।।
स्वाहाकारे गौर जायत षष्टे स्वाहाकारे तेजः।
सप्तमे स्वाहाकारे वसन्त मसृजत ब्राह्मणाश्च।।१४।।
वस्वादष्टमे स्वाहाकारे ग्रीष्म सृजत् राजान्याश्च।
दोर्ल्यां नवमे स्वाहाकारेवर्षा सृजत् तदूरूभ्यां च।।१५।।
वैश्यान् दशमे स्वाहाकारे शरद मसृजत यत।
तस्य ललाटस्वेदः प्रादुरासीतत्रा जुहोत्तस्मिन्।।१६।।
स्वाहाकारे सृजत पादयोश्च शूद्राने कादशे।
स्वाहाकारे हेमन्त शिशिरावुभौ सृज्येते।।१७।।(?)
त्वगो वातोजायत तस्य ललाटे स्वेदः।
प्रादुरासीत् तत्रा जुहोत्तस्मिन् स्वाहाकारे मेषः।।१८।।
पशुरजायत तस्य रोमा राकव्याद्या जुहोत्तस्मिन्।
स्वाहाकारे व्रीहीथवोदयर्तुषध्यो ग्रीष्माण्य क्षुद्राः।।१९।।
स वृक्षतृणलता समभवत्यं च पञ्चमहाभूतान्।
सृजदानुपूर्व्यास्य पूर्वमाकाश मारुत मग्निमापः।।२०।।
पृथिवीं च सम्यग मिविनिश्चित्य चिन्तामपेदो।
सृष्ट्यान्येत्तानि पञ्चमहाभूतानि परम।।२१।।
ज्ञान समन्विताश्च सर्वएव प्रजा विशेषाः।
प्रजायति रिदानीं स्त्रष्टव्य इति स प्रजापतिर-।।२२।।
सृजत प्रचेतसः पुत्र मसृजद्दक्षोनाम।
तस्येदानीं दुहितार षष्टिरासन तासा मिमाः।।२३।।

प्रजाः स्थावरजङ्गमास्तथा देवदैत्य यक्षराक्षस।
गन्धर्व किन्नर महोरगनाग सुपर्ण गन्धर्वा-।।२४।।
प्सरसश्च सर्वा एव प्रजाविशेषा प्राग्वेलाश्च।
समुद्रा न सृजस्समुद्र वक्ष्येषु भूतानिति समुद्राः।।२५।।
सागर क्षीरोदं रत्नाकरात्सर्वान् प्रदक्षिणम्।
संसक्तो द्वांश्चतुर्थं च वालुकासमुद्रं अम्भसा।।२६।।
विवर्जितं सरितश्च सर्वा असृजदेकोत्तरम्।
नदी सहस्त्र मुशोप्याणां पुण्यानां कल्माष।।२७।।
नाशनीनां तासां सरस्वती श्रेष्ठोत्तमा।
समुद्रा धनानि न परिवर्त्तितव्य मिति।।२८।।
सोवाच चनुद्य गङ्गा च सप्तधा विसृज्यैषा।
सप्तधा षट्व महापर्वता हिमवन्तं हिमकूटम्।।२९।।
माल्यवान्नीलं शृङ्गवन्तं गन्धमादन मेव।
मन्यांश्च गिरीन् पर्वताश्च भूमे एव रणार्थम्।।३०।।
येषु मण्डलातेग्निरयो ये तु पर्वतं तारुर्द्ध।
मुत्पत्तितस्ते पञ्चता पर्ववन्तो ह्येते सर्व।।३१।।
एव चैते ज्येष्टाः प्रजायतेः पुत्रास्तेषा।
मन्तरेण द्वीपानां पर्वशतानि तेषां च।।३२।।
पृथिव्याश्च मध्ये मेरुनमिकांचनो गिरिरजायत।
षडाशीति योजन सहस्त्राण्युच्छित।।३३।।
स्तद्वद्विस्तृतस्तस्य च पूर्वतः।
प्राग्ज्योतिषोनाम महाद्वीपो।।३४।।
दक्षिणतो जंबूद्वीपोनाम पश्चिमतः।
केतुमालो उत्तराः कुरव उत्तरतः।।३५।।

सर्वे चैते महाद्वीपाः पृथिव्यां परस्परेणा गम्या।
वृहत्वात्तर्द्धन्तरिक्ष भूमिभ्यां परिसंख्या नमस्ति-।।३६।।
तिर्यगूर्ध्वं वायवाते वत्यर्ध्वं पृथिवी तिर्यक।
तावदेव मन्तरिक्ष मेतद्दिन दण्डकपाल।।३७।।
स पापधमी द्विपाघात न काल सिद्ध्यर्थम्।
ब्रह्मज्ञानांभसोर्मनसा सोमार्का वुत्पादितौ।।३८।।
तौ च प्रदक्षिण मनुपर्या गच्छतः।
सर्वाण्येव ज्योतिष्य सख्यानि स्वैः।।३९।।
स्वैर्विमानैर्यथा सारं वायुवेशात्पर्या गच्छन्ति।
कालविभाग सिद्ध्यर्थं सर्वाश्चतुरद्वीपाभ्रा वचः।।४०।।
सोमार्का वस्तमय तदुयतो वा मेरुणा उच्छन्नौ न।
प्रकाशेते ततो रात्रिना मप्रनष्टान्वा मेरुक्षा यथा भवति।।४१।।
विमुक्ते तु मेरुणार्क दिवसो भवति यच्च रात्र्यह्णोः।
सन्धेः सा पूर्वासन्ध्या यस्तु दिनरात्र्योः सन्धिः।।४२।।
सा पश्चिमैव सन्ध्यानाम द्विरात्रिको भवत्येवं च।
सर्वेषां द्वीपानां पूर्वेणोदयत्यर्कः।।४३।।
सर्वेषां द्वीपाना मुत्तरेण मेरुर्ध्रुवम्।
ज्योतिर चलं मेरोर्मूध्नि प्रतिष्ठितं तद्धि ब्रह्मणः।।४४।।
परसंस्थाय ध्रुवं यस्मिन्त्येतद्द्व सत्तम्।
ज्योतिश्चक्र मजस्त्रं परिर्वर्त्तेति।।४५।।
तेषां च यत्रोदयतेर्कोसो तेषा च।
यत उदयतेर्क सा तेषां पूर्वादिगे च।।४६।।
उदयास्तमन मध्याह्न रात्राः संविभजते।
सर्वा पृथिवीसोमार्कौ षडशीति योजन सहस्त्राण्येव।।४७।।

तपत: पृथिव्यामे कैकस्य मण्डलं चानयो:।
पृथिवी भावनं सप्तषष्टो योजन विष्कम्भ रश्मि:।।४८।।
सहस्त्रं सूर्यते द्विगुणं सोमस्य अग्निरात्मा सूर्य।
चन्द्रमाश्चयात्माशीत रश्मिश्चन्द्रमा धर्म रश्मि।।४९।।
रादित्यो द्विधा चेमा: प्रजा: सौम्याश्चाग्नेयाश्च।
स्थावरजङ्गमाश्च नीचैश्च रत्यादित्य।।५०।।
उच्चैश्चरति चन्द्रमा मण्डल मनुपर्या गच्छत:।
अत आदित्य उदित पूर्वतयत्कदा गच्छति।।५१।।
चैता वा पूर्वा प्राप्नोतीत्यर्थ: प्राची पूर्वादिश:।
प्रदक्षिण मनुगच्छतीति दक्षिणा अत्र वास्तगत:।।५२।।
पूर्वो गमिष्यति गच्छतीति....प्रतो प्रतिदक्षिणायम्।
यश्चात्कालं प्राप्नुवन्तीति पश्चिमायां चोत्तराकालम्।।५३।।
प्राप्नुवन्तीत्युत्तरायणाभ्यां दक्षिणोत्तरे प्रष्टव्ये।
एतामेव च दिगन्तर सर्गयो विदिश इत्युच्यन्ते।।५४।।
तस्मात्पूर्व प्रवर्तनात्पूर्वायदक्षिण्या।
दक्षिणायश्चा गमनात्पश्चिमेति।।५५।।
उद्गमना चोत्तरा प्रत्येतव्या आदित्य।
संप्रयोगश्च दिशां विपर्यशो भवति।।५६।।
आदित्य एव च वनस्पतय: पुष्पाय।
यतित्युलायति च सर्वाश्चोषध्यो।।५७।।
वीरूधश्च गतिविशेषात्तस्यां चोत्तरम्।
दक्षिणै वायते भवत: ते चानु परिसर।।५८।।
च्छीतोष्ण वर्षादीनि निष्पादयति तन्सनूश्च।
एवं हि कालो ज्योतिषा मादिपूलयश्च।।५९।।

संवत्सरर्तु मास पक्षाहोरात्राणाम्।
निष्पादयित्वा सर्वेषां च कर्मकलानाम्।।६०।।
कलालव सङ्गीतानां काले न।
वास्तमनोदयो कुर्वतीत्यर्थः।।६१।।
कालस्तथा गच्छतुत्तर मयनं स्वषड्भिर्मासै।
र्यदमर आदत्ते रसाश्चोषधीनां तदस्यादा।।६२।।
नादित्यं तत्र दक्षिणे न गच्छत्यदापः।
स ते रसांश्चोषधीनां तदस्य स वनात्सूर्यत्वम्।।६३।।
गतिविशेषाश्च दक्षिणकाष्ठागतस्य शिशिरो।
भवति विप्रकर्षादयन मध्यस्थस्य वसन्तो।।६४।।
युक्तोष्णशीत उत्तरकाष्ठागतस्याभयंन्तर।
परिसरणात् ग्रीष्मो भवति यश्चैते त्रिभिक्रतु।।६५।।(?)
भिस्तेजो वसुधा तलादादते भगवानादित्य।
स्तैरित्य दक्षिणायनाग्नेषु मुचत्य।।६६।।
तौ वर्षाशरद दक्षिणायत मध्ये हेमन्तो।
एव मादित्य विशेषादनयन परिसरणाच्च।।६७।।
कालमृतवश्चाभि निवर्त्तयतः ऋतवश्चोषध्यो।
वीरूधश्च यावयन्ति ऋतु विशेषाश्च दिन।।६८।।
रात्र्यो वृद्धिहासावभि निष्पद्यत तयोश्चाहः।
पूर्ववाहस्तदुत्तरायणं पूर्वपक्ष।।६९।।
पक्षाद्यारात्रिश्चैव रात्रियाचरात्रिस्त।
दक्षिणायनं कृष्णपक्षश्च एतयोश्च वर्गयोः।।७०।।
पूर्वो दैव उत्तरोत्यासुरसो पश्चिमोपत्तो कुरुत।
शुक्लं कृष्णं वृद्धयारेव नहि चन्द्रमास्त ह्वेवापूर्वपक्ष-।।७१।।

महिन्तस्यै नायं च कलापञ्चमी मुपपीयन्ते द्वितीयाः।
पञ्चकला दशमीमुप पीड्यन्ते द्वितीयाः।।७२।।
पञ्चकला पञ्चदशीषु उपपीड्यन्ते षोडशी।
अवशिष्यते सस्य पूर्वादसरसीति पौर्णमास्या।।७३।।
स्यात्तदेवासुर पक्षे भक्षयन्ते सभक्ष्य माणा।
स्वयोनिवच्छत्यायोषधि वनस्पति ब्राह्म ब्रह्मणागाः।।७४।।
पश्चैते वसति तदमावास्यायाश्रमा वास्यत्वम्।
तस्माध्यन सन्नाप्ये नामावास्यां सन्नयन्ति।।७५।।
तं सायत्वं भव स सन्नातो परेयश्चादृश्येत।
तर्द्दर्शस्य दर्शस्य दर्शत्वं भवति मुखमेत।।७६।।
अजायतेर्यद्दर्शपौर्णमास मेव मापूर्यमाण।
क्षीयमाणश्च सोमः पूर्णतिथि पौर्णमासं कालो भवति।।७७।।
निवर्तयतिस्वे न पाते न तस्यैव क्षयोवृद्धिश्चाभि।
निर्द्दिश्यते सौम्यत्वान्वैष सोमोत्र वर्द्धते श्रितो।।७८।।
यश्चन्द्रमा लक्ष्याच्छशांको यश्चैष तच्छश संस्थित।
लक्ष्मो वै चन्द्रसंकुलमध्ये दृश्यते सा च द्वितीये।।७९।।
शुक्लत्वं तद्वरूणाश्चय एतामध्येषा पृथिव्या तु।
चन्द्रमण्डलमध्ये समाकृतिः वेदोक्तानां ग्रहायणा।।८०।।
मष्टशतसंख्यायते तैत्रेक शतं केतूनां पच्यते।
सोमार्को पञ्च च तारा ग्रहास्तस्मादृष्ट संख्यायते।।८१।।
निग्रहोर्थं च ग्रहाः प्रजानां देवैरुत्पादितातेश्च।
निग्रहार्थं मुत्पन्नास्तद् ग्रहाणां ग्रहत्वं तत्र।।८२।।
पञ्चतारा ग्रहाण्यभि निर्द्दिक्ष्यामः शुक्रस्त्वेषाम्।
प्रथम मथास्युः शुक्लवर्ण रश्मयः षोडशाप्त च।।८३।।

सूर्याचन्द्रमसोस्तिष्ठति शुक्रः स्कणाश्चौशनसोः।
पुत्रः प्रादुर्भूतः शुक्रप्राग्द्वारश्चैव क्षत्रियाण।।८४।।
पक्ष्यते पुत्रोङ्गिरसो वृहद्धान्यो द्वादशरश्मि।
वृंस्पतिर्वृहता तपसा समुद्भूत इत्यतो।।८५।।
वृहस्पतिरूत्तरद्वारस्यैषो ब्राह्मणानां पक्षते।
प्रजाभ्यस्ताभ्रवर्णा नवरश्मिरग्नि प्रभवो।।८६।।
वक्रगतिं रङ्गारक इति विरोचते इत्येताङ्गारकः।
पश्चाद्वार स एव शूद्राणां पच्यते।।८७।।
सूर्यपुत्रः पञ्चरश्मिः शनैश्चरतीति शनैश्चरो।
दक्षिणद्वारश्चैष वैश्यानां पच्यतै।।८८।।

❑❑❑

अथ त्रिचत्वारिंशोऽध्यायः

अथातः पञ्चमं बुध मनुव्याख्यास्यामः।
सोमपुत्रः सप्तरश्मिः बुधो वाधनो वुद्धि।।१।।
बोधयति पूर्वापूर्व निवृत्तानि वा कर्माणित्यतो।
बुध सर्वद्वारश्चैष येन ग्रहणेन।।२।।
सम्पृक्तो भवति तत्कर्म भजते।
अथापर आङ्गं तु मृत्युपुत्रो महास्तमसात्मको।।३।।
राहुरूपं तपस्त प्रवांस्तस्मै ब्रह्माप्रीतो वरदश्च।
न्द्रादित्यौग्रसि तत्वेतौ जरयिष्यसि स चैव।।४।।
षणमास्ये युग यदुपतिष्ठति शरीर मकृत्वा।
शिरोवर्णान्विदर्शय चक्षुभिश्च वर्णसंस्थानै।।५।।
ग्रंहण मोक्षाभ्यां हिंसति प्रजाभीमरूप उदग्रो।
ग्राहोधूम्रवर्ण एकशिखो विभावसो पुत्रो।।६।।
धूम्रवर्णस्य शिखया वोपद्यूयते नक्षात्राणित्यते।
धूमकेतु केतबालानां भावाभाव मुपस्थित मित्यर्थः।।७।।
केतुस्तेषां चैकोत्तरं शतं परिसंख्यायते तेषां च।
मृत्योः पुत्राः षड्विशः श्वेतवर्णाश्च तु।।८।।
र्हस्तास्तेषां शिखा पच्यन्ते।
षोडशाग्नि पुत्रारक्त वर्णास्त्रिहस्तास्तेषां शिखा पच्यंते।।९।।
पञ्चविंशति सूर्यपूत्रा काञ्चनाभा पञ्चहस्तास्तेषां शिखाः।
पच्यन्ते प्राङ्मुखा भूमिपुत्रास्त्रयोदश पासुवर्णाः।।१०।।
प्राजापत्याः सप्तमहाशिखा रक्तवर्णाश्चत्वारो।
ब्रह्मदण्ड पुत्रा नानारूपवर्ण संस्थान वैते।।११।।

सर्व एव प्रजाया विनाशकाले दर्शयन्तीत्याह।
गर्गपतेत्युदय स्थानधूपनं ।।१२।।
संस्पर्शैर्न्नक्षत्राण्युप सृजन्ति ।
सर्व एव नैते सूर्यश्चाभितश्चरान चैषा।।१३।।
मुदयास्तमन दर्शनानीत्याह गर्गः।
भागुरिस्त्वाह मत्तीति तत्वं नियत मेतपि।।१४।।
चामरूंपर्या गच्छन्ति सूर्यरश्मिन्वहमाना।
सूर्य मुक्तां दृश्यन्ते नभसि मेरु परिमाणा।।१५।।
वाचोर्द्धं पञ्चाशद्योजना सूर्यगति सूर्यगत्या चैक।
पञ्चाशतं सौराङ्गारक बुधकेतवस्ततश्चत्तुः।।१६।।
षष्टिरुर्ध्वं चन्द्रमाभ सहित।
स्यापि च परेण पञ्चपञ्चाशतिभिः।।१७।।
शुक्रवृहस्पत्योर्गतिस्तश्चत्रुः ।
षष्टिभिर्योजनैर्ध्रुवं पूर्वज्योतिषा।।१८।।
मुपरि प्रसिष्टित मेवं सति नक्षत्र।
तारागणाय यथा सारं स्वैः स्वैर्विमानैः।।१९।।
पर्यागच्छन्ते वायुवशान्मेरू ध्रुवम्।
ज्योतिष मल्प मनत्मार्थं या चैषा।।२०।।
त्रिंशन्वगस्त्य सप्तर्षि प्रभृत्तयः।
सर्वा एव च तारा एतानि सुकृतिनां।।२१।।
स्थानानि स्वमण्डल गुण परिभोगस्तेषाम्।
द्योतते य एषा तारा बलक्ष्यते यथा मण्डल।।२२।।
गुणत्वाच्च ज्योतिषा मुच्चनीचत्वाचाणु।
वृहन्मध्य मानितारक प्रमाणानि लक्ष्यन्ते।।२३।।

परिग्रह गुणाच्च यस्यायतं तावन्मण्डल।
परिग्रहस्तस्य तावती तारका प्रकाशयति।।२४।।
यथा प्रधानश्च ज्योतिषां प्रमाणानि।
वक्ष्यामो दशयोजन विष्कर्भः।।२५।।
शुक्रो नव वृहस्पतिरंगारकः।
सप्तयोजन विष्कम्भ शनैश्चरो बुधः पञ्चयोजनकः।।२६।।
प्रकृत्तिकास्वातिश्रवणोभिजित दारुणागस्त्यो षड्योजना।
सप्तर्षयो रोहिणी पुनर्वसुत्वाष्ट्रो।।२७।।
वाविष्ट ज्येष्ठाहि बुधतारा पञ्चयोजनाः।
शेषो नक्षत्र ताराश्चत्तुर्योजना।।२८।।
असंख्याता तारा अन्यास्तासां तु।
काश्चिदर्द्धयोजन विस्तीर्ण विष्कम्भा।।२९।।
काश्चिक्रोश द्विक्रोश संविताः।
यासांत्वल्पो मण्डल परिग्रहस्तान दृश्यन्ते।।३०।।
न च तासां परिसंख्यात मस्ति अवपत।
नीचां वा रोहतिनां च ध्रुवत्वापुरय पक्षया।।३१।।
द्वितारा मनुपतत मारोहणं सुकृतत्वात्।
नहि ताराणामन्तोस्तिषत्ततो नाम रोहिणीनां च।।३२।।
ध्रुवत्वात्युरा पक्षया द्विसंख्या नमन्तिके।
तवस्त्व प्रमेयाः प्रमाणतः शिखा हि तेषां।।३३।।
धान्यां राहोर्वक्र संघात सोमस्य प्रमाणाः।
सत्तु तमसान्वितं न द्योतते सर्व एव।।३४।।
ज्योतिर्गणार्द्ध दृश्योजस्त्रं परिवर्तन्ते।
चक्रवत् प्रदक्षिणं दीनवानर्क तेजसा।।३५।।

न दृश्यन्ते गत्यन्त विशेषात्तु सर्वज्योतिष्या।
दित्यं प्रविशन्ति भास्कर सन्निकृष्टानि च।।३६।।
भानुराभाति प्रच्छादितानि दृश्यन्ते विमुक्तानि।
चादित्य प्रभाभिरुदितानित्यभिधीयन्ते।।३७।।
गति विशेषाद् गुहा मादित्य।
वशाच्चोदयास्तमय प्रवास्तथा।।३८।।
परस्पर सोप नक्षत्रैश्च सहस्त्रनागमास्तथा।
परस्पर सव्य प्रादक्षिण्ये किमावादित्य वशादेव।।३९।।
युद्ध्यन्ते ग्रहाः परस्परेण चान्योन्यंध्नति जगत।
ग्रहनक्षत्र भक्तिनां भावाभाव निदर्शनार्थम्।।४०।।
सर्व एवैते ग्रहाः परुषा विवर्णा प्रध्वस्त रूक्षा।
विरश्मयो दक्षिणमार्गस्था यथा नक्षत्र मेभिर्मर्म।।४१।।
मानाः पीडन्ति भूतानि यथा क्षेत्रवर्णाश्रितातीत्याह गर्गः।
यथात्विमे मेघाः प्रादुर्भवन्ति तत्र व्याख्यास्यामः आकाशाद् वायुः।।४२।।
प्रादुर्भवति सर्वै दिशं चान्तरिक्षं पृथवीं च।
समीरयत्यभ्राणि उर्ध्वरतित्वानि प्रेर्यमाणानि।।४३।।
प्रवर्षन्तेषु वर्षमाणेषु इतश्चेतश्च भूस्तल।
माय आप्लावयति ताभिश्चाप्लाविते भूतले वीजा।।४४।।
न्युतरया च यन्ति तत्यकं यथाहार भूतान्यादन्ति।
तन्मूलं शुक्रं भवति तत्प्रततुनम्।।४५।।
काले विसृजति स वै गर्भो भवति।
तन्मूलाः प्रजाहत्याहवशिष्टः मारुतस्तिर्य।।४६।।
गतित्वाद्धुताशनादुक्षयत्यूर्द्ध गतिह्यग्निः।
प्राणिना मुपकारार्योर्द्धगतित्वाद्देवताङ्ग।।४७।।

हविषा संयुक्त्यादित्यं तर्पयति यदि वा च।
न समर्थत्वाद् भवति तस्य प्रक्षत ऊर्धम्।।४८।।
धूमाह्रूत्य ततो स वान्तरिक्षो वायुस्तिर्यगा।
तित्वाश्लीतो क्रियते तान्यभ्राणि भवन्ति।।४९।।
वायुरेव तिर्यग्गतित्वा द्वारयतेतीर्य।
प्रमाणाद्विधायुर्मेघान्नाशये दित्येष कृष्णा प्रेयः।।५०।।
पृथिव्यात्द्यश्मारजाश्चभोः पर्वताश्चोदकं च।
धूमश्च वात समीरिता ऊर्ध्व मुत्यतन्ति।।५१।।
तैजसत्वाच्चांतरिक्षे सूर्य रश्मिभिः।
संचाल्पमानांत्वाकाशे संघातं गच्छन्ति तान्य।।५२।।
भ्राणि प्रादुर्भवन्ति वायुना च संजीव्य।
मानाःप्यायन्ते नान्यन्तरिक्ष मव तत्पतन्ति।।५३।।
सूर्यत्वेनां रश्मिभिरुदक मानयित्वा सर्वतः।
पूरयति वायुना संयुक्तैर्हि रश्मिर्भिर्भास्करम्।।५४।।
अपऊर्ध्व मारोपयति यथोत्पलनालेन।
ऊर्ध्ववायु संयुक्तेन तानि चोदकपूर्णानि।।५५।।
सूर्योरश्मि भिर्वारयते तपति वा ज्योतिषाम्।
चापो मैथुनं वायुवशात्परिसरणगत।।५६।
आदित्यः शतक्रत्तु मादिशति वर्षति।
पर्यन्यो मारुत मादिशति वर्षति।।५७।।
एते हि वृष्टि प्रदातारः सूर्येचन्द्र च।
पर्यन्यस्तानि च मारुतेन प्रेर्यमाणानि।।५८।।
चाभ्राणि मरुद्भिरादिष्टानि प्रवर्षन्ति।
अपात्यन्तरिक्षे संघातो वायुनाभिन्नो।।५९।।

गुरुत्वादूजत्वाव्वाधः पवन्ति तद्वर्ष।
मित्यभिधीयन्ते यदात्तु तत्रानिलः।।६०।।
समेत्य निर्मथ्यते ततस्तान्यभ्राणि।
सहसा क्षिप्यन्ते मेघमारुतौ चान्तरिक्षेण।।६१।।
भगवानादित्यो रश्मिभिस्तिर्यत्प्रणवद्युते।
सा विद्या संभवति तिर्यक्षांगारिणीं च।।६२।।
तासां च निर्मथ्यमानानां महावायुना।
गर्तनीनां तेज आपात्यग्नि स्तुतयित्तु।।६३।।
र्भवति यदित्वति निर्मथ्यते ततो शनि।
प्रज्ञान्वितो महेश्वरा भूमौ निपतीत्याह गर्गः।।६४।।
एवं मेघानां पञ्चेश्वरात्मकस्यं घातो भवति।
पार्थिवी शरीर माकाशान्मारुतस्तनिता प्लवते।।६५।।
विद्युदग्ने रन्ध्युश्चोदकां मारुतास्ववादित्य रश्मिभिः।
संपृक्तो वर्णान्नाना प्रकारा निष्पादयते।।६६।।
मारुतवन्ति तत्र व्याख्यास्यामः आकाशाद्वायुः।
प्रादुर्भवति सवैदिवं चान्तरिक्षं।।६७।।
पृथिवीं च समीरयत्भ्राणि।
उद्धरति तानि प्रेर्यमाणानि।।६८।।
प्रवर्षन्तेषु वर्षमाणेषु।
इतश्चेतश्च भूस्तलमाय।।६९।।
आप्लावयति ताभिश्चाप्लाविते।
भूतले बीजान्युतवपाचयन्ति।।७०।।
तत्कक्षं यथाहार भूतान्यादन्ति।
तन्मूलं शुक्रं भवति तत्प्रजनकाले विसृजति।।७१।।

सवै गर्भो भवति तन्मूलाः प्रजा इत्यहवसिष्टः।
मारुतस्तिर्यग्गतित्वाद्धुता - ।।७२।।
शना दुज्वलयत्यूर्द्ध गतितर्ह्यग्निः।
प्राणिनामुपकरायोर्द्धगतित्वा - ।।७३।।
देव ताङ्ग हविषा संयुत्त्यादित्यंत तर्पयन्ति।
यदि वा वनसमर्थत्वाद् भवति तस्य।।७४।।
प्रज्वतद्धूर्ध्व धूमादुत्पततो ।
सवान्तरिक्षौ वायुस्तिर्यग्गतित्वा ।।७५।।
च्छीतो क्रिरयते तान्यभ्राणि भवन्ति।
वायुरेव तिर्यगातित्वा द्वारयेतीर्यमाणा।।७६।।
द्विधायुर्मेघान्नाशयेदित्येष कृष्णात्तैयः।
पृथिव्यात्द्युश्मारजाश्चभोः पर्वतश्चोदकं च।।७७।।
धूमश्च वातसमीस्ति ऊर्ध्व मुत्पतन्ति।
तैजस व्वान्तरिक्षे सूर्यरश्मिभिः।।७८।।
संवाल्य मानात्वाकाशे संघातम्।
गच्छन्ति तान्यत्राणि प्रादुर्भवन्ति।।७९।।
वायुना संयुक्ते र्हि रश्मिभिर्भास्करम्।
अयन्त्र मारोपयति यथोत्पलं नालेन।।८०।।
ऊर्ध्ववायु संयुक्ते न तानित्वोदक पूर्णानि।
सूर्योरश्मिभिर्वारा पतति च।।८१।।
ज्योतिषां वायो मैथुनं वायुवशात्परिसरण गत।
आदित्य शतक्रत्तु यादिशति वर्षति शतक्रतुः पर्यन्य मादिशति।।८२।।
पर्जन्यो मारुत मादिशति वर्षेति।
एते विवृष्टि प्रदातारः सूर्येचन्द्र पर्यन्योतानि च।।८३।।

मारुते न प्रेर्यमाणानि धार्यमाणानि वाभ्राणि।
आविंशति तानि मरुद्भिरा वर्षति।।८४।।
अपात्यन्तरिक्षे सम्पातो वायुना।
भिन्नो गुरुत्वाद्राजत्वा चाधः पतन्ति।।८५।।
तद्वर्षमित्य यदा तु तत्रानिलः।
समेत्य निर्मथ्यते ततस्तान्यभ्राणि।।८६।।
सहसा क्षिप्यन्ति मेघमारुतौ चान्तरिक्षेण।
भगवानादित्ये रश्मिर्य प्रणपते सा विद्युत्।।८७।।
संभवति यक्षाङ्गारिणी चत्पासां च।
निर्मथ्य मानानां महावायुना गर्जनानाम्।।८८।।
तेज आपाद्यग्निस्तुर्भवति यदित्वति निर्मथ्यते।
ततो शनि प्रज्वालितो महेश्वरा भूमौ निपतीत्याह गर्गः।।८९।।
एवं मेघानां पञ्चेश्वरात्मक सम्भातो भवति।
पार्थिवशरीर माकाशा मारुतस्तनिताप्लावते।।९०।।
विद्युदग्नेरद्यश्चोदक मारुतं सुवादित्य रश्मिभिः।
सम्पृक्तो वर्णाभावा प्रकारान्निष्पादयते।।९१।।
मारुतइव मन्द शीघ्रं वा वर्षति।
तथात्युपजीवयतीति यत्र तत्र वता।।९२।।
मरुतो परंस्परति तत्र तत्र वर्षति।
यत्र संबध्यति तत्वेन्द्रकार्मुकं भवतीत्याह गर्गः।।९३।।
तद्धि यदा वयहि तदा मश्यस्य प्रतिसूर्यकश्च।
भवति वायुवशादेव नानास्वनावकीर्यमानाद्य।।९४।।
प्राणिकयशाम्यन्ति यास्तु सूर्य सन्निकृष्टा।(?)
आपोवायु विशेषा न पतन्ति ता सौर्येण।।९५।।

प्रेजसा रहस्यतन्ते करकाः संभवति।
तैन-नं--पतन्ति तेषां तु पातितानाम्।।९६।।
भौमेन तेजसा विलपनं भवतीत्याह गर्गः।
वृहस्पति शुक्र दिवाकरस्वेते सर्व एव च।।९७।।
ग्रहाभावाभाव निर्देशेनोपती निदर्शतीत्याह गर्गः।
संहता मारुतो सर्वे ते सुखाः।।९८।।
सर्वासु दिक्षुवान्तिनानौथै मन्दम्।
शीघ्रं च सूर्यरश्मिभियुवगृध्य।।९९।।
मानानि वात्यन्तर्हिताधुन्वन्तति।
स्थावरजङ्गमानि भूतानि न विशेषम्।।१००।।
शरीराणि दृश्यन्ति स वत।
तथा---सर्वत्तुष्ट दष्टतो निवर्त्तति।।१०१।।
सन्ध्या पुनरादित्यो दीपयति तथा।
दिशा सदि-शो भवति नाना-काराम्बर्णा।।१०२।।
न भ्रांश्च पुष्पति विकारादैरावतेन्द्र धनुः।
प्रतिसूर्य.................सर्वमादित्य रश्मिः।।१०३।।
विकाराद् भवति आदित्य गत्यां चैव दिवसस्य।
रात्रेः स्वाहयोः सन्धिः सन्ध्या--तस्तात्तरुं शोध्योच्यते।।१०४।।
यावन्नादित्यो रात्रौ दिवा वा परिवर्त्तमानो।
मेरु वायुना सहस माविशति स भवाने।।१०५।।
वासाग्निर मभिरश्मिभिः संपीडते रश्मिभिः।
---स्तेजसा---षुण प्रधावति सोल्का भवति।।१०६।।
वायुविशेषा--मही वा मन्द प्रभावां तथाङ्गारिणी।
दूरशतिमेन्द्रगतिर्वा सर्वभूतात्युपतापयन्तीति।।१०७।।

भव भवति दर्शनार्थ मित्याह गर्गः।
पृथि.............................. ।।१०८।।
.... त्याह गर्गः।
स तस्त्वाह इहहि स्वात्म प्रतिष्ठितत्वात्।।१०९।।
प्रतिष्ठितमाका प्रतिष्ठिता आपअप्सु।(?)
सत्यवद्यति.............................. ।।११०।।
पृथिवी धारयन्तिताश्च नित्योद्वेलक।
पति दर्शनार्थमिति यदान्तरिक्षे।।१११।।
वायुशीघ्रो प्रतिदतो न लपेतत्य।
.... भवतीत्याह गर्गः।।११२।।
सूर्याचन्द्र मसस्त्विमे ग्रहणां परि.....षाः।
सर्वे.....................स्वा महान्तो।।११३।।
वारवंडरव मण्डला वा शुभाशुभानु।
लक्षणावलोकं संदर्शयन्तीत्याह गर्गः।।११४।।
प्रजापतेस्तु दक्षिणस्य दुहितरो स वा।
विंशति मष्टाविंशति मन्ये मन्यन्तताः।।११५।।
सर्वा आवृत्य द्रव्यवत्पासा...........।
च्छता वर्म वरस्व सर्वासु संवर्तस्व।।११६।।
सन्निति पुत्र इति मष्टाविंशति मन्ये मन्यं तताः।
सात्वदानी मतीवरो विष्मती दर्शनी वा च सतिव।।११७।।
रोहिणी तस्यां विरोहिण्यां कामाभिभूतः।
सोमो रोहिण्या मेवावसुं च ते.....सुताः।।११८।।
सवो समेत्य प्रजापति सकाश मगच्छन्निमा वै।
भगवन्सर्वा सदृशी शाम्भवतो दुहितरः।।११९।।

सर्वाश्चास्म भगवतः सोमायदत्तः सोमो।
.........मान्नाति मात्रं वुभूषति रोहिण्या मेव।।१२०।।
वसति वै प्रजापतिर ब्रवीदवमानयाति।
सोमं ससो ममानाप्य भगवानुवाच।।१२१।।
सुश्रूषयमाणाः सर्वत्कृर्वा इमाः यत्रयो।
ब्रुवन्ते ना दुसोमः सोमसमात्वा वर्तवीति।।१२२।।
चन्द्रमा ब्रवीस्य ममहं सर्वासु वर्त्तामिनाभिवाण्योति।
अथ चन्द्रमस मुवाच भगवान्।।१२३।।
प्रजापतिरनृत वागसीति तस्यात्।
त्वां राजक्ष्मा ग्रहोग्रहोप्यतीति रोहिणी।।१२४।।
चान्द्रवीन्माभिचारं चर इति भगिन्यस्त।
स्मासोमो एतयक्ष्मणा गृहीतः सोमो निर।।१२५।।
वसूवत्परा मवश्य प्रजापतिरभ्यव।
गच्छन्नितोर्ध्व तानि च तृष्णापि नक्षत्रम्।।१२६।।
प्रसीदनु गवान्वशिष्ट वाय मिच्छामीतिर व्रवीत्।
पत्यो भगवत्यादिति स सोम सुतः प्रभृति......।।१२७।।
सर्वासु वर्त्तते अहोरात्रं सप्तसप्तदशकला।
प्रजापतिश्चास्मै वैश्वदेवं चरुं निर्वर्तायति।।१२८।।
अमावास्यान्ते नाप्यायितः सन्ताप्यं दर्श पौर्णमास्यं चातः कुर्वति।
नन्वेतानि नक्षत्राणि क्षीयन्ते वातेन नक्षत्रं भवति।।१२९।।
कर्मविभागं नक्षत्रत्वं भवति प्रयोजनम् च।
नक्षत्राणा मनुव्याख्यास्यामो दक्षेण हि।।१३०।।
प्रजापतिना दुहितरः सप्ताविंशति।
नक्षत्राणि सोमायुराज्ञे दत्तानि स चोक्तः।।१३१।।

मम मेता सुवर्तितव्यमे तासां योगं च जनतो।(?)
ध्रुवोग्रं प्रसाधारण मृदुवर दारुणानां कर्मणाम्।।१३२।।
कस्त्रया नक्षत्र मुक्ते नानुष्ठायानि।
निष्पादयितव्याश्चेति सर्वकर्मणां हि।।१३३।।
सोम संयुक्तं नक्षत्रयोनि सोम सयुक्तं च।
नक्षत्रं कर्मण्यं भवति सोम युक्तैश्च नक्षत्रैर्जगतः।।१३४।।
सर्वकर्मणा मीज्यानाचारम्भो भविष्यति।(?)
येता मया दुहितारस्त वदता इति ततः।।१३५।।
सोम उवाचैव मस्त्वथनु भगवान्ततास्तव।
दुहितरस्तुल्यादाक्षिण्याह मपि च सौम्यत्वा सोमः।।१३६।।
कर्मण्याश्चोग्र क्षिप्रन्ध्रर दारुणमृदु साधारणानाम्।
कर्मकाल जगतो निवर्त्तयितव्या।।१३७।।
कथमत्र मयानुष्ठेयमिति ।
प्रजापतिरुवाच विकरणधर्मे- ।।१३८।।
णैता सो तृष्वेते काले समुपागच्छ।
धर्म्यां च यस्याङ्गेन विकारे वेशेनाय।।१३९।।(?)
स्थास्यति स तस्या दैवत मिति संज्ञितं भविष्यति।
यादृक् दैवत परिग्रहो भविष्यन्ति तादृशानि।।१४०।।
कर्माणि भविष्यन्ति नह्येषां दैवतं गतिश्च।
किन्तु जागतः कर्म निष्पादनार्थं नक्षत्र मुपसर्पश्चेति।।१४१।।
एव मास्तीति चोक्ता सोमकृतिका मध्येग्नि भूतोप तिष्ठति।
कृतिकामग्नि दैवतं कर्माभिचारं भवन्ति।।१४२।।
कृतिकद्येषु कृतिकाश्चापि दैवतं इति ।
जगति प्रथिता दैवतं सुश्रयाचाग्रेयानि तीक्ष्णानि वातः।।१४३।।

कृतिका सुकर्माणि सिद्ध्यर्मेत्येवं प्रजापतिर्भूत्वा रोहिणी।
मुपतस्थ तस्माद्रोहिणी प्रजापत्यो ध्रुवाणि।।१४४।।
वातो रोहिण्या योगे कर्माणि सिद्ध्यन्ते ध्रुवोहि।
प्रजापतिरेव मेव येन येन विकरण विशेषेण।।१४५।।
सोमे नक्षत्र मुपस्थित वातं तस्य नक्षत्रस्य दैवत।
दैवताश्रयाश्च कर्मणां नाधिपाकर्म कालानि येन।।१४६।।
येन विकरण विशेषेण सोमोनक्षत्र मुपस्थित वात्तं।
तस्य नक्षत्रस्य दैवत दैवताश्रयाश्च कर्मणां नधिपाकर्मकाला।।१४७।।
निष्पादिता एवं कर्मविभागो नामाकर्मता च।
नक्षत्राणां दैवत प्रयोजनं च सर्वेषु चैतेषु।।१४८।।
नक्षत्रेषु स्त्रीपुंसक लिङ्गानि निपतन्ति यथा।
पुष्य इति पुल्लिङ्ग नक्षत्रेण नपुंसक लिङ्गम्।।१४९।।
सर्वाण्येतानि नक्षत्राणि स्त्रिय एव त्वेतानि।
जगति संज्ञा लभन्ते सोम दैवतानि सर्वाणि।।१५०।।
पतिर्हि दैवतं स्त्रीणां हि भवति।
सोमपत्यश्चैता यदप्यन्यैर्ग्रहैः ।।१५१।।
संयुक्तान्य कर्माण्यानि भवन्ति।
तद्व्याख्यास्यामः ।।१५२।।
सोमस्वेतानि नक्षत्राणि सोमात्म-।
कत्वादुप सेव्यमाना चाप्यायति।।१५३।।
योगे धर्मतेजस्त्वानाददित्ये नक्षत्रे।
ते तां स्यादते तस्मादादित्य संयुक्तम्।।१५४।।
नक्षत्र मकर्मण्यं भवति सर्व एवैते।
सूर्यवृहस्पति अङ्गारक बुधशुक्र शनैश्चर।।१५५।।

राहुकेतवो नक्षत्राणां उपसर्गा दैवतो पुष्टा।
एते नक्षत्राणि संस्पर्शोदयास्तमन स्थान।।१५६।।
कोपमर्दन धूपनैरुप सृजन्ति तथा।
निर्घात कम्पोल्का परिवेशतमासिशब्दम्।।१५७।।
कम्पनताल न संरोध वैवर्ण्य प्रभा।
नाशनैरुप सृजति नक्षत्रेषु च पीड्यमानेषु।।१५८।।
नक्षत्रै दैवत कर्मजन्म संश्रृतानां कर्मणां वोपसर्गो भवति।
न चैते ग्रहानक्षत्रेषु सोम भवन्ति मार्गगत्यारवि।।१५९।।
विशेषात्तु यस्य यस्य नक्षत्रस्य।
यं यं काल मभितस्तिष्ठन्ति तं कालम्।।१६०।।
नक्षत्र मुपसृजन्ति स्ववीयैः।
पूर्वोक्तैर्यथा च खल्वार्थ पतयः।।१६१।।
पुरुषापचार निमित्तं करण में पक्ष्या-।
पराधानुरूपं तीक्ष्ण दृष्टिर्निरीक्षण।।१६२।।
भवर्त्सन तर्जन परिवेषण वधवं।
परिक्लेशनार्थ हरणैश्च पुरुषा संयोजनां।।१६३।।
जारयन्ति तथैव ग्रहान्वायः परिवार क्रुद्धाः।
सम्यक् प्रवृत्तानि प्रतापा वास्मृतेषु नक्षत्रेषु।।१६४।।
पीडा मनेकवकारा विद्या मनुग्रहं वा प्रयुजते।
तत्र खलु ग्रहणां नक्षत्रेष्वेकादश विधं पीडास्थान।।१६५।।
भवति तद्यथा प्रार्थिता चेक्तितत्प्रयुक्त प्रेक्षिताद्यारि।
उपरि क्रीडिताम्रेडिताम्रेडितापसव्य गमनाक्रान्त।।१६६।।
हतानि ज्योतिता पञ्चविधंत्वनु।
ग्रहृणयन्ते ग्रहानक्षत्राणि प्रदक्षिणाम्।।१६७।।

तरितः प्रमीडितानि विमोक्ष सम्यगुपस्थानैश्चेति।
तस्मात्सूर्य निर्घातादिभि रूपसर्गै विप्र युक्ते।।१६८।।
अशुभ गणान्वितेषु सोम संयुक्तेषु नक्षत्रेषु।
कर्मारमम्भा न सिद्धयन्ति नवग्रह संयुक्तेषु।।१६९।।
कर्मण्यं हि ग्रहादिभि रूपसर्गैः।
संयुक्तं नक्षत्रं भवत्येव मेव।।१७०।।
वैते बुधशनैश्चरांगारक वृहस्पति।
सोमराहुकेतवोवीर्य उत्तरोत्तरं बलवत्तराः।।१७१।।
सर्वे चैषां चैतेषां नक्षत्राणां मघासौर्याणां सौम्यावा।
चायं नक्षत्राणां सर्वासां च षडाशीतिनाम्।।१७२।।
आदि ऋविष्टा पञ्चवर्षस्य युगस्यादि।
संवत्सर ज्ञतूनां मासपक्षाणां शुक्लाय।।१७३।।
नानां उत्तरं दिवसानां शुक्ल प्रतिन्मुहूर्त्तानां रौद्रः।
करणानां किस्तुघ्नः ग्रहाणां सूर्यस्ताराणां ध्रुवः।।१७४।।
कोट्यां सहस्त्राणि च दशनित्यता दृश्यन्ते।
तारे......वैत्तावपुषा संयुक्ता।।१७५।।
इति तारयन्ति वागमतुलां स्वैः।
कर्म स्वभावैलोक इति ताराः।।१७६।।
त्रयऋतव इत्याह कृष्णात्रयः।
स षड्वर्गो द्वादशेति नारदः।।१७७।।
चतुर्विंशति रित्याह भागुरि त्रीणि च।
शतानि षटूषष्टानीत्याह क्रोष्टुकिः।।१७८।।
सर्वैह्येता कृतमूचुः सर्वेह्येते महातपसः।
सूर्यस्त्वान्तरं च प्रदक्षिण भुवन मनुपरिकामन्।।१७९।।

मेरु प्रदक्षिणं करोति पर्येति रोहिणी त्रीणि।
शिरांसि काञ्चनानि दक्षिणोत्तर मध्यमाने।।१८०।।
तान्परिक्राम्यंश्छीतचोष्णं च वर्ष करोति।
विवस्वान् संख्या यज्ञे संख्यायां पञ्चसंवत्सरा।।१८१।।
दश सूर्यायनानि च तु स्त्रिंश चन्द्रायण शतं भवति।
षणमासा सविता उद्गच्छति षणमासान् दक्षिण।।१८२।।
ततुदगमनं देवानां पुण्यं दक्षिणायन मसुराणाम्।
तस्मादुदय गच्छे सवितरि ब्रह्मनक्षत्रस्य सर्वा।।१८३।।
सामीज्यानि मारम्भो भवतीत्याहुर्वेदां वेद विदश्च।
सर्व इत्येतत् ज्योतिषाङ्ग महता सलिलार्णवा।।१८४।।
प्रजा संभावनादित्येतोस्य शास्त्रस्य।
मह सलिल मेतद्धि पुण्यं यशस्य।।१८५।।
मापुष्यं कल्मष नाशनं सर्व संशयानाम्।
व्याकरणं ना पुत्राय प्रदेय मेतद्धिज्ञान परममिति।।१८६।।

वृद्धगार्गीयायां ज्योतिष संहितायां सलिलं नामाऽध्यायः।।

□□□

अथ चतुश्चत्वारिंशोऽध्यायः

आदिगृह महोज्ञानं ज्योतिर्ज्ञानं दुरानुगम्।
यस्मात्त तु सर्वत्र न तुल्योद्व परिग्रहम्।।१।।
क्वचिक्वचिदुपाश्चित्य गणानां पर्युपासते।
केचिदाकृति मात्रेण केचित्पूर्वो हितांश्रुति।।२।।
अरादराद निर्बन्धादयोगाच्छास्त्र वैकृतात्।
एवं संवत्सराः पञ्च सर्वे गणयन्त योगतः।।३।।
यदत्रत्वन्त मेकं तदिष्टा शेषा उपासते।
शास्त्रस्य तु परिज्ञानं योगो भवति साधकः।।४।।
योगंह्य शास्त्रं को वेत्ति प्रकृतिं विकृतिं तथा।
योगेसु च विकारेषु न तत्व मधिगच्छति।।५।।
अयोगाद् व्याकुली भावो योगास्यम्यकाणश्यति।।६।।(?)
तस्माच्छास्त्रात्तुगं योग मुपासोति विचक्षणः।
प्रकृतिं विकृतिं चोभे सदृश्य ज्ञान चक्षुषे।।७।।
चन्द्रमानानुगं योग मुपासेत्तच्छ्रुतः सदा।
सवि च पौर्णमास्यं च चन्द्रात्मानाश मुच्छितम्।।८।।
तस्मारयो मानतिवर्त्तन्निरुद्धे शास्त्र दर्शने।(?)
चतुश्चत्तुर्दिशं कुर्यात्पर्वः पञ्चदशं भवेत्।।९।।
उच्चावचेन योगेन यथा युज्यति चन्द्रमाः।
अमावास्यात्द्युमावास्ये दिनेकाय मवैन्दवे।।१०।।
गताध्वन्य तु वाप्योक स्वकार्य मगताध्यनि।
पूर्णोदये मास्याः शश्वत्प्रचोदये भवेत्।।११।।

सद्यः कमप्यभ्यूदिते प्रतीयच्चोदयेद्यदि।
सर्वकालस्तथा चन्द्रो तु गो भवेत्।।१२।।
सौर्यमानानुगा स्यादब्दश्च न य साधनम्।
कृक्ष योग वितथ्यं च प्रपश्ये वृक्ष योगतः।।१३।।
यथा सौर्येदवेकुक्षे यूज्येतायां यथाविधिः।
तस्मान्नक्षत्र योगाच्च विषयो प्राहकग्रतः।।१४।।
तत्तु प्रवेगतश्चापि कालं यत्नेन योजयेत्।
अगस्त्यस्योदयान्ना सा प्रतिकृतिक दर्शनात्।।१५।।
शिशुचारस्य वा वृत्यातारामस्य धीमतः।
ज्योतिषां च गतिं विद्यादार्त्तवीं पूर्व दर्शनात्।।१६।।
स्वाते सम्पत्य जात्यां च ध्रुव कीलानि शापयेत्।
न वाच्यस्तर्कतो योग इति शास्त्रानुगो भवेत्।।१७।।
शास्त्रं हि पञ्चवर्षस्य युगस्याहुः प्रसाधकम्।
कालज्ञानं महापुण्यं कालश्चात्य उच्यते।।१८।।
स हि माघस्य शुक्लस्य सोम वासवयोः।
सहा सहोदयं प्रति प्रदिप्रच्छयाह्ला मुदङ्मुखः।।१९।।
शतन्त्र्यशीतं नियतं गत्वा प्रति निवर्त्तते।
दक्षिणाभिमुखोभूत्वा गन्तव्यं शीतं शत मेव तु।।२०।।
एवं संवत्सरं चैव तथैव परि च वत्सरम्।
इडावत्सर संज्ञा च तथैवाप्य मुवत्सराम्।।२१।।
इहद्वत्सरं च कुरुते दक्षिणोत्तरगो रविः।
नियतं पञ्चमस्यांते तथैवस्याप्सरे नादयम्।।२२।।
तदेव पञ्चवर्षं युगमित्यभि धीयते।
सूर्यस्य गत्या निवृतं तद्भ्रेयं कालकोविदैः।।२३।।

कालो हि भगवान्सूर्यः सूर्यश्चाप्यायनोच्चरन्।
योभि जानाति कार्त्स्न्येन सकलज्ञान विद्विजः।।२४।।
तस्यायुनाभ्यां चरतः प्रवृत्त्या वृत्ति निश्चयम्।

।। इसके बाद का ६६ पेज नहीं उपलब्ध है।।

वातरूपा भान्तिशुष्क विस्तीर्ण रश्मयः।
सप्त सप्ततिं सप्तचैवान्यान्वायुपुत्रान् प्रचक्षते।।२५।।
लोकविध्वंसनारूक्ष नामतस्त्वरुणा ग्रहाः।
तारापुञ्ज प्रतीकाशा तारामण्डल संस्थिताः।।२६।।
प्रजापत्याग्रहास्त्वष्टौ गणकाभय वेदिनः।
चतुरस्त्रतरास्त्र्ययाः सोष्णोषोपूय रश्मयः।।२७।।
ब्रह्मा शकुनकानाम दृश्यन्ते शुभ वेदिनः।
वर्षशगुल्म प्रतीकाशा वृहत्तपाश रश्मयः।।२८।।
काककुण्डतिमश्चापि रश्मिभिः केचिदाश्रिताः।
उदयात्यु सृजन्तीह स्निग्धता सौम्य दर्शनः।।२९।।
एते नाम्ना स्मृताकंका द्वात्रिंद्वारुण प्रभाः।
पूजावार विरुपाश्च कबंधाकृति संस्थिताः।।३०।।
उदयितारुण सवर्णाश्च भस्मकं मूलरश्मयः।
कलपुत्राकबन्धाश्च नवतिं सप्त च स्मृताः।।३१।।
लोके मृत्युकरा घोरा भवन्त्यत्तु दर्शनाः।
एषां मृत्योश्च राहोश्च वह्नेर्वायोः प्रजायतेः।।३२।।
ब्रह्मणश्च सुराघोराः कालस्य च वरुणस्य च।
तारा ग्रहाणां ये पुत्रास्तुल्यास्ते पितृकर्मभिः।।३३।।

पैतृकादतिरिक्ताश्च विज्ञेयाः कर्मभिः शुभाः।
उदिताद्येकशोद्येतोः ज्ञेयामर्म भयग्रहाः।।३४।।
द्विस्त्रिः परं संशयो वा स्मृता लोकक्षयङ्कराः।

पृ०सं० गलत ६७ए से ६९ए नहीं है परन्तु श्लोक ठीक है।

तालो कक्षयं कराः .... ।
दिग्भागे दक्षिणे ज्ञेयो नैऋते वा तथोदिताः।।३५।।
इया वा रुक्षा विरूपालोके मृत्युभय प्रदाः।
साधारण फला ज्ञेया वारुण्यानिलयोदिताम्।।३६।।
उत्तरोत्तर पूर्वासु दृश्यन्ते शुभवादिनः।
यथांभागैश्च वर्णैश्च नक्षत्रैश्च शुभाशुभम्।।३७।।
युगग्रह फलं भोक्तं तद्वदागन्तु नामपि।
स्निग्ध रूक्षा प्रशन्नाश्च नाति रूपामय प्रदाः।।३८।।
रूक्षा विवर्ण कल्माषा महारूपा भयान्विताः।
अपसव्यानि काले न दर्शयन्ति विगर्हिताः।।३९।।

ग्रहकोशो नामाङ्ग।।

□□□

अथ पञ्चचत्वारिंशोऽध्यायः

विनयादुप सङ्गम्य गर्गः क्रोष्टुकिर ब्रवीत्।
ताराग्रहणां पञ्चानाद्वन्द्वा प्रति समागमाः।।१।।
युद्धानि वैषाङ्क्षियते विषया वा कति स्मृताः।
पराजया वा कियन्तः स्वालक्षण्ये न संशये।।२।।
दशैकग्रह संयुद्धा द्वन्द्वाच्चैव समागमे।
ताराग्रहाणां विंश तु स्मृता जय।।३।।
पराजया गुरु भौम सौम्यार्कसुतैः।
शुक्रस्योक्ता समागमाः ।।४।।
भौम सौम्यार्कस्तनोरपि दशमः स्यास्यमागमः।
युद्धानि च दशैतानि दशचैषां पृथग्वयाः।।५।।
द्वन्द्वा पराजयाश्चैव पृथगेव दश स्मृताः।
सन्निकर्षेय सव्यश्वेद्रक्तवर्णत्व मेव च।।६।।
स्फुरणं चैक तत्वं च युद्धे वाप्य विरश्मिता।
प्रादक्षिण्यं विमर्षश्चे सुवर्णत्वं सुरश्मिता।।७।।(?)
समागमस्य रूपाणि द्युतिरस्फुरणानि च।
ग्रहे ग्रह सम्मागम्यश्यावी भवति योमृतम्।।८।।(?)
हानि प्राप्नोति वा व्यक्तं स्पन्दने वा मुहुर्मुहुः।
आसां रूप विकाराश्च विरश्मिरिव लक्ष्यते।।९।।(?)
परस्पर च विशेषेण किरणैरूप रूध्यते।
स कान्प्रव्याधितः स्यानाद्वामतश्च वहिः कृतः।।१०।।
अधस्ताद्विकृतो व्यक्त मथवाप्यनुलोमतः।
विकीर्ण इव वात्यन्त मसाद्यव च संवृतः।।११।।

दृश्यते स हतो ज्ञेयो रूपैरेभिर्विजानीयात्।
वृहस्पति हस्ते शुक्रे यायी श्रेष्ठो विनश्यति।।१२।।
ब्रह्मक्षत्र विरोधश्च भवेन्न च विवर्षति।
पञ्चालाः सूरसेनाश्च मल्लामश्याः स कोशलाः।।१३।।
पुण्ड्रावङ्गाः कलिङ्गाश्च मध्यदेशश्च पीड्यते।
गुरौ शुक्र हते मुद्राः शालगान्धार कैकयाः।।१४।।
गङ्गा वस्या कुल्लूनाश्च पीड्यन्ते चापि नागराः।(?)
ब्रह्मक्षात्रगणा गावः सस्य माश्रम वासिनः।।१५।।
उत्तरादिक् प्रधानाश्च पीड्यन्ते च नरा भुवि।
अङ्गारक हते शुक्रे संग्रामास्तुलात्मकः।।१६।।
यायिनो बल मुख्याश्च वध्यन्ते च बलाधिकाः।(?)
शुक्रेण भौमे भिद्यते जायन्ते या...ना नृपाः।।१७।।
क्रोष्टागाराणि म्लेच्छाश्च क्षत्रं भुवि च पीड्यते।
क्षीरिणः पार्वतीयाश्च वध्यन्ते चापि पापिनः।।१८।।
न च वर्षति पर्यन्यो बुधे नापहते भृगौ।
बुधे तु शुक्राभि हते शुक्रमग्निश्च मूर्च्छितः।।१९।।
पापिनश्चापि वन्ध्यन्ते सस्या वर्षे च पीड्यतः।
शनैश्चर हते शुक्रे गणमुख्याः प्रजापिनः।।२०।।(?)
शस्त्रोपजीविनश्चैव क्षत्रं वर्षं च पीड्यते।
तेजस्विनः खगा सर्वा नागराश्चानय स्पृशेत्।।२१।।
धान्यार्थं चाभि वर्षन्ति चे सौरे शुक्रेण मर्दिते।
मध्य देवो नृपामुख्या गावोध्वाश्रमणा द्विजाः।।२२।।
नारायणाश्च तु पीड्यन्ते लोहितां गेह ते गुरौ।
यायिनः क्षत्रमुख्याश्च पीड्यन्ते चाग्नि जीविनः।।२३।।

वृहस्पति हते भौमे पार्वतीयाश्च पार्थिवाः।
म्लेच्छाः शास्त्रभृतः सस्य नागराश्चापि पार्थिवान्।।२४।।
हन्याद् गुरु बुधहतो मध्यदिशं च कृष्णशः।(?)
गुरुणाभिहते सौम्ये पुराण्यर्च्छन्ति पापिनः।।२५।।
गर्भा स्त्रवन्ति च स्त्रीणां कम्पते च वसुन्धरा।
म्लेच्छाश्चौरान्बहुविधा क्षुद्राश्चैवानय स्पृशेत्।।२६।।
वृहस्पति हतः सौरो वाल्हिकांश्चापि पीड्येत्।
शिवीन्वसातेन्यो देयान् ब्राह्मणानार्जना वितः।।२७।।
नागराश्चानिर्हन्यात् सौरेणाभि हते गुरौ।
सूरसेनाः कलिङ्गाश्च शाल्वाक्षत्रं च पीड्यते।।२८।।
लोहि चांगो बुधहतो नागराश्चापि पार्थिवान्।(?)
तापसाः सोम या वृक्षाः सरितोदिक्तथोत्तराम्।।२९।।
पीड्यन्ते चाश्मकश्चैव बुधो भौमे न पीड्यते।
तत्रान्वकाशिमूलकान् कोशलान्वाल्हितं गणान्।।३०।।
अङ्गारहतः सौरो नागराश्चापि पीडयेत्।
सौरेणाभि हते वक्रे क्षत्रं वध्याति दस्युभिः।।३१।।
प्रजाः सर्वाश्च पीड्यन्ते जायन्ते चापि नागमाः।
पशवः पाक्षिणे गांश्च नदीजा वणिजो नगाः।।३२।।
नौ जीविनो वरायोधा गार्भिण्योथ महाधनाः।
पीड्यन्ति सौरा भिहते बुधे मन्दं च वर्जिते।।३३।।
ताराग्रहाणां पञ्चानां युद्धान्येतानि सर्वशः।
जयापराजयाश्चैव गर्गेण परिकीर्त्तिताः।।३४।।

ग्रहयुद्धं प्रथमः।।

□□□

अथ षडचत्वारिंशोऽध्यायः

तारागृहाणां पञ्चानो ग्रहराज्ञां समागमाः।
पञ्चैवाभि प्रवक्ष्यामि निमित्तं तद्द्विमासिकम्।।१।।
यदा वृहस्पतिः सोमं कुरुतेभि प्रदक्षिणम्।
क्षेमं सुभिक्ष मारोग्यं धर्मश्चाभि वर्द्धते।।२।।
विद्वांसो मध्यदेशश्च ब्रह्मक्षत्रं विवर्द्धते।
नराणां जयं चस्या दागन्तूनां पराजयः।।३।।
भृगुपुत्रं यदा शुक्रं सोमः कुर्यात्प्रदक्षिणम्।
सस्यानां सम्पदं क्षेमं वर्षं वात्र विनिर्दिशेत्।।४।।
धनुष्मन्तोभि युक्तश्च हस्त्यश्च रथ यायिनः।
समुद्युक्ताश्च राजानो विजयन्ते च नागराः।।५।।
प्रदक्षिणं प्रकुर्यात्तु सोमो भूमिसुतं ग्रह।
विवर्द्धन्ते तदा क्षत्रं ऐश्वर्य धनधान्यतः।।६।।
उद्योगस्थाश्च राजानो योधाश्च बलशालिनः।
जयन्ति पार्वतीयाश्च भूश्च सस्यवती भवेत्।।७।।
यदा शनैश्चरं सोम कुरुतेति प्रदक्षिणम्।
वर्द्धते वाल्हिका सिन्धुस्थाकान्य धनवाल्हवान्।।८।।
वर्त्तन्ते नागरायोधा यायिना मनदो ध्रुवम्।
हसते चासु धान्यार्थं सुभिक्षं चोप जायते।।९।।
आत्मजन्तु यदा सोमो बुधं कुर्यात् प्रदक्षिणम्।
तदानुवर्षते देवः प्रीतिर्लोकि च वर्द्धते।।१०।।
धनकेशाभि वर्द्धन्ते धान्यं चातिशयं भवेत्।
अविरोधानृते चापि नागराणां जयं वदेत्।।११।।

प्रादक्षिण्य ग्रहस्येन्द्रोर्यत् फलं समुदाहृतम्।
एतदेव विपर्यस्तो ग्रहेषु अफलं भवेत्।।१२।।
समाहनामा।।

□□□

अथ सप्तचत्वारिंशोऽध्यायः

चारोदय प्रचारेषु ग्रहाणां दिवि चारिणाम्।(?)
आरोहणेपसरणे गतिमाश्रित्य निर्दिशेत्।।१।।
ग्रहैः पुरस्तादुदितः पूर्वेणैवापसर्प्पिणम्।
आरोक्षिणेन पदाम्येति तसु दक्षिण मुच्यते।।२।।
आरोहिणो ग्रहैस्यातां पुरस्तादुदिता वुभौ।
द्वयोर्दक्षिणतो मद्रो यदि तद्वै प्रदक्षिणम्।।३।।
आरोही चोत्तरे यश्चादवरोही च दक्षिणे।
समागमो बुधः शुद्धैर्विजानीयात्प्रदक्षिणम्।।४।।
पार्श्वतोधा पुरस्ताद् ग्रहः पूर्वोदितो भवेत्।
अभ्येति यः समागम्य तदार्गन्तु विनिर्दिशेत्।।५।।
द्वौ च त्रीश्चतुरो वापि ग्रहाः कुर्वन सव्यतः।
यावन्तस्तावेता मासाक्षेम मित्येव निर्दिशेत्।।६।।

ग्रहा प्रादक्षिण्यं नाम।।

❑❑❑

अथ अष्टचत्वारिंशोऽध्यायः

ग्रह विक्रीडितं सर्वं गर्गं पप्रच्छ क्रौष्टुकिः।
पुरा सौथ प्रीतमनातस्मै तयो राशिसमं सह।।१।।
यदा सोमश्च सूर्यश्च क्रीडन्तो रशिम मालिने।
प्राग्द्वारेण तदा दिक्प्राग्मध्ये देशश्च पीड्यते।।२।।
यदा सोमश्च भौमो भार्गव एव चा दक्षिणम्।
द्वार संश्लिष्य क्रीडन्ति दिवि सर्वशः।।३।।
तदा दुर्भिक्ष संजाते शोकरोग भयाम्भसि।
मृत्युकर्मज वागाधे दक्षिणामत्तुतीव दिक्।।४।।
यदा देवगुरुश्चैव भौमः सौम्यश्च सुप्रभः।
प्रत्यक् द्वारगताः सर्वे क्रीडन्ति यदिवै ग्रहाः।।५।।
तदा सागरपर्यन्ता सह सागर वासिभिः।
पश्चिमाक्षुदभ्येतदिक्तु भयवज्ञ समाहताः।।६।।
उदग्द्वारेषु सूर्यश्च ग्रहश्च यदि भार्गवः।
अङ्गारकश्च पीड्यन्ते पीड्यते यदृगुत्तरा।।७।।
स्ववर्णरूपलक्षणाय दिवि ग्रहोत्तमाः।
स्ववर्णरूपसंश्रयाः सदा भवन्ति भूतयेति।।८।।
यान्ति सैन्यानि भृशं प्रशाम्यते प्रवर्षते।
प्रीतिकृतं समात्तत् भृशं प्रजानां च।।९।।
भवत्य मुत्तमं पिवन्ति सोमं बहुशो द्विजातयः।
विक्रीडितान्येव मिमानि सम्यक् ।।१०।।
ग्रहोत्तमाना मनुजो विजानते।
लभेत् पूजा च यशः श्रियं च।।११।।

नरेश्वरेभ्यो ग्रहलोकतां च ।
ग्रह विक्रीडितं नामः ।।१२।।

□□□

अथ एकोनपञ्चाशत्तमोध्यायः

क्रृषिंतपस्विनं दान्तदेवलं दिव्यदर्शिनम्।
आसीनं पृच्छति प्रश्नं नारदः शंसित व्रतः।।१।।
ग्रह श्रृङ्गाटकं नामदिव्यं नक्षत्र संश्रितम्।
कोपात्मकं कथं चैव श्रूयतेस्म महामुने।।२।।
संपृष्टः संशयस्तेन ग्रहश्रृंगाटकाश्रयम्।
प्रोवाच प्रश्नमव्यग्रं नारदाय महात्मने।।३।।
यथा पुरो वा ग्रामे वाण्यस्त्रीरूप लभ्यते।
नक्षत्राण्यथ संश्रित्य तथा श्रृंगाटकग्रहैः।।४।।
तेषां युद्धानि चाराश्च विपाकफल मेव च।
ग्रहश्रृंगाटके प्रोक्तं संचयं प्रभवस्तथा।।५।।
जातस्त्रूशनाः शुकः सूर्यपुत्रः शनैश्चरः।
पुत्रः सोमस्य तु बुधो भूमेरङ्गारकः स्मृतः।।६।।
पुत्रमङ्गिरसः प्राहुः वृहद्वाक्यं वृहस्पतिः।
राहुः स्वभानुपुत्रः केतुर्विभावसोः।।७।।
मनसा ब्रह्मणाध्यातो वुभौ चन्द्र दिवाकरौ।
तेषां स्ववर्णान्वक्ष्यामि संस्थानं रश्मयस्तथा।।८।।
हेमरूप्य समप्रख्यं शुक्रविद्यां स्वरूपतः।
तप्तकाञ्चन संकाशं विद्याच्चापि वृहस्पतिम्।।९।।
वैश्वानर शिखां प्रख्यं विद्यादङ्गागकं गृहम्।
हेमरूप प्रतीकाशं बुधं विद्यासु रूपतः।।१०।।
मदाश्यावस्व रूपेण नित्यमेव शनैश्चरः।
धूमवर्णः सदा केत्तु............स्वरूपतः।।११।।

अग्निवर्णो भवेत्सूर्यः सोमः सलिल सम्भवः।
क्षेमारोग्यं स्ववर्णस्थैर्विवर्णैः स्यात्पराजयः।।१२।।
सहस्त्रं तीव्र रश्मीनां विघुः सूर्यस्य श्रीमतः।
सोमस्य सुखरश्मीनां शत माहुर्मनीषिणः।।१३।।
शुक्रस्य षोडशज्ञेयाः पञ्चरश्मिः शनैश्चरः।
रश्मयो द्वादश प्रोक्ता नित्यमेव वृहस्पतेः।।१४।।
भौमस्य रश्मयः प्राहुर्नव एव दिवि स्थिताः।
सप्त रश्मि बुधं विद्याकेतुस्त्वेक शिवे स्थिताः।।१५।।
असुराणां प्रधानस्य राहोर्नस्फुरेव रश्मयः।
व्यक्तिरश्मिषु सौखम्यं विरश्मिषु भयं वदेत्।।१६।।
भौमः प्राग्द्वारसेवीस्याद्दक्षिणं तु वृहस्पतिः।
सौरस्य पश्चिमं द्वारं स्ववर्ण इति कीर्त्तितम्।।१७।।
उदग्द्वाराणि सौम्यस्य स्ववर्गः कीर्त्यते दिवि।
भक्तिस्तु वक्ष्यामि नक्षत्रेषु पृथक् पृथक्।।१८।।
वृहस्पति भुजेत्पुष्पं बुधो मृगशिरस्तथा।
भक्तिमान् पितृदैवतं कृक्षं सौरो मग्रहः।।१९।।
नैऋतं भूमिपुत्रस्याश्च शक्त्या भजते दिवि।
सर्व नक्षत्रभक्तिः स्यान्नित्यं शुक्रस्य श्रीमतः।।२०।।
कृतिकां च विशाखां च केतुर्भजति भक्तितौ।
राहुर्भजति भक्त्या तु नक्षत्रंयमदैवतम्।।२१।।(?)
सावित्र चैव मित्रं च सूर्यो भजति भक्तितः।
रोहिणं भजते चन्द्र मालोक भावतः।।२२।।
वृहस्पति भजेद्विप्रान् भौमस्तु क्षत्रियान् भजेत्।
भजेत्सूर्यसुतं वैश्यान् भजेच्छूद्रा तु बुधोग्रहः।।२३।।

उद्युक्तान् पार्थिवान् मुख्या न प्रधानाश्चापि मन्त्रिणः।
धूमकेतुश्च राहोश्च शुक्रश्चापि भजत्युताशकान्य।।२४।।
धनकाम्बोजानत्यर्थे भजति भक्तितः।
तपः स्वाध्याय निरता धार्मिष्ठा भजते शशि।।२५।।
ग्रहनक्षत्र भक्तिश्च स्ववर्गाये च कीर्त्तिताः।
ग्रहाणां कीर्त्तिते वंशे युद्धमार्ग विपर्यये।।२६।।
विमर्दयेत्र कुर्वन्ति तत्पक्षां हन्ति तत्र ते।
नक्षत्र संश्रितान् देशान् जातयोश्चा कीर्त्तिताः।।२७।।
परीयन्ते व्याधिदुर्भिज्ञैः सद्यस्तु मरणैस्तथा।
युक्तद्वार नक्षत्रैः स्वरूपद्युर्तेतिजसा ग्रहाः।।२८।।
प्रदक्षिणं यान्ति देशक्षाण्यभ शयेत्।(?)
ते देशाः क्षेमसौभिक्ष्या भवन्ति च निरामयाः।।२९।।
ग्रहाणां विजये भङ्गे नक्षत्राणां च संश्रये।
कथं प्रदक्षिणं ज्ञेय मपसव्यं तथैव च।।३०।।
नक्षत्राणां ग्रहाणां च तत्प्रदक्षिणतः शशिः।
तत्प्रदक्षिण मित्याहुः सुभिक्षं क्षेमकारकम्।।३१।।
नक्षत्राणां ग्रहाणां तु यदा तूत्तरताः शशिः।
अपसव्य यथैवास्याद वृष्टिभय लक्षणम्।।३२।।
ग्रहस्य जायते रूपं भग्नस्यापि च तत्त्वतः।
वक्षामि निखिलं सर्व यथावदुपलभ्यते।।३२।।
सुरश्मिर्लोहितश्चावः परुषः सूक्ष्म एव च।(?)
अपसव्य कृतो यश्च आक्रान्तः पीडितस्तथा।।३३।।
व्यतस्थानाद्धतोतश्च प्रतिविम्बस्तथैव च।(?)
निप्रभो विकृतश्चापि विजानेताश्च य ऋतः।।३४।।

अप्राप्य वान्निवर्तितवे यतः कृष्णमेव च।
एतैः सप्तदशैर्लिङ्गैः..... विद्यात्परिजितम्।।३५।।
द्युतिमान् रश्मिसम्पन्नः प्रसन्नो रजतप्रभः।
वृहद्रूप परश्चैव यः समेत्यग्रहो भवेत्।।३६।।
प्रभावर्णाधिकोयश्च ग्रहमाश्रित्य तिष्ठति।
ईदृशं जयिनं विद्याद् ग्रह ग्रहसमागमो।।३७।।
.....त्तु यदि तु स्यातां विरश्मि हत वर्चसौ।
ज्ञेयो सपदमादिष्टौ मध्य भावे तु लक्षणम्।।३८।।
आदित्य बुधश्चैव वृहस्पतिशनैश्चराः।
नागरा इति विख्याता ग्रहाराज्ञां समुच्छये।।३९।।
अङ्गारकस्तथा केतुः शुक्रोराहुश्च वीर्यवान्।
यायिनः सहसोमेन व्याख्यातादि विचारिणः।।४०।।
ग्रहा ये नागराः प्रोक्ताः यायिनश्च दिवि स्थिताः।
चत्वारोद्वौ च ये वापि हन्यादेकोऽपि वा ग्रहः।।४१।।
तेषा युद्धेन वक्ष्यामि पलं पाकं च कर्म च।
विग्रहो विजयश्चैव प्रजानां भवितां च यत।।४२।।
पीड्यन्ते सूर्यपीडायां धर्मिष्ठो ये तपस्विनः।
प्लह्न वायनाश्चैव शकाद रक्षयारक्षः।।४३।।
भ्राजिष्णुतेजो युक्तानि त्रिदिवस्थायिनानि च।
पीड्यन्ते धातवश्चैव ये चैवाग्रन्युपजीविनः।।४४।।
पीतलोहित पुष्पाणि बीजान्यौषधस्तथा।
विनश्यन्ति विशेषेण पार्थिवा नागरास्तथा।।४५।।
सूर्यपुत्रो हन्याच्छकान्यधन पारदाः।
कृषोन्मेषाश्च मुख्यांश्च दीन्मान्महिषकानाऽपि।।४६।।

पण्यानि च प्रधानानि स्फीतान् जनपद्यस्तथा।
स्त्रियो ये चोपजीवन्ति बहुस्त्रीकाश्चया प्रजाः।।४७।।
नगराश्चोप तर्प्यन्ते यायिनां विजयो ध्रुवम्।
अर्धवृद्धि च जानीयाद्धते सूर्ये सुतोग्रहे।।४८।।
बुधघातो विनश्यन्ति नागरा यायिनं जयः।
सर्वेषा मथनं ब्रूयाद्धते सोमसुते ग्रहे।।४९।।
वृहस्पति हते सर्वे पीड्यन्ते नागरानृणाम्।
तथैव सिन्धुसौवीरा पौरावासाभिसारिका।।५०।।
नगरताभरतामश्या वैपाशाहाद भौतिकाः।
कृसीनराः सविवयः कुरवो भद्रफणयः।।५१।।(?)
नैगमा यायिनश्चित्र प्राज्ञाश्चित्र कृतश्चये।
सार्थवोश्च पीड्यन्ते ग्रामाश्च नगराणि च।।५२।।
विद्वांसो ब्राह्मणः सर्वे याजनं ये च संश्रिताः।
दीक्षिता ब्रह्मचर्यश्च नाप्य मङ्गलतत्पराः।।५३।।
ब्राह्मणाध्यापका ये च तपस्वाध्यायचारकाः।
आश्रमाश्चापि पीड्यन्ते ये चैवाश्रमवासिनः।।५४।।
सस्य घातमननोरोग्यं ब्रूयाच्छस्त्र दारुणम्।
पुरोहितानामनयं व्याधिपीडां च निर्दिशेत्।।५५।।
हते शुक्रे विनश्यन्ति कलिङ्गाः कोशलैःसह।
मालुकादुर्मिलादौद्रा तथा कुडी विषाश्चये।।५६।।
वर्णानाम युताश्चैव च युष्मतः सुचेत्प्रभाः।
हस्त्यश्च रथयुथाश्च च युष्मतः सुचेत्प्रभाः।।५७।।
हस्त्यश्च रथयुथाश्च धनुष्मतश्च यो नराः।
धन्विनश्चैव शूराश्च पार्थिवायिनश्चये।।५८।।

शुक्रघाते विनश्यन्ति वर्षेन्त्र च पुरस्सरैः।
अङ्गारकश्चोपहते हन्यात्पर्वतवासिनः।।५९।।
स्फीता जनपदा श्रीमन्नैगमानां च ये नराः।
निचया धनधान्यानां तथा कोशी गृहाण्यपि।।६०।।
ईश्वरार्थिनश्चैव भूमिपाला महाधनाः।
क्षयं कुर्याच्च क्षत्रस्य व्याधिशस्त्र बुभुक्षितः।।६१।।
तुषध्यः पादपाश्चैव रक्तपुष्पं हतस्ति च।
शण्डिकानि शुकानाश्च स्पृशेच्चाप्यनयो महान्।।६२।।
अग्निं ये चोपजीवन्ति हन्या चाङ्गारिकान्यऽपि।
धूमकेतुर्हतो हन्याकेतू भूतान्यवस्थितान्।।६३।।
गृहक्षेत्र विधानानि धान्यानि विविधानि च।
उद्युक्ताः पार्थिवा ये च क्षयं गच्छन्ति ते तथा।।६४।।
सा धारो धनिनश्चैव पर्वतं ये च संश्रिताः।
पांसू धूमाकुलं चैव नभो भवति नित्यशः।।६५।।(?)
राहुः स्वर्भानु पुत्रश्च हतो भवति निष्प्रभः।
ग्रन्थितः पतितश्चैव हन्यादौरभ्रिकाणऽपि।।६६।।
विकृतानि च सत्वानि बंधना कारिकास्तथा।
कवटेषु च जीवन्ति स्वनावुशिताश्चये।।६७।।
सुरुर्शां दुर्गकर्त्तारो ये चैव प्रातिरूपिकाः।
वराहाः क्कुक्कुश्वानः वरा ये च सरीमृगाः।।६८।।
पुष्कसाश्च निषादाश्च दस्यवो यत्र वासिनः।
सर्व एते विनश्यन्ति असुरेंद्रहते ग्रहे।।६९।।
सोमग्रहे हतेतित्यं वधे ते सोमया नराः।
स्वाध्याय निरताश्चैव व्रतिनो दीक्षिताश्चये।।७०।।

विद्वांसो वागिनश्चैव यशः कीर्त्तिसमन्विता।
यजान्यै चैव कुर्वन्ति ये चैव कुर्वन्तिनः।।७१।।
सर्वाश्चोषधयः सौम्याः सर्वाश्चोषधयस्तथा।
जलाशयाश्च ये केचित् सलिलं ये च संश्रिताः।।७२।।
त्रिविध संश्रिता ये च तेषां ब्रूयाद्धुपद्रवम्।
व्याधयश्च न शाश्यन्ति वध्यते पापिनो नृपाः।।७३।।
रूपैस्तु दशभिः शुक्रकर्म विपाचयेत्।
अमावास्यो हितश्चैव कृष्णपक्षे तथाष्टमी।।७४।।
सूर्यमागाद्दक्षिणतो वैश्वानर पथोदितः।
अवीथीगतश्चैव मार्गं दक्षिण माश्रितः।।७५।।
वचेन्मण्डल माश्रित्य तृतीयं पञ्चमं तथा।
हीनरश्मि विवर्णश्च वरेच्चार मतीव च।।७६।।
उदयास्तमने चैव हीनश्चात्तयाधिकः।
अणर्वी च विसर्प्पी च मर्दितश्च ग्रहैस्तथा।।७७।।
धूपैस्तु सप्तदशभिर्बहुमारोम ग्रहः।
शुभमार्ग मण्डलस्थो वर्षतेथ कथं च न।।७८।।
शस्त्रसुद्योगसहितं वातेवगास्तथैव च।
अशन्या च भयं भ्रूयात्तथैवाग्नि भयं वदेत्।।७९।।
रूपैरथैकादशभिर्वृहद्वान्यो वृहस्पतिः।
पीडयेच्चार वैगुण्या तानि वक्ष्यामि तत्त्वतः।।८०।।
मार्गदक्षिण माश्रित्य तिथस्थानोत्च्युतस्तथा।
स्थायीस्यात्रिषु पक्षेषु वाराद्धीताधिकं चरेत्।।८१।।
चरेत्प्रतीपं नक्षत्रं विरश्मि पीडितो ग्रहैः।
उत्क्रम्य वा चरेच्चारं निःप्रभः पाण्डुरोथवा।।८२।।

ब्राह्मणास्तत्र पीड्यन्ते ये च राज्ञां पुरोहिताः।
कुर्यात्सस्य वधं चैव नागरो वध्यते नृपः।।८३।।
दशभिश्चतुर्भि रूपैरूपैरङ्गैरथो ग्रहः।
पीडयेत्तानि वक्ष्यामि चारवैगुण्य तत्त्वतः।।८४।।(?)
वक्रेणापरचक्रेण ग्रहैर्वा........तिस्तथा।
दुष्टचारीसधूमश्च मार्गं दक्षिण माश्रितः।।८५।।
विरश्मि पाण्डुवर्णश्च हीनचारी हतो ग्रहैः।
अणुश्च हीनवर्णश्च अध्यर्घज्व लनस्तथा।।८६।।(?)
दाहज्वर मुदावर्तं मुखपाकं तथैव च।
विस्फोटक सरीसर्प्पा व्याधयः सृजते महान्।।८७।।
क्षन्द्रियाणां भवेद्भेद मुद्योगं मित्र विग्रहः।
पापिनश्च विनश्यन्ति राजानो वणिजस्तथा।।८८।।
चतुर्दशभि रूपैश्च नित्यं हन्याच्छनैश्चरः।
हीनचारो विवर्णश्च तथैवैक शिखो भवेत्।।८९।।
भवेद्दीन प्रभवश्चैव श्यावः पुरुष एव च।
तित्रयो दशं मासं पक्षे रुधिर सन्निभः।।९०।।
नैर्ऋतोन्दिश माश्रित्य नक्षत्रस्यावलम्वते।
हीनचारी भवेन्नित्यं प्रतीपमपि वा चरेत्।।९१।।
अवरुह्य च नक्षत्रं तिष्ठेच्चाराधिकं तथा।
ग्रहैश्चाराधिकैश्चैव भय मुत्पादयेद् भृशम्।।९२।।
नागराः पार्थिवां हन्यान्नैगमागण वासिनः।
मेषान्वृषान्पशूश्चैव पुण्यवृद्धिं विनाशयेत्।।९३।।
ज्ञप्तैर्द्वादशभिर्नित्यं बुधो हन्याद्विशेषतः।
विरश्मिः परुषस्ताम्रो हीनचारी हतो ग्रहैः।।९४।।

तिर्यगाच्छेतथो यो वा दक्षिणं दिश माश्रितः।
नक्षत्राणि चरे त्रीणि न च सप्तति तथैव च।।९५।।
नागराणां भयं ब्रूयात् पीड्यन्ते च जलाशयाः।
नावासयात्रिकाणां च भयं ब्रूयादुपस्थितम्।।९६।।
हन्यात्पक्षोपजीविश्च गिरिभूमिं तथाश्रिताम्।
पाण्डुरोग मतीसारं कुर्यादक्ष्यामयं तथा।।९७।।
दश रुपाणि कुर्वाणः केतुकर्म विपाचयेत्।
अणुरश्मिर्महाधूमस्तथैवाप्य शिरो भवेत्।।९८।।
अधस्ताच्च शिला यस्य भवेतिर्यक् शिखस्तथा।
अपसव्य गतिश्चैव भवेत्रो च गतिस्तथा।।९९।।
रुचिराभा शिखा यस्य रूक्षापरुष सन्निभा।
भवेदव्याधिं च वैरं च दुर्भिक्षं मित्रविग्रहम्।।१००।।
उद्युक्ताः पार्थिवा येच क्षयं गच्छति ते तदा।
मनुष्योः केतु भूताश्च तेषां चस्यादुपद्रवम्।।१०१।।
रूपैस्तथाष्टादशभिः कर्मराहुर्विपाचयेत्।
सर्वग्रासी विमर्दीवि युगे ग्रहणं शुभं ध्रुवम्।।१०२।।
गृह्णीयादसव्यं च द्विनक्षत्र चरस्तथा।
मध्ये च चन्द्रसूर्याभ्यां यदि चोपक्रमं भवेत्।।१०३।।
अतिक्रान्य विवर्तन्ते पार्श्वं भित्वा उपक्रमेत्।
लेखाभूतश्च मध्ये न यदि राहुर्विनिसृतः।।१०४।।
मुञ्चत्वापहन्तुं भित्वा व्यधस्ताद्विचरेत् वा।
गृह्य चैवोदयं कुर्याद् गृह्यवास्तं नियच्छति।।१०५।।
निष्प्रभास्तामवर्णश्च अवध्यवस्तो हतप्रभः।(?)
भवेच्च रुधिराभासो न प्रशस्तः कथञ्चन।।१०६।।

विरोधं व्याधिदुर्भिक्षं सस्य घातं च निर्दिशेत्।
अशनीभयं च निर्देश्यं तथैवाग्निभयं भवेत्।।१०७।।
द्वाविंशद् भिजोरूपैः सूर्यकर्म विपाचयेत्।
निष्प्रभो घटसंस्थानः खण्डछिद्रो निरन्वयः।।१०८।।
छत्राकृति रथोहुण्डः कवन्धीह्रस्व एव च ।
उलूकः प्रतिरूपी च तथा शकट संस्थितः।।१०९।।
भिन्नश्चैव विवर्णश्च ताम्रो रुधिरसन्निभः।
वपेनः परुषश्चैव विरश्मिः परुषाकृतिः।।११०।।
हतयोधं हताश्च नागराणां बलं भवेत्।
दुर्भिक्षव्याधिमरणैर्देशार्द्धेशाद् भजन्ति तु।।१११।।
पुरे राष्ट्रे तथा राजादण्ड पातये ते भृशम्।
पञ्चविंशति रूपस्तु चन्द्रमा च प्रशस्यते।।११२।।
अणुरश्मिश्च ध्वस्तश्च शकटैर्युग संस्थितः।
दक्षिणोद्यते पक्षांश्च कृष्णपक्ष विवर्द्धनः।।११३।।
अथ वीथी समाश्रित्य तिष्ठेद्वैश्वानरेष्वऽपि।
दक्षिणाय क्रमश्चैव नक्षत्राणां यदा भवेत्।।११४।।
अवाङ्गिराधनुः स्थायी पार्श्वस्थायी हतप्रभः।
क्रमात्मध्यं च पञ्चम्यां च तृतीयां या न दृश्यते।।११५।।
दर्शयोच्चाभये सव्ये एकाह्नारुधिर प्रभः।
कृष्णताम्रारुणाभश्च परुषो धूम्र सन्निभः।।११६।।
धूम्रवर्णो विकायश्च न प्रशस्यति चन्द्रमाः।
सस्य नाशमनारोग्यं क्षयाव्यापतिरैव च।।११७।।
संग्रामा अपि वर्तन्ते पापिनं स्यात्पराभवम्।
बहूनि कुरुते शुक्रो रूपाणि जगतो हितः।।११८।।

काञ्चनाभः प्रसश्च वरिरूप्य समप्रभः।(?)
उदयं शुक्लपक्षस्य कुर्याचास्तमनं प्रभुः।।११९।।
नागवीथी गतश्चैव सालिलीवीथी माश्रितः।
घटतो रणसंस्थानश्चरेन्मार्ग मथोत्तरम्।।१२०।।
द्वितीये प्रथमे षष्ठे चतुर्थे मण्डले च न।
वायव्यं रुद्रसहितं भरणित्वाष्ट दैवतम्।।१२१।।
विशाखा प्रौष्टपद्यौ च फाल्गुन्यो कृतिकासु च।
मध्ये न कुरुते शुक्रः प्रसन्नशुभलक्षणः।।१२२।।
उत्तरे वा यदा मार्गे कुर्यादस्तमननोदयम्।
उदये च प्रवासे च न चिराद् व्यतिरिच्यते।।१२३।।
तदा सुभिक्षं कुरुते जगत्यां प्ररीश्वरः।
निग्रहा समन्तयान्ति वर्षा भवति पुष्कला।।१२४।।
व्याधयश्च प्रशाम्यन्ते सम्यक् रतिभार्गवे।
यानि रूपाणि कुरुते ग्रहश्रेष्ठो वृहस्पतिः।।१२५।।
प्रजानां भावनार्थाय विनिवक्ष्याम तत्वतः।
घृतमण्डनिभश्चैव तप्तकाञ्चन सन्निभः।।१२६।।
द्वन्द्वनक्षत्रचारी स्याद् ग्रहैः सर्वैश्च मानितः।
भाग्यः पश्चिममाग्नेयं वैष्णवं त्वाष्ट्रदैवतम्।।१२७।।
विशाखा मथ वायव्यं चरेद्यदि वृहस्पतिः।
समृद्धिं सर्वसस्यानां क्षेममारोग्य मेव।।१२८।।
चादस्यवश्च प्रलीयन्ते ब्रह्मक्षत्रश्च वर्द्धते।
कुरुते यानि रूपाणि प्रजापत्यो महाग्रह।।१२९।।
सदा ये जगतां श्रीमान् स्तानि तत्वे न लक्षयेत्।
एकादशे वाष्टमे वा नवमे दशमेऽपि वा।।१३०।।

चक्रमंगारकः कुर्यान्नक्षत्रे दशमे तथा।
अशोकपुष्प सदृशस्तपनीय समप्रभः।।१३१।।
प्रदक्षिण गतिश्चैव मार्गमुत्तर मास्थितः।
क्षत्रियाणां प्राहुर्यादिमां जय उच्यते।।१३२।।
नागराश्च क्षयं याति प्राजापत्ये तथा हते।
भोजयेज्जगतः श्रीमान् रूपाणि दिवि दर्शयेत्।।१३३।।
शनैश्चरो महातेजास्तानि वक्ष्यामि तत्वतः।
रश्मिमाली यदाग्निश्च श्यावववर्णो महाप्रभः।।१३४।।
समागमैग्रहारन्यैः परिक्रान्तः प्रदक्षिणम्।
नक्षत्रं चैव सौर्यं च मध्ये न यदि चन्द्रमाः।।१३५।।
गच्छेद्वर्षास्तदा श्रेष्ठा सस्यं सम्पद्यते तदा।
नक्षत्रं न चरे सौर्यो न प्रतिप न बाधिकम्।।१३६।।
तदा सुभिक्षं भवति क्षत्रं मात्राधिवर्द्धते।
बुधस्तु कुरुते यानि रूपाणि कुरुते हितः।।१३७।।
वक्ष्यामि तानि तत्वेन फलं पाकं च तच्छुभम्।
क्षीरतो यदि मप्रख्यो मुक्तारजत सन्निभः।।१३८।।
नागवीथी गतः श्रीमान् प्रलम्वी यत्र दृश्यते।
महावानि च चत्वारि नक्षत्राणि ग्रहाधिपः।।१३९।।
चरेत्कालो यथोक्तानि प्रसरेद्वा महाप्रभः।
नागराणां जयं प्राहुः राज्ञां बल समुच्छ्रयम्।।१४०।।
यज्ञोदथ समृद्धा च प्रजास्तुस्यु निरामयाः।
राहुर्यानि च रूपाणि कुरुते जगतो हितः।।१४१।।
वक्ष्यामि तानि तत्वे न फलं पाकं च तच्छुभम्।
ग्रहणे यानि शस्तानि सोमार्काभ्या मुपक्रमे।।१४२।।

प्रदक्षिण गतिश्चैव स्नेहवातातति विक्रमः।
चन्द्रसूर्यौ समासाद्य यदा भवति पेशलः।।१४३।।
सोमार्को यदि गृह्णायाद्यदास्यानन्तर प्रभः।
विदार्य च यदा राहुं भ्राजते चार्क्क मन्तिथौ।।१४४।।
सलिलां नागवीथीं वा चरेतामिन्दु दिवाकरौ।
तत्र चोपक्रमं कुर्याद्राहुक्षे सुभिक्षदः।।१४५।।
प्रशमं यान्ति राजानः पृथिव्यां ये समुच्छ्रिताः।
शाम्यन्ते व्याधयश्चास्त्र सम्यग्राहोस्तु दर्शनात्।।१४४।।
केतुर्विकुरुते यानि रूपाणि कुरुते हितः।
वक्ष्ये तानि पथात्पाथ्यं पथाभावं यथा प्रजाः।।१४५।।
शिखयास्निग्ध यास्निग्धः प्रदक्षिण शिखस्तथा।
गतिं प्रदक्षिणां वास्य लघुचक्र मते दिवि।।१४६।।
गोवीथी सलिलां वैव नागवीथी मयाश्रित।
गच्छेच्चोत्तर मार्गेण केतुर्लोक नमस्कृतः।।१४७।।
सुभिक्षं जायते लोके सौषम्यं यान्ति पार्थिवाः।(?)
मुदिताश्च समृद्धाश्च प्रजाः सर्वा निरामयाः।।१४८।।
चन्द्रमाः कुरुते यानि रूपाणि जगतो हितम्।
प्रशस्तानीह वक्ष्यामि तत्त्वं येषूपलक्ष्यते।।१४९।।
उत्थानं लाङ्गलं चास्य प्रसन्नरजतप्रभः।
महाकंचन संकाशो वैदूर्यमणि सन्निभः।।१५०।।(?)
निवारं स्थान सलिलं वीथी माश्रितः।
गोवीथ्यां वायदा दृश्येन्नागवीथी गतस्तथा।।१५१।।
शेखला मृणालाभो मुक्तारजत सन्निमः।
उदये दर्शये सोमो ब्रह्मक्षत्राभि वृद्धये।।१५२।।(?)

सुभिक्षं निर्दिशेत्तत्र वर्षं भवति चोत्तमम्।
निरामयाः प्रजाश्चस्युर्यायिनां च जयं वदेत्।।१५३।।
आदित्यो यानि रूपाणि कुरुते जगतो हितः।
प्रशस्तातीह वक्ष्यामि तत्वं येषूपपद्यते।।१५४।।
मुक्तावैदूर्य संकाशो वपुषां काञ्चनप्रभः।
शिरीषपुष्प संकाशो घृतमण्डनिभस्तथा।।१५५।।
स्निग्धो महाविकुक्षिः स्याद्रश्मिमाली हतप्रभः।
मन्दरकिञ्जल्क वर्णश्च सूर्यो भावयति प्रभाः।।१५६।।
सुभिक्षं क्षेममारोग्यं प्रजानामभि निर्दिशेत्।
नागराणां जयं ब्रूयाद्वाह्यानां च पराजयम्।।१५७।।
पाकं तु सप्तभिर्मासैर्भावस्याभि निर्दिशेत्।
संवत्सरे तु पश्येतां वृहस्पतिशनैश्चरौ।।१५८।।
त्रिभिर्मासैर्विपाकः स्याद् बुधस्य तु विनिश्चयम्।
यज्ञकर्मविपाकश्चवद्वक्रकर्मणि लोहितः।।१५९।।(?)
फलेद्यदि चक्रं तु षड्भिर्मासैर्न संशयः।
मासे त्रयोदशे वापि राहुकर्म विपच्यते।।१६०।।
दर्शनादेव पच्येत केतुः परमदारुणः।
त्र्यहाकालाद्विपच्येत सूर्यचन्द्रौ तु मासतः।।१६१।।
सर्वेषां ग्रहयुद्धानां विपाको तु च मासिकः।
सञ्चयं यत्र कुर्वन्ति त्रीणिवर्षाणि पञ्च वा।।१६२।।
सहितास्ते विप्रच्येत विपाको न ह्युततिक्रमः।
इत्येतन्निखिलं शस्त्रं ग्रहशृंगाटकाश्रितः।।१६३।।
पठत्युक्त शिशुः प्राज्ञः प्रजां प्राप्तोत्यनुत्तमाम्।
नानुपस्पृश वक्तव्यं न वा चा द्विजातिषु।।१६४।।
मध्ये चान्तः पुरस्य च।

वृद्धगार्गीयायां ज्योतिषसंहितायां शृङ्गाटकं नामाध्यायः।

अथ पञ्चाशततमोऽध्यायः

जन्मनिर्वचनं ज्ञानं तथ्यं यदीरितम्।
पुरा पुराणां गर्गेण ग्रहाणां तत्प्रचक्षते।।१।।
नक्षत्राणां च विग्रहार्थ स्वयम्भुवा।
यस्माद् ग्रहाः सन्नियुक्तास्तद् ग्रहत्व ग्रहेषु हि।।२।।
दीपज्योत न सिद्ध्यर्थे कालसिद्ध्यर्थ मेव च।
मनसा ब्राह्मणा......म्लोसृष्टावर्क्क शशिपुरा।।३।।
भृग्वङ्गिराः स्वयम्भूरावर्केद्वोश्चापि मानसाः।
पुत्राः शुक्रो गुरूर्वक्री शनैश्चारी बुधस्तथा।।४।।
आसनकर्मादादित्यो विमुख्यातो महद्युतिः।
सूर्योथ सवनास्यूते भास्करो भासया स्मृतः।।५।।
रविण्येव च ते लोके तेजोभिस्तामसाञ्चयम्।(?)
दिवसं करोति यस्माच्च तस्माच्चैष दिवाकरः।।६।।
दिनोति चास्यूत् सर्वा कृतघ्नाश्चैव हि गतिः।(?)
अतश्च मित्रः संख्यातः सहस्त्रांशुर्दिवाकरः।।७।।
चयनाच्चन्द्र मित्याहुः दुःशशाङ्को लक्ष्यलक्षणात्।
बहुलेशो प्रभाविता सोमं संक्रीड्यते ततः।।८।।
निशासु कुरुते यस्मात् कर्ममासात्मकं प्रभुः।
निशाकरस्ततः प्रोक्तः शीतरश्मिर्महाग्रहः।।९।।
भृगोः सुनुर्महातेजास्तस्माद् भार्गव उच्यते।
कवेः पुत्रः सुतः काव्यः शुक्रो यस्मात्तु शुक्रतः।।१०।।
विलम्बी कुरुते यस्मातस्मात्प्रोक्तो विलम्बिनः।
अङ्गिरातनयत्तु ग्रहश्चाङ्गिरसः स्मृतः।।११।।

अङ्गिरोगात् समुद्भूतःप्रोच्यते त्वङ्गिरास्ततः।(?)
क्रृषीणां देवतानां च समेतानां प्रभावताम्।।१२।।
यस्माद् वृहत्प्रवर्तन्ते तस्मादेष वृहस्पतिः।
अङ्गार सन्निकाशत्वात्प्रोक्त अङ्गारको ग्रहः।।१३।।
भूमेः सुतत्वाद् भौमश्च प्राजापत्य तयास्मृतः।
यथा कामं निवृतित्वान्निवृतिः प्रोच्यते ततः।।१४।।
स लोहित प्रभत्वाच्च लोहिताङ्गः प्रवर्तते।
सौम्यः सोमसुतत्वाच्च शुक्र सम्बोधनाद् बुधः।।१५।।
शुभाशुभानां भावानां बोधनाद्वा बुधोबुधः।
केतुना केतवः प्रोक्ताः शुभस्याथ शुभस्य च।।१६।।
धूम सञ्जननत्वाच्च केतवस्त्वति संज्ञिताः।
सहि केयस्तुमा तुल्यात्तमो भावात्तमो ग्रहः।।१७।।
यस्माश्वी कुरुते भानुः स्वर्भानुस्तेन संज्ञितः।
अकायत्वाद् कायश्च मण्डलत्वा तु मण्डली।।१८।।
संज्ञानाम निबन्धाच्च राहुरित्यभि विश्रुतः।
न क्षयन्ते न रक्षन्तेक्षि एवत्यादित्यवुच्चयः।।१९।।
नक्षत्राणि तत स्वातितानि भासः प्रजाहितम् ।
भारेण वपुषा युक्तास्तारास्तीरेत्यत्र तु स्मृताः।।२०।।
स्वैर्वा कर्मप्रभावैच्च तारयन्त्यथवा दिवि।
न भ्राजन्ते सुखं यस्मान्नभस्तस्मात् प्रकीर्त्यते।।२१।।
नभस्ये ते विसूर्येण यस्मात्तस्मात्प्रभो जनाः।(?)
इक्ष्यारुक्तस्ततः प्रोक्ता मञ्जरीसु पुरातनैः।।२२।।(?)
प्रकाशताम्वदाकाशं छिद्रत्वात्प्रोच्यते तु रवं।(?)
महीयते य त्रिदशैर्मही तस्मात्प्रकीर्त्तिता।।२३।।

वसूनां धारणत्वाच्च धरणिः प्रोच्यते ततः।
जगतो धारणत्वाच्च मही संकीर्त्यते धरा।।२४।।
गमनाद्गौरिति ख्याता क्षपणाच्च क्षमा स्मृता।
भावत्वाच्च स्मृता भूमिरीत्यते यस्त्वति स्विडा।।२५।।
उर्व्वी महत्वाद्विज्ञेया धरणीधारण स्मृता।
आचायर्थंति भूतानि भूतैवीप्यनु वाप्यते।।२६।।
तेन संवत्सरः प्रोक्तो गतिकर्मा तथानयत्।
ऋतूनां शिशिरस्त्वाद्यः सूर्योदगयन प्रभः।।२७।।
शीर्षतेत्र हिमं यस्मात्तस्माशिशिरः स्मृतः।
द्वन्द्वं वसन्ति यस्मात्तु भूतानीह विशेषतः।।२८।।
तस्मादनु चरस्त्वेष वसन्त इति कीर्त्तितः।
तेजोभिर्ग्रसते यस्माज्जतसूर्येपि सन्ति च।।२९।।
दिनैर्वा ग्रसते यस्मात्तुगत्सूर्यं पिवन्विव।
यस्माद्वसन्ते युगपन्नर्क्कं पर्यन्य एव च।।३०।।
समाद्वर्षति तस्माद्विर्षा रात्रं प्रकीर्त्त्यते।
शीर्यंते च शरीराणि विशेषेण शरीरिणाम्।।३१।।
तस्माच्छरद मित्याहुर्घोरं रोगात्मकं नृत्तुम्।
दक्षिणोगोत्तम प्रास्या हीयतेर्कोगतेजसा।।३२।।
हिमं विसृजते यस्मात्तस्माद्धेमन्त उच्यते।
प्रजायतेज्ञ हितेरोदक्षःप्राचेतसः पुरा।।३२।।
देवानां दानवानां च मातरो दत्तवान्प्रभुः।
तस्त्वेता मजनयद्रौद्रां तेजो महीसुतम्।।३३।।
हर्यक्षी कपिलां क्रूरा मेकपाद प्रतिष्ठिताम्।
चतुर्भुजां विशालाक्षी मेकदन्त समायुताम्।।३४।।

तादृष्ट्वा विकृतां कन्यात्रस्ताः सर्वे सुरास्तदा।
महाभूता विशरणा परस्पर मभाषत।।३५।।
केयं कन्यामहातेजां देवानाञ्चल वर्द्धनो।
ययाचयं भयं क्रान्ता न विघ्नः शरणं क्वचित्।।३६।।
तस्मात् सन्धि करिष्यामः देवा हि बलवत्तराः।
तस्मादुदाहृता सन्धि मसुरैर्देवतां प्रति।।३७।।
हेतु मुद्धिश्यते कन्यातस्मात् सन्ध्येति विश्रुता।
अथ बाहुस्थिता सन्धौ निशायाश्च महाव्रताः।।३८।।
अथाप्येव मतासन्ध्या निःसपत्नाः स्थितावयम्।
कृष्णाजिन मसंवीता दुःप्रघृष्टा जितेन्द्रियाः।।३९।।
रौद्रकर्मां शुचीं घ्नीति सन्धौ नित्य व्यवस्थिताः।
एतद् ग्रह पुराणंते स निर्वचन मीरितम्।।४०।।
विस्तरेण यथातथ्यं ज्योतिषाम्।

गार्गीये ग्रहपुराणं नाम।।

❑❑❑

अथ एकपञ्चाशततमोऽध्यायः

अथ पाकान् प्रवक्ष्यामि ग्रहाणां दिवि चारिणम्।
त्रिविधानां च सर्वेषा मुत्पन्नानां यथातथम्।।१।।
सद्यः पाकारेविः प्रोक्तो मासपाक कुतः शशि।(?)
त्रैमास्यः शुक्रपाकस्तु षमास्योङ्गार उच्यते।।२।।
बुध पाकस्तु मासेन नवमास्यो वृहस्पतिः।
संवत्सरेण सौरिस्तु षणमास्यो राहुकर्मणि।।३।।
आपर्व कालाद्धन्याद्वा राहुकालो भगो मतः।
श्वेतस्य सप्तरात्रेण केतवोब्द विपाकितः।।४।।
प्रवृत्त मुदयात्कर्म यावदस्तु मनोदयम्।
ताराग्रहाणां चेच्छन्ति यथा वीर्य फलप्रदा।।५।।
न चाग्नौ सञ्चयोह्यग्निर्यथा चाग्निस्तथा ग्रहाः।
यथा द्रव्याश्रितोह्यग्निर्द्रव्यं संश्रयेत्।।६।।
तथार्कस्था ग्रहाज्ञेया यथा चाग्निस्तथा ग्रहाः।
ग्रहश्चार समाप्तौ तु प्रविशन्तीह भास्करम्।।७।।
पुनर्ध्रुवत्वं ते यान्ति निसृताह्यर्क मण्डलात्।
अन्येन्योपहत मर्गं प्रवद्यरन्यथा ग्रहाः।।८।।
पाककाले विपाका वासक्रूरः सञ्चयो भवेत्।
अपि वै या महासस्यात् पार्थिवो वै महाबलाः।।९।।
काले तु वर्तमानस्तु सर्वे ध्नन्ति तु संशयात्।
सर्वेषां ग्रहयुद्धानां पाको मासे त्रयोदशे।।१०।।
सूर्योदयः प्राञ्चसन्ध्या तस्मिन्तुहनि पच्यते।
रात्रौ पश्चिमसन्ध्या तु पच्येतास्तमनोरवेः।।११।।

मृगाः सप्ताह परमावयसास्त्वेक रात्रिकाः।
मौहूर्ताः शकुनाज्ञेयास्त्र्यहकाल पराशिवा।।१२।।
दीपस्थाने समायुक्तस्तथा दीप्तानुबन्धिनः।
सद्य एव विप्रच्यन्ते सर्व एव मृगाद्विजाः।।१३।।
उल्का त्रिपक्ष परमानिर्घातः स्यास्त मासिकः।
षणमास्यः परमः कम्पोव्यभ्रे वा वर्ष गर्जिते।।१४।।
पार्श्वेश्म वृष्णयामासेन गन्धर्वं नगरं त्रिभिः।(?)
अनृतौ फलपुष्पञ्च दर्शनं चाहन्निर्यशि।।१५।।
संवत्सर विपाकन्तु शक्रध्वज विचेष्टितः।
अवस्फुटित मध्यावं स बला सप्त रात्रिकाः।।१६।।
अक्षतैक्षतज्योत्पत्तिर्ग्रहणं वाप्य पर्वणि।
अतग्नो दर्शनं चाग्नेः सप्तरात्राद्विपच्यते।।१७।।
अक्रियायां समातस्य क्रियाणमुत्तवस्य वा।
हिरण्य विक्रयाणां स षणमास्यः पाक उच्यते।।१८।।
अरिष्टं पच्यते षणमासेषु कलहस्त्रिषु।
सर्वो वर्षविकारस्तु सद्य एव विपच्यते।।१९।।
कीटमूषकसर्पाणां मक्षिकामृग पक्षिणाम्।
दर्शने त्वतिमात्रं तु फलं पश्चाद्विपच्यते।।२०।।
आकाशपरिवेषाच्च नक्तमिन्दुधनूंषिं च।
रश्मिसन्ध्या विकाराश्च पच्यन्ते सप्तमेहनि।।२१।।
स्वप्नो वामेब्द पाकस्तु षणमास्योह्यर्द्ध रात्रकः।
याम वै...भ्यां त्रिमास्यः सद्यो विभाति का भवेत्।।२२।।
गोहस्तिनप वा जीवानां मृगपक्षिसु नामपि।
सद्यस्त्र्यहा दष्टरात्राहादष्टरात्रात्पाकः।।२३।।

स्याच्छकुनेषु च गृध्रोलूकश्रृगालेषु।
षणमास्यः पाक उच्यते मध्वद् भवस्तु।।२४।।
मासेन धूमः संवत्सरेण च।
उच्छ्रितस्यावरोधे च योगे च योगगर्भ विपर्यये।।२५।।
ब्रह्मर्षि यज्ञपीडा च षणमास्य परमो भवेत्।
स्वरां तु ऋतुभूतानां निरभ्रास्तनितानि च।।२६।।
मासस्तेह विपाकश्च कबन्धाः सप्तरात्रिकाः।(?)
भ.......लाङ्गलसंसर्गो ध्रुवाणां चलितानि च।।२७।।
बलानां चाल्प चलनं वाद्ययान विचेष्टितम्।
एषां नाक्षत्र भोगाश्च नवकर्माश्रये गृहे।।२८।।
उपानद्वासससच्छे च पिनाकातडित कृपाम्।(?)
चित्रमाल्य विकारश्च सप्तरात्राद्धि पच्यते।।२९।।
दिशादाहस्तु षणमास्यः सप्ताहाध्वजं वैकृतम्।
बीजभूमि विकाराश्च तथा छत्रवनं भवेत्।।३०।।
छायां वैकृते भावे दण्डानां विकृतोदये।
चूडाश्च श्रुतिकां च फलं मासाद्विपच्यते।।३१।।
द्यपाचाग्नि विचेष्टायां पुरोडाशाग्नि वैकृते।(?)
मन्त्रकत्वं विकारे च फलं मासाद्विपच्यते।।३२।।
वस्त्रवशेदु कीलानां द्वापद्वाप रसक्षयोः।
यानशस्या शयानानां च वैकृतं मासमासिकम्।।३३।।
इत्येते ग्रहपाकास्तु पाकश्चोत्या न संश्रयात्।
गर्गेणोक्तं यथा त्याप्यं विनिश्चित्य बलाबलम्।।३४।।

ग्रहपाको नाम।।

❑❑❑

द्विपञ्चाशततमोऽध्यायः

राज्ञा कोशवतस्तयो बलवतः श्रीमतो धीमतो।
यत्रास्त्विष्ठ मुहूर्तज्ञक्ष दिवसान्वक्ष्यामि तस्यापरान्।।१।।
शुक्रेणाधिक मासकेऽन्य दिवसे सौम्य ग्रहस्योदये।
राजा सागरमेखलां स नगरां कर्तु समर्थो।।२।।
वा पूर्णा पिशाच भद्रा च सुनन्दायां प्रकीर्तिता।
बलासिद्धिः सुधर्मा च तिथियोष्टौ प्रकीर्तिताः।।३।।
वैष्णवं वासवं सौम्यं अश्विनीरेवती वुभम्।
वार्हस्पत्यं वैषम्यं च सवित्रावानी शुभम्।।४।।
श्रविष्ठा चैव मैत्रं च ब्राह्मे च विजयश्चयः।
सावित्री वैष्णवश्चैव क्षेमसौम्याष्टमः शुभः।।५।।
वारुणे राक्षसे रौद्रे सिते भागे बले तथा।
याम्ये वा याहरेत्सेनां परेषामिति निश्चयः।।६।।
अग्न्या चतुष्टये सौम्या यस्य तिष्ठति निर्गमः।
सौख्य माज्ञा यशोर्थश्च तस्य राशि क्रमाद् भवेत्।।७।।
विपरीतबलाक्रूरा चन्द्रक्षत्र शुभाशुभम्।
करणं बलमे वेष्ठं वासरा भृगु जीवयोः।।८।।
पूर्वलेखागतस्यापि यस्य राशेः शुभाग्रहाः।
स सैहिकेयास्तस्यापि सर्वकल्याण सम्पदाम्।।९।।
क्वचिदुपकृतक्षादौ द्वारानुद्वार योगिष्टा।
सौम्येन्दु सहितः प्रोक्तो दिग्भागो शेषकादपि।।१०।।
दिशाभाग क्रमेणैव कृक्ष भागक्रमेण तु।
प्रतिलोमानुलोमाश्च विज्ञेया कृक्षचारिणः।।११।।

न मेद्योदयकालेषु न च वाति प्रतीपकैः।
न शुक्रे स्तमननु प्राप्ते यात्रा भवति पुष्कला।।१२।।
एवं नास्ति कुतो भङ्गं भ्रष्ट माविद्ध मारुतम्।
गतं मृतं च कुद्धं च हेतिशब्दाश्च गर्हिताः।।१३।।
सिद्धेयथार्थं गच्छेव नान्यथा भद्र मश्नुते।
जयं वृद्धि जयं साधु प्रभुस्त्वमिति पूजितः।।१४।।
परस्या शुभवेर्लिङ्गै रात्मनश्च शुभाशुभैः।
यातव्यं नवभिभैश्च वर्जितैर्व्योम चारिभिः।।१५।।(?)
पूर्वोत्कानि षडेवेति जातिज्ञान पदसञ्चयम्।
यात्रिकं त्वाभिषेच्यं च भ्राग्यं च मुपधारयेत्।।१६।।
उपसृष्टेः परस्येतिश्यतूणां चोदये भृशम्।
हस्त्यश्वरथ चारे च शतुकेतोश्च भञ्जिते।।१७।।
वियोनिगर्भै विशिखैः स्थिरैश्चास्थिर तां गतैः।
सजलैरजलैस्तूर्ण मजलैः सजलैरऽपि।।१८।।
अफलैः सफलैर्वृक्षैरथवा रुधिरस्त्रवैः।
भूमिकम्पैः स निर्घातैः कुञ्जैर्भय वादिभिः।।१९।।
वाहनैर प्रहृष्टैश्च शिवाभिः सेवितालयैः।
ब्रह्मं स्वदारहर्तारं विशोकं गोघ्न मातुरम्।।२०।।
स्त्रीघ्नं कृतप्रनास्तीकं मित्रघ्नं वेद निन्दकम्।
अमुप्त नगरं मूर्खं प्रमत्तमवहिश्चरम्।।२१।।
अमात्य मन्त्रिरहितं कोपमोहवशं गतम्।
इत्या विवर्जितं बलघातिनम्।।२३।।
अनिविक्षित कार्यार्थं यस्य राष्ट्रेऽपि वै तपः।
कम्पन्ति दैवतार्थाश्च प्रज्वलन्ति हसन्ति च।।२४।।

अमानुष व्याहरणं गृह प्रसर्पणम्।
यस्य वा विषयस्य पर्वतस्य पतेगिरेः।।२५।।
अमेघ कालविपुलं शोणितं वायेन्नदी।
यस्य देशस्य नक्षत्रे राशोभूमिपतेश्च वा।।२६।।
वक्रवक्र मवैवर्ण्यं स्थायाश्चोदतिस्क्रमात्।
भौमेदुकाव्यजीवानां सौरसौम्य तपस्विनाम्।।२७।।
दोर्यकेतो शिखा चापि ग्रहोल्काल्मुक दर्शनम्।
एतैश्चैवं विधेश्चान्यै रुत्पातैर्थोर दर्शनैः।।२८।।
उपसृष्ट मरिज्ञाच्चा क्षिप्र मेवाभि योजयेत्।
अङ्गारं पतितः सर्वा अक्षताः स्वस्तिकस्तथा।।२९।।
सर्वौषधीभिः सहितां सोदकुम्भं स काञ्चनम्।
सर्ववीजरसापीतं स्थण्डिलं तु जलावहम्।।३०।।
यात्रासिद्धिकरं शान्ति जुहुयात्कवि रुत्थितम्।
गत्वा प्राकावर्णं शेषमुदग्वा प्रवणं शुभम्।।३१।।
ततोग्निवर्णं दैवज्ञः परीक्षेत समाहितम्।
ऊर्द्धार्चि मलिनं स्निग्धं सश्रीकाक्षं प्रदक्षिणम्।।३२।।
अर्यिं जयावहं विद्याद्विपरीत मतोन्यथा।
अशोकदीप्त प्रतिमां स्वर्णपुष्पोप मस्थिरम्।।३३।।
विधूम मादिशेत् सिद्धिं विपरीत मतोन्यथा।
हतमग्निं ततो राजा स दैवज्ञं कविं शुभम्।।३४।।
स विप्रगण मभ्यर्च्य परिगच्छेत्प्रदक्षिणम्।
ततोभि मन्त्रितं वाहं युक्तमश्वैः स दक्षिणैः।।३५।।
आरुह्यैकेन पादेन दक्षिणे न शनैर्नृपः।
महेन्द्रोयं नमस्कृत्य स्वयं धर्मानुदाहरेत्।।३६।।

स्त्रीषु बालेषु वृद्धेषु विप्रेषु च कवीषु च।
जडमूकान्ध भीतेषु वैद्येषु नृणपाणिषु।।३७।।
नगदुर्गे जयस्थेषु पतिते वाहतेषु च।
हरणं चोपपन्ने च प्रहर्तव्यं न केतवित्।।३८।।
ततोर्थ सारविज्ञेयं दशमं तत्र शान्तये।
ब्राह्मणेभ्यः स्वपाकेभ्यः प्रयछेच्छस्त्र पीडितः।।३९।(?)
ततः प्रस्थापयेत्सैन्य मुद्यतासि शरासनम्।
प्रतिलोभित शस्त्रार्थ मेकाग्र मुदितेन्द्रियम्।।४०।।
दक्षिणोद्यत पादाः स्युः सर्वेवाचोर्ध्वपाणयः।
सजलाम्भोदना वात तदा शंसन्ति ज्ञेयम्।।४१।।
दृष्टान्पादरूदानश्वा वसन्ती वानरैर्जवात्।(?)
उल्लिखन्ति च माकाशं यस्य तस्य भवे जयम्।।४२।।
प्रहृष्टवदनाः सर्वे कृत माव्यनुलेपनम्।
प्रबलामानाश्च मुहुर्योधास्ते विजयावहाः।।४३।।
ततश्चाप सहस्त्रे द्वे दत्वा राजा चतुर्गणे।
निवेशं कारयेद्वा तु शुभे देशे शुचौ समे।।४४।।
अनुपनाह्येतो याव्योनि......कलताद्रुमे।(?)
श्मशान रहिते चैत्ये आश्रमेत्द्युषे दृढे।।४५।।
अशून्ये देवतागारे कोष्टधान विवर्जिते।
पुष्पमूलफलोपेत मृदुशार्दूल शोभिते।।४६।।
चतुर्णामपि वर्णानां विभागं तत्र कारयेत्।
सौम्यायाश्चतुरो भागा विप्रादीनां प्रदक्षिणम्।।४७।।
निवेशन्त तु स्थानं चतुर्द्वार समाहितम्।
यद्यथं प्रतिगुल्मं च प्रशंसन्ति मनीषिणः।।४८।।
बहुकोष्ठगणाकीर्णं प्रभूतथ वसोदकम्।
पन्थान माहुर्जयदं विपरीत मनोन्यथा।।४९।।

जयसंशीति लिङ्गानि वाह्याभ्यन्तरयोः शृणु।
नृपयोः सैन्ययोज्यानि राजाय पराजयम्।।५०।।
यतोदग्राः प्रहृष्टाश्च नाति निद्राजितश्रमाः।
दानशीलाश्च बहवो योधास्तत्र भवेज्जयः।।५१।।
पूर्णोमिन्दु धनं शैलं राजा न मृषभं गुरुम्।
देवतार्थाश्च पश्यन्ति निराः प्रगता जये।।५२।।
अथ पश्यति निर्वस्त्रात् व्याधितारार्द्धभान्कवीन्।
रक्तमाल्याश्चरा वापि भयं हि जनयन्ति ते।।५३।।
येषां न जीर्यते भक्तं ये वारात्र्यन्धका तरा।
परस्पर वधोद्युक्ताये च तेषांति संक्षयम्।।५४।।
रिपोः पुरं वा सेनां वा प्रवेष्टुं यदि चेच्छति।
स दैवज्ञानृपाः सर्वाः कामरूपाणि लक्षयेत्।।५५।।
अभ्रमाकृषभाः सिंहाः कवयस्तुरमृगाः।
यां दिशं वातिधावेयुस्तां दशन्त्वभियेत्।।५६।।
यतः प्रवहते चाग्नि प्रकाराश्च पठेद्यताः।
गोमायवः प्रतप्ताश्च ततस्तान् प्रविशेत्पुरम्।।५७।।
यतो कस्माद् भवेन्नादो विषादो वांछितो महान्।
ततस्तत्पुर मभ्येत्य हन्यादिति विनिश्चयः।।५८।।
पवनो रेणु मादाय यतस्तत्पुर मर्दयेत्।
ततस्तत् प्रविशेद्राजा शस्त्रमात्म जयेच्छया।।५९।।
पद्ये या कृतिमेयन्ते लक्षणं समुदाहृतम्।
य इमं पठते नित्यं स यात्राफल भाग्भवेदिति।।६०।।

वृद्धगार्गीये ज्योतिषे यात्रालक्षणनामाध्यायः।।

□□□

अथ त्रिपञ्चाशततमोऽध्यायः

यात्रासिद्धिं प्रवक्ष्यामि तृस्थानमपि तत्वतः।
यथा विज्ञायते सर्वं यात्राफल मशेषतः।।१।।
कल्पशरण्यो ब्राह्मण्यो दानशीलो दृष्टव्रतः।
दक्षः प्रदक्षिणः क्रान्तो भवेद्राजा जयावहः।।२।।
एतैरेवणुणैर्हीनः स्ववंशारिर्मदोत्कटः।
लुब्धोति व्यसनी चैव स शंसेति पराजयः।।३।।
स्वदार निरतः क्षान्तः सुवाक्योथर्व वेदवित्।
शुक्लमाल्याम्वरधरो जयदः कविरुच्यते।।४।।
तर्त्तुरस्वरनिर्घोषो नाति ह्रस्वाति कोपनः।
मुहुर्मुहुर्मुह्यमानः कविर्जयति कोपनम्।।५।।
साय नील शकुसम्यस्य मृद्वाग्निं स निःकुटम्।
सम्पूर्ण कुम्भं वदकाज्यं सण्डिलं विजयावहम्।।६।।
अल्पाल्पमल्प सम्भारमल्प दर्भ मचन्दनम्।
पराजयदमेवोक्त माद्यैस्तत्वार्थ दर्शिभिः।।७।।
अर्चिं मालाकुलगतिः करमेघौघ निःस्वनः।
घृतमण्डनिभः सौम्यः कृष्णवर्त्मा जयावहः।।८।।
अतर्चिद्धूमबहुलः खरोष्ट्र सरलस्वनः।
निर्वाणः कपिलो वापि पराजयकरः।।९।।
शिखी ताम्रकोश निभस्ताम्र समानात्फुल्वणामलाः।
ज्वालाः शंसन्ति नृपतर्जयं नास्त्यत्र संशयः।।१०।।
रुक्षा भस्मातराधूम्राः सधूमा विषमाकुलाः।
नात्यर्थं बहुला वापि कुर्युज्वाला ध्रुवं जयम्।।११।।
शुक्लमाल्याम्वरधराः सुवाक्यान् मनुलेपनाः।
समाः प्रहृष्टवदनाः शंसन्ति विजयं द्विजाः।।१२।।

अत्यल्पा विषमा चापि मर्तिं ना वरगाश्चये।
तेरा......वातवः शीघ्रानां वहेयुर्जयावहम्।।१३।।(?)
गम्भीरं सातु नादश्च समो दीर्घशिरो महान्।
पुण्याहो नृपतेर्निव्यन्त राज्यर्थ वर्द्धनम्।।१४।।
जर्जरो विषमो ह्रस्वो यश्च विप्रगणो भवेत्।
प्रणाहो नृपतेः पुत्रःत्यापराज्यर्थताशनः।।१५।।
अम्लानानि सुगन्धीनि बहूनि च।
जातीयग्नोत्पलाद्यानि सारङ्गात्यर्थ सिद्धये।।१६।।
अपाण्डुरान्य दैवानि असवणो हृतानि च।
असद्यस्कानि स्वल्पानि कुर्वन्ति याजनम्।।१७।।
धूपो वहति गन्धश्च वैधूमार्चाकुलः।
शिवः प्रज्वलितः शीघ्रं भवेद्राज्ञां जयावहः।।१८।।
शान्तः सधूमो निर्गन्धः प्रदेहेद्वावुचारितः।
धूमः स नृपति क्षिप्र मावहे द्विजयेत्।।१९।।(?)
प्रहृष्टवदनः क्षान्तो निगृहीतेन्द्रियः शुचिः।
सुवाक्यः सितवासा च दैवज्ञो विजयावहः।।२०।।
अक्तवक्त दीनाष्णो व्याधितो मलिनाम्वरः।
भिन्नकां स स्वरो वापि दैवज्ञः सिद्धिनाशनः।।२१।।
शतचक्र वकाचाषाः शिखिनः शालामालया।
सर्वावस्थ गताह्येते नरा जय मावहाः।।२२।।
रासभाः शङ्कुकर्णश्च महिषौरगशूकराः।
गृध्राश्च सर्वतो दृष्ट्वा न प्रशस्ता स लोमकाः।।२३।।
इतीदं सम्यगुद्दिष्टं यात्रासिद्धेः शुभाशुभम्।
नैतद्विपवतः किञ्चित्कल्मषं विद्यते तदा।।२४।।

गार्गीये ज्योतिष सिद्धिर्नाम।।

❑❑❑

अथ चतुष्पञ्चाशततमोऽध्यायः

अथ खलुकास्य नैमित्तिकाजस्त्रैः।
शान्तिक पौष्टिकेत्येवं ह्यसुराग्निम्।।१।।
हव्यावृते स सवैकविंशति पाक।
यज्ञेष्टि सोमसंस्थानाः प्रवर्त्तते।।२।।
तस्मादग्रेः प्रशस्तथान्वणा व्याख्यास्यामः।
तत्राग्निः स्निग्धरजत शुक्लवर्णः।।३।।
तप्तकाञ्चनाशोक किंशुकाभः ।
क्षीरतोयग्न किञ्जल्क संकीर्णाभम्।।४।।
विमलस्फटिक रुधिरमधुघृत वर्णाभम्।
दुन्दुभिघट्ह........... करुणह्यनम्।।५।।
धूपमाल्य सुरा स वागरु रुधिरगन्धम्।
प्रभासि नमर्मिष्मान्तं प्रदक्षिण महोस्याहम्।।६।।
सम्यगाज्य प्रतिग्रहतारां ऋषभवाजिवारण।
वज्रध्वज भद्रपीत कुण्डलाकृति लक्षणा।।७।।
ध्वजप्रशतां पावक माहुस्तथाग्निष्ट।
शुक्ल मनाकुल प्रदक्षिण मूर्द्धोस्थापि।।८।।
तदगुलं शुकरजत मुक्त प्रकाशं नाति तीक्तकटुकम्।
मधुर माहुः प्रशस्तमेतान्वै पाचकोत्पातान्।।९।।
यथा वदुपधारयित्वा निवेदयेत्कर्मणः।
सिद्धि मर्थलाभं बहुपुत्र मित्रत्वं यशः।।१०।।
श्रेष्ठत्वं चेतिरिद्यतां भोजयतां ब्रह्मक्षत्रम्।
भोरिविजमारोस्मिन्वैजयिकं भवता यजुकर्माणिनि।।११।।

निमित्तानि गुणयुक्तानि आरम्भात् प्रभृतया यावद।
वर्यादेवं वस्त्वाह स्वच्छं विपतरजधूमतमो वियुक्तम्।।१२।।
भ्राजिष्णुवं सुविपलाश्च दिशो विशुद्धाश्च वायुः।
प्रदक्षिणगतिः स सुखगन्धिरं व्याकुलश्च।।१३।।
नियताकर्मसिद्धिः सूर्योदयः स रुधिरश्रव्यथ तु।
वर्णपूर्वा परे च विमले परे सन्ध्ये शान्ता सुदिक्षुषु।।१४।।
वदन्ति खगामृगाश्च रूपाणि सन्ति।
हवनस्य गुणान्वितस्य भ्राजिष्णोर्क।।१५।।
शशिशुक्रबुधा च नायासौरश्च ।
प्रेष्वनुपमर्दकाः प्रशव्याः ।।१६।।
शंसन्ति कर्माणि ध्रुवा मिह कर्मसिद्धिम्।
कालो मुहूर्त्त करणक्षगतौ च युक्त आरम्भात्।।१७।।
आरम्भात्प्रभृति चापि शिवामनोज्ञ।
शब्दात्परायं मृगपक्षिकाणैर्वियुक्ताः।।१८।।
श्रूयते शङ्खनिनदांश्च सशङ्खवेणुभेरी।
मृदङ्ग सहिता मधुरस्वनाश्च गन्धर्वगीत।।१९।।
सहिताश्च नृणां प्रहर्षसिद्धि शुभकृतपथेति च व्याहृतानि।
शुभकृत पथेति च व्याहृतानि।।२०।।
ब्रह्मा निप्रवणवघोष रवोमनोज्ञः।
पुणाहघोष निनदश्च वायुसिद्धकर्थ चाभरण।।२१।।
वाजिशब्दाहं भारवोध शतपत्र मयूरघोषाः।
चापस्वनो नृपति सारसहंसघोषः।।२२।।
पुंस्कोकिल श्रवणमेव वधत्यमुक्तम्।
विप्रर्षभाभरण वाजिहेमवैदूर्य।।२३।।

शङ्ख जलकुम्भ सुरासवानाम् ।
दुग्धावास मधुपुष्पफललतानाम्।।२४।।
य प्रातपत्र शतपत्र जले चराणाम्।
भूर्भूमि मेकपशुवन्धं नृवर्द्धमान।।२५।।
नष्टर्ण वापत्यं पूर्णनि तर्पणानाम्।
स्त्रीणां नृणां च शुभवेश्मवधो युतानाम्।।२६।।
होमेषु दर्शनं पार्थे ग्रहणं च शस्तम्।
अपि च भगवानाग्निस्तपति करके ।।२७।।
सुरकरवीरहरितालेन्दु यो ।
युक्त किंशुकोशो ममदेतमतः।।२८।।
शीलारुणं सन्ध्याभ्र घृतमण्डु कुरण्ड ।
शतमदयुस्सविस्त जलधर दुन्दुभि।।२९।।
हयखुरवारण मृद्धितरथं वारणनेमितुल्य ध्वनिः।
पूर्णकुम्भ वर्द्धमान शङ्खचक्रमेदिनी दाराकार सदृश शिखः।।३०।।
सतत मध्य छिन्न प्रदक्षिण विस्फूर्जित शिखो मनोज्ञत्र।
पुण्यगन्धिर्हुत वहोस्मिन् कर्मणि सिद्धि निवेक्ष्यति कुतः।।३१।।
मूले वेदनलसूत्र सदृशो मध्ये च स।
चामीकरो मध्येस्यो वेरिधौत किंशुकनिभः।।३२।।
किञ्जल्कवर्णस्तथा शिक्षा बाल दिवाकर।
द्युतिहरो वैदूर्यधूमो महान् सिद्धे।।३३।।
कर्महुताशनः कथयते भाम्याभिरनि भृशम् ।
अग्निवर्ण प्रशस्तलक्षणो नाम।।३४।।

❑❑❑

अथ पञ्चपञ्चाशततमोऽध्यायः

अथाग्नि वर्णाननु व्याख्यास्यामो यथा।
वर्णगन्धरूपशब्द लक्षणोग्नि गुणकरो भवति।।१।।
तदनुव्याख्यास्यामो ग्रामजनपद पुर्प्यंट।
निवेशने द्रुत प्रस्थाने वास्तव्या वयने।।२।।
वाजि नीराजवयनार्या काम्यनैमित्तिका।
तस्त्रैश्च शान्तिपुष्टिकर्मभिस्तथा व्रत।।३।।
नियमसूत्रोपनयन हवनवसन ।
कौतुकमङ्गल स्वस्त्य यमाप्याधातुपशु।।४।।
बन्धेश्च धातुर्मास्याग्निष्टोम वाजपेय।
छर्यसाश्वमेध प्रभृतिषुं विविध वेदकल्पितेषु।।५।।
कर्मस्व मिहूयमा तस्यावर्णानुपलक्षयेत्।
तत्र कनकरजत शशिकुमुदमणित्रा कलही।।६।।
मरुचकहारहंसाः स प्रकाशस्तथा।
सर्प्पिस्तैलक्षीरशस्त्रं मधुहृषित न वलिन।।७।।
कुटजकुन्देन्दुवर्णोमाग संघमेघौघ ।
वाजिवेणुवीणापणव दर्दरमृदङ्ग ।।८।।
दुन्दुभि व्याघ्रसिंहर्ष भाभरण निर्घोषः।
गिरिरथ गजचक्रर्क्ष चन्द्रवर्द्धमान।।९।।
स्वस्तिक नंद्यावर्तक पूर्णकुम्भजल जलार्णव।
नंद्या कुशासनशयन मुसल मुकुटात ।।१०।।
पत्रवत् वेगागदाधुन भृङ्गारजः ।
प्रकाश चन्विस्निग्धार्चि रविछिन्ना रिपु धूमार्चिः।।११।।

प्रदक्षिणार्चिर्नाविष्टां पद्मसौगन्धिक नीलोत्पल।
कोकनद चम्पकाशोककर्णिकार कुमुद ककुम्भानि।।१२।।
मुक्तक सप्तपर्ण मालती पुष्पसुगन्धि कल्याणाभि युक्ति।
वाग्भिरभीक्ष्या मभियुज्यमाना मृगपक्षिभिर भीक्ष्णुगरनुकृष्टः।।१३।।
स्निग्धषु दुरुतिरविविध वादित्रं ब्रह्मघोषव्या।
मिश्रस्तत्व मिम रुचिरोध्वप्रास्य प्रदक्षिणो दीप्ताभिः।।१४।।
सुवर्णवर्णाभिरभिश्चाभिर्हूयमानोग्निर्वृष्टिक्षेम।
सुभिक्ष विजय पराजय कल्याणाभ्युदय श्रेयस्करो भवति।।१५।।
भवति चापि प्रशस्तरूपवर्णोग्निः कालसम्पद मुत्तमम्।
दिव्यान्तरिक्ष भौमानां निमित्तानि सुसम्पदम्।।१६।।
समृद्धिरूपवासानां ज्ञत्वित्तांशत्रु।
सौष्ठवं नियतं कर्मणः सिद्धिमुत्तमा।।१७।।

अग्निर्निमित्तलक्षणम् ।।

❑❑❑

अथ षष्ठपञ्चाशततमोऽध्यायः

श्वेतसुगन्धोवर्षवर्चिः धूमो दुन्दुभि स्वनः।
असत्त मुच्छितो विप्रः सिग्धार्चिष्मात् प्रदक्षिणः।।१।।
हूयमानस्य दीप्तं स्याद्दीप्यते वा चिरं हुतम्।
शान्तिकर्मणि यत्राग्ने र्नियतं सिद्धि लक्षणम्।।२।।
स्वस्तिका वर्द्धमानाश्च श्रीवत्साश्च प्रदक्षिणाः।
ज्वालारूपेण दृश्यन्ते सावै श्रीः सर्वतोमुखी।।३।।
यदा त्वल्प प्रयत्नेन हूयमानोद्वलंच्छिखीम्।
घोष मुत्पादय स्निग्धं कल्याणं तत्र निर्द्दिशेत्।।४।।
यदा तु हूयमानस्य ज्वाला गच्छेदथोत्तराम्।
पूर्वा वा पश्चिमा वापि तदग्न्यं सिद्धिलक्षणम्।।५।।
यदा प्रज्वलितोह्यग्निच्छुद्धोस्थापि न माकुलम्।
शान्तिकर्मणि सर्वेषु प्रशस्तं धूममादिशेत्।।६।।
मुक्तारजत संकाशो दुकूलाभ्शुक सन्निभः।(?)
धूमः प्रशस्तो भवति सोर्थ सिद्धिकरो भवेत्।।७।।
दिग्वघोषोल्प धूमश्च सौरवर्णो महात्यतः।
पिण्डितार्चिर्व पुष्पांश्च पावकः स्यात्तुयावहः।।८।।
यदार्चिष्मात् सर्वदिशो ज्वालाग्ने दृश्यते हविः।
तदा स नृपतिः शीघ्रं पराष्ट्रानि मर्दति।।९।।
अस्थिरं स्थावरं स्निग्धं कृतयश्चाभि पूजितम्।
वाचः प्रशस्तो हेमेषु मङ्गलार्थ सिद्धये।।१०।।
कोकिलस्य मयूरस्य हंसस्य कुररस्य च।
होमेषु श्रवणं चैव प्रादक्षिण्यं च शस्यते।।११।।

शतपत्रज्ञतं चैव चाषस्य न दततस्थता।
रम्भितश्चैव धेनूनां हवनेषु प्रशस्यते।।१२।।
पद्मवैदूर्य निष्ठाश्च वादित्राणां च निःस्वनाः।
मोसवस्या सुवर्णा च दृष्ट्वा होमेषु शस्यते।।१३।।
उपस्थित पदैर्मन्त्रैः प्रसन्नार्चिर्हुशाशनः।
हुता गौवृषतश्च तदग्न्यं सिद्धि लक्षणम्।।१४।।
समाहिताभिरर्चिभिः स्निग्धाभिरनुपूर्वशः।
गम्भीरं नन्दते वापि तदग्यनं सिद्धिलक्षणम्।।१५।।
अक्षताफलपुष्पाश्च वर्द्धमान मयां घटे।
दृष्ट्वा वा यदि वा श्रुत्वा कर्मणः सिद्धि मादिशेत्।।१६।।
पीठछत्रध्वजनिभावाजिवारण संस्थिताः।
प्रशस्ता पावकाज्वाला चज्ञ कुण्डल सन्निभाः।।१७।।
स्वस्ति.. भ संकाशाः कमण्डलु निभास्तथा।
ज्वाला प्रशस्ताज्वलने क्षेम मारोग्य जयावहाः।।१८।।
प्रदक्षिणगतिः श्रीमानग्निश्चक्षुः मनोहरः।
यदि स्याज्जयमा वा तरुक्तरूप्य समप्रभः।।१९।।
हंस शङ्ख तुषारेन्दुबन्धकर्मणि सन्निभः।
हूयमानो भवत्यग्निर्यदा राज्ञां जयं वदेत्।।२०।।
इष्टानां फलपुष्पाणां तुल्यगन्धि विभा वसुः।
यदि स्याद्विजयं ब्रूयाक्षिप्रं नरपदेस्तदा।।२१।।
भूभ्यां मेघाभिवृष्टायां मधुपा स सर्प्पिषिः।
कृष्णवर्त्मा सुगन्धिः स्यातु यं क्षितिपतेर्वदेत्।।२२।।
शङ्खस्वस्तिक रूपाणि चक्ररूपं तथा गदा।
शरमालाश्च दृश्यन्ते सा वै श्रीः सर्वतोमुखी।।२३।।

घृतमण्डनिभस्तिग्निः स्निग्धघोषो महास्वनः।
चित्रभानुः स प्रसन्नश्च नियतं सिद्धिलक्षणम्।।२४।।
अतः परं प्रवक्ष्यामित्यूनाव्यूहस्य लक्षणम्।
सम्यग्वैव हितव्यूहे ध्रुवो राज्ञां जयस्मृतः।।२५।।
चतुर्द्दशी पञ्चदशीं चतुर्थीमष्टमीं तथा।
षष्टी चतुर्दशी चैव नियते भरणीषु च।।२६।।
वाहिनी माहिनीभर्ता यदि वात्ययिनो भवेत्।
समे निष्कन्दके देशे यदि स्फुर बलाबले।।२७।।
व्यूहेछस्तु भयं वीरं कल्पयेस्त्रिविधं च ये।
अनुलेपानिला दिव्यं कृतमङ्गल कौतुकम्।।२८।।
कर्मभिर्नाम गोत्रैश्च प्रशंसन्त्यो जयेद्बले।
यायापश्चात्तु ये सेनाव्यूहेन शकटेन तु।।२९।।
मकरेण पुरस्तात्तु भयं वज्रेण सर्वतः।
शकटस्य परव्यूहे हस्त्यश्च रथपतयः।।३०।।
बहूचतुर्गुण स्यालाङ्घातो नेत्र सदाग्रतः।
मध्ये कलत्रं स्वामी च पत्तिः सारं च पृष्ठतः।।३१।।
इत्येष शकटव्यूहो मकरस्तु विपर्यये।
अनेन चैव कल्पेन च ज्ञश्चैष पदाकृतिः।।३२।।
निधयश्चक्रव्यूहस्तुश्चक्रव्यूहस्तु नेत्रभिः।
वित्तव्यूहे प्रवेशः स्याद्वज्रव्यूह ध्वनिस्तथा।।३३।।
व्यूहे व्यूहं तु सेनानि प्रतिव्यूहित संयुगे।
उत्तरे वारुणानीक मुभयोः याश्वीयोर्थव।।३४।।(?)
कथञ्चिदपि दातव्याश्चर्मित्रा वाजिताहयाः।
रथस्थाश्चापि न स्थण्डं सेनानीकंचिधरो।।३५।।

पृष्ठतस्तु भवेस्येना छत्रध्वज पताकिनी।
हयास्तु योधाः कुर्वाणं षट्सेनायोधकास्तथा।।३६।।
स दादरक्षां गुप्तांश्च कुर्वीत वरवारणाः।
इत्येष शकटव्यूह अत्यूहस्य कथञ्चन।।३७।।
लक्षैश्च विविधोपायैः प्रयुक्तः पर वाजिभिः।
स्त्रीपुंसो वृद्धिमापन्नाः प्रा....सर्वतोदिशम्।।३८।।
बले च विजये वापि लक्षयेतस्तथा विधाम्।
सुसंवृत्तेषु विहितां जिज्ञासां च प्रयोजयेत्।।३९।।

गार्गीये ज्योतिषे सेनाव्यूहोनाम।।

□□□

अथ सप्तपञ्चाशततमोऽध्यायः

असितोदेवलोगर्गोनारदः कश्यपोभृगुः।
अङ्गिराजमदग्नि.......हा वशाः।।१।।
स्त्रष्टारं सर्व भूतानां परमेष्टिं प्रजापतिम्।
अनाद्रिनिधनं देवं ब्राह्मणं समुपस्थिताः।।२।।
शिरोभिः प्रणतोदूरा तपोवृद्धिं निवेद्य च।
ईश्वरेणाभ्यनुज्ञाता विविद्युर्द्धरणीतले।।३।।
ते तु रूपं वचः श्रुत्वा प्ररयः विनीतवत।
संशयं परिपप्रच्छ.....प्रीताः परमर्थयः।।४।।
यदिदं विस्तरेणोक्तं कृत्श्नं वेद्यं शुभाशुभम्।(?)
सा रतस्त समासे न भगवन्वक्तु मर्हसि।।५।।
ततः प्रोवाच भगवान् सर्वज्ञः परमार्थवित्।
इत्यादिक रहस्यार्थं देवगुह्यं सनातनम्।।६।।
वर्णयतः स्वमार्गच्छशवीथी विचारिण्य एवम्।
ताराग्रहान् दृष्ट्वा विद्याल्लोकश्च संक्षयम्।।७।।
पौर्णमासायां प्रशस्तायां षणमास्ये पर्ययेस्थिते।
पर्वस्थ यदि वा..........पतिप्रजाः लोकः।।८।।
कालविप्रकर्षेण केतोश्च भीक्ष्ण दर्शनं क्षुधा संजायते।
तथा पित्र्ये चाङ्गारके तथा कोष्टागारगते।।९।।
शुक्रे पुष्यस्थे च वृहस्पतौ।
विद्याद्धित सुखं लोके शतपन्थ शस्त्र मनाकुलम्।।१०।।
वै.....पित्र्यमाग्नेयं ज्येष्ठामपि च रोहिणी।
पीडयन्ति यद्देतानि राहुषष्टानि चारिणः।।११।।

दुर्भिक्षं जायते लोके सस्य मत्र न रोहते।
शुष्यन्ति सरितः सर्वाः पर्यन्यश्च न वर्षति।।१२।।
श्मशानभूताः श्वेतस्थाः दग्धवृक्षतृणोलवाः।
.....जरानष्ट सम्बन्ध अधर्मिष्ठा मही भवेत्।।१३।।
निर्जराकूर्मपृष्टाभा मही भवति तादृशा।
गृहीत शस्त्र राजानो विनिघ्नन्ति परस्परम्।।१४।।
चक्रारुढा जनपदा विद्रवन्ति दिशोदश।
यक्षयताराग्रहाः पञ्चदृश्यन्त्य परसंस्थिताः।।१५।।
तच्छस्त्र भयरोगार्ताः प्रजाः क्षीयेत तादृशे।
यदा पुरस्तादृश्यन्ते शक्रध्वज मिवोछ्रिताः।।१६।।
उछ्रयन्ते ध्वजाग्राणि पार्थिवानां युयुत्सताम्।
यदा तु नभसो मध्ये ग्रहमाला विराजते।।१७।।
मध्ये देशे तदा शीघ्रं भयं भवति दारुणम्।
सेवन्ते दक्षिणांकाष्ठाश्याव रूपा विरस्मयः।।१८।।
वेदयन्ति ग्रहालोके सस्य वृष्टिस्तु संक्षयम्।
उत्तरोत्तर मार्गस्था रश्मिमालाधरा ग्रहाः।।१९।।
विपदृतं इवात्यर्थं जयमाहु रुपस्थितम्।
यदा ग्रहाः स नक्षत्रा धूमायन्ति ज्वलन्ति च।।२०।।
अदर्शनं वा गच्छन्ति द्रवन्ति प्रज्वलन्ति वा।
विद्रवन्ति तदा देशा यामाग्रामं विलुम्पति।।२१।।
राजसंघा विरूध्यन्तेऽप पीड्यन्तेकंपते मही।
द्विचन्द्रं गगनं दृष्ट्वा विधान् ब्रह्मसमुछ्रितम्।।२२।।
द्वौ वा सूर्यौ यदि स्यातां तदा क्षत्रं विरुध्यते।
दृष्ट्वा तु चतुरः सूर्यानुदितान् सर्वतो दिशम्।।२३।।

शस्त्रेण जनमारेण तद्युगान्तस्य दर्शनम्।
ब्रह्मराशिं त्वभिहते दुल्का घोरा ग्रहोऽपि वा।।२४।।
एता व्यसन माप्नोति ब्राह्मणाश्च विशेषतः।
ब्रह्मराशिं यदाभित्वा लोहिताङ्गः प्रकाशते।।२५।।
निराकारं वषट्कारं जगद् भवति नास्तिकम्।
चन्द्रगोष्ठ ब्रह्मराशिं सप्तर्षीनथवा ध्रुवम्।।२६।।
उदितो दृश्यते घोरो धूमकेतुर्यदा ग्रहः।
हाहाभूतं जगत्सर्वं लोके धर्मः प्रणश्यति।।२७।।
भवत्यल्प फलं सस्यं न वर्षति वासवः।
नानावर्ण शिखाघोरा दर्शयन्ति यदा ध्रुवाः।।२८।।
धूमयन्तः स नक्षत्रं गगनं धूमकेतवः।
दीर्घाभावात्यनावृष्टिः शस्त्रकोपश्च जायते।।२९।।
क्षयं लोका न गच्छन्ति तद्युगान्तस्य लक्षणम्।
वल्कलानि च शुष्यन्ति नद्यश्च सह सागरैः।।३०।।
भस्मवर्णानदी च स्यात्पराभास्यात्रात्र संशयः।
पक्षक्षत्तत संकाशा सर्वे नभसि वै ग्रहाः।।३१।।
विलयितगतिः सौरः प्राग्द्वारेषु यदा भवेत्।
महद्भयानि चत्वारि विजानीयासमन्ततः।।३२।।
अनावृष्टिभयं घोरं दुर्भिक्षं मित्रविग्रहः।
रोहिणी शकटम्भित्वा यादा सौरो विराजते।।३३।।
शकटैर्विद्रयात्पत्रभीताः सर्वजनास्तदा।
कुमारीणां सुवर्णस्य स वस्त्राभरणस्य च।।३४।।
न भवन्त्यर्थिनः केचिदन्न मेवाभिकांक्षते।
ग्रहाणां गागराणां च भवेच्चैव प्रमाणतः।।३५।।

स्कन्धे कुमारादृश्यन्ते भयार्तानां विधावताम्।
गणाश्चक्र च वा गावो मध्यदेशे महद्भयम्।।३६।।
तुमुलं भय मिच्छन्ति सूरसेनाश्च पार्थिवाः।
स्निग्धपीतसुवर्णाभः पक्षादौ यदि चन्द्रमाः।।३७।।
प्रावास्थायी प्रदृश्येत वस्त्रवृद्धि विजानीयात्।
रूत्पते लाङ्गलस्थायी श्रीमानालक्ष्य लक्षणः।।३८।।
पप्रादौ दृश्यते सोमो ब्रह्मक्षत्र सुखावहः।
दारिद्रकुङ्कुमाभवस्त श्मशान मवलोकयेत्।।३९।।
मृत्युं विवेदयेत् सोमो बालाकृति नवाङ्गिराः।
लाक्षारुधिर संकाशो धनुः स्थायी यदा भवेत्।।४०।।(?)
संग्रामं वेदयेच्छीथ्रं लोके च तुमुलं भवेत्।
आजावीथी तु संप्राप्तो दण्डस्थापि यदा भवेत्।।४१।।
उदग्रदण्डो भवद्राजा भेदचार्यो नियच्छति।
धूमा ये तदा श्रृङ्गं पक्षादौ ज्वलितेथवा।।४२।।
सोमं वा द्विगुणं दृष्ट्वा राज्ञो मृत्युर्विनिर्दिशेत्।
उच्चस्थाने यदा हीतः समश्रृङ्गः शशि भवेत्।।४३।।
नागवीथी गतस्निग्धः स सर्वगुण पूजितः।
त्वाष्ट्रस्येदूस्य मित्रस्य कृतिकानां च दक्षिणाम्।।४४।।
विशाखया मघानां च गर्हितः शस्तउत्तरे।
अछिद्रपरिघासन्ध्या विमलादित्य मण्डला।।४५।।
कृतरश्मिव्यपगतः सद्यो वर्षस्य लक्षणम्।
तपनीयत् सवर्णाभा नीलद्या तु पुरश्च वा।।४६।।
सन्ध्यावर्ष महत्प्राह विष्यन्तरित मण्डला।
दूराद् ग्रसति या सूर्यं सन्ध्याग्रामिका भवेत्।।४७।।

खण्डो वा कृष्णसूर्यो वा ह्रस्वपिङ्गलको भवेत्।
आदित्यो दृश्यते यत्र राज्ञोमृत्युं निवेदयेत्।।४८।।
अग्निवर्णे वदोदेति विच्छिन्नपरिघो रविः।
कवन्धीकालवक्ष्या वा राज्ञोमृत्युं निवेदयेत्।।४९।।
आदित्य पाण्डुरछत्रः सन्ध्याकाले यदा भवेत्।
प्रत्यासन्नं विजानीयाद् भूमिं मार्गे पराजयम्।।५०।।
पूर्वापरा सुसन्ध्या घोरनादाय मृगाः।
सूर्यमार्गं निवध्नं महदा च क्षते भयम्।।५१।।
रासभोगौर्मनुष्यो वा दीप्तं व्याहरते यदि।
पूर्वस्यां सन्धिवेलायां संग्रामं रौद्र मादिशेत्।।५२।।
प्रविशन्ति यदास्वैर भरण्यान्नगरं मृगाः।
संघो नष्टविदुस्ताः शून्यं भवति तत्परम्।।५३।।
कङ्कः श्येनाश्च गृध्राश्च पृष्ठतो वाहिनी यदा।
प्रयाता मभिगच्छन्ति तद्विनाशस्य लक्षणम्।।५४।।
सेनाया मग्रतः पश्येद्यदैनामनुलोमतः।
ते ध्रुवं विजयं प्राहुः परस्य च पराजयम्।।५५।।
भृगा दक्षिणतः शस्ताः प्रयातानां रथान्तरम्।
अनुलोमाः प्रधावन्तो जयमाहुर संशयम्।।५६।।
शान्तावमानामधुराः शान्तोस्थानाश्च पूजिताः।
रूक्षतीक्ष्णस्वरादीप्ता वामतः प्रवदन्ति यो।।५७।।
ते रौद्रं भयमाख्याति भङ्गं च नुमूलं रांणे।
तीक्षनादा समासेन प्रत्युषं प्रवदन्ति ते।।५८।।
प्रतिषेधन्ति तां सेनानया नृपतिस्तदा।
पणावराहाः पृष्ठताः पन्थानां वामतो यदि।।५९।।

वित्रस्ताः सन्निवर्ते तेन यायात्तत्र भूपतिम्।
पुरस्ताद्राज निवृत्ता शिवाघोरा प्रवासते।।६०।।
आहारस्यार्थिनी नूनं राज्ञो वा नायकस्य वा।
आदित्यं मारुतं शुक्रं बुदमङ्गारकं तथा।।६१।।
अनुलोमं यदा पश्येन्नियतं सिद्धिलक्षणम्।
सर्वयात्राविधौ नित्य मनुलोम जयावहाः।।६२।।
यात्रा सिद्धिकरा ज्ञेया विपरीत मतोन्यथा।
महौघ घोष ध्वजिनीतूर्या निस्वनवन्ति च।।६३।।
वेदयन्ति जयं शीघ्रं हृष्टाश्च गजवाजिनः।
यदा व्यहोष्वनीकेषु नृं हन्ति गजवाजिनः।।६४।।
तं नागसहितं नामनियतं जयलक्षणम्।
यदा तु घण्टावरं वारणास्तु गीतानुगीतेष्विव वादयन्ति।।६५।।
विवादयन्ते मनुजां बलस्य सिद्धां च यात्रा मनुजाधिपस्य।
निर्घोष दीनामातंगी ध्यानशीलास्तुरङ्गमाः।।६६।।
सेना वध्यति संग्रामे निद्राकलहशालिनी।
आकूलावीति पवनादोल्का प्रपतन्ति च।।६७।।
यदातदा विजानीयात्र्यं ग्रामं प्रत्युपस्थितम्।
गृध्रकङ्काकुलं रूक्षं धूमायति यदा नभः।।६८।।
आकुलं निःप्रभादित्यं विद्याङ्ग यमुपस्थितम्।
आसनव्यजनं छत्रं ध्वजाग्रं भवनं यथा।।६९।।
यस्य प्रज्वलिते राज्ञो वृद्धिं तस्य निवेदयेत्।
यस्य ध्वजं वा छत्रं वा धूमा येत्प्रज्वलेत वा।।७०।।
यदा राज्ञोपवाह्यस्य वारण्यास्य निमित्ततः।
विषाणो पतेत भूमौ राज्यनाशाय तद् भवेत्।।७१।।

अर्चा यत्र प्रनृत्यन्ति रुदन्ति प्रहसन्ति वा।
विसृजन्ति मुखादग्निं रुधिरं प्रस्त्रवन्ति च।।७२।।
राजा वा म्रियते तत्र सर्वदेशौ विनश्यति।
षणमासा तरतकालं जनौघस्तत्र वध्यति।।७३।।
नभो विमलचन्द्रार्क वाताश्चापि प्रदक्षिणाः।
सन्ध्ये चापि स्वरूपस्थे वेदयन्ति प्रजाहितम्।।७४।।
स्वधर्म निरतावर्णानार्यो भर्तृवचोनुगाः।
बालामङ्गलवादाश्च वादाश्च वेदयन्ति प्रजाहितम्।।७५।।
दिव्यान्तरिक्षभौमाना मुत्पातानां बलाबलम्।
निशाम्य तत्वतः शास्त्रं दैवज्ञो वक्तु मर्हतीति।।७६।।

वृद्धगार्गीये मयूरचित्रं नाम।।

❑❑❑

अथ अष्टपञ्चाशततमोऽध्यायः

क्रोष्टकिनमि मेधा विख्यातः संगोतमः शुचिः।
ज्योतिषामयने युक्तं यथागर्ग ममृच्छतः।।१।।
केन सन्ध्यश्च दीप्यन्ते कस्माद् भूमिश्च कम्पते।
क्व तिष्ठति विवस्वांश्च सोमश्चापि क्व तिष्ठति।।२।।
नक्षत्राणि क्व तिष्ठन्ति ग्रहाश्चापि महामुने।
किन्तु नक्षत्रं संस्थानं क्व च तिष्ठति चन्द्रमाः।।३।।
रात्रिं दिनं कथं वापि किञ्च ज्योतिषमण्डलम्।
ब्रूहि सर्वमशेषेण यथा वाधिकमासिकम्।।४।।
अहोरात्र प्रमाणं च यथा समुपलभ्यते।
ग्रहनक्षत्र च रणं ज्योतिर्ग्रह परिग्रहम्।।५।।
दिशश्च विदिशश्चैव मेरुपर्वत मण्डलम्।
किं प्रमाणं कथं वापि जगतां गवि वर्तते।।६।।
इति प्तष्टा महाप्राज्ञः प्रश्नं परम दुर्वच।
सर्वमेवानुपूर्वेण व्याख्या तु मुपचक्रये।।७।।
ग्रहाः सहस्त्रमष्टौ च दिवि वैकारिका स्मृताः।
केषां दिशति प्रष्टौचा अत्र ये कर्म कुर्वन्ति तन्मे।।८।।
निगदतः श्रृणु वृहस्पतिश्च सूर्यश्च सौम्यः।
सौरश्च नागराः राहुरङ्गारकः केतुः शुक्रचन्द्रश्च यायिनः।।९।।
दशकोटिसहस्त्राणि ताराणामिति निश्चयः।
तासां तु सप्तविंशतिर्नक्षत्राणीह विग्रहे।।१०।।
महाग्रहौ सूर्यचन्द्रौ लोके द्युतिकरौ स्मृतौ।
ज्योतिष्यपि च सर्वाणि मेरुं यान्ति प्रदक्षिणम्।।११।।
मेरुः पृथिव्यां मध्ये तु श्रीमान् कनक पर्वतम्।
षडशीतिसहस्त्राणि योजनानां प्रमाणतः।।१२।।

ज्योतिषधस्तादादित्यस्तस्योपरि तु चन्द्रमाः।
नक्षत्राणि तयोर्मध्ये ज्योतिश्चक्रं च संग्रहम्।।१३।।
परमर्षि महातेजा भार्गवश्चो परिग्रहः।
वृहस्पतिश्च देवानां पुरोधाः शंसित व्रतः।।१४।।
प्रमाणं चापि वक्ष्यामि ग्रहाणा मनुपूर्वशः।
तथा ताराप्रमाणं च कीर्त्यमानं निबोधत।।१५।।
प्रमाणं सप्तषष्टिस्तु योजनानां निदर्शितम्।
मण्डलं दिवि सूर्यस्य तद्वच्च शशिनः स्मृतम्।।१६।।
दशयोजनिकः शुक्रो न वचैव वृहस्पतिः।
अष्टयोजनिको चक्री सप्तकायः शनैश्चरः।।१७।।
पञ्चयोजन विष्कम्भं बुधं चाप्युपधारयेत्।
यथार्थं चापि ताराणां प्रमाणं में निबोधत।।१८।।
सप्तर्षयस्तथा स्वातिस्तथैव प्रकृतिकाः।
अगस्त्यश्चाभिजित्यापि सप्तयोजनिकाः स्मृताः।।१९।।
पुष्यश्च श्रवणश्चैव ज्येष्ठारोहिणी एव च।
षड्योजन प्रमाणानि मृगव्याधिश्च कीर्त्तिता।।२०।।
वासिष्टाच्चैव चित्रा च तथैव तु पुनर्वसु।
रेवतीवारुणं चापि पञ्चयोजनिकानि तु।।२१।।
शेषा नक्षत्रताराश्च चतुर्योजनिका स्मृताः।
अन्यास्त्रियोजनास्तारास्तथान्यास्तु द्वियोजनाः।।२२।।
काश्चिद्द्विजोनापर्यंता योजनार्द्धं तथा पराः।
काश्चिदल्प प्रमाणत्वाद्दीपभा भान्ति दर्शने।।२३।।
वायुरग्निः प्रजनते ततो धूमः प्रमः प्रवर्तन्ते।
वायुः सृजति भूतानि वायुः सर्वमिति जगत्।।२४।।
सूर्याश्चन्द्रमसोश्चापि राहु तिष्ठति पर्वसु।
तपोरध्वस्तान्मेघाश्च वायुः सर्वत्रगः स्मृतः।।२५।।

वातो भीतं भविष्यच्च वर्षावर्षस्य कारकः।
एष धाताविधाता च प्रभवो निधनस्तथा।।२६।।
अग्नेः संजायते धूमो धूमादभ्रं प्रवर्तते।
मारुतो विक्षिपत्यंभस्तो यस्योषधयः सुताः।।२७।।
आदित्यो वायुसंयुक्तो रश्मिभिर्द्धरणी तलात्।
ऊर्ध्व मारोपयत्पापो रसाश्चान्याः सुतेजसाः।।२८।।
ताश्चापोवहललीभूता वायुनाभि समीरिताः।
वर्षत्यौषधयः सर्वास्तर्पयन्त्यश्च भूतलम्।।२९।।
भूतानामण्डजानां च स्वेदजानां तथैव च।
जरायुतानां तथा प्राणाश्चौषधयस्तथा।।३०।।
वर्षा द्रोहन्ति बीजानि प्राणाश्चान्न समुद्भवाः।
अन्ना संजायते शुक्रं शुक्रात् सम्भवति प्रजाः।।३१।।
एवं वाद्यात्मकं सर्व वायवोष्टौ च नित्यशः।
वान्ति सर्वेषु कालेषु वेदयन्तः शुभाशुभम्।।३२।।
ऐन्द्रः पूर्वः स्मृतो वायुराग्नेयः पूर्व दक्षिणाः।
याम्ये दक्षिणतो ज्ञेयो नैर्ऋतो दक्षिणापरः।।३३।।
वातवर्षं भयं क्षेमं सस्य सम्पदकारकः।
तेषां विंशतिमध्यं तु सूर्यलोक प्रतापतः।।३४।।
गोभिर्गा स्तर्पयस्तौ यैराददानश्च भास्करः।
वायुर्वायु प्रतिहतस्तनयित्तु र्भवत्यपि।।३५।।
तेन मेघाः प्रवर्तन्ते वायुश्चापि प्रजार्जति।
अपंगते तु स्तनिते निर्घातोतान्य जायते।।३६।।
महाशनिस्तथा वापि वातस्फोटाश्च दारुणाः।
सूर्यरश्मि विकारैश्च नागानांश्वसितेत च।।३७।।
ऐरावतः शक्रधनुः परिवेषश्च जायते।
नतो भूमिगतानां तु नागानां परिसर्प्पणात्।।३८।।

ततः क्षभ्यन्ति भूतानि विशीर्यन्ति च पर्वताः।
गत्यन्तर विशेषेण सूर्यस्यायनोस्तथा।।३९।।
उदग्दक्षिणतश्चापि गतिं समुपलभ्य च।
कदाचिद्वदते रात्रिः कदाचिद्वदते त्वहः।।४०।।
मुहूर्त्तास्तु मृतास्त्रिंशदहोरात्र प्रमाणतः।
आदित्य परिवर्त्तेत सन्ध्यावापि प्ररज्यते।।४१।।
अहोरात्रस्य सन्धिच्च सन्ध्या माहुर्मनीषिभिः।
शिवभगवतीगङ्गा अन्तरिक्ष विचारिणी।।४२।।
क्रषयश्चाभि गच्छन्ति सिद्धासाध्यास्तथैव च।
विश्वेदेवामहेन्द्राश्च तथा कीलालयाः सुराः।।४३।।
एव मेतत्पुरापृष्ट मृषिभिर्भावितात्मभिः।
लोकसंख्या न कुशलैर्ब्रह्मचर्य तपोधनैः।।४४।।
यो निर्ग्रहाणा मादित्यः कालसम्भव हेतुकः।
एष च सृजत्याय एषः संहरते पुनः।।४५।।
धाताविधाताउशना भगवांल्लोक विश्रुतः।
आदित्यावृतवः सर्वे शीतं च मुष्मं च जायते।।४६।।
वर्षतिधिकमासाश्च तथा पुष्प फलं पृथक्।
हिमस्य प्रभवः श्रीमान् हिमवान्नाम पर्वतः।।४७।।
तथैवोष्ण प्रभवो विन्ध्योनाम महागिरिः।
सूर्यश्च भगवान्नग्निः सोमश्च सलिलं स्मृतम्।।४८।।
तस्मादन्योन्य संयोगादग्नीषोम मिदं जगत्।
स यदा भगवान्काष्टा मुत्तरां याति भास्करः।।४९।।
प्रतिव्यूहहिमं कत्स्नं रश्मिजालैः प्रतापवान्।
ततः प्रवर्त्तते घोर मुष्णं हिम निवर्हणम्।।५०।।
तद्विसूर्ये समन्वेति पृष्ठतो विन्ध्यसन्निभम्।
अपि चाभ्यन्तरेणार्को गिरिरस्तस्य गच्छतः।।५१।।

तथैव चोदयस्यापि तापयन्तशिमभिर्जलम्।
सम्प्राप्य तूत्तरां काष्टां स यदार्को निवर्त्तते।।५२।।
दक्षिणाभिमुखो मेघैः पारिषीवगभस्तिमात्।
यथा चद्यथा चद्यमांशुः काष्टां गच्छति दक्षिणाम्।।५३।।
तथा तथा प्रसरते हिमसूर्यस्य पृष्ठतः।
एवं दक्षिणमार्गस्थे शीतं भवति भास्करे।।५४।।
विकर्षा द्विरविस्तीव्रं हिमं तपति नान्यथा।
आदृत्वा प्रनृलद्भूम्या आदित्यः स्वेन तेजसा।।५५।।
पुनरन्वति लोकानां हितार्थं तपताम्बरः।
सा वर्षेत्यभि निर्दृष्टा सस्य सम्पादनी शुभा।।५६।।
स वाह्योषधयः प्रोक्तास्तत्मला इति निश्चयः।
तथा शरद्वसन्तं च करोत्ययन मध्यगः।।५७।।
हेमन्तं चापि सविता व्यामिश्रास्तेहि मिश्रिताः।
क्रुतवो वर्णिताह्येते सूर्यस्यायन सम्भवाः।।५८।।
षड्तून प्रतिजानन्ति केचित् संवत्सर बुधाः।
दक्षिणायन मैकाशा मुदग्वद्वा ऋतून् स्मृतान्।।५९।।
शीतमुष्णं च वर्षं केषाञ्चिदृत वस्त्रयः।
मासिकाद्वादशैकेषां केषांचिदर्द्ध मासिका।।६०।।
निर्माणै सर्व मुदिष्टं सन्देहो नात्र कश्चन।
मध्ये पृथिव्यां संख्यातो मेरूः कनकपर्वतः।।६१।।
तस्य भास्वर शृङ्गस्य मध्ये शृङ्गं समुछ्रितम्।
उपरिष्टात ध्रुवं तस्य वीथीभूतं प्रकाशते।।६२।।
ज्योतिर्जालं हि सततं तस्य याति प्रदक्षिणम्।
मेरु तस्य हि पूर्वेण दीपः प्राग्ज्योतिषः स्मृतः।।६३।।
रूद्राश्चा दक्षिणे नोक्ता केतुमाला तु पश्चिमे।
उत्तरेणोत्तरा तूक्ता कुरवोदेश शोभनाः।।६४।।

एतान्यनुपतत्यर्को भवनानि परित्यजेत्।
चतुर्द्धा चोदयस्तस्य चतुर्द्धास्तमनं तथा।।६५।।
द्वीपेषु परिसंख्याताश्चतुषु परमर्षयः।
यदाभ्युदितः पूर्वे द्वीपे भवति भास्करः।।६६।।
तदा तु सास्य दिवपूर्वा सूर्यादेव प्रसिद्धयति।
भद्राश्च दक्षिणे प्रोक्ता केतुमाला तु पश्चिमे।।६७।।
उत्तरे चोत्तरा दृष्ट्वा कुरवोदिशि चोत्तराः।
उत्तरेणैव तदा मेरुर्भवति पर्वतः।।६८।।
गत्यन्तर विशेषेण पृथिव्यां मध्यमः स्मृतः।
एव मादित्य संयोगा पूर्वदिक् प्रसिद्ध्यति।।६९।।
दक्षिणे पश्चिमावापि तथा दिक्कौत्तरा सदा।
यतश्चोदयते पूर्वं भास्करस्तप्ताम्बरः।।७०।।
सा पूर्वेत्यभि निर्दिष्टादिवै सूर्य प्रसाधनाः।
प्रदक्षिण गतित्वात्तु दक्षिणेत्यभिधीयते।।७१।।
पश्चात्तु गमनादुक्ता पश्चिमेति महर्षिभिः।
उत्तरा तु प्रधानत्वा दिशाद्युक्ता तथोत्तरा।।७२।।
सर्वेषां चापि द्वीपानां मध्ये मेरुर्महागिरिः।
.....प्राक्केति ताम्रांशुर्भास्करो भुवनभ्रमः।।७३।।
या दृगूर्जस्वती प्राची पूर्वापूर्वेण कर्मणा।
दक्षिणा सवितुर्दश्या शश्वद् भवति गच्छतः।।७४।।
मङ्गलार्थ यदादी च दक्षिणेत्यभि धीयते।
दक्षन्ति चास्यां पितरो दक्षोवास्या मजायते।।७५।।
दक्षा चास्यां जनाः सर्वे तेन वा दक्षिणास्मृता।
प्रत्यग्वेति यतस्त्वर्कः प्रतीचीं विद्विषां दिशम्।।७६।।
अपरा च प्रधानत्वाज्जघन्यत्वाच्च पश्चिमा।
पश्चात्तु गमनाश्चैव तथैव परिसर्प्पणात्।।७७।।

प्रतिस्थानाच्च सवितुः पश्चिमेत्यभि धीयते।
श्रीधनाधिपतिः सोमो दिशं सौम्यां प्रतिष्ठिते।।७८।।
दिशामासां प्रधानत्वादुत्तरेति निरूच्यते।
सर्वेषु भुवनेष्वासां सवितुर्या प्रदक्षिणा।।७९।।(?)
पुण्याध्रुव कृतोत्तं सा ग्रैष्मादुक्तोत्तरा तु दिक्।
पूर्वे जनपदे सूर्य उदेत्युत्तरतः प्रभुः।।८०।।
कुरुतेस्तमनं चापि पश्चिमे न दिवाकरः।
दक्षिणे कुरुते द्वीपे पूर्वेण उदयेद्रविः।।८१।।
पश्चाद्वै शैलराजस्य दक्षिणेनोदिते रविः।
कुरुते स्तमनं रवि मुत्तरेणो तस्तथा।।८२।।
उत्तरे भ्युद्युदिते द्वीपे पश्चाद्वा तपताम्बरः।
पर्वे स्तमयति द्वीपे महर्षि वचनं यथा।।८३।।
एवं चतुर्धोदयते चतुर्द्धास्त मुपैति च।
द्वौपातंद्योत्तरार्थं वै परिवर्त्तन्त्यजः शुभाः।।८४।।
एतषे विस्तरः प्रोक्तः सर्वो भुवन पुष्करे।
यमृषिभ्यः पुरोवाच स्वयम्भूः सर्वतत्वविदिति।।८५।।
भुवनस्य परिमाणं ग्रहनक्षयोर्गतिम्।
पश्चिमं पठते विप्रः सर्वलोके महीयते।।८६।।

इति गार्गीये ज्योतिषे भुवनपुष्करं नामाध्यायः।।

❑❑❑

अथ एकोनषष्ठितमोऽध्यायः

ग्रहस्योदित मात्रस्य पीडास्थान गतस्य वा।
नियतं कार्यमातिथ्यामेव मायुर्निरस्यति।।१।।
ग्रहेभ्यः सर्वमायतं सुखदुःखे प्रियागमे।
जयाजयौ वा मध्यस्थाग्रहैः सर्वैः प्रतिष्ठितम्।।२।।
वलिहोम भुजाभूक्ता स्तस्मातेर्ष्या विधानतः।
यथोक्तामि प्रयत्नेन वै यथाबलिभिह्योतैः सततम्।।३।।
चर्विताग्रहाः ददत्यायुर्यशोचितं मारोग्यं विजयं सुखम्।
तस्माद् ग्रहातिथ्य विधिं बलिकर्मविधिं तथा।।४।।
आवाहनं च मन्त्राश्च विसर्गं चापि वक्ष्यते।
पताकाच्छाद्यमाल्यानि दीपयन्त्या विलेपनम्।।५।।
सूर्याय रक्तापीतानि कूर्मावर्त च मश्यकाः।
गुडापूपा उक्तशालीन् सगुडं दधिपायसम्।।६।।
निवेद्य तर्प्पयेद्विप्रान् हिरण्ये नाक्षतै सह।
पताकानि तु चन्द्राय शुक्लं सर्वं निवेदयेत्।।७।।
क्षीरोदनं दक्षिणार्थे रजत चात्र दापयेत्।
विचित्रं भक्ष्यभोज्यं स्यात्पताकानि च भार्गवे।।८।।
वसो हिरण्यर्जिनं सुवर्णं चैव दक्षिणा।
नीवारान्नं पायसं पाताकानि च पीतकम्।।९।।
दक्षिणार्थं सुवर्णं च बलिरेषा वृहस्पतेः।
भज्यभोज्यं गुडयुतं निर्देश्यं पिशितोदनम्।।१०।।
भौमाय रक्तं सुगन्धं प्रवालं हेम मेव च।
नीलं सौरे पताकादि तिलमांसं गुडान्वितम्।।११।।

भज्यभोज्यं तिलाः कृष्णाः कृष्णागौश्चात्र दक्षिणाम्।
पालाशं च पताकादि भज्यभोज्यं गुडान्वितम्।।१२।।
बुधायोपहेरद्विद्वा सुवर्णं चात्र दक्षिणाम्।
पायसं मधुसर्प्पिभ्यां नीलपुष्पानुलेपनम्।।१३।।
निवेदयेद् धूमकेतोर्गो प्रदानं च दक्षिणाम्।
राहोः कृष्णपताकादि पिशितान्नं तिलोदनम्।।१४।।
दद्यात्कृष्ण तिलाश्चापि कृष्णागौश्चात्र दापयेत्।
ग्रहप्रतिकृतिः सोमे राजतो चन्द्रसन्निभा।।१५।।
सूर्याय तपनो यस्य कार्यास्र्युदुम्बरस्य वा।
वृहस्पतेः सुवर्णस्य तथा सोमसुतस्य च।।१६।।
सुवर्णरजताभ्यां च विक्रं शुक्रस्य कारयेत्।
शनैश्चरे सीसमयीराहोः कांस्याय सीमताम्।।१७।।
अङ्गारके ताम्रमयी केतोश्चैव तथा मता।
क्लृप्तेषु विष्टरेष्वेतान् संस्थाप्य मण्डलेषु च।।१८।।

तत आवाहनाद्यानि बलिकर्मर्वितं ततः इति।

गार्गीये ज्योतिषे वल्युपहारे।।

❑❑❑

अथ षष्ठितमोऽध्यायः

अथातो ग्रहाणा मुपहार विधि मतुव्याख्यास्यामः।
ग्रहेषु सर्वा मायतं मुदितं स्यातिथ्य।।१।।
मवश्यं कार्यमृषीणां स्तुतिभिः।
प्रसाद मुपलभ्योपलभ्योप ।।२।।
यज्ञैर्मनुष्याणां देवप्रकृतिर्हि ।
बलिनक्षत्रगणो बलिहा ।।३।।
मभक्त्या माद्विशेषतो यस्यातोच्याः।
पीडास्थान स्थिता वलिभिर्ग्रहः सप्ताहात्परतः।।४।।
कालो यावशिद्विर्वातत्र यथा ग्रहवर्णा।
पुष्प गन्धाछादन भक्ष्यभोज्य धूपदीपवत्यो।।५।।
स क्षिणाश्च सर्वेषां धूपो गुग्गुलर्हविष्यम्।
वात्र दक्षिणावागौस्तदुक्षिप्य मारोप्य।।६।।
कामप्यस्यशयावरं क्षेत्र मपरिमितम्।
वातस्य सव्ये लक्षण मुल्लिख्याद् भिरभ्युक्ष्य।।७।।
सर्वतोयावदायन्त्तं बलिर्भुक्तैः परिस्तीर्य।
परिस्तराद विछिन्नाग्नैर्द्दभैः प्रादेश मात्राद्भिः।।८।।
संस्पृष्टे सवित्रैतराभ्यां उदक्याभ्यां तत्पवनम्।
देवो वः सति तात्व छिद्रेण पवित्रेण वसोः।।९।।
सूर्यस्य रश्मिभिः प्रोक्षण मित्यूता आपः।
प्रोक्षतीति ताभिः पत्रवर्षी शुद्धांता मिति।।१०।।
प्रोक्ष्यमण्डलं बहुमूलैस्तरणं दक्षिणाद्यात्।
उदगग्राणि पश्चिमाग्राणि पूर्वाणि प्रागग्राणि।।११।।

पश्चिमानि चतुरग्रे चतुरस्त्रमयुद्धान्त।
मूलैरग्राणि प्रच्छादयत् चतुरस्त्र मारोग्य।।१२।।
कामस्य मण्डलं कामय तत् मण्डलं मध्ये।
चतुरस्त्रं सव्ये वा सूर्याचन्द्रमसोर्विष्टर।।१३।।
सुधाधाग्रे स्थाप्य प्रविष्टरे शुक्रगुरुभौम।
सौरबुध राहुकेतवो दक्षिणाप सर्गाः।।१४।।
ततो यथाद्वा दानं नक्षत्रपवित्राणि दक्षिणाय।
सर्गाणि पूर्वाणि प्रत्यग् दक्षिणत उदक्यश्च।।१५।।
दृत्य प्रागुप्ततराणि संस्थाप्योस्थाप्यावाहयेत्।
सूर्यवरागारकार व्याहुरा वृहस्पति च बुधं हुताश।।१६।।(?)
प्रभवं चक्रे तु मेतान् ग्रहान्प्राञ्जलिश्चायिप्यान्तमः।
ग्रहानाहूय कृतिकादि भगण मावाहयीत।।१७।।
यस्य भक्तादिवि सोमो मृतात्मा परिवर्त्तते।
यो च दृश्यो विरामं तमावाहयेहं भगवान्कृतिकात्ताञ्जलिः।।१८।।
यथात्मानं राहुनिपतत् परक्ष्यार्य प्राञ्जलिर्जयति।
स्वागतमनुमनुराग तमेतान्यास नाति।।१९।।
क्लृप्तान्यास्तां भगवतो ग्रहाः स नक्षत्रगणाः।
पाद्यमाचमनीयं धूपमाल्यगन्धान्वलि मर्च्चिषश्च।।२०।।
प्रतिगृह्णातान्तु भगवन्त इत्युक्तापोहतिः।
तत्र अर्घास्तत आचमनीयानि ततो धूपम्।।२१।।
माल्यगन्धाश्च नामतः पृथग्ददाति ततः।
क्रुद्धयन्ते वृत्ते भुवः प्रपद्योस्वः प्रपद्ये ग्रहम्।।२२।।
नक्षत्रग्रहणं तथा भवार्थं जगतो नियुक्ता।
ये सौक यात्राद्भुत कर्मवीर्या।।२३।।
नक्षत्रवारास्तमनोदयेषु ।
सव्यापसव्यक्षमे वर्णचक्रो ताराकुशक्रेन्दु।।२४।।

शनैश्चराख्यानांगारकाख्यान प्रपद्ये तत।
उपविश्य सवित्र पूतमन्त्रं तूष्णी संस्मृत्य।।२५।।
पाकायजल्मकेन वलय उपदधाति।
मन्त्रा.....ते नम इत्युपधानम्।।२६।।
यः सप्तभिरेक वक्तं समस्थाय रविं प्रयाति।
मयूषजालैरवस्तस्य लोकान्दिवाकरं प्रपतोद्वयामि।।२७।।
यं देव माहुः चति मौषधिनां ।
नक्षत्र राजा मिहाङ्क्यामि ।।२८।।
आगत्ये चह प्रतिगृह्ण सोम।
वल्मोपहारं दिशि चैव पुष्टि मान्तमः।।२९।।
वरा मण्डला वृक्षगणं क्रमेण।
चरत्यतो लोकभवा भवाय।।३०।।
तमाद्वये शुक्रवलीपहारे।
ज्ञेयस्तु तृष्णगदुदम्ल रोगान्।।३१।।
नमः यत्पूजेत देवर्षि सिद्धै।
वांचस्पतियोर विविधार्त्तिमीत्यः।।३२।।
वृहस्पति तं प्रत्यतोङ्क्यामि।
वलिं तु वस्वांशमयस्वगोर्ग।।३३।।
नमः यः पाणिनः पीडयति क्रमेण।
नक्षत्र चातुं परिवर्तमानः।।३४।।
शनैश्चरं प्रयतोङ्क्यामि वलिं।
जुषे तांशयस्वचार्त्ति मानसः।।३५।।
यः पठ्यते सौमसुतर्षि सिद्धेः।
प्रतिवार ग्रहवेष्टितेषु ।।३६।।
तमग्य्र वुद्धिं बुधताङ्क्यामि।
वलिं जुषेमांशमयस्व यायं।।३७।।(?)

नमः य क्राम्ययो वायुपथ क्रमेण।
ग्रसत्युदयो गगनेक्र्के चन्द्रौ।।३८।।
तमाङ्क्ये राहु मदृश्ये देहं बलि।
जुषे मांशमयस्व चार्त्तिमोतमः।।३९।।
यं जातवेदात्मज माह लोके चित्राय सत्ये।
जगदभ्युपैति तं धूमकेतुं प्रयतोङ्क्यात्मि।।४०।।
बलिं जुषे मां शमयस्वपार्थ ॐ नमः।
इत्येवं सर्वानाहूयते उपधावति।।४१।।
ततो नक्षत्राणां वल्युपहारं यथा।
कृतिकाभ्यां सनालाभ्यां ॐ नमः।।४२।।
प्रजापतिभ्यो रोहिणीभ्यः ॐ नमः।
स सर्प्पेभ्यो श्लेषाभ्यां ॐ नमः।।४३।।
स सोमयाम्यो मघाभ्यं ॐ नमः।
स भगाय पूर्वाफाल्गुनीभ्यां ॐ नमः।।४४।।
सार्यम्णाभ्य उत्तराफाल्गुनीभ्य ॐ नमः।
स सवित्रे हस्तायर्तु ॐ नमः।।४५।।
सत्वाष्ट्रायै विप्रायै ॐ नमः।
स्व वायवे स्वात्यै ॐ नमः।।४६।।
सैन्द्रामिभ्यो विशाखाभ्यां ॐ नमः।
स मित्राय अनुराधाभ्यां ॐ नमः।।४७।।
सैन्द्राय ज्येष्ठाभ्यां ॐ नमः।
स नैरृतये मूलाय ॐ नमः।।४८।।(?)
साद्यः पूर्वाषाढाभ्यां ॐ नमः।
ॐ नमः स विश्वेत्तुत्तराषाढाभ्यां ॐ नमः।।४९।।
स ब्रह्मणे भिजितेभ्यां ॐ नमः।
स वैष्णवाय श्रवणाय ॐ नमः।।५०।।

सरसुभ्यः श्रविष्टाभ्यः ॐ नमः।
स वरुणा यशतभिषत्तेतमः।।५१।।
साजैकपादायै पूर्वा प्रोष्ट यदायै ॐ नमः।
साहिर्वुध्नायै उत्तरा प्रौष्टपदायै ॐ नमः।।५२।।
स पूषायैरेवत्यै ॐ नमः।
सात्विभोऽश्वयुग्भ्यः ॐ नमः ।।५३।।
स यमायै भरण्यै ॐ नमः ।
इत्युपस्थायतैरेव मन्त्रैः ।।५४।।
प्राक् ज्वलित प्रधानां तैरेव मन्त्रैः ।
प्राग्वालि प्रधानानां धूपमाल्योपश्चादर्विषुश्च।।५५।।
प्रदाय पवित्रापाणिः देवस्यत्वा सवितुः।
प्रसवेश्विनो वाहुभ्यां पूष्णो हस्ताभ्यां यथा।।५६।।
वितानां ग्रहाणां स नक्षत्रगणस्य वलयः।
प्रतिगृह्णन्ति यथा लिङ्गं क इमेति चंद ताङ्गुष्ठ।।५७।।
भेषज करण्या वोपहृताहुर्ष्टत्तागाः।
प्राश्यशेयं साम्वहार्थं ब्राह्मणेभ्यो ददाति।।५८।।
ततो विसर्जयति ग्रहप्रधाना बलिभिर्यमो-।
र्वितायतात्मानां येत्व हतेषु चेत् ।।५९।।
सुप्रयातु युक्ता नेपतेर्वैरैः ।
शुभैर्यथा गता पुष्टिकरार्भवतु ।।६०।।
ॐ नमः इत्याह गर्गः ।

वृद्धगर्गकृते ज्योतिषे नक्षत्रवल्युपहारोनाम।।

❑❑❑

अथ एकषष्ठितमोऽध्यायः

रम्ये मन्दाकिनीतीरे महर्षिगण सेविते।
महर्षिगण मासीन मृषया समुपस्थिताः।।१।।
पद्मयोनि महाभागं सर्वभूत पितामहम्।
अभिवाद्याथ पप्रच्छुः संशयं परमर्षयः।।२।।
भृग्वङ्गिरा वशिष्ठश्च संवर्तः कश्यपस्तथा।
वृहस्पतिर्गौतमश्च तदान्ये ब्रह्मर्षयः।।३।।
समेत्यं बलकृत्वाशुचयः सञ्चितव्रताः।
कथान्तरं ततो वाक्यं कथयन्ति जितेन्द्रियाः।।४।।
भगवान्मानुषे लोके गावो लोकस्य मातरः।
भव भवन्त्यतोग्नि होत्राणि हूयते देवतास्तथा।।५।।
तासां व्याधि रनुप्राप्तास्तत्रका परिदेवता।
एवमुक्तेथ भगवान्वचनं व्याजहार सा।।६।।
महादेवं महारा तं सर्वस्य जगतः प्रभुम्।(?)
सम्प्रपद्याय धर्मज्ञं स सर्व मभिधास्यति।।७।।
श्रुत्वा पितामहाद्वाक्यं प्रस्थिता ब्राह्मणर्षभः।
तमांसहाय स गणं हिमवन्ती महागिरौ।।८।।
अभिवाद्याञ्जलि वध्वा शुचयः शंसितव्रताः।
अर्चयन्ति महादेवं कथयन्ति विनीतवत्।।९।।
देवदेवासुराः सर्वे ऋषयश्च तपस्विनः।
अनेक ग्राह्मयो लोका गवां दृष्ट्वा तदामयम्।।१०।।
तसां सुखार्थं तद....प्रसादं कर्तुमर्हसि।
तथेति भगवानाह महात्योवः पूजिता।।११।।

व्याधयस्तु दश प्रोक्ता गवां वक्ष्यामि यादृशाः।
उद्विग्नो हृदयग्राही तपनो मोहनस्तथा।।१२।।
कलिङ्गः पूतनश्चैव दारुणः रवोरक स्तथा।
तेषां रूप समुस्थानं यादृशं तद्रवीमिवः।।१३।।
शान्तिकर्म च निर्द्दिष्टं यादृशीं तत्र निर्मितम्।
रात्रौ गोष्टेषु या गावो चित्रं सन्ति यतस्ततः।।१४।।
उद्विग्नो तामसव्याधिकोस्तेन चैव प्रजायते।
अश्रु प्रमोक्षं कुर्वन्ति चलन्ति प्रतिपन्ति च।।१५।।
हृदो गन्तं विजायाद् गोषु रोगं विनिर्द्दिशेत्।
शोणितं यत्र कुर्वन्ति मूत्रयन्ति वा।।१६।।
प्रदेयमानास्खलिता पूतो व्याधि मरुते।(?)
हुकारं यत्र कुर्वन्तिर्मण्डलानि तथैव च।।१७।।
भविष्यात्समयन्तीव मूढसंज्ञा विजानीयात्।
पुरीषं मूतिकं सा क्षौद्रश्चैव प्रवर्त्तते।।१८।।
तं पूतनाग्रह विजानीयाद्गोष्ठरोगं समुच्छ्रितम्।
यदि जिह्वां विनिर्भज्य गोर्गां समभिधावति।।१९।।
कलिङ्गो नामनामनेह गोषुव्याधि भवत्यऽपि।
रक्तानि यस्य ते त्राणि विभवन्ति वा।।२०।।
मक्षिकाश्चापि लयन्ति व्याधि विद्यासु दारुणम्।
उत्थाय मण्डलं वने वानेन क्षिप्यते च या।।२१।।
कर्णक्षेप इति ज्ञेयो गोषु व्याधि समुच्छितः।
यस्याः स्फुरन्ति गात्राणि रोमाण्यूर्द्धं भवति च।।२२।।
उभौ च कर्णौ लम्बेते विघातं लम्बकर्णकम्।
इत्ये ते व्यापयो दृष्टा यथेच्छा देव चापरे।।२३।।

तिषु तेषु यथोदिष्टं शान्तिकर्म प्रयोजयेत्।
ब्रह्मचारी शिरः स्नातो निराहारः तमीशुचिः।।२४।।
आत्मरक्षां स्वयं कृत्वा ततः शान्ति प्रयोजयेत्।
नग्नाः काषायवसनाः मुण्डा ये परिचारिणः।।२५।।
व्यङ्गाश्च स्खलितांश्चैव दूरतः परिवर्जयेत्।
काणः श्वित्रो च कुष्ठी च तथा पक्षहतानपि।।२६।।
अन्त्यावसायिनश्चैव दूरतः परिवर्जयेत्।
अश्वत्थे वा पलाशे वा समे देशेत्वनूवरे।।२७।।
महास्थानैक वृक्षे वा देवगोष्ठेपि वा भवेत्।
गणकस्तु शुचिर्भूत्वा देवतात्युप कल्पयेत्।।२८।।
प्रतिस्थाप्य ततो देवान्वेदिं कुर्यात् प्रमाणतः।
पूर्णकुम्भान्कुशान्माज्याष्णा तुष्णोषिकांस्तथा।।२९।।
मांसपक्वामकं चापि तथैव हिमपिण्डकाः।
घृतसर्षप तैले च सर्षपा न क्षतांस्ता।।३०।।
शुक्रप्रतिसरान् गन्धासमिधोर्व समाहरेत्।
उदुम्बर पलाशं च खदिरं विल्वमेव च।।३१।।
अश्वत्थं च शमी चैव समिधस्तत्र कारयेत्।
चत्वार्थत्र सहस्राणि पञ्चमात्राणि कारयेत्।।३२।।
गजास्थिन्वारणास्थि आश्व उलूकस्य समाहरेत्।
एतान्यस्थिति धूपार्थं सर्वाण्येव समाहरेत्।।३३।।
वचसा सहसं युक्तं धूपं गोषु समाहरेत्।
हिंगुं च लशुनं चैव पिचुमन्दं सपिच्छकम्।।३४।।
सर्षपा सह युक्तानि धूपं गोषु समानयेत्।
सुरादधिरसं युक्ता मांसं पक्वामन्नं तथा।।३५।।

दिशं च विदिशं चैव बलिं कुर्यात् प्रदक्षिणम्।
गावस्तु सर्वागोष्ठा तु देवगोष्व मुपानयेत्।।३६।।
आद्यं धूपश्च गन्धाश्च ग्राहयित्वा प्रदक्षिणम्।
अग्निं प्रणीय विधिवत्परिस्तीर्यमं ततः।।३७।।
बले न विजये चापि मुहूर्त्ते कर्म कारयेत्।
शान्ति मेतां प्रयुंजानाः सावित्री च न साजयेत्।।३८।।
एषाहि वेदमात्रा तु द्विजैपूर्व मुदाहृता।
कृष्णछागस्य मेषे न वच्छपाभ्यां ग्राह्य शोणितम्।।३९।।
समिद्भिर्जुहूयाच्छान्ति सर्षपैश्च घृतेन च।
रक्षोघ्नतैलं कृसरं रक्तमाल्येन संयुतम्।।४०।।
एवं तु जुहुयाद्विप्रो हृद्रांगस्य प्रणाशनम्।
पुष्पकष्ठस्य छागस्य शोणितं हापयेद्विजः।।४१।।
यावकन्दुभिलंवुष्माधिं दृष्ट्वानुपातनम्।
शमी मध्य सुसमिधः तसरं यावकं तथा।।४२।।
रक्ता तैलेन संयुक्तं व्याधिः स्याद्यत्र मोद्वनः।(?)
पाण्डुरस्त्र तु छागस्य वसाहृदय मेव च।।४३।।
प्रद्युसर्प्पिश्च जिह्वां च जुहूयात्पूतनाग्रहे।
अश्वत्थोदुम्वरो याश्च समिधः खादिरांस्तथा।।४४।।
सर्पिषासह होतव्याः कलिंगस्य विमोक्षणे।
शमीं सह पलाशं च सर्प्पिषायावकेन च।।४५।।
--- सुरेण च मांसे च व्याधिः शाम्यति दारुणः।
कृष्णग्रीवस्य छागस्य वा तथा भवेत्।।४६।।
शोणितं सर्प्पिषा युक्तं जुहूयाद्दारुणामये।
वयोवृद्धस्य छागस्य वसां हृदयशोणितम्।।४७।।

अरिष्टाक्षत संयुक्तं कण्डूक्षेमस्य नाशनम्।
घृतं सर्षपतैलं च हृदयं कुक्कुटस्य च।।४८।।
यथोपनीताः समिधो हवयेलंवकर्णिको।
गवां शान्ति यथोद्दिष्टायः प्रयुज्यात् द्विजर्यमः।।४९।।
कारयेच्च गवामर्थे वाजपेय शतैर्वरम्।
तस्य पुत्राश्च पौत्राश्च धनं धान्यं तथैव च।।५०।।
गावश्च सम्यग्वर्द्धन्ते लोके कीर्ति मवाप्नुयात्।
इति गवां शान्तिर्नामः।।

□□□

अथ द्विषष्ठितमोऽध्यायः

आसीनं हिमवत्पार्श्वे वृद्धगर्गं महामुनिम्।
क्रोष्टुकिं परिपप्रच्छ विनयाच्छन्ति व्रतम्।।१।।
समुतिष्ठयं केन प्रजानाम शिवंकरः।
निमित्तभूतो लोकेन्तितु न मारः सुदारुणम्।।२।।
पृथिव्या मेकदेशे वाप्युप शाम्यति।
प्रजानां भगवन्नेतच्छंसि तु वक्तुमर्हसि।।३।।
ततोदितस्त शान्ते न शशं स भगवस्तदा।
जनचार समुत्पति शमनार्थं न शान्तये।।४।।
यदा लोभ समाविष्टः पीडयन्तनयैः प्रजाः।
रमत्य भिद्रवात्ताता च धर्मेण तिष्ठति।।५।।
वचस्तस्या तु वर्तेतः प्रजाधर्मं विहायताः।
क्रोधलोभ समाविष्टःमध्वाचार विवर्त्तिताः।।६।।
पूजयन्ते नचा भीक्ष्णं देवान्विशंस्तथा पितृन्।
तास्य वक्रांसि भूता सुततो रुदः प्रकुप्यति।।७।।
अन्तकोप्येष भगवान् भूतानां शिव एव च।
कुरुते स विकाराश्च हेतुभूतः पृथग्विधान्।।८।।
ताराग्रहान् केतुदण्डा प्राहुः कारुक कीलकान्।
स सूर्यसन्ध्या विकृति घोरान्वा मृगपक्षिणः।।९।।
भूमिकम्पोल्का निर्घातं शीतोष्णानिल विक्रियाः।
अतिवर्षं मवर्षं च तथैवर्त्तु विपर्यया:।।१०।।
ओषध्यो रसहीनाश्च भवन्त्यतु विपर्यये।
रसवीर्य विहीनास्तान् रोगातुत्पादयत्यथा।।११।।

रुद्र प्रकोपतं तस्मातु न चारं प्रकुप्यति।
तस्मात् प्रसादयेद्यत्ला देवदेवं महेश्वरम्।।१२।।
दैवज्ञेन प्रदिष्ठेत विधिना सुसमाहितः।
गणपत्येन विधिना अथवा शिरसा तथा।।१३।।
यामलेन विधानेन कुर्याद्देवं प्रसादनम्।
शिवसूक्त मुमासूक्तं जपेच्च शतरुद्रियम्।।१४।।
वल्युपहारान्वि विधाश्चत्वरेषु निवेदयेत्।
आवाहयित्वा स गणं रुद्रं रात्रावहरसु च।।१५।।
ब्राह्मणान् भोजयेच्चैव दक्षिणाभिश्च तर्प्पयेत्।
प्रसादिते ततो रुद्रो ततचारो निवर्त्तते।।१६।।
न ह्येषमाना देवत्यैर्विविधैः शान्तिकर्मभिः।
बालासमयितुं शक्यो रुद्रकोप समुच्छ्रितः।।१७।।
तस्मात् प्रसादयेद्यत्नैर्भवाय जगतो हितम्।
शिवं प्रजानां भवति यदा स भवते शिवः।।१८।।
धर्ममङ्गलशीलश्च देवब्राह्मण पूजकः।
सत्याजं च रतः सर्वैरुपसर्गैर्विमुच्यते।।१९।।
जात्योपवास निरतो नृपतिश्चाप्य तन्द्रितः।
युक्तो होम मुपासीत नियमेन यथा विधिम्।।२०।।
एव युक्तस्य नृपतेः कर्मसिद्धिः प्रशस्यते।
कर्मणस्तस्य मूलं हि श्रद्दधानो नृपस्मृतः।।२१।।
उपोषितः शिरः स्नातः शुक्लवस्त्र समाहितः।
आत्मरक्षां स्वयं कृत्वा ततः शान्तिं प्रयोजयेत्।।२२।।
धर्मात्मा धमविशेषां राजाराजपुरोहितः।
राजा वै सगुणार्यैषां कुशलं तत्र प्रवर्द्धते।।२३।।

इति गार्गीये जनचारशान्तिर्नाम।।

अथ त्रिषष्टितमोऽध्यायः

देवाश्च वै असुराश्च स्पर्द्धन्ते तेत्र।
देशाश्रेष्ठ मान्विच्छमानाः वृहस्पति।।१।।
मुपधावच्छयन्ति न कुरुतां भवानिति।
स वृहस्पतिः पितामह मुवाच सुराणाम्।।२।।
तमन्विच्छतां श्रेष्ठयं भगवान्विधा तु मिति।
स पितामहः सर्वविजयं नाम।।३।।
शान्ति वृहस्पतये प्रोवाच ।
श्रेयसे सर्वेषु चाद्भुत दर्शनेषु।।४।।
नगरमध्य मवश्यं ग्रामं गृहं वा।
क्षेत्रकृष्टे वयमानस्य तेजस्कामस्यो।।५।।
र्तस्कामस्य पुष्टिकामस्य यज्ञकामस्य ।
स्वाध्याय कामस्य राज्यकामस्य ।।६।।
यस्यारम्भा स सिद्ध्येयुर्योरक्षेभ्यो।
विभियात् पिशाचेभ्यो वाभिचरतोभि।।७।।
वर्यमाणं वा यायामि सत्तस्य वा सेनाया ।
मभ्युतिष्ठत्तु ध्वजेष्व शान्तेषु यां दिश-।।८।।
मभियोजये युस्तां दिशमभिया येयुः।
पाश च मकुर्वाणे देशमपूर्व जित्वा पराजयद्वै।।९।।
पराजय द्वै राज्यभूमि करणे अनर्थ।
वृद्धया अनर्थानाम प्रामाण्य धनतः पुत्रतः।।१०।।
यशचैश्वर्यतो परिहायेदमग्नि प्रज्वलनतो।
अपां विकारे अत प्रवृष्टया परिवृष्टयावर्षवैकृते।।११।।
स्वके देशे पशूनां चोपसर्गे अश्वानां परबले।
पराभितानां तयोधानां यथोक्त काले नैषता।।१२।।

प्रकुर्वा शान्तिकर्म कुर्वीत स्वस्त्येषां स्यादिति।
इन्द्रध्वजो स्थाने तिष्ठतो विकारेषु देवता।।१३।।
वासानेषु देवता ब्राह्मणगुरु ।
पूजा न उपचितानां निवर्त्तते।।१४।।
ब्रह्मक्षत्रस्य विरोधे अन्योन्यस्य श्रेष्ठेषु।
संजातानां च माषानिद्रोहेति दिव्याशनि प्रपत्तने।।१५।।
निर्घातभूमि चलने ज्योतिषा मुपसर्जने।
स्वनक्षत्रयोजाया महता राजा पुरोति निविष्टे।।१६।।
अर्चाध्वज च प्रपतने प्रत्यन्त प्रगीत प्रसते च।
देवस्य ते वनस्पतिभिस्तथा रुदद्भिर्मध्वादीश्वर।।१७।।
सा भूवद्भिर्भूम्या मभ्युत्तिष्ठंत्यामयां च कर्मात्।
प्रादुर्भावे वैकृतेषु सुसलवते प्रत्यन्तवहलयोः।।१८।।
संसर्गतं कुपितो घाते गौर्गवा याते पीतयोः।
पूर्व च संचरणो वंशस्फोटने अतुत्तापि याणाम्।।१९।।
वृथा वाभि पीडिते नगरे पिशाचा तु विष्टेनगरे।
नगरमध्ये आरण्यानां मृगाणां अपव्याहर पक्षिणाम्।।२०।।
चोदनमोहनाभ्याकबधेष्वतिष्ठत् सुसन्ध्या सुदीप्ता।
सुग्रहे अवैकृतोपचारतशनेषु हस्तिनां मनुष्याणाम्।।२१।।
विकारे दिव्यभौमान्तरिक्षेषु निमित्तेष्वस्तंगते स्व।
स्वदेशे दृश्यंश्चन्यदेशो वा दृश्यसु शान्तिकर्म।।२२।।
कुर्यादृताषाढेष्विविवृको य च पशुपतिः।
पशूनां दुह्यात्तत्र प्रजापते शतरुद्रियम्।।२३।।
जपेतेत्तर्हिं रुद्र प्रशमयीत विज्ञापयतिति।
अथ शान्तिकर्म द्विजातीनां पुष्टिकर्माभिचारुकान्।।२४।।

न चोत्पात निमित्तेषु वासवत्स्परापरोस्य प्रयोगो भवति।
यावत्सिद्धिर्यावत्काल मवाज्येष्टूण्यभे उहगयते।।२५।।
पूर्वपक्षे ग़ुणवत्यनुकूले कर्मप्रयोगे नवमीवर्ज्ये तु।
नृत्यं ध्रुव मृदुपुष्टिकर्म प्रयुंजीते चरेषु।।२६।।
स्वरूपमानं यतवसरोये......भि चारुकम्।(?)
आर्त्ता सुशाशान्तिका सुतकातकाला माकार्क्षेत्याचार्या।।२७।।
अनृत व्यतिरिक्तां गानां नाकार्षेयात्युवाना।
विधात्क्ते शूलक्षत्रोपेतात्यर्त्विजो वृणीयाम्।।२८।।
छन्दांसि वातद्वृणीह इति विज्ञायते चत्वारः।
सहस्त्रे षोडशत्र्यशतसहस्त्रैश्चतुर्भिः।।२९।।
कोद्यायावन्तो वा कर्म आनर्थये मुये।
वा युतो विद्वांस इति विज्ञायन्ते।।३०।।
काणं रवंर्तु कुष्ठिनं दुश्चर्मिणं क्लीवं श्वित्रिणम्।(?)
रोमपृष्ठ मपस्मारिणं कुब्जं कुनखंश्यावदन्तम्।।३१।।
परिवृत्तिं परिवोरारं भग्नदन्त स्वरहीनम्।
वामदुष्टं सर्वांश्च विकर्मस्थान्वर्त्तयेर्ल्लिंगिनश्च।।३२।।
अन्योपसर्ग इति पूर्वाह्ण केशश्मश्रुणि वाप्य।
साव संभारानुकल्पयेयुः अक्षताः सुमनसः।।३३।।
सर्षपामधु च सर्वगन्धा कृष्णतरवर्ज्यं सर्वरसाः।
क्षारस्तवर्ज्याः सर्ववक्षान् हिरण्यं च सुवर्णं च।।३४।।
बलासहदेवा गवादिनीं समंगा विजयाम्।
मित्रहस्तां शुभां शतावरीं वचां यान्याः।।३५।।
कर्मनामार्तुषध्यः धान्यं प्रियङ्गवश्च।(?)
स्वस्तिकान्न विषमोदकान्दर्भान्दधिघृत ।।३६।।

मधुरोणतां दूर्वां च प्रतीची जायत तामिति।
अथ सामिधय मुपकल्पयेत्छमीनपि शान्तिकास्य पालाश्यः।।३७।।
पुष्टिकामस्यौदुम्बर्योर्तु न द्रवर्यानाद्य कामस्य वैल्यो वर्षब्रह्मस्य।
सकामस्यास्वत्थ्यास्तेजस्कामस्य न्यग्रोध वै कङ्कत्यः।।३८।।
पशुकामस्य शुष्कं वा गोशकृदूक्षोक्षीकाश्मर्य।
मप्योरोहोतक्यो यज्ञकामस्य अपामार्ग।।३९।।
सौभाग्य कामस्याभ्यव च चरतः वादर्य।
आश्वच्छ वैभीतक्य वैल्वो वा राज्य कामस्येति।।४०।।
पद्मानि श्रीकामस्य अक्षतास्थालीसर्षपाश्च।
सर्वेभ्यः कामेभ्यो जुहूयात् सौवर्ण मौदुम्बरम्।।४१।।
वास्तुज्यस्थाली सौवर्ण मौदुम्बरं वा समे।
आशुचौ बहुत्वोषधि देशे प्राचीन प्रवणो।।४२।।
स्निग्धायां प्रतिभक्तायां मूभौ मध्ये गोष्ठस्य।
पुरस्ताद्वा मध्यतो वा प्रागुत्तरतश्चतुरस्त्र।।४३।।
कल्पे च विंशत्यो मग्निरग्नयाङ्गारं वापि।
त्वक्ष्य परिमितस्यावरुद्यादिति विज्ञायतम्।।४४।।
तस्य पाक यज्ञिकवेदीं विदधाति पायते।(?)
दरिषां धारणं समर्था भवे तावतीमायस्य।।४५।।
प्राचीं प्राच्यास्त्रिभागहीनां पुरस्तात्पृष्ठतः ।
पञ्चमही तानि तात्येवाहू षडुङ्गुलोषडाश्चत्वारः प्राची।।४६।।
पश्चाश्रयश्चमा पुरस्तावं तृतीयात्युस्मा वेदीपात्र यज्ञिकी।(?)
अथवान्योपि विधानाय यजमान यात्री मेव वासिकताभिः।।४७।।
प्रागुदक् प्रवणां समाहितां कुर्यात् प्रधानतस्तु पूर्वतः उत्तर-कल्पेति।

जनचारशान्तिके द्वितीय पटलः।।

अथ चतुष्षष्ठितमोऽध्यायः

वेदिं कृत्वा लक्षणं कुर्याद्दक्षिणः प्राची।
लेखाम्प्राल्लिखे दुदीची मुत्तरतः प्राची।।१।।
तिस्रो मध्ये अद्भिश्चाभिषिंचे दिति लक्षणम्।
यस्य वृक्षस्य समिधः त्युस्माक्षमीगर्भाद्वातिर्म्म-।।२।।
धाग्नि मुतिष्ठेदभ्युद्यस्य ज्वलमानं सीद रोहति।
लक्षण मध्ये प्रणयेत्प्रलयज्वाल्य परिसमुह्ययपुक्ष्य दर्भैः।।३।।
प्रागग्रैर युग्वार्त्ता न समं सर्वतः।
परिस्तीर्य शमीशाखा भृग्वा परिमृज्य।।४।।
कुशमीरैश्च प्राग्द्वारे देव यजतेष्ठौ।
कुम्भान्नाम पूर्वान् सर्वासु दिक्षु प्रतिष्ठाप्य कर्तृणो।।५।।
यज्ञोपवीतिनो नीललोहित सूत्रे दक्षिणेषु।
हस्तेषु स हिरण्यं वध्वा उलीषं तृतीयेह।।६।।(?)
अत वाससीवसाना अत प्रीतोदका वसाथार्थे।
न प्रपद्य....क यज्ञकल्पे नात्र संस्मृत्याज्य।।७।।
जुहूयादग्नये सोमाय सवित्रे चेवे रतेन हुत्वा।
विदुषो ब्राह्मणस्नेहव च मांसे मन्नां भाजयित्वा हविः।।८।।
वनाशेष मौषधं मोपवासक लवणरस दशनं भुक्त्वा।
अग्निमूर्द्धेति द्वादशभिरा त्रिरात्र।।९।।(?)
विति वसावमग्नि मुपतिष्ठेयुः।
दिवस्य रीत्यनुवाकेन.........देवताश्चोपस्थाय।।१०।।
समास्वग्र इति दक्षिणतो युद्धादश दक्षिणय दीक्षा।
षड्भिस्त्र एकावसाराती दीक्षाय पुरत विद्धमामत्र।।११।।

कुद्ये पुरतिष्ठां वेरताभिमासे स्त्रीशूद्रौनामीभाषेरन्ने तेना....।
पूर्णमध्यं पश्येर्नक्तं मूत्रपुरीषे कुर्युर्हिवा छायायाम्।।१२।।
नाभिवर्षायायांयुर्यद्याभि वर्षाययेयु।
मांसे दीक्षा मातयोभिर्व......ष्येति जयेयुः।।१३।।
सुमनसः पुण्या वा चोपदे रसमाप्त उपवासे।
.... प्रशस्ते मुहूर्त्ते तिथौ नक्षत्रे करणेव।।१४।।
सान्नाप्ययातर्हि प्रकल्प ब्रीहि कृष्णाजिने च।
विफली कृतेषु चरुषु तमधिश्रित्य हविष्यम्।।१५।।
तद्वद्रवणद्रमामीतये काल ।
आपयेत् प्रक्षति पृथक्कृति ।।१६।।
बन्धु तेन प्रणयेयं प्रेक्षर्ण ।
नादृत्य सांपतिनाभिर्जुहूयात् ।।१७।।
श्रितेन ब्राह्मणं दक्षिणेन वर्णवश्य करवाणिति।
ब्राह्मणानामं आनुज्ञात त्रिः प्रोक्षेत्यश्चादग्नेश्च।।१८।।
वहिश्च प्रोक्षित मेकपात्रं स्तृणीवात्।
धातु विमभिमतोग्निं परिमृत्य दक्षिणात्यग्रान।।१९।।
उत्तरेष्टा धायस्तुवं वा नष्टस्य समृज्य.....।
गृहीत्वा अग्नये स्वाहेत्युत्तरार्द्धं।।२०।।
मैवं सौम्यं दक्षिणार्द्ध पश्चोर्द्धति।

जनचारशान्ति प्रकरणं तृतीयम्।।

□□□

अथ पञ्चषष्ठितमोऽध्यायः

अथाज्येन जुहूयाद्धीमानं प्रचं नृगं स्वाहाकार।
सहितेन आग्नेया सौम्या मदसुतये ऐन्द्रिश्वित्यश्चेति हुत्वा।।१।।
अग्नये अग्नन्येन युषेत्यष्टावग्नेप्यभिरुपक्रमते।
या वक्रान इति चाष्टमी सारस्वत्याभिर्हुत्वा।।२।।
वार्हस्पत्याभिरुपक्रमे तन्विहस्पति प्रथमम्।
जायमान इति सप्तभिर्यथा वाच मिति।।३।।
वार्हस्पत्याभि हुत्वाभिक्रमं ते नामानि ते।
शतक्रतोरिति दशैन्द्रे ऐन्द्राभि हुत्वाशिनी।।४।।
भीरुपक्रमते स प्रधान इति सप्तभिर्यतः।
कश्चिदष्टम अक्षः पयति त्रयोदशभिर्हुत्वा।।५।।
अत्रैव जायाया मत्पातानां राष्ट्रभूतो व्याहृतयः।
शतरुद्रियं यथा विद्यायां विश्वकर्म सूक्ते।।६।।
तथाग्नि जानान्नातारमिति राजामयग्निर्वः।
पूर्व मितिर्ष - गोधासमेधवन्निति पवनतो।।७।।
नर इति चतसृभिश्च तसृभिश्चतुर्षुरित।
राम्रि मित्यानिकया शुभे वृक्षादनुवाकस्य।।८।।
कृणुष्वपाज इति पञ्चभिर्जुहूयात्।
समिधो वा दद्यादेवं वै हविर्भिरभि चरत्।।९।।
स्वस्तिकाम स्वर्गकामो वान्नकामो वा।
अभिषषंड इति पञ्चभिर्जुहूयात्।।१०।।(?)
समिधो वा दद्यादेवं वै हविर्भिरभिचरत्।
स्वर्गकाम स्वस्तिकामो चाशमताभि चरतीति च।।११।।

तसृभिरा दद्याद्देव्यस्य नाम गृहीत्वा ताभित्वा।
प्रोत्तमाभ्यां च स्वस्तिकामः शमीमपि मथाक्षता।।१२।।
सर्षपाश्च हुत्वा यथो निरुतांश्चरूम्।
स्वलिङ्गाभिर्याज्या तु चाष्माभि र्जुहूयात्।।१३।।(?)
चरणवो हि षोडशानां स्थामे भवंति प्राक्।
तिष्ठकृतं ये पुनराग्नेयाभिर्हुत्वा सिद्धः।।१४।।
प्रधावन मेष चापि काल दद्यात् इति।
चैतत्प्रवतानुपस्तीर्य स्विष्टकृते धान्य।।१५।।
स्थवीयास्यैकैकदुत्तराद्वा द्वेतामग्न्याना।
द्विरभियार्थ शेषं न प्रत्यभिधारये स्विष्ट।।१६।।
त्युत्तरार्द्ध पूर्वार्द्धे सुसंक्ता- हुतशेषम्।
त्रिभिरभिद्यार्याज्य समं हुत्वा ।।१७।।
दशमं वर्जयेत्पलाश संवर्त्तयेत्।
शिष्टां समिद्यमादाय अनुमते स्वाहेति।।१८।।
यथा गृहीतकाया हुतिर्जुहूयात्।
समयाहुतीर्जुहूयात् ।।१९।।
दत्वादारभिरनु प्रहरेद्धूरिति जुहूयाततः।
द्वादशभिराज्यं जुहूयात्ततः ।।२०।।
समिध मादाय पर्युक्षेद प्रशान्ति।
कुं.....शमीशश्च वनस्पतिस्य च गन्धैः।।२१।।
सदधे मधुफलाक्षतैः स सुवर्णैः संसृज्य।
प्रतिसरान वास्यतो वध्य सूक्तेना।।२२।।
प्रतिरप्यनाभिमन्त्र्य स्वास्यमात्योप।
संस्पृश्याभ्यूक्ष्य तथा सु शेषा इत्येष कर्म प्रयोगः।।२३।।

अथ पाकयज्ञा दक्षिणा स......।
सुरच्छद्वानिष्कश्चेतिकोद्यां निष्कश्चेति।।२४।।
दण्डनिष्काग्राम समृद्धसस्यः पंचाभियुकः।
हस्ति पुनः कृकक्षाधेनूनां शतमृषभाणाम्।।२५।।
सहस्त्र ये द्रव्यैः ऋत्विजः सुप्रीताः स्युः।
एषा सावित्री सर्वकामिको ब्राह्म.....।।२६।।
.....सर्वान् कामा संवर्द्धयतीति।
कालज्ञाने शान्तिकल्पो नामो यागम् ।।२७।।

❑❑❑

अथ षट्षष्ठितमोऽध्यायः

महर्षि गर्ग मासीन मत्रिपप्रच्छ संशयम्।
कथ मृद्धाजनपदा विनश्यन्ति पुराणि च।।१।।
विनाशानां चरुयाणि यानि तानि ब्रवीहि मे।
प्रति..........तो तो गर्गो ब्रवीदिदम्।।२।।
अतिलोमाद सम्यक्तानास्तिकत्वाद धर्मतः।
राजापचारान्नियत मुपसर्गः प्रवर्त्तते।।३।।
ततोपचारान् मर्त्यानाम परज्यन्ति देवताः।
तमृज्यन्त्यद्भूता भावादिव्यभां मान्तरिक्षिणः।।४।।
ते एव पुरुषा.......र्वेदेव निर्मिताः।
विचरन्ति विनाशाय रूपैः सम्बोधयति तात्।।५।।
उच्छास्त्रानिगमाद्विप्राः पश्यन्ति ज्ञान चक्षुष।
वदति तु मत्येषु हितार्थ प्राग्विनाशात्।।६।।
ते तु सम्बन्धिता विप्रैः शान्तयो मङ्गलानि च।
श्रद्धधानाः कुर्वन्ति तेन यान्ति पराभवम्।।७।।
ये तु प्रतिकुर्वन्ति क्रिया मश्रद्धयान्विताः।
नास्तिक्या नृथवाक्यायाद्विनश्यन्तिथते।।८।।(?)
चि.........तुके तु नक्षत्रग्रह तारार्क्कम् ।
चन्द्रजां दिवि चोत्पद्यते यस्मिंस्तद्दिव्यक्षति तापनम्।।९।।
चाद्यभ्र सन्ध्यादि गृहपरिवेषत्वचांसि च।
यदन्तरिक्षस्ति व्याधिमदन्व्यव्यान्तरिक्षगम्।।१०।।
त.......ताम्यस्वभिचायोम्बु विक्रिया।
तस्माद्दिष्ठति तिष्टेषु श्रद्धधानः सुतन्त्रितः।।११।।

कुर्याञ्जप्यं च होमाश्च शान्तयो मङ्गलानि च।
नियमानुपवासांश्च व्रतार्निन विविधानि च।।१२।।
गोहिरण्यान्न भूमीनां तिलं वांक्षित सर्प्पिषाम्।
.... गोदानं भूमिदानं सुवर्णयोः।।१३।।
वस्त्रन्तरः सुदानं च स्वकृच्छ्रादपि मोक्षयेत्।
जप्यहोमोपवासैश्च मृदुचैवं विपाच्यते।।१४।।
समरात्रांतरे वापि पर्यन्यस्याभि वर्षात्।
तत्र भौमान्परिष्ठानि व्यावर्त्तते क्रियागुणैः।।१५।।
अन्तरिक्षान्परिष्ठानि व्यावर्न्तते कथञ्चन।
अव्यावृतीत्परिष्ठानि दिव्यानि हुर्महर्षयः।।१६।।
वङ्कन्न दक्षिणान्येषु महाहोमः प्रयोजयेत्।(?)
प्रथमायोपवासश्च देवब्राह्मण पूजनम्।।१७।।
हिरण्यान विसर्गाश्च कर्तव्यास्त द्विजातिभिः।
पुरञ्जन पदेकाशे.......हते य पुरोहिते।।१८।।
पुत्रोष्वात्म निभृत्येषु पठ्यते देवमष्टधा।
दिव्यान्तरिक्ष भौमानां प्रवृत्तानां यथा पुरम्।।१९।।
अयथास्वं विकारश्च तद्विकाराद्धि दैवतम्।
अभूतपूर्व यत्पूर्व मपूर्व जायते द्रुमम्।।२०।।
तदद्भुतमिति प्रोक्तं निमित्ताश्यान्निमितं जनम्।
यद्यतुत्पन्न पूर्वासु सहसैवोत्पतन्ति तु।।२१।।
प्राग्विनाशाय सम्बन्धास्ते उत्पाता इति स्मृताः।
उद्वेगकारा मर्त्त्यानां यदि प्रीति विवर्द्धनम्।।२२।।
अहितत्वादनिष्टत्वा छन्दाः पर्याय वाचकाः इति।
राष्ट्रोत्पातिक निश्चयं नामः।।२३।।

अथ सप्तषष्ठितमोऽध्यायः

देवताच्चर्याः यनृत्यन्ति विपन्ते प्रङ्कलन्ति च।
नृत्यन्ति मुद्गरोदन्ते प्रस्विद्यन्ते सन्ति वा।।१।।
उतिष्ठन्ति निषीदन्ते प्रधावन्ति पिवन्ति वा।
भुजन्ते विक्षिपन्ते वा गात्र प्रहरण द्विजान्।।२।।
अवाङ्मुखा वा तिष्ठन्ति स्थानास्थानं व्रजन्ति वा।
वमन्त्यग्नि तथा धूमं स्तेर्हरक्तं तथा वसाम्।।३।।(?)
जल्पन्ति निश्वसन्ते वा विचेष्टन्ते श्रसन्ति वा।
तं वीक्षन्ति यत्रतत्र गात्रैर्वापि विचेष्टते।।४।।
यत्रैते सम्प्रपद्यश्यन्ते विकाराः सहसोच्छिताः।
लिङ्गायतन विवेषु तत्तु वासं विरोधयेत्।।५।।
राज्ञो वाम्पसनं तत्र सर्वा देशा पलायते।
तुच्छस्त्र मरणैर्वापि कंपि दत्तावपिष्ययते।।६।।
देवतायने वापि प्रयाता सुमहोत्सवम्।
योगक्षेमाव भग्नाश्च सीदनं चक्र वैकृतम्।।७।।
स ते पर्यसतो कस्माध्वजाच्चर्चा पतनानि च।
दृश्यन्तेना विनाशाय राज्ञो जनपदस्य वा।।८।।
यत्र प्रकृति भूतानि लिङ्गान्याय तानि च।
तत्र शाम्यन्ति घोराणि वा.....श्च कल्पते।।९।।
पितामहर्षि धर्मेषु यन्निमित्तं द्विजेषु तत्।
गुरुशुक्रानि स्पर्यानि तानि पुरोहिते।।१०।।
पशूनां रौद्र यज्ञेयं नृपाणांभोक पालतम्।
ज्ञेयं मण्डलिकानां तु यश्यास्कन्द विशेषयोः।।११।।

लौकिकं विष्णु वावद्यर्हि विश्वकर्माणि यातरे।
मन्त्रसेनापतीनां तु गन्धर्वेषु विनायके।।१२।।
देवप्रेष्या देवस्त्रीषु नृपस्त्रियः वास्तुष्मतिम्।
पुरस्त्रेयोषज्ञ प्रासादकस्ययो ।।१३।।
कुमारेषु कुमाराणां कुटीरेष्वेव मेव च।
यज्ञराक्षस रोगेषु तथोक्तं योङ्कि कर्मणि।।१४।।
देवतान्वा विकारेषु श्रुतिवोक्ता पुरोहितः।
त्रिरात्रो योषितः स्नातः शुक्लाहत निवासिनः।।१५।।
शित संस्नात मच्छार्द्य गन्धमाल्यौ र्विभूषयेत्।
मधुपर्केण विधिवदुपतिष्ठे समाहितः।।१६।।
मधुपर्केस्त्रगूपतिल लाक्षाक्षतोयुभिः।
भक्ष्यभोज्यैश्चये यैश्च मन्त्रवद्बलिभिस्तथा।।१७।।
यथा लिङ्गेन मन्त्रेण स्थालीपाकं तथा।
पशुं जुहूयद्बलि मव्यग्रः शुचिः सस्यग्नि वेदयेत्।।१८।।
सप्ताहात्तत्र भोज्यानि दक्षिणाश्चात्र कारयेत्।
गोदाने चोपदेहाश्च गीतनृत्योत्सव क्रियाश्चेति।।१९।।

गार्गीये ज्योतिषे राष्ट्रोत्पातो देवता चेष्टितं नामाध्यायः।।

❑❑❑

अथ अष्टषष्ठितमोऽध्यायः

अनग्निर्दीप्यते यत्र राष्ट्रो भृशमतिं धनः।
न दीप्यते चेन्धनं वासराष्ट्रः पीड्यते नृपः।।१।।
प्रज्वलेदं पुंमासं वातथार्द्रं वापि किञ्चन।
विनाग्निना यच्छष्कं नियतं नृपतेर्वधम्।।२।।
अतैशानित मासिकं स्युर्यदिवापि सवो रतः।
धूमश्चानग्नतोय तत्र विधान्महाभयम्।।३।।
रात्रावनभ्रो दिवि वा यदिप्त्या दर्शनं भवेत्।
प्रासादन्तोरणद्वारं प्राकारं कश्यपगृहम्।।४।।
शयनासन यानानि ध्वजं छत्रं च चामरम्।
यद्यनग्निः प्रदहते वैष्द्युतो वापि निर्दिशेत्।।५।।
सप्ताहादन्तरं तत्र नियतं नृपतेर्वधम्।
अनैशानित मासिकं सूर्य दिवायां सवोरजः।।६।।
धूमश्चग्नितो यत्र तत्र विद्यात्महाभयम्।
यत्रावनभ्रो दिवि वा यदि स्यादर्शनं भवेत्।।७।।
गर्हितं ज्योतिषां चार्थे दर्शनं च हवन्निशि।
पुर वा च यानेषु ज्वलमाने मुहुर्मुहुः।।८।।
दृश्यते वीत महसा तत्राप्या शुभयं भवेत्।
प्रासादादिषु चैत्येषु यदि धूमो विनाग्नि वा।।९।।
विधूमो वा भवेदग्निर्भयायैव हितस्मृतः।
ज्वलंति यदि दिशस्त्राणिधि तु प्रत्युत्मंति वा।।१०।।
क्रोशम्यो वापि नियतं संग्रामस्तु मूलोभवेत्।(?)
प्रदीप्यन्ते च सहस्त्राणि पिशाचाः पक्षिमानुषाः।।११।।

वृक्षा वा पर्वता वापि विद्या तत्र महद्भयम्।
शयनासन यानेषु केश प्रावरणेषु च।।१२।।
दृश्यन्ते विस्फुलिंङ्गा वा धूमो वारणाय ततः।
भवन्त्यायुधशस्त्राणि नन्दते व्याहरन्ति वा।।१३।।
तूणीराः सहसा वाणानुद्गिरन्ति स्फुरन्ति वा।(?)
स्वभावाच्चापि पर्यन्तै धनूषि प्रज्वलन्ति वा।।१४।।
तेषु देशेषु तेषु स्यात्संग्रामस्तु मूलात्मकः।
समिद्भिः क्षीरवृक्षाणां सर्षपश्चैव्घृतेन च।।१५।।
होतव्योग्निः स्वकैर्मन्त्रैः सुवर्णं वा च दक्षिणेसति।

गार्गीये ज्योतिषे उवभास वैकृतो नामाध्यायः।। (?)

❑❑❑

अथ एकोनसप्ततितमोऽध्यायः

यमनुजायते पुष्पं फलं वा यमनु यदि।
कुमुदोत्पल पत्राणि एकताले बहून्यऽपि।।१।।(?)
बहुशीर्षा द्विशीर्षा च तथाभिप्ररापि वा।
यवा वा ब्रीहियो वापि स्वामिनो मरणाय वै।।२।।
एक संदृश्यं नानात्वं फलपुष्पयोः।
परात्मान यथास्वनां परचक्रागमो वदेत्।।३।।
प्रनष्टे फलपर्यानि चैक नाले बहून्यऽपि।
प्रनष्ट फलपुष्पं वायथर्त्तु फलवन्ति वा।।४।।
तत्सद्योषधिगुल्मा च जनमार भयं वदेत्।
अथ चातिशयं धान्यं नगरं वापि नीरसम्।।५।।
तिलावाप्यंद्य तैलास्या न तैला वा भयाय तत्।(?)
अग्राह्य कारयेत्पुष्पं फलं वा विकृते नृप।।६।।
धान्यानां च कृतं क्षेत्रं पूर्वमात्रे हि दापयेत्।
सौरं चरु पुष्पफलैर्विकृतिः पथ्य मेव वा।।७।।
क्षेत्रं पश्य च भौमं च निर्वयेत्सस्य वैकृते।
गार्गीये ज्योतिषे सस्य वैकृतो नामाध्यायः।।

□□□

अथ सप्ततितमोऽध्यायः

पुरुषे ये दृश्यन्ते पादपादौ वचोदितम्।
रुदन्तो वा हसन्तो वा श्रान्तो वा वायुसारथिः।।१।।
अयोगानिषु वातेषु शरवामं चत्य सम्भ्रमे।
फलपुष्प तथा वालादर्शयन्तो त्रिहायणाः।।२।।
सर्वावस्थं दर्शयति फलपुष्प मथार्त्तवम्।
क्षीरं स्निग्धं सुरां रक्तं मधुतोयं स्त्रवन्ति वा।।३।।
शुष्यन्ति रोगाः सहसा शुष्कारुह्यन्ति वा पुनः।
उतिष्ठन्ति च पचितान्त सन्निपतन्ति वा।।४।।
तत्र वक्ष्यामि निखिलं विपाकफल मेव च।
क्रियायोगांश्च विस्फोट दोषात् प्रशमनानि च।।५।।
तुंदने व्याधिमाख्याति हसते देह विभ्रमम्।
शाखासु पवने कुर्यात् संग्रामे योध पालनम्।।६।।
बालानां मरणं कुर्याद्बालानां फलपुष्पतम्।
स्वराष्ट्रभेद कुरुते फलपुष्प मनार्त्तवम्।।७।।
फलं सर्वत्रगं क्षीरस्तेह दुर्भिक्षलक्षणम्।
वाहनापचये दध्ये रक्ते संग्राम मादिशेत्।।८।।
मधुश्रावे भवेद् व्याधिर्जनश्रवे न वर्षति।
आरोगा यदि शुष्यन्ति तदा दुर्भिक्ष लक्षणम्।।९।।
शुष्केषु संप्ररोहमुखीर्य मन्नं च हीयते।
उत्थाने पतितानां च स्वयम्भेदकरं भवेत्।।१०।।
स्त्रजत्यंस्था स्थानानि देशं भजत्स वा।
जल्पस्वपि च वृक्षेषुरो च शुद्धनक्षयम्।।११।।

यदि वा पूजिताश्चैवा धूमायान्ति ज्वलन्ति वा।
विकृतं न तु पुष्पं वा राज्ञो मृत्युस्तदा भवेत्।।१२।।
अन्येषु चैव युक्तेषु वृक्षोत्पातेषु तन्यतः।
आच्छादयित्वा वृक्षं तु गन्धमाल्य विभूषितम्।।१३।।
संस्थापयेद्वा तु शिवं पशु चास्य निवेदयेत्।
मूलेत्र तत्तु षणमासा हुत्वा रुद्रं जपेन्नरः।।१४।।
मधुसर्प्पिष्मताच्यर्ा पायसेन द्विातायय:।
भूमिदानं च कर्त्तव्यमेवं नश्यति किल्विषम्।।१५।।
वृक्षस्य च परिदेव मेवं पाप प्रशान्तये।
गीतवादित्र मृत्युं च रुद्रस्यापहरेन्निशि।।१६।।
इति वृक्ष विकारेषु लक्षणं परिकीर्त्तितम्।
पाकश्च दशमे मासि क्रोष्टुके वचनं यथा।।१७।।

गार्गीय वृक्षकोत्पातिको नाम।।

❑❑❑

अथ एकसप्ततितमोऽध्यायः

अतिवृष्टिरनावृष्टि दुर्भिक्षाय संस्मृतम्।
अकालवर्ष योगाय अतिवृष्टिर्भवाय च।।१।।
अनभ्रे वर्षते कस्मास्वनते गर्जतेपि वा।
अनभ्रेनातिनि........तः पतितो राजविप्लवे।।२।।
अनभ्रे वर्षते तीक्ष्णे मृदुष्वेवं न वर्षति।
यदि चोष्णे भवेच्छीतं शीते चोष्म मतीव च।।३।
दृष्ट्या नवोति विकृता-रथर्तु स्वरूपिणः।
अनारोग्यं भयं चैव प्रजानामभि निर्दिशेत्।।४।।
सप्तरात्रं यदा वर्षेत्प्रवृद्धः पाकशासनः।
अन्यतो तस्य देशस्य स्यात्प्रधान दधा ध्रुवम्।।५।।
शोणितं वर्षते यत्र तत्र वर्षभयं भवेत्।
मज्जास्थि स्तेहमासानां जनचार भयं वदेत्।।६।।
अङ्गारयां सुवर्षेषु नगरं तद्विनश्यति।
फलपुष्पधान्यं हिरण्यादि भयं भवेत्।।७।।
तवोतीव विकृताद् पुलाद्वा विनाश्वरा।
विद्वानं प्रत्यववी च सस्या नामीति वर्द्धनः।।८।।
यदि वान्यभ्रे विरते सूर्यछाया न दृश्यते।
न निवर्त्तते प्रतीपावान् तत्र देशभयं भवेत्।।९।।
निरभ्रे वाथ रात्रौश्चेतस्मिन्द्रायुधं यदि।
पूर्वपश्चायतं वापि दुर्भिक्षाय मवाय च।।१०।।
सूर्येन्दुवायुपर्यन्या षष्टव्यावर्ष वैकृते।
अन्यानि स हिरण्यानि धान्यं गावश्च दक्षिणे।।११।।

गार्गीये ज्योतिषे वर्षवैकृतो नामाध्यायः।।

अथ द्विसप्ततितमोऽध्यायः

नागरादुपसर्प्यन्ते नश्यन्ते वाथ भग्नथा।
अशोष्या वाथ शुष्यन्ति विमार्गं प्रवहन्ति वा।।१।।
ह्रदयल्वल कूपाना मुदधीनां च शोषणम्।
न चिरान्नं पुराश्वत्यं भवतीत्यभि निर्दिशेत्।।२।।
प्रतिश्रोतो वहन्ते वा विरसं वायु निर्गमाः।
विवर्णं वृककलुषं तप्तं फेनवतु सङ्कुलम्।।३।।
क्षीरस्तेह सुरारक्तं वहन्ते वा कुलोदकाः।
षणमासाभ्यन्तरेत प्रपर चक्रागमो वदेत्।।४।।
ग्रसन्ते वाचा वदन्ते वा नाददन्त कथन्ति वा।
खगं ज्वालाप्रथो धूमा केचन्ते वा वटाद्गदः।।५।।
निःशब्दगीतगन्धर्व विकृतस्वन सङ्कुला।
समत्वा इव दृश्यन्ते जनमारभयं वदेत्।।६।।
जलं वा स्त्रवते यत्र मुखान्ते वा नदी जले।
अद्यदिते वास्यदीर्णे वा महद्वेदयते भयम्।।७।।
उत्पातेष्वेव नृपतिर्वापणेषु जलाधिपम्।
पूजयेत् प्रयतो राजा होमैर्योगैश्च पुष्कलैः।।८।।
स्थालीपाकं पशु वापि वरुणाय निवेदयेत्।
दिव्यमभः पयः सर्पिमधु वाभ्राव सेचनम्।।९।।
यदि देवीत्यतत्तषु स पञ्चव्या पञ्चवद्विजैः।
परेण इति चैकन्तु देया वावच्च दक्षिणेति।।१०।।

गार्गीये ज्योतिषे नदी वैकृतं नामा।।

❑❑❑

अथ त्रिसप्ततितमोऽध्यायः

अकालप्रसवानाम कालातीत पतास्तथा।
असाध्य.....वा अनुमाण्य तुण्डानि संजातव्यं जनानि च।।१।।
अन्त्यम संगव्यं गाविष्कनागान्यपि वा यदि।
चरत्यम् संगव्यं गाविष्कनागान्यपि वा यदि।।२।।
चरत्पश्चिमादृश्यान्य वेदारुष्ववन्ति च।
विनाशं तस्य नियतं कुशस्य च विनिर्दिशेत्।।३।।
लाप्ताप्त वयसो भर्गा द्विचतुर्थास्त्रुयोपि।
विन्यस्त विनयान्वापि प्रजायन्तेतार्भवेत्।।४।।
तस्यास्यु परभूमिषु त्यक्त व्यानि शुभात्मना।
तर्ण्यये च द्विजानकामैः शान्तयश्चापि कारयेत्।।५।।
वाडवाहनि सूता वा यदि युग्मं प्रजायते।
विजात्य विकृतं चापि षड्भिर्मासै म्रियते नृपः।।६।।
अपनीयाश्च यूथैश्च त्याज्यानि परभूमिषु।
स्वामिनं नगरं यूथ मन्यथा हि विनाशयेत्।।७।।
वियोनिषु पदं याति मिश्रीभावं प्रजामऽपि।
खरोष्ट्रिय मातङ्गा मनुष्यावान साधुवत्।।८।।
अकालेद्यापि नाद्यन्ति कालेयाप्य मदायति।
श्वानोष्ट्रहयमातङ्गाः पक्षिणो वात साधुवत्।।९।।
धेनुधेनुः पिवेद्यत्र अनड्वादानडुत्तथा।
श्वानो वधयते धेतुं धेनुः श्वान मथापि वा।।१०।।
दृश्यते त्रिषु मासेषु पश्वाक्रागमं वदेत्।
अमानुषो मानुषाणि जल्पन्ते प्राणिनो यदि।।११।।

विषेश्यत्व हसन्वापि मासेन म्रियते नृपः।
चतुस्यात्पक्षि भुजगा मनुष्या वै समं महत्।।१२।।
जङ्गम्याः स्थावरंजपेस्था वर्यामऽपि जङ्गमम्।
तस्मिन्योनि विपर्यासे परचक्रागमे वदेत्।।१३।।
त्यागो विवसनं दानं तत्राद्याशु शुभं वदेत्।
तर्प्ययेद् ब्राह्मणाश्चापि प्रजानामाश्च कारयेत्।।१४।।
स्थालीपाकस्य धातारं पशुना वा पुरोहितः।
प्राजापत्येत मन्त्रेण यजेद्द्रङ्क्त्र दक्षिणम् ।।१५।।

गार्गीये ज्योतिषे वैकृतो नाम।।

❑❑❑

अथ चतुस्सप्ततितमोऽध्यायः

यान्ति यानान्य युक्तानि विना वाहैर्नृपतिस्तथा।
युक्तानि वा न गच्छन्ति चोद्यमानानि यत्नतः।।१।।
प्रक्रमन्तेत्र सीदन्ते तङ्गाचैवान्य वक्रयाः।
महद्भयं भवेदष्ट्रे तेषां च भयसंसृति।।२।।
भर्योमृदंगाः पटहा वाद्यन्ते वाप्यहा हताः।
अहता वा न वाद्यन्ते मुञ्चतोग्नि मनाहताः।।३।।
अचला निर्चलन्त्येव न चलन्त्यचलानि वा।(?)
परचक्रभयं तत्र राष्ट्रेव मरणं भवेत्।।४।।
अरण्ये तर्पति वदोग्रामो वा नभ संस्थितः।(?)
तत्रासु भवते ग्रामे श्रुत्वा तु शून्यता।।५।।
अथवा वेश्मनि श्रूयेद्गीतगन्धर्व निस्वनः।
न श्रूयन्ते विनाशस्या विस्तरेण पराजयः।।६।।
कोष्टा वा नृत्यते यत्र दर्वी वा हसते सति।(?)
हसते मुशलं वापि शून्यं वा तां जायते भुवि।।७।।
गोलाङ्गुलानां संसर्गाद्विकारस्तण्डुलंक्य।
नारी वाहयते नारी जायते तु मूलो भवेत्।।८।।
प्रव्याहरन्ति सर्प्पन्तिस्तम्भ पाषाण पादपाः।
शवनाशन यानानि काष्ठाच्च नृपतेर्वधः।।९।।
वायन्ते कालजावाताघोराच्चिक्रूर कर्षिणः।
यातेयद्वृक्ष वायव्येष्वेव नृपतित इव भीषणाः।।१०।।
सप्ताह मथवा पक्षे निवद्धाह्यति दारुणाः।
त्र्यहादिनवर्षे तु घोरं शस्त्रभयं भवेत्।।११।।

वायव्येष्वेव नृपतिर्वायुं सक्तुतिर्चयेत्।
आवयोरिति पञ्चव्याजाप्यश्च प्रयतैर्द्विजः।।१२।।
ब्राह्मणात्परमान्नेन दक्षिणाभिश्च तर्प्पयेत्।
वङ्कन्न दक्षिणाहोमाः कर्तव्याश्च प्रयत्नत इति।।१३।।

गार्गीये ज्योतिषे वायुविकृतोनामाध्याय।।

❑❑❑

अथ पञ्चसप्ततितमोऽध्यायः

मृगद्विजा यदारण्याः प्रविशन्निर्भयाः पुरम्।
हित्वा वा नगरं गम्याः श्रयन्ते निर्भवनम्।।१।।
त्रिधारा त्रिमता वापि दिवा वा वा दिवा।
वा पुरमध्यस्था घोरं वा सन्ति निर्भयाः।।२।।
राजद्वारे पुरद्वारे शिवाप्य शिवम्वदाः।
मृगद्विजा वा नरो वा त्यजन्ते सर्वशो यदि।।२।।
ब्राह्मणं मुच्चरणं वापि शून्यं भवति तत्युर्दन्यम्।
कुहिंसिंहाशहरिणो वृषभान्शूकरा तुऋच्छ।।३।।
दृष्ट्वा प्रतिष्ठान्नगरेश्वत्पिभावन्ति निर्दिशेत्।
शिवं तदा निवघ्नन्ते सन्ध्ययोर्मृग पक्षिणः।।४।।
श्येनागृध्रावलाकाश्च वामनामुण्डचारिणः।
अर्द्धयंत इवायर्थं प्रदीप्तं सहसो यदि।।५।।
वासन्ते विवरं यत्र तद्वाद्यादिवि नश्यति।
सरोषे कुक्कुटोतीव हेमन्ते चापि कुक्कुटाः।।६।।
वासत्पुरं वायमिवोक्ति प्रमेव प्रणश्यति।
निशायां बहवः श्वानो उन्नदन्ति यया..कम्।।७।।
प्रशमनं च गच्छन्ति तत्र वासं न रोचयेत्।
प्रासादध्वजमाल्यासु प्राकारद्वारतोरणे।।८।।
गृध्रवायसभासानांवीडा दृश्य पुरंत्पन्ने....।
...... य सन्ध्यायाम् प्रशान्तस्वनो मृगः।।९।।
ग्रामघातं समाख्याति ग्राम्येण प्रतिवारितः।
ग्रामद्वारे वितवते वनादागत्य जम्बुकः।।१०।।

स्वरेण महतातीक्ष्णा दीप्तो ग्रामवधाय सः।
यस्य तीक्ष्णं कपोता वा प्रविशन्ति वसन्ति वा।।११।।
राजवेश्मत्युलूका वातच्छून्य मचिराद् भवेत्।
द्वारप्रकारवेश्म समाकारे तोरणे ध्वजे।।१२।।
व्रतन्ति बहुशो गृध्राः काकोलूकैर्वकैः सह।
अथ वाप्येषु स्थानेषु मधु संजायते तदा।।१३।।
निलेभेस्त्वश्चत्र वल्मीकाः षणमासा म्रियते नृपः।
मृगः पशुर्वा पक्षी वा सूचितो यस्य वासते।।१४।।
क्रियते यस्य संस्थाय स देशो वै विनश्यति।
मृगा यत्र मृगेशा वा व्याहरन्ति समन्ततः।।१५।।
उत्पादयन्ति शब्देन गामाग्राणि नगराणि च।
काकमूषक मार्जाराः स पतङ्गाः स पन्नगाः।।१६।।
अतीव बहुशो दृष्ट्वा दुर्भिक्षायाभि निर्दिशेत्।
शून्यस्य वात्यां कर्षतो भवन्ति पुरमध्यगाः।।१७।।
त्रिवाजिता वाप्य स्थिति जनमारः प्रवर्त्तते।
काष्टं वा यदि वा शृङ्गाग्राह्य वा बलम्बिकम्।।१८।।
ग्राममध्येन धावन्तो मृगाः प्राहुर्महद् भयम्।
मृगपक्षि विकारेषु कुर्याद्गोमांस दक्षिणाम्।।१९।।
देवाः कपोत इति वा जप्तव्या पञ्चाभिर्द्विजैः।

गार्गीये ज्योतिषे मृगपक्षि वैकृतोनाम।।

❑❑❑

अथ षडसप्ततितमोऽध्यायः

तत्राद् भूतानि दृश्यन्ते विचित्राणि समन्ततः।
समृद्धोपि देशोयं विप्रमेव प्रणश्यति।।१।।
राजवेश्मसु चैत्येषु प्रासादद्वार तोरणे।
उत्पातिकानि दृश्यन्ते राजसूत्र महद् भयम्।।२।।
प्रासादे तोरणे द्वालद्वार प्राकार वेश्मनम्।
बलावेकस्मात्पतनं विज्ञेयं राजमृत्यवे।।३।।
देवराज धृतादीनां जम्भनं पतनादिव।
नि..........................पीडाकर स्मृतम्।।४।।
इन्द्रनीला दृढो भज्ये द्वारपक्षो युगानि वा।
स्थापयोप्यक वाटानि ज्ञातव्या राजमृत्यवे।।५।।
इन्द्रध्वज शिरो भज्येत्पातेत्वेन्द्रध्वजाः।
क्षितौ भजते शक्रस्यष्टिर्वानियतं नृपतेर्वधः।।६।।
.... देशः समाकुलाः।
चन्द्रसूर्यौ च रज्येते प्रध्वस्तौ वीतराशौ तौ।।७।।
प्रस्वस्त ग्रहनक्षत्रास्ततः सन्ध्या समाकुलाः।
सन्ध्ये चोभवति दीप्ते तत्र विद्यान्महद् भयम्।।८।।
यदि वा शीर्यते कस्माद् भूमिस्ति.............।
प्रकम्पातेव ते चात्र मपर्वसु भयाय तत्।।९।।
रक्षः पतङ्गा पन्थानं वहन्ते च भयावहाः।
रक्षो रूपाणि दृश्यन्ते च नरथ्या गृहेष्वपि।।१०।।
संप्रवृष्टैः पिशाचैर्वा रक्षोभिर्वापि ताड्यते।
नगरन्त चिरात्काला............य बाध्यते।।११।।

ज्ञतवश्चावं पर्यस्ता ब्राह्मणाश्च विधर्मिणः।
नक्षत्राणि वियोगिति भयस्यै तन्निदर्शनम्।।१२।।
अपूज्या यत्र पूज्यन्ते पूजनीया न कर्हिचित्।
अज्येष्ठं कनिष्ठं च भयस्यै तन्निदर्शनम्।।१३।।
उचितैर्नाभि पूज्यन्ते पूपान्नबलिभिः सुराः।
कोपाद्वा यदि वा न स्यान्नास्तिक्याद्धन साधुता।।१४।।
भिन्ना कौलीन बहुलारुक्षाः परुषवादिनः।
कलहास्या निरूत्साहाः सत्यहि सत्ववर्जिताः।।१५।।
शीलाचार विहीन श्वेतघृतदुग्धावृत विप्राः।
नराः पाषाणभूताश्च विनाशे प्रत्युपस्थिते।।१६।।
महाबलं महामांत्यैज्यंतिषु महान्ति च।
कारयेत महेन्द्रं च महोदी..........र्चयेत्।।१७।।

गार्गीये ज्योतिषे अकालोत्पत्तिको नामाध्यायः।।

❑❑❑

अथ सप्तसप्ततितमोऽध्यायः

अथ राज्ञा मरीष्टानि विनाशो प्रत्युपस्थिते।
पुरेषु संप्रदृश्यन्ते यानितानि ब्रवीमि ते।।१।।
अग्निर्यत्र न दीप्येत हूयमाना सुशान्तिषु।
पूर्णकुम्भाः.......विकपि य लुपति।।२।।
मङ्गलश्च शुभो यत्र श्रूयतेन समन्ततः।
क्षत्रधुर्वाधते वापि प्रहसन्ति रुदन्ति च।।३।।
न च धर्मेण भूतानि यथावत्परिरक्षते।
वर्द्धते हसते चास्य कार्यं प्रकृतितो यदा।।४।।
गुह्यते वात भागेषु भुक्ताभोगोतभीत वा।
आश्रमानाश्रमस्थाच्च वित्रसन्ति हसन्ति वापि।।५।।
दण्डं विप्रेषु दारुणं अर्थनास्य प्रसिद्धर्यान्त।
राष्ट्रं वास्य पुत्रष्वति ब्राह्मण सुहृदो।।६।।
मात्यामन्त्रिणश्चा च मन्यन्ते।
विलवन्ति प्रयातामुन च प्राप्त विवस्पति।।७।।
शतमह्यो निरुत्साहो रात्रो लभते सुखम्।
अभीक्षण मविशास्वप्तो विप्रायाणि च पश्यन्ति।।८।।
अथ पश्याद्विनाशेन युज्यतेव सुधाधिपः।
शास्त्रा न श्रद्दधानश्च नास्तिको वेदकुशकः।।९।।
स्त्रीषु दूतै च मांसे च दुग्धे चान्ने चरत्यति।
गुरुस्त्रीबालवृद्धेषु पौरजात पदेषु च।।१०।।
कुश्यायां रसते राजा दण्डान्वा प्राप्तधारिणा।
अतिकर शुष्काभ्यां राष्ट्रबाधे हसन्ति च।।११।।

वैरदुर्भिक्ष रोगेभ्यो राष्ट्रं च परिरक्षति।
असंलोप प्रलापैश्च अमात्यापुरुषैस्तथा।।१२।।
एतैः प्रलापै रमते न शास्त्रश्रुति कारणैः।
मर्यादामे तु धर्माणां सति धानां प्रदर्शने।।१३।।
असङ्क्व्ये च कल्पे च अभीक्ष्णमभि राज्यति।
प्राज्ञाराज्ञः श्वशुराश्च शुचीन् वृद्धान गुरुस्तथा।।१४।।
एतान् नमस्या स्वमता प्रजायां कुरुते मनः।
देवोपघाते दुःस्वप्ने सततानां च दर्शने।।१५।।
शान्तिमङ्गल होमेषु नास्तिकां भजते सदा।
देशे पुरेषु सेनासु विनाशे प्रत्युपस्थिते।।१६।।
इष्टानि चाप्य निष्ठानि दर्शयन्देव चोदितः।
दीनेषु द्रव्यब्रह्मस्व देवद्रव्यं स्त्रियोधनम्।।१७।।
प्रदस्य हरते राजा विनाशे प्रत्युपस्थिते।
राज्य एव निमित्तानि भवन्ति विनशिष्युतः।।१८।।
ब्राह्मणा तु प्रथमं द्वेष्टि ब्राह्मणैश्च विरज्यते।
ब्राह्मस्वानि चादते ब्राह्मणांश्च जिघांसति।।१९।।
ततस्मरति कृत्येषु याचितश्चाभिसूयति।
रमते निन्दया चैषां प्रससन्ताभिनन्दति।।२०।।
ततोस्य देशो नाशाय गच्छते नास्य सेवया।
उचितानि च वर्त्तते राज्ञः पुण्याहवाचने।।२१।।
आसनादीनि विप्राणां दक्षिणां वा न साधु तत्।
नाधीर्यतेजित क्रोधास्तेषु देशेषु ब्राह्मणाः।।२२।।
श्मशान मिव ते वेशाः ब्राह्मणैः परिवर्जितः।
प्राप्नुवन्ति चिरात्काला क्षयं वाथ दिवाध्वशम्।।२३।।

ब्राह्मणेष्व प्रशस्तेषु न प्रतिष्टन्ति देवता।
दैवतेष्व प्रतिष्टेषु प्रजानां विसङ्करा:।।२४।।
शेरते तेषु देशेषु राक्षसा: कामरुपिण:।
अपूर्वं तु करं राजा लोभा यातयते तदा।।२५।।
न तत्र देशास्तिष्ठन्ति राजदण्डेन पीडिता:।
देशेषु हि विनष्टेषु नगरांतद्विनश्यति।।२६।।
नगरे च विनश्यति राजायति चक्रवान्।
यस्मिन् तोयवा पूर्वं प्रकीर्त्तितम्।।२७।।
युगानां नामरूपाणि प्रमाणं सन्दधानि च।
सुरक्तेन युगप्रभ: आसीद् ब्राह्मण्य मुत्तप्ताम्।।२८।।
आज्ञास्तत्र महाभागानरा: सूर्याग्नि सन्निभा:।
न वृत्यर्थं भयं तेषां न मृत्युर्न च तस्करा:।।२९।।
द्रुमा: कामफलास्तेषां सस्यपूर्णा च मेदिनी।
शतवर्ष सहस्त्राणि आयुस्तेषो क्वत्ते युगा:।।३०।।
मलोभस्तेषां न क्रोधश्च शरीरेषु शरीरिणाम्।
न रोषो न च दम्भोस्ति न पैशून्यं न क्षुद्रता:।।३१।।
संयोगा मैथुनश्चैव च दण्ड प्रधानता।
तस्मिन् कृतयुगे जातो देवगन्धर्व किन्नरा:।।३२।।
दानवा: स पुरो यक्षाराक्षसा: स महोरगा:।
उदयन्त्पद्यते सूर्ये ज्वलन्तेपि सूर्यवत्।।३३।।
तपो वीर्यानरा: सर्वे तदा कृत युगे-युगे।
तत: कुतयुगस्यान्ते कृतान्त: समुपस्थित:।।३४।।
घोरं चात्र महायुद्धं प्रवर्त तारकामयम्।
तस्मिन्वृते महायुद्धे देवगन्धर्वस्तथा तम:।।३५।।

स देवऋषिभिः सिद्धैः राक्षसैः समहोरगैः।
तस्मिन्युद्धे व्यतिक्रान्ते ये शेषास्तत्र प्राणिनः।।३६।।
तेषां तु रक्षणाय नक्षत्रं सृष्टं स्वयंभुवा।
ततस्त्रैगुणानार्थ.......यो प्रोच्यते युगम्।।३७।।
निरता यत्र चत्वारोवर्णाः सर्वै स्वकर्मणि।
चतुर्वर्णास्थितो धर्मोधात्तहोत्रं प्रवर्त्तितम्।।३८।।
ततः शास्त्राणि मन्त्राश्च जपाश्च बहवस्तथा।
अरण्यायतना विप्राः सर्वे वेदपरायणाः।।३९।।
द्वितीये तु युगे प्राप्त अजिस्त्रा अशगनराः।
प्रजापालन दक्षाश्च क्षत्रिया युद्धशातनः।।४०।।
विप्राणां च विशेषज्ञा रक्षितारः समाहिताः।
पशुपाल्यं कृषिश्चैव ब्राह्मणानां च पोषणम्।।४१।।
......कर्मसु रता वैश्या शूद्राः शुश्रुषणे रताः।
एवं धर्मरतो लोके सत्यव्रत समाहिते।।४२।।
ततः क्रोधश्च लोभश्च पातितः पृथिवी तले।
दशभागेस्थितं त्वायुर्मूल पुष्पफलानि च।।४३।।
दशवर्ष सहस्त्राणि आयुस्त्रेता युगे कृतम्।
ततस्त्रेता युगस्यान्ते कृतान्ते समुपस्थिते।।४४।।
त्रिःसप्त कृत्वो रामेण कृता निःक्षत्रियामही।
तत उच्छादितेक्षेवे युगेत्य स्मिन्तुपस्थिते।।४५।।(?)
प्रपद्यतो घोरं तृतीयं द्वापरं पुनः।
इहाप्या सुस्थितवस्य दशभागेन प्राणिनाम्।।४६।।
नरावर्ष सहस्त्रेण देहंत्पक्षान्ति दुःखिताः।
न तेषां वधबन्धोस्ति वलात्कारेण दारुणः।।४७।।

अकृछ्रधर्मा पृथिवी तृतीये तु युगे नराः।
प्रजापालन दक्षाश्च रक्षितारो नरेश्वराः।।४८।।
सत्यं धर्मश्च यज्ञश्च द्वापरे प्रथिते युगे।
एकपादाव शेषेण धर्मेण पृथिवी तले।।४९।।
न च कामपरः कश्चित्सधर्मं परिपृच्छति।।
तस्यापि च युगस्यान्ते मेदिनीक्षय मेष्यति।।५०।।
नराः सृक्षन्ति स्वादेहा कालस्य वश मागताः।
हयानां च गजानां च पार्थिवानां नृणां तथा।।५१।।
वधार्थं द्वापरस्यान्ते समत्पश्यति केशवः।
चतुर्वाहुर्महावीर्यः शङ्खचक्रगदाधरः ।।५२।।
वासुदेव इति ख्यातः पीताम्बरधरो बली।
ततः कैलास संकाशो वनमाली हलायुद्धः।।५३।।
पाण्डवानाचरो राजा भविष्यति युधिष्ठिरः।
बुधार्थं द्वापरस्यान्ते भ्रातृभिः सह वायव्यो।।५४।।
भीमसेनश्च फाल्गुनश्च महातपाः।
नकुलः सहदेवश्च भ्रातरावश्विनात्मजौ।।५५।।
भीष्मद्रोणादयश्चैव धृष्टद्युम्नश्च पार्थिवः।
अङ्गराजस्तथा कर्णसाश्वत्थामा च दुर्जयाः।।५६।।
देवकः शतधन्वा च दारुकश्च महायशाः।
रक्षार्थं नरलोकस्य उत्पश्यन्ति युगक्षये।।५७।।
शकुनिर्दन्त वक्रश्च शिशुपालश्च गर्वितः।
शल्योरुक्मिर्जरासन्धः कृतवर्माजयद्रथः।।५८।।
य तेषामपि वीराणां राज्ञां हेतुर्भविष्यति।
द्रुपदस्य सुता कृष्णा देहान्तरगता मही।।५९।।

ततो न रक्षये वृत्तेष्व शान्ते नृपमण्डले।
भविष्यति कलिर्नाम चतुर्थं पञ्चमं युगम्।।६०।।
ततः कलियुगस्यान्ते परीक्षित्तु जन्मेजयः।
पृथिव्यां प्रथितः श्रीमानुत्पश्यति न संशयः।।६१।।
सोपि राजाद्विजैः सार्द्धं विरोधमुपधास्यति।
द्वार विकृतामर्षः कालस्य वशभागतः।।६२।।
ततः कलियुगे राजा शिशुनामात्मजो बली।
उदधीता मधर्मात्मा पृथिव्यां प्रथितो गुणैः।।६३।।
गङ्गातीरे स राजर्षि दक्षिणे स महावरे।
स्थापयन्नगरे रम्ये पुष्पोराम जनसङ्कुलम्।।६४।।(?)
तेथ पुष्पपुरं रम्यं नगरं पाटली सुतम्।
पञ्चवर्ष सहस्राणि स्थास्यते नात्र संशयः।।६५।।
वर्षाणां वशताः पञ्चपञ्चसंवत्सरस्तथा।
मासपञ्च अहोरात्रा मुहूर्त्ताः पञ्च एव च।।६६।।
तस्मिन्पुष्प पुरे रम्ये जनराजा शताकुले।
ऋतज्ञा कर्ममसुतः शालिशूको भविष्यति।।६७।।
स राजाकर्म मसुतो ह्यष्टात्मा प्रिय विग्रहः।
स्वराष्ट्र मर्दन चैव धर्मवादी अधार्मिकः।।६८।।
स ज्येष्ठभ्रातरं साधु केतिति प्रथितं गुणैः।
स्थापयिष्यति मोहात्मा विजयं नामधार्मिकम्।।६९।।
ततः साकेतमाक्रम्य पञ्चालामथुरा तथा।
एवता युद्धविक्रान्ताः प्राश्यन्ति कुसुमध्वजम्।।७०।।
ततः पुष्पपुरे प्राप्ते कर्दमे प्रथिते हिते।
आकुलाविषयाः सर्वे भविष्यन्ति न संशयः।।७१।।

शस्त्रद्रुम महायुद्धं तद् भविष्यन्ति पश्चिमम्।
अनार्याश्चाप्य धर्मश्चि भविष्यन्ति नराथमाः।।७२।।
ब्राह्मणाः क्षत्रियावैश्याः शूद्राश्चैव युगक्षये।
समवेषाः समाचारा भविष्यन्ति न संशयः।।७३।।
पाषण्डैश्च समायुक्ता नरासस्मिन्युगक्षये।
स्त्रीनिमित्तं च मित्राणि करिष्यन्ति न संशयः।।७४।।
चीरवल्कल सञ्चिता जटावल्कल धारिणः।
भिक्षुकावृषणा लोके भविष्यन्ति न संशयः।।७५।।
त्रेताग्निवृषला लोके हाप्यन्ति लघु विक्रियाः।
ओंकार प्रथितैर्मन्त्रैर्युगान्ते समुपस्थिते।।७६।।
अग्निकार्य च जाये च अग्निके च दृढव्रताः।
शूद्राः कलियुगस्यान्ते भविष्यन्ति न संशयः।।७७।।
भोगवादिनस्तथा शूद्राब्राह्मणाश्चर्यवादिनः।
समावेशाः समाचारा भविष्यन्ति न संशयः।।७८।।
धर्मभीततमावृद्धा जनं मोक्षन्ति निर्भयाः।
यवना ज्ञापयिष्यन्ति न रारे पञ्चपार्थिवाः।।७९।।
मध्यदेशे न स्थास्यन्ति यवनायुद्ध दुर्मदाः।
तेषा मन्योन्य सम्भाव भविष्यन्ति न संशयः।।८०।।
आत्मचक्रोत्थितं घोरं युद्धं परम दारुणम्।
ततो युगवशातेषां यवनानां परिक्षये।।८१।।
सङ्केते सप्तराजानो भविष्यन्ति महाबलाः।
लोहिताद्रैस्तथा योधैर्योधा युद्ध परीक्षिताः।।८२।।
करिष्यन्ति पृथवीं शून्यारक्तघोरांसु दारुणाम्।
ततस्ते मगधाकृत्स्नां गङ्गासीनासु दारिणा।।८३।।

रक्तपातं तथा युद्धं भविष्यति तु पश्चिमम्।
अग्निवैश्यास्तु ते सर्वे राजानो कृत विग्रहाः।।८४।।
क्षयं यास्यन्ति युद्धेन यथैषा माश्रिताजनाः।
शकानां च ततो राजाह्यर्थस्नुब्जा महावलाः।।८५।।
दुष्टभावश्च पापश्च विनाशे समुपस्थिते।
कलिङ्गशतराजार्थ विनाशन्ते गमिष्यति।।८६।।
कोवेडुकण्डैः सवलैर्विलुम्पतो गमिष्यति।(?)
कनिष्ठास्तु हताः सर्वे भविष्यन्ति न संशयः।।८७।।
विनष्टे शकराज्ये च शून्या पृथिवी भविष्यति।
पुष्पनाम तदा शून्य वीभत्स भवति च तम्।।८८।।(?)
भविष्यति नृपः कश्चिन्न वा कश्चिद् भविष्यति।
ततो रणौघ तु मूलो भविष्यति महाबलः।।८९।।
आम्राटो लोहिताक्षेति पुष्पनामं गमिष्यति।
सर्वे ते नगरं गत्वा शून्यामासाद्य पर्वतः।।९०।।
अर्थलुब्धाश्च ते सर्वे भविष्यन्ति महाबलाः।
ततः स म्लेच्छ आम्लाटोस्ताक्षो रक्ततवस्त्रभृत्।।९१।।
जन मादाय विवशं परमुत्सादयिष्यति।
ततो वर्णांस्तु चतुरः स नृपो नाशयिष्यन्ति।।९२।।
वर्णाधावस्थितान् सर्वान् कृत्वा सर्वे पूर्णव्यवस्थिते।
आम्राटो लोहिताक्षश्च विपश्यति स बान्धवः।।९३।।
ततो भविष्यते राजा गोपालोनाम नामतः।
सोपि संवत्सरं राज्यं भुक्तानि धन मेष्यति।।९४।।
ततः स विपुलो राजा अनरण्यो महाबलाः।
सोपि वर्षत्रयं भुक्ता पश्चन्निधन मेष्यति।।९५।।

ततो विकुयशाः कश्चिद् ब्राह्मणो लोकविश्रुतः।
तस्यापि त्रीणि वर्षाणि राज्यं हृष्टं भविष्यति।।९६।।
ततः पुष्पपुरस्यान्तथैव जनसङ्कुलम्।
भवद्वीरं सिद्धार्थं प्रसेवोत्सव सङ्कुलम्।।९७।।
पुरस्य दक्षिणेपार्श्वे वाहनं तस्य दृश्यते।
हया द्वेसहस्त्रे तु गजवाहस्तुकाल्पतः।।९८।।
तदा भद्रयोके देशेश्रामे मित्रस्तत्र कीलके।
तस्मिन्तुत्पश्यके कन्यां सु महारूपशालिनी।।९९।।
तस्यार्थे स नृपो घोरं विक्रमं ब्राह्मणैः सह।
तत्र विष्णुवशादेहं विमोक्षति न संशयः।।१००।।
तस्मिन्युद्धे महाघोरे व्यतिक्रान्ते सुदारुणे।
अग्निवैश्यस्तदा राजा भविष्यति महाप्रभुः।।१०१।।
तस्यापि विंशद्वर्षाणि राज्यं स्फीतं भविष्यति।
अग्निवैश्यस्तदा राजा प्राप्यराज्यं महेन्द्रवत्।।१०२।।
भीमैः शरसंघातै विग्रहं समुपैष्यति।(?)
ततः शररसं घोरे प्रवृत्ते सुमहाबले।।१०३।।(?)
वृष यातेन स नृपो मृत्युं समुपयास्यति।
ततस्तस्मिन्नाते काले महायुद्धे सुदारुणे।।१०४।।(?)
शून्या वसुमती घोरा स्त्रीप्रधाना भविष्यति।
कर्णिनार्यः करिष्यति लाङ्गलो वर्णपाणयः।।१०५।।(?)
दुर्लभत्वान्मनुष्याणां क्षेत्रेषु धनुयोधनाः।
विशद् भार्यछाया भविष्यन्ति नरा सदा।।१०६।।
प्रक्षीण्याः परुषं लोके दिक्षु सर्वासु पर्वसु।(?)
ततः संघातशोनार्यो भविष्यति न संशयः।।१०७।।

आश्चर्यमिति पश्यन्ते दृष्ट्वाधो पुरुषस्त्रियः।
स्त्रियो व्यवहरिष्यन्ति ग्रामेषु नगरेषु च।।१०८।।
नराः स्वस्था भविष्यन्ति गृहस्थारक्त वाससा।
ततः सात्तुवरोराजा हत्वां दण्डेन मेदिनी।।१०९।।
व्यतीते दशमे वर्षे मृत्युं समुपास्यति।
ततः प्रनष्ट चारित्राः स्वकमोरपहताः प्रजाः।।११०।।
करिष्यं वक्रो घोरं बहुलाश्च इति श्रुतिः।
चतुर्भागं शस्त्रेण नाशयिष्यति प्राणिनाम्।।१११।।
हरिष्यन्ति शकाः षोडशं चतुर्भागं स्वकं पुरम्।
ततः प्रजायां शेषायां तस्य राज्य परिक्षयात्।।११२।।
देवो द्वादशवर्षाणि अनावृष्टिं करिष्यन्ति।
प्रजा ता श्रृगमिष्यं दुर्भिक्षभयपीडिताः।।११३।।(?)
ततः पापक्षते लोके दुर्भिक्षे रोमहर्षणे।
भविष्यन्ति युगस्यान्तं सर्वप्राणि विनाशनम्।।११४।।
जनमारस्ततो घोरो भविष्यति न संशयः।
पृथिव्यां सलिलं सर्वं प्राणिनामुपयोक्ष्यति।।११५।।
स्थास्यते सलिलं चात्र समुद्रेषु नदीषु च।
मण्डलेषु च दृश्यन्ते गङ्गायां सिन्धुसागरे।।११६।।
इरावत्यां विशिखायां वेत्रवत्यां च सर्वज्ञः।
सुवर्णायां च कौशिक्यां सरस्वत्यां तथैव च।।११७।।
कृत्वा प्रवृत्तिर्मनुष्याणा संक्षये समुपस्थिते।
शमक्षमदमास्ते वै स्थास्यन्ति च युगक्षये।।११८।।
नास्तिकं लघुचरित्रम ब्राह्मण्यं कलिप्रियम्।
वक्तुर्यिष्यन्ति ते नित्यंते स्थास्यन्ति युगक्षये।।११९।।

गावो वृद्धान् द्विजान् ब्राह्मणान् प्रमदावार्थ निन्दिताः।
धैर्यं ये धारयिष्यन्ति ते स्थास्यन्ति युगक्षये।।१२०।।
दुर्भिक्षाम्याहते लोके अग्निभूते सुदारुणे।
अवेक्ष्यार्थ प्राणिनां स्पृष्ट्वा द्वादशमण्डलाः।।१२१।।
शेषाशेषाधर्मप्रिया लोके ये नरा धर्मसंश्रिताः।
कृत्यया सा परिश्रान्ता ते यास्यान्ति युगक्षये।।१२२।।
तत्र द्वे मण्डले सृष्टे नदी यत्र गर्त्भेधुका।(?)
अष्टयोजन विस्तारा अजातागिरि शेषाभृता।।१२३।।
तत्र ये संश्रयिष्यति राष्ट्रे श्रेयोभिकांक्षिणः।
ते श्रित्वा सर्वतो भद्रं प्राश्यन्ति सुखमुत्तमम्।।१२४।।
ततः समुद्रतीरेषु तृतीयं मण्डलं स्मृतम्।
यत्र प्रश्यैर्महाहारैर्जीविष्यन्ति युगक्षये।।१२५।।
ततो दक्षिणपूर्वेण प्रत्यन्तेषु महावने।
तत्र ये निवसिष्यन्ति स्यास्यन्ते ते युगक्षये।।१२६।।
नर्मदायां तु तीरेषु पर्वतः पालपञ्जरः।
तत्र विजानीयास्थास्यन्ति वर्तमाने युगक्षये।।१२७।।
ततो महेन्द्रभोगेषु दक्षिणेषु महावने।
तत्र प्राणात्सुबहवो धारयिष्यन्ति ते वसत्।।१२८।।
ततः कावेरीतीरेषु मण्डले शतयोजने।
तत्र मीनैर्वराहश्च तुष्टि मेष्यन्ति मानवाः।।१२९।।
ततो भोजकटाभ्यासे मण्डले शतयोजने।
यत्र मीनैः पतङ्गैश्च तुष्टि मेष्यन्ति मानवाः।।१३०।।
ततः कुविन्दविषयेष्वन्तरेषु महावने।
सक्ष्यन्ति प्राणिनो यत्र स्पृष्टमन्नं गुणान्वितम्।।१३१।।

देवीकूटे च शैलेन्द्र स्त्रीकूटो नाम विश्रुतः।
क्षुत्पिपासा भयाद्भीता यत्र स्थास्यन्ति मानवाः।।१३२।।
शैलो रजद् गवोसामावस्ति शूल पुरोगमः।
यत्र स्थास्यन्ति देहानि मानुषाणां युगक्षये।।१३३।।
शैलस्य पारिजातस्य त्रिकूटोनाम विश्रुतः।
देहिनस्तत्र स्थाष्यन्ति मृणालैः पुष्करैस्तथा।।१३४।।
ततो मद्रेयके देशे धरण्ये पञ्चकानने।
नदी यत्र महाभागा अशोकातीव विश्रुता।।१३५।।
यत्र शाकैश्च जीव्यन्ते धान्यैमूलफलैस्तथा।
धारयिष्यन्ति मनुजा घोरे तस्मिन् युगक्षये।।१३६।।
एतद् भविष्यति माख्यातं प्रयाते वर्हणध्वजम्।
एवन्ते तु चरिष्यन्ति तेपि सर्वं सदा सुखम्।।१३७।।
शतं सहस्त्राणामेषकल्पः सदा स्मृतः।
पूर्वं युगसहस्त्रान्ते कल्पो निःशेष उच्यते।।१३८।।

वृद्धगार्गीये ज्योतिषे युगपुराणं नाम।।

❑❑❑

अथ अष्टसप्ततितमोऽध्यायः

अतुलबलरत्नौघो राजा विपुलविक्रमः।
वभूवामर संकाशो हरिश्चन्द्रः प्रतापवान्।।१।।
तस्य वीर्यममाज्ञातो बलेन महतान्वितः।
जगत्पतिर्गोविषाणो मुख्यानां मुखसंहितम्।।२।।
पुत्रपुत्रानुजं नामसो तु शासन्ति भूपतिः।
चतुर्हितमुखे युक्तो नागाश्च ऋषियौर्वनाम्।।३।।
बलाबलज्ञो योधानां गाम्भीर बलबानृजुः।
सतीवृत्ति गुणोपेतं शुक्लोनीति विचक्षणः।।४।।
दण्डनीति प्रयोगज्ञो प्राप्तकाल समाचरन्।
वरेन्प्रयथत्नं कुर्वीते नृपतिः सुखसेविते।।५।।
तस्मान्मेद च विहितं चारः प्रथमतः श्रृणु।
भृगां नादे विधादेवैः पक्षिणश्च प्रयोजिता।।६।।
यथा सर्वमाख्याति योगक्षेमं शुभाशुभम्।
तपस्यात्ते वर्त्तयिष्यामि भृणामय पक्षिणम्।।७।।
तत्वार्थगा वेदयतां शुभाशुभ फलोदयम्।(?)
प्रवृत्तस्य निवृत्तस्य अमाते वा वने पथे।।८।।
दक्षिणाद्वामभागानि बोधेमात्पृथक् द्विजान्।
अरिष्टोनाम शकुनिः प्रस्थितस्य यदा भवेत्।।९।।
सामतोर्थकरः सस्या दक्षिणार्था विनाशयेत्।
प्लव प्रावशमानस्य ग्राम वा यदि वा गृहम्।।१०।।
दक्षिणे शोभतोर्यो वामतस्तु विगर्हितः।
अरण्ये तु यद हृष्टः क्षीरिणं वृक्ष मास्थितम्।।११।।

वामो हृष्टो भवेद्विद्धांस्तदार्थागम मीप्सितम्।
अथ चेक्षिरिणं हृष्टमास्थायाभि वेदश्यगः।।१२।।
आरष्टो दक्षिणः सस्माक्षेमानत्वर्थ साधकः।
ऊर्ध्व शुष्के तु यो वृक्षो वामोदृष्टो वदेद् भृशम्।।१३।।
तत्र क्षेमं विजानीयान्त प्रयातार्थ संपदाम्।
अरिष्टो दक्षिणे यत्र शुष्के वासेत पादपे।।१४।
दीनस्वरेण तं विधाद्विनाशाय भयाय वा।
निलीय मूर्द्धनि यदा वाससोद्यस्य भाषते।।१५।।
तदा तस्य भयं ब्रूयाद्वस्त्रेण भुजगेन वा।
शेषा मभिमुखो मृष्टो दीप्तस्या दिवि वासते।।१६।।
चेतत्पक्षाद् भूमिष्टः सद्यस्तेषां वधं भवेत्।
अम्बिकानाम तुक्षौवितत्य संक्षिप्रं वेदयग्नितो भयम्।।१७।।(?)
गृहे वलीकां छायां स्थित्वा वासति यो मुहुः।
काकतेथ करस्वरंत्तस्वा सद्यो वर्षायते परम्।।१८।।
यदारिष्ट परिडं यत्वा स दक्षिणतो व्रजेत्।(?)
तदा सन्नाहायच्छोधं वेदयते हि सः।।१९।।
प्रशान्तं शकुनं दृष्ट्यातं क्षेमार्थकरं भवेत्।
गच्छगच्छेत्यनुगतो यात्रारिष्टः प्रचोदयेत्।।२०।।
तत्रादिदादर्थ सिद्धिं स्वासुवान्न मुपस्थिते।
अथवेत्युत्थितं वृक्षं अरिष्टो यत्र वासते।।२१।।
प्रवेदयर्थसिद्धिं स्वासुवान्न मुपस्थिते।
अथवेत्युत्थितं वृक्षं अरिष्टो यत्र वासते।।२२।।
प्रवेदयर्थसिद्धिं मासश्चाध्वर्युपस्थितम्।
धुन्वत्पक्षौ तथा तुण्ड मरिष्टो वासते तु यः।।२३।।

समः परिड गत्वा मसमाख्यामि भयात्पुरम्।
पृष्ठतो यस्य मर्त्यस्य परिहीय प्रकाशते।।२४।।(?)
प्रवेशयति शस्त्रेण सद्यो युद्ध मुपस्थितम्।
काकोति प्राकृताभाषा कुकाक्विति भुवैकृता।।२५।।
भयाय वैकृतामा प्राकृतामभयाय च।
स्वागतकन्तु च न गृहद्वारि यदा भवेत्।।२६।।
सृष्टं समागतं कुर्यात्तदा वा प्रासुकैप्रियैः।(?)
यदा तु शुक्लवृक्षस्य दिवाशाखागतो वदेत्।।२७।।
काकान्विते वदत्कश्चित्सद्यो विद्या तदा भयम्।
निही कुकुकुकूति तुटीककेति च द्वि।।२८।।
यंदा भाषते हृष्टतद्दानं पुष्कलं भवेत्।
उद्यानेषु कूपेषु सरस्सुसरितासु च।।२९।।
यात्राविष्टो वदे तुष्टो वर्षं तत्रादिशेत्महत्।
वायस ऋतं यहिकिरिकिरिकेत्युयेत्युहृष्टो।।३०।।(?)
द्रुमशिखरेभि निवेतिदं जलस्य सलिल ।
रिवसमस्वनः समर्षं महदिशं सति।।३१।।
यद्य एव पक्षी गहनवनगतेत।
शुष्कवृक्षे वदति खगो यदि वामतः।।३२।।
प्रशस्तः वृष चपल रुतं च तीक्ष्ण मेघोषम्।
सदृशन्ति यत्र शतो भवेत् युद्धम्।।३३।।
विमुख मभिमुखो पीड्यमानः।
स्वर मशुभं यदिवंत्तुदः करोति।।३४।।
असकृदपि तदा न वैरभावः।
पथि समागम माह घोररूपम्।।३५।।

अथ विपथि स दक्षिणाभि वीक्ष्य।
प्रदिशति चैव मुदाहरत्स दृष्टः।।३६।।
नियत मभिवदन्परैर दूरादभिसरणम्।
समरे रजोवधा यदि तु नरामिहाः।।३७।।
कर्क कदाचित्प्रतिदिन मेत्य हृष्टदोषः।
द्रुतमभिसरणं परैर्वधं वा ।।३८।।
सद्वृति तस्य तदा निवर्त्तनं वा।
अथ तु तदगतो वितत्य पक्षौय।।३९।।
प्रवदति दक्षिणतः स एव दक्षा।
बहुसलिल मतीवगाढतो याम्।।४०।।
वदति नदो समुपस्थिता मतार्था।(?)
अति नदति यदा तु संप्रहृष्टः।।४१।।
पुरुष मुपेत्य पथि प्रयातमात्रम्।
मधुर न च फलं शुभं सघोषम्।।४२।।

प्रवदति तस्य तदार्थ सिद्धरिष्टा।

शतपत्रकृतं।।

❑❑❑

अथ एकोनाशीतितमोऽध्यायः

द्विधा तु वाधोध्वनि दक्षिणः शुभः।
प्रतिक्षेतरातिमिरौति रवौ ।।१।।
तथापराह्णे प्रवदस्य वामतो।
भवेन्नरस्यार्थकरः खगोत्तमः ।।२।।
निरीक्ष्य वामं यदि वापि दक्षिणम्।
नरोस्तभ्यत्यर्थ मभीप्सितं पथि।।३।।
परार्द्ध वैदूर्य निभस्य दर्शनम्।
भवेन्न वायस्य निरर्थकं क्वचित्।।४।।
यदा तु काके न करोति विग्रहम्।
नरं च वासोभिरपैति वामतः।।५।।
स युद्ध माप्नोत्यपि वा विमानना।
हरन्ति वातस्य धनं हि तस्कराः।।६।।
यदाग्रतो गेहगतस्य वासे ते।
नरस्य वासः समुपैत्य वामतः।।७।।
नरस्य कुर्यात्कलहं तदा गृहे।
निधायत्येव च संविशेषताम्।।८।।
नागस्थितोय माशाङ्क लोपमोकरोति चापः।
पुरुषः प्रदक्षिणं स भोज्य मिष्ठं कुरुतेभि।।९।।
कांक्षितंशो महागुणं लभते कृच्छ्रेण च कार्यसंपदम्।(?)
पतङ्ग मुद्यम्य विदह्य च स कृत्ययेत्यवासोभिमुखः।।१०।।
प्रवासते प्रदक्षिणः मोर्थकरः खगोत्तमो।
नरैर्नमस्यो विजयार्थकारिभिः ।।११।।

वासरुषां दक्षिणाकिरिटी सा तु भवत्यर्थ प्रसाधनी।(?)
गच्छन्मुखे न वामायां सुरामांसं लभेत च।।१२।।
अशिवकं प्रस्थितं दृष्ट्वा सदा परिपूरयेत्।
वसेत्तदाध्विकोरण्ये फलान्यपि च भक्षयेत्।।१३।।
कान्तारमपि यत्पूर्वं दृष्ट मल्योदकं भवेत्।
तदा मेघे न जलं तथा परिपूरितम्।।१४।।
स्त्रीनाम धेये तु यदा भवेत्पूर्ण कदापिति।
वामः किरीटिर्जानीयात्तदा युद्ध मुपस्थितम्।।१५।।
शुक्लास्याय तदांशेन वामपूर्ण कटाभृशम्।
चौरैः सार्थ मपेक्षेत सेना चापि महाबला।।१६।।
दक्षिणं तु वर्धतत्पार्श्वे कटपूति जयावहः।
कटपूति च वामस्था वदमाना भयावहा इति।।१७।।
अग्रतः पृष्ठतो वापि यदि वासेत सारसाः।
निर्वर्तेतास्थितस्तत्र गच्छतोथ शुभं वदेत्।।१८।।
वामतः सारसो यस्य वासतेभि प्रथायतः।
सक्लेश वध बन्धेभ्यो नरः क्लिष्टो निवर्त्तते।।१९।।
प्रदक्षिणे यदा वासेत्सारसौभि प्रयास्यतः।
तदा समाधयत्यर्थं क्षेमेणाशु निवर्त्तत इति।।२०।।

सारसक्रृतम् ।।

यदिपसक एव वदेच्छकुन शतरुतं प्रतिमान मारुतः।
पथि दक्षिणतोर्थकरः स भवेद् शुभ मेव च मारुतः।।२१।।

पसकक्रृतम् ।।

स्याच्छर्करिकोर्थकरो व्रजतः पक्षि यदि दक्षिणः प्रवदेत्।

वामो यदि तत्र जलं बलभेच्छरणं चरणं च पथि व्रजतः।।२२।।
यदि च शर्क्करिकः कुशनि नरं पथि समेत्यवदभि हर्षितः।
पथि लभत्यथतोर्थ मभीप्सितम् ।।२३।।
नियतमता अभीप्सित मेव भवेत् ।।

सर्क्करिकारुतम् ।।

विविधरुचिर वर्हो दक्षिणः शोभनः स्यात्।
तत हिममयूरो वामतश्च प्रशस्तः।।२४।।
यदि भवति विशीर्ण विश्वरं वापि पक्षी।
सुनिहित मपि भाण्डं तस्य वारा हरन्ति।।२५।।

मयूररुतम् ।।

शर्क्करिकारुतं विस्फोटो प्रस्थितां पथिसुख।
गमनं वामा प्रवदन्ते सच्छे दक्षिणायां च।।२६।।
फलगतिरपिस्या तत्रहो भयम्।
गच्छन्तयानुगच्छेत्पथि विपथि गतम्।।२७।।
स्त्रीदर्शयन् ससां वामायां मृष्टमन्नम्।
नियत मिह भवेत् वामतश्चे सुखं च।।२८।।
विस्पष्टं यस्य मूले प्रवदति चिरीणिम्।
वामारुगता अव्यक्तं भक्षतोभय मृतवसनम्।।२९।।
शीघ्रं चल अन्नस्या मेव प्रवदति यदि।
सा दक्षिणावर्त संस्थायावत्वश्रेष्ठ पृष्ठतो वा।।३०।।
प्रवदति चिरिणीष हुति भयम् ।।

चिरिरुतम्

भारद्वाज्य ततोया परिवदति मुहुः।
सार्थस्य वेगमा उच्छिन्ना वासमाना।।३१।।
प्रतिहत पुरुषः सार्थमनसति।
वामायाः कालमस्य पथि यः।।३२।।
पश्येदृश नक्तो क्लेशः प्राप्नुयात्।
या रक्ते नानुवद्धाः शकुनिरथ यदा वामः।।३३।।
परित्यज्य सा वयांसि च मानाह।
स भृशरथासार्थः स न भवेत्।।३४।।
सन्नाहं विस्वरं तु प्रवदति।
यदि सा प्रीत्येव सततम्।।३५।।
कल्याणं दक्षिणायां मलिनतरगता वित्तागमकरी।
प्रत्यादित्यं राजपुत्री पुरुषं व्याहरेद्यदा।।३६।।
किञ्चिति क्षिप्रं विद्यात्तत्र महद् भयम् ।
वृद्धगार्गीये ज्योतिषे भारद्वाज मतम् ।।३७।।
प्रस्थितस्य भवेद्वासी कपोतीकार्य साधनी।
दक्षिणा बहुविघ्नास्यात्कार्याणि च न साधयेत् ।।३८।।

कपोतीरुतम् ।।

कोकिलः प्रवदेद्यस्य दक्षिये पथि गच्छति।
सोभिप्रेत मविघ्ने न साधयेदर्थमीप्सितम् ।।३९।।

कोकिलमरुतम् ।।

शकुनज्ञाः प्रशंसन्ति दक्षिणं कुशनोपितैः।
श्रीकर्ण मभिनन्दन्त वामंत्वर्थ विघातकम्।।४०।।

शकुनरुतं महाशकुन मयाहुर्वामतोर्थकरं निशि।
दक्षिणं चोत्तरं भयं दिवा न शकुनं भवेत् ।।५०।।

शकुनिरुतंनाम।।

उलूकं व्रजतः कृस्या वा मानन्त वरास्मृताः।
पुरस्तया न गच्छेत दक्षिणेयं बुद्धिमाक्षेच्छा।।५१।।

उलूकरुतं नाम ।।

खचरा पिङ्गला वामा प्रयातस्य प्रदास्यते।
निवेक्ष्येदसि धावत्या दक्षिणा तु भयावह।।५२।।

पिङ्गलान्वाततं नाम।।

एकरक्षा द्विचरणा प्रोद्यते तुका खगा।
द्विपक्ष मरणाक्षेमा मिथ्या तदुपधार्यते।।५३।।
वामा घात तु कायां भवति मुनयक्लेशो जिगमिषोः।
स्त्रीमुख्य विकृते तु प्रवदति यदि सा दक्षिणावृत्त।।५४।।
संस्था देवोक्ते दक्षिणस्था फलित तरुगता वित्तागमकरी।
वृक्षेत्वेका सुप्रहृष्टा वदति कुसुमिते नर्त्तुका सिद्धमर्थम् ।।५५।।

न र्तुकातनं नाम।।

पथि वदति यशध्वगस्य वामा।
नगवरे सुन्दरिका प्रशस्ता।।५६।।(?)
यदि भवति तु दक्षिणे न गच्छे।
द्रुमशिखरा च गतामुपेत्य शाखम्।।५७।।
सुन्दरिका ततः पृष्ठतस्तित्तिरिः।
श्रेष्ठो पुरस्तात्तु विर्हितः पार्श्वयो-।।५८।।

रुभयोश्चैव प्रयातस्य न शस्यते।
तित्तिरि तत्ततं च वजतस्तम्।।५९।।
यदि भवति तुवज्ञत व्रतति तु दक्षिणा प्रशस्ताः।
परभृत वहि चकोर चाष।।६०।।
शब्दाः पथिफलस्य तु एव शस्ताः।
शुभ सिद्धिकरा भवन्ति शस्ताः।।६१।।
कवाणां हंसवाषाणां नराणां चैव पक्षिणाम्।
धनं दर्शन मेवोक्तं प्रादक्षिण्यं च दुर्लभम्।।६२।।
शकुनाना प्रयातस्य भूमौ नेत्र दर्शनम्।
द्रुमाग्रेषु च शिष्यं कलितेषु विशेषतः।।६३।।
दर्शनं चानुलोम्यं च मरणादित्ययोः शुभम्।
क्षीरवृक्षे स्थितानां च फलिते पुष्पितेपि वा।।६४।।
विवाधा तरुगणोषधे प्रधातेष्वपि च।
दिवाकर रश्मिजाल तप्ताः।।६५।।
अह चिरिरिषु मभ्यवोदितस्युः।
शकुनिगणा जलवारिणो निशायाम्।।६६।।
कमधिकां दिशं क्वतिष्ठग्ध्वर मपि कुरुते।
क्षपा वा इति शकुनि ततं बहुप्रकारं।।६७।।
शुभमशुभं च निशात्पयेत्यथस्तः।
स्तिमित मवतदंद् भूता च वद्धन्ति।।६८।।
ततमपि स्वरमेव वा प्रशस्तम्।
सभय मधुरं च न प्रशस्तम्।।६९।।
शकुनरुतं परुषाक्षरं विरुषु।
बहुविविध विचित्र चारुपक्षी शकुनगणाः।।७०।।

प्रवदन्ति यत्पृथिव्यां उद्यतमिति नरैः।
सदोपधार्यं शकुनिरुतं बलद्भितद्वि नित्यम्।।७१।।
मलाबालाश्च कुर्वं वह्लश्चाप दात्तास्मिता तथा।
अवासकांश्च कुर्वन्तो मैथुनं च प्रधर्षिताः।।७२।।
आमिषेषु च गृध्राश्च वीर्य संत्रासिताश्चये।
एते ये चापिनो दीप्ताः सर्वेतेनृतवादिनः।।७३।।
प्रत्यादित्यं प्रनिलं प्रत्यध्वानं प्रतिस्वनम्।
वित्त तं गर्हितं चैषा मनुलोमं न गर्हितम्।।७४।।
अग्निव्या क्षुधाशस्त्रैश्चोरेभ्यश्च भयं वदेत्।
नाशत्सुसानुलोमेषु शशंसुर्भयेव दिषु।।७५।।
अनुलोमेषु वैक्रयादर्थ सिद्धिमसंशयम्।
अनुगामिषु हृष्टेषु पुरतः प्रस्थितेषु वा।।७६।।
प्रतिषेधां तु सतं खगा सम्मुखमागताः।
पृष्ठतः सन्धन्त्यर्थाः प्रयाणेषु विशेषतः।।७७।।
अतऊर्ध्वं प्रवक्ष्यामि सर्वेषा मनुपूर्वशः।
प्राकरोति दक्षिणो विघ्नं पथिकस्य प्रपास्यतः।।७८।।

गार्गीये ज्योतिषे विडालरुतं।।

❑❑❑

अथ अशीतितमोऽध्यायः

वासतस्तु शशश्चेष्टौ दक्षिणस्तु विगर्हितः।
अभिघातं पुनर्ब्रूयाच्छेष प्रतिमुखागते गार्गीये शशरुतम्।।१।।
यद्या गच्छेदाभिमुखं गर्दभो वै कुतस्वरम्।
सेतो वारुवीवासार्थ भगे तत्रादिशेद् ध्रुवम्।।२।।

गर्दभरुतम् ।।

लोमाशो दक्षिणे नित्यं प्रयातस्य प्रशस्यते।यदा अध्विकानाम् ।
हसमाने च संहृष्टे यात्रासिद्धिं करोति सः।।३।।

लोमेशारुतम् ।।

अध्वकानां यदाध्वानो वृषभो दक्षिणो वदेत्।
भयं वदेतदाधीमान्वास्तु भयं वदेत् ।।४।।

वृषरुतम् ।।

लोपा दक्षिणतो नित्यं प्रयातस्य प्रशस्यते।
हसमाने च संहृष्टा यात्रासिद्धिं करोति च।।५।।

नामा लोपरुतम्

यदा अध्विकानाम् दाध्वाने पृष्ठतो दक्षिणा भवेत्।
भयं वदेतदाधीमान्वा मतस्त्व भयं वदेत् ।।६।।

वृषतारुतम् ।।

तामरण्या वराहवृषभा गच्छतो वा यदा।
पन्थानमेव छिद्रेयुतं गच्छेत्परिभूयता।।७।।
रात्र्यर्द्धिपार्श्वे मेवापि वेदेच्छिवा।
पुरस्तत्तत्र सेनायां वस्यादिशेद्धनम्।।८।।
अनुगच्छेद्यदा सेना सार्थं वा भैरवस्तदा।
शिखादेशे यदा तत्र प्रवरस्यादिशेद्धनम्।।९।।

मृगाः श्रृगालाः शार्दूलाविडालागर्दभास्तथा।
वामतोर्थकराः प्रोक्ता दक्षिणा भयदाः स्मृताः।।१०।।
पलायमानाश्चौराणा मुद्विग्न मशको व्रजेत्।
कुञ्जरस्य ततः श्रुत्वा निरुद्विग्नः सुखं व्रजेत्।।११।।
हयानां गजानां च मनुष्याणां तथा गवाम्।
शब्दवादित्र घोषाश्च वामतः सिद्धे ये मताः।।१२।।
गौकन्यापूर्णकुम्भ फलमथ विविध मानुषम्।
वर्द्धमानं अन्नपान युक्तं दधिमधुयथ सा।।१३।।
पूर्णपात्राणि विप्राः उक्षिप्ता चापि भूमितुल।
वरयुगलं मांस माम शतायुः कल्याणश्चापि वाचः।।१४।।
श्रवणमुपगता संप्रयोजन प्रशस्ताः।
सुमनोज्ञ खगाश्चेति प्रयाताभिः प्रदक्षिणाम्।।१५।।
आजविकमं रंश्यावं शूल प्रोक्तमेव च।
प्रयतां चागतो यस्य शस्त्रच्छत्रं ध्वजोपि वा।।१६।।
यानं वापि पतेद् भूमौ तस्य विद्यादभवं जयः।
पृष्ठतः पतनं चैषां न शस्यति कर्हिचित्।।१७।।
वाससा पृष्ठतः सङ्गः पतनं न च शस्यते।
पक्षेयस्तथा ह्वातां पृष्ठतः कृतमेव च।।१८।।
स बलनं वस्त्रसङ्गम्य प्रयाणेन प्रशस्यते।
प्रतिकुष्ठी प्रतिरुतं प्रत्यभिष्टुत मेव च।।१९।।
न शस्यते प्रयाणे क्षुतमेव तु सर्वदा।
एहीति पुरतः शब्दः शस्यते न तु पृष्ठतः।।२०।।
गच्छतः पृष्ठतः शब्दो व्रजहाही निवेश्यते।(?)
आशीर्वादाः प्रिये युक्ता ब्रह्मघोष विमिश्रिताः।।२१।।
सिद्धमन्त्रं सुमनसः प्रयाणेर्ध्वजया वहाः।
अमङ्गल्य व्याहृतानि रुदितं वकृतमेव च।।२२।।

दर्शनं चाविरुक्तानां भाण्डानां न प्रशस्यते।
स्खलनं शिरसः कंपोगात्र श्रावोपि वर्ण्यते।।२३।।
प्रयाणे पुरुषस्याहुर्महितानि विचक्षणाः।
चित्रास्वात्योर्न विविशे प्रवेशेद्वा नवं गृहम्।।२४।।
प्रसृताह्ये तयोर्तद्योर्तश्ये कुः सनिवर्त्तितुम्।
नापद्वारेण निर्गच्छेत् मङ्गलं न तु कारयेत्।।२५।।
न च देशान्तरं तिथ्यां रिक्तायां पुरुषो व्रजेत्।
अनेन तु प्रवेशे न निर्दिशेदमुमानतः।।२६।।
भृगपक्षिणां यथायोगमतुक्त मथत्तुमथवेष्ठितम्।
अकारेण विकारेण वर्णरूप रुतेन च।।२७।।
चेष्टितेत च सत्वानां विजानीयाच्छुभाशुभम्।
ग्रहाणामप्रधान्यैर्हि स्वातं शुभमाप्नुयात्।।२८।।
शुभं क्षेमं जयत्यो मशब्दा मङ्गलवेदिनः।
प्रयाणेषु प्रशस्यन्ते यात्रा संसिद्धिकारकाः।।२९।।
एवमेव तथा वेद्यवरस्तन्तय कारिणम्।
पक्षिभ्यश्च मृगेभ्यश्च राज्ञां सेना निसेविता।।३०।।
त्रिदशानां वरं स्थाणुं प्रसाद्य प्रयतः शिवं वः।
प्रयाति ध्रुवं सिद्धिं सोधिगच्छति भूमिपः।।३१।।
इति मिह विहितार्थी सिद्धर्णं ।
पुरुषहितं मृगपक्षिचार मिष्टाम् ।।३२।।
भवति च वहातानरो विदित्वा ।
पुनरव्रततां भुवि मानवेश्वराणाम्।।३३।।

गार्गीये ज्योतिष सर्वभूतरुतं नाम ।।

□□□

अथ एकाशीतितमोऽध्यायः

महर्षिगर्ग मासीन मभिगम्याभिवाद्य च।
क्रोष्टुकिः पर्ययासीनं पर्यपृच्छ कृताञ्जलिः।।१।।
भगवन् श्रोतुमिच्छामि भाण्डानां प्राणिनामपि।
वनस्थो नगरस्थानां शोभांशोभां महामुने।।२।।
इति पृष्ठस्तदा गर्गः प्रोवाच वणिजां हितम्।
भाण्डानां भाति वृत्यर्थं चित्रां पुष्पलता मिमाम्।।३।।
निशम्य सर्वयूष्मानि वनेष्वुपवनेषु च।
शोभाशोभा पुरस्तां तु पण्यानामभि निर्दिशेत्।।४।।
सारणः कलहं विद्याक्षारी वा सित्य पादुकान्।
रक्ताशालीन शाके तिलकैर्मौक्तिकं कृतम्।।५।।
नवलोकेन वयकां तिलके न च षष्टिकाः।
क्षीरवद्भिर्महाधान्यं तिलमाषं तु ताम्वुलैः।।६।।
चिरिविल्वेणमुद्गाश्च सर्व पानशनेन च।
सप्तपर्णे तत्तया वल्कल यानति मुक्तकैः।।७।।
गोधूमाश्च मसूराश्च मधुकेरथीपि गुलुः।
शङ्खमुक्ताप्रवालं च वटकुरुचके न च।।८।।
शिरीषपुष्पेणमणि मणिभाण्डं च केतकैः।
हस्तिनः शाकवृक्षेण हयाभाव्येत निर्दिशेत्।।९।।
गाः पाटलाभिर्विज्ञेया कदलीभिरजाविकाः।
रक्तोत्पलैस्तु राजानो मन्त्रिणस्तु सित्तोत्पलैः।।१०।।
सौगन्धिकेत सेनानी कुमुदेन पुरोहितम्।
ब्राह्मणानरविन्दैश्च श्रेष्ठिनः स्वर्णपुष्पयोः।।११।।
हिरण्यपुष्पा धनिनः ककुभे न च कारुकान्।
शमीखदिर मुल्लासैर्दुर्भिक्षमभि निर्दिशेत्।।१२।।

नागपुन्नागनीपैश्च सुमिक्षमभि निर्दिशेत्।
क्षेममाद्रौ रथोदेश्यं भयं भल्लातकैरपि।।१३।।
विषं करञ्जपुष्पैः स्याद् व्याधयः कुटजैर्भृशम्।
मुचुकुन्दैरनावृष्टिं स्वावृष्टिमपि चर्जुनै।।१४।।
वातं कपिञ्जकैश्चापि कौविदारैश्च यावकम्।
कुवेताशरविन्द्याश्रेष्ठं विद्याच्च तैजसैः।।१५।।
कार्व्याणां कुन्दपुष्पैश्चराघ्र पुष्पैश्च तावतम्।
जीरकं पारिजातेतत्प्रियं तु कुसमेन च।।१६।।
खर्दरी भेकुलच्छाश्च किंशुके न च कोद्रवान्।
मालालताभिः कुप्यस्तु मालुकाभिः सुरासरम्।।१७।।
रसैर्वर्णैश्च गन्धैश्च पुष्पैरपि फलैरपि।
यथा वृक्षेषु संदृश्य तथान्यानपि साधयेत्।।१८।।
भूपिष्टेनत्तम्रिश्च पुष्पसफलद्रुमाः ।
एकस्मिंस्तु भवेन्मन्दो छेदो वाभ्यन्तरे यदि।।१९।।
सर्वेभ्यन्तरतः शस्ताः छेदावाह्यास्तु गर्हिताः।
न वा स्वयं ह्रष्टास्तु शुक्लासु च शुभाशुभम्।।२०।।
अल्पछेदाः प्रशस्यंति विशीर्णास्तु विगर्हितम्।
उदिष्टस्य प्रदेशस्य सर्वनाशे महद्भयम्।।२१।।
स्त्रियादृष्टं च वच्छिन्नं पुसाद्यक्तुं समं तथा।
पुंसातीव्रतमच्छेदं स्त्रीकृतोल्प फलो भवेत्।।२२।।
संदृश्यत्व शुभं भेदं त्यजेच्छीघ्र मुपानहै।
कार्ये ब्राह्मण सद्येत् स प्रशस्तन्त्रेद संयुतम्।।२३।।
वस्त्रलोमुत्तरलोमं च प्रात्दर्शन वधा भवेत्।
त्रिधादशातपाशान्तं त्रिधामध्यं पृथक्।।२४।।
दशान्तो मध्यमो भागे छिन्नोद्यतस्य तया यदि।
अथवाथ पलीदः स्यात्तत्र वक्ष्यामि लक्षणम्।।२५।।

वधबन्ध परिक्लेशं विरोधं स्वजनेन च।
अचिरेणार्थ नाशं च राजदण्डं च निर्दिशेत्।।२६।।
भागे दक्षिणपूर्वेण वस्त्रछेदः प्रशस्यतो।
विपुलश्चार्थ लाभो वा क्षिप्रं वा प्रियसङ्गमम्।।२७।।
दक्षिणे मध्यतो भाग धान्यलाभकरे भवेत्।
पुत्रजन्म सहस्त्रं वा उत्तरोत्तर पश्चिमे।।२८।।
धनधान्य विनाशश्च मध्यमे सोत्तरे पुटः।
स्त्रीलाभो सोमपानं वा भवेदुत्तर पूर्वतः।।२९।।
अनोलामास्त्र विंशत्तिर्यक्तांगास्त्रयस्तथा।
तेषा मन्यतमं छिद्येत्सत्यक्तव्य सतं भवेत्।।३०।।
कलहं दौर्मनस्यं वा दशाछेद विनिर्दिशेत्।
अनिर्दिश्यानि जानीयात् शाणीक्षौमाजिनानि च।।३१।।
स्वामी विनाशयेन्नित्य मनुलोमेषु मध्यमः।
पूर्वे दुहितरं तस्य पश्चिमे तस्य सोदरी।।३२।।
उपदिश्य मास्वकान्ते मान्यपीडा विनिर्दिशेत्।
कुतुपं दुकूलकौशेयं वृहति वाचो यथा।।३३।।
प्रज्वालिते च स्मिन्ददशे रक्षे सूची परिरक्षते।
सुभुक्ततो ये मलिने नात्रछदो विधीयते।।३४।।
प्रशस्ते वा प्रशस्ते वा प्रशस्ते स्वस्ति वाचयेत्।
सूर्येणाक्रमेद्वासः सा शान्तिर्भवे ते कृताम्।।३५।।
नादध्यात त्रिदध्या वा नापि विक्रिणीयान्नरः।
न्याय्य मुच्यते पापात्पालयन्न विमुच्यते।।३६।।
तस्मत्त्दाद्भिभ्युक्ष्य स हिरण्याक्षतं लघु।
वासो द्विजातयेदेतं तथा पापैर्विमुच्यते इति।।३७।।

वृद्धगार्गीये ज्योतिषे वस्त्रछेदोनाम ।।

❑❑❑

अथ द्वयशीतितमोऽध्यायः

अथ वृहस्पति विनयादुपसृत्य---वा च।
भगवन्पाणि नामानि कस्य नैमित्तिकाजस्त्राणि।।१।।
कर्माणि यथा च क्रियन्ते तेषां कदाचित् सिद्धिर्भवति।
कदाचिद् सिद्धिर्भवति तद् भगवक्तुमर्हतीति।।२।।
अथोवाच वृहस्पति श्रूयतांभो शक्रथमिदिमम्।
पुराणं मध्य सीस्यां दिवै वैदिकं कर्ममिमा।।३।।
अतिवादिनौ वेदोक्तानां च कमर्णाम्।
अस्तिनास्ति प्रत्यक्षता मपव्यता।।४।।
मनावर्षताम मपत्यतां विप्रपन्नार्थ।
तासां माततां प्रवदन्ति तान्नेवं।।५।।
सम्यगभि समीक्ष्यस्य संशयः।
सप्तास्तस्याच्चायाश्च यथार्थश्चेहार्थी।।६।।
या नामा पुत्रियाणां च कर्मणामपि।
श्रोयसेवायां प्रत्येतव्या वेदवादस्त्रया।।७।।
विधिविहितो हितशब्दः प्रयुज्यमानः।
श्रेयसो भवति स च त्रिविधो रुदङ्मयो यजुर्मयः।।८।।
स ममथ इति तत्र मिताक्षरा मितपादाश्चरितः।
प्रत्येतव्या भवन्ति अमिताक्षरामित पादानि च।।९।।
यजूंषिगेय प्रकृतोषिगानात् श्यामानित।
वैपात्रव्यमीमान्द्यो सव्ये यथा च।।१०।।
वैदिकानि कर्माणि प्रत्येवहश्रेयसे भवन्ति।
किन्तु काल मत्र ऊर्ध्वकृत्यगास्तित्सा।।११।।
निमित्तोपहितानि कर्माणि यथार्थ संपद्यते।
तैरेव च सम्पनानि सिद्धिमाप्नुवन्ति।।१२।।

तत्रादित एवाचारंभ कर्म कालाय।
वर्गेषु यत्र तत्काल उत्पादयेत्।।१३।।
सिद्धिकाल उपध्यस्तित्कं भार।
मन्त्राहुतीनां वर्त्तते कालः।।१४।।
स य तिथि करण मुहूर्त्तात्मकः।
सर्वकर्म सुप्राधान्यं कारयति।।१५।।
कालयुक्तानि कर्माणि काले प्रणीतानि सिध्यन्ते।
तत्रुदयन पूर्वाह्ण पक्षदिन पूर्वाह्ण।।१६।।
प्रधानकालि नक्षत्राणां तानुप।
सृष्टानां आददात् योगेपयोगात्।।१८।।
ध्रुवमृदुषु च मुष्टिकर्म सुतिकर्म प्रयुतः।
वरेषु स्वस्त्ययनं न वर्गीयि क्रूरदारुणै श्चाभि घातादिचाराः।।१९।।
मुहूर्त्तेष्वपि च प्रधान्यम्।
मैत्रसावित्र वै देवाभिजित रोहिणी।।२०।।
बलावित्तघन सौम्या पौष्ण वार्हस्पत्य।
वैष्णवेषु चारित्का सुतिथ्यपर्गात्मिकासु च।।२१।।

विष्टिवर्येषूत्तमः।

कालतस्माच्चतुष्ट सम्पन्नकाल मुपपादयेत्।
सिद्धिकामो न हि शुक्लपक्ष यमाब्द तु।।२२।।
अमावास्यात्मिकासु च तिथिषु सिद्धिर्भवति।
तथा मध्यरात्र साध्यस्तमानादिषु वा काले।।२३।।
वृक्षेषु वा ग्रहोल्कानिर्घातकं यादिभिरुपस्पृष्टेषु।
प्रभेदेषु रौद्रादिषु शेषेपु निदिष्ट शकुनादेषु।।२४।।
कृतानि कर्माणि न पथार्थानि भवन्ति।
तेषां तु कालयुक्तः पुनः कर्मणारम्भे भवति।।२५।।

अथ मन्त्राणामकारर्म्या मयथार्थतः आपोद्युत्यासम्।
समूहं च वर्णस्वराक्षर वैतथ मित्येव मादिषु।।२६।।
वादेवत्या सारस्वत्योवर्गृहीतानाद्येन।
हुत्वा चरो दद्याश्यैव तत्र प्रायश्चित्तज्ञग्यजुः।।२७।।
साम्नादोषेण यथाक्रमं महत्या व्याहृतिभिर्जुहूयात्।
सर्वेषां वा दोषे हविर्यज्ञे तु गार्हपत्यदक्षिणाग्न्या।।२८।।
हवनीयैर्यथा गृहीतमग्नि प्रणमेत्।
सोमेन कर्तुमत्र द्रव्यकालातिक्रमेण।।२९।।
जापमन्त्रा तरिताभिभाषेण वायु वाक-।
स्तत्कालमुच्छिभिश्चत्र पचते ब्रह्मणाश्च-।।३०।।
तुर्गृहीते नाज्येन कार्यो होमः सर्वैवाताः।
सर्वै प्रायश्चित्तेषु च जपहोमांते चारोपत्वाशेषु।।३१।।
स्यात्मक तृणमेवतेषु प्रायश्चित्तेषु।
अपाश्चेति जुहूयात् ।
तपः सम्पदान्ते नित्य सदशेन।।३२।।
द्रव्येस्य यथार्ह प्रतिनिदध्यात्।
कर्तृणां तु प्रभुवोपषोर्वापि नियमा चेतथावादा।।३३।।
सामनास्या भद्रसन्निपात्मनि पृष्ठाहूतदेष्वितेषु।
वार्हस्पत्यैर्मन्त्रैश्च तु गृहीते नाज्येन हुत्वा।।३४।।
चरोदद्याद्यथोक्तानिता दक्षिणासन पर्वण।
घृतानां विसर्गेव यतमानस्यमश्च।।३५।।
दधानास्तिष्टावज्ञां कुशाक्रोशादि ।
निरुपहृतानि कर्मार्थानि समृज्यते ततः।।३६।।
श्रद्धाविष्टांगा हिरण्याश्च दानैश्च।
पुष्पपुष्कलैश्च कर्मणाश्च सिद्धिर्भवति।।३७।।

अथ निमित्तोपहतानि कर्माणिष्टाद्धि मिच्छन्ति।
तत्र प्रायश्चित्तिरिष्ट चक्षुरादिष्व निःपृद्येषु।।३८।।
शब्देषु स्वसूत्रमयजमानानिजाद्योदा विन्दुरुत्सृजेत्।
अथ द्रव्योपस्कदादिषु मार्तिकदार च तैजसेषु।।३९।।
पतितभिन्न भग्नजर्जरीकृतेषु ।
भूमिषु गात्येवजाथोदक विन्दु सृजेत्।।४०।।
अथ कामपूर्णकुम्भ पूर्णपात्राज्यानांस्कर्मद्वावर्त्त।
नादिति क्वणवन्ति भक्षमित्येय दन्तास्फुरः प्याय।।४१।।(?)
येत्पवन सम्यं च तायस्विष्टकृतोदकेल्कन्ते दोषः।
निर्वपानाद्यादा समिष्टयजुष आधस्य परि।।४२।।
व्ययवृत्ते तु वर्हद्भस्मनि दोष सर्वत्रानातः।
परिधिस्कन्ध मदुष्टर्गतभस्मव्य ।।४३।।
परावृत्तेह्यन्नधात्तुस्कन्देद् ।
वरुणाश्चेति स्कन्द मभिमेघाग्नौ प्राप्यम्।।४४।।
अथाग्नेः प्रणीतस्यो परमादिकृछ्र।
प्रज्वलतेषु पुनः पुनः प्राणायनादि।।४५।।
वैकृतेषु धावर्स्यरुपगन्ध शब्दलक्षणं तस्याज्य।
प्रभावार्चिषावानगो प्ररक्षारसर्प्य।।४६।।
सरीसृप तनुतनूरुह वस्त्रवेष्टनादिभि।
राग्नेयाभिर्हुत्वा जातरूपं दद्यादर्थ चापरागो।।४७।।
आप्यायस्व समे तु इति जये युक्तस्तकाल।
मात्रामेव च सर्वकर्म सुष्णामु परमो।।४८।।
जापवत्य मावास्यां सूर्यगति मुपसर्प्यते।
राहुरथवा सूर्यं जायते भूमिकम्पस्योता।।४९।।
पृथिवीति घातेद्यावा पर्थिकमुल्काया सौर्यम्।
सर्वेषु वा कम्पोल्का शनिपाते।।५०।।

दैवतश्च तु गृहीताज्य होमः।
अश्मवर्षा न तुंवर्ष वैकृते तथा विद्युद्।।५१।।
गर्जितानि पर्यन्येन्द्र सूर्येन्दु सूर्ययाज्यैर्होमः।
बुधग्रहनक्षत्र घाताहोमश्च सर्वेषाम्।।५२।।
ततस्तत उत्पातानां च पृथिवी द्यौरन्तरिक्ष।
मिति त्रीण्या पतनानि तैषा न जापमन्त्रा।।५३।।
कृता सहेति वानुवाकः तत्काल उपस्थितमात्र।
वेदोत्पाते ब्राह्मणश्चतुर्गृहीतेनाज्येन कार्योहोमः।।५४।।
सर्वै बीजायः सर्वप्रायश्चित्तेषु जापहोमान्ते।
चरो दत्वा शेषस्यापसर्प्पण मेर्वहाय प्रायश्चित्तं हि।।५५।।
निमित्तेन प्राप्तेनह्युत्यावाभिहतम् ।
कर्मप्रकृतिकृतं सिद्धत्येर्वह्याह पुराणः।।५६।।
पुराण श्रुतज्ञा भगवान वृहस्पतिः साको भवतः।
वृद्धमिच्छन्ति कर्माणि---ण्युत्पात लक्षणैः।।५७।।
उपतप्तान्यतस्तानि श्रुतिपूर्व प्रशंसये।
जपैर्यथोक्तै होमैश्च त्यागैश्चैव स पुष्कलैः।।५८।।
देवब्राह्मण पूजा च प्रायश्चित्तं व्यपोहति।
वृहस्पति पुराणम् ।।५९।।
ब्राह्मणं समुपाधाय नियतात्मा वृहस्पतिः।
कथंश तु गणानिन्द्रो विजयीत पितामहः।।६०।।
सो ब्रवीत् सर्वलोभ्यः कुरुतेन्दु ध्वजं महत्।
तमाभिचारकै मन्त्रैरभिमन्त्र्याभिषिच्य वा।।६१।।
अग्रतो देवसेनाया नीयमानो विजेष्यथ।
ते विश्वकर्मणा देवाकारयनध्वज मुत्तमम्।।६२।।
तमलंकृत्यविधिवदभिमन्त्राभि षिच्य च।
कृत्वाग्रे देवसेनाया सा याममभिचक्रमुः।।६३।।

असुस्तं वनं दृष्ट्वा ध्वजतेजसमाहताः।
विसंज्ञाः समारभेताः सर्वं भूता प्रदुदुवुः।।६४।।
तान्कक्षेण सहस्त्राक्षो भासे भाद्रपदे सुरान्।
अभ्याद्रवत संग्रामे चत्तराजेणमाजयम्।।६५।।
स जित्वा श्रवणस्वर्गं प्रययौ सर्वगः यथा।
तत्प्रजाः समुपाधावतु वैरं च इदं वचः।।६६।।
अयं तेजयिकोस्माकं ध्वजपूज्यतमो भवेत्।
तासु ब्रवीत तदाशक्तो ध्वजं तिष्ठते मंतिके।।६७।।
सा व्यपतिष्यन्ति सर्वलोके ध्वजोत्तम।
इष्टानिष्टैश्च तल्लिङ्गैः योग क्षेमो भविष्यति।।६८।।
ततः प्रभृति शक्रस्य क्रियते च ध्वजोत्सवः।
येषा चप्तं वश्यरीन् तेजसे नृपाः कारयन्ति तु।।६९।।
न शक्रो दिवशेष्वेव ध्वजो यावति चापरः।
नासौ जयमवाप्तोति विनाशं वाधिगच्छते।।७०।।

इन्द्रध्वजमुत्थानम् ।।

प्रौष्टपाद प्रतिध्वजं तं पूर्वतो वनम्।
गत्वा वृक्षं परीक्षेत वयसार गुणान्वितम्।।७१।।
शालसंज्ञार्जुनादीनां शिंशपादेव दारुणम्।
गन्धवर्णरसोपेत----राग्रन्थि कण्टकम्।।७२।।
प्रशस्तायां क्षितौजातं स्निग्धवर्ण मनुत्तमम्।
तम्लयं स्नातमाच्छाय बलिं कृत्वा तु मन्त्रयेत्।।७३।।
यानीह भूतभव्यानि तेभ्यः स्वस्तिमनोस्तुवः।
इन्द्रध्वज वासवतां क्रियतां वासपर्वयः।।७४।।
स्वस्तमो मधुसर्प्पिभ्यां मुत्ताशस्त्राणि धावकि।
छिन्द्रे प्रदक्षिणां सम्यग्प्रपेते च यथा तथा।।७५।।
कुजवृक्षे पतध्वग्नो विक्रुष्टो मृगपक्षिभिः।
अरिष्टरजगन्धाश्च पतितो दक्षिणे ततु।।७६।।

छेदे नातिष्ठ रूपो नयन संग्रामो भयं वदेत्।
पूर्णकुम्भादिभि छेदैर्लक्षैणैरन्विता दृढः।।७७।।
अष्टाविंशत्परायष्टिरष्टे हस्तोन्नतो परे।
विष्कम्भश्चांशु मालैश्च स्यान्मूले तुल्यलं भवेत्।।७८।।
समश्रमनुलोमंता तद्राक्षा प्राक् शिरसा स्थितम्।
सर्वतो मधुसर्प्पिभ्यां मुत्कायो न स्थितो वने।।७९।।
चतुश्चक्रेष्व हस्ते च नरे वाह्ये चलंकृते।
पूर्वद्वारेण नगरे विधिवश्यं प्रवेशयेत्।।८०।।
प्रोष्टपद्यष्टुमी पक्षे ज्येष्ठायोग स्वलंकृता।
हुत्वाग्निं ब्राह्मणान्वायु प्रहृष्टजनसङ्कुले।।८१।।
पुरा हितोवयेद्विजं मन्त्राश्चैवानु वासयेत्।
पवित्रपाणिरन्वस्यादार्द्रवस्त्र समन्विताः।।८२।।
तामन्वगच्छेत नृप समात्य समहृज वा।
वाद्यानि चोपवादेरन्वन्दितश्चापि सर्वशः।।८३।।
प्रहृष्टमनसः सर्वे क्रीडेषु रुदिता यदि।
योधाजलेन गन्धैश्च विद्यासौभिक्ष लक्षणम्।।८४।।
अमेध्येन तु कोशैभस्मकर्द्दम मेव च।
दुर्भिक्षं क्रीडिता विद्याछैत्रेश्चापि भयं वदेत्।।८५।।
आक्लिष्टा वापि यष्टीनि विशते पुरम्।
क्षेमं तत्र विजानीयादक्लेशे न समादिशेत्।।८६।।
ततः पुरस्य पूर्वेण निर्गत्योत्तरतोपि वा।
इन्द्रस्थानं परीक्षेत ईशान्यामथवा दिशि।।८७।।
समं प्राक्यवर्णास्निग्धं विर्विक्षुत्तुपये कण्टके।
मृदुभूमि समं वार्धश्वभ्रवल्मीक वर्जितम्।।८८।।
परिक्रमणादि कृष्यादि कृत्वा तत्राग्नि वाजितः।(?)
हुत्वाग्नि मिन्दुशीर्षार्थ रक्ष मां वत्सरवित्तः।।८९।।(?)

पूरस्तवार्हसमये विनिर्यत्वाथ पूर्ववत्।
येतु गुल्मं शुभं विधात् शीर्षार्थं शक्रके पुनः।।९०।।
वेणुगुल्मे यथा छिन्नेतिः पतन्ति पिपीलिकाः।
पतङ्गाः पक्षिणः सर्पाः दस्युस्यामयमा दिशेत्।।९१।।
नव प्रवेश वच्चात्र निमित्तान्युपधारयेत्।
तस्तु वंशाभिनन्दश्च ध्वजान्ति वामयानयेत्।।९२।।
ततः श्रवण योगेन ध्वजोस्थानं प्रशस्यते।
बसेवान्वित ये वापि मुहूर्ते द्वादशी मयानृप।।९३।।
पुरेशे नैमितिस्थ युतश्चापि शास्त्रवित्।
शुचयश्चोपवासाश्च शुक्लपक्षैः महतो वराः।।९४।।
ध्वजस्योत्तर पूर्वेण समं कुर्यात्पुरोहितः।
कृताञ्जलि नृपस्तिष्ठे समाकुलं मङ्गलः।।९५।।
निमित्तानि च नैमित्ति समन्तादुपधारयेत्।
कल्पयेदिन्दुकेतुं च यथा वेचेन्द्र पावकः।।९६।।
यष्टिवेणुं दलैर्गन्धैरुशीरैश्च समन्ततः।
प्रागग्रामथ प्रागग्रैर्हण्डार्थं वध्यसर्व ततो तु।।९७।।
पूर्व एको तास्तुषोभान्ति यान्वितानि तु।
असव्ययष्टिं वध्नीयाद्यत्पिटकान्यत्व पूर्वशः।।९८।।
इन्द्रं यजेद्यं पिटकं विज्ञेयं सर्वदैवतम्।
द्वितीयमथ पक्षाणां तृतीयं मेघविसृता।।९९।।
गानामथ हंसानां कुम्भोभावज्ञ सावज्ञङ्कुर्या।
रौद्रखजमहं चन्पत्रर्ण प्रथमं भवेत्।।१००।।(?)
अद्यादमनथादर्शोवज्ञवाहु सत्तुर्णिकम्।
शिरोताक्षीदासीव मुञ्जः शिरसी चापरो।।१०१।।
छत्रातिछत्रकासा करवीरस्तथोपरि।
एतदिन्द्रध्वजे रूपं मर्हिष्टं विश्वकर्मणा।।१०२।।

आयातानि मैथुनात्युदक क्रियाः।
इन्द्रपक्षेषु कर्त्तव्या सर्वाश्चाभ्युदक क्रियाः।।१०३।।
यवादिश च रप्येषांर्मजशब्दा समं हिताम्।(?)
निग्रहार्थं ध्वजेकार्थं द्विजेकार्यानि च।।१०४।।
द्वश्चेन्दुमण्डले सज्यं ध्वजं कृत्वा जलकुम्भैः।
सचन्दनैः गन्धौषधारत्नगर्भैर्यथावदभिषेचयेत्।।१०५।।
अभिषिक्तमलङ्कृत्यं मन्त्रैश्चायङ्क वां परैः।
आसनं पाद्यमर्ध्यं च दत्वा दद्याद्वलिनपि।।१०६।।
आसीमङ्गलशब्दैश्च वादित्राणां नितस्वनैः।
समं पुण्याहघोषैश्च वासवोच्छ्रयणं भवेत्।।१०७।।
अभीप्सितमनाधूत मद्धुता जिह्व पूर्वगम्।(?)
इन्द्रध्वज समुत्थानं क्षेमसौभिक्षकारकम्।।१०८।।
रुज्रासमाहितस्थाने सर्वा विभ्राजयन् दिशः।
उत्तिष्ठत यदा श्रीमान्प्रजानन्दति तां समाम्।।१०९।।
उत्तिष्ठति प्रतिवर्णे वा युवां स्यात्प्रदक्षिणः।
प्रदक्षिण मृगा हृष्टा पक्षिणश्च भवायतम्।।११०।।
उत्तिष्ठंश्चापि लङ्घेतयां दिशं केतुरुत्थितः।
ततः प्रस्थापयेस्येतां विदुर्महीपतिः।।१११।।
प्रहर्षयुक्ताता मनुजाः क्रीडन्ति श्रीसमन्विताः।
गीतवादित्रसौश्चर्यैः सम्प्रीत्या च भयम्।।११२।।
कृच्छ्रादुत्तिष्टते केतु रुत्थितोवापि घूर्णति।
कम्पते व्यथते चापि यत्रतत्रमना भवेत्।।११३।।
उत्थायोत्थाय पततिव्या क्षेमश्चोदितो दिशः।
व्यापथ कटरजूनां ततः साधु विनिर्द्दिशेत्।।११४।।

गार्गीये ज्योतिषे इन्द्रध्वजोत्थाने च।। (?)

अथ त्र्यशीतितमोऽध्यायः

इन्द्रध्वजो वरोभेद्यत्यतन्दिध्वजो क्षितौ।
भज्यते इन्द्रयष्टिर्वानियतं नृपतेर्वधः।।१।।
निर्घातोल्का महीं कम्पादीमांश्च मृगपक्षिणः।
उत्थायमानो शीघ्रो वा वायुर्वास्याद् भयावहः।।२।।
संस्त्रतेभि पतेद्वाथ पिटकानि चलन्ति वा।
बहुरादर्शको मालाकर्णिका वा भयाय तत्।।३।।
निश्रीकश्चोत्थितः केतुर्विलुप्येच्चापि मानवैः।
अवस्तप्तश्च क्रव्यादैः पक्षिभिश्च भयावहः।।४।।
कलहेर्ष्यानि रुहानि श्रीका वानरा यदि।
उत्सुकायद्वशीलाश्च भिन्नावाप्य शिवायत्तुम्।।५।।
यदि संस्थिद्यते रर्जुर्भज्यते चेन्द्र मल्लकाः।
यतो यतो वाभिपते केतुस्तस्यां भयं दिशि।।६।।
यथा दिशाश्रयं वापि तस्थमुत्थैर्भयैः।
अक्षा स शब्दो यत्र स्यात्रोटता तथा।।७।।
षष्ठे मासे न चेद्देशो विशीर्व्वा यदाध्वजः।
पुराभसा नृपं हन्यात्प्रमुखं तु पुरोहितम्।।८।।
अमात्यं वाम बहुस्तु दक्षिणे तु बलाधिपम्।
युगं भग्नं कुमारं तु शव्याकन्या वधाय तत्।।९।।
शणानि गोपपीठाया महामात्रा तु मन्दुका।(?)
अक्षोति हन्ति कायस्थाश्चक्रो वैश्चक्र वृत्तितः।।१०।।
गुणिर्वाप्यथवा पाशो भग्नो नगरे गोप्तिकम्।
पश्यतः शकटे वृद्धा सर्वतो दिशं पीडनात्।।११।।
नाभां पुत्रं श्रियं सस्या छिन्नावाप्यथा हतम्।
ययादिशं यथावर्णं रजुश्चेदभयं भवेत्।।१२।।

आरोहति यदा केतु क्रव्यादा मृगपक्षिणः।
शस्त्रं च जायते घोरं जनमारं तथैव च।।१३।।
अलक्षय मथादशे अभयं रुपभोजिषु।
सुभिक्षं स्याद्बहु वर्षा तथोदकैः।।१४।।
यत्रेन्दु केतुरर्जुर्वा व्याधिचौराश्च निर्दिशेत्।
यस्यां दिशि विशीर्येत अलङ्का द्विजाश्रितः।।१५।।
तस्याभावे भवेद्भयं घोरं यतो वासत्य निर्दिशेत्।
मृगपक्षिणस्तस्मादिन्द्रकेतोः समन्ततः।।१६।।
धारयीत प्रयत्नेन चापः शस्यति पक्षिणाम्।
इन्द्रध्वजेन पतति प्रायश्चित्त मिदं स्मृतम्।।१७।।
कृत्वेन्द्रकेतुं निर्वर्णं सप्ताह प्रजपेन्नृपः।
राज्यं दद्याच्च गुरुवे बन्धनादिव गोचरेत्।।१८।।
तं ध्वजं निसृजच्चापि ब्राह्मणः सदक्षिणाम्।
पूजदिन्द्रं च विधेव स्थायश्चाप्ति कारयेत्।।१९।।
गोहिरण्यान्नदानैश्च ततस्तरति तद्भयम्।
इन्द्रस्योत्तिष्ठ मानस्य प्रायश्चित्तं तदा भवेत्।।२०।।
भवेत्तत्रैव शस्तस्याति यतश्चेन्द्र धावकि।
ततश्चतुर्थदिवसे द्विजातिस्वस्त्य वाप्यति।।२१।।
तदा पुण्याह घोषेण ध्वजत्सु प्रवाहयेत्।
सुप्रहृष्टमना राजा परिजानपदैः सह।।२२।।
रमेत सलिले प्रातस्तथा शान्तिपरो भवेत्।
इन्द्रध्वज मुपासीनं देवं तं सर्वतः सदा।।२३।।
निमित्ताभिपश्यन्तो युद्धमानाः शुभाशुभम्।
एवमिन्द्रध्वजो स्थानं प्रकुर्वाणा नरानृप।।२४।।
तेजस्वी वर्द्धते शत्त्या---त्र वाश्चाधि तिष्ठन्ति।

इन्द्रध्वजो स्थानं समाप्तम् ।।

अथ चतुःशीतितमोऽध्यायः

अजलक्षणं यत्प्रवक्ष्यामि पूजितं परमर्षिणाम्।
आयुः पुत्रांश्च विप्रांश्च यशस्व ददते नृणाम्।।१।।
सर्वतेजश्च विपुलो विपुली रोमशोधनः।
धनं च राज्यभागं च दद्याछागोग्रहे वसत्।।२।।
सर्वकुक्षिस्तु विपुलो विकुक्षी रोमशोदरः।
श्वेतस्य मण्डलरक्तमस्तेके यस्य दृश्यते।।३।।
पूर्वावसित्कं जानीयाछागं सर्वार्थ साधकम्।
रोमशं मण्डलं नालं मस्तके यस्य दृश्यते।।४।।
स वै गोष्ठकरोनाम गावस्तेवाभि वर्द्धते।
श्वेतस्य दक्षिणे पार्श्वे मण्डले कृष्णमिश्रितः।।५।।
स वै जायधनोनाम धनं नोपलभ्यते।
यदि लोहस्य वा नीलं कण्टस्य श्वेतकम्।।६।।
मण्डलं भवते पार्श्वे सर्वे जपधनास्तुते।
मञ्जिष्टाजप वर्णास्तु शृङ्गं स्याच्चतुरङ्गुलम्।।७।।
निरुद्धमस्तु कोयस्तु पालकोजस विश्रुतः।
मण्डलं मस्तके यस्य सर्वतः परिमङ्गलम्।।८।।
कोष्टागारशि राजस्कः कर्षणन्तेन वर्द्धते।
कृष्णग्रीवः स तु मुखो यदि तिष्ठति पूजितः।।९।।
वस्तिकपाल पादस्तु महास्यो रोमशोदरः।
आयुग्मांश्च यशग्रीव विषघ्नश्च स उच्यते।।१०।।
सेनापत्यं नृपत्वं च तेनाभय मथा दिशेत्।
अजास्त्रिलोपास्त्रिादिवास्त्रिडावर्त्तास्त्रिादुक्षिमान्।।११।।

स्निग्धानुलोमश्रृङ्गश्च हन्यात् लक्ष्मीं गृहं वसेत्।
यस्यको बहुलो वर्णो वर्णेनात्येन चित्रितः।।१२।।
एष मवगतछागो गृहे वा यस्य पूजितः।
एकवर्गास्तु य छागोवर्णौ रम्यैर्विचित्रितः।।१३।।
सर्वार्थास्ते न सिध्यन्ते छागेन गृहवासिना।
स्फोटयन् सर्वगात्राणि छागोयः परिधावति।।१४।।
तस्मील्लक्ष्मीगृहे नित्यं भवे छागे न चालिते।
अपि लक्षमवासं विशतितरस्वी विगतज्वरः।।१५।।
ऐश्‍र्यराजभागं च तस्मिन् भवति पूजितः।
सुमुक्तमल्लिकाक्षं च वैदूर्याक्षं तथैव च।।१६।।
अजन्त्रिकमलं जित्वा धनं सुमहदश्नुते।
एकमूलाषडावर्त्तो विकुक्षी रोमशोदरः।।१७।।
धनं पुत्रान्पशून्यार्द्धं हस्त्यश्वोष्टं तथैव च।
पूजिता विविधा गेहे सर्वमेव विधास्यति।।१८।।
नगरं चास्य ते वास्यक्षेम मेतत्प्रयोजयेत्।
एकमूल षडावर्त्तो विकुक्षी रोमृशोदरः।।१९।।
वामतस्तुपदोदद्यात्कृत्स्नामपि वसुन्धराम्।
श्वेतकृष्णोत्तरासङ्गमपा दत्वा द्विजोत्तमः।।२०।।
महायज्ञैश्च यजनाद्धनञ्च लभते महत्।
वद्धन्तो न वदन्तस्तु दशदन्तोथ वा पुनः।।२१।।
नित्यं स्थाप्याभवन्त्येते सर्वसर्वत्र पूजिताः।
श्वेतोदरश्वेतपाद्यो नीलपृष्ठस्तु यो भवेत्।।२२।।
निधिं वा निधिरूपं वाते न छागे न विन्दति।
मण्डैर्बहुभिश्चित्रोपस्त्वस्त्रिविधं भवेत्।।२३।।

मण्डलं प्राप्य सागरार्थाः प्रशाम्यते।
जलाकर्णभुक्तुमुखे योवगाह्य जलं पिवेत्।।२४।।
कार्षस्तादृशं प्राप्यलक्ष्मीं विन्देकृषिं तथा।
सर्वकृष्णध्वजो यस्य षोडशावर्त्त एव च।।२५।।
यस्मिन देशेन महसा--देवलो व्रवीत्।
पिङ्गलश्च षडावर्त्तः स वै भवति कामदः।।२६।।
यस्य तस्यैव सर्मस्यस्तु बलो मणिमान भवेत्।
श्वेतकृष्णः प्रतिष्ठातृ कृष्णश्वेत प्रतिष्ठितम्।।२७।।
स वै प्रतिष्ठितोनामा प्रतिष्ठाते न लभ्यते।
लोहश्वेत प्रतिष्ठात श्वेतलोह प्रतिष्ठितम्।।२८।।
कृष्णलोह प्रतिष्ठानं कृष्णलोह प्रतिष्ठितम्।
यस्य यस्यैव वर्णलोहस्य सोत्यवर्ण प्रतिष्ठितः।।२९।।
ते वै प्रतिष्ठिताः सर्वे प्रतिष्ठितास्तु विन्दति।
एते छागाय हेयस्य सर्वतः कामचारिणः।।३०।।
वर्द्धन्त्ते ते यथस्काम मैश्वर्येण धने न च।
यस्य सर्वं शिरोग्रीवं वृषभस्ये च विचित्रम्।।३१।।
तं------------विपुलं विन्दते भयम्।
नीलश्वेतोथवा रक्तो विचित्र पृष्ठतो भवेत्।।३२।।
एकवर्णौ सवित्रैश्च तिष्ठे सर्वार्थ साधकः।
लोहकर्ण प्रतिष्ठानस्तु चरं च यथा भवेत्।।३३।।
गवां शतसहस्त्रं तु पूज्यमानो विधास्यति।
---- कृष्णयानस्तु कृष्णो श्वेताण्ड एव च।।३४।।
गवां शतसहस्त्रस्य------।
पद्मकेसरवर्णस्तु यस्यास्यात्तु चरो भवेत्।।३५।।

पुष्यवर्णो द्विमणि मात्रि साह----उच्यते।
नीलो यो मुलिकाकृष्णास्तुयोवास्तु परो भवेत्।।३६।।
द्विमणिं दशसाहस्त्रं च छागं देवलो भवेत्।
पुष्यो यः श्यामकर्णस्तु कृतिका मुपसंस्थितः।।३७।।
श्रियापुत्रं तु तं ज्ञात्वा पूजयेतु सुपूजितम्।
स्त्रितास्त्रश्च कृष्णायशुवरो भवेत्।।३८।।
एकविंशतिसाहस्त्रो द्विपणीनामशंसयः।
यमे वा चारिणश्छाग मुपधावन्ति संशयः।।३९।।
अजाछागजश्चैव समंतात् प्रतिनित्यशः।
पुंसस्तत्राभिवर्द्धन्ते गल सौभाग्य मेव च।।४०।।
गृहस्थितो भवेत्येषु क्षिप्रं बहुधनं नरम्।
पिङ्गलं सूक्ष्मरश्वेतो लोहस्यामक पीतकः।।४१।।
हिरण्यवर्णः सुस्निग्धः सर्व एते गुणग्रहाः।
सहस्त्रापरिसंख्याता देवलस्य वचो यथा।।४२।।
हीनां गाश्च न शस्यन्ते वर्णैरन्यतमैश्चये।
स च तेषां फलं प्रोक्त मफलाश्चैव ते स्मृताः।।४३।।

गार्गीये ज्योतिषे अजलक्षणं नामाध्यायः।।

❑❑❑

अथ पञ्चाशीतितमोऽध्यायः

अथातः संप्रवक्ष्यामि श्रीमूलमिद मव्ययम्।
चातुर्वर्ण मिदं शास्त्रं पाथेद मनुरब्रवीत्।।१।।
श्लक्षणेह्य परुषः स्वंगोयम्भिद्यक्षो बलीमुखः।
त्रिलेखस्वापयश्चस्यात् कूर्मागो सहस्त्रगाः।।२।।
पितकैर्यासु बहुभिः सवृतो भवेत्।
प्रतिग्रह मवाप्नोति द्विजोस्तद्यार्थ तादृशम्।।३।।
पिता प्रागायता यस्य पृष्ठे कर्मस्य राजयः।
सूचीमुखो श्वेतमुखो भूमिलाभकरस्तु सः।।४।।
येषान्ते सर्षपारक्ता तथा पीता भवन्ति वा।
पञ्चयिका तु वर्णस्य तान्प्राप्य लभते नरः।।५।।
गोधामुखं चतुःशीर्षं तथा मण्डलवर्द्धनम्।
स्त्रीपुत्रमिति तं विघातसुधान्यप्रदम्।।६।।
अथ यस्य गृहीतस्य वारिस्त्रवति न स्ततः।
ब्राह्मणस्तादृशं प्राप्य विपुलं विन्दते भयम्।।७।।
तस्त्रत श्रवतां दध्ना ब्रह्मचारि भवेद्विजः।
घृतेन प्रवसाने न गोसहस्त्र मपाप्नुयात्।।८।।
अधमाजये कूर्माकुमाये सकेसरात्।
अथैव पीतकैश्चैव ये चान्ये वीत।।९।।
वाचकाशछत्राभो रजतप्रभोः ।
न या वैदूर्यवर्णाभो यो भवेत् दृष्टसर्षपः।।१०।।
यश्च काकेलिकोकाभो-- जीवंशे तु मा भवेत्।
पीतः काञ्चननासस्तु पुण्डरीक समप्रभः।।११।।

स्निग्धतोये च दृश्यन्ते नानावर्णार्थ श्रीयुताः।
कृष्णश्चेत शिरायश्च श्वेतकृष्ण शिराश्चयः।।१२।।
त्रयोदशसहस्त्राणि लक्षणं प्रतिजानते।

इति गार्गीये ज्योतिषे कूर्म लक्षणम् ।।

❑❑❑

अथ षडशीतितमोऽध्यायः

अथातः सम्प्रवक्ष्यामि कुर्कुटीद्रेषु लक्षणम्।
अनुपूर्वेण तत्वार्थं रामस्य वचनं यथा।।१।।
श्वेतस्ताम्रविभः श्रेष्टस्ताम्राज्ञो ऋजुपाल कृतः।
अमान्वताङ्गुलिः स्वंगाताम्रचूडः प्रशस्यते।।२।।
अच्युतो----लशिराहारिद्रचरणो द्विजः।
अस्या लाभे वेदलाभो हेमानश्चैव पूजितः।।३।।
निराजनायं युद्धे च प्रधावन्तं विजानीयात्।
अव्यङ्गास्ताम्र नेत्राश्च स्निग्धवर्णाश्च पूजिताः।।४।।
हीनाङ्गाश्च----------------गर्हिताः ।
चतुर्दश समंर्द्धद्वश्चतुः कृष्णश्चतुः समः।।५।।
दशयग्नो दशवृहद्विशुक्लः शस्यते नरः।
पादौगुल्फौ स्फितौणश्चो वृषणो चक्षुषी स्तनौ।।६।।
कर्णोष्ठो सस्थिनि जङ्घेहस्तौ वाहुकक्षकौ तथा।
चतुर्दश समं द्वन्द्व समुद्धान्विष्वु संशति।।७।।
अक्षितारे भ्रुवौस्मश्च केशाश्चैवा शुभासिताः।
अङ्गुल्याहृदयं नेत्रे दशनाः समतानृणाम्।।८।।
सम्प्रदृश्यन्ते मानैश्वर्य मुखावहाः।
जिह्वोष्ठौ तालुकास्यं च मुखं नेत्रेस्तनौ न च।।९।।
हस्तौ पादौ च शस्यन्ते पद्माभा दशहेहिनाम्।
पाणिपादमुरोग्रीवावृषभौहृदयं शिराः।।१०।।
ललाटमुदरं चैव नृहन्तः पूजिता दशः।
नेत्रे तारा विगर्हिते दशनाश्च सिताः शुभाः।।११।।

एवं तु लक्षणं कृष्णं नराणां स मुदाहृतम्।
पञ्चदीर्घश्चतुर्ह्रस्वः पञ्चसूक्ष्मः षडुन्नतः।।१२।।
पञ्चरक्तास्त्र विस्तीर्णस्त्रिगम्भीरः प्रशस्यते।
सूक्ष्माण्यङ्गुलि पर्वाणि दन्तारोमाछविस्तथा।।१३।।
नखाश्च तनवः सर्वे पञ्चसूक्ष्मः प्रशंस्यते।
वक्षाक्षिवक्षांसि तथा मुखं पृष्ठं कृकाटिका।।१४।।
सर्वभूतेषु निर्दिष्टं षडुमेधः प्रशंस्यते।
पाणिपादं तथा शस्यादुभेनेत्रे तथा नखाः।।१५।।
पञ्चरत्नानि यस्याहुर्मनुजेन्द्रतमादिशेत्।
उरोमुखं ललाटं च त्रिविस्तीर्णः प्रशस्यते।।१६।।
सत्वं स्वरश्चयाभिश्च त्रिगंभीरः प्रशस्यते।
गत्या धन्योतरो वर्णो वर्णाद्धन्यतरः स्वरः।।१७।।
स्वराद्धन्यतरं सत्वं सर्वसत्वे प्रकीर्त्तितम्।(?)
द्वे लक्षशते धन्ये नराणांस्तु मुदाहृते।।१८।।
शेषास्तु धन्याविज्ञेयाः समुद्रवचनं यथा।
न तु तस्यत्व मित्याहुर्यन्सौरर्ध्याच्चापलं भवेत्।।१९।।
अक्षित्यधैर्यमायत्सु यस्य तस्यत्व मुच्यन्ते।
तेजसातेज आदते परेषां च पुषा वपुः।।२०।।
प्रभया च प्रभार्हन्या सरस्वत्या सरस्वतीम्।
गत्याधन्या गतिर्वित्तं परेषां नात्र संशयः।।२१।।
रक्ताक्षानुजर्हत्यर्थान्त्र श्रीकरकपीतकान्।
न दीर्घबाहुरैश्वर्य मांसोपन्वितं मुखम्।।२३।।
न सुवासो वहेद्भारं सुखे वीरस्यसोक्षताम्।
स्वरवान्प्रेरयत्यर्थान सत्वि केतास्ति दुर्गतिम्।।२४।।

कुनस्वीतास्तिधना चातु वृत्तोनास्ति रोगवान्।(?)
स्नेहवान दुःखितो नास्तिगतिमान्नास्त्यपतीश्वरः।।२५।।
चक्षुः स्नेहेन सौभाग्यदन्दस्तेहेतभोजनम्।
त्वक्लेहेन परं सौख्यं न खस्तेहेधिकं धनम्।।२६।।
शनैर्गात्राणि शीर्यन्ते दन्तरोमनखास्तथा।
इन्द्रियाणि बुद्धिश्च सर्वषाञ्चिरजीविनाम्।।२७।।
महाकर्णा महानासा महाचरणपाणयः।
सुबद्ध दृढ गात्राश्च विज्ञेयास्ते चिरायुषः।।२८।।
सौभाग्यं विन्दतेक्षिभ्यां विद्यांदैश्चर्य मेव च।
दन्तैर्भोजन माप्नोति स्तेहेन च परसुखम्।।२९।।
त्वग्रोमनस्वकेशे गुदन्तोत्वुनयनेषु च।(?)
स्तेहे येषां दृश्यते कार्यन्तेषामकारणम्।।३०।।(?)
अरिवष्वर्थाः सुखं मांसेत्व विभोगान् स्त्रियोक्षिषु।
गतो ज्ञानं स्वरे चाज्ञा सर्वसत्वे प्रतिष्ठितम्।।३१।।
मन्दमक्षिमसृग्वुद्धिमज्जायुः कीर्त्तिमेव च।
शुक्रे विद्याधनं पुत्रान् नृणां स्वप्रभया यशः।।३२।।
सूर्येन्दुमणि संकाशास्त्रिविस्तेह संयुताः।
कान्तादीप्ता प्रशन्नाश्च प्रभानृणां प्रशस्यते।।३३।।
विवर्णाः पुरुषारुक्षा भस्मवर्णास्तथाकुलाः।
श्यावादग्धोल्मुकाभासा प्रमाम्नृणां प्रशस्यते।।३४।।
अम्लो वा कटुकोहान्यः पलाण्डुलश्युनोपमः।
मेदोरक्तवसामज्जा तथा चिरामूत्रयोरपि।।३५।।
स्याद् गन्ध सदृशो येषां ते सौम्याः तु भयो नराः।
सत्यधर्मतपोयुक्ता दानव्रत परायणाः।।३६।।

प्रमाणवर्ण संस्थाना सच्च चक्षुर्गतिस्वराः।
गुरुत्व मुष्णभावश्च न चह्योते महात्मसु।।३७।।
तन्मुखं मांसलं स्निग्धं सुप्रभं प्रियदर्शनम्।
वर्णाव्यं सन्धिविष्ठ च अजस्त्रं सुखभाजनम्।।३८।।
पद्मरक्तोत्पलानिभिस्तथानृतज सन्निभैः।
नृपाः पादतये ज्ञेयो ये चान्ये सुखदर्शिनः।।३९।।
अनामिकाय च मनं समानीता कनिष्ठिका।(?)
अपानमुच्च पर्वाणि येषां ते चिरजीविनः।।४०।।
बलर्मासोति मांसश्च स्थूलमांसः शिरा ततः।
सवै तरतकोनाम समुद्रमपि शोषयेत्।।४१।।
येनकेन चिदन्नेन शरीरं यस्य वर्द्धते।
सवै दुन्दुभकोनाम सर्वकल्याण वर्जितः।।४२।।
सूर्यशुक्तीषु नखाः श्यावनिम्नवली मुखाः।
खररुक्षान्वितनखानैकवर्णा महानखाः।।४३।।
स्फुटितार्द्ध नखाश्चैव स्मृताद्रव्य विवर्जिताः।
हंसस्य भासस्य शुकस्य चैव येषां समाना गतयः।।४४।।
समानाः ते धार्मिकाः सर्वगुणोपपन्ना नराधिपत्यम्।
चिरमाप्नुवन्ति अस्तम्भ नाशो भवति।।४५।।
क्रमाच्च समाहिता चैव सुसंस्कृताच्च।
शार्दूलमार्जारवृषद्धिपानां समागतिर्यस्य भवेत्स धर्मः।।४६।।
विलंविता---लि द्रुतावस्तध्वजाच्च यानानि विक्रूष्टूगता।
मन्दात्मका चैव तथा नराणां भवन्त्यधन्या गतयः।।४७।।
षडंशाः अथर्व्यजनं विद्याविज्ञानं धर्मसंचयः।
पूर्वे वयसि पश्यन्ते सर्वेषामूल्यजीविनाम्।।४८।।

अतिमेधाति कीर्त्तिश्च विक्रमेति सुखानि च।
तथा जराप्रसूतिश्च शू-----तानि गतायुषः।।४९।।
------टयं संतित ख्यातिरायुर्भोगा यशोबलम्।
यज्ञान दानं तपः सत्यं सुखेनैतद वाप्यते।।५०।।
परमे तच्छरीरस्य प्राणायतनु मुच्यते।
मुखमावपतं न सर्वसुखं पचनं स्मृतम्।।५१।।
तत्र भ्रूनासिके श्रेष्ठे तत्र तत्रापि चक्षुषी।
समे गोक्षीर वर्णाभे सुवृत्ते कृष्णतारके।।५२।।
प्रसन्ने च विशाले च स्निग्धे चैवायते शुभे।
विष्टध्व परिक्षत्तुं तानाति वर्त्तन्तिथौ वने।।५३।।
व्याघ्राक्षा कुर्कुटाक्षाश्च स माक्षाचैव ये नराः।
निर्घृणाः पापिनः क्रूरादुरन्ताः कलहप्रियाः।।५४।।
विडालोलूकनकुलकुरङ्गा अश्वपन्नगाः।
दरिद्राश्च कुलीराज्ञा भयाज्वावाम लोहिताः।।५५।।
विशाला निर्विरूपाक्षास्तच्चाक्षाविश्चले क्षणः।
सन्ति शिल्प प्रवक्तारो दुःशीलादुर्हिताः स्मृताः।।५६।।
तथा त्वक्षीक्ष्णनिमिषाः शुकाक्षा कलहप्रियाः।
शस्त्रवध्याश्च वनयैर्गर्दभैर्महिषोरगैः ।।५७।।
येषां चार्विष्पती नेत्रे श्वेतशङ्ख समप्रभे।
विद्यात्सूर्यसुवर्णाग्नि मुक्तावैदूर्यवस्तथा।।५८।।
मल्लिकाक्षौ द्रवच्चापिलाध्यस्त स्फटिकसन्निभाः।
यग्नताक्षाश्चये मर्त्यास्ते धन्याः पुरुषाधमाः।।५९।।
दृष्टिभिः सर्व एवैते शोकमोहतमोमयाः।
दृष्टपीतासिताधान्यादीप्ता वै विश्वकारिका।।६०।।

मूढामहत्वता कुर्याद्द्याभ्युः स्निग्धदृष्टयः।
सर्प्यदृष्टिर्नरः क्रूरोहुः शूलस्यान्महामुनिः।।६१।।
अधोदृष्टिर्नरः क्रूरो क्रूरोविद्धा न ।
नासाग्र मीक्षा कदंव दृष्टिः ।।६२।।
सुभगो लक्षणैः परिकीर्त्तितः ।
प्रक्षते चार्षभं दास्य मृर्जुवश्य मधः स्थितम्।।६३।।
शुक्रे जातिर्विजानीयाद्विरंदुः पापपक्ष्मभिः।
पक्ष्मभिर्नयनैनीलैः पापवृत्ताः सुदुर्गताः।।६४।।
वृत्तदीर्घ कनीनैस्तु तुङ्गाक्षास्तु वराधमाः।
नरस्मन्नतिकाक्षस्तु कर्मसिध्दिं न पश्यति।।६५।।
महद्भिर्नयनैर्वामैः स्त्रीजिताः पुरुषाः स्मृताः।
उष्ट्राभैर्नयनैराब्दानिघृणाः पापकारिणः।।६६।।
उज्ववन्तो महासत्वा निघृणाश्चैक पिङ्गलाः।
एतदेव तु श्रेष्ठनेत्रैः स्याल्लक्षणं नृणाम्।।६७।।
कर्णात्प्रभृति पारिस्वा नेत्रे नृणां प्रशस्यते।
तया विनाशं नियतं चक्षुर्भ्यां वरः।।६८।।(?)
स मतं मुखितं रूक्षं म्लानं निम्नं कृशं च यत् ।
परुषं निःप्रकाशं च संदग्धं पूतिकानिभम्।।६९।।
चक्षुर्न शस्यते नृणां द्रव्यक्षत्य भयावहाः।
पिङ्गरेतैः प्रणश्यति नृणां नेत्रान्तरे तथा।।७०।।
अर्कमर्कटपिङ्गं च तारावद्यस्य पिङ्गलम्।
कृष्णपर्यंकरक्तं च मङ्गल्यभस्म वर्चसम्।।७१।।
श्वेतनीलं च मङ्गल्यं सितनीलं च यद्भवेत्।
संकाशायाश्च निर्घोषाश्चक्षुषः परिकीर्त्तिताः।।७२।।

समुद्रः प्राहमोद्गल्यं स्निग्धघोषाः प्रशस्यते।
शतत्व मथनैदृण्यं रौक्ष्यं रुक्षेषु निर्दिशेत्।।७३।।
अभिन्नकारणः प्रथमापि यानि पृणश्च यत्।
स पुरोपपिशुनश्चन्द्रो दुष्टात्मा पिङ्गलोपि ते।।७४।।
पिष्टं दुर्लक्षशतं नराणां समुदाहृतम्।
एक................तः ।।७५।।
दुर्लक्षण शतहन्यान्नरः सौम्येन चक्षुषा।
तस्मान्नेत्रे प्रयत्नेन-----श्येत कालवित्।।७६।।
यवाक्षश्च गवाक्षश्च नरः स्याद्धनधान्यवान्।
अक्षैः सुनयनैर्द्धर्मः कृष्णकारैः सुखे धृतः।।७७।।
नो गवानथ मश्याश्च कोनाख्यान नराधिपः।
वृषदुर्दुक्रौचांक्षाकुर राज्ञानरेश्वराः ।।७८।।
स्निग्धरक्तैश्च पिङ्गैश्च पक्षवद्भिः समैः स्थिरैः।
आयुतैः पृथुभिस्तुङ्गैः कृष्णशुक्लैः समंगलैः।।७९।।
रक्तहासकरीराश्चय नयनैः पार्थिवाः स्मृताः।
प्रजापालनदक्षैश्च सौक्षैः प्रीतिकरैः शुभैः।।८०।।
तुङ्गवासे नरे विद्याद् भोगानैश्वर्य मेव तु।
तुङ्गे काकनिभै चैव धनमायुर्यशोबलैः।।८१।।
गम्भीरो दुन्दुभिस्निग्धो महात्सेहा तु वादयन्।
इति श्चरगुणाः पाके समुद्रः प्राह त्वक्षिवत्।।८२।।
एभिरायुर्यशोविद्या मानवाहु मनामयम्।
वाहनानि सुतातार्योराद्यं भोगागमस्तथा।।८३।।
ऐश्वर्यं व्यवसायश्च त्रिभिर्मेध्य सरस्वती।
भोगानि चैव भागं त्वं दानं यज्ञागमस्तथा।।८४।।

विश्चरोतिश्चरो भक्षक्षामोरूक्षमुरो भवः।
सुभैरवः अतिवृध्द्धः सुपुरुषो विशीर्णः सव्य एव च।।८५।।
तिम्नोजर्जरितश्चैव निर्मलो गद्गदस्वरः।
क्षमस्वरस्तथैवार्त्ताः समुद्रमतनिन्दिताः।।८६।।
स्वरैरेतैः कलिक्रोधोलोभमोह समोस्तः।
नैर्घृण्य मतमानश्चया रूष्यं साध्यमेव च।।८७।।
यथा सुखं तथा शीलं यथा वर्णस्तथा धनम्।
यथा गन्धस्तथा सत्वं विनयश्च तथा ध्रुवम्।।८८।।
यथा चारस्तथा शौचं कीर्त्तिर्भवति कर्मणा।
यथा मांस तथा शौचं कीर्तिर्भवति कर्मणा।।८९।।
यथा मांस तथा सौख्यं विनयश्च यथा ध्रुवम्।
रि---घृणीरसंतुष्टः क्रोधतो नित्य शङ्कितः।।९०।।
अतिदीर्घा ह्रस्वश्च तथा स्थूल कृशेषु च।
अतिकृष्णातिगौरेषु सदा सत्यन्तिवद्यते।।९१।।
दृढमूर्खः श्रुतः कुम्भसकृतोमभिचारकः।
एकविधौनिराकर्त्ता षडेते मूर्खजातयः।।९२।।
पूर्व योनि यथा कामा मानुषेभ्यः प्रवर्त्तते।
देवदानवगन्धर्वै यक्षराक्षसपन्नगैः।।९३।।
विद्याधर पिशाचैश्च मानुषैर्मृगपक्षिभिः।
कतिर्जन्मोपपतिश्च मानुषेषु प्रकीर्त्तितः।।९४।।
तानहं सम्प्रवक्ष्यामि सत्रुद्र वचनं यथा।
स्त्रग्धीः सुवेषः सुयथाः प्रियः स्नानानुलेपनैः।।९५।।
जाप्यहोम परोदाता सत्य प्रवर्तपरायणः।
शीलवान क्षमेया युक्तो घृणिमनसि भर्जितः।।९६।।

देवसत्वो नरो ज्ञेयो गोब्राह्मण हिते रतः।
कृतावमानो मयूरः शूरो लोभ विवर्जितः।।९७।।
उद्यक्तो मृगया युक्तः असुरः सत्व उच्यते।
सुशरीरो महाभागो दातामानि प्रियम्वदः।।९८।।
वागुश्रकर्मा सततं गन्धमाल्यरतिर्नरः।
गन्धगन्धर्व माल्यानांयगना स तु पोषिताम्।।९९।।
धिधिज्ञाश्चैव भोक्ता चरति मान्मित्रवत्सलः।
तन्त्रीपुरुषवादित्रशीताभि जघने रतः।।१००।।
गन्धर्वगन्धो विज्ञेयो गजाश्वरथ तत्परः।
उग्रकर्मादुराधर्मो बलिमाल्यानुलेपनः।।१०१।।
ज्ञल्लरीवेणुवीणाभिः शङ्खैः पणवडिण्डिमैः।
वादित्रैर्हर्ष्यते भोक्ता भक्षमांसा स च प्रियाः।।१०२।।
तेजस्वी निर्घृणः शूरोधनः शङ्कितः शठः।
निघृणो विकृतः शूरो तेजस्वी शर्वरि प्रियः।।१०३।।
यतन्मे पदात्रं शिरसां भोक्ता पानपरायणः।
देवगोब्राह्मणद्वेषी वधन् निश्चयः।।१०४।।
निर्घृणश्च तथा स्त्रीषु राक्षसो नर उच्यते।
जलपांशुरतिः शूरः क्रोधतः शङ्कितः शठः।।१०५।।
हस्त्यश्वरथ माल्यानां गतिस्यो भूषण प्रियः।
द्रव्यार्जनः परः स्त्रग्वी देवायत न पूजकः।।१०६।।
भुजङ्ग सत्वो विज्ञेयः शिथिलो युवति प्रियः।
वनोद्यानरतः स्त्रग्वी देवायत न पूजकः।।१०७।।
मृदङ्गानां पणालख्यंगतत्व वित्।
माल्यभोजनगन्धानां विद्यानां चाभि साधकः।।१०८।।

रूपवानसुभगः श्रीमानेता विद्यादत्तान्वयः।
धाविकृतो रुक्षोनिर्घृणः पापतत्परः।।१०९।।
मलीम्लुवोशुचिर्भीतो गोब्रह्मण जुगुप्सकः।
निषादसौष्विकस्त्रीषु नीच प्रव्रजितासु च।।११०।।
रज्यते विकृताहारो नरः श्रद्दधानश्च।
सन्तुष्टो मृत्युवत्सलः मनुष्यसत्वो।।१११।।
विज्ञेयो गन्धमाल्यरति प्रियः।
पर्वतारामवादित्र नदीतीराश्रमेषु च।।११२।।
रज्यते विविधैर्गीतैर्भीरुराक्रम्य उद्यते।
नरतिर्लभते जन्तुरुर्गन्धः प्रेतसत्वजः।।११३।।(?)
चञ्चलः सुमनोभीरुः सर्वसंचेय निश्चितम्।
स्त्रीविधेयो दुराचारद्दर्षोर्वास्यन्त वत्सलः।।११४।।
पर्वतारामवादित्र नदीतीराश्रमेषु च।
राज्यप्रदाता कृपणः पुरुषः पक्षयोनिजः।।११५।।
चरन्त मेकरिष्यतं वनस्थं प्रशान्तदोषम्।
नियताय युद्धिं प्रजापतिं ताप्सरसोभिद्याद्य।।११६।।
प्रच्छन्नारीषु शुभाशुभानि वराङ्गनाः काः।
सुभगानवन्ति धन्याः सुशीला बहुपुत्रपौत्राः।।११७।।
सुदुर्भगाश्चैव तथाह्यपुत्राः किं लक्षणम्।
तासु व्रवीतपुत्राः स सर्व विद्यागण।।११८।।
भाषितात्माश्रुचा च तासां प्रमदोत्तमानाम्।
आदैष शस्तासु विनिश्चितात्मा स्त्रीलक्षणम्।।११९।।
सर्वमुवाच देवः समासुजाता स हि।
----श्रया साम्प्रतिष्ठितर्वार्चनताः सुवृतः।।१२०।।

ता: पुत्रमैत्रेरभि वर्द्धयन्ति स्त्रिलक्षणम्।
सर्वगुणै: प्रशस्तै ऋजु: सुजाताश्चसु।।१२१।।
मांसलाश्च प्रतिष्ठिता नवनता: सुवृता:।
शिलष्टा: समा अङ्गुलयो भवन्ति पादेषु।।१२२।।
स्त्रीणां सुखभागिनितां कार्शयासा:।
पद्मपलाशवर्णरूप्य प्रभारुद्रमसन्निभ प्रमा:।।१२३।।
सुताताश्च भवन्ति धन्या: स्त्रीणां नखा: शब्दमणिप्रभाश्च ।
स्निग्धाश्च मांसोपन्विता: समाश्च ।।१२४।।

निगूढलेखश्च प्रतिष्ठिताश्च ।
पादागतानां समलश्चभश्च ।।१२५।।
सुवर्णरूप्याभरणा भवन्ति ।
शङ्खाकुशं पद्मदलां च पृथ्वी ।।१२६।।
स नक्षत्र मथोद्रिरूपां चक्रम् ।
शशिदित कृच्चापरं च धजम्।।१२७।।

तथा पाप वचापि कुरु: समुद्रोमर:।(?)
पताका: तलेष्वथैताभि भवन्ति यासाम्।।१२८।।
पादाङ्गुलीष्वेव च संस्थितानि ता भोगवत्य:।
सुमृद्धवत्य: प्रजान्विताश्चैव भवन्तिनार्य:।।१२९।।
वास्तुपकृष्टाच्च स मङ्गलाश्च लेखापन्ना:।
परिमण्डलाश्च दुत्तानकृष्टा शिरात।।१३०।।
ताश्च स्त्रीणां प्रशंसन्ति समान गुल्फा:।
न काक तुन्नाप्यति लोम मशाश्च।।१३१।।

समानि तुल्याश्च मृणाल वा नरै:।
नचाति दीर्घा न कृशां न ह्रस्वा।।१३१।।

श्लक्ष्णास्तथा ना वतताान ह्रस्वाः।
ऋजुं सुजातश्च सुमङ्गलश्च।।१३२।।
निष्पीत्य वृत्तात शिरातव्यश्च।
वृण्वन्ववाल प्रतिमा विरोमाः।।१३३।।
स्त्रीणां प्रशंसति----श्च जङ्घाः।
निगूढाः तु श्लिष्ट समाक्षलैश्च।।१३४।।
सुसंतैरल्प तन्न सहैश्च ।
सुलेखवद्भिः सुबलै ततैश्च जङ्घोरु मध्यैः।।१३५।।
प्रमदाः प्रशस्ताः मांसालवृत्ताः सहिताः।
सुजातास्तथातिलोमाश्च दिगन्तराश्च।।१३५।।
ज्ञक्ष्यः सुखावर्त्ता हि भवन्तिनार्योद्विधा।
ग्रहस्तथोरून्नात्युन्नतैर्नातिर्न सूक्ष्मैः।।१३६।।
न हीन मांसैर्न वित्तुमांसै।
रुर्द्धतरं भिन्नतनूरूहैश्च।।१३७।।
स्त्रियः प्रशस्ता इति निश्चिततः।
समा विशालाश्च समांसलाश्च।।१३८।।
प्रदक्षिणावर्त न रोमशून्याः।
कन्याः प्रशंसन्ति वराङ्गनानाम्।।१३९।।
स्युजस्तथा ये च हिताः सुजाताः।
तत्सन्तनाभ्यस्तु विवर्णनाभ्यः।।१४०।।
प्रदक्षिणावर्त्त विवर्णनान्यः।
स्त्रियः प्रशंसन्ति विशालताभ्यः।।१४१।।
पप्रायताभिश्च सुमङ्गलाभिः।
पार्श्वानि यासां मृदुचर्चितानि।।१४२।।

प्रदक्षिणावर्त विचित्रा तानि।
शिलष्टान्य रोमाणि निरन्तराणि।।१४३।।
स्त्रीणां प्रशंसन्ति सुसंहितानि।
निरुद एवज्ञ निमग्नधाः।।१४४।।
स्त्रियस्तथा वाय तलोदकाश्च।
मेदान्वितैश्चापि भवन्ति धन्याः।।१४५।।
बहुप्रभाभाग्य समन्विताश्च।
यासामतिस्तानि वतोन्नतानि।।१४६।।
सूक्ष्माण्यरोमाण्यति लोमशाश्चता।
भोगवत्यो हृदयैश्च शुक्लैः।।१४७।।
प्रजान्विताश्चापि भवन्तिनार्यः।
स्निग्धाः समाश्चापि भवन्ति यासाम्।।१४८।
अश्वाश्च मांसोपविताश्च वाह्याः।
रक्तोग्रर्तुद्राः परिमण्डलाश्च।।१४९।।
स्त्रीणांस्तताः पण्डितवच्चधन्याः।
समानि मांसोपचितानि तासां।।१५०।।
तदास्य शुष्काण्यसिरा त तानि।
प्रदक्षिणावर्त समन्वितानि स्त्रियः।।१५१।।
प्रशस्ता इति तामतः त....पिठानि।
भवन्ति यासां मभग्रक्षताः।।१५२।।

सहिता समाश्च आयुः प्रजाभोगमथा च भूश्च।
स्त्रीणां शंभुभिदिश तटतष्व रोम युक्तं।।१५३।।
वर्णोपपन्ना परिमण्डलांश्च प्रदक्षिणावर्त।
परिमण्डलाश्च कक्षाः प्रशंसन्ति विशालसूक्ष्माः।

पृष्ठास्थि मा पार्श्वाति कोलश्च रक्ता।।१५४।।
व्यक्तानि कुञ्जानि समाहितानि।
श्लक्ष्णाणि मासोपवितानि च....तलत्सुषिताभाति।।१५५।।
समानि पृष्ठेन भवति च।
मांमासाल गूढानि सुसंहितानि।।१५६।।
छिन्नानि चैवा मलितानि यासां द्रव्यवन्तः सुखिताश्चनार्यः।
न चालितं.... न कृशं न ह्रस्वा भुजङ्गवर्णोय मवर्जिताश्च।।१५७।।
निग्रन्थिलावृत्ति निगूढलेखा तथा हृतस्त्रीषु भवन्ति धन्याः।
मांसालपृष्ठा मृदवः सुलेखा पद्मोत्पलाभाः सुसवेश युक्ताः।।१५८।।
श्लक्ष्णाः सुवर्णाः क्षतजप्रभाश्च वैदूर्यमुक्तावलि सन्निभाश्च।
पुष्पान्विताः सौख्यकरा भवन्ति कुशेलयाश्चापि नखाः करेषु।।१५९।।
मश्यः समुद्रो वसुधानं च ध्वजस्तया द्विर्द्वित कृच्छ्रशी च।
शङ्खः पुरं चकमकातनं च तप्यव्यञ्जन तोरणं छत्रं यवः।।१६०।।
कृष्णमथाङ्कुशं च सिंहोहयः स्वस्तिक एव वापि कूर्म।
पताकामकरः पुमांश्च दण्डो शनिः पूर्णघटो पथश्च।।१६१।।
पाणिष्वथैतानि भवन्ति यासां केतन्था द्वे च बहूनि चापि।
अत्यन्तसौख्यं बहुपुत्रता च स्त्रीणां तथा लक्षणौ तादिशेत्।।१६२।।
स्थिराद्विलेखासुभगोपपन्ना सुस्निग्धमांसोपचिता सुवृताः।
न चाति ह्रस्वाश्चतुरङ्गुलाश्च ग्रीवानविश्च भवन्ति धन्याः।।१६३।।
यस्या मखं प्रश्च कृषाहनू च तथार्द्धचन्द्र प्रतिमा सुपर्णाः।
मांसालखण्डाः प्रतिमासलाश्च प्रजाधनं चापि ददाति....।।१६४।।
..... रक्तोत्पलाभा विमलाः सुसूक्ष्मावृत्तानि चोद्वक्षत सुप्रभानि।
अचापलेखान वृहत्प्रमाणा स्त्रीणां ।।१६५।।

प्रशंसन्ति समानिचोद्धितीक्षाप्रवृत्ताः।
सहिता दृढाश्च शुद्धश्रृणोलघु समानवर्णाः।।१६६।।
निरन्तरा स्त्रीद्ध भवन्ति धन्या।
द्विजास्तथा ये रजत प्रकाशाः।।१६७।।
न वापितन्यो भजत्यंग वध्वः।
स्याद्विद्रूमा माज्ञाः क्षतजप्रभाश्च।।१६८।।
जिह्वा प्रशस्तासु विगलायुलध्वी।
स्त्रीणां स ता मासमत प्रभाश्च।।१६९।।
यासामचित्राणि सुमांसलानि ।
रक्तोत्पलाभानि सुदारुणानि ।।१७०।।
तालूभिन्नदानि भवन्ति वापिताः ।
पुत्रवत्यु सुभगाश्चनार्यः ।।१७१।।
रिज्योनिजिह्वा न जिह्वा न समुत्थितानि।
समायाताश्च स पुटाश्च नासा।१७२।।
धन्या स नारी सुभगाश्च नित्यं।
भवेत्प्रशस्ताः सततं नराणाम्।।१७३।।
बहु प्रकारा भवसान्विताश्चा यस्या।
तकर्णासहिता दृढाश्चा पारावतः।।१७४।।
सन्निभाक्ष्यश्च स्त्रियो मृगाक्ष्यः।
सुभगास्त्रिवर्णैः कर्णभुवः ।।१७५।।
पद्मपलाश नेत्रायासां ललाटात् विनिदितानि।
चन्द्रार्द्धवद्दर्पण सन्निभानि ।।१७६।।
भवेः प्रशस्ताः सुभगाश्च नित्यम् ।
मुखत्पाति च पारणास्ताह्रस्वानि खण्डानि सुसंहितानि।

यासा मशीर्णानि समोपपन्ना ।
प्रदक्षिणावर्त्तक मस्तकानि ।।१७७।।
शिरांसिवृत्ताः सुनिचताः सुखिनः ।
सुवर्णवर्णोत्पल सन्निभानि ।।१७८।।
वैदूर्यमुक्तामणि सन्निभाश्च ।
पद्मप्रकाशाह्युय केशभूम्याः।।१७९।।
स्त्रीणां प्रशंसन्ति घृतप्रभाश्च।
निलाःसुता ...... तृवदा सुजाताः।।१८०।।
स्निग्धास्तथा ये हरहसुवृत्ता।
नारीष्ववध्यकरा भवन्ति।।१८१।।
केशास्तु संसक्त मधुप्रभाश्च।
आवर्त्तको दक्षिणतश्च यासाम्।।१८२।।
प्रदक्षिणः शीर्षगतः प्रशस्तौ।
द्वौ चापसव्यामथ मस्तकश्च।।१८३।।
..... रामध्यगत प्रशस्त-।
स्तनूनि सूक्ष्माणि भवन्ति यासाम्।।१८४।।
रोमाणि गात्रेषु तनुमुहूनि न क्वापि तत्वा भवन्ति।
सूक्ष्मा तासामप्येकं देशं हंसस्वरा दुन्दुभिनैमि घोषाः।।१८५।।
मेघस्वनः शङ्खनिनादघोषो।
मयूरवह्नी प्रतितिस्य ताश्च।।१८६।।(?)
स्त्रियस्तदा कोकिलशब्दतुल्या।
करं च चक्राङ्क्यङ्ककणेषु।।१८७।।
मासक्तमुक्तारथ निस्वनाश्चा।
सर्वाः प्रशस्ता इतिहासरश्चैव।।१८८।।

प्रजावतिर्लक्षण मन्यथावत्।
सर्प्पिः प्रमया मधुतुल्यवर्णाः।।१८९।।
स्त्रियं तु पुष्पप्रतिमाश्चनार्या।
तुल्यप्रभाश्चंपकर्पक जाभ्याम्।।१९०।।
करञ्जवर्णाश्च भवन्ति धन्याः।
या मन्तरं हंसश्च प्रव्रजन्ति।।१९१।।
कारण्डवरं हंसश्च भूमि च पादे विलिवन्तिनार्यः ताः।
पुत्रवत्यश्च भवन्तितार्यः सम्पूर्णशङ्खः परिदीर्घनासा।।१९२।।
विषानेत्रं नृतजप्रतोष्णमुचम्।(?)
कृष्णललाटगण्डं विप्रतिमं सुघोषम्।।१९३।।
विपुद्ययर्क्षसु हनुः सुनेत्रम्।
तीक्ष्णाग्निदन्तं तरुणार्कजिह्वम्।।१९४।।
ह्रस्वोत्तमार्गं चिवुकं प्रशस्ताम्।
मुखं शुभं स्त्रीषु तथैव यानम्।।१९५।।
यानागपुण्योत्पलचांपकानाम् ।
समानगन्धा प्रमदा भवन्ति।।१९६।।
ताः सर्वकामार्थ समानवत्यः।
प्रजावताश्चापि भवन्तिनार्यः।।१९७।।
इत्येत्तदुक्तं गणनि...नाट्य।
मानदो शुभं लक्षणमप्रशस्ताम्।।१९८।।
गोब्राह्मणं मानुष वर्त्तमानां सर्प्पिः।
पयः पूर्णघटं दधिं च एतानि।।१९९।।
पूर्वे परिकीर्त्तयित्वा वक्ष्यामि।
स्त्रीलक्षणमप्रशस्तम् ।।२००।।

अङ्गुष्ठ विततक्षराभ सदृशा।
युक्ता विशीर्णा विषामास्तथो वा।।२०१।।
कृशा स रोमां पृथवश्च यासां ताः।
पुत्रधान्यार्थ पदेषु धन्या विषमाथ रक्ता।।२०२।।

ह्रस्वा विशीर्णास्थ्युषिता विवर्णास्यस्कस्यातथ।
पीतका भिन्नाश्ववत्या-शृगालवश्च स्त्रीणां।।२०३।।
न खा दुःख समन्वितानां याः कर्म वन्कुक्कुटगन्धतार्यः।
पादेस्तथाधो कुटकैर्विशीर्णैः ।।२०४।।
प्रलंचन्द्रोमणिकातकैश्च विलग्नमध्यैः।
प्रभवन्ति मध्यन्याः तेलषु रुचापरूषाश्च।।२०५।।

यासां पदस्तथा न समानवर्णाः।
अत्यन्तदास्यं पतिपुत्रनाशा।।२०६।।

भवन्तितार्यो वक्षहत्प्रमाण्यः ।
अत्युन्नताभ्यंतरतः शिरालाङ्गुल्य विशालाश्च भवन्ति।।२०७।।
यासां प्रजा प्रविन्दति धनं न।
चार्यस्ताङ्गुल्य दोषैर्विधवा भवन्ति।।२०८।।
न द्याः सरोमाः शिथिलाः शिरालाजङ्घाश्च वध्वाः।
सतुद्व्यासां महत्प्रणीण्या वितिकृता।।२०९।।
कषा वा स्त्रीणामतत्यन्य य मा दिशन्ति।
नमंसि पीडानि समुन्नितानिजानूति शिरानतानि।।२१०।।
घटौ शुक्रौ चेति विवाप स्त्रीणाभमन्यान्यबलीततानि।
श्लथासुदीर्घा विमलाथ ह्रस्वात्कुशोसरो।।२११।।
मसामध्यवश्चातु तीरुष क्लेशसमन्वितानिश्च।
स्त्रीणां भवति विकटाः शिरालाः विमुक्तकेशैः।।२१३।।

खररोमशाद् भिजर्जरान्तरैश्चावनतैस्तथाश्वैः।
अत्युन्नतैरल्प तनूरुहैश्च ।।२१४।।
भवन्ति शीलाः प्रमदाश्च पुत्राः।
कटिविशीर्णा विवृताश्चलास्म।।२१५।।
शुष्काश्च वद्धारुण वभ्रवश्च।
शाणामसौख्याय भवन्ति सर्वाः।।२१६।।
स्युजस्तथा ये सुखिताल्प मांसा।
भग्नाव्यथोर्द्ध च कपालप्रसन्न।।२१७।।
विच्छिन्नशिरा ततानि स्त्रीणाम् ।
क्षुधं क्लेश मयत्य नाशमेतेषु विद्यादुदरेषु वीरः।।२१८।।
शीर्णः स रोमाश्च भवन्ति यासाम्।
वक्राविधालाश्च निसृष्टा ताश्च ।।२१९।।
आचशीलार्जव शौचनाशं नारीष्वयेतानि दैवतासाम्।
कुञ्जानि मांसानि च यानि यासाम् ।।२२०।।
हृष्टान्यक्षतान्य वृली ततानि।
पार्श्वानि छिद्राणि कृशनि चापि।।२२१।।
कक्ष्या तासां मपत्यान भवन्ति।
स्त्रीणां निविशो शिलानि नित्यम्।।२२२।।
हृदयानि यासां तताश्च वाह्या ।
पतनाश्च मांसा भिन्नाग्रतुण्डा विषमाश्च पार्श्वाः।।२२३।।
कृशानि रुक्षाणि विवर्णतानि ।
या सा सुरस्या पतितानि वापि ।।२२४।।
वक्ष्याश्च निम्नाविवृताश्च निम्नास्ताः ।
प्रवृजेतमति पुत्रहीना जिह्वा च ।।२२५।।
निम्ना पृथुतोथ भग्ना ह्रस्वाश्च नारीषु भवन्ति यास्यः।
तथा समीणो विषमैश्च तालैर्भवन्ति धन्याः प्रमदाः।।२२६।।

कृशैश्च ह्रस्वातिदीर्घा कुटिलाथ वक्रा।
शिराततास्थूल परिग्रहा च।।२२७।।
सरोसग्रन्थि समन्विताश्च ते।
वाहवः स्त्रीष्व सुखाय नित्यम्।।२२८।।
खरैः सिरालैः कपिलैः कृशैश्च।
निर्मांसपिण्डापचितैः सकृष्णैः।।२२९।।
प्रस्वेदनैः पाणिभिरादिशेत्।
स्त्रीणां प्रजावित परिग्रहाणाम्।।२३०।।
ह्रस्वातिपृथ्वाः परिशुष्क मूलाम्लाता।
कृशाश्चाङ्गुलायश्च यासां नखाश्च रुक्षाः।।२३१।।
सितपीत वश्या भवाश्च नखाः भवन्त्य धन्याः।
स्तनमृणालां कनभा नखश्च ।।२३२।।
विछिन्नरुक्षा तलेषु रेखाः।
रिक्षाश्च दुखार्ति समन्विताश्च।।२३३।।
स्त्रीणां भवं ते कर्माश्रिता वै।
कृष्णाति ह्रस्वा अतिसूक्ष्म ग्रीवा ।।२३४।।
हन्यः कुमारीषु सुखाय सद्या।(?)
हन्वस्तथा छिन्नविशीर्णदीर्घा।।२३५।।
कृशाश्च पुत्रार्थ परिव्ययश्च ।
श्यावव्यतिलम्बाः विषमाः सरोमारुक्षाति ह्रस्वाः।।२३६।।
पृथवस्तथोष्टाः मात्राणिमारी पृथवश्च।
सर्वाण्यथै तानि सुखावहानि।।२३७।।
प्रजापतिस्त्वाह इदं यथा च।
पृथव्यस्तथोचाश्च विरोमवर्णाः।।२३८।।
भ्रुवौ विशीर्णाल्प रोमानृणामसौ भाग्यकरा भवन्ति।
मध्ये सु तिम्नानि विलीततानि।।२३९।।

ह्रस्वातिस्ये ल्लीट सिराततानि।(?)
स्त्रीणां ललाटान्यथ रोमशानि भवन्ति।।२४०।।
सौख्यार्ति विनाशनानिस्वे स्वालया टाल परिसृतानि।
शिरांसि स्त्रिणां विषमाणि चापि।।२४१।।
भर्त्तारिपुत्रार्थ विनाशनानि।
भस्म प्रकाशास्त्वथ वारुणानि।।२४२।।
भग्नान्विताया मनसः प्रभाश्च।
ह्रस्वाति वद्धो परिमण्डलाश्च।।२४३।।
श्वेता च जिह्वा परिमण्डला च।
तालूनि चित्राणि भवन्ति तापि।।२४४।।
कृष्णानि रुक्षाणि च दुःखितानाम्।
कथा प्रवृत्ता शुभमण्डलाश्च।।२४५।।
घटै प्रहीणैश्च सुदुर्भणनाम्।
तासाति ह्रस्वैश्च वराङ्गनानां।।२४६।।
निकृत्तमूलाः परिशुष्कमांसा।
कृष्णा च रुक्षाणि च दुःखितानि।।२४७।।
कथाथ वृत्तानि शुभतुण्डवश्च।
पुटैर्विहीनैश्च शुभगानां तथैव च।।२४८।।
चोच्चा यदि चापिनीचा विभान्ति स्वर्णाभरणैर्विहीनाः।
स्तद्वा विकाचानि सु निःप्रभाणि ।।२४९।।
श्वेतानि जिह्वानि चलान्यमूनि।
जघन्यधस्तान्सुखितानि चापि।।२५०।।
विष्कष्किंणीकानि......व्यभानि ।
गोश्रृङ्गवर्णाश्चथ केशभूभ्यः।।२५१।।
स्त्रीणा मसौभाग्य मिवा वहन्ति।
ससकुली धूमसमान वर्णा।।२५२।।

रूक्षास्तथोषु प्रतिमा विवर्णा।
शिरोरुहाया कपिलाखराश्च।।२५३।।
स्त्रीणा मधन्यास्त्वथ पिङ्गलाश्च।
गात्राणि रोमा पतितानि यासाम्।।२५४।।
स्थूलैर्विवर्णैः पुरुषैः परैश्च।
त्वक्षाति रुक्षा पुरुषाविवर्णाः।।२५५।।
स्त्रीणां स्त्रीणां शरीरेषु स्मृतावधाय।
कण्ठेनिवद्धा पुरुषा पराश्च खरास्तथा।।२५७।।
पवस वक्तव्यश्च स्त्रीणां भवन्ते विषामाश्च पादाः
खरोष्ट्रमार्जार श्रृगालवश्च ।।२५८।।
पार्श्वा प्रकम्पति यथा व्रजन्त्य।
पादैश्चये भूमिमथोल्लिखन्ति।।।२५९।।
द्रुतं समुद्राश्च मथाति शीघ्रम्।
भूःकम्पवत्यः शुभवस्त्व धन्याः।।२६०।।
स्वरेण वर्णेन गतैर्विहीनायाः।
शूलदेषाकृति चेष्टितैश्च।।२६१।।
.... तथा केशनखाक्षिदन्तैः।
कद्यास्तथैवा चरणैश्च पर्वाः।।२६२।।
कृष्टायुवत्यः करबस्तयूप।
छविवसादेव समानगन्धाः।।२६३।।(?)
सर्वाति मात्रं खलु दुःखितास्ताः ।
स्त्रियस्तथा पूति समानगन्धा इति।।२६४।।

गार्गीये ज्योतिषे स्त्रीलक्षणम्।।

❑❑❑

अथ सप्ताशीतितमोऽध्यायः

अथ गजलक्षणम् ।
प्रतिर्जप्रशंसाद्यं हितं गर्हितम्।।१।।
काममार्जारं नेत्रो विरूपाननः।
स्तकरनेत्रस्तथा हीनः ।।२।।
कुम्भोघटाशिर ह्रस्वावक्र।
स्त्रिलोमा हरिर्व्यस्त मूर्द्धाखरः।।३।।
कालं कुभीरगोस्तुल्य नेत्रामनो वासतः।
शावकल्मादन्तशूक तुण्डनाभिस्तथाश्याव।।४।।
निक्षिप्तहीना नाति रिक्तैर्नखै।
हीनस्वोति पादमति मासाजंघः।।५।।
खरस्वक्तयश्च दग्धछविनर्म विच्छिन्न।
भक्षस्वरोति मात्रं च संघाति अपां प्रियो।।६।।
दीर्घयश्री च याषो ग्रहस्त च भूमौ निपात्यासते।
ह्रस्वमात्रानि लम्वोदरो रुक्ष ।।७।।
कल्माषरूक्षाद्विपा गर्हिताः ।
श्रीतसीयस्य वै ता समे येन।।८।।
वद्धपिक्ष्म गजो गण्डुलांगुलं।
कक्षागुदस्थे रथा वर्त्तकैः।।९।।
पिञ्जरायैव कृष्णैर्न्नखैः कृष्णतालु ।
स जिह्वा न ताभ्योजये दाहवैतैः।।१०।।
शरीरे कृतान्दं प्रभद्यन्ति ये ।
चापि वाह्या ततस्थूल दन्ताः ।।१०।।

किलारूपमैश्वरंतो स्त्रात सः ।
यदि भवति च चूर्णिकाकर्णयोर्वज्ञ रोमाविते।।११।।
मिश्रबालस्य शुक्लं च वस्त्यन्तरं कृष्णवर्णस्य।
शुक्लास्थिवर्णे.....हस्तायते पिस्युर्विषाणोग्र।।१२।।
हस्ते द्वे शूलो रुचिर्यस्य शैथिला मेयात्।
स पुत्र प्रकर्षि महामेचकास्त्रस्तकर्णोत्त वा।।१३।।
दूक्ष संविभग्नतिषद्धेक्षिता यश्च तश्चोन्नताः।
स्थलशीर्षावलीकाथ वाचाक्षि कूणादृते चक्र।।१४।।
संहृष्ट रोमाञ्चितच्छिन्न संक्षिप्त प्रमत्याननः।
श्वेतगो तालजिह्वः सुविक्षिप्तस्व च तथा।।१५।।
कृष्णकल्माष तालुश्च ते राक्षसाश्चालयन्ति।
हन्त्ये चाण्डाल तुल्यात्वयारस्त द्वीपाः।।१६।।
यस्य सुप्तस्य चात्रवन्तेस्तुतन्ध्यत निद्रास्तु शीलाः।
स च ह्रस्वगम्भीरस्त्रक्काक जङ्घोस्तु दन्तो प्रियो निःप्रभाः।।१७।।
पद्मनेत्राश्च ये वर्जनीया नृपैर्यत्नतो।
युद्धरूपं भुश्चादृशास्तै विरत्त्येतस्मान्नता।।१८।।
तारयेद्धस्व गात्रास्व येधातपार्श्वस्तत्र।
ग्रीवं लम्बोदरास्ते क्षुधामृत्युवस्तान्वतेषु त्रजेत्।।१९।।
अत्युपार्श्वाक्षुधा भूतं पुरं नित्यशः।
कुश तपननिभत्वं च सूक्ष्म विश्वावितम्भो।।२०।।
हितापांगमन्वेषणं दक्षिणोम्नतं ब्राह्मण?।
माहुर्जजं प्रजानीयं सुसंपूर्ण गात्रं।।२१।।
सुमग्नीव कुक्ष्यं समं सप्तभिः सुप्रतिष्ठं।
वृषभन्त वृहत्त प्रजानां हितं वृद्धिजाता।।२२।।

द्विजाताद्विपं सुवर्णं वर्णध्वज ।
स्वस्तिकाभिभूतं पुरं नित्यायाः ।।२३।।
पूजानां हितं वृद्धि दाताद्विपं सुवर्णध्वज।
स्वस्तिकाधिर्मुसदाद्धि द्वितोमानमैन्द्रं जयष्णुम्।।२४।।
सुताम्नाय नेत्राग्रस्तोन्भागात्रेष्व भीरुजयिष्णुम्।
जयी वा सु सक्षं न वाप्युच्च यामास्थायति।।२५।।
स्त्रिशवर्णं नृपो वै लभेत्पूजितः द्याप्य संक्षीर्णम्।
वशाद्धवाद्भमदत्वयाथो मृगहाह तुष्या च।।२६।।
पीतछवि दीर्घवक्रान्त वाहोच्छुभं तथा पुष्करम्।
तोश्य युश्चतायुषेसंहिको च मृतो वदन्ति।।२७।।
वित्तस्यस्वामी मधुप्रस्ये दन्तः शुभो वक्रपादः।
संग्रामजित्प्रष्टदन्तेहरिर्वामह विग्रहः ।।२८।।
शुभो ना विलत्वं महापिङ्गलो लम्बदन्तः।
छदः पूज्यते यस्य वाहुदन्न पद्मावदातस्या।।२९।।
चापो मदस्वेतिद्वारगन्धात्समाघ्रा यजह्यु।
र्मदधारणास्तर्नृपोर्गन्ध हस्तिमदाव्यामहे।।३०।।
स्तिग्नवर्णं तथा सुपूकुष्ठं महाबाल विस्थूल।
मेध्यं महाकुम्भ मध्यं स्क्रुम्भरारयिता पातश्च।।३१।।
वक्रज वोदग्र्यशो मान्वितं दुप्रधर्षं सुरोमाण।
विषाणदन्त परिणाहश्चोच्छ्रूयश्चाथ भीरुम्।।३२।।
दृढं शूरमंभोस्तिग्ध वित्रास वातेष्व भीरुं सुचम्।
वेशभास्तथा पूर्वतोदग्रगामि नृपोव्यारूहेदीदृशाः।।३३।।
क्षेमो सौख्यराज्यवहा पूजिता ।
धूपमाल्याग्र भक्तैः वं भक्तितः इति।।३४।।

गजलक्षणं नाम।।

❑❑❑

अथ अष्टाशीतितमोऽध्यायः

देवर्षिर्नारदः श्रीमान् सर्वलोक नमस्तुतः।
आयुषा राजराजेन पृष्ठो मां लक्षणं प्रति।।१।।
उवाच ऋषिशार्दूल गवां लक्षणमुत्तमम्।
शृणु राजन्य तथा तत्त्वं पुरुषाद् कोष्टता तु।।२।।
कुवेरस्य चिर ममधु प्रश्येतं मधुप्रक्ष्य।
दन्तास्थिताभै च रवैर्वितदं वृद्धश्रीधानू।।३।।
यस्य त्रिरेषाषु भाग्यः सुगात्रैक रोमाशुभः।
श्यावशुद्ध छवियस्तयास्तो मासोषु।।४।।
मात्यसमोष मत्येस्य सौम्यसुभिक्षवहा।
स्यादुदिव्यास्थितेज वादग्नि पर्णीक्षे।।५।।
पिङ्गेयाश्वेत रोमाग्निदैव प्रभु ता च।
हस्तिग्धवर्णा लोहित प्रभास्याताात्र कुलोद्वहा।।६।।
लक्षणसौरभेयाणां कथ्यमानं यथातथम्।
शीघ्रांहारि महाश्चैव मङ्गल्याः कुलवर्द्धनाः।।७।।
अभ्यस्तवर्णा ह्रस्वाश्च रक्तवर्णाश्चये स्मृताः।
जडोमन्द प्रचारीयत मधन्यं विजानीयात्।।८।।
तस्माद्वर्णो स हि वर्णो सोमश्च पुङ्गवः।
यः कृष्णपिङ्गलं पांशुवर्ण वर्णस्तथैव च।।९।।
ध्वाक्षगृध्र वर्णैश्च भिन्नवर्णस्तनूरुहः।
एते विवर्ण्य राजेन्द्रध्रुवं कल्याणमिच्छता।।१०।।
एतै चैव शुभावर्णाः अन्योन्या कुलताङ्गताः।
एकशः सर्वज्ञो वापि विवर्द्धर्य भूमिमिच्छताः।।११।।

नीलजिह्वाल्प पुच्छश्च क्रौञ्चवर्णो बलीमुखः।
अधन्यः पुगवोऽज्ञे यस्तं सदा परिवर्जयेत्।।१२।।
भग्नकोलो विवर्णश्च उच्चारण बलंवता।
यत्र वेश्मनि तिष्ठेत तत्र राजभयं भवेत्।।१३।।
कालश्च वर्णशीर्षश्च कालपुच्छश्च यो भवेत्।
बहुश्वेत शरीरश्च तमधन्यं विजानीयात्।।१४।।
स्थूलाण्डो विप्रदण्डश्च.......यो भवेत्।
गृहस्थो गर्हितोधुर्यमो कुलछः प्रशस्यते।।१५।।
लोहश्रृंगमजाश्रृंगममश्रृंग विवर्जयेत्।
जात्या विषमं श्रृङ्गं गतश्च तथा विडश्रृङ्गिणम्।।१६।।
व्याजे वायस श्रृङ्गश्च देवीपुङ्गवः।(?)
ग्रन्थिश्रृङ्गो द्विधाश्रृङ्गः तथा स्फुटित श्रृङ्गि च।।१७।।
कूटे काणं च खञ्जं च खेचरं चित्रवर्षिणम्।
उद्गाताक्षं विरूपाक्षं नित्यकालं विवर्जयेत्।।१८।।
यस्या चैकदुदन्तश्च दन्तात्संदशते चयः।
पश्चात्प्रवृत्ततोयश्च रेतं वेश्मनि वासयेत्।।१९।।
अयुक्तः शवतेस्विद्यद्युक्तो यश्च विधूतयेत्।
महाहर्याश्चयोरौति तस्याहु विगर्हितम्।।२०।।
कुला च गन्धदुर्गन्धी तथा कुणप गन्धिकः।
मांसशोणितगन्धी च दुर्गन्धी च विगर्हितः।।२१।।
आवर्त्तो हयये यस्य पृष्ठंसु च स गर्हितः।
संविदोनाम जपेल्पायुस्तं चात्र परिवर्जयेत्।।२२।।
स्युजौह्यरि सचार्थोथस्य स्यातां समाहितौ।
संविज्ञोनाम सोल्पायुस्तं चक्रे परिवर्जयेत्।।२३।।

षट्दन्ताः सप्तदन्ताश्च दत्तैर्हीनाश्च गर्हिताः।
इत्येते गर्हितासौर्या मयामोषु प्रयत्नतः।।२४।।
नवदन्ताष्टदन्ताश्च .... पूजिताः।
शृणु कल्याणवृत्ताश्च सर्वलक्षण पूजिताः।।२५।।
श्वेतो रक्तश्च कृष्णश्च गौरः पाटल एव च।
भद्रिणस्तं भृष्टष्टाश्च सर्वाणाः पञ्चकालकाः।।२६।।
पाण्डुराः कृष्णशालाश्च सितपादाश्च शोभनाः।
कपिलोयस्तु रक्ताक्षः सर्वगात्र समाहितः।।२७।।
ब्राह्मणस्तादृशं प्राप्य विपुलं विन्दते भयम्।
पृथुकर्णो महास्कन्धः श्लक्ष्या रोमाक्षयो भवेत् ।।२८।।
ब्राह्मणं धनधान्येन तिष्ठन्नपि विवर्जयेत्।
रक्ताक्षः कपिलोयस्तु रक्तश‍ृङ्ग फलो भवेत्।।२९।।
तमग्निपुत्रं जानीयात्स च यज्ञप्रदो भवेत्।
श्वेतोदरः कृष्णपृष्ठपण्डु सर्वार्थ साधकः।।३०।।
स च सयौ जयेद्विप्रं यज्ञेन च धनेन च।
यस्य कौरवसैन्यस्य यश्च वयोश्च पाण्डवाः।।३१।।
क्षम्यो यशस्यो धन्यश्च स तिष्ठे नृपवेश्मनि।
यस्य पादौ शुभौ श्वेतो चलित चैव पाण्डवम्।।३२।।
तं राजा पूरयेनित्यं स हिरण्यं महाबलः।
तमर्घसाधनं धन्यं पूजितं साधयेद् गृहे।।३३।।
एवमेव तु गौरस्य लक्षणं शुभ मुच्यते।
रक्तैः श्वेतैस्तथा कृष्णैर्लक्षणं पूजितं भवेत्।।३४।।
सितवर्णो च भवेद्धन्यः कोलवर्णस्तथैव य।
कृष्णवर्णश्चयः श्वेतः सोपि तिष्ठत्महामते।।३५।।

ग्रीवामूले भवेत्कालो नीलो वा धूम्रकोपि वा।
तेषां वै लक्षणं धन्यं क्षेमास्ते च महागुणाः।।३६।।
रक्तशीर्षस्तु यः श्वेतोरक्त कृष्णफलस्तथा।
अपराजित गत्याहुः क्षत्रियस्य गुणावहः।।३७।।
गोरोहिणचित्रश्च रक्ताक्षश्वेत बालधिः।
रक्तपिङ्गल पाण्डुश्च वैश्यमर्घेन योजयेत्।।३८।।
श्वेतशृङ्गः शवः कृष्णोगणि बाल सितेक्षणः।
महाशरीर शूद्रः वेश्य सर्वार्थ साधकः।।३९।।(?)
क्षुररोहित का यस्तु ईशस्तु मतु पिङ्गलः।
सर्ववर्ण प्रशस्तंत्र यश्च लाक्षारसोपमः।।४०।।
यस्य प्रागायते शृंगे भूमखाभिमुखे सदा।
निर्हस्यैव सर्वेषां वर्णानां स महावलः।।४१।।
मार्जारपादः कपिलो धन्यः कपिलपिङ्गलः।
श्वेतो मार्जार पादस्तु धान्यामणि निभेक्षणः।।४२।।
करटः पिङ्गलश्चैव श्वेतपादस्तथैव च।
गौनीलोहरित्पादोह्य वा पटल एव च।।४३।।
सर्वपादासितोधन्यो द्विपादः श्वेत एव च।
सर्वपादसिते क्षेम्यः पश्चात्पादसितोबलि।।४४।।
स्निग्धपादलवर्णश्च श्वेतशृङ्गः प्रशस्यते।
पाटलः श्वेतपादश्च कुलवृद्धिकरो भवेत्।।४५।।
मध्यो नरवस्तु पाण्डो सम्भवेदर्थ साधकः।
पार्श्वो तेस्तु यथाधन्यः पृष्ठोदरसितस्तथा।।४६।।
रन्धात्प्रभृतियश्चार्द्ध सितपाण्डोस्तु गोपतेः।
यस्यस्यास्य भवेद्धन्य गवां वारोग्य वर्द्धनः।।४७।।

तथा तित्तिरकल्माषो गोकुलानां विवर्द्धनः।(?)
आकर्णमूलास्थेतस्तु मुखं यस्य प्रकाशते।।४८।।
नन्दीमुख इति ख्यातः श्वेतवालो महाशिरः।
न.....तल प्रकाशस्तु स्निग्धपाण्डुः प्रशस्यते।।४९।।
तथा तित्तिरिकल्माषः पाण्डुकर्माष एव च।
धन्यो पटोलपुच्छस्तु शस्त्रपुच्छो यशस्करः।।५०।।
हिरण्यभाजनाकारैः पुत्रोभोग विवर्द्धनः।
ललामाः पूजिताः सर्वत्रयो परिसंस्थिताः।।५१।।
द्विललाम त्रिपुञ्जे वा वृषणे च सुखावहाः।
पूजितः कृतिकाशीर्षः कृत्वाश्च मभिवर्द्धयेत्।।५२।।
मृगव्यालललामस्तु पुङ्गदीतोग्निवर्द्धनः।
क्रोधस्तु स बलो यस्य श्वेतं च ककुदं वदेत्।।५३।।
ललामं त्रिवलावस्थं प्रशंसन्ति च पुङ्गवम्।
बहुशारस्तथा धन्यो बहुचित्रस्तथैव च।।५४।।
द्विमण्डलवित्रस्तु गोकुल्यतां विवर्द्धनः।(?)
श्वेतन्तु जठरं यस्य भवेत्पृष्ठं तु गोपतेः।।५५।।
समुद्रमिति तं ज्ञात्वा स्थापये कुलवर्द्धनम्।
श्वेतोदरः श्वेतववर्णः कल्माषकुलवर्द्धनः।।५६।।
रक्तवर्णोदरश्चापि भवेत्कुल विवर्द्धनः।
मल्लिकापुष्पधन्यो भवति पुङ्गवः ।।५७।।
कमलैर्मण्डलैश्चापि चित्रो भवति भोगप्रदः।
कषायर्कटश्वेतस्तु गोषु तिष्ठद्गुणोधि।।५८।।
...... श्वेतकृष्णैरक्तैर्मण्डलैर्थश्च सर्वतः।
धातावृत विचित्रांगो गोरत्न कुलवर्द्धनः।।५९।।(?)

धनं गावश्च भार्या च पुत्रमित्राणि शास्वतान्।
श्यामकर्णवलिवर्दं प्राप्यैबंलमते नरः।।६०।।
कालशास्त्रस्तु यः पुत्राः श्वेतैर्वालैः प्रतिष्ठितः।
सचर्द्धयत्यासुकुलं तिष्ठं श्वश्रियमा वहेव।।६१।।
दृशाक्षपिङ्गलाक्षो वा रक्ताक्षो वा निरुदरः।
एककर्णैः खरैश्चेति रतिक्रान्तः प्रशस्यते।।६२।।
यवमध्याश्च ये स्थूलाः सूक्ष्मरोम महाबलाः।
कृष्णा वा यदि वा रक्ता गोदम्भास्ते तथा विधाः।।६३।।
पुच्छपादललाटं च ककुस्थेदस्तथा गुरुः।
यदि रुक्षो यदि गुरुस्थाष्यश्चाधिगमश्च सः।।६४।।
श्वेतैः पादैर्भवेद्यस्तु कृष्णवर्णेन संयुतः।
स वैष्णाष्णाजिवोनाम ब्रह्मस्तेन वर्द्धति।।६५।।
कल्मषोयस्तु रक्ताक्षः स.....तनुत्व चः।
समायुक्तस्य.......र्याश्च यमावहते ध्रुवम्।।६६।।
मस्तुगो गोभवे......मृणालो रक्तलोचनः।
स च वाजिसमो ज्ञेयो वाजिनां तस्य मानयेत्।।६७।।
प्रलम्ब वृषणोदीर्घो विगृतोदरश्चयः।(?)
अतसीपुष्पवर्णस्तु धन्यो भवति पुङ्गवः।।६८।।
दक्षिणश्चरणे श्चेतो मुखं मार्जार संस्थितम्।
नीला च नासिका यस्य खग्वेगोनामसो मृगः।।६९।।
पारावत वर्णाश्च नित्यहृष्टो गवाशुभिः।
कतुः प्रदिशेत श्रेष्ठं स नापुत्रिषु पूजितम्।।७०।।
शशलक्षणसंकाशं शङ्खाक्षो दुन्दुभिस्वनः।
गवाविंशसहस्त्रेषु कृष्णायाः पूजयेत्पतिम्।।७१।।

ताम्राक्षस्ताम्रवृषणो द्विजिह्वो तिमिरस्वरः।
स्निग्धतालो महास्कन्धो धन्योधन विवर्द्धनः।।७२।।
वलाकालोमहास्कन्धो श्वेतनेत्रो गवां गतिः।
स पुत्रहातुरैद्राणां भवति प्रसहश्च सः।।७३।।

गार्गीये ज्योतिषे गोलक्षणम् ।।

❑❑❑

अथ एकोननवतितमोऽध्यायः

मार्गशीर्षं च तावुभौ संप्रवर्त्तते।
हिमप्रतपतं तद्वित्तग्व्युस्थानं तथैव च।।१।।
शीतवायुस्तथाभ्राणि तत्पुष्पमाद्यमासिकम्।
अभ्रं च कृष्णपक्षेस्याद्वर्षंस्तनित मेव च।।२।।
तत्पुष्पं फाल्गुनेमासि भार्गवः प्रतिजानते।
पौषस्य शुक्लपक्षस्य शीतपुष्पमथा भवेत्।।३।।
पुष्पं भवति तच्चैत्रे यावन्तश्चाभ्र सम्भवाः।
पौषशुक्लयशः किञ्चिल्लिङ्गे च यदि दृश्यते।।४।।
वर्षमभ्रं तथा वायुर्वैशाख्या पुष्य उच्यते।
नक्षत्राण्येकविंशत्सप्तचान्ये तु पूर्वतः।।५।।
येषु गर्भाः प्रवर्तन्ते निवृत्तेस्सूर्यमण्डले।
माघशुक्लप्रतिपदि यदि सूर्यो निवर्त्तते।।६।।
ततो गर्भाः प्रवर्त्तन्ते युगादौ पञ्चवार्षिकम्।
पञ्चरूपाणि यान्यस्य वा निश्चय प्रथमेहनि।।७।।
एकभद्रोपदोवामे भरणीषु प्रवर्त्तते।
भरणीषु प्रवृत्तस्य यो गर्भः पञ्चरूपिकः।।८।।
नक्षत्रात्पतमेगर्भ सुमनस्याभि वर्द्धते।
माघाफाल्गुनफाल्गुन्या हस्ते त्वाष्ट्रे तथैव च।।९।।
स्वाती विन्दाग्नि दैवत्ये गर्भः स्युः पञ्चरूपिकः।
नक्षत्रात्पतमे गर्भसु सुमनस्याभि वर्द्धते।।१०।।
माघाफाल्गुनफाल्गुन्या हस्ते त्वाष्ट्रे तथैव च।
स्वातीविन्दाग्निदैवत्ये गर्भः स्युः पञ्चरूपिकः।।११।।

अनेन   हेतुनात्वत्पात्   स्वीन्मासातुपधारयेत्।
यस्मिन्तवेद्गर्भः   प्रशस्तः   पञ्चरूपिक   इति।।१२।।

इति गर्भस्थानं द्वितीयम्।।

☐☐☐

अथ नवतितमोऽध्यायः

चत्वारोगर्भमासाः स्युर्येषां वक्ष्यामि लक्षणाम्।
गर्भप्रकृतयो येषां यस्मिन्मासे प्रकीर्त्तिताः।।१।।
शीतमाभ्रं तथा वायुश्चन्द्रार्क परिवेषणम्।
माघमासे परिक्षेत श्रावणे वृष्टिमादिशेत्।।२।।
फाल्गुनस्याभ्र संघाता वृष्टिस्तनित मेव च।
पुरोवाताः स्त्रयत्प्रोक्ता वायहिकद् वदे स्मृताः।।३।।
बहुपुष्पफलावृक्षाः वातोः शर्करकर्षिणः।
शीतपुष्पतथाभ्राणि चैत्रेणाश्चयुर्ज वा दश।।४।।
संच्छान्ति मृदवोवाताः पुरशीघ्र प्रदक्षिणम्।
वैशाखे तानि रूपाणि कार्त्तिक्यान्तैस्तु वर्षते।।५।।
देशकाला विभागास्तु तिथिभागाश्च तत्त्वतः।
दिवा भवतिपह्वतं रात्रौ तदिह पच्यते।।६।।
कृष्णपक्षे यदुत्पन्नं शुक्लपक्षे विभृज्यते।
शुक्लपक्षे यदुत्पन्नं कृष्णपक्षे विभृज्यते।।७।।
पौर्णमास्यां यदुत्पन्नं अमावास्या विमृश्यते।
अमावास्यां यथोत्पन्न पौर्णमास्या विमृद्यते।।८।।
पूर्वसन्ध्या मथोत्पन्नां पश्चिमस्या विमृद्यते।
पश्चिमस्यामथोत्पन्नं पूर्वसन्ध्या प्रमृश्यते।।९।।
पूर्वाह्णे यदावर्तमपराह्णे तदा स्मरेत्।
क्षतयदपराह्णे तु पूर्वाह्णे तदनुस्मरेत्।।१०।।
अर्द्धरात्रे यदुत्पन्नं मध्याह्ने तदनुस्मरेत्।
एते कालाः प्रसंख्यावीताः पक्ष्यास्तिथ्यश्च सर्वदा।।११।।
नक्षत्राण्यृतयश्चैव भार्गवस्य महात्मनः।

भार्गवस्थाने तृतीयः।।

अथ एकनवतितमोऽध्यायः

प्रजापत्यमथाश्लेषा फाल्गुन्यात्वाष्ट्रे दैवतम्।
ऐन्द्रवं नैऋतं चैव वैश्वदैवत मेव च।।१।।
यदि भ्राद्रपदे यास्यां भवेतु ग्रहपीडितम्।
न गर्भः सम्पदे यान्ति वासवश्च न वर्षते।।२।।
क्षुज्वस्त्रभयरोगार्ताः प्रजाव्यवति ताः।
समाः गर्भाकालं समुपन्ना शुभाय पञ्चरूपकाः।।३।।
प्राप्तकाले न वर्षन्ति निमित्तोपहतास्तुते।
ते सूर्यमभिगच्छन्ति मारुतेन समीरिताः।।४।।
प्रलयं यान्ति तत्रैव रश्मिभूताः समन्ततः।
तत परेण कार्तिक्यां मासाव्याभ्यन्तरेण च।।५।।
मूर्च्छिताः सम्प्रकर्षिति ते गर्भाः सूर्यमादित।
उदयन्र्तुषु विज्ञेयं तन्निमित्तं प्रवर्षणात्।।६।।
गर्भाहि योनिमासाद्य चिरादौ.......।
यथा हि संधिननीद्रोग्ध्री धनं क्षीर प्रवर्षते।।७।।
एवं पर्युषिते गर्भे तोयं सम्पद्यते धनम्।
ततो वायु समादिष्टं भिव्द्यतेथ सहस्त्रशः।।८।।
करकास्तत्र जायन्ते दुष्टक्षीस माप्नुयात्।
प्रसन्नग्रहनक्षत्रा दिशोविति भिराः शुभाः।।९।।
भवन्ति वृद्धिमासेषु प्रजावृद्धिकराः शुभाः।
यथा च हेमन्तवसन्तग्रीष्मैर्यथा वर्तयान्वि।।१०।।
विधानतः शुभाभवन्ति गर्भास्तुयथर्त्तु।
लक्षणस्तदा ध्रुवं वर्षति मा कदाचन।।११।।

मृगपक्षिणां सौम्या वायसोभिः प्रदक्षिणाः।
दिशोवितिमिराः सर्वाः गर्भमासेषु तद्धितम्।।१२।।
अग्रयाचैत्र सौम्याश्चधे भृत्यावरुणास्तथा।
गर्भाधानेषु नन्देषु रतावृष्टि विजानीयात्।।१३।।
वायव्येशान याम्येन्द्र महावर्ष विजानीयात्।
ततस्तु गर्भमासेषु समाः सत्वगुणान्विताः।।१४।।
उत्तरं तु यदा मार्गं सेवन्ते नियतं ग्रहाः।
सुवर्णरूपसम्पन्ना गर्भमासेषु तद्धितम्।।१५।।
प्रदक्षिण मसंसक्ता व्यतिपान्ति महाग्रहाः।
सुवर्णरूप्यसंस्थाना गर्भमासेषु तद्धितम्।।१६।।

यदा नवोल्का निपतन्ति घोरा।
न चाद्भूतं किञ्चितु गर्भमासे।।१७।।
तदा गर्भाश्च भवन्ति रोगाः ।
समृद्ध सस्याश्च समा वहन्ति ।।१८।।
निषेवते मार्गवतीव चोत्तरम् ।
यदा शशंकादिव वर्तमानः ।।१९।।
सम्यकृत्तदा वर्षति पाकशासनः ।
प्रजाश्च वर्त्तन्ति समृद्धसस्याः।।२०।।
यदि तु भवति मण्डल प्रसन्नम्।
दिवसकराभ्युदयेथ गर्भमासो।।२१।।
विसृजति मघवान् यथर्त्तु काले।
शुभमया च सलिलं प्रजाहितार्थम्।।२२।।

अष्टादशोपदाताश्च गर्भाणामिह निर्दिशेत्।
तत्समीक्ष्य यथान्याथ मादिशेत विचक्षणः।।२३।।

अश्मवर्षतमोरूपं यांशुवर्ष परित्यक्ताः।
उल्कानिर्घातकम्पाश्च विद्युत्या तांस्ततथैव च।।२४।।
परिशेषाः परिचयो वासवस्य धनूषिं च।
अनभ्रेस्तनितं वर्षं दिशोदाहास्तथैव च।।२५।।
अनार्त्तवं पुष्पफलं धरणीत्येषु।
वर्णां ग्रहकर्म सुघोरेषु पतद्गर्भान्विनियात्।।२६।।
आदादीनायास्तु चत्वारः पुनर्द्धेमासै पुष्पसम्भवौ।
साधारणास्त्व षटार्त्ताज्येष्ठ मूलस्य धारणा।।२७।।
ज्येष्ठशुक्लपदाचित्रा स्वात्यामैन्द्राग्न मेव च।
मैत्रं च नाभिवर्षेत तदा सस्यस्य सम्पदम्।।२८।।
यद्यस्याप्यधिवर्षेत नक्षत्रं पाकशासनः।
अमूर्षव्या वदेत्तूयासा वर्षाणि निसृताः।।२९।।
वैमार्गाश्च तु रोमा सा गर्भाणामाह भार्गवः।
ग्रामाणां भाद्रपदाश्च अश्वयुक्तार्ति क्वस्तथा।।३०।।
माघेन श्रावणं कृयाभाद्रपदेत फाल्गुनम्।
श्रावणेश्च यजुं विद्याद्वैशारेव न च कार्त्तिकम्।।३१।।
माघस्य शिशिरं विद्या फाल्गुनस्तत्र निर्दिशेत्।
शीतमुष्णं चैत्रवैशाखस्य तु मारुतः।।३२।।
यानि नक्षत्रमासेषु नक्षत्राण्यभि वर्षति।
वार्षिके प्रथमे मासि त्रिस्त्रितात्यभि वर्षति।।३३।।
इति गर्भातिमान् सर्वान पु........रा असमीक्षयेत्।
निवेदयित्वा कीर्त्तिं लभते राजसङ्गतमिति।।३४।।

गार्गीये ज्योतिषे गर्भसंस्थोपानम्।।

अथ द्विनवतितमोऽध्यायः

इदं प्रोवोच भगवान् गर्गः शिष्य प्रचोदितः।
दशगण्डायां नियतं शास्त्रं लोकहिते रतः।।१।।
यस्मिन यस्मिन सुनक्षत्रे प्रवृष्टे पाकशासने।
वक्षाम्ययां प्रमार्गश्च सस्यानां च भवाभवम्।।२।।
राजराष्ट्र समुद्योग प्रशान्यस्तत्र।
तादंष्ट्रिभ्यो भयमेव तथा क्षयम्।।३।।
सुभिक्षमथ दुर्भिक्षं जलवृद्धिं जलक्षयम्।
सर्वाण्येतानि वक्ष्यामि वर्षै नक्षत्र संस्थितैः।।४।।
ज्येष्ठामूलमपक्रम्य मासं प्रतिपदं तथा।
अतः प्रभृति वर्षाणानां निमित्तात्युप लक्षयेत्।।५।।
वर्षं पूर्वास्वषाढासु द्रोणान्वर्षति।
षोडशः कुर्यात्प्रथमतः स्तानि ।।६।।
.........षडाप्तयश्च ....न् ।
सम्पद्यते तत्र सस्यानि वृद्ध्या व्याधिश्च जायते।।७।।
दस्यवश्चोद्वलीयन्ते वर्षते वा हिमागमे।
अथोत्तरा स्वषाढासु द्रोणान्विषति षोडशः।।८।।
स्थलेषु वापयेद्वीजं निम्नानि च विवर्जयेत्।
सततं चतुरोमासान् वर्षं वर्षति वासवः।।९।।
सस्यानि च समृद्धा निष्पादयति नित्यशः।
ईतयाश्च प्रशंस्यते क्षेमात्राभि वर्द्धते।।१०।।
भवन्ति प्रीतिसंयुक्तान्यस्त्रशास्त्रा नराधिपाः।
श्रमणेन प्रहृष्टस्तु द्रोणान्वर्षे चतुर्दश।।११।।

संविभक्तोदका वर्षं सस्यानां सुसमृद्धयः।
संग्रहाश्चत्र चित्राणां प्रवल्याव्याधयस्त्रयः।।१२।।
अतिसारोज्वरश्चैव शिरोगोगश्च जायते।
धनिष्ठाभिरयां मुक्तैर्द्रोणान्नव च सप्त च।।१३।।
द्विसप्तएवः प्रथमं कुरुते चाप्युपग्रहम्।
स्फीतानि सर्वसस्यानि वणिजासिद्धि रुच्यते।।१४।।
धनिष्ठाभिरयां मुक्तैर्द्रोणान्नव च वोल्पणैः।
चतुरो वर्षते द्रोणान्प्रवृष्टो वरुणो यदा ।।१५।।
अत्र कृष्यानि निम्नानि स्थलानि तु विवर्जयेत्।
प्रयोगास्यं हरेत्तत्र भक्तमत्र प्रियं वदेत्।।१६।।
यत्र काण्डगुणं चैव सज्जीकुर्यान्नराधिपः।
भवन्ति चौराः प्रवलादुर्भिक्ष मुपजायते।।१७।।
नरास्कन्धे कुमाराश्च परिधावन्ति सर्वतः।
चक्रारुढा जनपदाविद्भवन्ति समं ततः।।१८।।
निशान्ति मधिगच्छन्ति परराष्ट्राभि पीडिताः।
अनेन वर्षते द्रोणात् दशपञ्च च वासवः।।१९।।
एव चन्द्र विशालाक्षो वर्षारात्रौ बहूदकः।
निवर्तन्ति च सस्यानि जनमारश्च जायते।।२०।।
चक्रारूढं जनपदं वैशाखेमासि मादिशेत्।
उत्तराप्रौष्टपदयोराढका चतुःशतम्।।२१।।
तदा वर्षति पर्यन्यः सर्वसस्यानि मावपेत्।
निम्नानि च कृषेत्पूर्णा स्थलान्यत्र तु कापयेत्।।२२।।
एषसम्भिन्न इत्युक्तो वर्षरात्रो बहूदकः।
राजधान्याः प्रदश्यन्ते पुराणा निगमास्तथा।।२३।।

महास्त्रोतोभिरुह्यन्ति शरद्भिः पल्लवैरपि।
महास्त्रोतोभिरुह्यन्ति क्षेमं कुर्वन्ति।।२४।।
राजानो राष्ट्रं विहत तस्करम्।
न्यस्तशस्त्र जनपदा भवन्ति सुखिनस्तदा।।२५।।
रेवत्यां संप्रहृष्टस्य द्रोणान्यष्टौ षडे च तु।
भावयत्सर्व सस्यानि वर्षते पाकशासनः।।२६।।
अक्षिरोगश्च जायन्तेद्वातेतौ ।
प्रवलौ व्याधि तस्मिन काले विनिर्दिशेत्।।२७।।
निस्तेषु वापयेद्बीजं स्थूलानि तु विवर्जयेत्।
एकदेशोत्र सस्यानां वर्द्धते नात्र संशयः।।२८।।
अभियान्ति समुद्युक्ता भूमिपालाः परस्परम्।
चौराश्चात्र बलीयन्ते राष्ट्राणामहिते रताः।।२९।।
भरणीषु अपामुक्तौ तदा द्रोणश्चतुर्दश।
स्थलानि वर्जयेदत्र तदा रूपानि वापयेत्।।३०।।
असावर्णिक मेवात्र भक्तं संप्रशास्यते।
दुर्भिक्षं जनमारक्तभयं चात्राभि निर्दिशेत्।।३१।।
एवं पुत्रपदो नामकालः परमदारुणः।
प्रजाक्षयोकरो घोरः सर्वभूत विनाशनः।।३२।।
कृतिका तु रपां मुञ्चे द्रोणाः षष्टयं च पञ्च वा।(?)
पश्चाद्वर्षीदिवः स्यात् सर्वसस्यानि भावयेत्।।३२।।
पार्थिवश्च बलोयोगैरभि यान्ति परस्परम्।(?)
प्रवलश्च भवेदग्नि दंष्ट्रिणश्च महाबलाः।।३३।।
रोहिण्या माढकशतं वासवः सप्रवर्षति।(?)
आषाढी च प्रहृष्टास्तु कौमुदी चिरेमत्तदा।।३४।।

स्थलेषु क्षेत्राणि क्रेष्याणि निम्नक्षेत्रं विवर्जयेत्।
स्त्रोतांसि प्रवहंस्तत्र सस्यानां सम्पदुच्यते।।३५।।
न्यस्तशस्त्रा नरेन्द्राश्च भवन्ति प्रशमे रताः।
सौम्ये तु वर्षते द्रोणान्षडशीति पुरन्दरः।।३६।।
विवद्धि ब्राह्मणानां च सस्या तु ये तथैव च।
चत्वारो व्याधयश्चात्र भवन्ति प्रबलानृणाम्।।३७।।
श्वासः कासश्च शोषश्चबलवाछूयप्युस्तथा।
आषाढकन्येन्द्रया वर्षे दशचाष्टौथ वासवः।।३८।।
आनूपान्वर्षयेदत्र स्थलानि च परिवर्जयेत्।
कुर्यात्सत्वरमानस्तु विविधान् धान्य संचयात्।।३९।।
भयं जनयेते चैव नृपोद्यानं च विन्दति।
पुनर्वसुभ्यां वर्षे चन्द्रोणास्ते विंशतिस्तथा।।४०।।
स्थलानि वापयेदत्र पल्वलानि विवर्जयेत्।
अपांशोधा प्रणाल्पश्च तडागानि सरासि वा।।४१।।
द्विगुणी सस्य सम्पतिः क्षेमं चैवोपजायते।
सततं च तु रोमा सा.....वर्षति वासवः।।४२।।
निक्षिप्त शस्त्राराजानः पलायन्ते वसुन्धरा।
पर्यन्योमघ वा वर्षेणान्दश च पञ्च वा।।४३।।
विवर्जये स्थलान्यत्र पलानि च वापयेत्।
पश्चाद्वर्षी भवेद्देव आदौ मन्दस्तु वर्षति।।४४।।
सस्यैकदेशं मघवा वर्द्धते पञ्चवर्णिकम्।
पार्थिवाश्च समुद्युक्ताः प्रबलाश्चात्र दस्यवः।।४५।।
चक्रारूढा जनपदा भवन्ति च........।
अश्लेषात्तिरया मुक्तैराढकानि ।।४६।।

त्रायादशानि निम्नेषु सम्पद् भवन्ति।
व्याधिर्भवति बन्धसु सद्यः।।४८।।
प्रहरणैर्भाव्यथावद् भवति कर्दमी।
भयं भवति चौरेभ्यो वर्षास्विति विनिर्दिशेत्।।४९।।
मघासु चतुरोद्रोणात् दशचात्राभि वर्षति।
पूर्णांगात्रे दुर्भिक्षं चात्र जायते।।५०।।
प्रजानां कुक्षिरोगाश्च चत्वारो व्याधयः स्मृताः।
आषाढकानां शतं वर्षे प्रवृष्टोर्यम्लादेवते।।५१।।
धन्वसुप्रकिरेद्बीजं वर्षेय.......जलाशयम्।
निरातङ्कं भवेक्षेमं सर्वं सस्यं च जायते।।५२।।
पाषाणाश्चाभि वर्द्धन्ते धर्मशीलाश्च पार्थिवः।
अथ पञ्चदशद्रोणा न हस्तेनाभि प्रवर्षति।।५३।।
सस्यानि चाभि वर्द्धन्ते राज्ञो निक्षिप्त शस्त्रता।
निरीक्षितं भवेक्षद्मम्यं व्याधिद्वावत्र वा बलौ।।५४।।
अक्षिरोगं प्रतिश्यायं वमतशपथो भवेत्।
द्रोणान् दश च षट्द्वौ च चित्रायां संप्रवर्षते।।५५।।
सम्पत भवति सस्यानां मनीतिन भिवतता।
भरताश्चाभि वर्द्धन्ते तथाकर निवासिनः।।५६।।
क्षेमं भवति सस्यानां मृद्धिश्चाय जायते।
स्वात्यां स वर्षते द्रोणाचत्वारः पाकशासनः।।५७।।
उत्सृजेत स्थलान्यत्र संश्रयीत जलाशयान्।
धान्यानां संग्रहं कुर्यात् दुर्भिक्षं चात्र जायते।।५८।।
चक्रारुढं भवेद्राष्ट्रं प्रवलाश्चैव दस्यवः।
विशाखाभिः प्रवृष्ठस्तु द्रोणान्वर्षति विंशतिः।।५९।।

वर्द्धन्ते सर्वसस्यानि विरूध्यन्ते च पार्थिवाः।
वर्णोत्तमाधराणां च विरोधश्चात्र जायते।।६०।।
स्थलेषु सस्यं भवति निम्नेषु तु विपर्ययः।
द्रोणान्मैत्रेण भगवान् सप्तसप्त च वर्षति।।६१।।
तत्रोद्योगो नरेन्द्राणां सस्यं च संपच्च जायते।
वणिजश्च समृद्ध्यन्ति गृहाद्यन्ति प्रवासिनः।।६२।।
........त नाश्चात्र सुखमिच्छति सर्वशः।
पञ्चाक्षिरोगो भवति कुक्षिरोगश्च जायते।।६३।।
एतावान्निर्दिशेतत्र बुद्धिमाच्छास्त्र कोविदः।
ऐन्द्रेणाभि प्रवृष्ठस्तु द्रोणौ द्वौ द्वौ च वर्षति।।६४।।
स्थलान्यत्र परित्यज्य जालस्थानानि वापयेत्।
धान्यानां संग्रहः कार्यो भक्तमत्र प्रियं भवेत्।।६५।।
समुद्युक्ता नरेन्द्राश्च दस्यवः प्रवलाश्चये।
स्कन्धे कुमारामनुजा भवन्ति गणचारिणः।।६६।।
यामात्पुराणि राष्ट्राणि त्यजन्तित्र भयार्दिताः।
मूलेन वर्षते द्रोणा नष्टोमृद्धौ च वासवः।।६७।।
जायन्ते सर्वसस्यानि दस्यु प्रवलमेव च।
बहुपुष्पफलावृक्षा भयन्तत्र च सर्वशः।।६८।।
एतावदत्र भगवान् गर्गः प्रोवाच बुद्धिमान्।
इदं महागुह्यतमं समाहितौक्ष्मर्गप्रयो बहुचित्र विस्तरात्।।६९।।
निशम्य राज्ञां तु द्विजः समारभेत्प्रजाहितं श्रीर्यशमाप्नुयादिति।

गार्गीये ज्योतिगर्गडं नाम।।

अथ त्रिनवतितमोऽध्यायः

भवभवार्थ भूतानां निर्घातोनाम जायते।
तस्य रूपं प्रवक्ष्यामि दिग्विक्षुभा यथा।।१।।
यदन्तरिक्षे च भगवान् मारुतो मारुताहतः।
पतत्यधः स निर्घातो भवते वायु सम्भवः।।२।।
शुक्रोदये प्राप्ते निर्घातः श्रुयाद्भुवि।
क्षत्रियान्योधमुख्यांश्च पीडयते न संशयः।।३।।
प्रातराशे वैश्यांस्तु हन्याद् गोजीविनस्तथा।
परिवृत्ते हनद्वैश्यानपराह्णे तु दस्यवः।।४।।
नीचातन्यांश्च........दस्तमेति दिवाकरः।
प्रथमप्रहरे सस्यमर्द्धरात्रे तु राक्षसान्।।५।।
रात्रित्रिभागे वैश्यास्तु प्रत्यूषे वाहिते भवेत्।
यां दिशं चापि गच्छेत निर्घाते भैरवस्वरः।।६।।
तद्धेशार्हते देशास्यत्वादि भक्तिनस्तथा।
पूर्वेण हन्यते क्षिप्रं दिशो दक्षिणतो हरेत्।।७।।
पश्चिमस्यां हनेद्वृद्धा......उत्तरतोहनत्।
व्रजते यां दिशं चैव यातव्यादा.....पार्थिवा।।८।।
अकुलोमेर्जयं कुर्याद्विपरीत मतोन्यथा।
उक्ताः जनपदाः पूर्वं जनव्यूहे तु यामया।।९।।
तां निर्घातोवसृष्टेषु बहूनि जनवान्वदेत्।
अपर्वणिद्युवाश्चैव रुक्षभीम स्वराश्चये।।१०।।
अपसव्यश्च निर्घातो न प्रशस्तः।
कथञ्चनायेषु वर्पसु दृश्यन्ते स्निग्धगंभीर निस्वनाः।।११।।

प्रदक्षिणा निर्घाता वर्ष सस्यदाः।
अभिवाद्यंस्तु प्रास्यन्ते निर्घातोल्का महीबलाः।।१२।।
होमजाप्योपवासैश्च ब्राह्मणानां च तर्प्पणैः।
निर्घात चरितः सम्यग्नि यतो ब्राह्मणः शुचिः।।१३।।
निर्घातः आत्रेयो गर्गप्राचार्य मभिवाद्य निगीतवत्।
पप्रच्छ चलते कस्माद् भूरियं भूतभावनः।।१४।।
किं फलं भूमिकम्पानां कोवा चालयते मही।
कम्पाश्च कति पठ्यन्ते कति वा कम्पदेवताः।।१५।।
विनयादेव मुक्तस्तु गर्गो वचन मब्रवीत्।
निर्घातोल्का महीकम्पानत्रिः प्रोवाच कृत्स्नशः।।१६।।
चत्वारः पृथिवीं नागाधारयन्ति चतुर्दिशम्।
वर्द्धमानः सुवृद्धः स्याद तु वृद्धःशुचिश्रवाः।।१७।।
वर्द्धमानदिशः पूर्वसुवृद्धो दक्षिणं दिशः।
पश्चिमा मनुवृद्धस्तु सौम्यायां तु शुचिश्रवाः।।१८।।
नियोगाद् ब्रह्मणोह्येते धारयन्त्येव संस्थिताः।
तेश्च सन्ति यदा श्रान्ताः स वायुश्चासतो महान्।।१९।।
वेगान्महीं चालयते भावाभाव निदर्शकः।
निमित्तभूतालोकस्य प्रायशः पर्वणीयगता।।२०।।
तां यदा तु बलवान्वायुरन्तरिक्षे निलाहतः।
एतत्पांशु स निर्घातो भवतो वायु सम्भवः।।२१।।
स्ववेगान्निपततश्चलत्यभ्य हताक्षितिम्।
सोभ्यघातः समुस्थस्या शनिर्घातो निरूच्यते।।२२।।
प्रतिष्ठितं स्वात्मगुणोखमायः खप्रतिष्ठिताः।
अक्षसत्येव पृथिवी वामतोष्टौ भृशाहताः।।२३।।

महोदशाः क्षोभयन्ते समुद्रद्रामहाबलाम्।
तद्यवायु समुद्भूता पृथिवी संप्रकम्पते।।२४।।
निहवाता समुद्भूता पृथिवी संप्रधावते।
नहि वाताः समुद्भूतं प्रतिष्ठेत समावले।।२५।।
अतो वायु समुद्भूता निर्घाता भूबलास्तथा।
उल्कास्तु सूर्यप्रभवास्तासां वायु समागतिः।।२६।।
वायुग्रीद्धाः स वरुणाश्चत्वारः कम्पदेवताः।
अनुपूर्वेण नियता उल्का निर्घातकम्पनाः।।२७।।
कृत्वा चत्तुर्वाहोरात्रं द्विधाहोथद्विधानीशा।
देवताश्च सुयोगाच्च चतुर्द्धाभगणं तथा।।२८।।
पूर्वोदिनार्द्ध वायव्य आग्नेये यतु पश्चिमे।
ऐन्द्रपूर्वे तु रात्र्यर्द्धे पश्चिमोर्द्ध तु वारुणः।।२९।।
क्षुधावायुश्च वायव्ये शास्त्राग्निचालनो मनु।
ऐन्द्रवर्षे सुभेक्षे च वारुभु विशेषतः।।३०।।
चत्वार एवमेतेस्युरहोरात्र विभाग ताः।(?)
निमित्तभूता लोकानामुल्का निर्घात भूचलाः।।३१।।

इति कम्पलक्षणे प्रथमः।।

❑❑❑

अथ चतुर्नवतितमोऽध्यायः

प्रथमेहश्चतुर्भागे निर्घातोल्क महीचलाः।
ब्राह्मेन्द्रर्यस्तु सवित्रा अर्द्धमासे।।१।।
चतुर्द्विस्त्रीया मेवा बहुशो यदा।
कम्पते धरणी यत्र तत्र विद्यान्महद्भयम्।।२।।
चतुर्दशीपञ्चदशी द्वादशीमष्टमी तथा।
चतुर्थी चेति पर्वाणि प्राहगर्गो महात्रृषिः।।३।।
यदा पर्वसु दृश्यन्ते उल्कानिर्घात भूचलाः।
तदा क्षेमं शिवशान्त सुभिक्षं चोप जायते।।४।।
येषांषुवर्त्तनक्षत्रे निर्घातोल्का महीचलाः।
पीडा यच्छति ते सर्वे नराह्यर्थ शरीरतः।।५।।
ते भौमसौम्याया वायव्यैर्मन्त्रर्होमैर्विधानतः।
वङ्कन्नदक्षिणः कुर्युर्जपाश्च नियमास्तथा।।६।।
इति निर्घातकम्पातामुल्कानां चापि लक्षणम्।
विस्तरेण यथातथ्यं गर्गेण परिकीत्तितम्।।७।।

गार्गीये ज्योतिषे भूकम्प समाप्तः।।

❑❑❑

अथ पञ्चनवतितमोऽध्यायः

आत्रैयोगौतमश्चैव भरद्वाजोथकौशिकः।
अङ्गिराजमदग्निश्च वशिष्ठश्च महातपाः।।१।।
एते मर्हषयः सप्तसर्वे वेद विशारदाः।
ऋषीणां श्रेष्ठमासीनं गर्गं पृच्छन्ति संशयम्।।२।।
चन्द्रे वाप्यथवा सूर्येशुक्रेसौरे वृहस्पतौ।
अङ्गारके बुधैचैव राहौ केतौ तथैव च।।३।।
चन्द्रसूर्यौ परिक्षिप्य मन्दकाल संस्थितम्।
महद्भूतं ग्रहावाभ्यांदभ्रं वातद्धि कुर्वति।।४।।
अग्निर्वा ज्योतिरैवैत् स्वयं सृजति मण्डलः।
किमर्थं क्रियते चैतत्किंवा कर्म करिष्यति।।५।।
केन वास्यचरोदतो केन वैतत्प्रयोजितम्।
कोवास्य प्रभवो लोके किमाप्ये तत्प्रयोजनम्।।६।।
पृष्ठः स एवं मुनिभिर्गर्गो ज्ञानविशारदः।
कथयामास तद्वाक्यं सप्तर्षिणां यशस्विनाम्।।७।।
यथह्येष ग्रहः क्वचित् - भूतं नापि दैवतम्।
वा ज्योतिषि विकुर्वन्ति नास्पृगृह कृते कृतम्।।८।।
वा पुरुषो महावीर्यस्त्रिषु लोकेषु विश्रुतः।
तस्यैव नित्यप्रभवोग्रह मावृत्य तिष्ठति।।९।।
यदा वातं तु संदृश्येद् भावाभावौ प्रकीर्त्तितौ।
वायु प्रथमं तं भूतं प्रजानां लोकभावनः।।१०।।
प्रभवः सर्वभूतानां कृश्नस्य जगस्तथा।
वायुमूलान्यथायोभिर्वायुश्चैव प्रवर्षते।।११।।

वायुर्विधामते सर्वं वायुरभ्राणि कुर्वते।
वायुश्चन्द्रस्तथा सूर्यो नक्षत्राणि तथैव च।।१२।।
वायुरेव ग्रहाः सर्वे वायुर्ब्रह्मा सनातनम्।
द्यौरन्तरिक्षं पृथिवी वायुः सर्वमिदं जगत्।।१३।।
अहोरात्रास्तथा वायुः पक्षावायुः प्रकीर्त्तिताः।
वायुर्मामार्त्तवश्चैव वायुः संवत्सरस्तथा।।१४।।
वायुर्दिशश्च विदिशो वायुस्तृणवनस्पतिम्।(?)
वायुरेव जगत्सर्वं लोकनाथ प्रकीर्त्तितः।।१५।।
वायुर्जनयते सर्वं वायुः कम्पयते महीम्।
वायुरग्निं जनयते ततो धूमः प्रवर्त्तते।।१६।।
वातादभ्राणि जायते तडित्।
न चन्द्रसूर्यौप्यग्निर्नक्षत्राणि ग्रहाणि च।।१७।।
विभ्रान्ते तु तदा लोके यदि वायुः प्रकुप्यते।
तस्माद्वायुकृते स्थानं ग्रहाणां परिवेषणम्।।१८।।
निमित्तभूतं लोकस्य वर्षावर्ष निदर्शनम्।
लोके वायुरिति ख्यातो योसौ सर्वजगत्प्रभुः।।१९।।
तस्यैव प्रभवो दिव्यो ग्रहमाश्रित्य तिष्ठति।
तस्य रूपं प्रवक्ष्यामि फलं पाकं च सर्वशः।।२०।।
स्थानानि वा प्रशस्तानि प्रशस्तानि तथैव च।
उदयेर्क्कस्य रुक्षो परिवेषः प्रशस्यते।।२१।।
क्षत्रियाणां भयं विद्यान्नाशं राज्यस्य वा चिरात्।
पूर्वाह्ने तु यदा श्वेतः परिवेषः प्रशस्यते।।२२।।
द्विजास्तत्र विरुध्यन्ते राजाचैव विनश्यति।
नभोमध्ये यदादित्यः परिवेषः प्रशस्यते।।२३।।

आघास्तत्र विनश्यन्ति पीतवर्णे दिवाकरे।
वर्षा स हनते व्यक्त मालिलंवाभि निर्दिशेत्।।२४।।
प्रणवस्थे यदादित्यः परिवेषः प्रशस्यते।
शकान्यवनकाम्बोजास्तापः स्पृशति दारुणः।।२५।।
अस्तमंह्युपगच्छन्त्य परिवीक्षे दिवाकरः।
दरदान् पङ्त्वा........ताम स्पृशति।।२६।।
महता परिवेषणचन्द्रमाः परिवीक्ष्यते।
प्राद्विद्यद्विजानीयात्परिवेषणे तथा विधे।।२७।।
सर्वं पक्षान्तरं यत्र परिवेष्ये दिवाकरः।
सञ्चयं सर्वभूतानां वेदत्व नियतं बुधः।।२८।।
पौर्णमास्या ममावास्यां परिवेष्येद्दिवाकरः।
उभाभ्यां चन्द्रसूर्याभ्यां राजा वध्यति पार्थिवः।।२९।।
दिवासूर्य परिवेषो रात्रौ चन्द्रे यदा भवेत्।
एकश्चिदहोरात्रे राजा वध्यति पार्थिवः।।३०।।
एतेन विधिना नित्यं सप्ताहं परिविष्यते।
सर्वभूत विनाशः स्यात्तस्मिन्नुत्पात दर्शनो।।३१।।
स्निग्धेन परिविष्यते चन्द्रमाः परिविष्यते।
प्रतिपद्यष्टमीवापि तन्महावर्ष लक्षणम्।।३२।।
सम्प्राप्ते रोहिणीयुक्ते चन्द्रमाः परिविष्यते।
कृतिकादीनि चत्वारि नक्षत्रारात्युप पीडयेत्।।३३।।
क्षुभ्यते पृथिवी सर्वास्तथा म्लेच्छाश्मराजकाः।

परिवेषः समाप्तः।।

❑❑❑

अथ षण्णनवतितमोऽध्यायः

वरमुनिवरश्रेष्ठं पुनः पृच्छति भागुरिः।
भगवन् श्रोतुमिच्छामि उल्कापात विनिश्चयम्।।१।।
सम्भवन्ति कुतश्चोल्काः पश्चैताः प्रतिमुञ्चति।
विमुञ्चते किमर्थं च एतदिच्छामि वेदितुम्।।२।।
एवं दृष्टो महातेजा शिष्येणाक्लिष्ट कर्मणा।
उवाच विधिवच्छास्त्रं नानाशास्त्र विशारदः।।३।।
चत्वारो लोकपालाश्चस्वांसामथ दिशं स्थिताः।
लोका न तु भीरक्षन्ति तेषा मेते महाशराः।।४।।
ऐण्वण महाकाय शिखिनं विस्फुर्लिङ्गिनः।
कौषीरवहवर्णाभो वारुणो घोर दर्शनः।।५।।
तडित्प्रकारा बहवो वारुणेरिताः।
ताम्रारुणनिभा दीप्तायाम्यारौद्रा भयावहाः।।६।।
अन्तरिक्षगताश्चैव शैलोदधिगतास्तथा।
विदिभूम्यागताश्चैव सन्ति ते प्रतिलोमगाः।।७।।
सर्वलोकचराह्येते प्रहृष्टाः कामरूपिणः।
उपसृजाश्च नृपतेर्देशे कुर्वन्ति विग्रहम्।।८।।
ततस्तां ज्वलतिन्तां बालामुल्काः पश्यन्ति मानुषाः।
तासां फल विपाकार्या मुल्कानां शृणु तत्त्वतः।।९।।
द्वेतास्तु लिङ्गानां चोल्का ब्राह्मणानां भयङ्करी।
क्षत्रियाणां भवेद्रक्ता पीतावैश्य भयङ्करी।।१०।।
कृष्णा स धूमा वैश्यानां भयमाख्याति दारुणम्।
श्यामरूपा स विध्वस्ता तस्य पीडाकरी स्मृता।।११।।

लाङ्गलाकृति संस्थानां मयूरग्रीव सन्निभाः।
अमात्यानैगमाश्चैव हिंसति मध्या संहति।।१२।।
मध्याह्ने पततेयोल्काद्वास्ता धूमा कुलाचया।
सप्तरात्रेण सा हन्याद विचार्य नृपोत्तमम्।।१३।।
आदित्योदयवेलायां विस्फुर्लिङ्गा वधूननि।
उल्का निपते यत्र तत्र हन्यान्नृपोत्तमम्।।१४।।
यद्युल्का शूकराकारा तु खारणमंस्थिता।
निशारपिशाचानां सा नृशं हन्ति पार्थिवम्।।१५।।
यदा नक्षत्र मासाद्य द्विधाभूता विशीर्यते।
ज्ञेया प्रतिहता चोल्का न तस्याः फल मादिशेत्।।१६।।
यदा नक्षत्र मासाद्यतोरणे द्वारि वा ध्वजे।
गृहे वा पतते यत्रतत्रापि भय मादिशेत्।।१७।।
आदित्याभिमुखी यत्र पतत्युल्का सुदारुणा।
भार्गवं निषकन्तीव तत्र राजवधो ध्रुवम्।।१८।।
वृहस्पतिं महाघोरा यद्युल्का परिपातयेत्।
पुरोहितवधं कुर्यात्पीड्यते च द्विजातयः।।१९।।
चन्द्रमण्डलसंकाशा पाचकार्चि समर्त्विषः।
कुन्देदुरजताकारा तदा वर्षमुदाहरेत्।।२०।।
यदा ध्रुवं छादयते उल्काज्वलन सन्निभा।
कुमारमरणं ज्ञेयं तदा पीडा च पार्थिवे।।२१।।
यदा निपाति चोल्का हन्यादङ्गारकं वहम्।
सेनापतिवधं ब्रूयाच्छस्त्राग्नि मेव च।।२२।।
उल्कारविसुता दीप्ता यदा हन्याच्छनैश्चरम्।
तदा नायकमुख्यांश्च गणानृद्धीश्च पीडयेत्।।२३।।

यस्य वा जन्मनक्षत्रं उल्कमाप्नुतिहन्यते।
क्षिप्रं प्रणस्यते सोपि यदा शान्तिं न कारयेत्।।२४।।
त्रिशंकुं ब्रह्मराशिं वा चित्रास्वाति मरुन्धती।
अरुन्धतीं शिशुमारं च सप्तर्षिं ध्रुवमेव च।।२५।।
मृगव्याध मगस्त्यं च ब्रह्मणेदृदेयं तथा।
एतैर्हितैस्तु दैवज्ञो महासंग्राम मादिशेत्।।२६।।
यदा तु लिप्तदीप्ता चरुक्षाह्यल्पाह्यधोमुखी।
प्रविश्य पुरुषैर्घोरैर्वध्यते च तदा नृपम्।।२७।।
यदि कुञ्जरसंस्थानां तदा हन्यानृपोत्तमम्।
असि यदि संस्थात्याहन्ति देशे स राजकम्।।२८।।
छत्रध्वजरताह्युल्का तु पतते यदा।
स चोल्का सप्तरात्रेण स सैन्यं हन्ति पार्थिवम्।।२९।।
उल्कावर्षं यदि भवेच्छिववर्षमथापि वा।
तदा योधसहस्त्रस्य महीपास्यति शोणितम्।।३०।।
अग्निवर्णं स निर्घाता दिवोल्का पतते यदा।
तदा योधसहस्त्रस्य महं पास्यति शोणितम्।।३१।।
यूथाश्च रथसंस्थानां यद्युल्का पतते भुवि।
महीधरनिमाकारा हन्ति देशं स राजकम्।।३२।।
सन्ध्यायां पतते दीप्ता रूक्षाभस्मरजोपगा।
नागरैर्वध्यते राजा स कोशबलवाह न।।३३।।
पूर्वसन्ध्या नगराणां अरार्यायतां स्मृताम्।
उल्का पश्चिमसन्ध्यायां यायिनिकुरुते भयम्।।३४।।
महाशब्द प्रकुर्वाणा पतत्युल्का सुदारुणा।
विषयाविषयं यान्ति स दारोभूपतिस्तदा।।३५।।

पूर्वरात्रे समुदान्ते आदित्यमथ गामिनीम्।
पश्चिमाभिमुखे याति मध्ये चैव विशीर्यते।।३६।।
निष्फलेष्वपि सस्येषु दुर्भिक्षमचिरो भवेत्।
यदा महोल्का पतते पश्चिमां दिशमाश्रिता।।३७।।
पश्चिमाश्च विशीर्यंत समृद्धाश्चकुदं वयः ।
यदा महोल्का पतते स धूमा ।।३८।।

घोरेण शब्देन स विस्फुर्लिङ्गा।
अङ्गारवर्ष क्षणदो क्षिपन्ति।।३९।।
भयानि वा शंसति पार्थिवातो।
उल्का पतन्ति ज्वलते यदाह्यौ।।४०।।
स धूम दण्डायति तात्यनात्री।
सव्यापसव्या विकृतानुरागा।।४१।।
यदा हन्याकुनृपाननेकान्।
नीलवैदूर्य वर्णास्फुटिकाशा।।४२।।
सुवर्ण........रुधिरप्रकाशा ।
स्याच्चन्द्रवर्णा दधिक प्रभावा।।४३।।

तत् क्षेममाहु विजयराता ।
वैदूर्यवर्णा च भवन्ति वृक्षेमं सुभिक्षं स्फटिक प्रभासु।।४४।।
अग्निप्रकोपाः कनकप्रभा सुरत्ना सुसंग्राम मुदाहरन्ति।
इदं यथा सुल्लिखितं च शास्त्रे पठेत्।।४५।।
द्विजानां हि ममात्मनश्च प्राज्योति सन्मान।
मथोनृपेभ्यो ज्योतिगीतचैव हि सोमलोके।।४६।।

गार्गीये ज्योतिषे उल्कालक्षणं नाम।।

❑❑❑

अथ सप्तनवतितमोऽध्यायः

वध्यन्तिस्मदिशः सर्वाशस्त्रेण महता तदा।
पुष्ययोगि प्रवृत्ते च चन्द्रमा परिविष्यते।।१।।(?)
पुनर्वसुं तथा श्लेषा मघां चाक्रम्य पीडयेत्।
वर्षे च महावर्षैः स्त्रीणां लाभश्च हिंसति।।२।।
वणिजस्त प्रपीड्यन्ते तथा राजापुरोहितः।
सर्पाश्च पितरश्चैव परिवेषं तथा विषे।।३।।
फाल्गुनीभ्यां तथा योगे चन्द्रमा परिविष्यते।
स्वातिमभ्यन्तरं कृत्वा विशाखानां च यत्परम्।।४।।
न वर्षति तथा देवो वातो भवति दारुणेः।
कृतिकाणां च ये मुख्यास्ते विनश्ययन्त।।५।
शेषतः ज्येष्ठामूलोपजीविनः ।
कुलज्येष्ठाश्च मुग्धाश्च पीडयन्ते चोदके चराः।।६।।
श्रवणस्य यदा योगे चन्द्रमा परिविष्यते।
मण्डलाभ्यन्तरगतो मण्डलं च प्रपीडयेत्।।७।।
क्षत्रिययोगिनश्चैव वसुवर्तश्च मारुतः।
अनयैस्तत्र पीड्यन्ति बीजं क्षेत्रगतं तथा।।८।।
पूर्वं प्रोष्टपदं गता परिवेषो यदा भवेत्।
नक्षत्रं वारुणं ग्राह्यं प्रौष्टपादं तथोत्तरम्।।९।।
शंखान्मकर वक्राश्च कक्कुटागर्दभैः सह।
रेवतीभरणी चैव परिवार्य समन्ततः।।१०।।
पीतवर्णाश्च दृश्येत परिवेशो दिवाकरे।
आर्यास्तत्र विनश्यन्ति महावर्षं विनिर्द्दिशेत्।।११।।

कृष्णेन परिवेशेण परिवेष्ये दिवाकरः।
शूद्रास्तत्र विनश्यन्ति महावर्षं च निर्दिशेत्।।१२।।
पुरुषश्च यदा रुक्षः परिवेशो दिवाकरे।
पक्षिसंघा विनश्यन्ति वर्षं चात्र निगृह्यते।।१३।।
शुक्लवर्णो यदा स्निग्धः परिवेशो महान् भवेत्।
ब्राह्मणानां भयं विद्यान्महावर्षे च निर्दिशेत्।।१४।।
रक्तवर्णे यदादित्ये परिवेशः प्रदृश्यते।
क्षत्रियाणां भयं विद्यादनावृष्टिं च निर्दिशेत्।।१५।।
अजाविकं स्तनाश्चैव श्यामवर्णं च पीडयेत्।
परिवेशो महावृक्षः क्रूरं कर्म करिष्यति।।१६।।
परिवेस्यात्कपिलो वातं तेन विनिर्द्दिशेत्।
इन्द्रायुधं सवर्णं च दुर्भिक्षं निर्दिशेत्तदा।।१७।।
मध्ये श्वेतो वहिः कृष्णः परिवेषो यदा भवेत्।
नागराणां जयं ब्रूयाद्व्राह्यानां च पराजयम्।।१८।।
कथा ये ननुवर्णे न परिवेषो यदा भवेत्।
तपसाश्चरकाश्चोक्षा हन्यात्प्रव्रतास्तथा।।१९।।
मध्ये कृष्णो वहिः कृष्णः परिवेषो यदा भवेत्।
सूर्योराहुर्विजानीयात्तस्मिन्नुत्पात दर्शने।।२०।।
त्रिषु स्थानेषु सूर्यस्य परिवेषो यदा भवेत्।
चन्द्रे राहुं विजानीयात्तस्मिन्नुपात दर्शने।।२१।।
उदयास्तमयोर्मध्ये सूर्यचन्द्रमसं दिवि।
परिवेषः प्रदृश्येत् तद्राष्ट्र मवसीदति।।२२।।
द्वि मंडल परिक्षिप्तौ यदादृश्ये दिवाकरः।
तत्र चौरगणाः सर्वे विनश्यन्ति न संशयः।।२३।।

द्विमंडल परिक्षिप्तो यदा दृश्येत भास्करः।
धनेन धान्यं गृह्णीयाबलवन्तं च निर्द्दिशेत्।।२४।।
चतुःमंडल संविद्धोप्यथवा परिमंडलः।
यस्मिन्राष्ट्रे प्रदृश्येत तद्राष्ट्रमवसीदति।।२५।।
उदयास्तस्य तु यदा मंडलं परिविष्यते।
धान्यं धनेन गृह्णीयाद्बलवन्तं च संश्रयेत्।।२६।।
त्रीणि यत्रावरुद्ध्यन्ति नक्षत्रं चन्द्रमाग्रहः।
त्र्यहेन वर्षते देवो मासाद्वा जायते भयम्।।२७।।
यदा तु चन्द्रशुक्रस्य सूर्यस्याथ वृहस्पतेः।
नक्षत्राणि च चत्वारि परिवेषे च क्रुध्यति।।२८।।(?)
तदा तु पृथिवी सर्वा क्षुद्भयेन भयेन च।
रोगेण विशेषेण पीडामाप्नोति दारुणाम्।।२९।।
शुक्रस्य तु यदा दृश्येत्परिवेषं कथञ्च न।
पृथिव्यां प्रवरो राजा क्षिप्रं शस्त्रे वध्यति।।३०।।
वृहस्पतो यदा दृश्येत्परिवेषः कथञ्चन।
यज्ञ मुख्यांश्च सीदन्ति राज्ञां ये च पुरोहिताः।।३१।।
राज्यधान सुतो मुख्याघोषाः सार्पास्तथा अमाः।
कर्पटानि च वध्यन्ते पीड्यन्ते च वसुंधराः।।३२।।
स्त्रीणां गर्भाश्च सीदन्ति मुह्यन्ते देवचिन्तकाः।
आधारश्चात्र पीड्यन्ते सर्वे वा करणिस्तथा।।३३।।
दाह्यं च दृश्ये ते सर्वं कोष्ठागारास्तथैव च।
परिविष्ये यदा भौमस्तदा विद्यान्महद्भयम्।।३४।।
नगरेषु च राजानो वध्यन्ते शस्त्र संप्लवैः।
स्थावरास्तत्र न पीड्यन्ते आगन्तुर्जायते नृपः।।३५।।

दस्युसंघा विनश्यन्ते परिवेषा तथा विधे।
सौरेस्य परिवेषं तु यदिश्ये कथञ्चन।।३६।।
समुद्राश्चास्य दृश्यन्ते पीड्यन्ते पृथिवीधराः।
सर्वेषां परिवेषाः स्युः पृथकेन कथञ्चनः।।३७।।
त्रैभोक्यं तु तदा पूर्वे व्यथते प्नात्र संशयः।
चन्द्रसूर्येतरे जाते तत्र्यहा नगरस्तथा।।३८।।
तमसा पृथिवी सर्वाक्षेमेवति विरुध्यति।
अन्तकाले तु भूताना मेतदुत्पात लक्षणम्।।३९।।
सर्वेषां परिवेषाणि ग्रहाणामेक शर्वरी।
अखण्डाश्च विकृष्टाश्च स्निग्ध श्वेतास्तथा घनाः।।४०।।
परिवेषा महद्वर्ष क्षिप्रं संजनयन्ति ते।
विकृष्टेषु फलं क्षिप्रं सन्निकृष्टे चिरात्फलम्।।४१।।
तथा खण्डै रौक्षेषु तथा केचन मारकम्।
धूम्रवर्णाग्नि वर्णेषु हुताशनं भयं भवेत्।।४२।।
तथाति मात्ररक्तेषु शतकोपं विनिर्द्दिशेत्।
दधिपुष्कर वर्णेषु महद्वर्षति वासवः।।४३।।
इति मण्डलं तस्यां दिशि विशेषेण भयं विद्यादुपस्थितम्।
सर्वेषां परिवेषाणां ये सौम्या ये च दारुणः।।४४।।
रुक्षो विगर्हिता नित्यं स्निग्धाः सौम्याश्च वार्षिकाः।(?)

गार्गीये ज्योतिषे परिवेषचक्रं नामाध्यायः।।

❑❑❑

अथ अष्टानवतितमोऽध्यायः

सर्वतः धर्मोजलदागमश्च, विद्याछरद्धेमतशौ शिरौ च।
कृतत् पृथक् लक्षणतः प्रभक्ष्ये संवत्सरं ये परिर्तयन्ति।।१।।

तेषां मुदग्दक्षिणतश्च गद्येद्यन्यान् ।
विवस्वान् प्रविनोति भावत् ।।२।।
तांस्तान्प्रवक्ष्यामि तथैव सर्वा-।
न्यथा चैव लौकिक वैदिकानाम्।।३।।

यद्रेवती ऋक्षमुपैति भानुश्चैत्रः समासो मधुसंज्ञकश्च।
वैशाखमासेपि च माधवस्तु तदा हि भानुर्भरणी गतः।।४।।
ऋतु त्रयं चाप्ययनं वदन्ति ते द्वे यतेतूत्तरदक्षिणाब्दम्।
तथास्य कालस्य विभूषणं स्यादिदं द्विजाः कालविदोभिदध्यु।।५।।
तद्यथा ऋतुना पाके भुजंगत्वो वोक्षारेश्वगमन्मपुराणा।
पर्ण पतनं तुषार दग्धानां कमलवनानां प्ररोहणम्।।६।।
सार्पताल किं सरलवकुलकर्णिकार नागपुष्पचूतचंपक।
कुरवक पुंनागशाल्मली सहचर पारिभद्रकरवीराति।।७।।
युक्त पिकविशुक केतु मुचिलिंदति मिश शातकोम्भशिंशपा।
पारसवन नवमालिका पारिजात सिन्दुवारतोद्दालक।।८।।
नीलरक्ताशोक धरणरोहितक शोभाजनक विजीतकान्।
विल्ककपिच्छ तिल पुष्पवन्ति वृक्षासमाद मयूरभ्रमर।।९।।
कोकिलभृंगराज राजपुत्र प्रियक शतपत्र जीवं जीवकः।
सारिकाश्चेति शकुनकोन्मत्तादितवृद्धिः निशा संक्षेपः।।१०।।

साधारण शीतोष्णवातोतरायणागतः ।
सूर्यो ललाट श्वेदश्चि विनियानिशो बलवान्मारुतः।।११।।

पर्णशातनोहरित शातनोहरित शाड्वला महीमता मृगाः।
पत्र संकुलानि च वनानि पुनः पुनर्बालाः पद्मिन्यः।।१२।।
शयनासन वासनानुलेपनानि ग्रैष्मिक।
शिशिरे सव्य निषेव्यत इति वसंतो भवंति।।१३।।
चात्र पार्थिवानां च भगवानां भूतानां जंगमानां च।
नैऋतं मिथुनेपि शीताश्च विपरीतं व्रजन्ति च।।१४।।(?)
तमसो व्याकुली भवतो यदाना प्रधावताम्।
नर्दंति चापि विकृतं पक्षिणोपि कृतैत्स्वरैः।।१५।।
वृक्षगुल्मलतावल्यर्त्तुषध्यस्तृणवीरुधुः ।
फलपुष्पलता भान्ति दुर्गन्धि सुरभीणि च।।१६।।
अनार्त्तव पुष्पफलं चित्रवर्षी च वासवः।
माधवापुष्पितावृक्षा फलितश्च विशेषतः।।१७।।
मधुस्त्रवन्ति तैलं वा घृतं वा यदि वा पयः।
सलिलं मधुरं वापि सुरा सौवीरकं यथा।।१८।।
दुर्गन्धि वा सुगन्धां वा स्त्रवंति विविधं रसः।
न ते भवन्ति पापा पादपा मधुमाधेव।।१९।।
आकुलावांति पवनानीचाः शर्करवर्षिणः।
स्वनं रोदनं प्लाग्नि संभ्रमश्चापि देहिनाम्।।२०।।
रक्तवर्णेन दृश्यते मण्डलेन दिवाकरः।
वसन्ते स्तमनं कुर्वतु देयो नापि हिंसति।।२१।।
सद्यो य सद्योदीप्ता सुदिक्षु चापि भृगद्विजः।
दारुणस्वर निर्घोषा न पापाय भवन्ति ते।।२२।।
समुद्भवन्ति निर्घाताह्युल्कापाताश्च दारुणाः।
यज्ञपात महीकम्पा वाताश्च भृशदारुणः।।२३।।

समुच्छ्रितेस्तथा गावोलाङ्गूलैः समुपद्धूताः।
विषोल्कानां च पतनं तारका पतनं तथा।।२४।।
अनग्निज्वलनं चैव दृश्यते मुहुर्मुहुः।
पद्मोत्पला तथा सवेद दृश्यते लोकहितप्रभो।।२५।।(?)
निःक्रामन्ति पुरतो दृष्टा वसंते न भयं भवेत् ।
सर्वाण्येतानि रूपाणि वसन्तस्याभि निर्दिशेत्।।२६।।
नतु स्वभावताह्येते महोत्पात स्वरूपिणः।
अन्येषु तु युक्तेष्वेव दृश्यस्तु भय मादिशेत् ।।२७।।

ऋतुस्वभावोपांगे प्रथमोऽध्यायः।।

❑❑❑

अथ एकोनशततमोऽध्यायः

शुचि शुक्रौ भृगरशौरागछ कुर्यावुभान् ।
तथा पुनर्वसुं चैव ज्येष्ठाषाढो कुलौ स्मृतौ।।१।।
एतौ मासौ विजानीयाद् ग्रैष्मिकाल विषमः।
एतयोरपि लिंगानि वक्ष्यामुक देशतः।।२।।
पृथक् तद्यथा ।
शालार्जुनपाटलशिरीषमल्लिकाकरघाटक ।।३।।
स्पंदन विधुं तुण्डवेतसा इति पुष्पवन्तः।
उत्तरकाष्टपातः सूर्याकरणैः स्तनुछायाः।।४।।
पत्रकारीषकदंवकाः शैवाल प्रतिच्छ।
वस्त्रोतसोतद्यो मूलाभिनीता दिशः क्षणदा।।५।।
सक्षिप्त यामाः तरुणपत्रपलावीरुधो।
वृक्षाश्चक्रवाकानामागमन सुप्लवं मारुतस्य।।६।।
जम्वाम्रतीर्यानां वसां वर्णव्यवे पुरश्च।
जूररजतमृणाली विदारीव दारभक्षण।।७।।(?)
संपरिदश्च शुक्रवृक्षाः पर्वताः चिरीकातुनादिता दिशः।
तीव्रास्तायावानाः आतपमरीचियन्ति संपतान् मनसो।।८।।
विभ्रमो भृंगराजा बहुलशब्दता वनानां नानापंकदिश्च।
गजगवयमहिषवराह पततनिश्चा वा मृगपशूगणास्त।।९।।
स्त्रवृत्ताः शकुन यः प्रवास निवृत्तिः।(?)
मध्यन्दिनस्थानकरणमध्वनि पथिकानां रात्रिसंचारः।।१०।।
शीतगृहागमन महत सलिलेवगाहनं जलमृषत।
तालवृंतव्यजन निषेवणमणिमुक्तिक मृणालचन्दन।।११।।

क्षौमक्षीरांभोगसमर कर्पूर सलिलक्लिन्तवस्त्राभिषण।
वाटलाचित सलिलपानं प्रद्योत्पन मालिकास्त्रग्धामधारिणम्।।१२।।
गवां दोहनमभि भवे सम्पत्वं कर्षकानां हयगजस्वर।
करभ वाहनं वाराहत्यं कुरुरु वृषत मृगर्दभशरल।।१३।।

कुररमदन समये इति ग्रीष्मः।।

□□□

अथ शततमोऽध्यायः

भावति चात्रा जलप्रणाश सरितां शोषणं सरसामपि।
व्याकुलत्वं च नभसो ज्योतिषां तानि दर्शनम्।।१।।
वायस्याटा विकाराश्च..... राश्चदूत्रा।
सोमोलंद प्रभुश्चैव कपिलं चार्क मण्डलम्।।२।।
जलानां संक्षोमः संक्षेपश्चात्र जायते।
कृष्णत्वं कूपवापीनां सरिसरसां तथा।।३।।
धूमोद्गातो विना वह्नेरकस्माच्छास्त्र विभ्रमः।
ज्वलनं चापि सहसा भूषणायुध वाससाम्।।४।।
भाण्डानां ज्वलनो सर्गोवाहनानां तथैव च।
आरण्याः पशवो यान्ति ग्रामं यम्याश्च काननम्।।५।।
विना धूमं तथा ह्यग्निं भवेच्च मृगतृष्णिका।
देहिनां भग्नवीर्यश्च श्वासोत्पातश्च जायते।।६।।
उद्गिरं निर्जलं कूपा क्वद्यन्ति सरितस्थता।
ज्योतिषां परिवेषः स्यादुष्टामत्यर्थ मेव च।।७।।
मरुतश्च समुद्रान्ताः क्षुभिताश्च महार्णवाः।
विद्युल्कानां च पतनं तारकापतनं तथा।।८।।
अनग्नि ज्वलनं चैव दृश्ये न च मुहुर्मुहुः।
पद्मोत्पले चैव तथा दृश्यते लोहितप्रभो।।९।।
सर्वाण्येतानि रूपाणि ग्रीष्मस्यै वा निर्दिशेत्।
ऋतुस्वलावता ह्येते महोत्पात स्वरूपिणः।।१०।।
अन्येब्द तु युतेष्वेव दृश्य सुभट मादिशेत्।
नभस्तु कुपद्रिप सर्पमाणो रविर्गह्या।।११।।(?)

श्रावणजात संज्ञातत्प्रोष्ठपादं च तथा।
न भस्यं गत्वा विदध्याद्धगं दैवतरुक्षा।।१२।।
एतौ तु वार्षिकौमासौ विद्यात्काल विशारदः।
एते घोरपि लिंगानि वक्ष्याम्य द्देशतः पृथक्।।१३।।
तद्यथा,
सावशेषमदाः कोकिलाः प्रहृष्टामद्गुदल्महकाः।
स च वाध्रीत् सभ्रमर मयूर सवादेका।।१४।।

वायसानां नीडकरणम्।।

❑❑❑

अथ एकशततमोऽध्यायः

कदंवार्जुनशिरीषमल्लिकिकरघाटस्पंदन धव च।
वंजुलवेता सा इति पुष्पवंतः आदित्य तिष्ठति वायुप्रवल।।१।।
तास्थंडिलेषु न च पृषतपातैः सुरभिर्भूमिगन्धम्।
शक्रधनुषो दर्शनमधिक दर्शनीयानांताः।।२।।
सुधाकर्म कृतभितयः सस्नेहाः शाड्वल पृच्छन्नमृत।
प्रविचारित दुंदुरेतद् गोपक प्रशान्त रेणु।।३।।
महामेघ प्रविच्छन्न माकाशे धारा निदर्शनं तु।
जलस्तलेति शब्द संलीनाः प्राणिनो विद्युल्लताभिरा।।४।।
लोक्यादिश उल्कारणः सरीसृपाः कृत प्रतिकर्मणा।
प्रासादा क्षौमादि चन्दनोपभोगाः।।५।।
येन द्रुमकोटस्थलेषु जलरपभीताः।
भुजगाः पङ्कवसना महीमहौघ जलन्तर्क्कि ततः।।६।।
ततः रङ्गाहेमतृण पाण्डुतोया नद्यः।
गिरिवो निर्मलानि वृत्तवैराः।।७।।
पार्थिवा महारुता पृष्ठत गजगवय।
महिषभुजंगवार्हिण इति वर्षा प्रतिष्ठो।।८।।
महेन्द्रो निवृत्तो निदाघ प्रहृष्टान्यथ।
हृष्टान्यथ दृष्टाभुजंगा जलार्द्रागिरीन्द्रा।।९।।
मदार्द्रागजेन्द्रा सुरूपा......ता प्रतिनिवृत्ता।
नरेन्द्रा इति भवति चात्र श्लोकः।।१०।।
परिवेषश्च क्रमपानामुपरोधाहि विद्युताम्।
पर्वतानां च धूमस्य भूकंपानां च दर्शनम्।।११।।

स्पन्दनं वोदपालां मूर्द्ध चैव प्रधावानम्।
पशुवेषं च सा वर्षं मांसशोणितयोरपि।।१२।।(?)
अन्येषां चाप्य मुक्तानां वर्षकुर्याच्छचीपतिः।
अभ्रा एवायुधा रूपाणिश्वकवन्धा कृतानि च।।१३।।
अनेकाकृति वर्णानि दृश्यते बहुशो दिवि।
द्विमूर्द्धानां त्रिमूर्द्धार्तानां च तु दर्शनम्।।१४।।
नानाविकृति रूपाणि दर्शनं चांबुचारिणम्।
अकस्माद् भवश्चायां विकृतानायतस्ततः।।१५।।
अत्यर्थं वर्द्धत् तासामस्मा वापी संक्षयम्।
वहनं चापि सरितांबुरा मधु पयोसृजाम्।।१६।।
अत्यर्थं दृश महाकाश्चाति मात्रापि पलाकाः।
आरण्यानां तथाग्रामे दर्शनं मृगपक्षिणाम्।।१७।।
गंधर्वनगराणां च सरितां चापि रोधसाम्।
आकाशे दुन्दुभिनां च निर्घातानां च भूचलैः।।१८।।
शैलवेश्मद्रुमाणां च पततां चलतामपि।
नानाधनिनां श्रवणं निशि चन्द्रायुधं तथा।।१९।।
धरण्यां फलनं चापि वर्ष्वेश्चैव विनिर्द्दिशेत्।
भूमिप्रस्वापनं चैव स्थिराणां पतनं तथा।।२०।।
पतनं चैव दक्षाणां मुछ्रितानां च भेदनम्।
स्त्रोतसानां प्रवृद्धाना ममार्गे च प्रवर्त्तनम्।।२१।।
नन्दनं वोद्रुयानाना मण्डचैवोत्तरायणम्।
प्रासाद वेश्म पतनकंपन स्फोटनानि च।।२२।।
सर्वाण्येतानि रूपाणि वर्षास्वेव विनिर्द्दिशेत्।

ऋतुस्वभावे तृतीयः।।

अथ द्विशततमोऽध्यायः

इदमाश्वयुजं विद्याद्धातु चित्रागतस्तदा।
कार्त्तिकं जनयत्यूर्जमैन्द्राग्न्यं प्राप्यरश्मिवान्।।१।।
तद्यथा,
उत्कृष्ठ सारसकुररहंसचक्रवाकं कदंव।
कारण्डव वाणक्रौंच भ्रामराश्चेति मदयुक्ताः।।२।।
खंजरीटकाना मागमं कतेवारण पुष्पांजन।
मालतीसुरंडकरविंद वकभडीर सप्तपर्ण।।३।।
मधुजीवमुण्डहिरण्या कुशकाच वकुलाश्चेति पुष्पवन्तः।
शरग्र पृष्टत समसम्पन्नाभूमिः सस्य निष्पतिः।।४।।
कार्षकाणां हयकरभद्युहन पार्थिवानां सूर्य-।
स्तीक्षुतापश्च सुभगताकामा दक्षिणेपश्चिमो वायुः ।।५।।
प्रसजसलिल विजातघोरमणियानि।(?)
पुलिनानि पाण्डुर विच्छिन्नास्तो पदाः।।६।।
पद्मोत्पल शोणिता वा इति शरत्।
उद्गधो नगराणां दिवि छेद दर्शनम्।।७।।
तोयानां चैव शीतत्वं मारुतानां सुगन्धिता।
पतनं च महोल्कानां कंपनामपि संक्षयम्।।८।।
विच्छिन्नस्त्रोतसो नद्यो नानासत्व समाकुलाः।
वृक्षगुल्मलतावल्यः परस्पर समन्विताः।।९।।
अकालप्रभवं सस्यं फलपुष्पमकालजम्।
दृश्यन्ते गगने तारा नानारूपाः समन्ततः।।१०।।

दृश्यन्ते वै विमानानि स्थिराणि चतुराणि च।
दिवि ताराश्च दृश्यन्ते नक्षत्राणि ग्रहास्तथा।।११।।
चेतसां प्रतिमां दृष्ट्वा गायन्ति च हसन्ति च।
मानुषमानुषी वाचं मुंचति च सुदारुणम्।।१२।।
अनाहतानि विद्यानि मुंचते सुखस्वरम्।
गीतवादित्र शब्दश्च श्रूयते निमित्ततः।।१३।।
वैदूर्याभश्च सविता बहुवर्णश्च दृश्यते।
अद्भुतानां च वर्णानां विमानानां च दर्शनम्।।१४।।
असुखानां च शब्दानां श्रवणं दूरगामिनाम्।
वीणावेणुमृदङ्गानां पर्वतेषु वनेषु च।।१५।।
शरद्धेतानि सर्वाणि निमित्तानि फल क्षयेत्।
जन्तुस्वभाव जानेतानुत्पातानभि निर्दिशेत् ।।१६।।

ऋतुस्वभावोनाम चतुर्थः।।

❑❑❑

अथ त्रिशततमोऽध्यायः

ऐन्द्रं समासाद्य तथोष्ण रश्मिः स मार्गशीर्षं च सह करोति।
अब्दतत्त्वे च गतः सहस्यं पौषं विदध्यात्प्रविनोति मासम्।।१।।
वक्ष्यामियं कालविदो विदध्यु ऋतुविशेषेण विधिं विचिन्वन्।
तद्यथा,
दक्षिणायगतः पीतरश्मिरादित्योनीहार तुषारकलि।।२।।
संतरिक्षं दीर्घयामास निशान्तस्तनितं हीन भुजङ्गाः।
सलिलपावकाभाकान्तमस्वभगताहिम ।।३।।
पटलतुषारस्तमारुणो हिमवान्वाष्पां सानेद्युः।
संक्षिप्त सलिला पुष्योद्गिरण मन्तराग्रे रसवन्ति।।४।।
भोजनानि अवश्याय प्रादुर्य सुन्दरस्तं दशमशंकं कर्कशो वायुः।
हिमगिर समाहताश्च विशीर्णपर्ण पादपाः हिमवताः।।५।।
पद्मिन्यः सहस्यमासे उदत्वरोरोध्रुमखसुमन इति।
पुष्पाणि तपस्विना मुपवासमे वासं रूढयव गोधूम प्रवणवाति।।६।।
मुक्तमदा मयूरामृगा मधुकोकिलाश्च हेमन्त इति भवति चात्र।
प्रदीप्तता दिशिपि वनानां च व्यधुस्यता ।।७।।
वनेषु दहने स्थानं तेषां चैव प्रकाशतम्।
वाष्पोन्नतानुतोधायक स दर्शनम्।।८।।
मृगयूथाना वा वोश्चावतीय मूर्च्छनम्।
सर्पाणां चैस्य वृक्षाणां व्याधिश्चापि सङ्गमः।।९।।
अमानुषाणि सद्यानि भाषन्ते मानुषीं बलिम्।
सर्वाण्येतानि रूपाणि हेमन्तस्य विनिर्दिशेत्।।१०।।
ऋतुस्वभाव जात्ये ते महोत्पाताः स्वरूपिणः।
अन्येषु तु युतेष्वेव दृश्यरुभय मादिशेत् ।।११।।

ऋतुस्वभावोनाम पञ्चमः।।

अथ चतुश्शततमोऽध्यायः

गविश्रष्टा समयं तु माधवास्तथा विधत्ते।
भगवान्विवरस्वान् स फाल्गुनं वापि तथा।।१।।
सहस्यं पूर्वांगत प्रौष्टपदांकरेति ऋतुम्।
विद्याशिशिरं विचार्य तस्यै वै भावादथर्व च सम्यक्।।२।।।
वक्ष्यामि यं कालविदोभिदध्युः ।
ऋतुं विशेषेण रविर्विन्विस्तन्।।३।।
तद्यथा,
दिवसकरावृतिः क्षपाक्षयः रूक्षामस्तब्ध।
मनुमसंगत परिगंतं व्याघ्रीगर्भं प्रसूयते।।४।।
प्रियं तु मजज्योनि में ऋद्धिरेभ्यो नव।
ललक पुष्यजन्म मिथुन भेदयुक्ताः।।५।।
सारसाः युद्धीभूताः सदा मत्ता गवयाः।
स्त्र - नुलिप्तमिवताति ग्रहस्त सूर्य।।६।।
चन्द्रनक्षत्र तारागण नभो गुरुजन मेनम्।
नमस्त्री भुजाघन विवरांतर निषेवणम्।।७।।
किंशुकशनाराशोक पुष्पाणामीषत्प्रदर्शनम्।
सोमपानां सोमयोगो गंधचैल निषेवण।।८।।
मुत्रास्तु परिषेचन मिति शिशिरे चात्र।
अत्यर्थं वायवाः शीताहिमपाताश्च दारुणाः।।९।।
तिमिरावृत्त माकाशं प्रकृतिं विद्धि शैशिरम्।
चित्रा विरूपाश्चोत्पाताः सर्वतो भृशदारुणाः।।१०।।

शिशिरे संप्रदश्यन्ते सर्वएव ह्युपस्थिताः।
मृगनारी तुरंगेषु गोष्वजाविक पक्षिषु।।११।।
जायन्ते विकृतागर्भा नानारूपा भवन्ति च।
अपतानां च पतनं शीतमत्यर्थ दारुणम्।।१२।।
हेमन्ते शिशिरे तुल्ये शिशिरेल्प विशेषतः।
तुल्यौ वसन्तशिशिरौ मध्यमं मार्ग माश्रितौ।।१३।।
सूर्यस्य चार सदृशौ प्राविद्यामौ विनिर्दिशेत्।
दिव्यान्तरिक्षाह्युत्पाता भौमाश्चैव प्रकीर्त्तिताः।।१४।।
ऋतुनामानुपूर्वेण तथा तेषां च लक्षणम्।
सर्वाण्येतानि रूपाणि शिशिरस्यासी निर्दिशेत्।।१५।।
नैते विकारदोषाय कालज्ञाश्च विदुर्बुधाः।
अन्येष्ट नु युतेष्वेव दृश्यस्तुभय मादिशेत्।।१६।।
य इमां ब्राह्मोधीते उत्पाता नृ लक्षणान्।
न समुह्यो समुत्पन्ने भूत्पति त्रिविधे नरः।।१७।।

ऋतुस्वभावं समाप्तम् ।।

❑❑❑

अथ पञ्चशततमोऽध्यायः

हिताहित परीक्षार्थं तत्वतो विस्तरान्वितम्।
संख्यालक्षण मथ कीर्त्यमानं निबोध मे।।१।।
आत्मन्यात्मा न माधाय विस्तरेण यथाविधि।
उभे संध्ये सदा युक्ते विमितात्युपधारयेत्।।२।।
अहोरात्रस्य यः सन्धिः सा सन्ध्या भवतीतिह।
विनाडिका भवेत्सन्ध्यायावज्योति दर्शनात्।।३।।
अद्राद्रीदेवता तां पूर्वां सन्ध्यां तिष्ठेत बुद्धिमान्।
उपासीत तदोद्युक्तः पश्चिमामपिता चरः।।४।।
बहिः सन्ध्या तु निःक्रम्य नैमित्तं रूपां तु धारयन्तुम्।
दिशश्चपि दिशश्चैव तत्रासीन विलोकयेत्।।५।।
पूर्वासन्ध्यां नागराणां आगन्तूनां तु पश्चिमाम्।
अहस्तु पायितां भवति रात्रौ नगरवासिनाम्।।६।।(?)
सन्ध्याद्वियोजनं प्राहुस्तनितं तु त्रियोजनम्।
प्रयोजन भवेद्विद्युल्कायास्तनिता गतिः।।७।।
सन्ध्यायां तु प्रवृत्तायां पशवोथ मृगद्विजाः।
सन्ध्यायां दीप्यमानायां महदा चक्षते भयम्।।८।।
वर्षोयमप्रतिकुष्ट सकृदुछारयन्दृशाम्।(?)
स निवर्त्त्या भवेद्घोर मृगोग्राम वधायसः।।९।।
वदन्ते दंष्ट्रिणां सन्ध्या प्रत्यादित्य भृशंस्वराः।
सेनापतिर्वधं ब्रूयात्प्रामध्य मृगमण्डले।।१०।।
प्रदक्षिणं मृगं चक्रं वातचक्रं प्रदक्षिणम्।
आशामं च यदा पश्ये तदा विद्यादनाधमम्।।११।।
गृध्रः काकाः परिपतंते ......श्च परिपतंति ये।
स रालवक्षा दृश्यन्ते वामतः परिवर्त्तनम्।।१२।।

रोधनं तत्र जानीयात्तस्मिन्नुत्पात दर्शनम्।
प्रासादतोरणेद्येषु वामोप्य नियमत्ततः।।१३।।
गृध्रान्निपातित तदृष्टा महदा चक्षते भयम्।
आम्रवृक्षाः स्त्रवंतस्तु पीतमंजिष्ठं लोहितम्।।१४।।
विचित्र पर्वत संस्थाने हन्ति दृष्टे महीपतेः।(?)
अत्र वृद्धिं च सन्ध्यायां भानुयावृत्य तिष्ठति।।१५।।
सर्वतः पीतमंजिष्ठा दीप्ता चाभि प्रपद्यते।
मंजिष्ठवर्णः कनकास्त्रवर्णः ।१६।।
कृष्णप्रकाशश्च यदाभ्रवृक्षाः ।
सन्ध्यासमीपे स विमा वृणोति ।।१७।।
तदा नरेन्द्रो जयतेह शत्रून्।
अपि दिवस सप्तकं तु गत्वा विसृजति वज्रधरः।।१८।।
प्रभीतरूपं असुरभि सलिलं च सुरभि सलिलम्।
सुप्रभु तं सुरसरसं भवनन्दनं प्रजानाम्।।१९।।
कपिलपरिघ सूर्यो यदि सन्धासु दृश्यते।
मेघो भवति सुव्यक्त मसद्यश्चैव शाम्यति।।२०।।
अथ शान्तं प्रपथेन राज्ञां विजय मादिशेत्।
रक्ता प्रशस्य ते सन्ध्या दावाग्नि सदृशो यमा।।२१।।
वसन्ते मधुरक्ताभाव तु वर्णिसु कोमलम्।
ग्रीष्मे श्वेतारजोध्वस्ता षड्वकोणीव शस्यते।।२२।।
नीलाभारोचनाभाव सन्ध्यावर्षासु वर्षिका।
मंजिष्ठावर्णशपदि पीयूषाभाव शस्यते।।२३।।
हेमन्ते वभ्रुवर्णा च पिंगला चापि पूजिता।
स्निग्धाप्रसन्नाविमला संप्रभातांगुलाधिना।।२४।।
सन्ध्यायथर्त्तु वर्णाभा शान्तद्विजमृगा तथा।
आपीताताम्र संकाशा भ्राजमाना तथोरि।।२५।।

विमलानां कुलाचापि सन्ध्या गर्गेण पूजिता।
प्रशान्तवातं प्रशान्तं दक्षिणे नभोग्रतः।।२६।।
शास्त्रतलं प्रकाशं स्निग्धं सुरुचिर बलमानः।(?)
सन्ध्यासमीपे नभसः प्रशस्तात् ।।२७।।
मृगपक्षिण महोशस्तनतु ।
कुष्टते सुप्रतिवद्धा सन्धा प्रशस्ता।।२८।।
विमला य चैतास्यादनाकुला ।
रक्तछिद्रा प्रमितक रजोधूम विवर्जिता।।२९।।
मप्रतावातस्का च सन्ध्या भवति पूजिता।
अनाष्टतह्य कल्माषेण भ्राजिष्णु मान्वीत मालां शुभान्।।३०।।
स्निग्धाश्च पीताश्च सुमण्डलाश्च प्रजाहिताक्तो भवते सदैव।
प्रशान्तवान्त प्रशावान्त पक्षिस्तुष्टिर्मूगोतिर्मल शास्त्रवर्णः।।३१।।
सूर्येदयेस्यति सर्वदा चैस्थिराभ्रुवा माकुल विप्रमुक्तः।
आदित्यवर्णस्तुयथतर्नुवर्णे विमले च सन्ध्ये।।३२।।
सौम्यामृगाः पक्षिगणाश्च सर्वे प्रजाहिताः।
संविमलं सुशुद्धं स्निग्धं मुखनिर्घोषंतो यात्रां प्रवदन्ति ये।।३३।।
तं मृगाशिव सौभिक्ष्या राज्ञाश्चाभय दिनः।
दीप्यमाना सुसन्ध्यासुताम्रवर्णा सुभूरिशः।।३४।।
न चिरात्काल मव्यग्रं विषाद्भय मुपस्थितम्।
यात्तु दिग्वहुशः सन्ध्यात्व भीक्ष्णं परिशस्यते।।३५।।
सा शस्त्र भयं तं घोरं पराजय मिवांच्छति।
यानु गत्वा गते सोमे दिश मावृणुयात्तमः।।३६।।
परमोनाशमंतव्यात्सद्यएवाभि निर्दिशेत्।
यदि सन्ध्यासपीपस्थं गन्धर्वनगरं दिवि।।३७।।
पश्येद्दिशायां दीप्तायां माश्रु ब्रूयान्महद् भयम्।
यदि संध्यागतं सूर्यं वृणुयासु महत्तमः।।३८।।

भविष्यति भयं चैव एताद्विद्याद्विचक्षणः।
शुनः खरा च मृगपक्षिणो वा यदा नराद्विरदाहय वा।।३९।।
रुधित्पदंतः प्रदिशं प्रदीप्तां तदापुरे शस्त्रभयं प्रवर्त्तते।
एवं यथोक्ता यदि संगभूतादिने द्विधा विमुच्यते।।४०।।
पुनराशना यदि क्षिप्तां चरादग्नि शिखा भवति।
अभीक्षणं तु यदा सन्ध्या मावृणोति रविस्तमः।।४१।।
सुराज्यस्य तदा भ्रंशमवशः प्रतिपादयेत्।
शकुना यदिना वापि मण्डले वै दिशोदिशि।।४२।।
शान्तादिशंखामधमं दमनो ।
नृपस्य विद्या तु यमं वाप्ययोद्वेः।।४३।।(?)
घरेदि्किचकवेणु सन्निभं ।
घनवृक्षोरविमभ्युप व्रजेत् अहनि क्षणदा।।४४।।
समीपधामसमंत शीर्षादूरत्नो लभेत्।
राहुवर्षमयं केतुं पतंत्यो देव चिन्तिताः।।४५।।
स्निग्धा सहरितावर्षेत्पर्वण्यंशु निवेदयेत्।
ऋतु विशब्दश्रीमत्यस्निग्धा व्यवसिता सिता।।४६।।(?)
चेतसः पार्श्वचारिण्योभवंत्यूल्का प्रजाहिताः।
विशीर्णदेहा परुषवक्राश्चापि सन्ध्यास्वना।।४७।।
विंशत्यो नभसो मध्यं भयत्यूल्का भयावहाः।
निर्घातोल्का महीचालारश्चास्य भीक्ष्णाशः।।४८।।
दिशं यामपि गच्छन्ति परचक्रसमेति ता इति।

गार्गीये ज्योतिषे सन्ध्यालक्षणम् ।।

❑❑❑

अथ षडशततमोऽध्यायः

अत्रिर्वशिष्ठपुरा गौतमश्च महर्षयः।
गर्गं महाचार्य मुल्कापातेषु निश्चयम्।।१।।
उल्का कुतः प्रभवते कानि रूपाणि कुर्वते।
कश्चापि रूपात् भजते कस्मिन् काले च पच्यते।।२।।
तत्र प्रोवाच भगवान् वृद्धगर्गो महातपाः।
उल्कानां पतनं घोरं प्रवृत्तिकर्म एव च।।३।।
आदित्य प्रभवास्तुल्या आदित्याश्च मुञ्चति।
उपस्थित भये देशे तत्र मुञ्चति वाणवः।।४।।
तथैव नभसि छिद्रे परिघे रवि माश्रिते।
नातुना दह्यमाना सा पश्चिमाभूमि पातिनी।।५।।
हन्या शस्त्रेण दुर्भिक्षे भये न चापि।
एवं विशाम्य जानीया द्दिशासुची दिशासु च।।६।।
अनुलोमा जयं कूर्यान्नतिलोम पराजयम्।
यस्मात्समुतिष्ठति दीप्यमाना तन्न क्षयते।।७।।
तस्मिन्पतने तत्र भयं व्यवस्येद्यस्मा द्यस्मात्प्रजायाम्।
जय एव तत्र यस्य देशस्य नक्षत्रे राज्ञो जनपदस्य वा।।८।।
उल्का च धूमा पतने तत्र विद्यान्महद्भयम्।
पतन्ति कम्पयेद्भूमिं विकृतिं वापि कुर्वति।।९।।
कुरुते वा महापात मुल्का राजभयाय सा।
पतिता दृश्यते भूमौ प्राग्ज्योतिषकरी भृशम्।।१०।।
सा देश माचष्टे शस्त्रोत्पातं च दारुणम्।
ऊर्ध्वकुर्यादनावृष्टिं तिर्यतकभय मा वहेत्।।११।।

कुर्यादभिमुखी भेदं दिवोल्का देश विद्रवम्।
श्वेता ब्राह्मण पीडायां विज्ञेया छुदभयाय च।।१२।।
रक्ताछस्त्रपाता पक्षत्रयाश्चापि पीडयेत्।
पीताभा हन्यते वैश्यान् व्याधयश्चापि कुर्वते।।१३।।
त्रस्याभा हनने दस्युंत्र नाशेपि मपीरुधः।
ईतयो हरिता कुर्यात्पीडयेद्याप्यजाविकम्।।१४।।
अङ्गाराविस्फुलिगाया पतन्ति यदि मुञ्चति।
धूमं वास्यर्चिषो वापि तां कुर्यांविद्रवा यज्ञु।।१५।।(?)
प्रतिधारणमस्यांत शान्तिं राजा प्रयोजयेत्।
पुरो मध्येथ प्राकारे तोरणे वा ध्वजेन वा।।१६।।
राजवेश्मनि वृत्ते च विद्यात्पर मुपस्थितम्।
यदा त्रिशूलचक्राभाजन क्षयकरी स्मृता।।१७।।
हंसपंक्ति मिभाया च शुक्रे केतु निभा च या।
तोरणछत्र संस्थाना विज्ञेया राजमृत्यवे।।१८।।
अङ्गारकं चापि शनैश्चरं च वृहस्पतिं चाप्यथ भार्गवं वा।
उल्का यदा वा त्रयते बुधं वाप्युयेत्य हंसाछागलक्षणं वा।।१९।।
वृहस्पतिं ब्रह्म तथैव तानि क्षुभ्यन्ति सर्वेषु तपस्विनश्च।
शुक्रे हते याति मुपैति येद् च वंतश्च नराः पृथिवव्याम्।।२०।।
बुधे हते राजसुता व्यथन्ते चौराश्च सर्वेति परस्त्रियश्च।
दुर्भिक्षशस्त्राग्नियते सकाशं परिणामवती दारुणम्।।२१।।
महो दिवस कथंचि दैवं सृजति ता गतितयं पंच।
न भयं करोति द्विरति नभसि तथोल्का चोपधारयेत्।।२२।।
संवत्सरास्तथा युक्तवस्त्रेण दिशमादिशेत्।
वर्णं बलं तु विज्ञेयं बहूयं तत्फलं वदेत्।।२३।।

चतुः षष्ट्यूद्गते तते संवत्सर मुदाहृतम्।
प्रजापतिराज्ञा चद्य रम्यक्रय।।२४।।
तस्माद्राज्ञाधिगंतव्यो विद्वास्यावसरोग्रणी।
जयं यशः श्रियं भोगान् श्रियश्च महदीप्तता।।२५।।
नासां वत्सरेके देशे वस्तव्यं भूमिमिच्छता।
चतुर्भूतोथ यत्रैव पापं तत्र विद्यते।।२६।।
न संवत्सरपाटी च नरः केषूपपद्यते।
ब्रह्मलोके प्रतिष्ठां च लभते चैव चिन्तकः।।२७।।
न मिथ्या विद्यते शस्त्रं गर्गस्य वचनं यथा।
विज्ञानानां श्रियं प्रोक्ता भावाभावौ च विन्दति।।२८।।

उल्कालक्षणं समाप्तम् ।।

❑❑❑

अथ सप्तशततमोऽध्यायः

नृपतिसूरसेनानां गर्ग पृच्छति संशयः।
पुरुषास्वथ वा नारी रूपमिच्छेदनुत्तमम्।।१।।
एषयः कुरुते देव स नित्यं रूपवान् भवेत्।
सौभाग्यं धान्य सम्पन्न नरनारी परिःकृतम्।।२।।
चैत्रस्य शुक्लपक्षे तु सप्तम्यामूल संयुते।
पादौ मूले च प्रथमे जंघे चैवात्र रोहिणी।।३।।
जानूनी अश्विनी प्रोक्ता द्वे आषाढे उत्तरस्तथा।
चित्रास्वात्यश्विनीषु वा कल्पो वायुश्च श्चंडो वायवोंगनिघ्रतः।।४।।
रुक्षारूणत्वं च दिशां रूक्षं चण्डानिलस्तथा।
सस्यमल्प चरस्तस्या वृष्टिर्विख्यात वायुना।।५।।
सप्तमेहनिकम्पश्च महात्याद्वायु सम्भवः।
षणमास्यं च प्रजारोगैः क्लिश्यन्तित च संशयः।।६।।
उन्मादैः सम्प्रदस्यायै तीव्रैश्च विषमज्वरैः।
भेदाविवाद कलहा भवन्ति न च सन्धयः।।७।।
महात्मानो महामात्रा विद्वांसो लेख प्रवृत्तयः।
शिल्पिनो गणकाचार्या ये च हस्तोपजीविनः।।८।।
शैलालकाश्चिनुकीनः पीड्यन्ते प्लवकास्तथा।
अहोरात्र द्वितीयांशे भाग्येथा जमद्याश्विनः।।९।।(?)
आग्नेयेन्द्रादि पुष्पेषु याम्ये चोक्ता महीचला।
भिन्नगंभीर दावाग्निस्तीव्र शब्दा भयंकरा।।१०।।
आग्नेथास्तेषु रूपाणि फलं चैव निबोध मे।
दिग्दाहोल्का कुलं व्योमदिशो धूमोवृत।।११।।
सप्तमेहनि चोल्का वा महाभाव तु संभ्रमः।
अग्निमुंचति शस्त्रं च न च वर्षति वासवः।।१२।।

स्वचक्रात्परचक्राद्वा दृश्यते देश विभ्रमः।
अनावृष्टि क्षुधाव्याधि षणमास्यो भवेनृणाम्।।१३।।(?)
अक्षामयाशीर्षजा व्याधयश्चापि प्रजाः।
यद्वातो दीप्तिमतोद्वा सेनाश्चापि स नायकाः।।१४।।(?)
मूलस्य फलैर्वृक्षा पीड्यन्ते वापि जीविनः।
यद्यमे प्रथमे यामे सौम्यादित्ये य वायवे।।१५।।
रोहिण्या श्रवणे मैत्रे तथा वावोच देवते।
निर्घातोल्का महीकम्पा स्निग्धगंभीर निस्वनाः।।१६।।
मेघस्तनित शब्दा वामवत्यैन्द्रासुखावहाः।
परिवेषेन्दु चापैस्तु खं तदावात राजते।।१७।।
द्वादशेहनि वाप्यत्रद्वर्ष विनिर्दिशेत्।
बलवृद्धि बलस्थाना दुर्बलानां च पीडनम्।।१८।।
षणमासाभ्यन्तरं चात्र संधिं कुर्वन्ति भूमिपाः।
नित्यं वर्षति पर्यन्यः सस्यं संपादयेच्छिवम्।।१९।।
क्षेमारोग्य सुभिक्षे च वर्तते तां समाः।
शकान्यवनकांबोजां राल्हीकादौष्टकर्णिकान्।।२०।।
स्त्रीणां गर्भा गवां गर्भान् पीडये वाप्य पाण्डजान्।
पश्चिमासर्द्धे तु रात्र्यंगे मूलाहिर्वुध्न्य वारुणे।।२१।।
अर्थाह पौष्णरौद्रेषु निर्घातोल्का महीबला।
शुद्धवर्णौघ निनदा वारुणाः शुभदर्शनाः।।२२।।
ज्ञेयाः क्षेमसुभिक्षाश्च सद्यो देवश्च वर्षति।
अस्य वृक्षोषधिवती सरेताभूर्विराजते।।२३।।
न्यस्त शस्त्रानरेन्द्राश्च दानयज्ञ क्रियापराः।
श्वासकासावतिसार चक्षुरोगाश्च जायते।।२४।।
जलसंघादिकानां पीड्यन्ते च जलेश्वराः।
अन्य नक्षत्रयोगेन युगातद्वाथ दर्शने।।२५।।

दिनभागात्पलं वाध्यं एतद्यत्र बलीयसम्।
मुहूर्त्तकरणानां हि दिनं योनिरसंशयम्।।२६।।
दिनभागाति चैतेषां संभवो नाधिगम्यते।
प्रागुछत्थाये च ये मासामुल्का निर्घात भूचलाः।।२७।।
यात्योहन्युर्जनपदान्यश्चिमांस वनस्पति।
जानीयात्यश्चिमां दिकस्थं शूद्रान्पीड्यंति कृत्स्नशः।।२८।
सरस्वती द्वारवती सुराष्ट्रा सैन्धवलात्मकम्।
सौधेयानितर द्वीपा मूलमागधमालवाः।।२९।।
राजकाशौण्डका पाशाः पीड्यन्ते च जलेश्वराः।
निर्घातोल्का महीकंपादिशायात्युत्तरा यदि।।३०।।
ततो दिव्या नृपतयः पीड्यन्ते ब्राह्मणैः सह।
उदीच्या चाभि योज्यादि पीड्यन्ते चापि सोमपाः।।३१।।(?)
गान्धारकास्त्रिगर्त्तार्द्ध राजन्यः स वसेत यः।
ओषधः पार्वतीयाश्च काश्मीराश्च स वाह्लिकाः।।३२।।
कांवोजा पह्लवाश्चैवा पीड्यंत्या श्रमिणस्तथा।
वारुण्यसुस्थितः पूर्वं महीकंपो व्यजेद्यदि।।३३।।
निर्घातो यदि वाप्युल्कार्याहां क्षत्रं तदा प्रजाः।
प्राच्यां निहन्यान् नृपतीन्याति यासाविदिक्तथा।।३४।।(?)
अयोध्याः सूरसेनाश्च चाक्रोयो मागधाधिः।
स्युशीतरं च यकृतं नैमिषं नन्दनं गताः।।३५।।(?)
चद्य तु यौसौन्द्र पदमधारण्यं च पीड्यते।
उत्तरेणोच्छिताायास्या उल्काानिर्घात भूचलाः।।३६।।
व्रजन्तः पीड्यन्तेस्म म्लेच्छाश्च दक्षिणाः।
आपात्यश्चैव नृपतीन् हन्युर्दक्षिण देशजम्।।३७।।
य पुरुद्योगिरोयाम्यां नृपान्विजयकांक्षिणः।
याज्यान् लिंगादभिधामुंडो महिषकान्यपि।।३८।।

निषादाः क्रूरकर्माणो मौष्टिका चैव पीडयेत्।
दिगन्तर समुद्भूता व्रजेयुर्विवशं तु।।३९।।
या तुद्देश्या घ्नंते सर्वे जानयाशाहि दिग्भवेत्।
पुरा पौराकैः सातु चय वाहनायुध सन्निभैः।।४०।।
युगपत्तर्विनाशाय संचयं तु त्रिवर्षिकम्।
अशीतियोजनशतं वायव्ये चलते क्षितिः।।४१।।
विंशं शतं स्यादाग्ने ये उपेन्द्रषष्टं शतं चलेत्।
अशीतिं योजनानां तु वारुणे हि चले क्षितिम्।।४२।।
अपर्वण्याय सव्याश्च रुक्षभीम स्वराश्वये।
रूक्षाघोर स्वनाश्चण्डा महाघोरा महास्वनाः।।४३।।
अर्द्धरात्रेथ मध्याह्ने क्रूरान्पक्षेषु सन्ध्ययोः।
उल्कानिर्घातकम्पा वा भवन्त्य क्षेमवादिनः।।४४।।
प्रदक्षिणा पर्वसु वै सुखस्निग्ध मृदुस्वनाः।
ते क्षेम शिव सौभिक्षामं देवे गाल्यवासिनः।।४५।।
गुल्फं च फल्गुनीयुग्मं कृतिका च कटिः स्मृता।
पार्श्वं चदेभद्रपदाकुक्षि पौष्णमैत्रपुरः।।४६।।
वासं च न च तथा पृष्ठं विशाखा च भुजस्तथा।
हस्तो ज्ञेयः सदा हस्ते अंगुल्यश्च पुनर्वसु।।४७।।
सार्यं नरवागलं ज्येष्ठा श्रवणं श्रवणानि च।
मुखं स्मृतं सदा पुष्योहासितं वारुणं तथा।।४८।।
दन्तानि वायुदैवत्यं रुद्रेण परिकीर्त्तितम्।
नासिका च मेषा ज्ञेया मृगशीर्षं तथाक्षिणी।।४९।।
चित्राणि च ललाटस्था शिरश्च यमदैवतम्।
केशे च यमदैवत्यं रूद्रेण परिकीर्त्तितम्।।५०।।
इदं नक्षत्रपुरुषं कर्त्तव्यं रूपमिच्छता।
स्त्रिया वा पुरुषो वापि कृत्वा स्वर्गमवाप्नुयात्।।५१।।

पुरुषं स्मरतुल्यं तु नारी चाप्सरसोपमा।
योजनानां रूपावानभि जायते।।५२।।

यथा मुपोषितं स्नात्वा शुक्लांवरधरः शुचिः।
विष्णोः सोमस्य च मधुप्रजां कृत्वा द्विजातिषु।।५३।।

ब्राह्मणो घृतसंपूर्णं हेमयुक्तं तु भाजनम्।
दातव्यं तत्र नक्षत्रे देवरूप मवाप्नुयात्।।५४।।

स्वे देवतावर्णरूपैर्वस्त्रैः पुष्पैश्च अर्घयेत्।
स्वकुक्षवलयो दद्यावरूप मवाप्नुयात्।।५५।।

सुवर्ण प्रतिमाकार्या रूप्यहेममणिमया।
लोहताम्रमया चापि स्ववर्णो यस्य यो भवेत्।।५६।।

रक्तपीत तथा श्वेतेश्चैवंक्रस्तव च।
रक्तं नीलं तथा कृष्णं वर्णाः प्रोक्ता यथाक्रमम्।।५७।।

कृतिकाभिमं चक्रस्य एवं रूपमवाप्नुयात् ।

रुद्रपुराण समाप्तम् ।।

वृद्धगार्गीये नक्षत्रपुरुषकोशोनाम ।।

❑❑❑

अथ अष्टाशततमोऽध्यायः

नासीवत्सरैः केषूपपद्यते ब्रह्मलोके ।
प्रतिष्ठां च लभते चैव चिन्तकः ।।१।।
तस्य तद्वचनं श्रुत्वा राजानो ऋषयस्तथा।
गर्गस्य मुनिश्रेष्ठस्य जग्मुः स्वं स्वं निवेशनम्।।२।।
इति ज्योतिष ममं चतुः षष्ट्यंग मद्भुतम्।
गार्गिमुनिः सतां श्रेष्ठः क्रोष्टुके भावितात्मने।।३।।
ददौ प्रहृष्टो भगवान् स च जग्राह भक्तिमान्।
दैवज्ञस्तु पठेद्यस्तु संहितैषा समाहिताः।।४।।
न तस्य दुर्लभं किंचिदिहलोके परत्र च।
वृद्धगार्गीये तन्त्रे संवत्सर सूत्रम् ।।५।।

समाप्ताचेयं गर्ग संहिता।।

□□□

अथ नवशततमोऽध्यायः

तुषारश्वेत शिशिरे गन्धर्वध्वनि संकुले।
हिमवति गिरिश्रेष्ठे गर्गेण परिकीर्त्तितम् ।।१।।
वृद्धगार्गीये तंत्रे चतुः षष्ट्यंगानि समाप्तानि।
समाप्ता चेयं वृद्धगर्गसंहिता।

□□□

www.ingramcontent.com/pod-product-compliance
Lightning Source LLC
Chambersburg PA
CBHW050212270326
41914CB00003BA/382
* 9 7 8 1 9 8 9 4 1 6 9 1 4 *